그래픽, 애니메이션,
게임 개발을 위한
캔버스 API의 모든 것

HTML5 캔버스 완벽 가이드

Core HTML5 Canvas : Graphics, Animation, and Game Development

데이비드 기어리 지음 / 김민섭 옮김

PRENTICE
HALL

위키북스

HTML5 캔버스 완벽 가이드

지은이 데이비드 기어리

옮긴이 김민섭

펴낸이 박찬규 | 엮은이 윤가희 | 표지 디자인 유광국

펴낸곳 위키북스 | 주소 경기도 파주시 교하읍 문발리 파주출판도시 535-7 세종출판벤처타운 #311
전화 031-955-3658, 3659 | 팩스 031-955-3660

초판발행 2012년 12월 13일

ISBN 978-89-98139-07-0
등록번호 제406-2006-000036호 | 등록일자 2006년 05월 19일
홈페이지 wikibook.co.kr | 전자우편 wikibook@wikibook.co.kr

Core HTML5 Canvas : Graphics, Animation, and Game Development

이 책의 한국어판 저작권은 저작권자와의 독점 계약으로 위키북스에 있습니다.
신저작권법에 의해 한국 내에서 보호를 받는 저작물이므로 무단 전재와 복제를 금합니다.

이 책의 내용에 대한 추가 지원과 문의는 위키북스 출판사 홈페이지 wikibook.co.kr이나
이메일 wikibook@wikibook.co.kr을 이용해 주세요.

「이 도서의 국립중앙도서관 출판시도서목록 CIP는 e-CIP 홈페이지 | http://www.nl.go.kr/cip.php에서 이용하실 수 있습니다.
CIP제어번호: CIP2012005465」

HTML5
캔버스
완벽 가이드

❦ 목차 ❦

06장 스프라이트 383

서문

15년에 걸쳐 GUI(Graphical User Interface, 그래픽 사용자 인터페이스)와 그래픽 집약 애플리케이션을 개발하던 시기인 2001년 여름, 웹 애플리케이션 구현이라는 주제로 가장 많이 팔린 책을 읽게 됐다. 그 책의 저자는 제이슨 헌터(Jason Hunter)로 NJFS 심포지엄(No Fluff Just Stuff, 자바를 주제로 최신 동향을 다루는 소프트웨어 심포지엄)을 계기로 친구가 됐지만, 그때만 해도 잘 알지 못했다.

제이슨이 집필하고 있던 서블릿(Servlet) 책[1]이 출간됐을 때, 나는 그 책을 무릎 위에 올려놓고 창문을 바라봤다. 스몰토크(Smalltalk), C++, 자바 등으로 코딩하며 수년을 지내고 총 1,622페이지에 달하는 《그래픽 자바2: 스윙(Graphic Java 2: Swing)》[2] 집필을 열정적으로 막 끝낸 상태였던 나는 마음속으로 '정말로 내가 HTML을 생성하는 출력 코드로 사용자 인터페이스를 구현하고 있을까?'라고 생각했다. 불행히도, 사실이었다.

그때부터 소프트웨어 개발의 암흑 시기에 내가 할 수 있는 일을 고민하기 시작했다. 그 당시 나는 두 번째 아파치 스트러츠(Apache Struts) 프로젝트의 커미터(committer)였으며, 유명한 타일즈 프로젝트(Tiles Project)의 시초가 된 스트러츠 템플릿 라이브러리(Struts Template Library)를 고안했다. 그리고 6년 넘게 JSF 전문가 그룹(JavaServer Faces Expert Group)에서 활동했을 뿐 아니라 NFJS 학술 토론회와 다른 학회에서 120차례 이상 서버 측 자바에 대해 강연했고 JSF[3]와 관련된 책을 공동으로 집필하기도 했다. 한동안 루비 온 레일즈(Ruby on Rails)와 구글 웹 툴킷(Google Web Toolkit)에 빠져 있던 것도 원인이었지만 클라이언트에서 사용자에게 형태만 보여주고 서버에서 형태를 처리하는 소프트웨어 개발의 암흑 시기 때문에 나는 GUI와 그래픽을 하면서 느꼈던 열정을 다시 되살릴 수 없었다.

그러던 2010년 어느 여름, 인기가 거침없이 상승하기 시작한 HTML5를 사용한 캔버스와 관련된 글을 우연히 읽은 나는 열정을 다시 되살릴 날이 가까워졌다는 사실을 알게 되었다.

즉시 하던 일을 모두 멈추고 최고의 캔버스 책을 집필하는 데 모든 열정을 쏟기 시작했다. 그리고 2012년 3월 책을 완성할 때까지 캔버스를 공부하면서 이 책을 집필하는 작업에 전념했기 때문에 이 책은 내

---

1   <자바 서블릿 프로그래밍, 2001년(Java Servlet Programming)>. 제이슨 헌터 및 윌리엄 크로포드(William Crawford) 저. 오라일리 (O'Reilly) 출판.

2   <그래픽 자바 2, 볼륨 2, 스윙, 1999년(Graphic Java 2, Voume 2, Swing)> 데이비드 기어리 저. 프렌티스 홀(Prentice Hall) 출판.

3   <코어 자바서버™, 3판, 2010년(Core JavaServer™ Faces)> 데이비드 기어리 및 케이 호스트먼(Cay Horstmann) 저. 프렌티스 홀 출판.

가 지금까지 집필한 책 중에서 단연코 최고라고 자신 있게 말할 수 있다.

캔버스는 워드프로세스부터 비디오 게임에 이르기까지 모든 애플리케이션을 구현할 때 필요한 모든 그래픽 능력을 제공한다. 특정 플랫폼에 따라 성능이 다르겠지만, 일반적으로 모바일 사파리에서 캔버스를 가속할 수 있는 하드웨어를 갖춘 iOS5에서 실행된 캔버스가 가장 빠르다. 또한, 브라우저 제작 회사는 사소한 호환성 문제가 있는 브라우저에서 잘 만들어진 캔버스 애플리케이션을 어떤 변경도 하지 않고 실행할 수 있게 명세서를 준수하는 대단한 일을 해냈다.

HTML5는 소프트웨어 개발의 암흑 시기를 종식하고 새롭게 펼쳐진 르네상스라고 할 수 있으며, 캔버스는 HTML5의 가장 흥미로운 기능이다. 이런 이유에서 이 책을 통해 데스크톱 브라우저와 모바일 장치를 가리지 않고 실행할 수 있는 실제 애플리케이션을 구현할 수 있도록 애니메이션 타이밍 사양 등과 같은 캔버스와 HTML5의 관련 기능을 자세히 알려주고 싶었다.

이 책에 대해…

나는 선종 불교(Zen)에서 깨달음을 구하는 방법처럼 이 책을 읽지 않고 그림, 표, 코드 등만으로도 책의 내용을 이해할 수 있게 집필했다.

실제로 글로 옮기는 작업을 하지 않고 자료를 반복해서 보며 수개월에 걸쳐 각 장을 완성했고 그 시간 동안 개요, 코드, 스크린샷, 도표, 그림, 항목별 목록, 참고, 팁, 주의 등을 작성했다. 비계(scaffolding)[4]로 언급한 위 항목은 이 책에서 가장 중요한 역할을 하고 있다. 그리고 비계를 완성한 다음 마지막 순간에만 사용되는 특정 단어는 글의 맥락을 알려주고 비계를 강조하는 의도로 사용됐다. 될 수 있으면 제거하려고 노력했지만 여전히 이 단어가 반복해서 사용되고 있으니 읽을 때 참고하자.

반복해서 사용되는 단어에 시간을 낭비하지 말고 비계에 집중하면, 이 책은 읽지 않고도 쉽게 읽을 수 있다. 즉, 다른 비계, 테이블, 그림, 코드, 스크린샷 등에 집중하면서 내용을 넘어가도 여러분은 주제에 대해 알고 싶은 내용을 살펴볼 수 있다. 그리고 단어를 비주류로 생각해도 상관없으며 원한다면, 필요할 때만 찾아보는 것도 괜찮다.

개요

이 책은 크게 두 부분으로 구분된다. 처음 네 개의 장으로 책의 절반을 차지하고 있는 책의 전반부에서는 도형 및 텍스트를 캔버스에 그리는 방법과 이미지를 조작하고 그리는 방법을 소개하는 캔버스 API를

---

4   비계(scaffolding)는 주로 건축공사 시 높은 곳에서 일할 수 있게 설치한 임시가설물을 말하는데 여기서는 주어진 과제를 잘 수행할 수 있게 돕는 장치를 의미한다.

다룬다. 그리고 후반부인 나머지 일곱 개의 장에서는 API를 사용해 애니메이션과 움직이는 스프라이트를 구현하고 시뮬레이션을 생성, 충돌 감지, 비디오 게임을 개발하는 방법을 소개한다. 참고로, 이 책의 마지막 장인 11장에서는 프로그레스 바, 슬라이더, 이미지 패너 등과 같은 사용자 정의 컨트롤을 구현하는 방법과 캔버스 기반 모바일 애플리케이션을 생성하는 방법도 소개한다.

1장 '캔버스 구성(Essentials)'에서는 <canvas> 요소를 소개하고 웹 애플리케이션에서 <canvas> 요소를 사용하는 방법과 브라우저, 콘솔, 디버거, 프로파일러, 타임라인 등을 다루는 HTML5 개발에 대해 간단히 소개한다. 또한, 캔버스에 그리기, 캔버스 파라미터 및 드로잉 표면을 저장하고 복원하기, 캔버스 출력하기, 오프스크린 캔버스 개론 등과 같은 캔버스의 필수 구성 요소를 구현하는 방법도 소개한다. 1장의 마지막 부분에서는 측정 단위로부터 방정식을 유도하는 방법과 벡터 계산, 삼각법, 기본 대수학을 다룬 수학 입문서도 간략하게 소개한다.

2장 '드로잉'에서는 이 책에서 내용이 가장 많은 장으로 선, 호, 곡선, 원, 직사각형, 임의 다각형을 캔버스에 그리는 방법과 색상, 그라디언트, 패턴 등을 사용해 도형 내부를 칠하는 방법을 소개하며 캔버스 API를 사용한 드로잉을 심도 있게 다룬다. 또한, 2장에서는 도형을 그릴 수 있게 임시 러버 밴드를 그리는 방법, 캔버스 내부에서 도형을 드래그하는 방법, 사용자가 편집할 수 있도록 캔버스에 다각형을 기록하는 간단한 보유 모드(retained mode) 그래픽 서브시스템을 구현하는 방법, 클리핑 영역을 사용해 캔버스 배경을 건드리지 않고 도형을 지우는 방법 등과 같이 단순한 드로잉 기법의 범위를 넘어 캔버스 API를 사용한 드로잉을 구현하는 방법을 소개한다.

3장 '텍스트'에서는 캔버스에서 텍스트를 그리고 조작하는 방법을 소개한다. 따라서 텍스트 내부를 칠하고 윤곽을 그리는 방법과 폰트 속성을 설정하고 캔버스에 텍스트를 위치시키는 방법 등을 살펴본다. 또한, 3장에서는 텍스트 커서와 편집할 수 있는 단락과 함께 캔버스에서 텍스트 컨트롤을 구현하는 방법도 소개한다.

4장 '이미지 및 비디오'에서는 이미지, 이미지 조작, 비디오 프로세싱을 중점으로 소개하므로 캔버스에서 이미지를 확대하고 그리는 방법을 살펴보고 각 픽셀의 색상 구성 요소에 접근해 이미지를 조작하는 방법을 배운다. 또한, 클리핑 영역을 사용하는 방법과 이미지를 움직이는 방법을 살펴 보고 비디오 프로세싱을 소개한 4장의 마지막 절로 넘어가기 전에 보안과 성능에 대해 다룬다.

5장 '애니메이션'에서는 《스크립트 기반 애니메이션을 위한 타이밍 컨트롤(Timing control for script-based animations)》이란 제목의 W3C 명세서에서 정의한 requestAnimationFrame() 메서드를 사용해 애니메이션을 자연스럽게 재생할 수 있는 구현 방법을 소개 한다. 그리고 애니메이션의 프레임률을 계산하는 방법과 임시 프레임률로 애니메이션의 사용자 인터페이스를 업데이트하는 등과 같이 다른 활동에 대한 일정을 잡는 방법도 살펴본다. 또한, 5장에서는 애니메이션이 실행되는 동안 세 가지 다른 방법을 사용해 배경을 복원하는 방법을 소개하고 각 방법에 따라 성능에 미치는 영향을 살펴보겠다. 그뿐만 아니라 시간 기반 모션을 구현하는 방법, 애니메이션의 배경을 스크롤하는 방법, 시차를 사용해 3D처럼 보이게 하는 방법, 애니메이션이 실행되는 동안 사용자 제스처를 감지하고 처리하는 방법도 살펴볼 것이다. 마지막으로 애니메이션 모범 사례를 소개하기 전에 간단한 애니메이션 타이머를 구현하는 방법과 시한 애니메이션을 살펴볼 것이다.

6장 '스프라이트'에서는 자바스크립트에서 움직이는 오브젝트인 스프라이트를 구현하는 방법을 소개한다. 스프라이트는 시각적인 표현, 주로 이미지를 가지고 있으므로 캔버스에서 스프라이트를 이동시킬 수 있을 뿐만 아니라 일련의 이미지를 순환하여 스프라이트를 움직이게 만들 수도 있다. 따라서 스프라이트는 게임을 구성하는 기본 구성 요소라고 할 수 있다.

7장 '물리학'에서는 떨어지는 물체와 탄도 궤적을 모델링하는 방법부터 진자 운동에 이르기까지 애니메이션에서 물리학을 시뮬레이션하는 방법을 보여준다. 또한, 7장에서는 애니메이션에서 시간과 모션을 모두 왜곡해 단거리 주자가 달릴 때 발생하는 가속 효과(ease-in)나 자동차가 브레이크를 잡을 때 발생하는 감속 효과(ease-out) 등과 같이 실제 움직임을 시뮬레이션하는 방법도 살펴볼 것이다.

대부분 게임에서 충돌 감지를 핵심 기능으로 취급하므로 8장 '충돌 감지'에서는 스프라이트 사이에 발생하는 충돌을 감지하는 방법도 자세히 소개한다. 8장의 시작 부분에서는 구현하기 쉬울 뿐 아니라 신뢰도가 높은 경계 박스와 원을 사용한 간단한 충돌 감지를 구현하는 방법을 소개한다.

하지만 간단한 충돌 감지를 사용하면 다양한 환경에 대처하는 능력이 부족해지므로 2D와 3D에서 임의 다각형 사이에 발생하는 충돌을 감지하는데 효과적인 방법 중 하나인 SAT(Sepatating Axis Theorem)를 소개하는데 8장의 대부분을 사용하고 있다. 그러나 SAT는 수학적 측면이 강하므로 더 쉬운 용어로 SAT를 소개할 수 있도록 많은 노력을 기울였다.

9장 '게임 개발'에서는 스프라이트를 그리는 작업과 하이 스코어를 관리하는 작업부터 시간 기반 모션과 멀티 트랙 사운드에 이르기까지 모든 기능을 제공할 뿐만 아니라 간단하면서 효과적인 게임 엔진에 대한 코드를 살펴보는 것으로 시작한다. 9장에서는 두 가지 게임을 소개한다. 첫 번째 게임은 간단한 Hello World 형태의 게임으로 게임 엔진을 사용하는 방법과 게임에 대한 시작 포인트를 알려준다. 또한, 첫 번째 게임으로 하이 스코어를 위한 사용자 인터페이스, 자산 관리, 헤드-업 디스플레이 등과 같이 대부분 게임에서 일반적으로 사용되는 기능을 구현하는 방법을 소개한다. 두 번째 게임은 강력한 핀볼 게임으로 책 앞부분에서 소개한 내용을 사용해 구현하고 있으며 실제 게임에서처럼 복잡한 충돌 감지를 사용하고 있다.

많은 캔버스 기반 애플리케이션에서 사용자 정의 컨트롤을 필요로 하므로 10장 '사용자 정의 컨트롤'

에서는 사용자 정의 컨트롤을 구현하는 방법을 소개한다. 10장에서는 일반적으로 사용자 정의 컨트롤을 구현하는 방법을 소개하고 모서리가 둥근 직사각형, 프로그레스 바, 슬라이더, 이미지 패너 등 네 가지 사용자 정의 컨트롤을 이용하는 방법을 보여준다.

마지막 장인 '모바일'에서는 캔버스 기반 모바일 애플리케이션을 구현하는데 중점을 두고 있으므로 애플리케이션을 모바일 장치에서 표시할 수 있도록 애플리케이션의 뷰 포트 크기를 제어하는 방법과 CSS3 미디어 쿼리를 사용해 화면 크기와 방향을 처리하는 방법을 살펴본다. 또한 캔버스 기반 애플리케이션을 데스크톱 전체 화면으로 실행하고 아이콘과 시작 스크린에 맞춤으로써 iOS5 전용 애플리케이션과 구별되지 않은 캔버스 기반 애플리케이션을 구현하는 방법도 소개한다. 그리고 11장의 마지막 부분에서는 텍스트 필드로 텍스트를 입력받지 않는 iOS5 애플리케이션용 키보드를 구현하는 방법을 소개한다.

책을 읽는 데 필요한 필수 전제 조건

나는 자바스크립트의 원형 상속(prototypal inheritance)을 이용해 객체를 구현하는 방법을 여러분이 이미 알고 있으며 일반적으로 웹 애플리케이션 개발에 조예가 깊다고 가정하므로 이 책을 정확히 이해하려면 자바스크립트, HTML, CSS 등에 대해 단순히 알고 있는 지식 이상이어야 한다.

또한, 이 책에서는 기본 대수학 및 삼각법, 벡터 수학, 측정 단위로부터 방정식 유도 등과 같이 오래전에 배웠지만 잊어버렸을 몇 가지 수학을 활용하고 있으므로 1장 마지막 부분에서 이런 주제를 다룬 입문서를 간단하게 살펴볼 것이다.

예제에 사용된 코드

이 책에서 사용된 모든 코드의 저작권은 저자에게 있으며 코드를 배포할 수 있는 허용 기준 이내에서 사용할 수 있다. 해당 라이선스는 변경된 MIT 라이선스로 여러분이 판매할 목적으로 만든 소프트웨어에 사용하는 것을 포함해 원하는 곳에 코드를 사용할 수 있다. 그러나 책이나, 교육용 비디오, 프레젠테이션 등과 같이 교육적인 자료를 만드는 데 코드를 사용할 수 없다. 더 자세한 내용은 코드에 있는 라이선스를 참고하자.

예제를 구현할 때 코드에 대한 주석을 최소한으로 달기로 했으므로 될 수 있으면 이해하기 쉽게 코드를 작성했다. 코드를 쉽게 분석할 수 있도록 메서드를 평균 5줄 정도의 코드로 작성했다.

또한, 더글러스 그록포드(Douglas Crockford)의 저서,《자바스크립트 핵심 가이드(JavaScript, The Good Parts)》에서 권고한 내용을 준수했다. 예를 들면, 함수에서 사용되는 모든 변수는 항상 함수 상단에서 선언하고 변수는 항상 변수를 선언한 그 줄에 모두 선언했다. 그리고 동치 검사(equality testing)에는 항상 ===을 사용했다.

마지막으로 이 책에서 소개하는 모든 코드는 색으로 구분했다. 특히, 함수 호출은 파란색으로 표시했으므로 다른 코드와 구별된다. 따라서 코드를 살펴볼 때 파란색인 함수 호출 부분을 주의 깊게 살펴보면 된다. 함수 호출은 자바스크립트의 동사라고 할 수 있다. 이런 동사만으로도 특정 예제에 대한 내부 작업을 분석할 때 여러분이 필요한 내용을 알 수 있을 것이다.

캔버스와 이 책의 미래

HTML5 API는 계속해서 발전하고 있으며 대부분 발전은 새로운 기능으로 이어진다. 캔버스 명세서도 예외가 아니다. 사실, 이 책이 출판되고 얼마 지나지 않아 WHATWG 캔버스 명세서에서 다음과 같은 새로운 기능을 업데이트했다.

- 타원 패스를 생성하는 ellipse() 메서드
- getLineDash() 메서드 및 setLineDash() 메서드와 점선을 그릴 때 사용하는 lineDashOffset 속성
- 텍스트를 위해 정확한 경계 박스를 결정할 수 있게 TextMetrics 오브젝트 확장
- Path 오브젝트
- CanvasDrawingStyles 오브젝트
- 히트 영역을 위한 지원 확대

그 당시에는 위에서 언급한 기능을 지원하는 브라우저가 없었으므로 위 기능을 테스트할 수 없었다.

명세가 2012년 3월 26일 이전에 업데이트됐다면, 여러분은 캔버스를 이용해 호와 원을 그릴 수 있었을 것이다. 하지만 업데이트된 명세서에서는 타원을 그리는 작업에 대해 어떤 언급도 하지 않았다. 물론 지금 여러분은 호와 원뿐만 아니라 캔버스 2d 콘텍스트의 새로운 ellipse() 메서드를 이용해 타원을 그릴 수 있다. 마찬가지로, 현재 콘텍스트에서는 점선을 그리는 방법도 지원하고 있다.

초기에 TextMetrics 오브젝트에서는 문자열의 너비만 사용했다. 그러나 2012년 3월 26일에 업데이트된 명세서에 따르면 여러분은 캔버스에서 문자열이 차지한 직사각형의 너비와 높이를 결정할 수 있다. 따라서 TextMetrics의 인수를 사용하면, 캔버스 기반 텍스트 컨트롤을 보다 쉽고 효율적으로 구현할 수 있을 것이다.

업데이트된 명세서에 따르면 타원과 개선된 TextMetrics 오브젝트 이외에 Path 메서드와 Canvas DrawingStyles 메서드가 추가됐다. 명세서가 업데이트되기 전에는 패스를 저장하거나 스타일을 그릴 방법이 없었다. 하지만 지금은 추상화를 나타낼 수 있는 오브젝트를 사용할 수 있을 뿐 아니라 Path 오 브젝트를 취할 수 있도록 캔버스 2d 콘텍스트 메서드를 다양하게 재정의할 수도 있다. 예를 들면, 현재 패스의 윤곽을 그리는 context.stroke() 메서드를 호출해 콘텍스트 패스의 윤곽을 그릴 수 있다. 하지 만 지금은 현재 콘텍스트에 stroke(Path) 메서드가 있기 때문에 콘텍스트의 현재 패스 대신 메서드에 전 달하는 패스의 윤곽을 그릴 수 있다. 그리고 addText() 등과 같이 Path 메서드를 사용해 패스를 변경 할 때 텍스트를 패스에 추가하는 경우라면, 패스에 사용되는 CanvasDrawingStyle 오브젝트를 명시 할 수 있다.

업데이트된 명세서에 따르면, 히트 영역에 대한 지원을 확대하고 있다. 히트 영역은 패스에 의해 정 의되므로 ARIA(Accessible Rich Internet Application) role 속성과 라벨 등과 같이 접근 파라미터(accessibility parameter)와 옵션 마우스 커서를 히트 영역과 연관 지어 생각할 수 있다. 그리고 단일 캔버스는 다중 히 트 영역을 가질 수 있으므로 히트 영역을 사용하면 충돌 감지를 더 쉽고 효율적으로 구현할 수 있을 뿐 아니라 접근성도 개선시킬 수 있다.

마지막으로, WHATWG와 W3C 명세서는 모두 접근성을 위해 두 가지 캔버스 콘텍스트 메서드를 제 공하기 때문에 사용자가 캔버스에서 키보드를 사용할 수 있도록 애플리케이션에서는 현재 패스 주위에 포커스 링(focus ring)을 그릴 수 있다. 사실, 이 기능은 2012년 3월 26에 업데이트된 내용의 일부가 아니 라, 얼마 전에 업데이트된 명세서에 포함된 내용의 일부다. 책을 집필할 당시, 어떤 브라우저 제작 회사에 서도 이 기능을 제공하지 않았기 때문에 이 책에서는 다루지 않는다.

캔버스 명세서가 업데이트될 것이고 브라우저 제작 회사에서도 새로운 기능을 추가할 것이므로 이 책 은 정기적으로 업데이트될 것이다. 참고로, 여러분은 이 책의 다음 버전에서 소개할 내용과 새로운 캔버 스 기능을 corehtml5canvas.com에서 확인할 수 있을 것이다.

참고 웹사이트

http://corehtml5canvas.com 웹사이트에서는 이 책에서 예제로 소개하고 있는 코드를 내려받을 수 있 을 뿐만 아니라 다른 HTML5과 캔버스 소스를 찾아볼 수도 있다.

아래 위키북스 사이트에서도 한글화한 책 홈페이지를 볼 수 있다.

http://wikibook.co.kr/html5canvas/index.html

❧ 감사의 말 ❧

나는 책을 쓰는 일이 팀 스포츠와 비슷하다고 생각한다. 이런 의미에서 이 책을 집필할 때 뛰어난 동료들을 만난 것은 행운이었다.

먼저 오랫동안 편집자로 일하면서 친구처럼 지낸 그렉 도엔치(Greg Doench)에게 감사의 말을 전하고 싶다. 그렉은 내가 이 책을 제안한 순간부터 전폭적으로 지지해줬으며 내가 원하는 책을 쓸 수 있게 방향을 잡아줬다. 또한, 책을 수정하는 순간부터 책을 출판할 때까지 그리고 출판된 이후로도 많은 도움을 줬다.

그리고 그렉에게 훌륭한 팀이 있다는 사실에 감사하게 생각한다. 줄리 나힐(Julie Nahil)은 제품을 관리하고 작업이 순조롭게 진행될 수 있도록 지원을 아끼지 않았고 알리나 키르사노바(Alina Kirsanova)는 내 닥북 XML(docbook XML)을 가져다 여러분이 들고 있는 아름다운 색상을 가진 책으로 탈바꿈시켜줬을 뿐만 아니라 사소한 실수와 모순되는 내용에 대한 교정도 봐줬다.

나는 메리 루 노어(Mary Lou Nohr)가 교열을 한다는 얘기를 듣고 매우 기뻤다. 메리 루는 내가 15년 동안 집필하면서 알고 지낸 단 한 명의 교열 담당자(copy editor)로 좋은 책을 만들 수 있게 도와줬을 뿐 아니라 글 쓰는 기술도 가르쳐줬다.

기술 검토자(technical reviewer)는 전문 서적의 성공 여부에 상당히 큰 영향을 미치기 때문에 나는 책의 성공에 이바지할 수 있는 적절한 기술을 가진 검토자를 뽑았다. 그 결과, 나는 이 책을 위해 자료를 준비하고, 가공하고, 다듬는 데 도움을 준 지금의 검토자를 만날 수 있었다. 먼저, 내가 만나본 검토자 중에서 가장 빈틈없고 박식한 필립 테일러(Philip Taylor)에게 감사의 말을 남기고 싶다. 필립은 거의 800개의 캔버스 테스트 케이스를 구현한 경험을 바탕으로 나에게 각 장마다 캔버스에 정통한 사람만이 제공할 수 있는 통찰력 있는 견해를 제시했을 뿐만 아니라 직무를 뛰어넘어 헌신적으로 이바지한 덕분에 훨씬 더 좋은 책을 만들 수 있었다. 참고로, 필립이 구현한 테스트 케이스는 http://philip.html5.org/tests/canvas/suite/tests에서 확인할 수 있다.

다음으로, thirstyhead.com을 운영하고 있으며 HTML5와 모바일 웹 애플리케이션 개발 분야의 유명한 전문가인 스콧 데이비스(Scott Davis)에게 감사한다. HTML5 덴버 사용자 그룹(Denver Users Group)의 공동 창립자인 스콧은 HTML5와 모바일 개발에 대한 학회에서 수 차례 강연했으며 야후(Yahoo!) 개발자에게 모바일 개발을 가르치기도 했다. 필립과 마찬가지로 스콧도 직무를 넘어서 책의 다양한 영역에서 훌륭한 의견을 제안했다. 나는 스콧의 검토로 책의 1/4을 다시 집필하며 책 출판을 삼 개월 미룬 것에 대해 스콧에게 깊이 감사하고 있다. 스콧의 의견 덕분에 책의 완성도가 높아졌다.

Runfield fame(http://fhtr.org/runfield/runfield)을 운영하고 있는 일마리 헤이키넨(Ilmari Heikkinee)은 애니메이션, 스프라이트, 물리학, 충돌 감지 장에서 날카로운 통찰력을 들려줬다. 또한, 테드 뉴워드(Ted Neward), 디온 알메어(Dion Almaer), 벤 갈브레이드(Ben Galbraith), 프라틱 프라텔(Pratik Pratel), 도리스 첸(Doris Chen), 네이트 츄타(Nate Schutta), 브라이언 샘-보던(Brian Sam-Bodden)도 훌륭한 견해를 제시했다.

웹 사이트의 스크린샷을 할 수 있게 허락해 준 jsperf.com의 제작자인 마티어스 바이넌즈(Mathias Bynens)에게도 감사 드린다.

그리고 물리학 장에서 사용된 스프라이트 시트를 제공한 MJKRZAK에게 감사의 말을 하고 싶다. 참고로, 물리학 장에서 사용된 스프라이트 시트는 People's Sprites 웹 사이트의 공유 섹션(public domain section)에서 내려받을 수 있다. 또한, 애니메이션 장에서 시차 예제에 사용한 하늘 이미지를 사용할 수 있도록 허락해 준 일마리 헤이키넨에게 감사한다. 참고로, 스프라이트 장에서 사용된 몇몇 이미지는 인기 있는 오픈 소스인 레플리카 아일랜드(Replica Island) 게임에서 가져왔다.

마지막으로, 이 책에 내 삶을 다 쏟아 부은 지난 한 해 반 동안 인내해 준 히로코(Hiroko), 가스페(Gaspe), 통카(Tonka)에게 감사의 말을 전한다.

❦ 작가에 대하여 ❦

데이비드 기어리는 유명한 작가이자 연설가일 뿐만 아니며 자문 위원으로도 활동하고 있다. 데이비드는 1980년대에 C와 스몰토크를 사용해 그래픽 기반 애플리케이션 및 인터페이스를 구현하기 시작했다. 그리고 보잉사(社)에서 8년 동안 C++와 객체 지향 소프트웨어 개발을 가르쳤으며 1994년부터 1997년까지 선 마이크로소프트사(社)에서 소프트웨어 엔지니어로 일했다. 또한, 자바 구성요소 프레임워크에 관한 베스트셀러 두 권을 포함해 자바와 관련된 책 여덟 권을 집필하기도 했다. 데이비드가 집필한《그래픽 자바 2: 스윙》은 역대 최고의 베스트셀러 스윙 도서이며, 케이 호스트먼과 공동으로 집필한《코어 자바서버TM》도 JSF 관련 베스트셀러 도서다.

데이비드는 수백 개에 달하는 전 세계 학회에 참석하여 강의한 열정적인 연설가로 NFJS(No Fluff Just Stuff) 투어에서 6년 동안 연설했을 뿐만 아니라 120차례가 넘은 학술 토론회에서 강연도 했다. 그리고 JavaOne Rock Star에서도 세 번이나 연설한 경험이 있다.

2011년, 데이비드와 스콧 데이비스는 HTML5 덴버 미트업 그룹(Denver Meetup Group - www.meetup.com/HTML5-Denver-Users-Group)을 공동으로 창립했다. 참고로, 이 책을 출판한 2012년에는 그룹 회원이 500명을 넘었다.

데이비드는 Twitter(@davidgeary)로 연락할 수 있으며 이 책에서 소개하는 예제의 코드는 http://corehtml5canvas.com에서 확인할 수 있다.

캔버스 구성

1939년도 미 국회 도서관에 따르면, 매트로 골드윈 메이어 스튜디오(Metro-Goldwyn-Mayer Studios)는 역사상 가장 많은 인기를 얻은 영화를 제작했다. 이 영화는 《오즈의 마법사(The Wizard of Oz)》로 미 중부의 캔자스에서 살던 작은 소녀 도로시와 도로시의 애견 토토가 강력한 회오리바람에 휩쓸려 마법의 나라인 오즈로 날려가 집으로 돌아오기까지의 여정을 담고 있다.

《오즈의 마법사》는 캔자스의 농장을 배경으로, 단조로우며 지루한 흑백 영상으로 시작한다. 하지만 도로시와 토토가 오즈의 나라에 도착하자마자 화려한 영상과 함께 주인공의 모험이 시작된다.

10년이 넘는 시간 동안 소프트웨어 개발자는 사용자에게 따분하고 진부한 형태의 지루함만 제공하는 단조로운 웹 애플리케이션을 만들어 왔다. 하지만 마침내 HTML5가 등장하면서 브라우저에서 실행할 수 있는 애플리케이션을 데스크톱의 애플리케이션처럼 흥미진진하게 제작할 수 있게 됐다.

마법의 나라인 오즈에서처럼 HTML5에서는 마법 같은 <canvas> 요소를 사용해 브라우저에서 재미있는 일들을 할 수 있다. 앞으로 이 책에서는 [그림 1.1]의 대화형 돋보기처럼 이미지 패닝(image panning)을 구현하는 방법과 브라우저뿐 아니라 아이패드에서도 실행할 수 있는 그림판 애플리케이션, 실물과 거의 비슷한 핀볼 게임을 포함한 여러 가지 애니메이션과 게임, 이미지 필터, 대부분 플래시(Flash) 영역이었던 다양한 웹 애플리케이션을 소개할 예정이다.

자! 이제부터 캔버스를 자세히 알아보자.

1.1 <canvas> 요소

HTML5의 진정한 힘은 캔버스 콘텍스트(Canvas context)로 <canvas> 요소에서 가져올 수 있지만, 잠시 후에 확인할 수 있듯이 가장 강력한 HTML5 요소는 <canvas> 요소라고 할 수 있다.

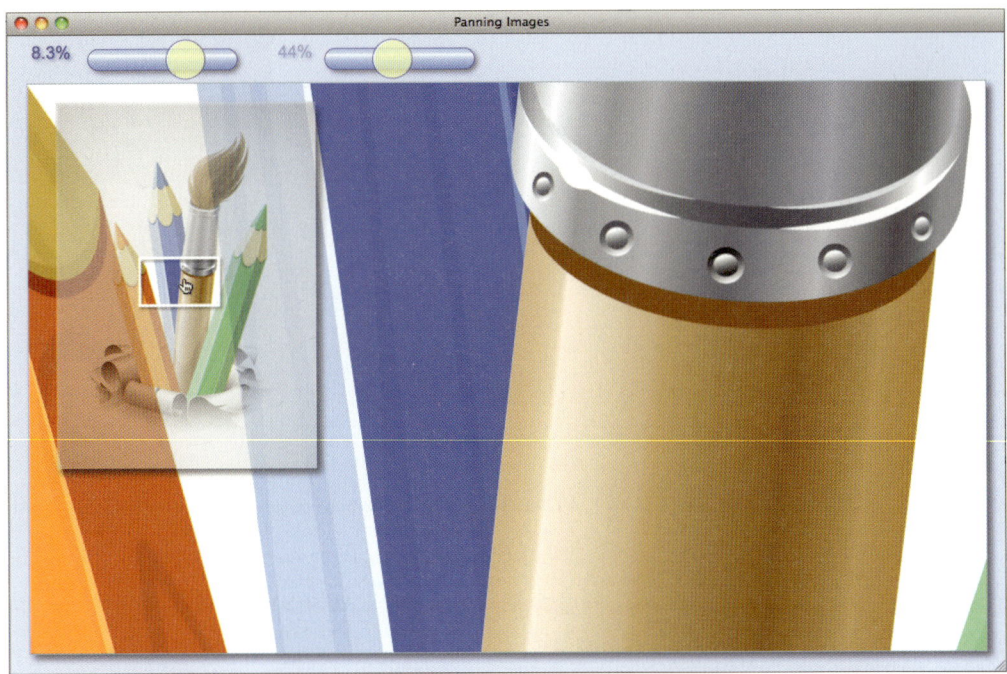

그림 1.1   강력한 그래픽 API를 지원하는 캔버스

[그림 1.2]는 <canvas> 요소와 관련 콘텍스트를 사용한 간단한 예제다.

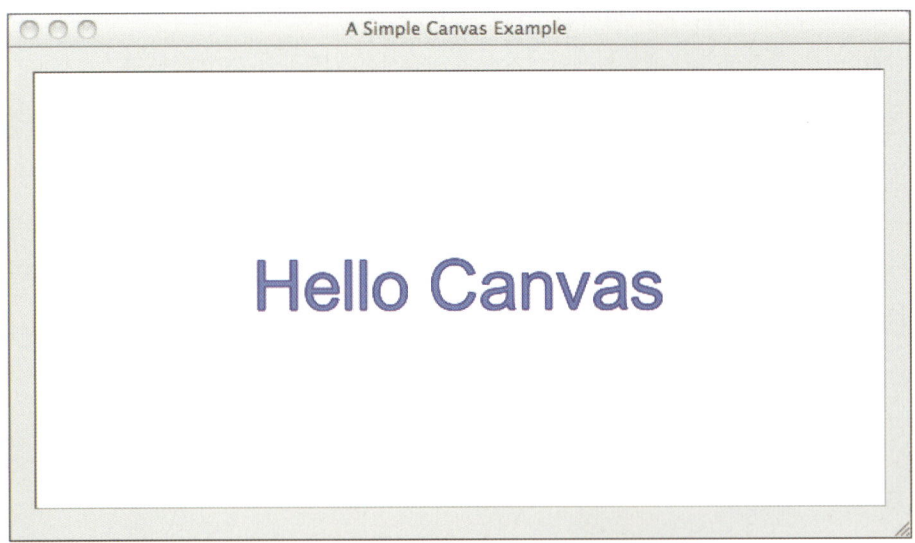

그림 1.2   Hello canvas

[그림 1.2]의 애플리케이션에서는 캔버스 가운데에 문자열을 보여주고 있다. 이 애플리케이션의 HTML 코드는 [예제 1.1]에서 확인할 수 있다.

[예제 1.1]의 HTML 코드에서는 <canvas> 요소를 사용하고 있으며 <canvas> 요소에 대한 식별자와 <canvas> 요소의 너비와 높이를 명시하고 있다. 여기서 <canvas> 요소의 <body> 태그에 있는 텍스트에 주목하자. 대체 콘텐트(fallback content)로 알려진 이 텍스트는 <canvas> 요소를 지원하지 않을 때만 브라우저에 표시된다.

그리고 [예제 1.1]의 HTML 코드에서는 위에서 언급한 두 가지 요소 외에 CSS를 사용해 <canvas> 요소의 속성 몇 가지와 애플리케이션의 배경색을 설정하고 있다. 기본적으로 <canvas> 요소의 배경색은 부모 요소의 배경색과 같게 설정된다. 따라서 CSS를 이용해 애플리케이션의 배경색인 엷은 회색과 구별할 수 있게 <canvas> 요소의 배경색을 불투명한 흰색으로 설정했다.

HTML 코드는 간단하므로 흥미를 느낄만한 부분이 없다. 하지만 캔버스 기반 애플리케이션인 [예제 1.1]에서는 자바스크립트를 눈여겨볼 만하다. [예제 1.2]에서는 [그림 1.2]에서 보여준 애플리케이션의 자바스크립트 코드를 소개하고 있다.

예제 1.1　　**example.html**

```html
<!DOCTYPE html>
    <html>
        <head>
            <title>A Simple Canvas Example</title>

            <style>
                body {
                    background: #dddddd;
                }
                #canvas {
                    margin: 10px;
                    padding: 10px;
                    background: #ffffff;
                    border: thin inset #aaaaaa;
                }
            </style>
        </head>
<body>
    <canvas id='canvas' width='600' height='300'>
        Canvas not supported
```

```
    </canvas>

    <script src='example.js'></script>
</body>
</html>
```

예제 1.2   example.js

```javascript
var canvas = document.getElementById('canvas'),
    context = canvas.getContext('2d');

context.font = '38pt Arial';
context.fillStyle = 'cornflowerblue';
context.strokeStyle = 'blue';

context.fillText('Hello Canvas', canvas.width/2 - 150,
                                 canvas.height/2 + 15);

context.strokeText('Hello Canvas', canvas.width/2 - 150,
                                   canvas.height/2 + 15 );
```

[예제 1.2]에는 앞으로 캔버스 기반 애플리케이션에서 사용할 방법을 이용하고 있다.

1.   document.getElementById()를 사용해 캔버스에 대한 참조를 가져온다.

2.   캔버스에서 getContext('2d')를 호출해 그래픽 콘텍스트를 가져온다(참고: 괄호 안에 있는 '2d'의 'd'는 반드시 소문자로 적어야 한다).

3.   가져온 그래픽 콘텍스트를 사용해 캔버스에 그린다.

먼저 캔버스의 콘텍스트에 대한 참조를 가져온 후, 자바스크립트에서는 콘텍스트의 font, fillStyle, strokeStyle 속성을 설정하고 [그림 1.2]와 같이 텍스트를 그리고 색으로 채웠다. fillText() 메서드는 fillStyle의 특성에 따라 텍스트를 칠하며 storkeText() 메서드에서는 strokeStyle을 사용해 텍스트의 특성에 따라 윤곽을 그린다. fillStyle 속성과 strokeStyle 속성은 CSS 색상이나, 그라디언트(gradient) 또는 패턴(pattern)이 될 수 있다. 참고로, 9페이지의 1.2.1절('2d 콘텍스트')에서 지금 언급한 속성을 다루며 2장에서 해당 속성과 메서드를 자세히 소개할 예정이다.

fillText() 메서드와 strokeText() 메서드는 텍스트와 이 텍스트를 표시할 수 있도록 캔버스 내 위치(x, y) 등 세 가지 인수가 있다. [예제 1.2]에서 소개한 자바스크립트 코드에서는 상수 값을 이용해 텍스트를 중앙에 위치시키고 있다. 하지만 이렇게 텍스트를 캔버스 중앙에 위치시킬 때 상수 값을 이용하는 방법은 좋은 방법이 아니다. 텍스트를 중앙에 위치시키는 더 좋은 방법은 3장에서 소개할 예정이다.

 픽셀(px)은 캔버스 폭과 높이 설정에 적당하지 않다

캔버스를 지원하는 브라우저에서 픽셀(px)을 광범위하게 사용하고 있지만, 캔버스 명세서에서는 캔버스 width 속성과 height 속성에 픽셀(px) 값을 사용하는 방법을 기술적으로 허락하지 않는다. 또한, 캔버스 명세서를 보면 width와 height 속성값은 음이 아닌 정수로만 사용할 수 있다.

 캔버스의 기본 크기는 300x150픽셀이다

기본적으로 브라우저에서는 너비 300픽셀, 높이 150픽셀인 〈canvas〉 요소를 생성한다. 하지만 width 속성과 height 속성을 정의해 〈canvas〉 요소의 크기를 변경할 수 있다.

물론 CSS 속성을 이용해 〈canvas〉 요소의 크기를 변경할 수도 있지만, CSS 속성을 이용해 〈canvas〉 요소의 너비와 높이를 변경하면 원치 않는 결과가 발생할 수 있다. 다음 절에서 이 현상에 대해 알아보자.

1.1.1 〈canvas〉 요소의 크기와 드로잉 표면의 크기

앞 절에서 소개한 애플리케이션에서는 <canvas> 요소의 width 속성과 height 속성을 설정해 <canvas> 요소의 크기를 설정했다. 물론 [예제 1.3]처럼 CSS를 사용해서 <canvas> 요소의 크기를 설정할 수도 있지만, CSS를 이용해 <canvas> 요소 크기를 설정하는 방법은 <canvas> 요소의 width 속성과 height 속성을 설정하는 방법과 다르다.

예제 1.3   요소 크기를 화면 크기와 다르게 설정

```
<!DOCTYPE html>
    <head>
        <title>Canvas element size: 600 x 300,
            Canvas drawing surface size: 300 x 150</title>
        <style>
```

```
        body {
            background: #dddddd;
        }
        #canvas {
            margin: 20px;
            padding: 20px;
            background: #ffffff;
            border: thin inset #aaaaaa;
            width: 600px;
            height: 300px;
        }
    </style>
  </head>

  <body>
    <canvas id='canvas'>
        Canvas not supported
    </canvas>

    <script src='example.js'></script>
  </body>
</html>
```

이렇게 CSS를 이용한 방법과 <canvas> 요소의 속성을 설정한 방법이 다른 이유는 '실제로 캔버스에는 <canvas> 요소 자체에 대한 크기와 <canvas> 요소의 드로잉 표면에 대한 크기 등 두 가지 크기'가 있기 때문이다.

<canvas> 요소의 width 속성과 height 속성을 설정할 때는 <canvas> 요소의 크기뿐 아니라 요소의 드로잉 표면에 대한 크기도 설정할 수 있다. 하지만 CSS로 <canvas> 요소의 크기를 설정하면, 드로잉 표면의 크기는 설정할 수 없으며 <canvas> 요소의 크기만 설정할 수 있다.

기본적으로 <canvas> 요소의 크기와 드로잉 표면의 크기는 모두 너비 300픽셀, 높이 150픽셀로 설정된다. CSS로 <canvas> 요소의 크기를 설정한 [예제 1.3]의 코드에서는 <canvas> 요소의 크기를 너비 600픽셀 그리고 높이 300픽셀로 설정하고 있지만, 드로잉 표면의 크기를 별도로 설정하지 않고 기본값인 300×150픽셀을 사용하고 있다.

이렇게 <canvas> 요소의 크기가 드로잉 표면의 크기와 일치하지 않으면 <canvas> 요소의 크기에 맞추기 위해 드로잉 표면의 크기를 변경하는 재미있는 결과가 발생한다. 이 결과는 [그림 1.3]에서 확인할 수 있다.

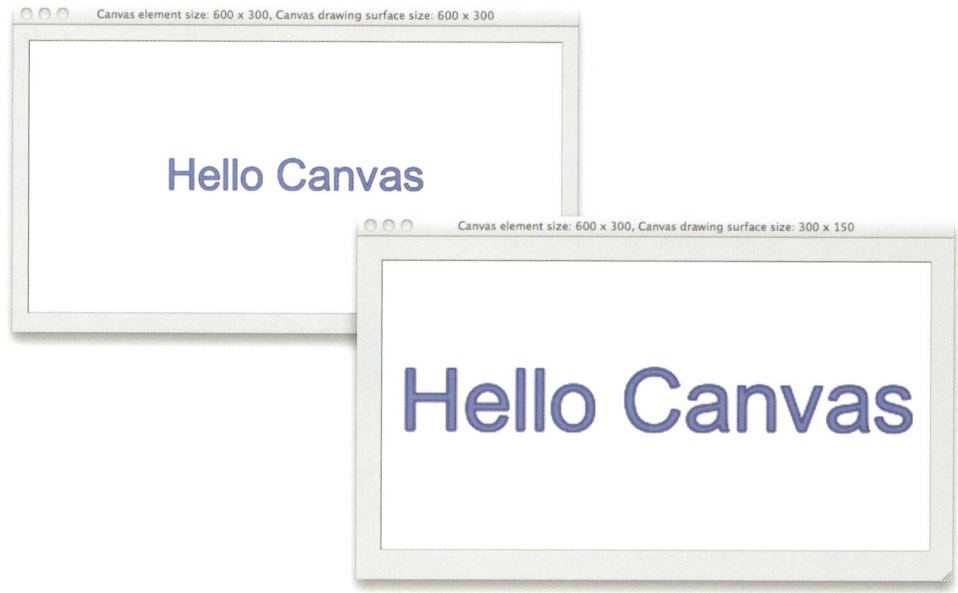

그림 1.3 위: <canvas> 요소 및 좌표 = 600 x 300, 아래: 요소 = 600 x 300, 좌표 = 300 x 150

[그림 1.3]에서 위에 있는 애플리케이션은 앞 절에서 언급했던 애플리케이션이다. 이 애플리케이션에서는 <canvas> 요소의 width 속성과 height 속성을 이용해 <canvas> 요소의 크기를 설정하고 있으며 <canvas> 요소의 크기와 드로잉 표면의 크기가 모두 600×300픽셀이다.

그리고 [그림 1.3]에서 아래에 있는 애플리케이션은 [예제 1.3]에서 보여준 HTML 코드의 결과로 CSS를 이용해 <canvas> 요소의 크기를 설정하는 점과 윈도우의 제목 표시줄에 표시된 제목이 다른 점을 제외하고 앞 절에서 언급했던 애플리케이션과 같다.

[그림 1.3]의 아래에 있는 애플리케이션에서 <canvas> 요소의 width 속성이나 height 속성을 설정하지 않고 CSS를 사용해 <canvas> 요소의 크기를 설정했기 때문에, 브라우저에서는 드로잉 표면의 크기를 300×150픽셀에서 600×300픽셀로 변경한다.

 브라우저는 캔버스의 크기를 자동으로 변경한다

CSS를 사용하는 대신 〈canvas〉 요소의 width 속성과 height 속성을 사용해 〈canvas〉 요소의 크기를 조절하는 방법이 좋다. 〈canvas〉 요소의 width 속성과 height 속성을 명시하지 않고 CSS를 사용해 〈canvas〉 요소의 크기를 설정한다면, 〈canvas〉 요소의 크기는 캔버스의 드로잉 표면 크기와 일치하지 않게 되며, 브라우저에서는 〈canvas〉 요소의 크기를 맞추기 위해 드로잉 표면의 크기를 변경하므로 원치 않은 효과를 야기할 수 있다.

1.1.2 캔버스 API

<canvas> 요소에서는 대부분의 API를 지원하지 않는다. 사실 API에서는 [표 1.1]에서 소개하는 두 가지 속성과 [표 1.2]에서 소개하는 세 가지 메서드만 제공하고 있다.

표 1.1   〈canvas〉 속성

속성	설명	타입	허용 값	기본값
width	드로잉 표면의 너비. 기본적으로 브라우저에서는 〈canvas〉 요소를 드로잉 표면과 같은 크기로 생성한다. 그러나 CSS를 사용해 〈canvas〉 요소 크기를 설정하면 브라우저에서는 〈canvas〉 요소의 크기에 맞게 드로잉 표면의 크기를 변경한다.	음이 아닌 정수	음이 아닌 모든 정수. 앞에 양수 기호(+)나 여백을 추가할 수 있지만, 기술적으로 픽셀(px)을 사용할 수 없다.	300
height	드로잉 표면의 높이. 브라우저에서는 〈canvas〉 요소의 크기에 맞게 드로잉 표면의 크기를 변경한다. 자세한 정보는 width 속성을 참고.	음이 아닌 정수	음이 아닌 모든 정수. 앞에 양수 기호(+)나 여백을 추가할 수 있지만, 기술적으로 픽셀(px)을 사용할 수 없다.	150

표 1.2   〈canvas〉 메서드

메서드	설명
getContext()	캔버스와 연관된 그래픽 콘텍스트를 반환한다. 각 캔버스에는 하나의 콘텍스트가 있으며 각 콘텍스트는 하나의 캔버스와 관련되어 있다.
toDataURL(type, quality)	〈img〉 요소의 src 속성에 할당할 수 있는 데이터 URL을 반환한다. 첫 번째 인수에는 image/jpeg나 image/png 등과 같이 이미지에 대한 타입을 명시한다. 첫 번째 인수를 명시하지 않으면 기본값인 image/png로 설정된다. 두 번째 인수는 JPEG 이미지의 품질 수준으로 0.0부터 1.0까지의 실수 값을 반드시 명시해야 한다.
toBlob(callback, type, args…)	캔버스의 이미지를 포함하고 있는 파일을 나타내는 Blob를 생성한다. 첫 번째 인수는 브라우저에서 Blob에 대한 참조를 호출하는 함수를 명시하고, 두 번째 인수에는 image/png 등과 같은 이미지 타입을 명시한다. 참고로, 두 번째 인수의 기본값은 image/png다. 마지막으로 세 번째 인수는 0.0부터 1.0까지의 값으로 JPEG 이미지의 품질 수준을 나타낸다. 그리고 이미지 특성을 제어하기 위해 다른 인수를 추가할 수 있다.

1.2   캔버스 콘텍스트

<canvas> 요소는 콘텍스트를 위한 컨테이너로서의 역할만 한다. 그리고 콘텍스트는 모든 그래픽 능력 (graphics horsepower)을 제공한다. 이 책에서는 2d 콘텍스트에 대해 중점적으로 소개하고 있지만, 캔버스 명세서에는 2d 콘텍스트 뿐 아니라 모든 종류의 콘텍스트를 포괄적으로 다루고 있다. 특히, 명세서에 3d

콘텍스트를 추가하는 작업이 한창이다. 이 절에서는 2d 콘텍스트의 속성을 살펴보고 3d 콘텍스트도 간략하게 훑어보겠다.

1.2.1 2d 콘텍스트

자바스크립트 코드를 살펴보면 앞 절에서 언급했듯이 <canvas> 요소를 사용해 캔버스의 너비나 높이, 또는 데이터 URL을 가져오는 것을 제외하고 <canvas> 요소 자체를 사용하는 것을 거의 찾아볼 수 없을 것이다. 게다가 도형과 텍스트를 그리고, 이미지를 표시 및 조작하기 위한 API를 제공하는 캔버스 콘텍스트에 대한 참조를 가져올 수 있도록 <canvas> 요소를 사용하는 것을 볼 수 있을 것이다. 사실 이 책의 나머지 부분에서는 2d 콘텍스트를 중점적으로 소개하고 있다.

[표 1.3]에서는 2d 콘텍스트의 모든 속성을 소개한다. 캔버스 자체를 참조하는 canvas 속성 외에 모든 속성은 드로잉 작업과 관련이 있다.

표 1.3　CanvasRenderingContext2D 속성

속성	설명
canvas	콘텍스트의 캔버스를 참조한다. 보통 canvas 속성은 context.canvas.width와 context.canvas.height 등 캔버스의 너비와 높이에 접근할 때 사용한다.
fillStyle	콘텍스트에서 도형을 채울 때 사용할 색상, 그라디언트, 패턴을 명시한다.
font	fillText()나 strokeText()를 호출할 때 콘텍스트에서 사용할 폰트를 명시한다.
globalAlpha	전역(global) Alpha 값을 설정하는 속성으로 0(완전 투명)과 1.0(완전 불투명) 사이의 값을 사용해야 한다. 브라우저에서는 이미지를 그릴 때를 포함해 globalAlpha 속성으로 그려진 모든 픽셀에 대한 alpha 값을 증가시킨다.
globalComposite-Operation	브라우저가 도형 위에 다른 도형을 그리는 방법을 결정한다. 2.14절에서 사용할 수 있는 값에 대해 자세하게 설명하고 있다.
lineCap	브라우저에서 선(line)에 대한 단점(endpoint)을 그리는 방법을 명시한다. butt, round, square 등 세 가지 값 중 하나를 명시할 수 있다. 기본값은 butt다.
lineWidth	캔버스에서 그릴 선의 너비(픽셀)를 결정한다. 반드시 음이 아닌 유한 실수 값을 사용해야 한다. 기본값은 1.0이다.
lineJoin	선의 단점이 만날 때 선이 연결되는 방법을 명시한다. bevel, round, miter 등을 값으로 사용할 수 있다. 기본값은 miter다.
miterLimit	miter 값으로 선의 연결을 그리는 방법을 명시한다. 이 속성과 관련된 자세한 내용은 2.8.7절에서 소개하고 있다.
shadowBlur	브라우저에서 그림자를 흐리는 방법을 결정한다. 숫자가 높을수록 그림자가 더 많이 흐려진다. shadowBlur 값은 픽셀값이 아닌 가우시안 블러에 대한 방정식에서 사용된 값이다. 값은 반드시 양의 유한 실수 값을 사용해야 하며 기본값은 0이다.
shadowColor	그림자의 색상을 정의한다. 이 속성에 대한 값은 배경이 보일 수 있도록 부분적으로 투명하게 명시할 때가 잦다.

속성	설명
shadowOffsetX	그림자의 가로 오프셋(픽셀)을 명시한다.
shadowOffsetY	그림자의 세로 오프셋(픽셀)을 명시한다.
strokeStyle	패스를 그릴 때 사용한 스타일을 명시한다. 색상, 그라디언트, 패턴 중 하나를 속성값으로 사용할 수 있다.
textAlign	fillText()나 strokeText()를 사용해 그린 텍스트의 가로 위치를 결정한다.
textBaseline	fillText()나 strokeText()를 사용해 그린 텍스트의 세로 위치를 결정한다.

위 표에서 2d 콘텍스트의 모든 속성을 소개했다. 2장에서는 여기서 언급한 속성을 사례별로 알아보도록 하겠다.

 2d 콘텍스트의 기능을 확장할 수 있다

각 캔버스와 관련된 콘텍스트는 강력한 그래픽 엔진으로 그라디언트, 이미지 합성, 애니메이션 등과 같은 기능을 지원하지만, 제약 사항이 있다. 예를 들면, 콘텍스트에서는 점선을 그리는 작업을 지원하는 메서드가 없다. 그러나 자바스크립트는 동적 언어이므로 새로운 메서드를 추가하거나 콘텍스트에 대한 기존 메서드를 강화할 수 있다. 이와 관련된 자세한 정보는 115페이지의 2.8.6절('CanvasRenderingContext2D를 확장해 점선 그리기')을 참고하자.

1.2.1.1 WebGL 3d 콘텍스트

캔버스 2d 콘텍스트는 OpenGL ES 2.0 API에 따른 3d 콘텍스트를 가지고 있다. 이 3d 콘텍스트는 WebGL로 알려져 있다. WebGL 명세서는 크로노스 그룹(Khronos Group)에서 관리하고 있으며 http://www.khronos.org/registry/webgl/specs/latest/에서 확인할 수 있다.

이 책을 집필할 당시 브라우저 제작사에서 WebGL의 지원을 막 시작하고 있는 시점이었기 때문에 iOS4와 IE10 등과 같이 유명한 플랫폼에서도 WebGL을 지원하지 않았다. 그래도 3d 캔버스 콘텍스트 개발은 최첨단 애플리케이션에게 새로운 기회를 줄 수 있는 계기가 될 거라고 믿는다.

1.2.2 캔버스 상태 저장 및 복원

9페이지의 1.2.1절('2d 콘텍스트')에서는 캔버스 콘텍스트의 모든 속성을 소개했다. 앞으로 여러분은 드로잉 작업에 대한 속성들을 설정하게 될 것이다. 이때, 이런 속성들을 임시로 설정하고 싶을 수도 있다. 예를 들어, 배경에 얇은 선으로 된 격자무늬를 그린 다음 그 격자무늬 위에 두꺼운 격자무늬를 그린다고 가정하자. 이런 경우, 얇은 선의 격자무늬를 그리는 동안 lineWidth 속성을 임시로 설정하고 싶을 것이다.

캔버스 API에서는 캔버스 콘텍스트의 모든 속성을 저장하고 복원할 수 있는 save() 메서드와 restore() 메서드를 제공한다. 다음 코드와 같이 이 메서드를 이용할 수 있다.

```
function drawGrid(strokeStyle, fillStyle) {
    controlContext.save(); // 콘텍스트를 스택에 저장한다

    controlContext.fillStyle = fillStyle;
    controlContext.strokeStyle = strokeStyle;

    // 격자무늬 그리기...

    controlContext.restore(); // 스택으로부터 콘텍스트를 복원한다.
}
```

save() 메서드와 restore() 메서드를 대수롭지 않게 여길 수 있지만, 어느 정도 캔버스를 사용하다보면 save() 메서드와 restore() 메서드가 꼭 필요하다고 느끼게 될 것이다. [표 1.4]에서 save() 메서드와 restore() 메서드를 자세히 설명하고 있다.

 save() 및 restore()를 한 세트로 호출할 수 있다

콘텍스트의 save() 메서드는 콘텍스트의 현재 상태를 스택에 저장하는 메서드다. 반대로 restore() 메서드를 호출하면, 스택에 저장된 콘텍스트의 상태를 불러와 복원한다. 다시 말하면 save() 및 restore()를 한 세트로 호출할 수 있다.

표 1.4 **CanvasRenderingContext2D 상태 메서드**

메서드	설명
save()	캔버스의 현재 상태를 스택에 넣는다. 캔버스 상태는 strokeStyle, fillStyle, globalCompositeOperation 등을 포함한 캔버스 콘텍스트의 모든 속성과 현재 변화 및 클리핑 영역(clipping region)도 포함하고 있다.
	하지만 캔버스 상태는 현재 패스(path)나 비트맵(bitmap)을 포함하지 않는다. beginPath()를 호출해야만 패스를 재설정할 수 있으며 비트맵은 콘텍스트가 아닌 캔버스의 속성이다.
	비트맵은 캔버스의 속성이지만 콘텍스트(콘텍스트의 getImageData() 메서드)를 통해 비트맵에 접근할 수 있다는 점에 주의하자.
restore()	스택으로부터 맨 위에 있는 정보를 꺼낸다. 이렇게 정보를 꺼내면 스택의 맨 위에 있는 상태가 현재 상태가 되며 브라우저에서는 그에 맞춰 캔버스 상태를 설정해야 한다. 따라서 save() 메서드와 restore() 메서드 사이에 캔버스 상태를 변화시키고 싶다면 restore() 메서드를 호출할 때까지만 상태를 유지하면 된다.

드로잉 표면 저장 및 복원하기

이 절에서는 콘텍스트 상태를 저장하고 복원하는 방법을 소개했다. 그에 못지않게 드로잉 표면 자체를 저장하고 복원하는 방법도 굉장히 유용하다. 이 방법은 32페이지의 1.7절('드로잉 표면의 저장 및 복원')에서 소개할 예정이다.

1.3   책에서 사용하는 표준 형태

이 책에서 소개하는 대부분의 예제는 다음 코드처럼 표준 형태를 사용한다.

```html
<!-- example.html -->

<!DOCTYPE html>
<html>
    <head>
        <title>Canonical Canvas used in this book</title>

        <style>
            ...
            #canvas {
                ...
            }
        </style>
    </head>

    <body>
        <canvas id='canvas' width='600' height='300'>
            Canvas not supported
        </canvas>

        <script src='example.js'></script>
    </body>
</html>
```

```javascript
// example.js

var canvas = document.getElementById('canvas'),
    context = canvas.getContext('2d');

// 콘텍스트 사용...
```

위 예제에서는 하나의 캔버스를 사용하고 있다. 사용된 캔버스의 ID는 canvas이며 파일명이 example.js인 자바스크립트를 사용한다. 자바스크립트 파일에는 캔버스용 변수와 캔버스의 콘텍스트용 변수 등 2가지 변수가 있다. 그리고 예제에서는 document.getElementById()를 사용해 캔버스와 캔버스의 콘텍스트에 대한 참조를 가져오고 있다.

이 책에서 소개하는 애플리케이션 대부분은 위에서 언급한 표준 형태를 고수하고 있으므로 코드를 간결하게 하려고 HTML 코드를 생략하고 있다. 마찬가지로 앞 코드처럼 예제에 대한 제목이 없는 코드를 의미하는 인라인 코드에서는 초기화에 대한 코드가 없는 canvas 변수와 context 변수 등을 보게 될 것이다.

마지막으로 코드를 간결하게 하려고 이 책에서 소개하고 있는 모든 예제에 대한 코드를 완전하게 소개하지 않았다. 다른 예제를 기반으로 소개하는 예제도 있기 때문에 예제에 대한 완전한 코드를 소개하거나 관련된 다른 예제에 대한 코드 일부분만 소개할 수도 있다.

 사용자 에이전트(User Agent)

캔버스 명세서에서는 〈canvas〉 요소의 구현자를 사용자 에이전트로 언급하고 있으며 때로는 줄여서 UA라고 말한다. 브라우저뿐만 아니라 소프트웨어에서도 〈canvas〉 요소를 사용할 수 있으므로 캔버스 명세서에서는 브라우저란 단어 대신 사용자 에이전트란 용어를 사용하고 있다.

하지만 사용자 에이전트, 또는 UA란 단어는 독자에게 혼란이나 이질감을 줄 수 있으므로 이 책에서는 〈canvas〉 요소의 구현자를 브라우저라고 언급하고 있다.

 이 책에서 언급한 URL

앞으로 이 책에서 URL을 언급한 부분을 볼 수 있을 것이다. 길지 않고 읽을 수 있는 URL을 본다면, 그 URL은 실제 URL일 것이다. 하지만 너무 긴 URL은 기억하기 어렵지만 쓰기 쉬운 축약된 URL로 표기하고 있다.

1.4 개발 환경 개요

이 절에서는 애플리케이션을 실행할 브라우저부터 프로파일러 및 타임라인 등과 같이 개발 과정에서 사용하게 될 개발 도구까지 개발 환경에 대한 대략적인 개요를 소개할 예정이다. 따라서 가벼운 마음으로 이 절을 살펴보면서 필요한 사항만 참고하자.

1.4.1 명세서

이 책에서 소개하는 내용은 다음 세 가지 명세서와 관련이 있다.

- HTML5 캔버스
- 스크립트 기반의 애니메이션을 위한 타이밍 컨트롤
- HTML5 비디오 및 오디오

역사적인 이유로 거의 똑같은 두 개의 캔버스 명세서가 있다. 그 중 하나는 W3C에서 관리하며 http://dew.w3.org/html5/spec에서 확인할 수 있다. 다른 하나는 WHATWG에서 관리하며 http://bit.ly/qXWjOl에서 확인할 수 있다. 캔버스 콘텍스트는 WHATWG의 명세서에 포함되어 있지만, http://dev.w3.org/html5/2dcontext에서 확인할 수 있듯이 WC3에서는 콘텍스트와 관련된 명세서를 별도로 가지고 있다.

오랫동안 사람들은 웹 기반 애니메이션을 위해 window.setInterval() 메서드나 window.setTimeout() 메서드를 사용했다. 하지만 이런 메서드는 높은 성능이 필요한 애니메이션에 적합하지 않다. 이와 관련된 내용은 5장에서 소개할 예정이다. 따라서 이런 메서드 대신 스크립트 기반 애니메이션을 위한 타이밍 컨트롤에 정의된 window.requestAnimationFrame()을 사용해야 한다. 이 명세서는 http://www.w3.org/TR/animation-timing에서 확인할 수 있다.

마지막으로 이 책에서는 캔버스 기반 애플리케이션에 HTML5 비디오 및 오디오를 포함시키는 방법을 소개할 예정이다. 한 명세서에서 HTML5 비디오와 오디오를 같이 다루고 있으며 http://www.w3.org/TR/html5/video.html에서 확인할 수 있다.

1.4.2 브라우저

이 책을 출간한 2012년대 초반 크롬(Chrome), 인터넷 익스플로러(Internet Explorer), 파이어폭스(Firefox), 오페라(Opera), 사파리(Safari) 등 다섯 개의 주요 브라우저에서는 HTML5 캔버스를 제공했다. 캔버스 명세서를 다르게 해석해서 사소한 호환성 문제가 발생했지만, 브라우저 제작사는 명세서에 충실할 뿐만 아니라 성능이 뛰어난 브라우저를 만들어내는 성과를 올렸다. 호환성 문제의 예로는 합성에 대한 부적합성을 설명한 181페이지의 2.14.1절('합성 논란')을 참고하자.

크롬, 파이어폭스, 오페라, 사파리 등의 브라우저에서는 얼마 전부터 HTML5을 지원하기 시작했지만 마이크로소프트의 인터넷 익스플로러는 늦게 참여하는 바람에 IE9까지 HTML5를 제공하지 못했다. 하지만 마이크로소프트에서도 IE9과 IE10에서 캔버스를 지원하는 놀라운 성과를 올렸다. 사실 이 책을 출판할 당시 위에서 소개한 주요 브라우저 중에서도 IE9과 IE10이 캔버스에 대한 성능이 가장 우수했다.

만약 IE6, IE7, IE8 중 하나에서 캔버스 기반 애플리케이션을 실행해야 한다면 [그림 1.4]와 같이 두 가지 방법을 선택할 수 있다.

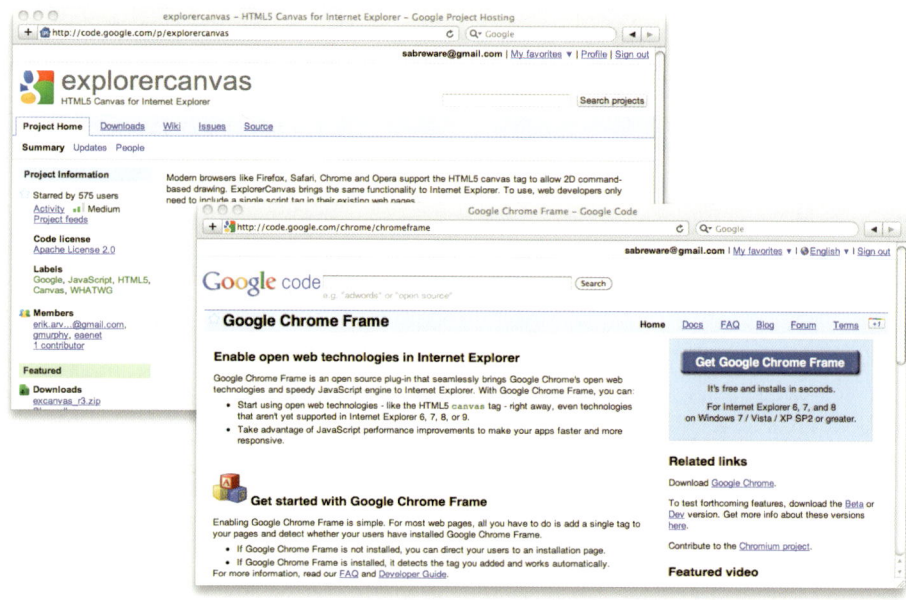

그림 1.4   구글에서 제공하는 IE6/7/8을 위한 구글 크롬 프레임과 explorercanvas.

첫 번째 방법은 구버전 인터넷 익스플로러에 캔버스 지원을 추가할 수 있는 explorercanvas를 이용하는 것이다. 두 번째 방법은 IE 엔진을 구글 크롬 엔진으로 대체할 수 있는 구글 크롬 프레임을 이용하는 것이다. explorercanvas와 구글 크롬 프레임 모두 구글에서 제공한다.

1.4.3   콘솔 및 디버거

HTML5를 지원하는 주요 브라우저를 이용하면 콘솔과 디버거를 사용할 수 있다. 사실 브라우저 제작사 사이에서 서로의 아이디어를 따라하는 경우가 흔히 있어서 파이어폭스, 오페라, IE 등과 같은 웹킷 기반 브라우저에서 제공하는 콘솔과 디버거는 매우 비슷하다.

[그림 1.5]는 사파리에서 제공하는 콘솔과 디버거이다.

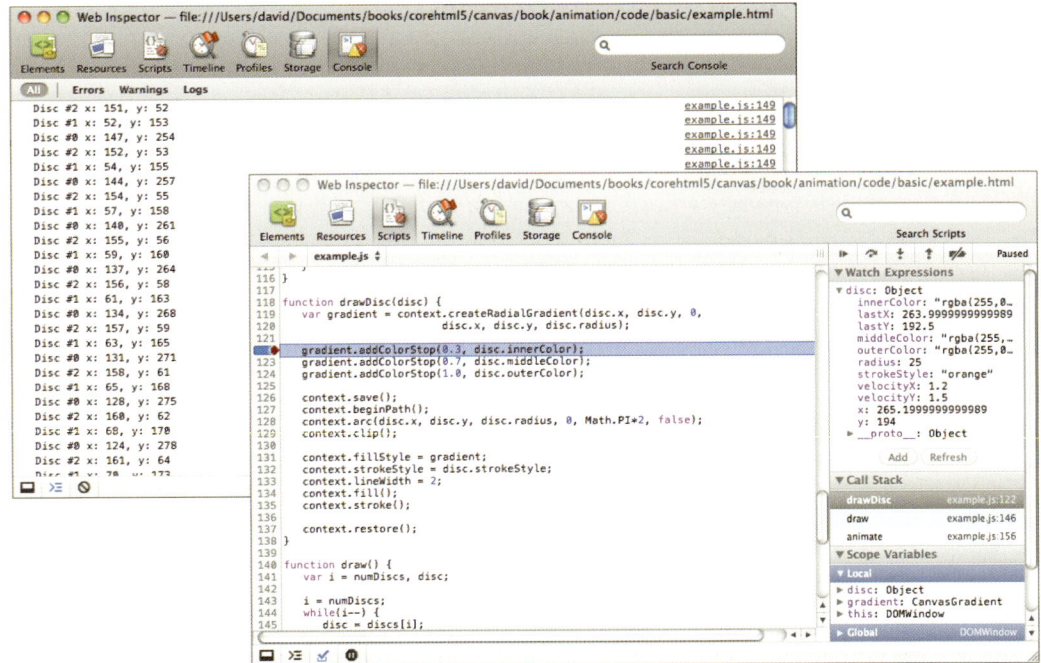

그림 1.5   사파리에서 제공하는 콘솔과 디버거

console.log() 메서드를 이용하면 콘솔을 사용할 수 있다. 문자열을 console.log() 메서드에 전달하기만 하면 전달된 문자열은 콘솔 창에 표시된다. 여기서 언급한 디버거는 일반적인 디버거로 브레이크포인트를 설정하고, 코드를 확인하고, 변수 및 콜 스택(call stack)을 조사할 수 있다.

다양한 브라우저의 개발자 도구를 자세히 소개하는 것은 이 책의 주제를 벗어나므로 크롬용 개발자 도구에 대한 자세한 정보는 [그림 1.6]에 있는 크롬 개발자 도구 문서를 참고하기 바란다. 마찬가지로 다른 브라우저에 대한 문서도 참고할 수 있다.

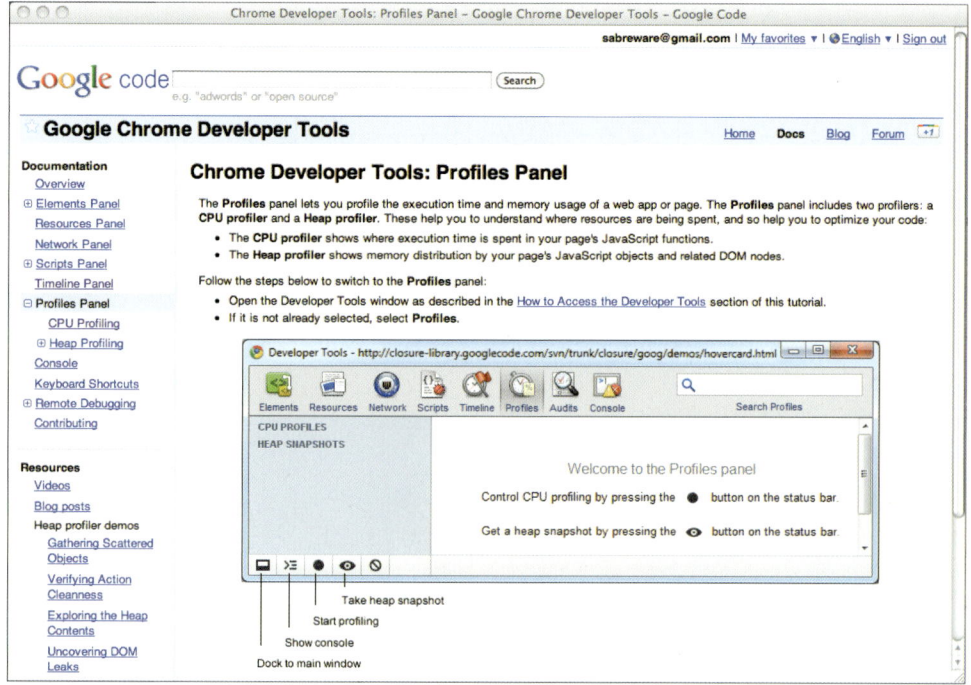

그림 1.6   크롬 개발자 도구 문서

 프로그램에서 프로파일러를 시작하고 멈추기

[그림 1.6]과 같이 프로파일러 창 아래에 있는 원 모양의 아이콘을 클릭해 웹킷 기반 브라우저에서 프로파일링을 시작할 수 있다.

그러나 아이콘을 클릭해 프로파일러를 제어하는 것만으로 충분하지 못할 때도 있다. 코드의 특정 라인에서 프로파일링을 시작하고 멈추고 싶다면 WebKit 기반 브라우저에서는 다음 코드처럼 console.profile() 메서드와 console.profileEnd() 메서드를 이용해 프로파일링을 시작하거나 멈출 수 있다.

```
console.profile('Core HTML5 Animation,
                erasing the background');
//...
console.profileEnd();
```

1.4.4 성능

캔버스로 구현한 애플리케이션을 이용하는 대부분은 성능에 만족할 것이다. 그러나 애니메이션이나 게임을 실행하거나 모바일 장치에서 캔버스 기반 애플리케이션을 실행할 때는 성능을 최적화할 필요가 있다.

이 절에서는 여러분이 가지고 있는 도구를 이용해 코드에서 성능을 저하하는 부분을 확인할 것이다. 그리고 도구의 사용법을 확인하기 위해 [그림 1.7]에 있는 애플리케이션을 이용할 것이다. 이 애플리케이션은 세 가지 원을 동시에 움직이는 애니메이션으로 5장에서 자세히 소개할 예정이다.

그림 1.7   5장에서 소개할 애니메이션

여기서는 다음 세 가지 도구를 살펴볼 것이다.

- 프로파일러
- 타임라인
- jsPerf

첫 번째와 두 번째 도구는 브라우저에서 직접 제공하거나 추가로 제공될 수 있다. 그러나 세 번째 도구인 jsPerf는 성능 테스트를 할 수 있도록 일반에게 공개된 웹사이트다. 이 절에서는 크롬과 사파리에서 제공하는 프로파일링 및 타임라인 도구를 살펴본 후 jsPerf를 알아보겠다.

1.4.4.1 프로파일 및 타임라인

프로파일과 타임라인은 코드 중에서 성능을 저하하는 부분을 찾기 위해 반드시 필요하다. [그림 1.8]과 [그림 1.9]에서는 [그림 1.7]에서 보여준 애니메이션에 대한 타임라인과 프로파일을 보여주고 있다.

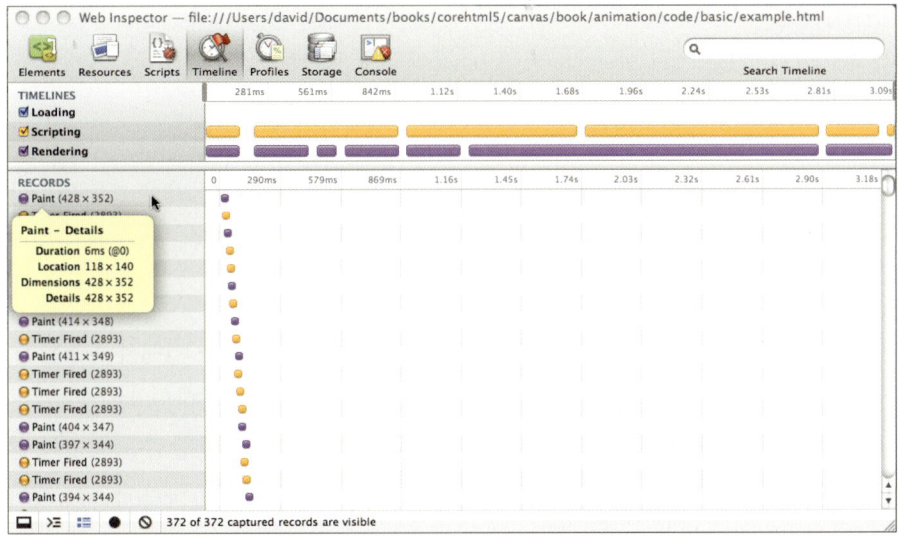

그림 1.8   타임라인

타임라인에서는 이벤트가 영향을 미쳤던 윈도우의 영역과 기간 등과 같은 이벤트에 대한 자세한 정보와 함께 애플리케이션에서 발생하는 중요한 이벤트를 기록하여 보여준다. 크롬과 사파리 등과 같은 웹킷 기반 브라우저에서는 [그림 1.8]에서 보여준 것처럼 마우스를 이벤트 위에 올리면 관련 정보를 볼 수 있다.

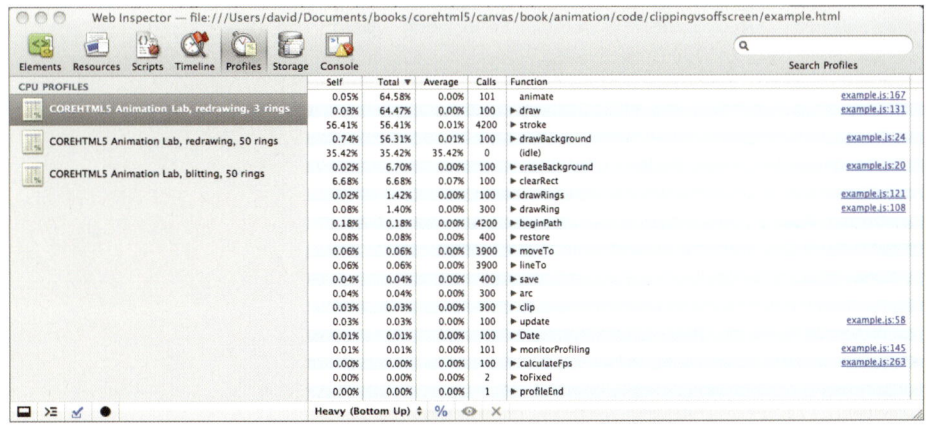

그림 1.9   프로파일

프로파일러에서는 함수 수준에서 코드가 수행하는 방법에 대한 자세한 정보를 보여준다. [그림 1.9]처럼 프로파일에서는 애플리케이션에서 각 함수를 얼마나 많이 호출했는지 그리고 호출된 함수가 지속된 기간을 보여준다. 또한, 총 실행 시간에서 각 함수가 차지하는 비율을 퍼센트로 확인할 수 있을 뿐만 아니라 각 함수가 실행될 때 평균적으로 얼마나 걸리는지도 정확하게 살펴볼 수 있다.

1.4.4.2 jsPerf

[그림 1.10]의 jsPerf는 웹사이트로 자바스크립트 기준(benchmark)을 생성하고 공유한다.

예를 들어, 캔버스에서 처리하는 이미지에 대한 픽셀을 반복문으로 반복하기 위한 가장 효율적인 방법이 무엇인지 궁금해하고 있다고 가정해 보자. [그림 1.10]의 그림에서 화면 상단에 있는 'test cases' 링크를 클릭하면 [그림 1.11]과 같이 공개된 모든 테스트 케이스를 보여준다.

또한, jsperf.com에서는 캔버스와 관련된 수많은 테스트를 확인할 수 있다. [그림 1.11]에서 강조된 테스트 케이스는 앞에서 궁금해했던 내용에 대한 해답이다. 이 테스트 케이스를 클릭하면 jsPerf에서는 [그림 1.12]와 같은 테스트 케이스에 대한 코드를 보여준다. 직접 테스트 케이스를 실행할 수도 있으며 실행한 결과는 테스트 케이스에 추가된다. [그림 1.12]에서는 확인할 수 없지만 다른 사용자가 테스트 케이스를 실행했던 다양한 브라우저에서의 결과도 볼 수 있다.

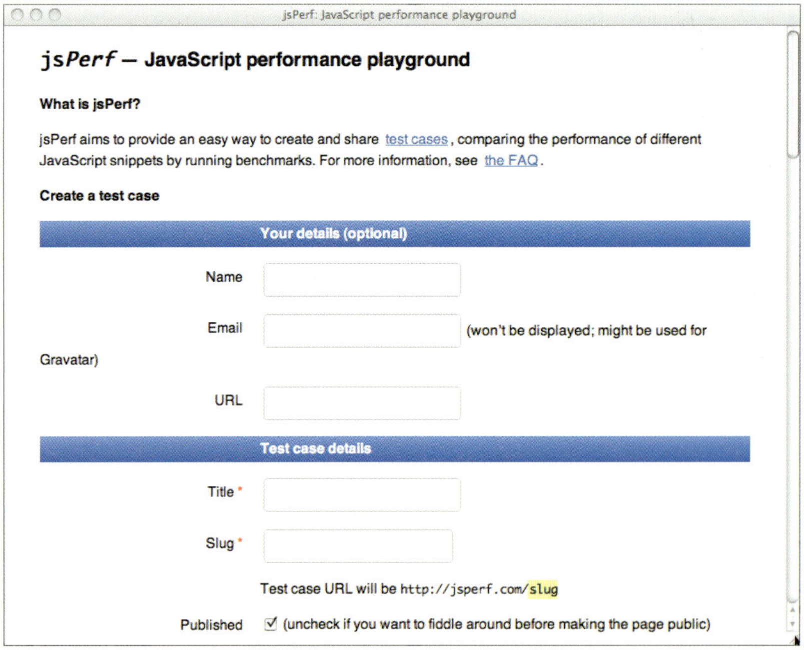

그림 1.10   jsPerf.com 홈페이지

그림 1.11   jsPerf.com에서 찾은 캔버스에 대한 테스트 케이스

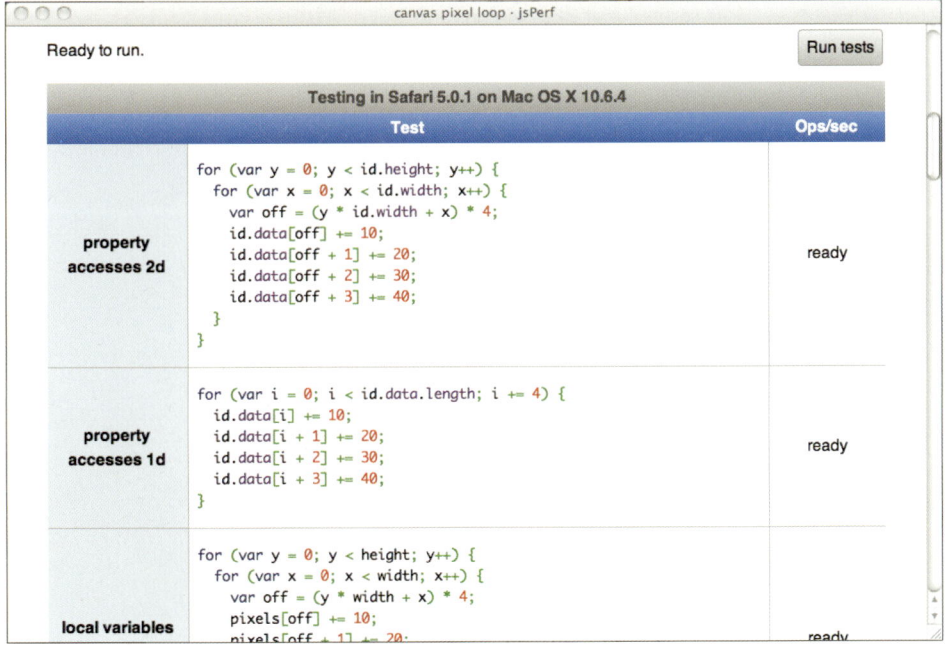

그림 1.12   이미지 픽셀을 반복문으로 돌리는 테스트 케이스

캔버스에 대한 사전 준비는 모두 끝났다. 이제 본격적으로 캔버스에 그리는 방법을 알아보도록 하자.

1.5   기본적인 드로잉 작업

캔버스에 그리는 방법은 2장에서 자세히 다룰 예정이므로 이 절에서는 캔버스 API에서 제공하는 드로잉 (drawing) 메서드와 친숙해지기 위한 시간을 가져보자. 우선 [그림 1.13]에 있는 애플리케이션부터 만들어 보자. 보다시피 [그림 1.13]의 애플리케이션은 아날로그 시계를 구현하고 있다.

[예제 1.4]에서는 [그림 1.13]의 시계 애플리케이션의 바로 아래에서 소개하고 있는 드로잉 메서드를 사용하고 있다.

- arc()
- beginPath()
- clearRect()
- fill()
- fillText()
- lineTo()
- moveTo()
- stroke()

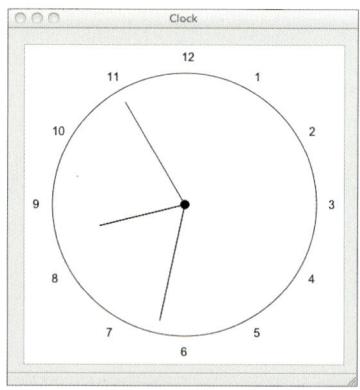

그림 1.13   시계

어도비 일러스트레이터(Adobe Illustrator)와 애플의 코코아(Cocoa) 등과 같이 캔버스는 패스의 윤곽을 그리는 **stroke()**를 호출하거나 패스의 내부를 칠하는 **fill()**을 호출해 추후에 시각화할 수 있는 보이지 않는 패스를 생성하여 도형을 그린다. 패스의 시작은 beginPath() 메서드를 이용한다.

시계 애플리케이션의 **drawCircle()** 메서드에서는 패스를 시작할 수 있도록 **beginPath()** 메서드를 호출하고 시계 문자판을 나타내는 원을 그린 다음 arc() 메서드를 호출해 원형 패스를 생성한다. 이렇게 만든 패스는 애플리케이션에서 stroke() 메서드를 호출할 때까지 보이지 않는다. 마찬가지로 애플리케이션의 drawCenter() 메서드에서도 beginPath() 메서드, arc() 메서드, fill() 메서드 등을 조합해 색이 칠해진 작은 원을 시계 중앙에 그린다.

시계 애플리케이션의 drawNumerals() 메서드에서는 색이 칠해진 텍스트를 캔버스에 그리는 fillText() 메서드를 이용해 시계 면을 빙 둘러 숫자를 그린다. arc() 메서드와 달리 fillText() 메서드에서는 패스를 생성하지 않는다. 대신, 곧바로 캔버스에 텍스트를 생성한다.

그리고 moveTo() 메서드, lineTo() 메서드, stroke() 메서드 등 세 가지 메서드를 사용해 시계바늘을 나타내는 선을 그리는 drawHand() 메서드를 호출해 시계바늘을 그린다. moveTo() 메서드에서는 그래픽 펜을 캔버스의 특정 위치로 옮기고, lineTo() 메서드에서는 보이지 않는 패스를 캔버스의 정해진 위치에 그리며, stroke() 메서드에서는 현재 패스를 보이게 만든다.

시계 애플리케이션에서는 매초 시계 애플리케이션의 drawClock() 함수를 호출하는 setInterval() 메서드를 이용해 시계바늘을 움직인다. drawClock() 함수에서는 clearRect() 메서드를 이용해 캔버스를 지운 다음 시계를 다시 그린다.

예제 1.4　　**기본 시계**

```javascript
var canvas = document.getElementById('canvas'),
    context = canvas.getContext('2d'),
    FONT_HEIGHT = 15,
    MARGIN = 35,
    HAND_TRUNCATION = canvas.width/25,
    HOUR_HAND_TRUNCATION = canvas.width/10,
    NUMERAL_SPACING = 20,
    RADIUS = canvas.width/2 - MARGIN,
    HAND_RADIUS = RADIUS + NUMERAL_SPACING;

// 함수......................................................

function drawCircle() {
    context.beginPath();
    context.arc(canvas.width/2, canvas.height/2,
                RADIUS, 0, Math.PI*2, true);
    context.stroke();
}

function drawNumerals() {
    var numerals = [ 1, 2, 3, 4, 5, 6, 7, 8, 9, 10, 11, 12 ],
        angle = 0,
        numeralWidth = 0;
```

```javascript
    numerals.forEach(function(numeral) {
        angle = Math.PI/6 * (numeral-3);
        numeralWidth = context.measureText(numeral).width;
        context.fillText(numeral,
            canvas.width/2 + Math.cos(angle)*(HAND_RADIUS) -
                numeralWidth/2,
            canvas.height/2 + Math.sin(angle)*(HAND_RADIUS) +
                FONT_HEIGHT/3);
    });
}

function drawCenter() {
    context.beginPath();
    context.arc(canvas.width/2, canvas.height/2, 5, 0, Math.PI*2, true);
    context.fill();
}

function drawHand(loc, isHour) {
    var angle = (Math.PI*2) * (loc/60) - Math.PI/2,
        handRadius = isHour ? RADIUS - HAND_TRUNCATION-HOUR_HAND_TRUNCATION
                            : RADIUS - HAND_TRUNCATION;

    context.moveTo(canvas.width/2, canvas.height/2);
    context.lineTo(canvas.width/2 + Math.cos(angle)*handRadius,
                   canvas.height/2 + Math.sin(angle)*handRadius);
    context.stroke();
}

function drawHands() {
    var date = new Date,
        hour = date.getHours();

    hour = hour > 12 ? hour - 12 : hour;

    drawHand(hour*5 + (date.getMinutes()/60)*5, true, 0.5);
    drawHand(date.getMinutes(), false, 0.5);
    drawHand(date.getSeconds(), false, 0.2);
}

function drawClock() {
    context.clearRect(0,0,canvas.width,canvas.height);
    drawCircle();
    drawCenter();
    drawHands();
    drawNumerals();
}

// 초기화............................................
context.font = FONT_HEIGHT + 'px Arial';
loop = setInterval(drawClock, 1000);
```

패스와 그리기(stroking), 칠하기(filling)

이 절에서는 시계 예제로 캔버스에 그리는 방법을 간략하게 살펴봤다. 2장에서는 캔버스에 도형을 그리고 조작하는 방법을 자세히 살펴볼 예정이다.

1.6 이벤트 처리

HTML5 애플리케이션에서는 이벤트가 주도적인 역할을 한다. 즉, HTML 요소와 함께 이벤트 리스너를 등록하고 등록된 이벤트에 대응하는 코드를 구현한다. 거의 모든 캔버스 기반 애플리케이션에서 마우스 이벤트나 터치 이벤트, 또는 두 가지 이벤트를 모두 처리한다. 그리고 수많은 애플리케이션에서 키 입력과 드래그 앤 드롭 등과 같은 다양한 이벤트를 처리한다.

1.6.1 마우스 이벤트

캔버스에서 마우스 이벤트를 감지하는 방법은 매우 간단하다. 캔버스에 이벤트 리스너를 추가하기만 하면 이벤트가 발생할 때 브라우저에서 추가된 리스너를 호출한다. 예를 들면, 다음 코드와 같이 mousedown 이벤트를 감지할 수 있다.

```
canvas.onmousedown = function (e) {
    // mousedown 이벤트에 반응한다
};
```

또 다른 방법으로 addEventListener() 메서드를 사용할 수도 있다.

```
canvas.addEventListener('mousedown', function (e) {
    // mousedown 이벤트에 반응한다
});
```

위 코드에서 onmousedown 자리에 onmousemove, onmouseup, onmouseover, onmouseout 등의 이벤트를 쓸 수 있다.

함수에 onmousedown, onmousemove 등을 사용하는 첫 번째 방법은 addEventListener() 메서드를 사용하는 두 번째 방법보다 약간 더 쉬울 것이다. 하지만 하나의 마우스 이벤트에 여러 개의 다양한 리스너를 사용할 때는 addEventListener() 메서드가 반드시 필요하다.

1.6.1.1 마우스 좌표에서 캔버스 좌표로 변환

브라우저에서 이벤트 리스너로 전달하는 이벤트 오브젝트에 대한 마우스 좌표는 캔버스와 관련된 좌표가 아닌 윈도우 좌표다.

대부분 윈도우가 아닌 캔버스에 관하여 마우스 이벤트가 발생하는 위치를 알아야 하므로 좌표를 변환해야 한다. 예를 들면, [그림 1.14]에서는 스프라이트 시트로 알려진 이미지를 캔버스에 보여주고 있다. 스프라이트 시트는 애니메이션을 위해 여러 개의 이미지를 붙여놓은 하나의 이미지다. 애니메이션이 진행됨에 따라 스프라이트 시트에서는 한 번에 한 이미지만 보여준다. 이것은 스프라이트 시트에서 각 이미지에 대한 정확한 좌표를 알고 있어야 한다는 의미다.

[그림 1.14]에서 보여주는 애플리케이션에서는 마우스 좌표를 추적해 스프라이트 시트에서 각 이미지의 위치를 표시한다.

그림 1.14   스프라이트 시트 인스펙터

사용자가 마우스를 움직이면 애플리케이션에서는 가이드라인과 스프라이트 시트 위에 있는 마우스 좌표를 계속해서 갱신한다.

그리고 애플리케이션에서는 mousemove 리스너를 캔버스에 추가한 다음, 브라우저에서 리스너를 호출할 때 windowToCanvas() 메서드를 이용해 윈도우에서 캔버스로 마우스 좌표를 변환한다.

```
function windowToCanvas(canvas, x, y) {
   var bbox = canvas.getBoundingClientRect();

   return { x: x - bbox.left * (canvas.width / bbox.width),
            y: y - bbox.top * (canvas.height / bbox.height)
          };
```

```
    }

    canvas.onmousemove = function (e) {
        var loc = windowToCanvas(canvas, e.clientX, e.clientY);

        drawBackground();
        drawSpritesheet();
        drawGuidelines(loc.x, loc.y);
        updateReadout(loc.x, loc.y);
    };
    ...
```

위 코드에서 windowToCanvas() 메서드는 윈도우와 관련이 있는 캔버스의 경계를 가져올 수 있도록 캔버스의 getBoundingClientRect() 메서드를 호출하고 있다. 그리고 windowToCanvas() 메서드에서는 캔버스에서 마우스 위치에 해당하는 x 속성과 y 속성이 있는 오브젝트를 반환한다.

무엇보다 windowToCanvas() 메서드에서 x 및 y 윈도우 좌표에서 캔버스의 경계 박스의 왼쪽 위의 좌표를 빼고 있을 뿐만 아니라 <canvas> 요소의 크기가 드로잉 표면의 크기와 다를 때 좌표를 변경한다는 사실에 주목해야 한다. 이 내용은 <canvas> 요소의 크기와 드로잉 표면 크기를 설명한 5페이지의 1.1.1절('<canvas> 요소의 크기와 드로잉 표면의 크기')을 참고하자.

[예제 1.5]에서는 [그림 1.14]에서 보여준 애플리케이션의 HTML 코드를 소개하고 있으며 이에 해당하는 자바스크립트 코드는 [예제 1.6]에서 소개하고 있다.

예제 1.5   스프라이트 시트 인스펙터: HTML

```html
<!DOCTYPE html>
    <head>
        <title>Sprite sheets</title>

        <style>
            body {
                background: #dddddd;
            }

            #canvas {
                position: absolute;
                left: 0px;
                top: 20px;
                margin: 20px;
                background: #ffffff;
                border: thin inset rgba(100,150,230,0.5);
                cursor: pointer;
            }

            #readout {
```

```
                    margin-top: 10px;
                    margin-left: 15px;
                    color: blue;
                }
        </style>
    </head>

    <body>
        <div id='readout'></div>

        <canvas id='canvas' width='500' height='250'>
            Canvas not supported
        </canvas>

        <script src='example.js'></script>
    </body>
</html>
```

예제 1.6   스프라이트 시트 인스펙터: 자바스크립트

```
var canvas = document.getElementById('canvas'),
    readout = document.getElementById('readout'),
    context = canvas.getContext('2d'),
    spritesheet = new Image();

    // 함수......................................................

function windowToCanvas(canvas, x, y) {
    var bbox = canvas.getBoundingClientRect();
    return { x: x - bbox.left * (canvas.width / bbox.width),
             y: y - bbox.top * (canvas.height / bbox.height)
    };
}

function drawBackground() {
    var VERTICAL_LINE_SPACING = 12,
        i = context.canvas.height;

    context.clearRect(0,0,canvas.width,canvas.height);
    context.strokeStyle = 'lightgray';
    context.lineWidth = 0.5;

    while(i > VERTICAL_LINE_SPACING*4) {
        context.beginPath();
        context.moveTo(0, i);
        context.lineTo(context.canvas.width, i);
        context.stroke();
        i -= VERTICAL_LINE_SPACING;
    }
```

```javascript
}

function drawSpritesheet() {
    context.drawImage(spritesheet, 0, 0);
}

function drawGuidelines(x, y) {
    context.strokeStyle = 'rgba(0,0,230,0.8)';
    context.lineWidth = 0.5;
    drawVerticalLine(x);
    drawHorizontalLine(y);
}

function updateReadout(x, y) {
    readout.innerText = '(' + x.toFixed(0) + ', ' + y.toFixed(0) + ')';
}

function drawHorizontalLine (y) {
    context.beginPath();
    context.moveTo(0,y + 0.5);
    context.lineTo(context.canvas.width, y + 0.5);
    context.stroke();
}

function drawVerticalLine (x) {
    context.beginPath();
    context.moveTo(x + 0.5, 0);
    context.lineTo(x + 0.5, context.canvas.height);
    context.stroke();
}

// 이벤트 핸들러......................................................

canvas.onmousemove = function (e) {
    var loc = windowToCanvas(canvas, e.clientX, e.clientY);

    drawBackground();
    drawSpritesheet();
    drawGuidelines(loc.x, loc.y);
    updateReadout(loc.x, loc.y);
};

    // 초기화......................................................

spritesheet.src = 'running-sprite-sheet.png';
spritesheet.onload = function(e) {
    drawSpritesheet();
};

drawBackground();
```

(x, y)와 (clientX, clientY)

HTML5가 출시되기 이전에는 브라우저에서 이벤트 리스너로 전달하는 이벤트 오브젝트로부터 마우스 이벤트에 대한 윈도우 좌표를 쉽게 가져올 수 없었다. 몇몇 브라우저에서는 이 좌표를 (x, y) 좌표로 저장했고 다른 브라우저에서는 (clientX, clientY) 좌표로 저장했다. 다행히 최근에 HTML5를 지원하는 브라우저 사이에 최종 합의가 이루어졌고 (clientX, clientY) 좌표를 지원하게 됐다. 참고로, http://www.quirksmode.org/js/events_mouse.html에서 마우스 이벤트 속성에 대해 자세히 확인할 수 있다.

 브라우저에 "참견하지 마!"라고 말하다

마우스 이벤트를 감지하려면 브라우저에서는 관련 이벤트가 발생할 때 리스너를 호출한다. 발생한 이벤트를 처리한 다음, 브라우저에서도 해당 이벤트에 반응한다. 캔버스에 발생한 마우스 이벤트를 처리할 때, 다른 〈HTML〉 요소를 선택하거나 커서를 변경하는 등의 원치 않은 효과가 발생할 수 있기 때문에 이미 처리된 마우스 이벤트에 대해 브라우저에서 이벤트 처리를 하지 않기를 바랄 것이다.

다행히 이벤트 오브젝트에는 preventDefault() 메서드가 있다. 이름에서 알 수 있듯이 prevent Default() 메서드는 브라우저가 이벤트에 반응해 기본 작업을 수행하지 못하도록 예방한다. 즉, 이벤트 핸들러에서 preventDefault() 메서드를 호출하면 브라우저에서는 더는 이벤트 처리를 방해하지 않는다.

 캔버스 콘텍스트의 drawImage() 메서드

[그림 1.14]에서 보여준 예제에서는 2d 콘텍스트의 drawImage() 메서드를 사용해 스프라이트 시트를 그리고 있다. 이 단일 메서드를 사용하면 한 곳에서 저장된 이미지의 일부나 전부를 다른 곳에 복사할 수 있으므로 이미지를 변경할 수 있다.

스프라이트 시트 애플리케이션에서는 가장 간단한 방법으로 drawImage() 메서드를 사용하고 있다. 즉, 스프라이트 시트 애플리케이션에서는 Image 오브젝트에 저장된 이미지 전체를 애플리케이션의 캔버스에 그린다. drawImage() 메서드에 대한 고급 사용법은 4장과 이 책 후반부에서 자세히 살펴볼 예정이다.

1.6.2 키보드 이벤트

브라우저의 윈도우에서 키를 누르면 브라우저에서는 키 이벤트를 생성한다. 이렇게 생성된 이벤트는 현재 포커스가 있는 HTML 요소를 대상으로 하는데, 어떤 요소에도 포커스가 없으면 키 이벤트는 window 오브젝트와 document 오브젝트로 넘어간다.

<canvas> 요소는 포커스를 가질 수 있는 요소가 아니므로 바로 위에서 언급한 내용을 감안해 키 리스너를 캔버스에 추가해도 소용이 없다. 대신 키 이벤트를 감지할 수 있는 document 오브젝트나 window 오브젝트에 키 리스너를 추가할 수 있다.

키 이벤트는 다음과 같이 세 종류로 구분된다.

- keydown
- keypress
- keyup

keydown 이벤트와 keyup 이벤트는 키 입력이 발생할 때마다 브라우저에서 발생하는 낮은 수준의 이벤트다. 명령 시퀀스 등과 같은 몇몇 키 입력은 브라우저나 운영 시스템에서 처리하지만, Alt 키와 Esc 키 등을 포함한 대부분의 키 입력은 keydown 이벤트와 keyup 이벤트 핸들러에서 처리한다는 사실에 주목하자.

keydown 이벤트에서 출력할 수 있는 문자를 생성하면 브라우저에서는 keyup 이벤트 전에 keypress 이벤트를 발생시킨다. 만약 출력 가능한 문자를 생성할 수 있는 키를 일정 시간 동안 누르고 있다면, 브라우저에서는 keydown 이벤트와 keyup 이벤트 사이에 keypress 이벤트를 발생시킬 것이다.

키 리스너를 구현하는 작업은 마우스 리스너를 구현하는 작업과 비슷하다. 함수를 document 오브젝트나 window 오브젝트의 onkeydown, onkeyup, 또는 onkeypress 변수로 대체하거나 첫 번째 인수에 keydown, keyup, 또는 keypress를 사용하고 두 번째 인수에 함수를 참조한 addEventListener()를 호출할 수도 있다.

하지만 다음과 같이 두 가지 이유에서 키가 눌러졌는지를 판단하기가 어렵다. 첫 번째 이유는 전 세계에서 사용되는 언어는 매우 많으며 언어마다 사용하는 문자도 매우 다양하기 때문이다. 라틴 알파벳, 아시아의 표의 문자, 인도의 수많은 언어 등과 같이 몇몇 나라에서 사용하는 언어만 고려해도 지금 언급한 언어를 모두 지원하는 것은 대단히 놀라운 일이다.

두 번째 이유는 오랫동안 브라우저와 키보드를 사용했지만, 현재 몇몇 브라우저에서만 지원하고 있는 DOM 레벨3이 출현하기 전까지 키 코드를 표준화하지 못했기 때문이다. 한 마디로 어떤 키나 키 조합에 대한 입력 여부를 정확히 감지하기 어렵다.

그러나 대부분 다음과 같이 두 가지 간단한 전략을 세워 키의 입력 여부를 판단할 수 있다.

- keydown 이벤트와 keyup 이벤트를 위해 브라우저에서 이벤트 리스너로 전달할 이벤트 오브젝트에 대한 **keyCode** 속성을 살펴본다. 보통 출력할 수 있는 문자의 값은 ASCII 코드로 되어 있다. 그러나 여기서는 다양한 브라우저에 따른 키 코드 해석에 주의한다. 이 내용은 다양한 브라우저에 대한 키 코드를 해석해 놓은 웹 사이트(http://bit.ly/o3b1L2)를 참고하자. 키 이벤트를 위한 이벤트 오브젝트에는 다음 불린 형의 속성이 있다.

  altKey

  ctrlKey

  metaKey

  shiftKey

- 출력할 수 있는 문자는 브라우저에서 생성하는 **keypress** 이벤트에 대해, 다음 코드에서처럼 문자를 얻을 수 있다.

  ```
  var key = String.fromCharCode(event.which);
  ```

일반적으로 캔버스에 대한 텍스트 컨트롤을 구현하지 않으면 키 이벤트 처리보다 마우스 이벤트를 훨씬 많이 처리하게 될 것이다. 그러나 게임에서는 마우스 이벤트보다 키 입력을 많이 처리한다. 이 주제는 9장에서 더 자세히 살펴볼 예정이다.

1.6.3 터치 이벤트

스마트폰과 태블릿 컴퓨터가 출현하자 HTML 명세서에는 터치 이벤트에 대한 지원이 추가됐다. 터치 이벤트를 처리하는 자세한 내용은 11장을 참고하자.

1.7　드로잉 표면의 저장 및 복원

10페이지의 1.2.2절('캔버스 상태 저장 및 복원')에서 콘텍스트 상태를 저장하고 복원하는 방법을 배웠다. 콘텍스트 상태를 저장하고 복원하는 메서드를 이용하면 일시적으로 상태를 변화시킬 수 있으므로 앞으로 자주 사용하게 될 것이다.

그리고 캔버스 콘텍스트는 드로잉 표면 자체를 저장하고 복원할 수 있는 중요한 기능이 있다. 드로잉 표면 자체를 저장하고 복원하면, 일시적으로 드로잉 표면에 그릴 수 있어서 러버 밴드(rubber band)나 가이드와이어(guidewire) 또는 주석 등과 같은 작업에 매우 유용하게 사용할 수 있다. [그림 1.15]에서 보여주는 애플리케이션을 이용하면 사용자가 마우스를 드래그하여 다각형을 생성할 수 있다. 이 애플리케이션은 165페이지의 2.13.1절('이동, 회전, 확대/축소')에서 자세히 살펴볼 예정이다.

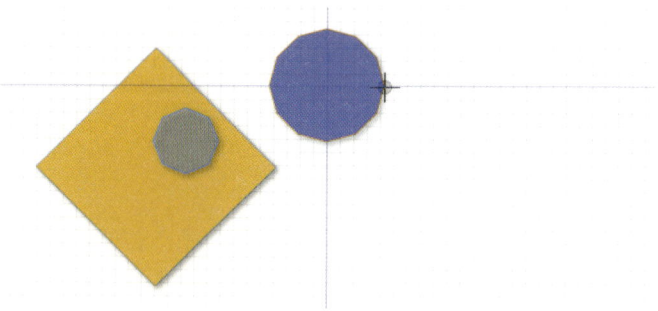

그림 1.15   가이드와이어 그리기

mousedown 이벤트가 발생하면 애플리케이션에서는 드로잉 표면을 저장한다. 그 다음 사용자가 마우스를 드래그하면 애플리케이션에서는 마우스가 이동한 곳까지 드로잉 표면을 복원하고 다각형과 관련된 가이드와이어를 그린다. 그리고 사용자가 마우스에서 손가락을 떼면 애플리케이션에서는 최근에 저장한 드로잉 표면을 복원한 후 가이드와이어 없이 다각형을 그린다.

[예제 1.7]에서는 [그림 1.15]에 있는 애플리케이션의 자바스크립트 코드를 보여주고 있다. 해당 애플리케이션의 전체 코드는 142페이지의 2.11.1절('다각형 오브젝트')에서 자세히 설명할 예정이다.

 getImageData() 및 putImagData()를 이용한 이미지 조작

[그림 1.15]에서 소개한 애플리케이션에서는 콘텍스트의 getImageData() 메서드와 putImagData() 메서드를 이용해 드로잉 표면을 저장하고 복원한다. drawImage() 메서드처럼 getImageData() 메서드와 putImagData() 메서드를 다양한 방법으로 사용할 수 있다. 그 중 가장 많이 사용하는 방법은 이미지의 데이터를 가져와 조작한 다음 캔버스에 다시 돌려주는 이미지 필터를 구현하는 것이다. 285페이지의 4.5.2.3절('이미지 필터링')에서는 이미지 필터를 구현하는 방법을 통해 getImageData() 메서드와 putImagData() 메서드의 다양한 사용법을 자세히 살펴볼 예정이다.

즉시 모드(immediate-mode) 그래픽

캔버스에서는 사용자가 캔버스에 무엇을 명시하든 즉시 그리는 즉시 모드 그래픽으로 실행한다. 그리고 즉시 모드로 실행한 다음에는 막 실행한 작업에 대해 곧바로 잊어버린다. 이미 그린 오브젝트에 대한 목록을 캔버스에서 보유하지 않는다는 의미다. SVG와 같은 그래픽 시스템에서는 작업한 오브젝트의 목록을 가지고 있으며 이런 그래픽 시스템을 보유 모드 그래픽이라고 부른다.

즉시 모드 그래픽에서는 작업한 오브젝트의 목록을 보유하지 않으므로 보유 모드 그래픽보다 낮은 레벨이다. 하지만 즉시 모드 그래픽에서는 그래픽 시스템에서 그린 오브젝트를 조정하는 대신 화면에 직접 그리므로 더 많은 융통성을 제공한다.

즉시 모드 그래픽은 그림판과 같이 사용자가 그린 것을 기록하지 않는 애플리케이션에 적합하다. 반대로 보유 모드 그래픽은 드로잉 애플리케이션과 같이 사용자가 그래픽 오브젝트를 조작할 수 있는 애플리케이션에 적합하다.

142페이지의 2.11.1절('다각형 오브젝트')에서는 사용자가 다각형을 드래그하여 위치를 변경할 수 있는 드로잉 애플리케이션에서 다각형 배열을 유지하는 간단한 보유 모드 그래픽 시스템을 구현하는 방법을 살펴볼 예정이다.

예제 1.7　　　드로잉 표면을 저장하고 복원해 가이드와이어 그리기

```javascript
var canvas = document.getElementById('canvas'),
    context = canvas.getContext('2d'),
    ...

// 드로잉 표면 저장 및 복원.................................


function saveDrawingSurface() {
    drawingSurfaceImageData = context.getImageData(0, 0,
                                 canvas.width,
                                 canvas.height);
}

function restoreDrawingSurface() {
    context.putImageData(drawingSurfaceImageData, 0, 0);
}

// 이벤트 핸들러....................................................


canvas.onmousedown = function (e) {
    ...
    saveDrawingSurface();
    ...
```

```
};

canvas.onmousemove = function (e) {
    var loc = windowToCanvas(e);

    if (dragging) {
        restoreDrawingSurface();
        ..

        if (guidewires) {
            drawGuidewires(mousedown.x, mousedown.y);
        }
    }
};

canvas.onmouseup = function (e) {
    ...
    restoreDrawingSurface();
};
```

1.8 캔버스에서 HTML 요소 사용하기

캔버스는 HTML5의 기능 가운데 가장 멋진 기능임이 틀림없다. 그렇다고 캔버스를 이용해 웹 애플리케이션을 구현할 때, 캔버스만 단독으로 사용할 일은 거의 없을 것이다. 사용자가 입력하거나 애플리케이션을 제어할 수 있게 다른 HTML 컨트롤에 한 개 이상의 캔버스를 결합해야 할 것이다.

다른 HTML 컨트롤에 캔버스를 결합하려면, 먼저 <canvas> 요소에 HTML 제어를 포함해야 한다. 하지만 이 방법은 통하지 않을 것이다. 브라우저에서 <canvas> 요소를 지원하지 않을 때만 <canvas> 요소의 <body> 태그에 넣은 내용이 브라우저에 표시되기 때문이다.

브라우저에서는 요소에 있는 <canvas> 요소나 HTML 컨트롤 중 하나만 표시하므로 <canvas> 요소 밖에 컨트롤을 배치해야 한다.

또는, HTML 컨트롤이 캔버스 안에 있는 것처럼 보일 수 있게, CSS를 사용해 HTML 컨트롤을 캔버스 위에 배치해야 한다. [그림 1.16]의 애플리케이션에서는 지금 언급한 효과를 보여주고 있다.

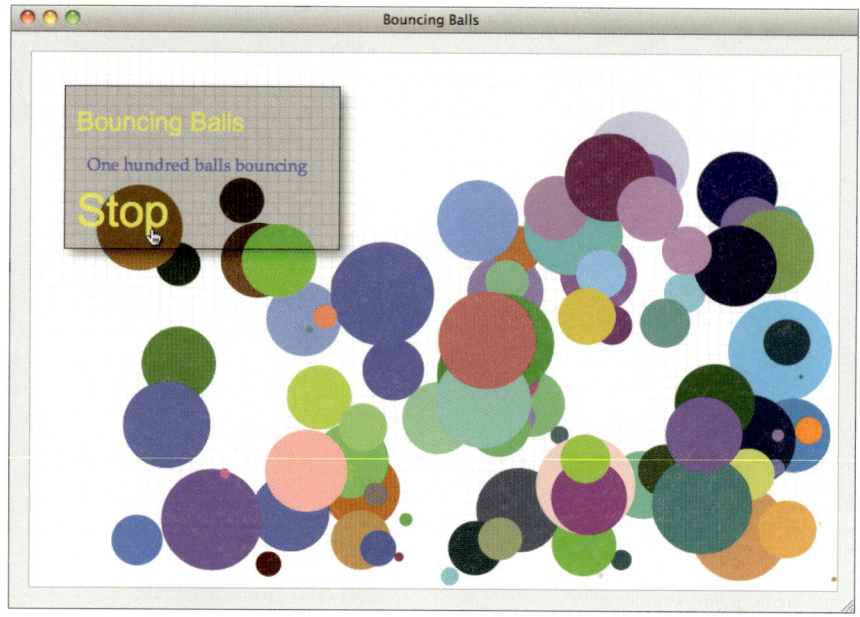

그림 1.16   캔버스 위에 배치한 HTML 요소

[그림 1.16]의 애플리케이션에서는 공 100개를 움직이고 있으며 이 동작(애니메이션)을 시작하고 멈출
수 있는 링크를 제공하고 있다. 애플리케이션에서 제공한 링크는 캔버스 위에 투명하게 떠있는 <DIV>
요소에 있다. 이 DIV는 캔버스 위에 떠있는 유리판처럼 보이므로 유리판(glass pane)이라고 부른다.

[예제 1.8]에서는 [그림 1.16]의 애플리케이션에 대한 HTML 코드를 소개하고 있다.

예제 1.8   캔버스에 있는 HTML 컨트롤: HTML

```
<!DOCTYPE html>
<html>
    <head>
        <title>Bouncing Balls</title>

        <style>
            body {
                background: #dddddd;
            }

            #canvas {
                margin-left: 10px;
                margin-top: 10px;
                background: #ffffff;
                border: thin solid #aaaaaa;
            }
```

```
        #glasspane {
            position: absolute;
            left: 50px;
            top: 50px;
            padding: 0px 20px 10px 10px;
            background: rgba(0, 0, 0, 0.3);
            border: thin solid rgba(0, 0, 0, 0.6);
            color: #eeeeee;
            font-family: Droid Sans, Arial, Helvetica, sans-serif;
            font-size: 12px;
            cursor: pointer;
            -webkit-box-shadow: rgba(0,0,0,0.5) 5px 5px 20px;
            -moz-box-shadow: rgba(0,0,0,0.5) 5px 5px 20px;
            box-shadow: rgba(0,0,0,0.5) 5px 5px 20px;
        }

        #glasspane h2 {
            font-weight: normal;
        }

        #glasspane .title {
            font-size: 2em;
            color: rgba(255, 255, 0, 0.8);
        }

        #glasspane a:hover {
            color: yellow;
        }

        #glasspane a {
            text-decoration: none;
            color: #cccccc;
            font-size: 3.5em;
        }
        #glasspane p {
            margin: 10px;
            color: rgba(65, 65, 220, 1.0);
            font-size: 12pt;
            font-family: Palatino, Arial, Helvetica, sans-serif;
        }
    </style>
</head>

<body>
    <div id='glasspane'>
        <h2 class='title'>Bouncing Balls</h2>

        <p>One hundred balls bouncing</p>

        <a id='startButton'>Start</a>
```

```html
        </div>

        <canvas id='canvas' width='750' height='500'>
            Canvas not supported
        </canvas>

        <script src='example.js'></script>
    </body>
</html>
```

[예제 1.8]에서 보여준 HTML 코드에서는 CSS 절대 위치를 사용해 다음 코드에서처럼 캔버스 위에 떠 있는 것처럼 보이는 유리판을 만들었다.

```css
#canvas {
    margin-left: 10px;
    margin-top: 10px;
    background: #ffffff;
    border: thin solid #aaaaaa;
}

#glasspane {
    position: absolute;
    left: 50px;
    top: 50px;
    ...
}
```

위 CSS에서는 캔버스의 위치를 position 속성의 기본값인 relative로 설정하고 있지만, 유리판의 위치는 absolute로 설정하고 있다. CSS 명세서에서는 절대 위치(absolute position)를 가진 요소는 상대 위치(relative position)를 가진 요소 위에 그려야 한다고 명시하고 있다. 이런 이유에서 [그림 1.16]에 보이는 유리판은 캔버스 위에 표시된다.

만약 캔버스의 position 속성을 absolute로 변경하면, 캔버스는 유리판 위에 나타나지만, 캔버스의 배경이 투명하지 않아서 유리판을 볼 수 없게 될 것이다. 이때, <canvas> 요소가 유리판의 <DIV> 요소 뒤에 오기 때문에 유리판은 캔버스 아래에 있게 된다. 만약 요소의 순서를 바꾸면, 유리판은 다시 캔버스 위에 나타날 것이다.

따라서 다음과 같이 두 가지 방법으로 캔버스 위에 유리판을 배치할 수 있다. 즉, 캔버스의 위치를 relative로 설정하고 유리판의 위치를 absolute으로 설정하는 첫 번째 방법이나 두 요소 모두 relative나 absolute로 설정한 다음 <canvas> 요소 뒤에 유리판의 <DIV> 요소를 선언하는 두 번째 방법을 사용할 수 있다.

마지막으로 요소를 모두 relative나 absolute로 설정한 다음 z-index 속성을 조작하는 방법도 있다. 이 방법은 브라우저에서 낮은 z-index를 가진 요소 위에 높은 z-index를 가진 요소를 그리는 방법이다.

하지만 이 방법을 사용하려면 HTML 컨트롤을 표시하고 싶은 곳에 배치해야 할 뿐만 아니라 z-index에 값에 접근하여 조작할 수 있도록 자바스크립트에 있는 요소에 대한 참조를 가져와야 한다.

[그림 1.16]의 애플리케이션에서는 다음 코드처럼 애니메이션을 제어하는 버튼과 유리판에 대한 참조를 가져와 유리판과 버튼에 이벤트 핸들러를 추가하고 있다.

```javascript
var context = document.getElementById('canvas').getContext('2d'),
    startButton = document.getElementById('startButton'),
    glasspane = document.getElementById('glasspane'),
    paused = false,
    ...

startButton.onclick = function(e) {
    e.preventDefault();
    paused = ! paused;
    startButton.innerText = paused ? 'Start' : 'Stop';
};
...

glasspane.onmousedown = function(e) {
    e.preventDefault();
};
```

위 자바스크립트에서는 애플리케이션의 현재 상태에 따라 애니메이션을 시작하거나 멈출 수 있는 버튼에 onclick 핸들러를 추가하고 있고 onmousedown 이벤트 핸들러를 유리판에 추가해 의도하지 않은 동작을 하지 못하도록 마우스 클릭에 대해 기본적인 반응을 하지 않도록 막고 있다.

 캔버스 기반 컨트롤을 구현할 수 있다

캔버스 명세서에서는 캔버스 API를 이용해 컨트롤을 처음부터 구현하기보다는 내장 HTML 컨트롤을 사용하는 방법이 좋다고 명시하고 있는데, 좋은 충고라고 생각된다. 보통 캔버스 API를 이용해 컨트롤을 처음부터 구현하면, 작업이 많아질 수밖에 없다. 따라서 쉬운 대안이 있을 때 작업이 많은 대안을 피하는 것이 현명하다.

하지만 캔버스 기반 컨트롤을 구현해야만 하는 상황도 있을 수 있다. 10장에서는 캔버스 기반 컨트롤을 구현해야 하는 이유와 방법을 알아볼 예정이다.

격자무늬 그리기

이 절에서 소개한 애플리케이션에서는 DIV가 캔버스 위에 떠 있는 모습을 강조할 수 있게 움직이는 공 아래에 격자무늬를 그렸다.

2장에서 격자무늬를 그리는 방법을 자세히 소개할 예정이므로 지금은 격자무늬를 그리는 방법을 간단히 살펴보자.

1.8.1 보이지 않는 HTML 요소

앞 절에서는 정적인 HTML 컨트롤을 캔버스에 결합하는 방법을 배웠다. 이 절에서는 사용자가 마우스를 드래그할 때 DIV 크기를 변경할 수 있는 HTML 컨트롤에 대한 고급 사용법을 배울 것이다.

[그림 1.17]에서는 러버밴딩(rubberbanding)으로 알려진 기술을 사용해 캔버스 영역을 선택하는 애플리케이션을 보여주고 있다. [그림 1.17]에서 보여준 캔버스에서는 초기에 이미지를 표시했다가 사용자가 이미지 영역을 선택하면 애플리케이션에서는 선택된 영역을 확대한다.

그림 1.17   DIV을 이용한 러버 밴드 구현

우선, [예제 1.9]를 통해 애플리케이션의 HTML 코드를 살펴보자.

예제 1.9   DIV을 이용한 러버 밴드

```html
<!DOCTYPE html>
<html>
    <head>
        <title>Rubber bands with layered elements</title>

        <style>
            body {
                background: rgba(100, 145, 250, 0.3);
            }

            #canvas {
                margin-left: 20px;
                margin-right: 0;
                margin-bottom: 20px;
                border: thin solid #aaaaaa;
                cursor: crosshair;
                padding: 0;
            }

            #controls {
                margin: 20px 0px 20px 20px;
            }

            #rubberbandDiv {
                position: absolute;
                border: 3px solid blue;
                cursor: crosshair;
                display: none;
            }

        </style>
    </head>

    <body>
        <div id='controls'>
            <input type='button' id='resetButton' value='Reset'/>
        </div>

        <div id='rubberbandDiv'></div>

        <canvas id='canvas' width='800' height='520'>
            Canvas not supported
        </canvas>
```

```
        <script src='example.js'></script>
    </body>
</html>
```

위 HTML 코드에서는 버튼이 있는 DIV를 사용하고 있다. DIV에 있는 버튼을 클릭하면, 애플리케이션이 시작할 때 이미지를 표시한 것처럼 애플리케이션에서는 전체 이미지를 그린다. 그리고 애플리케이션에서는 러버 밴드를 위한 두 번째 DIV를 사용하고 있다. 두 번째 DIV는 비어있으며 CSS의 display 속성을 none으로 설정하고 있으므로 초기에는 보이지 않는다. 사용자가 마우스를 드래그하기 시작하면, 애플리케이션에서는 두 번째 DIV를 보여준다. 다시 말하면 DIV의 경계를 보여준다. 사용자가 마우스를 계속 드래그하면 [그림 1.17]처럼 애플리케이션에서는 러버 밴드를 확인할 수 있게 DIV의 크기를 계속해서 변경한다.

[예제 1.10]에서는 [그림 1.17]에서 보여준 애플리케이션의 자바스크립트 코드를 소개하고 있다.

예제 1.10   DIV을 이용한 러버 밴드

```
var canvas = document.getElementById('canvas'),
    context = canvas.getContext('2d'),
    rubberbandDiv = document.getElementById('rubberbandDiv'),
    resetButton = document.getElementById('resetButton'),
    image = new Image(),
    mousedown = {},
    rubberbandRectangle = {},
    dragging = false;

// 함수.......................................................

function rubberbandStart(x, y) {
    mousedown.x = x;
    mousedown.y = y;

    rubberbandRectangle.left = mousedown.x;
    rubberbandRectangle.top = mousedown.y;

    moveRubberbandDiv();
    showRubberbandDiv();

    dragging = true;
}

function rubberbandStretch(x, y) {
    rubberbandRectangle.left = x < mousedown.x ? x : mousedown.x;
    rubberbandRectangle.top = y < mousedown.y ? y : mousedown.y;
```

```javascript
            rubberbandRectangle.width = Math.abs(x - mousedown.x),
            rubberbandRectangle.height = Math.abs(y - mousedown.y);

        moveRubberbandDiv();
        resizeRubberbandDiv();
    }

    function rubberbandEnd() {
        var bbox = canvas.getBoundingClientRect();

        try {
            context.drawImage(canvas,
                              rubberbandRectangle.left - bbox.left,
                              rubberbandRectangle.top - bbox.top,
                              rubberbandRectangle.width,
                              rubberbandRectangle.height,
                              0, 0, canvas.width, canvas.height);
        }
        catch (e) {
            // 캔버스를 벗어난 곳에서 마우스를 떼어도,
            // 에러 메시지를 보내지 않는다.
        }

        resetRubberbandRectangle();

        rubberbandDiv.style.width = 0;
        rubberbandDiv.style.height = 0;

        hideRubberbandDiv();

        dragging = false;
    }

    function moveRubberbandDiv() {
        rubberbandDiv.style.top = rubberbandRectangle.top + 'px';
        rubberbandDiv.style.left = rubberbandRectangle.left + 'px';
    }

    function resizeRubberbandDiv() {
        rubberbandDiv.style.width = rubberbandRectangle.width + 'px';
        rubberbandDiv.style.height = rubberbandRectangle.height + 'px';
    }

    function showRubberbandDiv() {
        rubberbandDiv.style.display = 'inline';
    }

    function hideRubberbandDiv() {
        rubberbandDiv.style.display = 'none';
    }
```

```javascript
function resetRubberbandRectangle() {
    rubberbandRectangle = { top: 0, left: 0, width: 0, height: 0 };
}

// 이벤트 핸들러.......................................................

canvas.onmousedown = function (e) {
    var x = e.clientX,
    y = e.clientY;

    e.preventDefault();
    rubberbandStart(x, y);
};

window.onmousemove = function (e) {
    var x = e.clientX,
            y = e.clientY;

    e.preventDefault();
    if (dragging) {
        rubberbandStretch(x, y);
    }
};

window.onmouseup = function (e) {
    e.preventDefault();
    rubberbandEnd();
};

image.onload = function () {
    context.drawImage(image, 0, 0, canvas.width, canvas.height);
};

resetButton.onclick = function(e) {
    context.clearRect(0, 0, context.canvas.width,
                            context.canvas.height);
    context.drawImage(image, 0, 0, canvas.width, canvas.height);
};

// 초기화.......................................................

image.src = 'curved-road.png';
```

다시 언급하지만 지금 drawImage() 메서드를 사용해 이미지를 그리고 확대하는 방법을 이해하기는 약간 어려울 수도 있다. 248페이지의 4.1절('이미지 그리기')에서는 drawImage() 메서드뿐 아니라 러버 밴드 자체를 그릴 수 있게 이미지의 픽셀을 조작하는 러버 밴드를 구현하는 다른 방법을 소개할 예정이다.

따라서 지금은 러버 밴드 DIV와 사용자가 마우스를 드래그할 때 코드에서 DIV를 조작하는 방법에 집중하자.

캔버스에 연결된 onmousedown 이벤트 핸들러에서는 DIV의 왼쪽 위에서 마우스를 아래로 이동한 곳까지 DIV를 보이게 하는 rubberbandStart() 메서드를 호출한다. 그리고 DIV의 CSS position 속성을 absolute로 설정했으므로, DIV의 왼쪽 위 좌표는 캔버스와 관련된 좌표가 아닌 윈도우 좌표로 명시되어야 한다.

사용자가 마우스를 드래그하면 onmousemove 이벤트 핸들러에서는 러버 밴드 DIV을 움직이고 크기를 조절하는 rubberbandStretch() 메서드를 호출한다.

그리고 사용자가 마우스에서 손을 떼면, onmouseup 이벤트 핸들러에서는 확대된 이미지를 그리고 러버 밴드 DIV을 줄인 다음 숨기는 rubberbandEnd() 메서드를 호출한다.

마지막으로 세 가지 마우스 이벤트 핸들러에서는 이벤트 핸들러에 전달된 이벤트 오브젝트에서 preventDefault() 메서드를 호출한다는 점에 주목하자. 26페이지의 1.6.1.1절('마우스 좌표에서 캔버스 좌표로 변환')에서 언급했듯이, preventDefault() 메서드를 호출하면 브라우저는 마우스 이벤트에 대해 반응할 수 없다. preventDefault() 메서드에 대한 호출을 제거하면, 브라우저에서는 페이지에 있는 요소를 선택할 것이다. 따라서 사용자가 캔버스 외곽에서 마우스를 드래그하면 원하지 않은 결과가 발생할 수 있다.

1.9 캔버스 출력하기

애플리케이션을 이용하는 사용자가 캔버스에 이미지처럼 접근할 수 있다면 대단히 편리할 것이다. 예를 들어, 2장에서 소개할 그림판 애플리케이션을 구현한다고 가정하자. 사용자는 그림을 출력할 수 있을 거라고 기대할 것이다.

기본적으로 모든 캔버스는 비트맵이지만 HTML <img> 요소는 비트맵이 아니다. 따라서 사용자는 마우스의 오른쪽 버튼을 클릭해 캔버스를 저장할 수 없고 캔버스를 데스크톱으로 드래그해 출력할 수도 없다. [그림 1.18]에서 보여주는 팝업 메뉴에서 캔버스가 이미지가 아니라는 사실을 확인할 수 있다.

다행히 캔버스 API에서는 캔버스에 대한 데이터 URL 참조를 반환하는 toDataURL() 메서드를 제공하고 있다. 따라서 해당 데이터 URL과 같게 <img> 요소의 src 속성을 설정해 캔버스의 이미지를 생성할 수 있다.

여러분은 이미 22페이지의 1.5절('기본적인 드로잉 작업')에서 캔버스 API를 사용해 아날로그 시계를 구현하는 방법을 배웠다. 위에서 설명했듯이 [그림 1.19]에서 보여준 애플리케이션은 아날로그 시계 애플리케이션을 변형한 버전으로 시계를 캡처해 이미지로 보여주고 있다. [그림 1.19]에서 볼 수 있듯이 이미지에서 마우스의 오른쪽 버튼을 클릭하면 하드디스크에 해당 이미지를 저장할 수 있다. 그리고 [그림 1.19]에서 아래에 있는 시계 이미지는 <img> 요소이므로 해당 이미지를 데스크톱으로 드래그할 수도 있다.

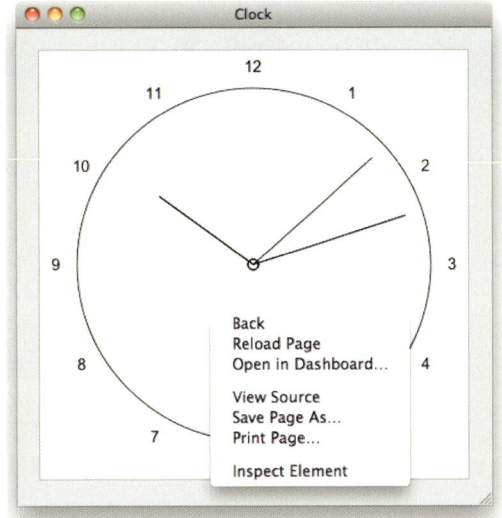

그림 1.18   캔버스에서 마우스의 오른쪽 버튼을 클릭했을 때 보이는 메뉴

[그림 1.19]에서 보여주는 애플리케이션은 캔버스를 출력할 때 흔히 사용된다. [그림 1.19]의 애플리케이션에서는 [Take snapshot] 버튼 즉, 사용자가 직접 캔버스를 캡처할 수 있는 컨트롤을 제공하고 있다. 그리고 이 애플리케이션에서는 캡처한 결과를 이미지로 표시하므로 이미지에서 마우스의 오른쪽 버튼을 클릭해 하드디스크에 저장할 수 있다. 다시 사용자가 [Return to Canvas] 버튼을 클릭하면 애플리케이션에서는 이미지를 원본 캔버스로 대체한다. 다음은 이 애플리케이션을 구현하는 방법이다.

HTML에서의 구현 방법은 다음과 같다.

- 보이지 않는 이미지를 페이지에 추가하고 이미지에 src 속성이 아닌 id 속성을 준다.
- CSS를 사용해 이미지가 캔버스에 정확하게 포개지도록 이미지의 위치와 크기를 조절한다.
- 화면을 캡처하기 위해 페이지에 컨트롤을 추가한다.

자바스크립트에서의 구현 방법은 다음과 같다.

- 보이지 않는 이미지에 대한 참조를 가져온다.

- 캡처 컨트롤에 대한 참조를 가져온다.

- 사용자가 화면을 캡처할 수 있게 컨트롤을 활성화하는 순서는 다음과 같다.

  1. 데이터 URL을 가져올 수 있게 toDataURL()을 호출한다.

  2. 데이터 URL을 보이지 않는 이미지의 src 속성에 할당한다.

  3. 이미지를 보이게 하고 캔버스를 보이지 않게 한다.

- 사용자가 캔버스로 돌아갈 수 있게 컨트롤을 활성화하는 순서는 다음과 같다.

  1. 캔버스를 보이게 하고 이미지를 보이지 않게 한다.

  2. 필요에 따라 캔버스를 다시 그린다.

이제 위에서 소개한 방법을 코드로 전환하는 방법을 알아보자. [예제 1.11]은 [그림 1.19]의 캡처 애플리케이션에 대한 HTML 코드이며 [예제 1.12]는 [그림 1.19]의 애플리케이션에 대한 자바스크립트 코드다.

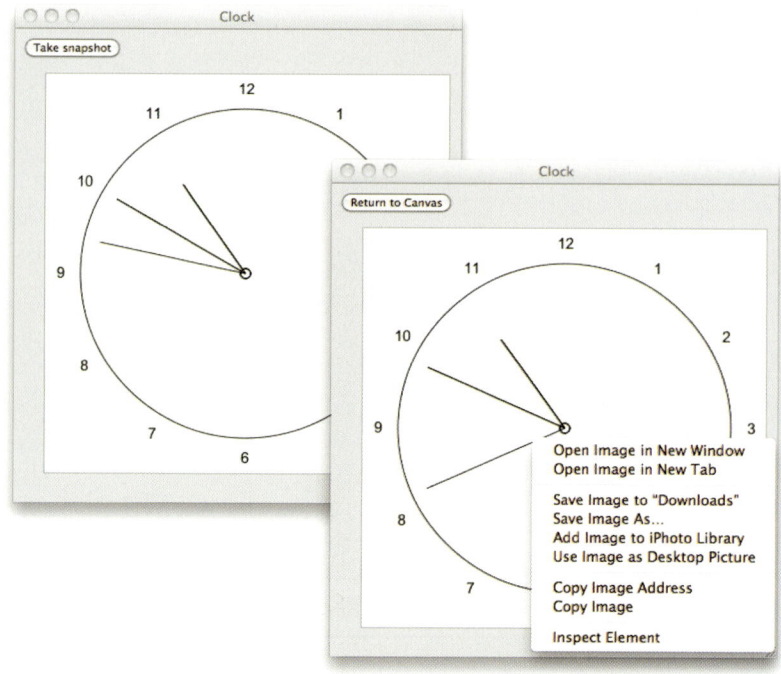

그림 1.19 toDataURL() 메서드 이용

예제 1.11   toDataURL() 메서드를 이용한 캔버스 출력: HTML

```html
<!DOCTYPE html>
    <head>
        <title>Clock</title>

        <style>
            body {
                background: #dddddd;
            }

            #canvas {
                position: absolute;
                left: 10px;
                top: 1.5em;
                margin: 20px;
                border: thin solid #aaaaaa;
            }

            #snapshotImageElement {
                position: absolute;
                left: 10px;
                top: 1.5em;
                margin: 20px;
                border: thin solid #aaaaaa;
            }

        </style>
    </head>

    <body>
        <div id='controls'>
            <input id='snapshotButton' type='button' value='Take snapshot'/>
        </div>

        <img id='snapshotImageElement'/>

        <canvas id='canvas' width='400' height='400'>
            Canvas not supported
        </canvas>

        <script src='example.js'></script>
    </body>
</html>
```

예제 1.12   toDataURL() 메서드를 이용한 캔버스 출력: 자바스크립트

```javascript
var canvas = document.getElementById('canvas'),
    context = canvas.getContext('2d'),
    snapshotButton = document.getElementById('snapshotButton'),
    snapshotImageElement = document.getElementById('snapshotImageElement'),
    loop;

// 여기에서는 코드를 간결하게 하려고
// 시계를 그리는 함수를 생략하고 있다.
// 해당 메서드에 대한 전체 코드는 23페이지의 [예제 1.4]를 참고하자.

// 이벤트 핸들러..............................................

snapshotButton.onclick = function (e) {
    var dataUrl;

    if (snapshotButton.value === 'Take snapshot') {
        dataUrl = canvas.toDataURL();
        clearInterval(loop);
        snapshotImageElement.src = dataUrl;
        snapshotImageElement.style.display = 'inline';
        canvas.style.display = 'none';
        snapshotButton.value = 'Return to Canvas';
    }
    else {
        canvas.style.display = 'inline';
        snapshotImageElement.style.display = 'none';
        loop = setInterval(drawClock, 1000);
        snapshotButton.value = 'Take snapshot';
    }
};

// 초기화.............................................

context.font = FONT_HEIGHT + 'px Arial';
loop = setInterval(drawClock, 1000);
```

위 애플리케이션은 <canvas> 요소와 <img> 요소에 접근할 수 있을 뿐만 아니라 CSS에서 position 속성을 absolute로 설정해 두 요소를 겹치고 있다. 사용자가 [Take snapshot] 버튼을 클릭하면 애플리케이션에서는 캔버스로부터 데이터 URL을 가져오고 가져온 데이터 URL을 이미지의 src 속성으로 설정한다. 그 다음 애플리케이션에서는 캔버스를 숨기면서 이미지를 보여주며 버튼의 텍스트를 [Return to Canvas]로 변경한다.

이와 반대로, 사용자가 [Return to Canvas] 버튼을 클릭하면 애플리케이션에서는 이미지를 숨기면서 캔버스를 보여주며, 버튼의 텍스트를 다시 [Take snapshot]으로 되돌린다.

---

 toBlob() 메서드

이 책을 집필하고 있을 때 toBlob() 메서드가 캔버스 명세서에 추가됐기 때문에 지금은 캔버스를 파일로 저장할 수 있을 것이다. 하지만 이 책을 출판할 당시 toBlob() 메서드를 지원하는 브라우저를 찾을 수 없었다.

1.10 오프스크린 캔버스

캔버스의 또 다른 주요 기능은 오프스크린 캔버스를 생성하고 조작하는 것이다. 예를 들면, 한 개 이상의 오프스크린 캔버스에 대한 배경을 저장한 다음 저장된 오프스크린 캔버스 일부를 온스크린에 복사하는 작업이 가능하므로 성능을 극대화할 수 있다.

그리고 앞 절에서 언급했던 시계 애플리케이션이 오프스크린 캔버스에 대한 다른 사용법이라고 할 수 있다. 앞 절의 시계 애플리케이션은 캔버스를 이미지로 전환하기 위해 사용자의 동작이 필요한 일반적인 해결 방법을 보여주고 있지만, 시계는 사용자의 동작 없이 캔버스를 이미지로 전환할 수 있는 애플리케이션의 가장 좋은 사례임이 틀림없다.

[그림 1.20]에서 보여주는 애플리케이션은 앞 절에서 소개한 시계 애플리케이션을 업그레이드한 버전이다. 다시 한번 언급하지만, 시계 애플리케이션에서는 오프스크린 캔버스에 시계를 그린 다음 캔버스의 데이터 URL을 이미지의 src 속성으로 설정하고 있다.

그 결과 오프스크린 캔버스를 반영하는 움직이는 이미지를 볼 수 있다. 캔버스 데이터 URL에 대한 자세한 내용은 45페이지의 1.9절('캔버스 출력하기')을 참고하자.

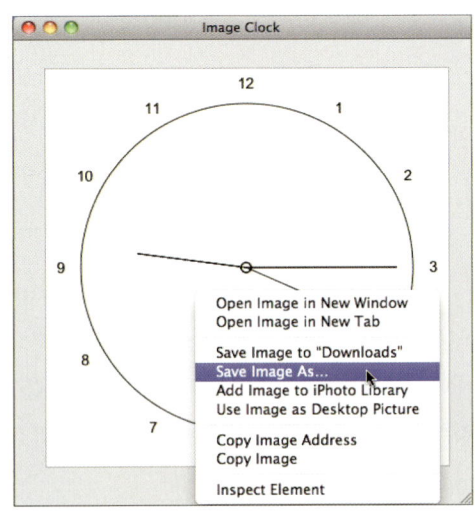

그림 1.20　오프스크린 캔버스 이용한 이미지 시계

[예제 1.13]에서는 [그림 1.20]에서 소개한 애플리케이션의 HTML 코드를 볼 수 있다.

예제 1.13	이미지 시계: HTML

```html
<!DOCTYPE html>
    <head>
        <title>Image Clock</title>

        <style>
            body {
                background: #dddddd;
            }

            #canvas {
                display: none;
            }

            #snapshotImageElement {
                position: absolute;
                left: 10px;
                margin: 20px;
                border: thin solid #aaaaaa;
            }

        </style>
    </head>

    <body>
        <img id='snapshotImageElement'/>

        <canvas id='canvas' width='400' height='400'>
            Canvas not supported
        </canvas>

        <script src='example.js'></script>
    </body>
</html>
```

위 HTML 코드에서 캔버스에 대한 CSS에 주목하자. display 속성을 none으로 설정하고 있으므로 캔버스는 보이지 않는다. 이렇게 캔버스가 보이지 않아서 오프스크린 캔버스가 가능해졌다. 물론 다음 코드에서처럼 프로그램적으로 오프스크린 캔버스를 생성할 수도 있다.

```javascript
var offscreen = document.createElement('canvas');
```

[예제 1.14]에서는 [그림 1.20]에서 소개한 애플리케이션의 오프스크린 캔버스와 관련된 자바스크립트 코드 일부를 소개하고 있다.

예제 1.14   이미지 시계: 자바스크립트(일부분)

```javascript
// 여기에서는 코드를 간결하게 하려고
// 함수와 선언을 생략하고 있다.
// 시계에 대한 전체 코드는 23페이지의 [예제 1.4]를 참고하자.

var canvas = document.getElementById('canvas'),
    context = canvas.getContext('2d'),
    ...

// 함수.........................................................

function updateClockImage() {
    snapshotImageElement.src = canvas.toDataURL();
}

function drawClock() {
    context.clearRect(0, 0, canvas.width, canvas.height);

    context.save();

    context.fillStyle = 'rgba(255,255,255,0.8)';
    context.fillRect(0, 0, canvas.width, canvas.height);

    drawCircle();
    drawCenter();
    drawHands();

    context.restore();
    drawNumerals();

    updateClockImage();
}
...
```

1.11 간단한 수학 입문

캔버스를 이용해 재미있는 애플리케이션을 만들려면 수학에 대한 기본 개념, 특히 대수 방정식, 삼각법, 벡터 등을 이해해야 한다. 그리고 이런 기본 지식이 있어야만 비디오 게임과 같이 복잡한 애플리케이션을 만들 때 측정 단위로부터 방정식을 이끌 수 있다.

여러분이 기본 대수학과 삼각법을 알고 있고 픽셀/초와 밀리초/프레임을 픽셀/프레임으로 표현할 수 있다면 이 절을 쉽게 이해하고 지나갈 수 있을 것이다. 하지만 그렇지 않다면 이 책 나머지 부분을 위해 이 절에서 많은 시간을 할애하기를 권한다.

이 절에서는 대수 방정식과 삼각법을 살펴본 다음, 측정 단위로부터 방정식을 이끌어내는 방법과 벡터에 대해 자세히 살펴보자.

1.11.1 대수 방정식 풀이

$(10x + 5) * 2 = 110$과 같은 대수 방정식을 풀 때에는 다음과 같은 방법을 사용한다. 어떤 방법을 사용해도 방정식의 결과는 달라지지 않는다.

- 양변에 실수를 더한다.

- 양변에서 실수를 뺀다.

- 양변에 실수를 곱한다.

- 양변을 실수로 나눈다.

- 양변이나 한 변을 1로 나누거나 곱한다.

위에서 언급한 $(10x + 5) * 2 = 110$을 예를 들어 보자. 먼저, 양변을 2로 나눠 방정식을 풀 수 있다. 즉, 방정식은 $10x + 5 = 55$로 나타낼 수 있다. 그리고 양변에서 5를 빼면, $10x = 50$이라는 방정식을 얻게 된다. 마지막으로 양변을 10으로 나누면 방정식은 $x = 5$로 나타낼 수 있고 x값을 얻게 된다.

물론 위에서 언급한 방법 가운데 마지막 방법은 이상하게 생각될 것이다. 방정식 양변이나 한 변을 1로 나누거나 곱하는 이유는 무엇일까? 이 질문에 대한 답변은 측정 단위로부터 방정식을 도출하는 방법을 소개한 61페이지의 1.11.4절('측정 단위에서 방정식 산출하기')에서 간단한 규칙을 이용해 알아볼 것이다.

1.11.2 삼각법

캔버스를 가장 쉽게 사용하려고 해도 삼각법에 대한 기본적인 개념이 필요하다. 참고로 다음 장에서는 사인과 코사인을 사용해 다각형을 그리는 방법을 소개할 것이다. 이 절에서는 직각 삼각형을 살펴보며 각도에 대해 간략하게 배워보자.

1.11.2.1 각도: 라디안 및 도

각도를 다루는 캔버스 API의 모든 함수에서는 각도를 라디안으로 명시해야 한다. 그리고 자바스크립트 함수인 Math.sin(), Math.cos(), Math.tan()에서도 각도를 라디안으로 명시해야 한다. 대부분 각도라 하면 도(degree)를 생각하므로 도를 라디안으로 전환하는 방법을 알아야 한다.

180도는 π 라디안이다. 도를 라디안으로 전환하려면 [방정식 1.1]처럼 지금 언급한 관계를 대수 방정식으로 표현해야 한다.

$$180도 = π \text{ 라디안}$$

방정식 1.1　라디안과 도

라디안을 기준으로 [방정식 1.1]을 풀면 [방정식 1.2]와 같은 결과를 얻을 수 있고, 도를 기준으로 [방정식 1.1]을 풀면 [방정식 1.3]과 같은 결과를 얻을 수 있다.

$$\text{라디안} = (π / 180) * 도$$

방정식 1.2　도를 라디안으로 전환

$$도 = (180 / π) * \text{라디안}$$

방정식 1.2　라디안을 도로 전환

π는 근사치로 3.14라고 할 수 있다. 따라서 방정식에 대입하면 45도는 (3.14 / 180) * 45 라디안, 즉 0.7853 라디안으로 나타낼 수 있다.

1.11.2.2 사인, 코사인, 탄젠트

캔버스를 효율적으로 사용하려면 사인, 코사인, 탄젠트에 대한 기본 개념을 이해해야 한다. [그림 1.21]에 익숙하지 않다면 암기할 것을 권유한다.

그리고 [그림 1.22]에서 보여주는 것처럼 원에 대한 X 및 Y 좌표를 사인과 코사인으로 생각할 수도 있다.

원의 반지름 값과 0도부터 시계 반대 방향에 대

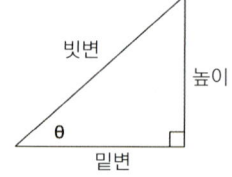

그림 1.21　사인, 코사인, 탄젠트

한 각도(θ)가 주어지면, θ 각에 대한 코사인에 반지름을 곱해 X 좌표를, θ 각에 대한 사인에 반지름을 곱해 Y 좌표를 구할 수 있다.

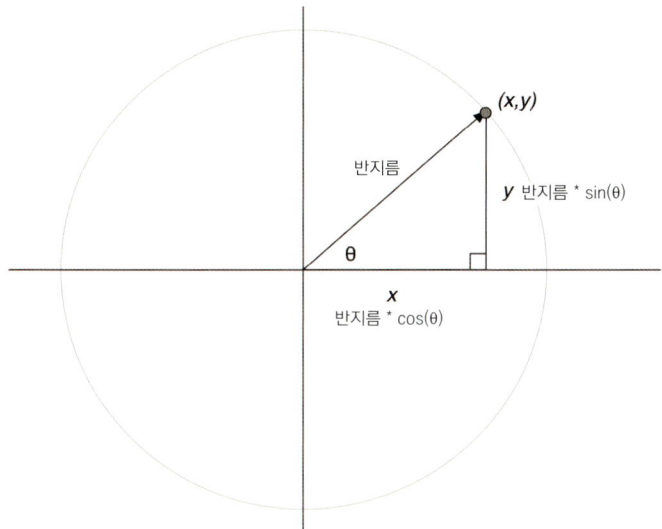

그림 1.22   반지름과 x 및 y 좌표

 삼각함수 공식 외우기(Soak a toe, ah!). [1]

SOHCAHTOA처럼 직각 삼각형으로부터 사인, 코사인, 탄젠트를 구하는 방법을 기억하는 방법은 매우 다양하다. SOH는 사인(Sin), 높이(Opposite), 빗변(Hypotenuse)을, CAH는 코사인(Cosine), 밑변(Adjacent), 빗변(Hypotenuse)을, 마지막으로 TOA는 탄젠트(Tangent), 높이(Opposite), 밑변(Adjacent)을 의미한다.

1   (옮긴이) 국내에서도 다양한 방법이 있겠지만, 외국에서는 위 방법을 사용하여 삼각함수 공식을 암기합니다.

1.11.3 벡터

이 책에서 사용하는 벡터는 2차원 벡터로 방향과 크기에 대한 값을 가지고 있다. 방향과 크기 등 두 값을 사용해 힘과 운동 등과 같은 모든 물리적인 특성을 표현할 수 있다.

8장 '충돌 감지'에서 벡터에 대한 자세한 사용법을 소개할 것이므로 이 절에서는 벡터 수학에 대한 기본 원칙을 배워보자. 만약 충돌 감지를 구현하는 것에 흥미가 없다면 이 절을 건너뛰어도 좋다.

8장의 마지막 부분에서는 [그림 1.23]처럼 다각형이 다른 다각형에 부딪혀 반사할 때 두 다각형 사이에 발생하는 충돌에 반응하는 방법을 살펴볼 예정이다.

[그림 1.23]은 위에 있는 다각형이 아래에 있는 다각형을 향해 이동하고 있는 그림으로 두 다각형은 충돌하기 직전이며, 위에 있는 다각형이 들어오는 속도와 나가는 속도를 벡터로 표시했다. 그리고 위에서 이동하는 다각형과 부딪칠 예정인 아래에 있는 다각형의 모서리를 에지 벡터(edge vector)로 알려진 벡터로 표시하고 있다.

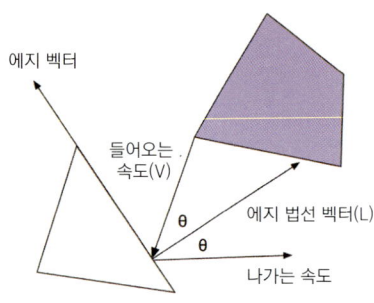

그림 1.23   벡터를 사용한 다각형 사이의 충돌

혹시라도 들어오는 속도와 아래에 있는 다각형의 모서리에 대한 두 점을 알고 있을 때 나가는 속도를 계산하는 방법이 궁금하다면 8장으로 넘어가서 확인해 보자. 그러나 기본 벡터에 익숙하지 않다면 8장으로 넘어가기 전에 이 절을 자세히 살펴보라.

1.11.3.1 벡터 크기

2차원 벡터는 방향과 크기 등 두 가지 양으로 이뤄지지만, 벡터를 이용해 다른 벡터를 구할 수 있다. 고등학교 때 수학 시간에 배운 기억을 회상하면서(또는《오즈의 마법사》영화를 회상하면서) [그림 1.24]에서 보여주는 것처럼 피타고라스의 정리를 이용해 벡터의 크기를 계산해 보자.

피타고라스의 정리에서는 직각 삼각형의 빗면은 다른 두 변에 대한 제곱의 합에 루트를 씌운 값과 같다고 명시돼 있다. 이 말은 [그림 1.24]를 보면 더 쉽게 이해할 수 있으며, 이 말을 자바스크립트 코드로 나타내면 다음과 같다.

```
var vectorMagnitude = Math.sqrt(Math.pow(vector.x, 2) +
                                Math.pow(vector.y, 2));
```

위 자바스크립트 코드에서는 vector라는 이름의 변수에 의해 참조된 벡터의 크기를 계산하는 방법을 보여주고 있다.

지금까지 벡터의 크기를 계산하는 방법을 배웠다. 이제 벡터의 다른 양인 방향을 계산하는 방법을 살펴보자.

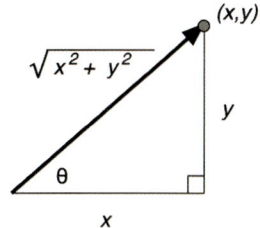

그림 1.24 벡터의 크기 계산

1.11.3.2 단위 벡터

벡터를 계산하려면 단위 벡터가 필요하다. [그림 1.25]에서는 방향만 알려주는 단위 벡터를 보여주고 있다.

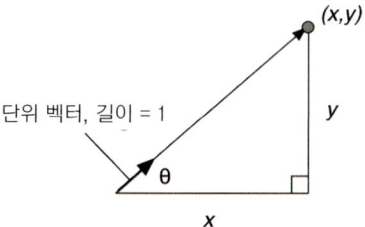

그림 1.25 단위 벡터

단위 벡터란 이름은 벡터의 크기가 항상 1이기 때문에 붙여졌다. 임의 크기를 가진 벡터가 주어질 때 단위 벡터를 계산하려면, 벡터에서 크기를 제거하고 방향만 남겨 두어야 한다. 다음은 단위 벡터를 계산하는 방법을 자바스크립트 코드로 나타낸 것이다.

```
var vectorMagnitude = Math.sqrt(Math.pow(vector.x, 2) +
                        Math.pow(vector.y, 2)),

    unitVector = new Vector();

    unitVector.x = vector.x / vectorMagnitude;
    unitVector.y = vector.y / vectorMagnitude;
```

위 코드를 살펴보면 앞 절에서 계산한 것처럼 먼저 **vector**란 이름의 벡터를 이용해 벡터의 크기를 계산하고 있다. 그리고 새로운 벡터를 생성한 다음 원래 벡터의 X와 Y에 해당하는 값을 벡터의 크기로 나눈 값을 새롭게 생성한 벡터의 X 및 Y에 설정하고 있다. 이 부분은 8장에서 Vector 오브젝트에 대한 코드를 참고하자.

지금까지 2차원 벡터의 두 가지 양을 계산하는 방법을 알아봤다. 다음 절에서는 벡터를 결합하는 방법을 소개할 것이다.

1.11.3.3 벡터 덧셈과 뺄셈

벡터의 덧셈과 뺄셈 연산은 매우 유용하게 사용된다. 여러분의 몸에 작용하는 힘이 두 가지가 있다고 가정해보자. 두 힘을 나타내는 두 벡터를 더해 하나의 힘으로 계산할 수 있다. 마찬가지로 한 위치 벡터에서 다른 위치 벡터를 빼면 두 벡터 사이의 모서리를 산출할 수 있다.

[그림 1.26]은 벡터 A와 벡터 B가 주어질 때 벡터를 더하는 방법을 나타낸 그림이다.

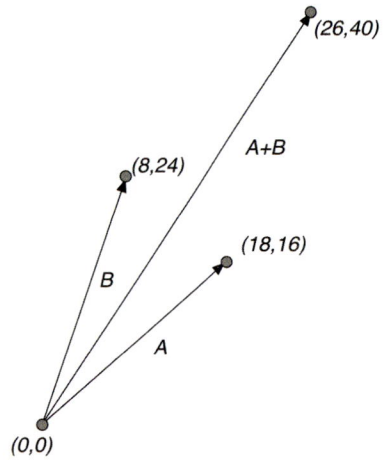

그림 1.26　벡터의 덧셈

벡터의 합은 단순히 벡터의 요소를 더하면 되므로 계산하는 방법은 간단하다. 다음은 이 방법을 코드로 나타낸 것이다.

```
var vectorSum = new Vector();

vectorSum.x = vectorOne.x + vectorTwo.x;
vectorSum.y = vectorOne.y + vectorTwo.y;
```

그리고 벡터의 차를 구하는 방법도 벡터의 합과 같이 간단하다. 다음 코드와 같이 벡터의 요소를 빼면 벡터의 차를 구할 수 있다.

[그림 1.27]에서는 벡터 사이의 차를 구해 세 번째 벡터를 산출하는 방법을 보여주고 있다. 이때, 세 번째 벡터의 방향은 두 벡터 사이의 모서리와 일치한다. [그림 1.27]에서 벡터 A-B와 벡터 B-A는 서로 평행하며 이 벡터들은 벡터 A와 벡터 B 사이의 에지 벡터와도 평행하다.

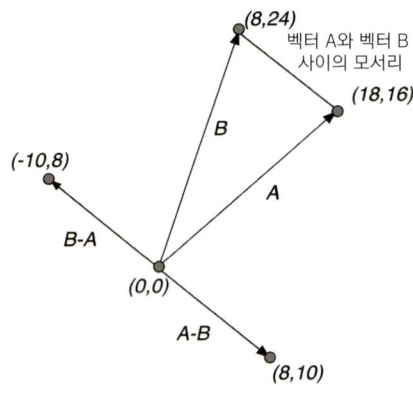

그림 1.27   벡터의 뺄셈

지금까지 벡터의 덧셈과 뺄셈을 계산하는 방법을 배웠다. 다음 절에서는 어떤 의미에서 벡터의 덧셈과 뺄셈보다 더 중요한 벡터량인 벡터의 내적을 구하는 방법을 알아보자.

1.11.3.4 두 벡터의 내적

두 벡터의 내적을 구하려면 벡터끼리 요소를 곱한 다음 그 값을 더해야 한다. 다음 코드는 2차원 벡터로 내적을 산출하는 방법을 나타낸 것이다.

```
var dotProduct = vectorOne.x * vectorTwo.x + vectorOne.y * vectorTwo.y;
```

위 코드에서 알 수 있듯이 두 벡터 사이의 내적을 산출하는 방법은 어렵지 않다. 그러나 내적의 의미를 이해하기는 생각만큼 쉽지 않다. 먼저, 두 벡터의 덧셈이나 뺄셈의 결과와 다르게 내적은 벡터가 아니라는 점에 주목하자. 그리고 벡터 내적의 결과를 스칼라(scalar)라고 부른다. 쉽게 말하면 단순한 숫자를 뜻한다. 이 숫자의 의미를 이해하기 위해 [그림 1.28]을 살펴보자.

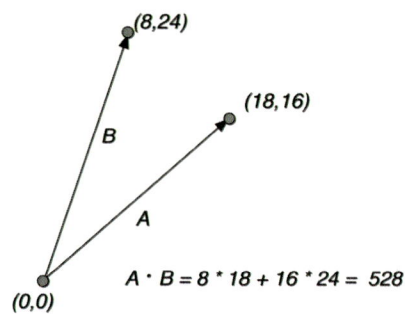

그림 1.28 양의 값을 가진 벡터 내적

[그림 1.28]에서 두 벡터의 내적은 528이다. 여기서 이 숫자가 양수이지만 크기가 아니라는 점을 중요하게 생각해야 한다. 그리고 0보다 큰 수는 두 벡터가 거의 같은 방향이라는 의미다.

이제 [그림 1.29]를 살펴보자. [그림 1.29]에서 두 벡터의 내적은 -528이다. 이 값은 0보다 작으므로 두 벡터는 거의 서로 다른 방향을 향하고 있다고 추측할 수 있다.

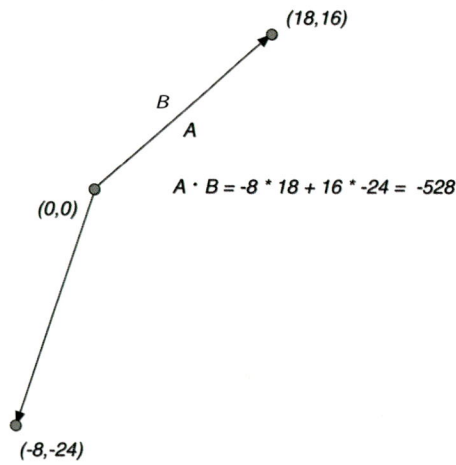

그림 1.29 음의 값을 가진 벡터 내적

두 벡터가 같은 방향인지 아닌지는 물체 사이에 충돌이 발생할 때 반응하는 방법에 대단히 큰 영향을 미친다. 움직이는 물체가 정지된 물체에 충돌할 때 충돌 후 반사하려면, 움직이는 물체가 정지된 물체의 중심을 향하는 것이 아니라 정지된 물체로부터 멀어져야 한다. 두 벡터의 내적을 사용하면 이런 상황을 정확하게 판단할 수 있다. 자세한 내용은 8장에서 살펴볼 예정이다.

지금까지 배운 벡터에 관한 내용은 충돌 감지를 구현할 때 필요하다. 다음 절은 수학 입문의 마지막으로 측정 단위로부터 방정식을 산출하는 방법을 살펴볼 것이다.

1.11.4 측정 단위에서 방정식 산출하기

물체가 움직이는 속도에 대한 비율은 애니메이션의 프레임 비율에 따라 변경되지 않으므로 애니메이션 속의 움직임은 시간에 의존적이다. 이 내용은 5장에서 자세히 다룰 예정이다. 시간 의존적인 움직임은 사용자가 여러 명인 게임에서 매우 중요하다. 성능이 좋은 컴퓨터를 가진 사용자가 다른 사용자보다 게임을 빠르게 진행하는 것을 원하는 사람은 없기 때문이다.

시간 의존적인 움직임을 구현하기 위해 이 책에서는 속도를 픽셀/초로 명시하고 있다. 현재 애니메이션 프레임에서 물체가 움직이는 데 필요한 픽셀을 산출하려면 두 가지 정보를 알아야 한다. 첫 번째 정보는 픽셀/초로 표시한 물체의 속도이고 두 번째 정보는 밀리초/프레임으로 표시한 애니메이션의 현재 프레임률이다. 여기서 필요한 값은 물체를 움직이기 위한 픽셀/프레임이다. 픽셀/프레임을 산출하려면 [방정식 1.4]처럼 우변에는 밀리초/프레임(현재 프레임률)과 픽셀/초(물체의 속도) 그리고 좌변에는 픽셀/프레임을 가지고 있는 방정식을 산출해야 한다.

$$\frac{픽셀}{프레임} \neq \frac{X\,ms}{프레임} \times \frac{Y\,픽셀}{초}$$

방정식 1.4 시간 의존적인 움직임에 대한 방정식 산출, 1단계

위 부등식에서 X는 밀리초/프레임으로 표시한 애니메이션의 프레임률을 나타내고 있으며, Y는 픽셀/초로 표시한 물체의 속도를 나타내고 있다. 하지만 부등식에서 보이는 대로 단순히 밀리초/프레임을 픽셀/초에 곱할 수 없다. 왜냐하면, 단순히 곱하면 밀리초-픽셀/프레임-초란 무의미한 결과를 가져오기 때문이다. 그렇다면 어떻게 해야 할까?

대수 방정식을 푸는 방법을 소개했던 53페이지의 1.11.1절('대수 방정식 풀이')에서 배웠던 마지막 규칙을 생각해 보자. 마지막 규칙은 방정식 양변이나 한쪽 변에 1을 곱하거나 나눌 수 있다는 내용이었다. 이 규칙과 1초가 1000ms와 같고 1초/1000ms가 1과 같다는 내용에 따라 [방정식 1.5]와 같이 1초/1000ms를 방정식의 우변에 곱할 수 있다.

$$\frac{픽셀}{프레임} = \frac{X\,ms}{프레임} \times \frac{1\,초}{1000ms} \times \frac{Y\,픽셀}{초}$$

방정식 1.5 시간 의존적인 움직임에 대한 방정식 산출, 2단계

그러면 위 분수에서 분자와 분모를 소거해 보자. 분수의 분자에 대한 측정 단위로 다른 분수의 분모에 대한 같은 측정 단위를 소거할 수 있으므로 [방정식 1.6]과 같이 측정 단위를 소거할 수 있다.

$$\frac{\text{픽셀}}{\text{프레임}} = \frac{X \text{ m/s}}{\text{프레임}} \times \frac{1 \text{ 초}}{1000 \text{m/s}} \times \frac{Y \text{ 픽셀}}{\text{초}}$$

방정식 1.6   시간 의존적인 움직임에 대한 방정식 산출, 3단계

이렇게 소거된 측정 단위를 지우면 [방정식 1.7]과 같은 결과를 얻게 된다.

$$\frac{\text{픽셀}}{\text{프레임}} = \frac{X}{\text{프레임}} \times \frac{Y \text{ 픽셀}}{1000}$$

방정식 1.7   시간 의존적인 움직임에 대한 방정식 산출, 4단계

위 방정식을 [방정식 1.8]과 같이 간단한 방정식으로 정리할 수 있다.

$$\frac{\text{픽셀}}{\text{프레임}} = \frac{X \times Y}{1000}$$

$$X = \text{프레임률(밀리초/프레임)}$$
$$Y = \text{속도(픽셀/초)}$$

방정식 1.8   시간 의존적인 움직임에 대한 방정식 산출, 5단계

지금과 같이 방정식을 산출하면 간단한 숫자를 방정식에 대입해 방정식이 정상적으로 산출됐는지 확인해야 한다. 물체가 100 픽셀/초로 이동 중이고 프레임률이 500ms/프레임이라고 가정해 보자. 방정식을 확인할 필요도 없이 물체가 0.5초마다 50픽셀씩 이동하는 것을 쉽게 확인할 수 있다.

[방정식 1.8]에 이 숫자들을 대입하면, 방정식은 500×100/1000이 되므로 결과는 50이다. 따라서 속도와 프레임률을 위한 적당한 방정식을 사용하고 있다고 볼 수 있다.

보통 다음과 같은 단계를 통해 측정 단위가 있는 변수로부터 방정식을 도출할 수 있다.

1.   좌변에 결과가 있고 우변에 변수를 넣은 부등식으로 시작한다.

2.   방정식 양변에 측정 단위가 주어지면 방정식 좌변에 있는 측정 단위를 산출할 수 있게 방정식 우변의 측정 단위를 소거할 수 있는 1과 같은 한 개 이상의 분수를 방정식 우변에 곱한다.

3.   방정식 우변에 있는 측정 단위를 소거한다.

4.   방정식 우변에 있는 분수를 곱한다.

5.   결과를 쉽게 확인할 수 있도록 간단한 값을 방정식에 대입해 방정식이 기대한 값을 도출하는지 확인한다.

1.12 결론

1장에서는 <canvas> 요소와 관련 2d 콘텍스트를 소개하고 <canvas> 요소 크기와 캔버스 드로잉 표면 크기 사이의 차이 등과 같이 콘텍스트의 필수 기능 몇 가지를 살펴봤다.

그리고 브라우저, 콘솔 및 디버거, 성능 도구를 포함해 사용자가 이용하는 개발 환경을 간략하게 살펴봤다.

기본적인 드로잉 작업, 이벤트 처리, 드로잉 표면 저장 및 복원, 캔버스를 이용한 HTML 요소 사용, 캔버스 출력, 오프스크린 캔버스 사용을 포함한 캔버스 사용에 대한 핵심적인 내용을 소개했다. 물론 책 후반부로 갈수록 이런 기능에 대한 사용법을 소개할 예정이므로 캔버스 기반 애플리케이션을 구현할 때 이런 기능을 이용할 수 있을 것이다.

1장의 마지막은 수학 입문으로 마무리했다. 특히 이 부분은 책 뒷부분을 읽을 때 필요할 수도 있으니 필요할 때 참고하도록 하자.

2장에서는 캔버스에 그리는 방법을 더 자세히 다룰 예정이다. 그리고 캔버스 드로잉 API를 살펴보고 그림판 애플리케이션의 주요 기능을 구현할 때 캔버스 드로잉 API를 사용하는 방법도 소개할 것이다.

드로잉

HTML5 캔버스의 2d 콘텍스트는 브라우저에서 실행되며, 복잡하지만 강력한 성능을 갖춘 그래픽 애플리케이션을 구현하는 데 필요한 강력한 그래픽 API을 제공한다.

[그림 2.1]에서는 마우스를 사용해 텍스트, 선, 직사각형, 원, 베지어 곡선, 열린 패스, 닫힌 패스 등을 그릴 수 있는 그림판 애플리케이션을 보여주고 있다. 그리고 지우개 아이콘을 선택해 지우개로 드로잉 지역을 드래그하여 지울 수도 있다. 이와 관련된 내용은 183페이지의 2.15.1절('클리핑 영역으로 지우기')을 참고하자. 또한, 페이지 상단에 있는 드로잉 속성을 HTML 컨트롤로 변경하거나 화면을 캡처해 자신이 작업한 그림을 이미지로 저장할 수도 있다.

그림판 애플리케이션에서는 사용자와 상호작용하며 그리기 위해 러버 밴드를 사용한다. 러버 밴드란 사용자가 마우스를 드래그해 원이나 직사각형 등과 같은 새로운 도형을 생성할 때마다 생성한 도형의 외형을 그리다가 사용자가 마우스에서 손을 떼면 애플리케이션에 도형을 그려 드로잉 작업을 마무리하는 것을 뜻한다. 이때, 사용자가 화면 상단에 있는 메뉴에서 원하는 색상을 선택하면 애플리케이션에서는 해당 색상으로 도형 내부를 채울 수도 있다.

2장에서는 그림판 애플리케이션의 모든 기능을 사용할 수 있도록 Canvas API를 사용하는 방법을 살펴볼 것이다. 다음은 앞으로 2장에서 배울 내용을 나열한 목록이다.

- 선, 호, 원, 곡선, 다각형 등을 그리고 내부 칠하기
- 콘텍스트 속성을 사용해 도형에 효과 주기
- 모서리가 둥근 직사각형 그리기
- 베지어 곡선 그리기 및 편집하기
- 2d 콘텍스트를 확장해 점선 그리기

- 도형에 색상, 그라디언트, 패턴 입히기

- 도형에 그림자를 입혀 입체감 주기

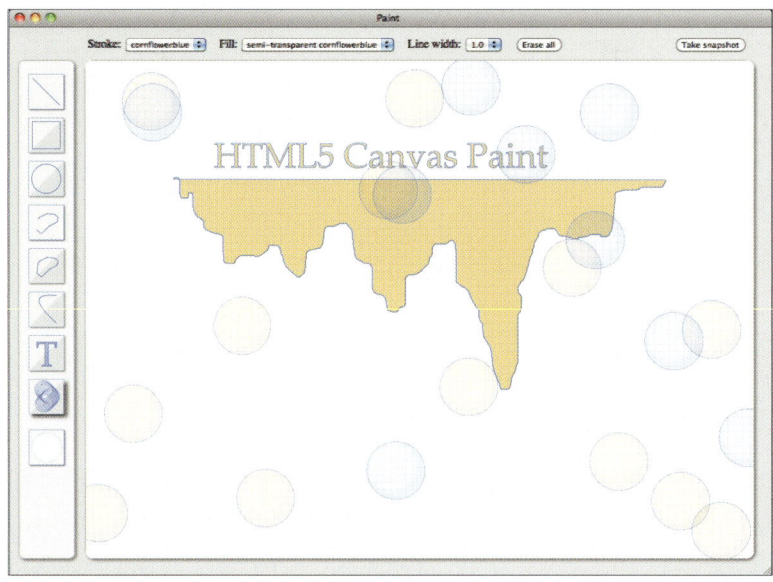

그림 2.1   그림판 애플리케이션

- 클리핑 영역을 사용해 배경을 남기고 도형과 텍스트 지우기

- 사용자와 상호작용하며 도형을 그릴 수 있게 러버 밴드 구현하기

- 캔버스에 있는 오브젝트 드래그하기

- 좌표 변형하기

 그림판 애플리케이션

[그림 2.1]의 그림판 애플리케이션은 약 1,100줄의 자바스크립트 코드로 구성돼 있다. 그 양은 그림판 애플리케이션의 전체 코드를 이 책에서 소개하지 못할 만큼 방대하므로 corehtml5canvas.com에서 내려받아 확인하기 바란다.

이 책에서는 전체 코드를 소개하지는 않지만 사용자가 러버 밴드를 사용해 선을 그리는 방법을 소개한 108페이지의 2.8.4절('러버 밴드를 이용해 선 그리기')부터 클리핑 영역을 사용해 사용자가 자신이 그린 그림을 지우는 방법을 소개한 183페이지의 2.15.1절('클리핑 영역으로 지우기')까지 비슷하지만, 규모가 작은 애플리케이션으로 그림판 애플리케이션의 기능 대부분을 살펴볼 예정이다.

모바일 그림판 애플리케이션

2장에서는 마우스를 사용하는 장치(데스크톱)에서 작동하는 그림판 애플리케이션을 구현하는 방법을 소개할 것이다. 그리고 11장에서는 마우스 이벤트 대신 터치 이벤트를 사용하는 스마트폰과 태블릿 컴퓨터 등과 같은 장치를 위해 그림판 애플리케이션을 변경하는 방법을 살펴볼 것이다. 또한, 모바일 장치에 적합하게 애플리케이션을 변경하는 방법도 살펴볼 예정이다.

2.1 좌표계

기본적으로 [그림 2.2]와 같이 캔버스의 좌표계는 캔버스의 왼쪽 위를 원점으로 X 좌표는 캔버스의 오른쪽으로 갈수록 증가하고 Y 좌표는 캔버스의 아래쪽으로 갈수록 증가한다. [그림 2.2]에서는 기본 크기인 300 * 150픽셀로 구성된 캔버스의 좌표계를 보여주고 있다.

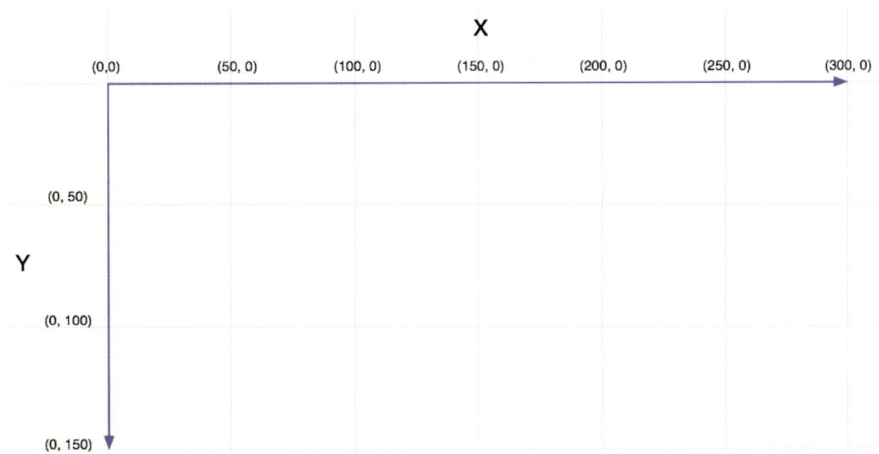

그림 2.2   캔버스 좌표계(기본 크기)

그러나 [그림 2.3]과 같이 캔버스의 좌표계는 고정되어 있지 않으므로 좌표계를 이동하거나 회전시킬 수 있다. 다음에 나열된 방법을 이용하면 좌표계를 변형시킬 수 있다.

- 위치 이동
- 회전
- 확대/축소
- 전단(shear) 등과 같은 사용자 정의 변형

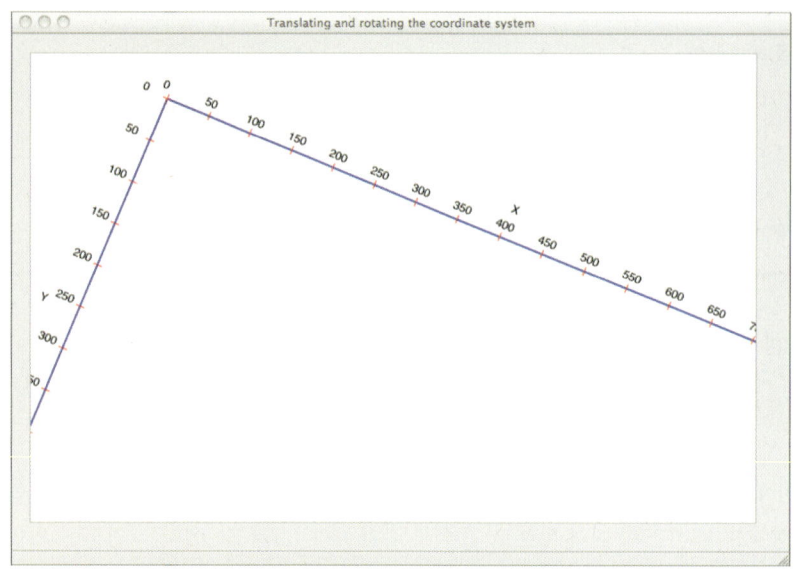

그림 2.3 좌표계의 위치 이동 및 회전

좌표계를 변환하는 작업은 다양한 상황에서 유용하게 사용될 수 있으며 반드시 필요한 캔버스 기능으로 2장뿐만 아니라 책 후반부에서도 살펴볼 기회가 있을 것이다. 예를 들어, 원점을 움직여 좌표계의 위치를 이동시키면 도형과 텍스트를 그리고 내부를 채울 때 정해진 방법으로 계산하는 수치를 단순화할 수 있다.

164페이지의 2.13절('변환')에서는 좌표계를 변환시키는 방법을 자세히 다룰 예정이므로 이 절에서는 캔버스 드로잉 모델을 살펴보고 캔버스 드로잉 모델로 간단한 도형과 텍스트를 그리는 방법을 알아보자.

2.2 드로잉 모델

캔버스를 사용하려면 기본적으로 캔버스에 도형, 이미지, 텍스트를 그리는 방법을 정확하게 이해해야한다. 그리고 이런 기능을 정확하게 이해하려면, 그림자, 알파 채널, 클리핑 영역, 합성에 대한 지식이 필요하다. 물론, 이 책을 끝까지 다 읽는다면 이런 내용을 잘 이해하게 될 것이라고 믿는다. 따라서 지금은 언급한 내용을 완벽하게 이해할 필요가 없다. 이 절을 처음 접한다면 가볍게 살펴보고 다음에 참고 자료로 사용하자.

도형이나 이미지를 캔버스에 그릴 때, 브라우저에서는 다음과 같은 작업을 한다.

1. 현재 fillStyle, strokeStyle, lineStyle에 따라 투명하고 무한한 비트맵에 도형이나 이미지를 그린다.

2. 현재 콘텍스트의 그림자 설정에 따라 도형이나 이미지의 그림자를 두 번째 비트맵에 그린다.

3. 콘텍스트의 globalAlpha 속성을 모든 그림자 픽셀에 해당하는 알파 구성 요소에 곱한다.

4. 현재 합성(current compsition)에 따라 그림자 비트맵을 클리핑 영역으로 설정한 캔버스와 합성한다.

5. 콘텍스트의 globalAlpha 속성을 도형이나 이미지의 모든 픽셀에 곱한다.

6. 현재 합성 연산자를 이용해 도형이나 이미지 비트맵을 현재 캔버스 비트맵 위에 형성된 클리핑 영역과 합성한다.

참고: 그림자 효과가 가능할 때만 2~4단계를 적용한다.

먼저 브라우저에서는 도형을 그리고 내부를 칠하는 작업과 관련된 캔버스 컨텍스트의 속성을 사용해 도형이나 이미지를 투명하고 무한한 비트맵에 그린다. 물론 무한한 비트맵은 없지만, 브라우저에서는 마치 무한한 비트맵이 존재하는 것처럼 처리한다.

그리고 2단계부터 4단계에서는 그림자를 처리한다. 따라서 그림자 효과를 사용한다면, 82페이지의 2.6절('그림자 효과')에서 언급했듯이 그림자를 다른 비트맵으로 전달하고 그림자에 있는 모든 픽셀에 globalAlpha 속성을 곱해 그림자의 투명도를 설정한다. 그리고 현재 합성 설정을 이용해 그림자를 클리핑 영역으로 설정한 <canvas> 요소와 합성한다.

마지막으로, 브라우저에서는 현재 합성 설정과 클리핑 영역에 따라 도형이나 이미지를 <canvas> 요소와 합성한다.

여러분이 캔버스를 처음 사용한다면 위 내용을 이해하려다 절망에 빠지지 말고 그냥 읽으면서 지나가도록 하자. 그림자, 알파 채널, 클리핑 영역, 합성 등에 대해 이해할 수 있을 때 이 절을 다시 읽으면 모든 내용을 정확하게 이해할 수 있을 것이다.

이제 앞에서 배운 좌표계와 드로잉 모델에 관한 내용을 뒤로하고, 캔버스를 사용해 간단한 도형과 텍스트를 그려보자.

2.3   직사각형 그리기

캔버스 API에서는 직사각형과 관련된 메서드로 직사각형을 지우는 메서드, 그리는 메서드, 칠하는 메서드 등 세 가지 메서드를 제공한다.

- clearRect(double x, double y, double w, double h)

- strokeRect(double x, double y, double w, double h)

- fillRect(double x, double y, double w, double h)

[그림 2.4]에서는 위에서 언급한 세 가지 메서드를 모두 사용한 간단한 애플리케이션을 보여주고 있다.

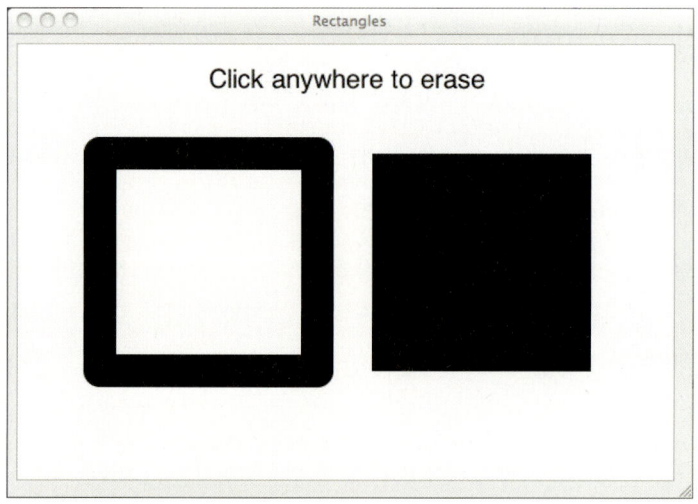

그림 2.4   간단한 직사각형 그리기

위 애플리케이션에서는 strokeRect() 메서드를 사용해 왼쪽에 직사각형을 그리고 fillRect() 메서드를 사용해 오른쪽에 있는 직사각형의 내부를 칠하고 있다. 그리고 마우스로 캔버스 내부의 한 곳을 선택하면, 애플리케이션에서는 clearRect() 메서드를 사용해 캔버스 전체를 지울 것이다.

[예제 2.1]은 [그림 2.1]에서 소개한 애플리케이션의 코드이다.

앞으로 이 책에서 자주 보겠지만 strokeRect() 메서드는 모서리가 각진 직사각형을 그린다. 하지만 [그림 2.1]의 애플리케이션에서는 콘텍스트의 lineJoin 속성을 round로 설정했기 때문에 [그림 2.4]의 왼쪽에 보이는 직사각형처럼 모서리를 둥글게 그린다. 이 내용은 lineJoin 속성으로 두 개의 선이 만나는 지점을 표현하는 방법을 자세히 다룬 118페이지의 2.8.7절('lineCap과 lineJoin')을 참고하자.

2장 드로잉 | **71**

예제 2.1	간단한 직사각형 그리기

```
var canvas = document.getElementById('canvas'),
    context = canvas.getContext('2d');

context.lineJoin = 'round';
context.lineWidth = 30;

context.font = '24px Helvetica';
context.fillText('Click anywhere to erase', 175, 40);

context.strokeRect(75, 100, 200, 200);
context.fillRect(325, 100, 200, 200);

context.canvas.onmousedown = function (e) {
    context.clearRect(0, 0, canvas.width, canvas.height);
};
```

그리고 strokeRect() 메서드에서는 lineJoin 속성 이외에도 선의 두께(픽셀)를 명시한 lineWidth 속성을 사용할 수 있다. [표 2.1]에서는 clearRect() 메서드, strokeRect() 메서드, fillRect() 메서드를 소개하고 있다.

표 2.1 **clearRect() 메서드, strokeRect() 메서드, fillRect() 메서드**

메서드	설명
clearRect(double x, double y, double w, double h)	특정 직사각형과 현재 클리핑 영역이 교차하는 곳에 있는 모든 픽셀을 지운다.
	클리핑 영역은 캔버스 크기와 같으므로 클리핑 영역을 변경하지 않으면, 메서드의 인수에 명시된 픽셀만큼 지우게 된다.
	픽셀을 지우는 것은 색상을 완전히 투명하게 되돌린다는 의미다. 따라서 픽셀을 지워 캔버스의 배경을 비치게 할 수 있다.
strokeRect(double x, double y, double w, double h)	다음 속성을 사용해 다양한 직사각형을 그릴 수 있다. • strokeStyle • lineWidth • lineJoin • miterLimit 너비나 높이를 0으로 설정한다면 strokeRect() 메서드에서는 수평선이나 수직선을 그릴 것이다. 그리고 너비와 높이를 모두 0으로 설정하면, strokeRect() 메서드에서는 어떤 작업도 하지 않는다.
fillRect(double x, double y, double w, double h)	fillStyle 속성에 따라 내부를 채운 직사각형을 그린다. 너비나 높이를 0으로 설정하면 fillRect() 메서드에서는 어떤 작업도 하지 않으니 참고하도록 하자.

모서리가 둥근 직사각형

위에서 언급한 예제에서는 lineJoin 속성을 사용해 모서리가 둥근 직사각형을 그리고 있다. 캔버스 명세서에서는 이렇게 둥근 모서리를 그리는 절차를 자세히 설명하고 있으므로 여러분이 창작하여 코딩할 필요가 없다. 물론 둥근 모서리의 반경 등과 같이 둥근 모서리의 속성을 제어하려면 모서리를 직접 그려야 할 것이다. 이와 관련된 자세한 내용은 124페이지의 2.9.3절('arcTo() 메서드')을 참고하자.

2.4   색상과 투명도

앞 절에서 소개한 [그림 2.4]의 애플리케이션에서는 기본 색상인 검은색을 이용해 직사각형을 그리고 내부를 칠했다. 다른 색상으로 연습해 보고 싶다면 콘텍스트의 strokeStyle 속성과 fillStyle 속성을 변경해 보자. [그림 2.5]에서는 검은색 이외의 색상을 사용해 두 개의 직사각형 내부를 칠한 [그림 2.4]의 애플리케이션과 비슷한 애플리케이션을 보여주고 있다.

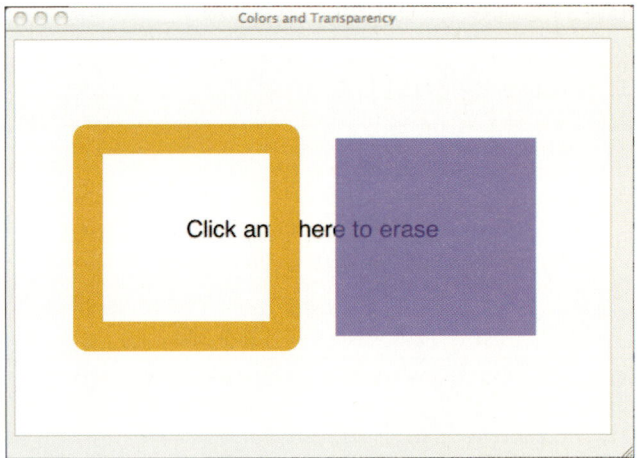

그림 2.5   색상과 투명도

[예제 2.2]는 [그림 2.5]에서 소개한 애플리케이션의 코드이다.

예제 2.2   **색상과 투명도**

```
var canvas = document.getElementById('canvas'),
    context = canvas.getContext('2d');
```

```
context.lineJoin = 'round';
context.lineWidth = 30;

context.font = '24px Helvetica';
context.fillText('Click anywhere to erase', 175, 200);

context.strokeStyle = 'goldenrod';
context.fillStyle = 'rgba(0,0,255,0.5)';

context.strokeRect(75, 100, 200, 200);
context.fillRect(325, 100, 200, 200);

context.canvas.onmousedown = function (e) {
    context.clearRect(0, 0, canvas.width, canvas.height);
};
```

위 애플리케이션에서는 진한 노란색과 반투명 파란색 등 두 가지 색을 사용하고 있다. [그림 2.5]에서 텍스트가 반투명한 파란색을 통해 비쳐 보이는 투명 효과를 확인할 수 있다. 반면, 왼쪽에 있는 직사각형에서는 테두리 색상이 불투명하므로 테두리를 통해 텍스트가 보이지 않는 모습에 주목하자.

정상적인 CSS 색상 문자열이라면 strokeStyle과 fillStyle 속성의 값으로 사용할 수 있다. CSS 색상 문자열을 명시할 수는 모든 방법을 소개한 전체 명세서는 http://dev.w3.org/csswg/css3-color에서 확인할 수 있다. 색상은 yellow, silver, teal과 같은 색상 이름이나, RGB를 위한 16진법, HSLA, HSL, RGBA, RGB[1] 등을 사용할 수 있다. 그뿐만 아니라 골든라드(goldenrod)나, 다크살몬(darksalmon) 또는 초콜릿 등과 같이 SVG 1.0 색상 이름을 명시할 수도 있다. 다음은 색상 문자열에 대한 예제이다.

- #ffffff
- #642
- rgba(100, 100, 100, 0.8)
- rgb(255, 255, 0)
- hsl(20, 62%. 28%)
- hsla(40, 82%, 33%, 0.6)
- antiquewhite
- burlywood
- cadetblue

---

1   HSLA(색조(Hue)/채도(Saturation)/밝기(Lightness)/알파(Alpha)), HSL(색조/채도/밝기), RGBA(빨간색(Red)/녹색(Green)/파란색(Blue)/알파), RGB(빨간색/녹색/파란색)

브라우저에서 모든 SVG 1.0 색상 이름을 지원하지 않을 수도 있다

CSS3 색상 명세서에는 다음과 같이 명시되어 있다.

> 워킹 그룹(Working Group)은 CSS3를 이용해 애플리케이션을 구현할 때 모든 속성이나 값을 사용한다고 생각하지 않는다.

위 글을 읽었다면 여러분이 사용하는 브라우저에서 CSS3 색상 명세서에 명시된 모든 색을 지원할 것이라고 기대하지 말자.

HSL 색상 값

CSS3 색상 명세서에 따르면 RGB는 CRT(Cathode Ray Tubes, 브라운관)를 기반으로 하고 CRT를 지향하며 사용하기 어렵다는 두 가지 중대한 결점이 있기 때문에 CSS3에 HSL을 추가했다.

RGB처럼, HSL 값은 세 가지 구성 요소가 있다. 하지만 RGB의 세 가지 구성 요소인 빨간색, 녹색, 파란색과는 달리, HSL의 세 가지 구성 요소는 색조, 채도, 밝기를 나타낸다. HSL 색상은 색상환에서 선택할 수도 있다. 참고로, 색상환에서 빨간색은 0도(360도), 녹색은 120도, 파란색은 240도에 있다.

HSL 색상에 명시된 첫 번째 값은 색상환의 각도를 나타내며 두 번째와 세 번째 값은 채도와 밝기에 대한 백분율을 나타낸다. 예를 들어, 채도를 100%로 설정하면 색상은 원색으로, 그리고 0%로 설정하면 회색으로 표시된다. 밝기를 100%로 설정하면 하얀색으로, 50%로 설정하면 보통으로 표시된다. (참고: CSS3 색상 명세서에서는 보통을 의미하는 'normal'을 따옴표로 묶어 사용하며 의미하는 바를 정확하게 설명하고 있지 않다.)

HSL 색상 값은 RGB로 쉽게 전환할 수 있으며 그 반대로도 전환할 수 있다. 그리고 어떤 색상이 사용하기 쉬운지와 어떤 색상을 사용해야 할지는 여러분이 판단해야 할 문제다.

globalAlpha 속성

rgba()나 hsla()의 알파 속성을 반투명 색상으로 지정하는 방법 외에, 브라우저에서 여러분이 그리는 모든 도형과 이미지에 적용할 수 있는 globalAlpha 속성도 사용할 수 있다. globalAlpha 속성값은 반드시 완전히 투명한 상태를 나타내는 0.0부터 완전히 불투명한 상태를 나타내는 1.0까지 사용할 수 있으며, 기본값은 1.0이다.

strokeColor와 fillcolor 대신 strokeSytle과 fillStyle을 사용하는 이유는 무엇일까?

strokeSytle 속성과 fillStyle 속성을 strokeColor와 fillcolor로 이름을 붙이지 않았는지에 대해 의아하게 생각할 수도 있다. 이렇게 이름을 붙인 이유는 strokeSytle 속성과 fillStyle 속성을 CSS3 색상 문자열뿐만 아니라 그라디언트나 패턴으로 명시할 수도 있기 때문이다. 다음 절에서 그라디언트와 패턴에 대해 알아보자.

2.5 그라디언트와 패턴

strokeStyle 속성과 fillStyle 속성에는 색상뿐만 아니라 그라디언트와 패턴도 명시할 수 있다. 이 절에서는 그라디언트와 패턴을 설정하는 방법을 알아보자.

2.5.1 그라디언트

캔버스 요소에서는 선형 그라디언트와 방사형 그라디언트를 모두 지원한다. 먼저 선형 그라디언트부터 살펴보자.

2.5.1.1 선형 그라디언트

[그림 2.6]에서는 선형 그라디언트를 생성하는 다양한 방법을 보여주고 있다.

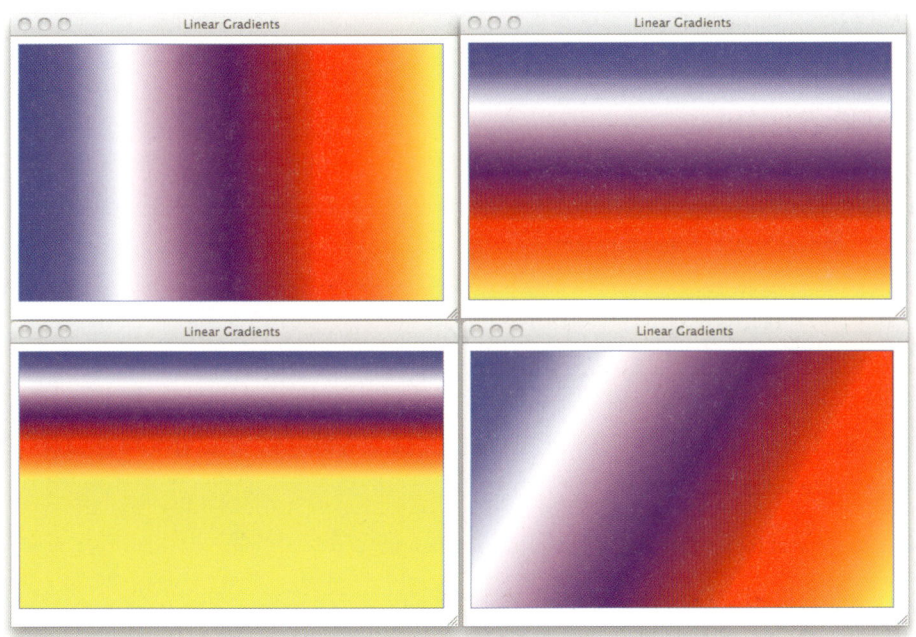

그림 2.6   선형 그라디언트

[예제 2.3]에서는 [그림 2.6]에서 소개한 애플리케이션의 코드를 보여주고 있다.

[예제 2.3]에서는 createLinearGradient() 메서드를 이용해 선형 그라디언트를 생성하고 있다. 캔버스에서 색상 그라디언트를 생성하기 위한 라인을 나타내는 두 점의 좌표 x와 y를 createLinearGradient()

메서드에 전달하면 createLinearGradient() 메서드에서는 CanvasGradient를 반환한다. 마지막으로 애플리케이션에서는 fillStyle을 createLinearGradient()메서드가 반환한 그라디언트로 설정한다. 이때, fill() 메서드를 호출하면 fillStyle을 다른 속성값으로 설정할 때까지 설정한 그라디언트를 사용해 내부를 칠하게 된다.

그리고 [예제 2.3]의 코드에서는 그라디언트를 생성한 다음 CanvasGradient의 하나밖에 없는 메서드인 addColorStop()를 호출해 다섯 가지 컬러 스톱(color stop)을 추가하고 있다. addColorStop() 메서드에서는 그라디언트 라인을 따라 컬러 스톱을 배치할 수 있도록 컬러 스톱의 위치를 나타내는 0.0과 1.0 사이의 실수형 값과 CSS3 색상 문자열을 나타내는 DOMString 값 등 두 개의 인수를 사용한다.

예제 2.3 선형 그라디언트

```
var canvas = document.getElementById('canvas'),
    context = canvas.getContext('2d'),
    gradient = context.createLinearGradient(0, 0, canvas.width, 0);

gradient.addColorStop(0,    'blue');
gradient.addColorStop(0.25, 'white');
gradient.addColorStop(0.5,  'purple');
gradient.addColorStop(0.75, 'red');
gradient.addColorStop(1,    'yellow');

context.fillStyle = gradient;
context.rect(0, 0, canvas.width, canvas.height);
```

위 자바스크립트는 [그림 2.6]에서 왼쪽 위에 있는 그라디언트에 대한 코드다. [그림 2.6]에 있는 모든 그림은 이 애플리케이션으로 표현할 수 있는데 애플리케이션에서 그라디언트를 생성하는 방법만 다를 뿐이다. 그러면 [그림 2.6]의 왼쪽 위에 있는 그림부터 시계방향으로 이동하면서, 각 그림에 대한 그라디언트를 생성하는 방법을 알아보자.

```
gradient = context.createLinearGradient(0, 0, 0, canvas.height);
```

위 코드에서는 그라디언트를 수평으로 생성하고 있으며 결과는 [그림 2.6]에서 오른쪽 위에 있는 그림과 같다.

```
gradient = context.createLinearGradient(0, 0, canvas.width, canvas.height);
```

위 코드의 결과는 [그림 2.6]에서 오른쪽 아래에 있는 그림과 같으며 그라디언트가 비스듬하게 기울어진 것이 특징이다.

```
gradient = context.createLinearGradient(0, 0, 0, canvas.height/2);
```

　마지막으로, 위 코드에서는 [그림 2.6]에서 왼쪽 아래에 있는 그림과 같은 결과를 보여주는 그라디언트를 생성한다. 여기서 그라디언트 라인이 캔버스의 맨 위쪽에서부터 중간까지 수평선을 그리고 있다는 사실에 주목하자. 애플리케이션에서 캔버스 전체를 채워야 하므로 캔버스의 요소에서 그라디언트에 사용된 마지막 색상으로 캔버스 중간부터 맨 아래쪽까지 칠하게 된다.

2.5.1.2 방사형 그라디언트

앞 절에서 살펴봤듯이 그라디언트 라인을 명시하면 선형 그라디언트를 생성할 수 있다. 그러나 방사형 그라디언트를 생성하려면 원뿔의 양 끝을 나타내는 두 원을 명시해야 한다. [그림 2.7]에서는 방사형 그라디언트를 보여주고 있다.

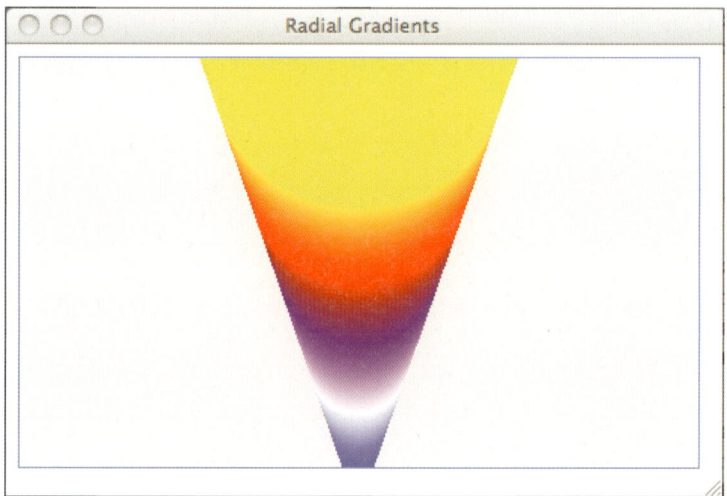

그림 2.7　　방사형 그라디언트

　[예제 2.4]에서는 [그림 2.7]에서 소개한 애플리케이션의 코드를 보여주고 있다.

　[예제 2.4]에서 소개한 코드에서는 캔버스의 하단에 있는 작은 원(반경 10픽셀)과 캔버스의 상단에 있는 큰 원(반경 100픽셀)을 이용해 방사형 그라디언트를 생성하고 있다. 참고로, 캔버스 가운데에 있는 두 원은 서로 수평을 유지하고 있다.

　createLinearGradient() 메서드처럼 createRadialGradient() 메서드에서도 CanvasGradient를 반환한다. 그리고 [예제 2.4]의 코드에서는 그라디언트에 네 가지 컬러 스톱을 추가하고 fillStyle을 해당 그라디언트로 설정하고 있다.

[예제 2.4]에서 방사형 그라디언트로 캔버스 전체를 채운다는 사실에 주목하자. 하지만 마지막 그라디언트 색상으로 그라디언트 라인을 외곽 지역을 칠하는 선형 그라디언트와는 다르게 방사형 그라디언트는 createRadialGradient() 메서드에 전달되는 두 원에 의해서 생성되는 원뿔에 제한된다.

예제 2.4　　방사형 그라디언트

```
var canvas = document.getElementById('canvas'),
    context = canvas.getContext('2d'),
    gradient = context.createRadialGradient(
                  canvas.width/2, canvas.height, 10,
                  canvas.width/2, 0, 100);

gradient.addColorStop(0, 'blue');
gradient.addColorStop(0.25, 'white');
gradient.addColorStop(0.5, 'purple');
gradient.addColorStop(0.75, 'red');
gradient.addColorStop(1, 'yellow');

context.fillStyle = gradient;
context.rect(0, 0, canvas.width, canvas.height);
context.fill();
```

[표 2.2]에서는 createLinearGradient() 메서드와 createRadialGradient() 메서드를 소개하고 있다.

표 2.2　　그라디언트

메서드	설명
CanvasGradient createLinearGradient(double x0, double y0, double x1, double y1)	선형 그라디언트를 생성한다. 메서드에 전달되는 파라미터는 그라디언트 라인을 명시하는 두 개의 점을 나타낸다. 이 메서드에서는 CanvasGradient.addColorStop() 메서드를 이용해 컬러 스톱을 추가할 수 있는 CanvasGradient를 반환한다.
CanvasGradient createRadialGradient(double x0, double y0, double r0, double x1, double y1, double r1)	방사형 그라디언트를 생성한다. 메서드에 전달되는 파라미터는 원뿔의 양쪽 끝에 있는 두 개의 원을 나타낸다. createLinearGradient() 메서드와 마찬가지로, 이 메서드에서도 CanvasGradient를 반환한다.

2.5.2 패턴

색상과 그라디언트 외에, 캔버스에서 제공하는 요소를 사용하면 패턴으로 도형과 텍스트를 그리고 내부를 채울 수 있다. 또한, <image> 요소, <canvas> 요소, 또는 <video> 요소 중 하나를 패턴으로 사용할 수도 있다.

브라우저에서 패턴을 반복하는 방법을 명시한 문자열과 패턴 등 두 가지 인수를 가진 createPattern() 메서드로 패턴을 생성한다. 이 때, 두 번째 인수에 대한 값으로는 repeat, repeat-x, repeat-y, 또는 no-repeat 중 하나를 명시할 수 있다. [그림 2.8]에서 보여주는 애플리케이션에서는 지금 언급한 값을 사용해 다양한 효과를 보여주고 있다. 참고로 이 애플리케이션에서는 이미지로 패턴을 생성하고 생성된 패턴으로 fillStyle을 설정한 다음 전체 캔버스를 이 패턴으로 칠하고 있다.

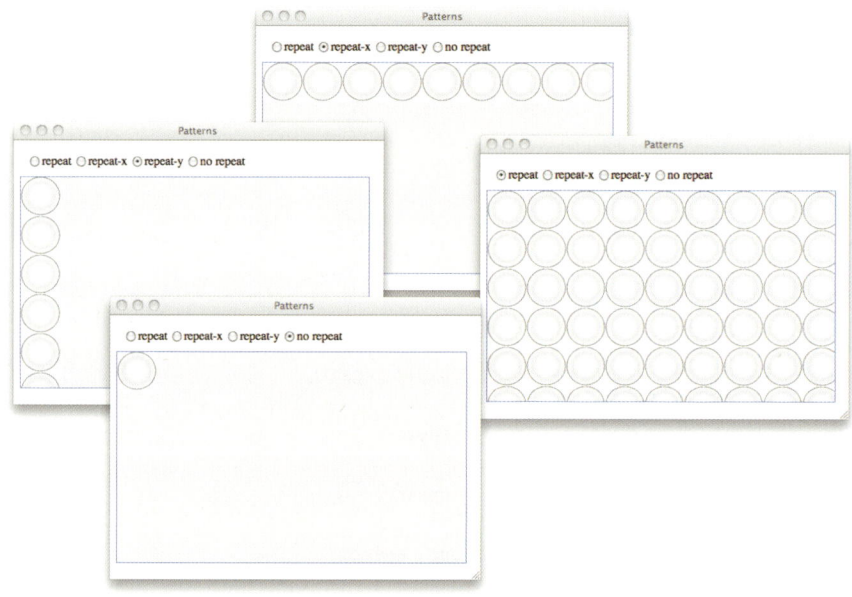

그림 2.8　　다양한 값을 이용한 패턴 반복

[예제 2.5]에서는 [그림 2.8]의 애플리케이션에 대한 HTML 코드를 보여주고 있다.

[예제 2.5]에서는 캔버스에 라디오 버튼을 생성하고 있으며 해당 예제에 대한 자바스크립트를 포함하고 있다. 그리고 [예제 2.6]에서는 [그림 2.8]의 애플리케이션에 대한 자바스크립트 코드를 보여주고 있다.

[예제 2.6]의 자바스크립트에서는 이미지를 생성한 다음 사용자가 라디오 버튼을 선택하면 선택된 반복 인수와 이미지를 사용해 패턴을 생성한다. 그리고 애플리케이션에서는 생성된 패턴으로 전체 캔버스를 칠하고 있다.

```html
<!DOCTYPE html>
    <head>
        <title>Patterns</title>

        <style>
            #canvas {
                background: #eeeeee;
                border: thin solid cornflowerblue;
            }

            #radios {
                padding: 10px;
            }
        </style>
    </head>

    <body>
        <div id='radios'>
            <input type='radio'
                   id='repeatRadio' name='patternRadio' checked/>repeat
            <input type='radio'
                   id='repeatXRadio' name='patternRadio'/>repeat-x
            <input type='radio'
                   id='repeatYRadio' name='patternRadio'/>repeat-y
            <input type='radio'
                   id='noRepeatRadio' name='patternRadio'/>no repeat
        </div>

        <canvas id='canvas' width='450' height='275'>
          Canvas not supported
        </canvas>

        <script src='example.js'></script>
    </body>
</html>
```

위 HTML 코드에서는 라디오 버튼을 클릭할 때마다 createPattern() 메서드를 이용해 새로운 Canvas Pattern 오브젝트를 생성한다. CanvasPattern은 조작할 수 있는 어떤 속성이나 메서드도 사용자에게 제공되지 않는다는 것을 의미하는 불투명한 자바스크립트 오브젝트이므로 새로운 패턴을 생성해야 한다. 만약 CanvasPatten 오브젝트에서 setPattern() 메서드를 제공했다면, 단일 CanvasPattern 오브젝트를 생성해 간단히 패턴을 변경할 수 있었을 것이다. 하지만 CanvasPattern 오브젝트가 opaque로 설정되므로 이 방법은 사용할 수 없다.

예제 2.6   패턴 사용하기: 자바스크립트

```javascript
var canvas = document.getElementById('canvas'),
    context = canvas.getContext('2d'),
    repeatRadio   = document.getElementById('repeatRadio'),
    noRepeatRadio = document.getElementById('noRepeatRadio'),
    repeatXRadio  = document.getElementById('repeatXRadio'),
    repeatYRadio  = document.getElementById('repeatYRadio'),
    image = new Image();

// Functions.......................................................

function fillCanvasWithPattern(repeatString) {
   var pattern = context.createPattern(image, repeatString);
   context.clearRect(0, 0, canvas.width, canvas.height);
   context.fillStyle = pattern;
   context.fillRect(0, 0, canvas.width, canvas.height);
   context.fill();
}

// Event handlers..................................................

repeatRadio.onclick = function (e) {
  fillCanvasWithPattern('repeat');
};

repeatXRadio.onclick = function (e) {
  fillCanvasWithPattern('repeat-x');
};

repeatYRadio.onclick = function (e) {
  fillCanvasWithPattern('repeat-y');
};

noRepeatRadio.onclick = function (e) {
  fillCanvasWithPattern('no-repeat');
};

// Initialization..................................................

image.src = 'redball.png';
image.onload = function (e) {
   fillCanvasWithPattern('repeat');
};
```

[표 2.3]에서는 createPattern() 메서드를 소개하고 있다.

표 2.3 **createPattern() 메서드**

메서드	설명
`CanvasPattern createPattern(HTMLImageElement | HTMLCanvasElement | HTMLVideoElement image, DOMStringrepetition)`	캔버스에서 도형이나 텍스트를 그리거나 내부를 채울 때 사용할 수 있는 패턴을 생성한다. 이 메서드에 사용되는 첫 번째 인수는 패턴에 사용될 이미지로 〈image〉 요소, 〈canvas〉 요소, 또는 〈video〉 요소를 사용할 수 있다. 두 번째 인수는 사용자가 선택한 패턴으로 도형을 그리거나 내부를 채울 때 브라우저에서 해당 패턴을 반복하는 방법을 명시하고 있다. 두 번째 인수로 사용할 수 있는 값은 repeat, repeat-x, repeat-y, no-repeat 중 하나다.

2.6 그림자 효과

도형이나, 텍스트, 또는 이미지 등 어떤 것을 그리든 캔버스에 그릴 때마다 다음 네 가지 콘텍스트 속성을 이용해 그림자를 명시할 수 있다.

- shadowColor: CSS3 색상.

- shadowOffsetX: 도형이나 텍스트부터 그림자까지의 가로 오프셋(픽셀).

- shadowOffsetY: 도형이나 텍스트부터 그림자까지의 세로 오프셋(픽셀).

- shadowBlur: 픽셀과 전혀 관련이 없는 값으로 그림자를 희미하게 만들 수 있게 가우시안 방정식에 사용된다.

다음은 캔버스 콘텍스트에서 그림자를 그려야 하는 상황이다.

1. 완전히 투명하지 않은 shadowColor를 명시할 때

2. 다른 그림자 속성 중 하나를 0이 아닌 값으로 명시할 때

[그림 2.9]에서는 [그림 2.1]의 그림판 애플리케이션에서 사용한 아이콘을 보여주고 있다.

그림판 애플리케이션에서는 아이콘이 페이지 위에 떠있는 것처럼 보일 수 있게 모든 아이콘에 그림자 효과를 적용하고 있다. 하지만 사용자가 선택한 아이콘은 다른 그림자를 명시하고 있다. 사용자가 선택한 아이콘의 그림자는 그림자의 오프셋과 블러(blur) 값이 더 높아서 [그림 2.9]의 [Text] 아이콘처럼 다른 아이콘보다 높이 떠있는 것처럼 보인다.

그림 2.9 그림자 효과를 이용한 입체감

그림판 애플리케이션에서는 [예제 2.7]에서 보여주고 있는 메서드를 사용해 아이콘의 그림자를 설정하고 있다.

예제 2.7	그림자를 이용한 입체감 표현

```javascript
var SHADOW_COLOR = 'rgba(0,0,0,0.7)';
...

function setIconShadow() {
   iconContext.shadowColor = SHADOW_COLOR;
   iconContext.shadowOffsetX = 1;
   iconContext.shadowOffsetY = 1;
   iconContext.shadowBlur = 2;
}

function setSelectedIconShadow() {
   iconContext.shadowColor = SHADOW_COLOR;
   iconContext.shadowOffsetX = 4;
   iconContext.shadowOffsetY = 4;
   iconContext.shadowBlur = 5;
}
```

[그림 2.9]에서 보여준 아이콘은 그림자가 있는 사각형이지만 캔버스 콘텍스트에서도 텍스트나 패스를 그릴 때 그림자를 그릴 수 있다. [그림 2.10]에서는 윤곽(stroke)에 적용된 그림자와 내부를 채운 도형(fill)에 적용된 그림자의 차이점을 보여주고 있다.

그림 2.10 윤곽에 적용된 그림자(왼쪽)와 내부를 채운 도형에 적용된 그림자(오른쪽)

 그림자에 부분적으로 투명한 색상 사용하기

보통 그림자를 통해 배경을 볼 수 있게 그림자에 부분적으로 투명한 색상을 사용하는 게 좋다.

 그림자 효과 끄기/켜기

캔버스 명세서에 따르면 브라우저에서는 a) shadowColor 속성을 완전히 투명하지 않은 색상으로 명시할 때와 b) shadowBlur, shadowOffsetX, shadowOffsetY 등 세 가지 그림자 속성 중 하나를 사용하고 그 속성을 0이 아닌 값으로 명시할 때에만 그림자를 그려야만 한다. 따라서 그림자를 끄는 가장 쉬운 방법은 shadowColor를 undefined로 설정하는 것이다. 그러나 이 책을 집필할 당시 WebKit 브라우저에서는 shadowColor를 undefined로 설정할 수 있었지만, 파이어폭스나 오페라에서는 shadowColor를 undefined로 설정할 수 없었다. 브라우저에서 그림자 효과를 끄거나 켜려면, 콘텍스트의 save() 메서드와 restore() 메서드를 사용하거나 그림자와 관련된 모든 속성을 직접 설정해야 한다.

그리고 이 책을 집필할 당시에 사용되던 브라우저에서는 도형 위에 다른 도형을 그리는 방법을 결정하는 합성 설정에 상관없이 그림자를 그렸다. 그러나 몇몇 브라우저 제작사에서는 브라우저에서 합성을 source-over로 설정했을 때만 그림자를 그릴 수 있도록 변경하고 싶어했다. 합성 설정에 대한 자세한 내용은 176페이지의 2.14절('합성')을 참고하자.

2.6.1 안쪽 그림자

만약 shadowOffsetX 속성과 shadowOffsetY 속성을 0이 아닌 양의 값으로 명시하면 무엇을 그리든 캔버스 위에 떠있는 것처럼 보이게 된다. 그리고 특정 도형 shadowOffsetX 속성과 shadowOffsetY 속성을 더 큰 수로 설정하면 해당 도형은 캔버스보다 훨씬 높은 곳에 떠있는 것처럼 보이게 된다.

물론 [그림 2.11]처럼 shadowOffsetX 속성과 shadowOffsetY 속성을 음의 값으로도 설정할 수도 있다.

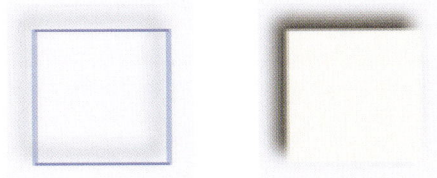

그림 2.11   음의 값으로 오프셋을 설정한 그림자: 윤곽에 적용된 그림자(왼쪽), 내부를 채운 도형에 적용된 그림자(오른쪽)

그림판 애플리케이션에서 지우개를 보여주는 [그림 2.12]에서처럼 음의 값으로 오프셋을 설정한 그림자는 안쪽 그림자를 구현할 때 사용할 수 있다. 지우개는 표면을 오목하게 보일 수 있게 안쪽에 그림자를 약하게 넣고 있다.

그림 2.12   안쪽 그림자: 그림판 애플리케이션의 지우개

[예제 2.8]에서는 지우개와 안쪽 그림자를 그리는 그림판 애플리케이션과 관련된 코드를 보여주고 있다. 이 애플리케이션에서는 X와 Y의 그림자 오프셋을 -5픽셀로 설정해 안쪽에 그림자를 명시하고 있으므로 [그림 2.11]의 그림자와 비슷한 그림자를 보여주고 있다.

여기서 콘텍스트의 clip() 메서드를 호출하는 점에 주목하자. clip() 메서드 호출로 그림자와 stroke() 호출은 원 내부 지역으로 한정된다. 다시 말하면, [그림 2.12]에서 윤곽의 안쪽 그림자를 사용한 왼쪽 직사각형과 달리, 브라우저에서는 원 외곽으로 어떤 그림자 효과도 주지 않는다 의미다. 참고로, clip() 메서드는 182페이지의 2.15절('클리핑 영역')에서 자세히 살펴볼 예정이다.

```javascript
var drawingContext =
    document.getElementById('drawingCanvas').getContext('2d'),

    ERASER_LINE_WIDTH    = 1,
    ERASER_SHADOW_STYLE  = 'blue',
    ERASER_STROKE_STYLE  = 'rgba(0,0,255,0.6)',
    ERASER_SHADOW_OFFSET = -5,
    ERASER_SHADOW_BLUR   = 20,
    ERASER_RADIUS        = 60;

// Eraser.................................................

function setEraserAttributes() {
  drawingContext.lineWidth    = ERASER_LINE_WIDTH;
  drawingContext.shadowColor  = ERASER_SHADOW_STYLE;
  drawingContext.shadowOffsetX = ERASER_SHADOW_OFFSET;
  drawingContext.shadowOffsetY = ERASER_SHADOW_OFFSET;
  drawingContext.shadowBlur   = ERASER_SHADOW_BLUR;
  drawingContext.strokeStyle  = ERASER_STROKE_STYLE;
}

function drawEraser(loc) {
  drawingContext.save();
  setEraserAttributes();

  drawingContext.beginPath();
  drawingContext.arc(loc.x, loc.y, ERASER_RADIUS,
                  0, Math.PI*2, false);
  drawingContext.clip();
  drawingContext.stroke();

  drawingContext.restore();
}
```

[표 2.4]에서는 그림자를 그리는 방법을 제어하는 네 가지 속성을 소개하고 있다.

표 2.4 **CanvasRenderingContext2D 그림자 속성**

속성	설명
shadowBlur	그림자가 퍼지는 방법을 결정하는 실수형 값. 이 속성값은 브라우저에서 가우시안 효과를 적용할 때 사용되며 그리고 가우시안 방정식에 사용되는 이 값은 픽셀과 아무 관련이 없다. 기본값은 0이다.
shadowColor	CSS3 색상 문자열. 기본값은 rgba(0, 0, 0, 0)로 완전히 투명한 검은색과 같다.

속성	설명
shadowOffsetX	그림자의 X 좌표에 해당하는 오프셋(픽셀). 기본값은 0이다.
shadowOffsetY	그림자의 Y 좌표에 해당하는 오프셋(픽셀). 기본값은 0이다.

 그림자는 부담되는 작업이다

68페이지의 2.2절('드로잉 모델')에서 언급했듯이 그림자를 그리려면 브라우저에서는 두 번째 비트맵을 사용해 추후에 온스크린 캔버스와 합성할 그림자를 생성해야 한다. 이렇듯 그림자를 그리는 작업은 두 번째 비트맵을 사용하므로 부담되는 작업이 될 수 있다.

만약 간단한 도형이나 텍스트, 또는 이미지를 그린다면 그림자를 그리는 작업에 대해 성능을 고려해야 할 정도는 아닐 것이다. 그러나 캔버스에서 움직이는 오브젝트에 그림자 효과를 적용하고 있다면 그림자 효과를 꺼야만 애니메이션의 움직임이 전보다 좋아질 것이다. 애니메이션과 그림자에 대한 자세히 내용은 380페이지의 5.11절('애니메이션 모범 사례')을 참고하자.

2.7 패스, 윤곽 그리기, 내부 칠하기

지금까지 2장에서는 캔버스 콘텍스트의 strokeRect() 메서드를 사용해 직사각형을 그렸다. 또한, fillrect() 메서드로 직사각형 내부를 칠하는 방법도 살펴봤다. strokeRect() 메서드와 fillrect() 메서드는 사용하는 즉시 효과가 나타난다. 사실, 두 메서드는 캔버스 콘텍스트로 구현된 메서드 중에서 도형을 곧바로 그리는 유일한 메서드다. strokeText() 메서드와 fillText() 메서드도 곧바로 그리지만, 텍스트는 도형이 아니다. 베지어 곡선과 같이 복잡한 도형을 그리는 다른 콘텍스트 메서드는 패스를 기반으로 하고 있다.

SVG(Scalable Vector Graphics, 가변 벡터 도형 처리), 애플의 코코아(Cocoa), 어도비의 일러스트레이터(Illustrator) 등과 같은 대부분의 드로잉 시스템은 패스를 기반으로 한다. 이런 드로잉 시스템을 사용하면 [그림 2.13]처럼 패스의 윤곽을 그리거나 내부를 칠하고, 혹은 윤곽을 그리고 내부를 채울 수 있는 패스를 정의할 수 있다.

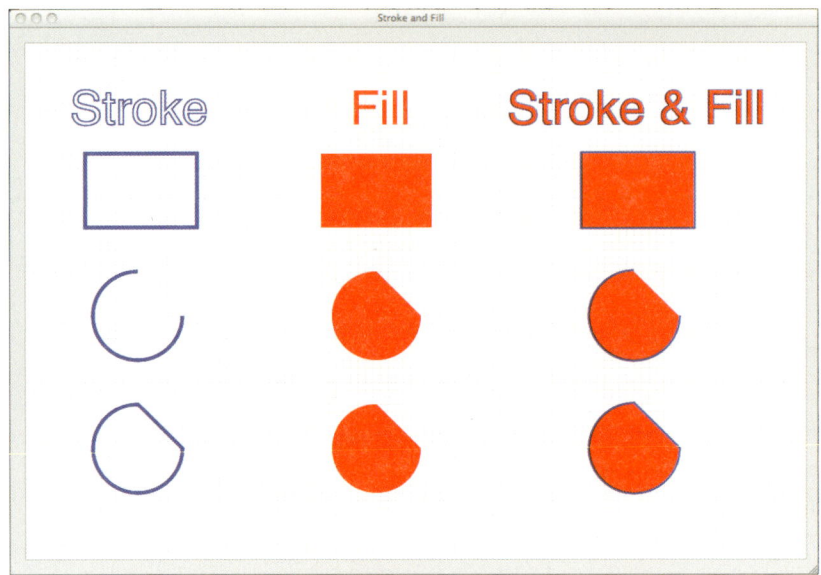

그림 2.13   도형의 윤곽 그리기 및 내부 칠하기

[그림 2.13]의 애플리케이션에서는 9가지 다양한 패스를 생성하고 있다. 왼쪽 줄에 있는 애플리케이션에서는 패스의 윤곽을 그리고, 가운데 줄에 있는 애플리케이션에서는 패스의 내부를 칠하고, 마지막으로 오른쪽 줄에 있는 애플리케이션에서는 패스의 윤곽을 그린 다음 내부를 칠하고 있다.

첫 번째 열에 있는 직사각형 패스와 마지막 열에 있는 둥근 패스는 닫힌 패스(closed path)다. 그리고 가운데 열에 있는 둥근 패스는 열린 패스(open path)다. 여기서 열린 패스나 닫힌 패스에 관계없이 패스를 채울 수 있다는 사실에 주목하자. 오른쪽 줄의 가운데 열에 있는 둥근 패스처럼 오픈 패스의 내부를 칠하려고 하면 브라우저에서는 마치 닫힌 패스인 것처럼 오픈 패스의 내부를 채운다.

[예제 2.9]에서는 [그림 2.13]에 있는 애플리케이션의 코드를 소개하고 있다.

예제 2.9   텍스트, 직사각형, 원호의 윤곽 그리기 및 내부 칠하기

```
var context = document.getElementById('drawingCanvas').getContext('2d');

// 함수.......................................................

function drawGrid(context, color, stepx, stepy) {
    // 코드를 간결하게 하려고 함수를 생략하고 있다.
    // 이 함수의 전체 코드는 104페이지의 [예제 2.13]을 참고하자.
}

// 초기화......................................................
```

```
drawGrid(context, 'lightgray', 10, 10);

// 드로잉 속성................................................

context.font = '48pt Helvetica';
context.strokeStyle = 'blue';
context.fillStyle = 'red';
context.lineWidth = '2';          // 텍스트에 대한 선의 두께를 2로 설정

// 텍스트.....................................................

context.strokeText('Stroke', 60, 110);
context.fillText('Fill', 440, 110);

context.strokeText('Stroke & Fill', 650, 110);
context.fillText('Stroke & Fill', 650, 110);

// 직사각형...................................................

context.lineWidth = '5';          // 도형에 대한 선의 두께를 5로 설정
context.beginPath();
context.rect(80, 150, 150, 100);
context.stroke();

context.beginPath();
context.rect(400, 150, 150, 100);
context.fill();

context.beginPath();
context.rect(750, 150, 150, 100);
context.stroke();
context.fill();

// 열린 호.....................................................

context.beginPath();
context.arc(150, 370, 60, 0, Math.PI*3/2);
context.stroke();

context.beginPath();
context.arc(475, 370, 60, 0, Math.PI*3/2);
context.fill();

context.beginPath();
context.arc(820, 370, 60, 0, Math.PI*3/2);
context.stroke();
context.fill();

// 닫힌 호.....................................................
```

```
context.beginPath();
context.arc(150, 550, 60, 0, Math.PI*3/2);
context.closePath();
context.stroke();

context.beginPath();
context.arc(475, 550, 60, 0, Math.PI*3/2);
context.closePath();
context.fill();

context.beginPath();
context.arc(820, 550, 60, 0, Math.PI*3/2);
context.closePath();
context.stroke();
context.fill();
```

위 코드에서는 beginPath() 메서드를 사용해 새로운 패스를 시작하고 있다. rect() 메서드와 arc() 메서드는 각각 직사각형과 원호에 대한 패스를 생성한다. 그리고 애플리케이션에서는 stroke() 콘텍스트 메서드와 fill() 콘텍스트 메서드를 사용해 생성한 패스의 윤곽을 그리거나 내부를 칠하고 있다.

윤곽을 그리는 작업과 내부를 칠하는 작업은 lineWidth, strokeStyle, fillStyle, 그림자 속성 등과 같은 현재 드로잉 속성에 의해 제어된다. 예를 들어, [예제 2.9]에서 보여준 애플리케이션에서는 텍스트의 윤곽을 그리기 위해 lineWidth를 2로 설정한 다음 패스의 윤곽을 그리기 위해 lineWidth를 5로 다시 설정하고 있다.

rect() 메서드에 의해 생성된 패스는 닫힌 패스지만 arc() 메서드에 의해 생성된 패스는 arc() 메서드를 사용해 원형 패스를 생성하지 않는 한 닫힌 패스가 될 수 없다. 호에 대한 패스를 닫힌 패스로 만들려면 [예제 2.9]처럼 반드시 closePath() 메서드를 호출해야 한다.

[표 2.5]에서는 애플리케이션에서 사용한 패스와 관련된 메서드를 소개하고 있다.

표 2.5 **CanvasRenderingContext2D 패스 관련 메서드**

메서드	설명
arc()	호나 원을 나타내는 서브패스를 현재 패스에 추가한다. rect() 메서드와 달리, 불린 방식의 변수를 사용해 서브패스의 방향을 제어할 수 있다. 불린 방식의 변수를 true로 설정하면, arc() 메서드에서는 서브패스를 시계방향으로 생성하고 false로 설정하면 서브패스를 시계 반대 방향으로 생성한다. arc() 메서드를 생성할 때 이미 서브패스가 존재한다면 arc() 메서드에서는 현재 존재하는 서브패스의 마지막 점에서 호의 패스를 따라 첫 번째 점까지 선을 그린다.
beginPath()	현재 패스에 있는 모든 서브패스를 지워 현재 패스를 재설정한다. 서브패스에 대한 자세한 내용은 2.7.1절을 참고하자. 새로운 패스를 시작하고 싶을 때는 beginPath() 메서드를 호출한다.

메서드	설명
closePath()	열린 패스를 닫을 수 있다. closePath()는 곡선이나 선으로 만들어진 패스와 호의 열린 패스를 닫기 위한 메서드다.
fill()	fillStyle을 사용해 현재 패스의 내부를 채운다.
rect(double x, double y, double width, double height)	width 및 height를 사용해 (x, y) 좌표에 직사각형 서브패스를 생성한다. 이렇게 생성된 서브패스는 닫힌 패스로 항상 시계방향으로 생성된다.
stroke()	storkeStyle을 사용해 현재 패스의 윤곽을 그린다.

 패스와 보이지 않는 잉크

패스를 생성한 후 생성한 패스의 윤곽을 그리거나 내부를 칠하는 작업은 보이지 않는 잉크로 그리는 작업에 비유할 수 있다.

보이지 않는 잉크로 어떤 것을 그리든 곧바로 보이지 않는다. 보이지 않는 잉크로 그린 그림을 보려면 열이나 화학 약품, 또는 적외선을 가하는 방법 등과 같이 특정 행동을 반드시 취해야 한다. 참고로 http://en.wikipedia.org/wiki/invisible_ink에서 보이지 않은 잉크와 관련된 모든 정보를 확인할 수 있다.

다시 한번 언급하지만 rect() 메서드나 arc() 메서드 등과 같은 메서드를 사용하는 방법은 보이지 않은 잉크를 사용해 그리는 방법과 매우 유사하다. rect() 메서드나 arc() 메서드에서는 보이지 않는 패스를 생성하는데 이렇게 생성된 패스는 stroke() 메서드나 fill() 메서드를 호출해 보이게 만들 수 있다.

2.7.1 패스와 서브패스

어떤 상황에서도 캔버스에는 단 한 개의 패스만 존재하며 캔버스 명세서에서는 이 패스를 현재 패스라고 한다. 그러나 현재 패스는 여러 개의 서브패스로 구성될 수 있고 서브패스는 두 개 이상의 점으로 구성된다. 예를 들어, 다음 코드처럼 직사각형 두 개를 그릴 수 있다.

```
context.beginPath();              // 현재 패스가 가진
                                  // 모든 서브패스를 지운다.
context.rect(10, 10, 100, 100);   // 네 개의 점으로 구성된 서브패스를 추가한다.
context.stroke();                 // 네 개의 점을 가진
                                  // 서브패스의 윤곽을 그린다.

context.beginPath();              // 현재 패스가 가진
                                  // 모든 서브패스를 지운다.
context.rect(50, 50, 100, 100);   // 네 개의 점으로 구성된 서브패스를 추가한다.
context.stroke();                 // 네 개의 점을 가진
                                  // 서브패스의 윤곽을 그린다.
```

위 코드는 현재 패스에 있는 모든 서브패스를 지우는 beginPath() 메서드를 호출하는 것으로 시작하고 있다. 그리고 rect() 메서드를 호출해 네 개의 점을 가진 서브패스를 현재 패스에 추가한 후 현재 패스의 윤곽을 그리는 stroke() 메서드를 호출해 직사각형을 캔버스에 나타나게 하고 있다.

그리고 다시 한 번 beginPath() 메서드를 호출해 앞에서 rect() 메서드를 호출할 때 생성했던 서브패스를 지우고 있다. rect() 메서드를 다시 호출해 다시 네 개의 점을 가진 서브패스를 현재 패스에 추가한 뒤 현재 패스의 윤곽을 그려 두 번째 직사각형을 캔버스에 나타나게 하고 있다.

그러면 다음 코드에서처럼 두 번째로 호출했던 beginPath() 메서드를 제거하면 어떤 일이 발생하는지 살펴보자.

```
context.beginPath();            // 현재 패스가 가진
                                // 모든 서브패스를 지운다.
context.rect(10, 10, 100, 100); // 네 개의 점으로 구성된 서브패스를 추가한다.
context.stroke();               // 네 개의 점을 가진
                                // 서브패스의 윤곽을 그린다.

context.rect(50, 50, 100, 100); // 네 개의 점으로 구성된
                                // 두 번째 서브패스를 추가한다.
context.stroke();               // 서브패스 두 개를 모두 그린다.
```

위 코드는 앞에서 언급한 코드와 똑같이 시작하고 있다. 즉, beginPath() 메서드를 호출해 현재 패스에 있는 모든 서브패스를 지우고 직사각형의 네 개의 점을 가진 단일 서브패스를 생성하는 rect() 메서드를 호출한 후, stroke() 메서드를 호출해 직사각형을 캔버스에 나타나게 하고 있다.

하지만 이번에는 앞에서 생성한 서브패스를 지울 수 있는 beginPath() 메서드를 호출하지 않고 곧바로 rect() 메서드를 다시 호출하고 있다. rect() 메서드에 대한 두 번째 호출로 현재 패스에 새로운 서브패스를 추가하게 된다. 마지막으로 코드에서는 두 번째로 stroke() 메서드를 호출해 현재 패스에 있는 서브패스 두 개를 그리게 된다. 즉, 첫 번째로 그린 직사각형을 수정하여 그린다.

2.7.1.1 패스의 내부를 칠하기 위한 넌제로 와인딩 룰

만약 현재 패스가 자기 자신을 통과하거나 현재 패스와 교차하는 여러 개의 서브패스가 있다면, 캔버스 콘텍스트에서는 fill() 메서드를 호출할 때 현재 패스의 내부를 칠하는 방법을 반드시 알고 있어야 한다. 캔버스에서는 자신과 교차하는 패스의 내부 칠하기 위해 넌제로 와인딩 룰(nonzero winding rule)이라고 부르는 방법을 사용한다. [그림 2.14]에서는 와인딩 룰의 사용법을 보여주고 있다.

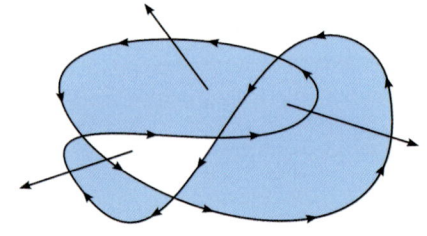

그림 2.14 　패스의 내부를 칠하기 위한 넌제로 와인딩 룰

　자기 교차 패스(self-intersecting path)에 대한 넌제로 와인딩 룰을 단계별로 알아보자. 패스가 존재하는 특정 지역 내부로부터 외곽까지 직선을 그리는데 직선의 두 번째 점이 패스 외곽으로 완전히 빠져나갈 정도로 충분히 길게 그린다. [그림 2.14]에서는 세 가지 화살표로 이 단계를 보여주고 있다.

　다음 단계에서는 카운터를 0으로 초기화하고 직선이 패스에 있는 곡선이나 선을 지나갈 때마다, 패스의 시계방향 세그먼트에 대한 카운터를 1씩 증가시키고 패스의 시계 반대 방향 세그먼트에 대한 카운터를 1씩 감소시킨다. 마지막 카운트가 0이 아니면 해당 영역은 패스 안에 존재하며 브라우저에서는 fill() 메서드를 호출해 해당 영역 내부를 채운다. 하지만 마지막 카운트가 0이라면 해당 영역은 패스 안에 존재하지 않으므로 브라우저에서는 해당 영역 내부를 칠하지 않는다.

　이제 [그림 2.14]를 이용해 넌제로 와인딩 룰에 대한 원리를 이해했을 것이다. [그림 2.14]에서 왼쪽 아래에 있는 화살표는 패스의 시계 반대 방향 세그먼트를 가로지른 다음 패스의 시계방향 세그먼트를 가로지르고 있다. 이는 카운터가 0임을 의미하므로 해당 지역은 패스 안에 존재하지 않는다. 따라서 브라우저에서는 fill() 메서드를 호출하더라도 해당 지역 내부를 칠하지 않는다. 그러나 다른 두 화살표의 카운터는 0이 아니므로 브라우저에서는 화살표가 시작된 지역의 내부를 채운다.

2.7.2　컷아웃

그동안 배웠던 패스, 그림자, 넌제로 와인딩 룰 등을 이용해 [그림 2.15]에서 보여주는 컷아웃(cutout)을 실행해 보자.

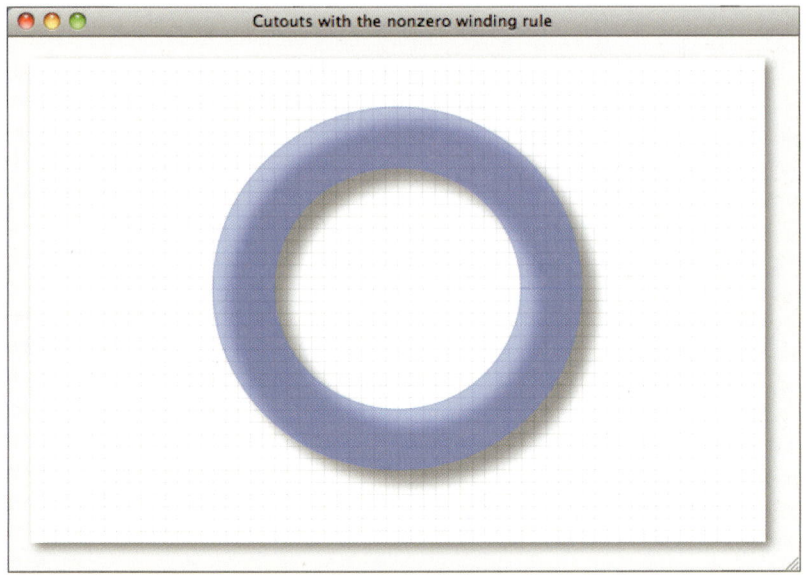

그림 2.15　두 원을 이용한 컷아웃

[예제 2.10]에서는 [그림 2.15]의 애플리케이션에 해당하는 자바스크립트 코드를 보여주고 있다.

[예제 2.10]의 자바스크립트 코드에서는 한 원이 다른 원 안에 있는 두 개의 원으로 구성된 단일 패스를 생성한다. 그리고 [그림 2.16]의 위에 있는 그림처럼 애플리케이션에서는 arc() 메서드의 마지막 인수를 이용해 시계방향으로 내부 원과 시계 반대 방향으로 외부 원을 그리고 있다.

[그림 2.15]에서 보여준 애플리케이션에서는 패스를 생성한 후 생성한 패스의 내부를 칠하고 있다. 브라우저에서는 넌제로 와인딩 룰을 적용해 외부 원의 내부를 칠하지만, 내부 원의 내부를 칠하지 않는다. 그 결과가 바로 컷아웃이다. 참고로, 어떤 도형이라도 컷아웃을 나타낼 수 있다.

예제 2.10 　　[그림 2.14]에서 보여준 애플리케이션에 대한 자바스크립트 코드

```
var context = document.getElementById('canvas').getContext('2d');

// 함수..............................................

function drawGrid(color, stepx, stepy) {
    // 코드를 간결하게 하려고 함수를 생략하고 있다.
    // 이 함수의 전체 코드는 104페이지의 [예제 2.13]을 참고하자.
}

function drawTwoArcs() {
    context.beginPath();
    context.arc(300, 190, 150, 0, Math.PI*2, false); // Outer: CCW
    context.arc(300, 190, 100, 0, Math.PI*2, true);  // Inner: CW

    context.fill();
    context.shadowColor = undefined;
    context.shadowOffsetX = 0;
    context.shadowOffsetY = 0;
    context.stroke();
}

function draw() {
    context.clearRect(0, 0, context.canvas.width,
                            context.canvas.height);
    drawGrid('lightgray', 10, 10);

    context.save();

    context.shadowColor = 'rgba(0,0,0,0.8)';
    context.shadowOffsetX = 12;
    context.shadowOffsetY = 12;
    context.shadowBlur = 15;

    drawTwoArcs();
```

```
    context.restore();
}

// 초기화..........................................

context.fillStyle = 'rgba(100,140,230,0.5)';
context.strokeStyle = context.fillStyle;
draw();
```

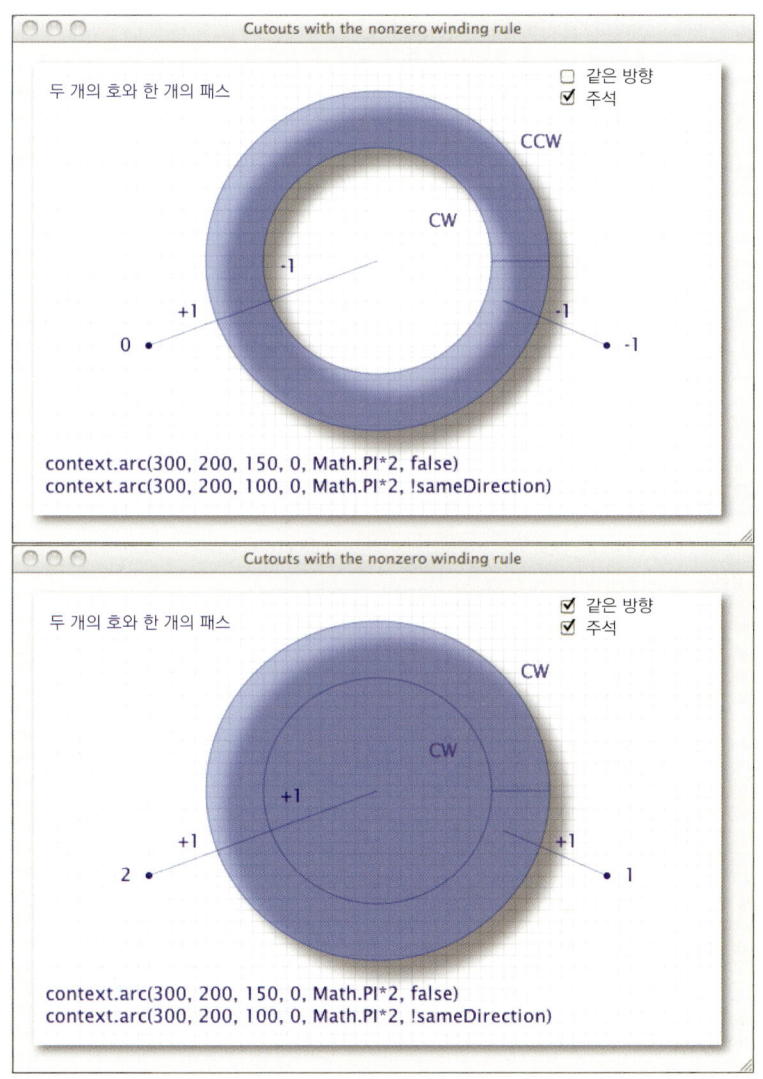

그림 2.16   넌제로 와인딩 룰을 사용한 컷아웃

[그림 2.16]은 [그림 2.15]에서 보여준 애플리케이션의 확장 버전으로 같은 방향으로 두 개의 원을 그린 다음 원들의 방향과 넌제로 와인딩 룰에 대한 계산을 보여주는 주석을 추가하고 원들에 대한 서브패스 를 생성하는 arc() 메서드 호출을 보여주고 있다.

 [그림 2.16]에서 원 내부에 있는 가로선은 무엇일까?

[그림 2.16]에서 두 원을 잇는 가로선에 대해 살펴보자. [그림 2.15]에서도 같은 선이 있지만 [그림 2.16]에서 더 명확하게 보일 것이다. 왜냐하면, [그림 2.16]의 애플리케이션에서는 [그림 2.15]의 애플 리케이션보다 어두운 색상으로 윤곽을 그리고 있기 때문이다.

캔버스 명세서에 따르면 arc() 메서드를 호출할 때 현재 패스 안에 서브패스가 있으면 arc() 메서드에 서는 반드시 서브패스의 마지막 포인트를 호에 있는 첫 번째 포인트에 연결해야 한다.

2.7.2.1 컷아웃 도형

[그림 2.17]에서는 컷아웃을 이용해 직사각형 내부에서 세 가지 도형을 만들고 있다. 앞 절에서 언급했던 애플리케이션과는 달리 [그림 2.17]의 애플리케이션에서는 컷아웃을 포함하고 있는 직사각형 내부를 완 전히 불투명한 색상으로 칠하고 있다.

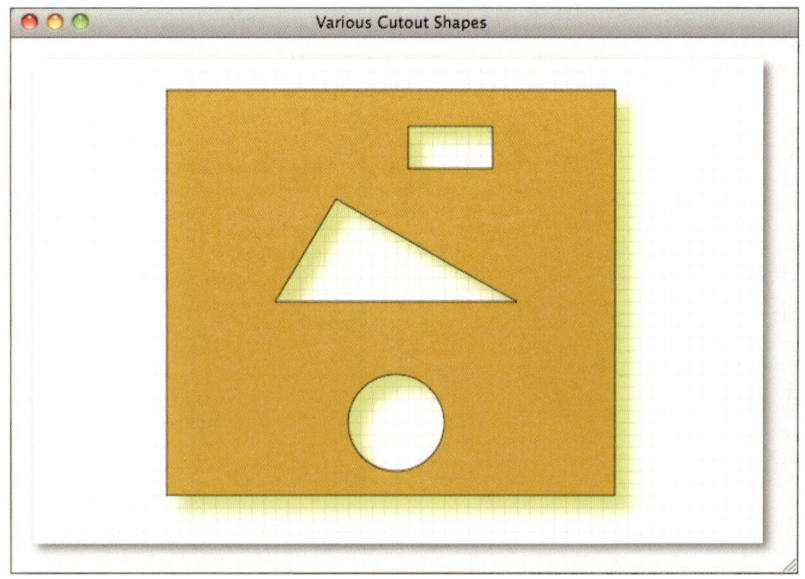

그림 2.17　컷아웃을 이용한 여러 가지 도형

위 애플리케이션에는 두 가지 흥미로운 점이 있다. 첫 번째는 컷아웃을 둘러싸고 있는 도형이 원이 아닌 직사각형이라는 점이다. 이처럼 임의 패스를 포함해 어떤 도형을 사용하더라도 컷아웃을 둘러쌀 수 있다. 다음은 애플리케이션에서 컷아웃을 생성하는 방법을 보여주는 코드다.

```javascript
function drawCutouts() {
   context.beginPath();

   addOuterRectanglePath(); // CW(시계 방향)

   addCirclePath();          // CCW(시계 반대 방향)
   addRectanglePath();       // CCW
   addTrianglePath();        // CCW

   context.fill();           // 컷아웃 생성
}
```

addOuterRectanglePath(), addCirclePath(), addRectanglePath(), addTraianglePath() 등의 메서드들은 서브패스를 컷아웃을 나타내는 현재 패스에 추가한다.

[그림 2.17]에서 보여준 애플리케이션에 대한 두 번째 흥미로운 점은 직사각형 컷아웃이다. arc()메서드에서는 호의 방향을 제어하는 반면, rect() 메서드는 항상 시계 방향 패스를 생성하기 때문에 arc() 메서드처럼 호의 방향을 제어할 수 없다. 그러나 여기서는 시계 반대 방향 직사각형 패스가 필요하므로 arc() 메서드처럼 직사각형 패스의 방향을 제어할 수 있는 rect() 메서드를 생성하고 있다.

```javascript
function rect(x, y, w, h, direction) {
  if (direction) { // CCW
     context.moveTo(x, y);
     context.lineTo(x, y + h);
     context.lineTo(x + w, y + h);
     context.lineTo(x + w, y);
  }
  else {
     context.moveTo(x, y);
     context.lineTo(x + w, y);
     context.lineTo(x + w, y + h);
     context.lineTo(x, y + h);
  }
  context.closePath();
}
```

위 코드에서는 moveTo() 메서드와 lineTo() 메서드를 사용해 직사각형 패스를 시계 방향이나 시계 반대 방향으로 생성하고 있다. 참고로 101페이지의 2.8절('선')에서 moveTo() 메서드와 lineTo() 메서드에 대해 자세히 살펴볼 예정이다.

그리고 다음 코드에서처럼 애플리케이션에서는 외부 직사각형의 패스와 컷아웃 직사각형의 패스를 다르게 생성하고 있다.

```
function addOuterRectanglePath() {
    context.rect(110, 25, 370, 335);
}

function addRectanglePath() {
    rect(310, 55, 70, 35, true);
}
```

addOuterRectanglePath() 메서드에서는 선택의 여지 없이 직사각형을 항상 시계 방향으로 그리는 콘텍스트의 rect() 메서드를 사용하고 있다. 그리고 직사각형 컷아웃의 패스를 생성하는 **addRectangle Path()** 메서드에서는 위 코드에서처럼 rect() 메서드를 사용해 직사각형을 시계 반대 방향으로 그리고 있다.

[예제 2.11]에서는 [그림 2.17]에서 보여준 애플리케이션의 자바스크립트 코드를 소개하고 있다.

 방향 문제

arc() 메서드의 마지막 인수는 불린 형의 변수로 호의 방향을 제어한다. 변수의 값을 기본값인 true로 설정하면 호를 시계 방향으로 그리며, 변수의 값을 false로 설정하면 시계 반대 방향으로 그린다. 참고로 캔버스 명세서에서는 시계 반대 방향을 anti-clockwise로 명시하고 있다.

---

 arc() 메서드에서는 방향을 제어하지만 rect() 메서드에서는 제어하지 못한다.

콘텍스트 메서드인 arc() 메서드와 rect() 메서드에서는 현재 패스에 서브패스를 추가하지만, arc() 메서드에서만 패스를 그리는 방향을 제어할 수 있다. 다행히 [예제 2.11]에서 보여준 rect() 메서드처럼 특정 방향으로 직사각형 패스를 생성하는 함수를 간단히 구현할 수 있다.

---

 arc() 메서드의 보기 흉한 연결선을 제거하자.

현재 패스에 있는 서브패스로 arc() 메서드를 호출하면 arc() 메서드에서는 서브패스의 마지막 점을 호의 첫 번째 점에 연결한다. 이런 연결선을 보고 싶어하는 경우는 드물 것이다.

이때, arc() 메서드를 호출해 호의 윤곽을 그리기 전에 beginPath() 메서드를 호출하면 연결선을 숨길 수 있다. beginPath() 메서드를 호출하면 현재 패스가 가진 모든 서브패스를 지우므로 arc() 메서드에서는 연결선에 대한 윤곽을 그리지 않는다.

예제 2.11   컷아웃 도형 개선

```javascript
var context = document.getElementById('canvas').getContext('2d');

// 함수.......................................................

function drawGrid(color, stepx, stepy) {
    // 코드를 간결하게 하려고 함수를 생략하고 있다.
    // 이 함수의 전체 코드는 104페이지의 [예제 2.13]을 참고하자.
}

function draw() {
    context.clearRect(0, 0, context.canvas.width,
                            context.canvas.height);
    drawGrid('lightgray', 10, 10);

    context.save();

    context.shadowColor = 'rgba(200,200,0,0.5)';
    context.shadowOffsetX = 12;
    context.shadowOffsetY = 12;
    context.shadowBlur = 15;

    drawCutouts();
    strokeCutoutShapes();
    context.restore();
}

function drawCutouts() {
    context.beginPath();
    addOuterRectanglePath(); // CW

    addCirclePath();    // CCW
    addRectanglePath(); // CCW
    addTrianglePath();  // CCW

    context.fill(); // 컷아웃을 생성한다.
}

function strokeCutoutShapes() {
    context.save();

    context.strokeStyle = 'rgba(0,0,0,0.7)';

    context.beginPath();
    addOuterRectanglePath(); // CW
    context.stroke();

    context.beginPath();
```

```
      addCirclePath();
      addRectanglePath();
      addTrianglePath();
      context.stroke();

      context.restore();
   }

   function rect(x, y, w, h, direction) {
     if (direction) { // CCW
        context.moveTo(x, y);
        context.lineTo(x, y + h);
        context.lineTo(x + w, y + h);
        context.lineTo(x + w, y);
        context.closePath();
     }
     else {
        context.moveTo(x, y);
        context.lineTo(x + w, y);
        context.lineTo(x + w, y + h);
        context.lineTo(x, y + h);
        context.closePath();
     }
   }

   function addOuterRectanglePath() {
      context.rect(110, 25, 370, 335);
   }

   function addCirclePath() {
      context.arc(300, 300, 40, 0, Math.PI*2, true);
   }

   function addRectanglePath() {
      rect(310, 55, 70, 35, true);
   }

   function addTrianglePath() {
      context.moveTo(400, 200);
      context.lineTo(250, 115);
      context.lineTo(200, 200);
      context.closePath();
   }

   // 초기화.................................................

   context.fillStyle = 'goldenrod';
   draw();
```

2.8 선

캔버스 콘텍스트에서는 선형 패스를 생성할 수 있는 두 가지 메서드인 moveTo() 메서드와 lineTo() 메
서드를 제공하고 있다. 흔히 선으로 알려진 선형 패스를 캔버스에 보이게 하려면, 캔버스에 두 개의 선을
그리는 [그림 2.18]의 애플리케이션처럼 stroke() 메서드를 호출해야 한다.

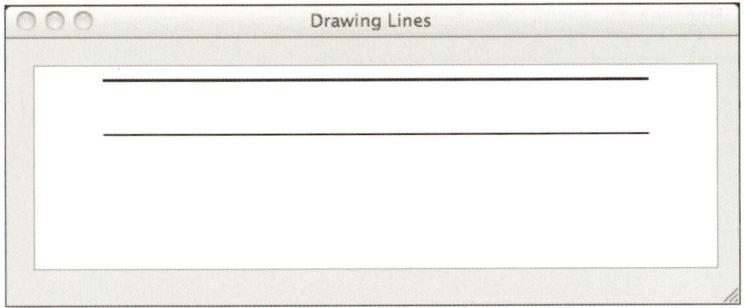

그림 2.18   선 그리기

[예제 2.12]에서는 [그림 2.18]에서 보여준 애플리케이션의 코드를 소개하고 있다.

예제 2.12   캔버스에 두 개의 선 그리기

```
var context = document.getElementById('canvas').getContext('2d');

context.lineWidth = 1;
context.beginPath();
context.moveTo(50, 10);
context.lineTo(450, 10);
context.stroke();
context.beginPath();
context.moveTo(50.5, 50.5);
context.lineTo(450.5, 50.5);
context.stroke();
```

위 코드를 살펴보면, lineWidth 속성을 1픽셀로 설정한 후 (50, 10)만큼 이동한 위치에서 (450, 10)까지
가로선을 그리고 있다. 이처럼 moveTo() 메서드와 lineTo() 메서드를 조합하면 선형 패스를 생성할 수 있
다. 참고로 캔버스에서 가로선을 볼 수 있도록 선형 패스의 윤곽을 그리고 있다.

그리고 애플리케이션에서는 현재 패스에 있는 선형 서브패스를 제거하기 위해 beginPath() 메서드를
호출하고 마지막으로 첫 번째 선 바로 밑에 다른 가로선을 그린다.

[예제 2.12]에서 소개한 코드는 간단하지만 [그림 2.18]을 주의 깊게 살펴보면 이상한 점을 찾을 수 있다. 가로선을 그리기 전에 lineWidth 속성을 1픽셀로 설정하고 있지만, 상단에 위치한 가로선의 폭은 2픽셀 이다. 다음 절에서 이런 일이 발생한 이유를 살펴볼 것이다.

[표 2.6]에서는 moveTo() 메서드와 lineTo() 메서드를 소개하고 있다.

표 2.6   moveTo() 메서드 및 lineTo() 메서드

메서드	설명
moveTo(x, y)	새로운 서브패스를 명시한 한 점을 가진 현재 패스에 새로운 서브패스를 추가한다. 하지만 현재 패스가 가진 기존의 서브패스를 지우지 않는다.
lineTo(x, y)	현재 패스에 서브패스가 존재하지 않으면, lineTo() 메서드는 moveTo() 메서드와 동일하게 동작하므로 명시된 한 점을 이용해 새로운 서브패스를 생성한다. 만약 현재 패스에 서브패 스가 존재한다면 lineTo() 메서드에서는 명시된 한 점을 서브패스에 추가한다.

2.8.1 선의 경계 및 픽셀 경계

픽셀의 경계에 폭이 1픽셀인 선을 그리면 [그림 2.19] 처럼 실제로 폭이 2픽셀인 선이 그려진다.

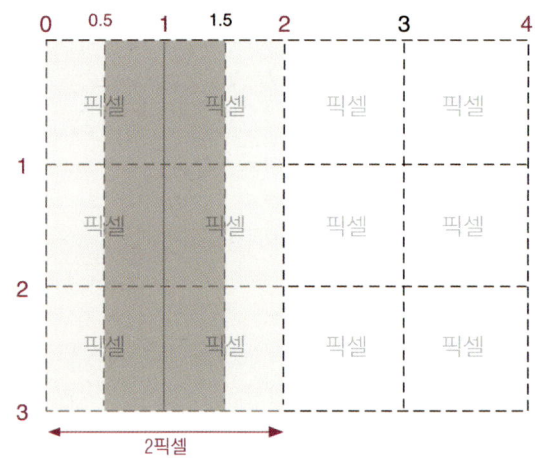

그림 2.19   픽셀 경계에 선 그리기

픽셀의 경계에 폭이 1픽셀인 수직선을 그리면 캔버스 콘텍스트에서는 선의 중간에서 오른쪽으로 0.5 픽셀만큼 그리고 선의 중간에서 왼쪽으로 0.5픽셀만큼 그리려고 할 것이다. 그러나 0.5픽셀만큼 그리는 것은 불가능하므로 선은 각 방향으로 1픽셀만큼 확장한다. [그림 2.19]에서 어두운 회색 부분만큼 그리 고 싶지만 실제로 브라우저에서는 옅은 회색 부분만큼 그린다.

따라서 [그림 2.20]에서 보여주는 것처럼 픽셀 사이에 선을 그릴 때 발생하는 일에 대해 고려해야 한다.

그림 2.20 　픽셀 사이에 선 그리기

　[그림 2.20]에서는 수직선을 픽셀 사이에 그리므로 선 중심에서 좌우로 0.5픽셀씩 정확히 1픽셀만큼 칠하게 된다. 따라서 폭이 1픽셀인 선을 그리려면 픽셀 경계가 아닌 반드시 픽셀 사이에 선을 그려야 한다. 다시 한 번 [그림 2.18]을 살펴보면 픽셀 경계에 너비가 2픽셀인 선을 그리고 있지만, 픽셀 사이에 폭이 1픽셀인 선을 그리고 있는 것을 확인할 수 있다.

　이제 너비가 1픽셀인 선을 그리는 방법을 이해했을 것이다. 지금 배운 내용을 응용해 격자무늬를 그려 보자.

2.8.2 　격자무늬 그리기

[그림 2.21]에서는 애플리케이션으로 구현한 격자무늬를 보여주고 있다.

　[예제 2.13]에서는 [그림 2.21]에서 보여준 애플리케이션의 자바스크립트 코드를 소개하고 있다.

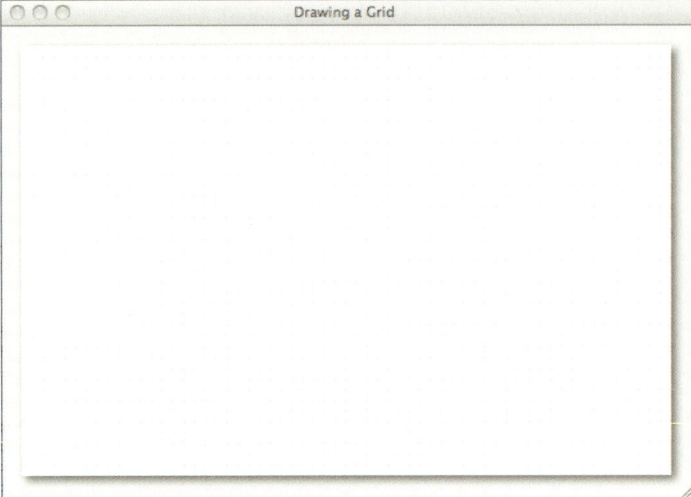

그림 2.21 격자무늬 그리기

예제 2.13 격자무늬 그리기

```javascript
var context = document.getElementById('canvas').getContext('2d');

// 함수....................................................

function drawGrid(context, color, stepx, stepy) {
    context.strokeStyle = color;
    context.lineWidth = 0.5;

    for (var i = stepx + 0.5; i < context.canvas.width; i += stepx) {
        context.beginPath();
        context.moveTo(i, 0);
        context.lineTo(i, context.canvas.height);
        context.stroke();
    }

    for (var i = stepy + 0.5; i < context.canvas.height; i += stepy) {
        context.beginPath();
        context.moveTo(0, i);
        context.lineTo(context.canvas.width, i);
        context.stroke();
    }
}

// 초기화..............................................

drawGrid(context, 'lightgray', 10, 10);
```

위 자바스크립트에서는 앞 절에서 언급했듯이 픽셀 사이에 선을 그리고 있을 뿐만 아니라, 두께가 0.5 픽셀인 선을 그리고 있다. 캔버스 명세서에 정확하게 명시되어 있진 않지만 모든 브라우저 캔버스에서는 서브픽셀 라인의 착시 효과를 이용한 안티앨리어싱(anti-aliasing)을 사용하고 있다.

2.8.3 축 그리기

[그림 2.22]에서는 그래픽 축을 그리는 애플리케이션을 보여주고 있다. [예제 2.14]에서는 [그림 2.22]에서 소개한 애플리케이션의 자바스크립트 코드를 보여주고 있다.

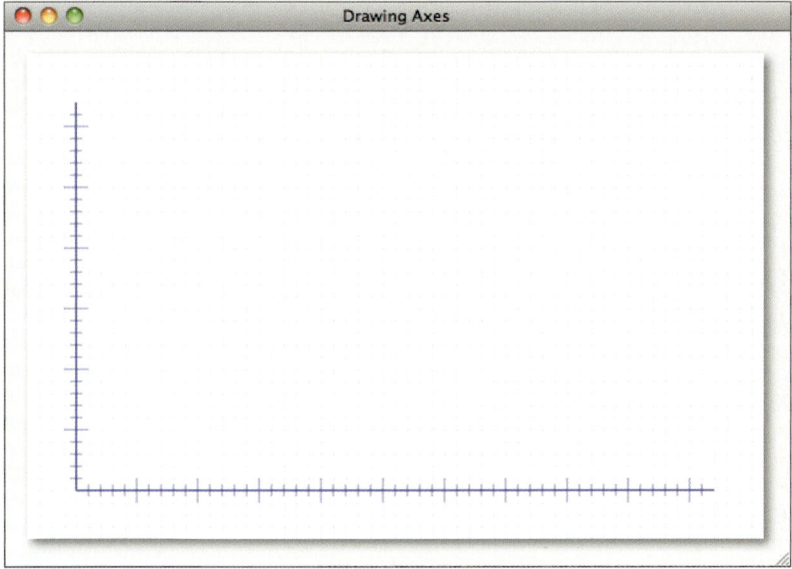

그림 2.22 축 그리기

예제 2.14 축 그리기

```
var canvas = document.getElementById('canvas'),
    context = canvas.getContext('2d'),

    AXIS_MARGIN = 40,
    AXIS_ORIGIN = { x: AXIS_MARGIN, y: canvas.height-AXIS_MARGIN },

    AXIS_TOP   = AXIS_MARGIN,
    AXIS_RIGHT = canvas.width-AXIS_MARGIN,

    HORIZONTAL_TICK_SPACING = 10,
    VERTICAL_TICK_SPACING = 10,
```

```javascript
        AXIS_WIDTH  = AXIS_RIGHT - AXIS_ORIGIN.x,
        AXIS_HEIGHT = AXIS_ORIGIN.y - AXIS_TOP,

        NUM_VERTICAL_TICKS   = AXIS_HEIGHT / VERTICAL_TICK_SPACING,
        NUM_HORIZONTAL_TICKS = AXIS_WIDTH  / HORIZONTAL_TICK_SPACING,

        TICK_WIDTH = 10,
        TICKS_LINEWIDTH = 0.5,
        TICKS_COLOR = 'navy',

        AXIS_LINEWIDTH = 1.0,
        AXIS_COLOR = 'blue';

// 함수......................................................

function drawGrid(color, stepx, stepy) {
    // 코드를 간결하게 하려고 함수를 생략하고 있다.
    // 이 함수의 전체 코드는 104페이지의 [예제 2.13]을 참고하자.
}

function drawAxes() {
    context.save();
    context.strokeStyle = AXIS_COLOR;
    context.lineWidth = AXIS_LINEWIDTH;

    drawHorizontalAxis();
    drawVerticalAxis();

    context.lineWidth = 0.5;
    context.lineWidth = TICKS_LINEWIDTH;
    context.strokeStyle = TICKS_COLOR;

    drawVerticalAxisTicks();
    drawHorizontalAxisTicks();

    context.restore();
}

function drawHorizontalAxis() {
    context.beginPath();
    context.moveTo(AXIS_ORIGIN.x, AXIS_ORIGIN.y);
    context.lineTo(AXIS_RIGHT,    AXIS_ORIGIN.y);
    context.stroke();
}

function drawVerticalAxis() {
    context.beginPath();
    context.moveTo(AXIS_ORIGIN.x, AXIS_ORIGIN.y);
    context.lineTo(AXIS_ORIGIN.x, AXIS_TOP);
```

```
        context.stroke();
    }

    function drawVerticalAxisTicks() {
        var deltaY;

        for (var i=1; i < NUM_VERTICAL_TICKS; ++i) {
            context.beginPath();
            if (i % 5 === 0) deltaX = TICK_WIDTH;
            else             deltaX = TICK_WIDTH/2;

            context.moveTo(AXIS_ORIGIN.x - deltaX,
                           AXIS_ORIGIN.y - i * VERTICAL_TICK_SPACING);
            context.lineTo(AXIS_ORIGIN.x + deltaX,
                           AXIS_ORIGIN.y - i * VERTICAL_TICK_SPACING);
            context.stroke();
        }
    }

    function drawHorizontalAxisTicks() {
        var deltaY;

        for (var i=1; i < NUM_HORIZONTAL_TICKS; ++i) {
            context.beginPath();
            if (i % 5 === 0) deltaY = TICK_WIDTH;
            else             deltaY = TICK_WIDTH/2;

            context.moveTo(AXIS_ORIGIN.x + i * HORIZONTAL_TICK_SPACING,
                           AXIS_ORIGIN.y - deltaY);
            context.lineTo(AXIS_ORIGIN.x + i * HORIZONTAL_TICK_SPACING,
                           AXIS_ORIGIN.y + deltaY);
            context.stroke();
        }
    }
    // 초기화.............................................

    drawGrid('lightgray', 10, 10);
    drawAxes();
```

위 자바스크립트에서는 상수를 사용해 축의 너비와 높이 그리고 눈금 사이의 공간 등과 같은 축의 특성을 계산하고 있다. 코드의 나머지 부분은 축과 눈금을 위한 beginPath(), moveTo(), lineTo(), stroke() 등의 콘텍스트 메서드를 차례로 호출하는 것과 관련있다.

지금까지 여러분은 선을 그리는 방법을 살펴봤다. 이제 대화형 선을 그리는 방법을 살펴보자.

2.8.4 러버 밴드를 이용해 선 그리기

2장 전반부에서 소개한 그림판 애플리케이션은 사용자가 마우스를 드래그하면 배경 위에 선을 그리는 방식으로 사용자와의 상호작용에 의해 선을 그렸다. [그림 2.23]의 애플리케이션에서도 비슷한 동작을 보여주고 있다.

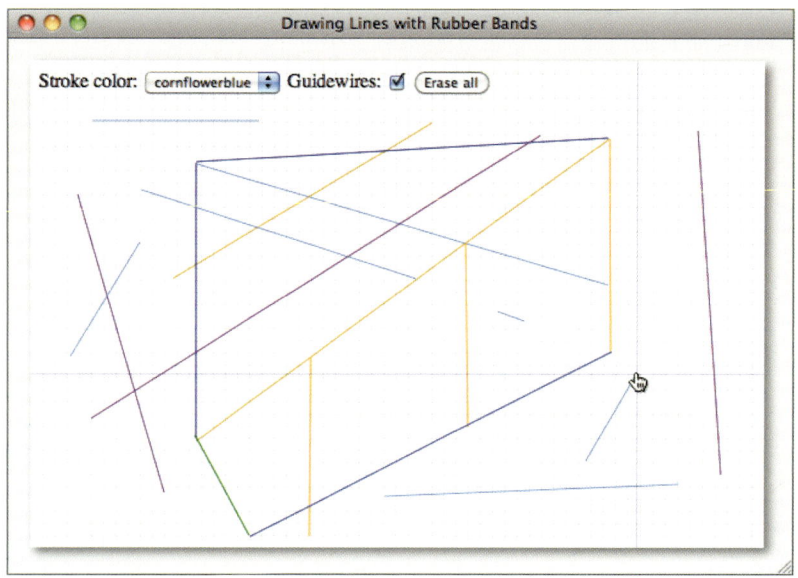

그림 2.23 러버 밴드를 이용해 선 그리기

[예제 2.15]와 [예제 2.16]에서는 [그림 2.23]에서 보여준 애플리케이션의 HTML 코드와 자바스크립트 코드를 소개하고 있다. 이 코드에서 러버 밴드에 있는 메서드와 마우스 이벤트 핸들러에 주목하자.

onmousedown 이벤트 핸들러에서는 윈도우 좌표를 캔버스 좌표로 전환하고 있으며 이벤트의 preventDefault() 메서드를 호출해 브라우저에서 이벤트에 대한 기본 행동을 할 수 없게 방지하고 있다.

또한, onmousedown 이벤트 핸들러에서는 드로잉 표면을 저장하고 mousedown 이벤트가 발생한 위치를 기록한 다음 마지막으로 dragging이란 이름의 불린 형의 플래그를 true로 설정한다.

예제 2.15   러버 밴드를 이용해 선 그리기: HTML

```
<!DOCTYPE html>
<html>
  <head>
    <title>Drawing Lines with Rubber Bands</title>
```

```
    <style>
        body {
            background: #eeeeee;
        }

        #controls {
            position: absolute;
            left: 25px;
            top: 25px;
        }

        #canvas {
            background: #ffffff;
            cursor: pointer;
            margin-left: 10px;
            margin-top: 10px;
            -webkit-box-shadow: 4px 4px 8px rgba(0,0,0,0.5);
            -moz-box-shadow: 4px 4px 8px rgba(0,0,0,0.5);
            -box-shadow: 4px 4px 8px rgba(0,0,0,0.5);
        }
    </style>
</head>

<body>
    <canvas id='canvas' width='600' height='400'>
        Canvas not supported
    </canvas>

    <div id='controls'>
        Stroke color: <select id='strokeStyleSelect'>
        <option value='red'>red</option>
        <option value='green'>green</option>
        <option value='blue'>blue</option>
        <option value='orange'>orange</option>
        <option value='cornflowerblue' selected>cornflowerblue</option>
        <option value='goldenrod'>goldenrod</option>
        <option value='navy'>navy</option>
        <option value='purple'>purple</option>
        </select>

        Guidewires:
        <input id='guidewireCheckbox' type='checkbox' checked/>
        <input id='eraseAllButton' type='button' value='Erase all'/>
    </div>

    <script src = 'example.js'></script>
</body>
</html>
```

예제 2.16   러버 밴드를 이용해 선 그리기: 자바스크립트

```javascript
var canvas = document.getElementById('canvas'),
    context = canvas.getContext('2d'),
    eraseAllButton = document.getElementById('eraseAllButton'),
    strokeStyleSelect = document.getElementById('strokeStyleSelect'),
    guidewireCheckbox = document.getElementById('guidewireCheckbox'),
    drawingSurfaceImageData,
    mousedown = {},
    rubberbandRect = {},
    dragging = false,
    guidewires = guidewireCheckbox.checked;

// 함수.......................................................

function drawGrid(color, stepx, stepy) {
    // 코드를 간결하게 하려고 함수를 생략하고 있다
    // 이 함수의 전체 코드는 104페이지의 [예제 2.13]을 참고하자.
}

function windowToCanvas(x, y) {
    var bbox = canvas.getBoundingClientRect();
    return { x: x - bbox.left * (canvas.width  / bbox.width),
             y: y - bbox.top  * (canvas.height / bbox.height) };
}

// 드로잉 표면 저장 및 복원하기.................................

function saveDrawingSurface() {
    drawingSurfaceImageData = context.getImageData(0, 0,
                                       canvas.width,
                                       canvas.height);
}

function restoreDrawingSurface() {
    context.putImageData(drawingSurfaceImageData, 0, 0);
}

// 러버 밴드...................................................

function updateRubberbandRectangle(loc) {
    rubberbandRect.width  = Math.abs(loc.x - mousedown.x);
    rubberbandRect.height = Math.abs(loc.y - mousedown.y);

    if (loc.x > mousedown.x) rubberbandRect.left = mousedown.x;
    else                     rubberbandRect.left = loc.x;

    if (loc.y > mousedown.y) rubberbandRect.top = mousedown.y;
    else                     rubberbandRect.top = loc.y;
}
```

```javascript
function drawRubberbandShape(loc) {
   context.beginPath();
   context.moveTo(mousedown.x, mousedown.y);
   context.lineTo(loc.x, loc.y);
   context.stroke();
}

function updateRubberband(loc) {
   updateRubberbandRectangle(loc);
   drawRubberbandShape(loc);
}

// 가이드와이어.......................................................

function drawHorizontalLine (y) {
   context.beginPath();
   context.moveTo(0,y+0.5);
   context.lineTo(context.canvas.width, y+0.5);
   context.stroke();
}

function drawVerticalLine (x) {
   context.beginPath();
   context.moveTo(x+0.5,0);
   context.lineTo(x+0.5, context.canvas.height);
   context.stroke();
}

function drawGuidewires(x, y) {
   context.save();
   context.strokeStyle = 'rgba(0,0,230,0.4)';
   context.lineWidth = 0.5;
   drawVerticalLine(x);
   drawHorizontalLine(y);
   context.restore();
}

// 캔버스 이벤트 핸들러.............................................

canvas.onmousedown = function (e) {
   var loc = windowToCanvas(e.clientX, e.clientY);

   e.preventDefault(); // 커서 변경 방지
   saveDrawingSurface();
   mousedown.x = loc.x;
   mousedown.y = loc.y;
   dragging = true;
};
```

```javascript
canvas.onmousemove = function (e) {
    var loc;

    if (dragging) {
        e.preventDefault(); // 선택 방지

        loc = windowToCanvas(e.clientX, e.clientY);
        restoreDrawingSurface();
        updateRubberband(loc);

        if(guidewires) {
            drawGuidewires(loc.x, loc.y);
        }
    }
};

canvas.onmouseup = function (e) {
    loc = windowToCanvas(e.clientX, e.clientY);
    restoreDrawingSurface();
    updateRubberband(loc);
    dragging = false;
};

// 컨트롤 이벤트 핸들러.....................................

eraseAllButton.onclick = function (e) {
    context.clearRect(0, 0, canvas.width, canvas.height);
    drawGrid('lightgray', 10, 10);
    saveDrawingSurface();
};

strokeStyleSelect.onchange = function (e) {
    context.strokeStyle = strokeStyleSelect.value;
};

guidewireCheckbox.onchange = function (e) {
    guidewires = guidewireCheckbox.checked;
};

// 초기화.............................................

context.strokeStyle = strokeStyleSelect.value;
drawGrid('lightgray', 10, 10);
```

그리고 사용자가 마우스를 드래그하는 동안 애플리케이션에서는 rubberbandRect라고 불리는 직사
각형을 유지한다. [그림 2.24]에서 볼 수 있는 이 직사각형은 mousedown 이벤트의 위치와 마우스의 현
재 위치 등 두 개의 모서리로 정의된다.

사용자가 마우스를 드래그하는 동안에 발생하는 mousemove 이벤트마다 애플리케이션에서는 다음과 같은 세 가지 작업을 수행한다.

1. 드로잉 표면을 복원한다.

2. rubberbandRect를 업데이트한다.

3. 마우스를 클릭한 위치부터 현재 마우스 위치까지 선을 그린다.

애플리케이션의 onmousedown 이벤트 핸들러에서는 드로잉 표면을 저장하므로 onmousemove 이벤트 핸들러에서 드로잉 표면을 복원하여 러버 밴드를 이용한 선을 효율적으로 지울 수 있다.

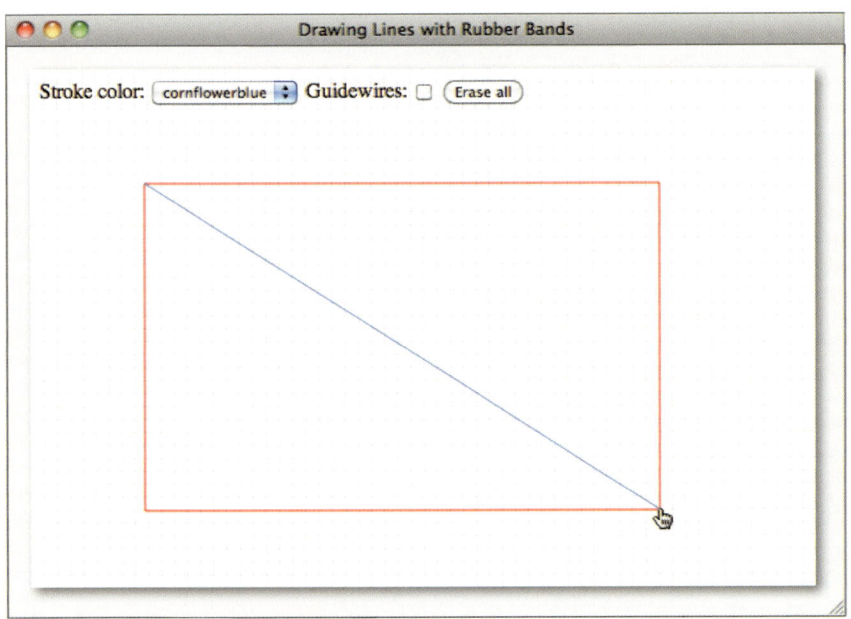

그림 2.24   러버 밴드를 이용한 직사각형

 앞으로는 러버 밴드를 이용한 직사각형을 사용할 것이다

[예제 2.16]에서 보여준 애플리케이션에서는 사용자가 마우스를 드래그하는 동안 러버 밴드 직사각형을 유지하고 있다. 여기서 러버 밴드 선을 그리는 함수의 이름이 drawRubberbandShape()라는 점에 주목하자. 애플리케이션에서는 러버 밴드 직사각형을 유지하므로 원이나 임의 다각형 등과 같이 직사각형 내부에 들어가는 도형을 지원하도록 drawRubberbandShape()를 변경할 수 있다.

그리고 drawRubberbandShape()를 변경해 다음 절에서 소개할 작업을 수행할 수 있다.

2.8.5 점선 그리기

이 책을 집필할 당시만 해도 캔버스 콘텍스트에서는 점선을 그리는 메서드를 제공하지 않았지만 이런 기능을 구현하는 것은 어렵지 않다. [그림 2.25]에서는 점선을 그리는 애플리케이션을 보여주고 있다.

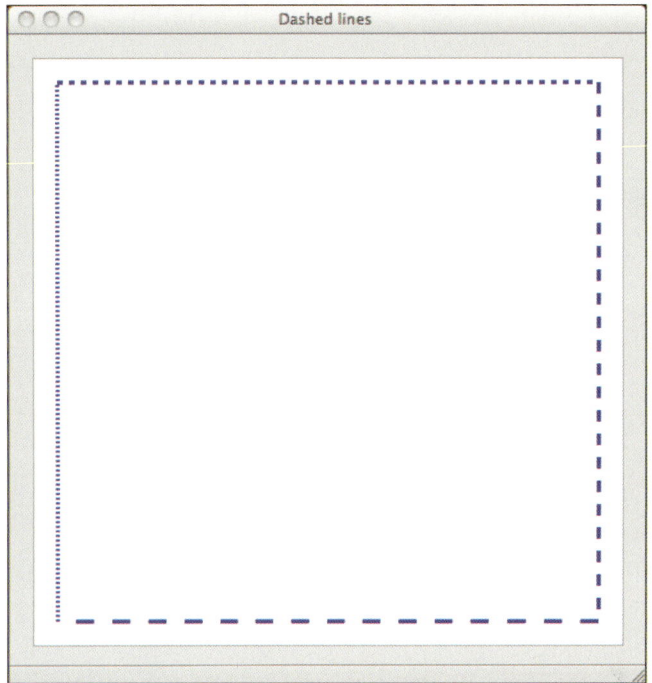

그림 2.25   점선

[예제 2.17]에서는 [그림 2.25]에서 보여주는 애플리케이션의 코드를 소개하고 있다.

[예제 2.17]의 코드에서는 선의 길이를 계산한 다음 각 점선의 길이를 바탕으로 선에 사용할 점선의 수를 계산한다. 그리고 코드에서는 이렇게 계산된 점선의 수를 이용해 짧은 선 세그먼트를 반복적으로 그려 점선을 완성한다.

예제 2.17   점선

```
var context = document.getElementById('canvas').getContext('2d');

function drawDashedLine(context, x1, y1, x2, y2, dashLength) {
    dashLength = dashLength === undefined ? 5 : dashLength;
```

```
    var deltaX = x2 - x1;
    var deltaY = y2 - y1;
    var numDashes = Math.floor(
        Math.sqrt(deltaX * deltaX + deltaY * deltaY) / dashLength);

    for (var i=0; i < numDashes; ++i) {
      context[ i % 2 === 0 ? 'moveTo' : 'lineTo' ]
          (x1 + (deltaX / numDashes) * i, y1 + (deltaY / numDashes) * i);
    }

    context.stroke();
};

context.lineWidth = 3;
context.strokeStyle = 'blue';
drawDashedLine(context, 20, 20, context.canvas.width-20, 20);
drawDashedLine(context, context.canvas.width-20, 20,
    context.canvas.width-20, context.canvas.height-20, 10);
drawDashedLine(context, context.canvas.width-20,
    context.canvas.height-20, 20, context.canvas.height-20, 15);
drawDashedLine(context, 20, context.canvas.height-20, 20, 20, 2);
```

2.8.6 CanvasRenderingContext2D를 확장해 점선 그리기

앞 절에서 살펴본 drawDashedLine() 함수에서는 특정 콘텍스트에 있는 점선을 그렸다. 만약 lineTo()
와 비슷하게 동작하는 캔버스 콘텍스트에 dashedLineTo() 메서드를 추가하면 어떻게 될까?

dashedLineTo() 메서드를 캔버스 콘텍스트에 추가할 수 없는 근본적인 이유는 moveTo() 메서드에
마지막으로 전달된 위치를 가져올 방법이 없기 때문이다. moveTo() 메서드에 마지막으로 전달된 위치는
선이 시작하는 지점이므로 CanvasRenderingContext2D.dashedLineTo() 메서드에서는 반드시 이 위
치에 접근할 수 있어야 한다.

캔버스 콘텍스트에서는 moveTo() 메서드에 마지막으로 전달된 위치에 접근하는 방법을 제공하고 있
지 않지만, 다음과 같은 방법을 이용해 이런 기능을 콘텍스트에 추가할 수 있다.

1. 콘텍스트의 moveTo() 메서드에 대한 참조를 가져온다.

2. lastMoveToLocation이란 이름의 속성을 캔버스 콘텍스트에 추가한다.

3. lastMoveToLocation 속성의 moveTo() 메서드에 전달되는 점을 저장할 수 있게 콘텍스트의
    moveTo() 메서드를 재정의한다.

moveTo() 메서드에 전달되는 마지막 위치에 접근할 수만 있다면 CanvasRenderingContext2D의 프로토타입 오브젝트에 추가할 dashedLineTo() 메서드를 쉽게 구현할 수 있다. [예제 2.18]에서는 위에서 언급한 내용을 코드로 보여주고 있다.

예제 2.18   CanvasRenderingContext2D의 확장

```javascript
var context = document.getElementById('canvas').getContext('2d'),
    moveToFunction = CanvasRenderingContext2D.prototype.moveTo;

CanvasRenderingContext2D.prototype.lastMoveToLocation = {};

CanvasRenderingContext2D.prototype.moveTo = function (x, y) {
   moveToFunction.apply(context, [x,y]);
   this.lastMoveToLocation.x = x;
   this.lastMoveToLocation.y = y;
};

CanvasRenderingContext2D.prototype.dashedLineTo =
     function (x, y, dashLength) {
   dashLength = dashLength === undefined ? 5 : dashLength;

   var startX = this.lastMoveToLocation.x;
   var startY = this.lastMoveToLocation.y;

   var deltaX = x - startX;
   var deltaY = y - startY;
   var numDashes = Math.floor(Math.sqrt(deltaX * deltaX
                               + deltaY * deltaY) / dashLength);

   for (var i=0; i < numDashes; ++i) {
      this[ i % 2 === 0 ? 'moveTo' : 'lineTo' ]
         (startX + (deltaX / numDashes) * i,
             startY + (deltaY / numDashes) * i);
   }

   this.moveTo(x, y);
};
```

위 코드에서처럼 CanvasRenderingContext2D를 변형하면 다음 코드와 같이 점선을 그릴 수 있다.

```javascript
context.lineWidth = 3;
context.strokeStyle = 'blue';

context.moveTo(20, 20);
context.dashedLineTo(context.canvas.width-20, 20);
context.dashedLineTo(context.canvas.width-20,
                    context.canvas.height-20);
```

```
context.dashedLineTo(20, context.canvas.height-20);
context.dashedLineTo(20, 20);
context.dashedLineTo(context.canvas.width-20,
                     context.canvas.height-20);
context.stroke();
```

[그림 2.26]에서는 위에서 언급한 코드의 결과를 보여주고 있다.

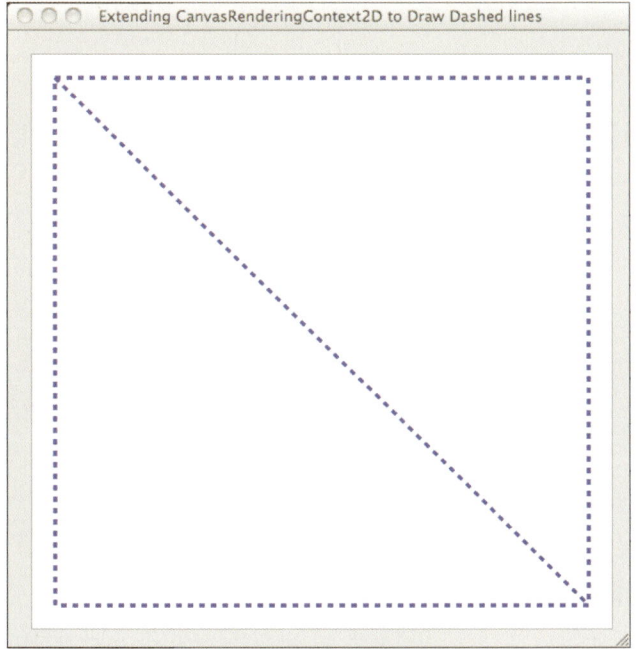

그림 2.26   2d 콘텍스트의 확장을 이용한 점선 구현

 CanvasRenderingContext2D을 확장할 때 조심하자

자바스크립트를 쉬운 언어라고 생각하는 개발자가 있지만, 자바스크립트는 이 절에서 보여준 코드처럼 매우 강력한 언어다. 그리고 이 절에서 사용된 기법은 메타프로그래밍(metaprogramming), 몽키 패칭(monkey patching), 클로버링 메서드(clobbering method) 등과 같이 다양한 기법을 따르고 있다. 이는 오브젝트의 메서드에 대한 참조를 가져오고 가져온 메서드를 재정의하며 재정의된 메서드에서 원래 메서드를 사용한다는 의미다.

그러나 콘텍스트의 기능을 확장할 때 신중을 기해야 한다. 이 절에서 살펴봤던 것처럼 drawDashed LineTo() 메서드를 사용해 콘텍스트를 확장하더라도 CanvasRenderingContext2D에서 dashed LineTo() 메서드나 lastMoveToLocation 속성을 사용한다면, 콘텍스트에 추가된 메서드나 속성 때문에 CanvasRenderingContext2D의 새로운 기능을 사용할 수 없을 것이다.

HTML5 캔버스 명세서는 끊임없이 진화하는 중이다

이 책을 출판할 당시 점선을 지원한다는 내용이 캔버스 명세서에 추가되었다. 이렇듯 HTML5 명세서가 끊임없이 갱신되고 있다는 사실을 항상 마음속에 염두에 두어야 하며 가끔 추가된 내용이 없는지 명세서를 확인해야 할 것이다.

2.8.7 lineCap과 lineJoin

캔버스에서 선을 그릴 때, [그림 2.27]처럼 라인 캡(line cap)이라고 알려진 선의 단점(endpoint)을 나타내는 모양을 제어할 수 있다. 라인 캡은 캔버스 콘텍스트의 lineCap 속성으로 제어할 수 있다.

그림 2.27　라인 캡

라인 캡의 기본값은 butt로 선의 끝을 변형하지 않고 그대로 남겨둔다. 그리고 round와 square을 사용하면 선의 끝에 캡을 추가한다. round는 선 두께의 반을 지름으로 한 반원을 선의 끝에 추가하며 square은 길이가 라인의 길이와 같으며 너비가 선 두께의 반인 직사각형을 선의 끝에 추가한다.

또한, 선이나 직사각형을 그릴 때 [그림 2.28]처럼 라인 조인(line join)으로 잘 알려진 선이 만나는 지점의 모서리 모양도 제어할 수 있다. 라인 조인은 lineJoin 속성으로 제어할 수 있다.

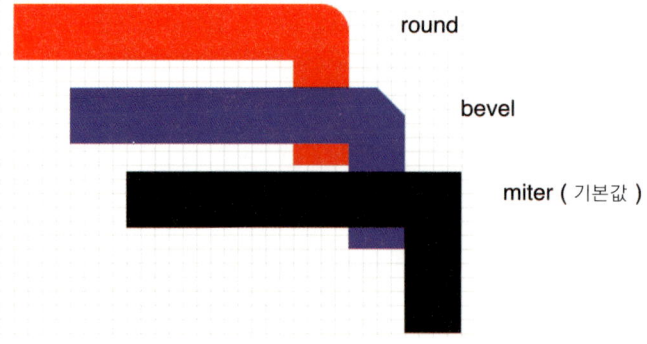

그림 2.28　라인 조인

lineJoin 속성을 bevel로 설정하면, 두 선이 만나는 모서리의 반대편을 직선으로 연결한 삼각형이 만들어지고 lineJoin 속성을 기본값인 miter로 설정하면 모서리를 사각형으로 만들기 위해 여분의 삼각형을 추가하는 것을 제외하고 bevel과 같다. 마지막으로 lineJoin 속성을 round로 설정하면 두 모서리를 연결하는 호가 만들어진다. [그림 2.29]에서 라인 조인의 구조를 보여주고 있다.

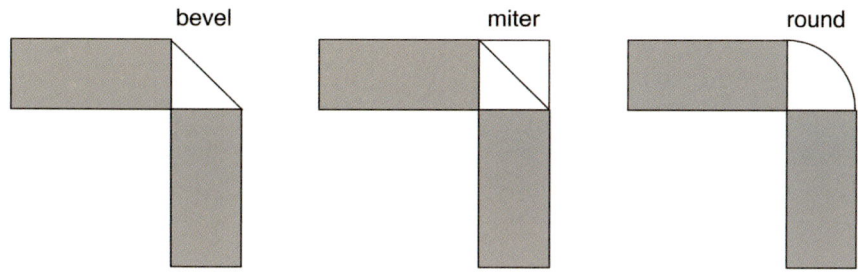

그림 2.29   라인 조인 구조

lineJoin 속성을 miter로 설정하면 선 두께의 1/2로 나눈 miter 높이의 비율을 miterLimit 속성으로 설정할 수도 있다. 그리고 miter 길이는 [그림 2.30]에서 확인할 수 있다.

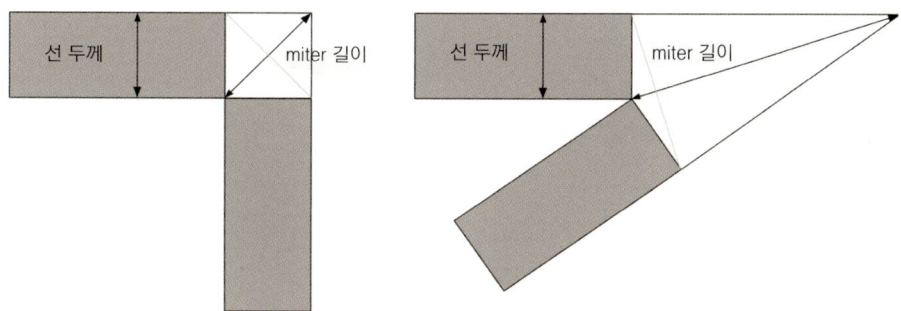

그림 2.30   miter 길이

[그림 2.30]처럼 두 선 사이의 각도가 작을수록 miter의 길이가 길어진다. 그리고 (miter 길이 / 선 두께의 1/2)에 대한 비율이 miterLimit 속성에 명시한 값보다 클 정도로 miter 길이가 길면, [그림 2.31]에서 보여주듯이 브라우저에서는 마치 lineJoin 속성을 bevel로 설정한 것처럼 라인 조인을 처리할 것이다.

[표 2.7]에서는 선과 관련된 캔버스 콘텍스트의 속성을 소개하고 있다.

표 2.7 **CanvasRenderingContext2D의 선 속성**

속성	설명	타입	사용할 수 있는 값	기본값
lineWidth	선의 두께 (픽셀)	double	0이 아닌 양의 수	1.0
lineCap	브라우저에서 선의 끝을 그리는 방법을 결정	DOMString	butt, round, square	butt
lineJoin	브라우저에서 선이 만나는 방법을 결정	DOMString	bevel, miter, round	bevel
miterLimit	(miter 길이 / 선 두께의 1/2)에 대한 비율. miterLimit가 miter 라인 조인보다 크면 브라우저에서는 라인 조인을 bevel로 처리한다.	double	0이 아닌 양의 수	10.0

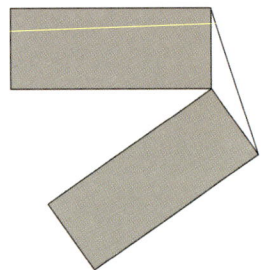

그림 2.31　miterLimit 값이 클 경우 브라우저에서는 라인 조인을 bevel로 설정

2.9　호와 원

캔버스 콘텍스트에서는 호와 원을 그리기 위해 각각 acr() 메서드와 acrTo() 메서드를 제공하고 있다. 이 절에서는 acr() 메서드와 acrTo() 메서드에 대해 자세히 살펴보자.

2.9.1　arc() 메서드

arc() 메서드는 여섯 개의 파라미터를 가지고 있으며 arc(x, y, radius, stratAngle, endAngle, counterClockwise)로 나타낼 수 있다. 처음 두 개의 파라미터는 원에 대한 중심 좌표를 나타낸다. 그리고 세 번째 인수는 원의 반지름을 나타내며 네 번째와 다섯 번째 인수는 브라우저에서 원주를 따라 그려지는 호에 대한 시작 각도와 종료 각도를 나타낸다. 마지막으로 arc() 메서드의 여섯 번째 인수는 옵션으로 브라우저에서 호를 그리는 방향을 나타낸다. 여섯 번째 인수를 기본값인 false로 설정하면 브라우저에서는 호를 시계 방향으로 그리며 true로 설정하면 호를 시계 반대 방향으로 그린다. [그림 2.32]에서는 arc() 메서드를 보여주고 있다.

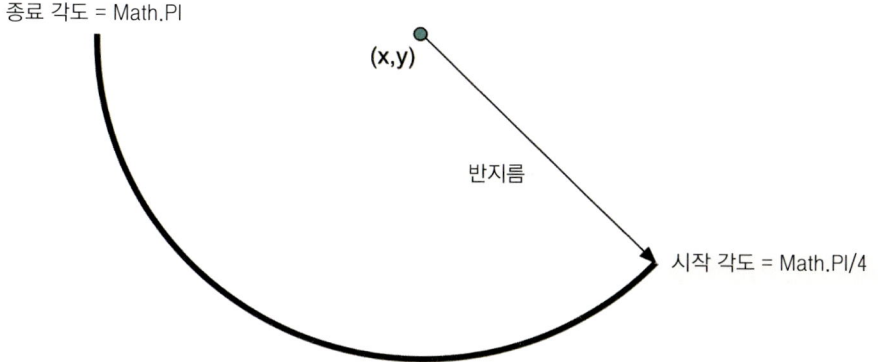

그림 2.32 arc(x, y, radius, Math.PI/4, Math.PI, false) 메서드를 이용한 호

하지만 arc() 메서드에서는 호보다 크게 그릴 것이다. 그리고 현재 패스에 서브패스가 존재하면 [그림 2.33]에서 보여주는 그림처럼 브라우저에서는 서브패스의 마지막 점과 호의 첫 번째 점을 연결한다.

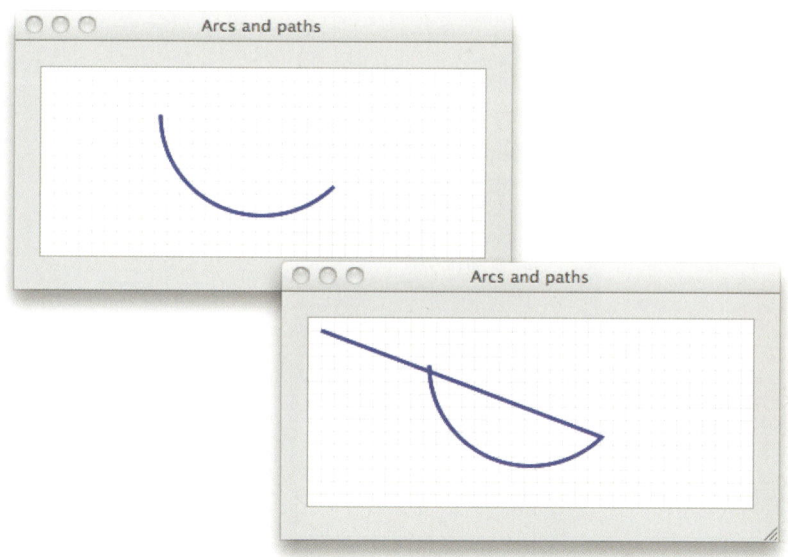

그림 2.33 서브패스를 지운 호(위) 및 서브패스를 지우지 않은 호 (아래)

[그림 2.33]의 위에 있는 호를 생성하는 코드는 다음과 같다:

```
context.beginPath();
context.arc(canvas.width/2, canvas.height/4, 80, Math.PI/4,
        Math.PI, false);
```

101페이지의 2.8절('선')에서 배운 것처럼 위 코드에서는 arc() 메서드를 호출하기 전에 beginPath()을 호출해 현재 패스에 있는 서브패스를 지운다.

[그림 2.33]에서 아래에 있는 그림을 생성하는 코드는 다음과 같다:

```
context.beginPath();
context.moveTo(10, 10);
context.arc(canvas.width/2, canvas.height/4, 80, Math.PI/4,
            Math.PI, false);
```

위 코드에서는 arc() 메서드를 호출하기 전에 moveTo() 메서드를 호출하고 있다. 그리고 moveTo() 메서드에서는 2.8절에서 배운 것처럼 한 점을 가진 현재 패스에 새로운 서브패스를 추가한다. 위 코드에서는 이 점은 (10, 10)으로 브라우저에서는 호를 그리기 전에 (10, 10)을 호에 있는 첫 번째 점과 연결하여 직선을 생성한다.

2.9.2 러버 밴드 원

[그림 2.34]에서 보여주는 애플리케이션에서는 사용자가 마우스를 드래그하여 원을 그릴 수 있다. 사용자가 마우스를 드래그할 때마다 애플리케이션에서는 계속해서 원을 그린다.

그림 2.34 러버 밴드를 이용한 원

110페이지의 [예제 2.16]에서는 러버 밴드를 이용해 선을 그리는 방법을 소개했다. 그러면 러버 밴드 선을 그리는 애플리케이션으로 drawRubberbandShape() 함수를 다시 구현해 선 이외에 다른 도형을 그리는 상상을 해보자. 이것이 바로 [그림 2.34]에서 보여준 애플리케이션을 구현하는 방법이다. [예제 2.19]에서는 drawRubberbandShape() 함수의 코드를 보여주고 있다.

drawRubberbandShape() 함수에 전달된 loc 오브젝트는 현재 X 및 Y 마우스 좌표를 가지고 있다. loc 오브젝트처럼 mousedown 이벤트가 발생한 위치는 mousedown 변수에 저장되며 mousedown 변수는 X 및 Y 좌표를 저장한다.

이 애플리케이션에서는 가로선을 산출해 mousedown 위치와 현재 마우스 위치 사이의 거리를 계산한다. 그런 다음 애플리케이션에서는 원의 반지름을 계산하기 위해 앞에서 계산한 거리를 이용한다.

예제 2.19 러버 밴드를 이용해 원 그리기

```javascript
function drawRubberbandShape(loc) {
   var angle,
       radius;

   if (mousedown.y === loc.y) { // 가로선
      // 가로선은 특별한 경우로
      // 자세한 설명은 else 구간을 확인하자.

      radius = Math.abs(loc.x - mousedown.x);
   }
   else {
      // 가로선에서는 각도 그리고 Math.sin(0)을 모두 0으로 설정하는데,
      // 이는 반지름을 NaN으로 가져올 수 있게 0으로 나누는 것을 의미한다.
      // if문 코드에서 가로선을 거른다.

      angle = Math.atan(rubberbandRect.height/rubberbandRect.width),
      radius = rubberbandRect.height / Math.sin(angle);
   }

   context.beginPath();
   context.arc(mousedown.x, mousedown.y, radius, 0, Math.PI*2, false);
   context.stroke();

   if (fillCheckbox.checked)
      context.fill();
}
```

인수가 옵션이라고 해서 항상 옵션으로 사용하지 않는다

캔버스 명세서에서는 호를 시계 방향으로 그릴지 혹은 시계 반대 방향으로 그릴지에 대한 여부를 결정하는 불린 형의 값인 arc() 메서드의 마지막 인수를 옵션이라고 명확하게 명시하고 있다. 즉, arc() 메서드의 마지막 인수를 명시할 필요가 없다는 의미다. 하지만 이 책을 집필할 당시 오페라 브라우저에서는 arc() 메서드의 마지막 인수가 필요했기 때문에 이 인수를 명시하지 않으면 조용히 오류가 발생했다.

2.9.3 acrTo() 메서드

캔버스 콘텍스트에서는 호 패스를 생성하기 위해 arc() 메서드 이외에 arcTo() 메서드를 제공하고 있다. arcTo() 메서드는 다섯 개의 인수를 가지고 있으며 arcTo(x1, y1, x2, y2, radius)로 나타낼 수 있다.

arcTo()의 인수는 두 개의 점과 원의 반지름을 나타낸다. arcTo() 메서드를 이용하면 반지름을 이용해 첫 번째 점에서 두 번째 점까지 이어진 호를 그릴 수 있다. 이렇게 생성된 호는 현재 점에서부터 (x1, y1)까지 이어진 선과 현재 점에서부터 (x2, y2)까지 이어진 선에 접한다. [그림 2.35]에서 보여주는 그림처럼 이런 특성 때문에 actTo() 메서드는 모서리가 둥근 사각형을 만드는 작업에 적합하다.

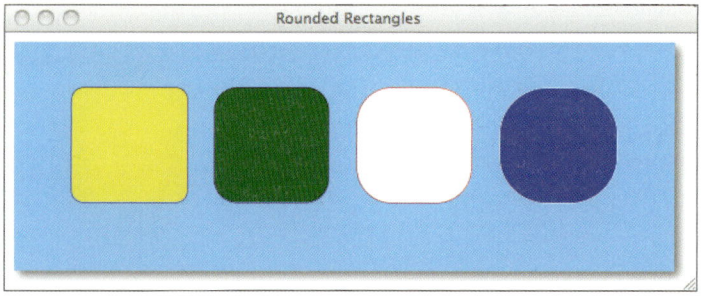

그림 2.35   모서리가 둥근 사각형: 모서리 반지름(픽셀)을 왼쪽부터 각각 10, 20, 30, 40으로 설정

[예제 2.20]에서는 [그림 2.35]에서 보여준 애플리케이션의 코드를 소개하고 있다.

예제 2.20   actTo() 사용하기

```
var context = document.getElementById('canvas').getContext('2d');

// 함수......................................................

function roundedRect(cornerX, cornerY,
```

```
                         width, height, cornerRadius) {
   if (width > 0) context.moveTo(cornerX + cornerRadius, cornerY);
   else            context.moveTo(cornerX - cornerRadius, cornerY);

   context.arcTo(cornerX + width, cornerY,
                 cornerX + width, cornerY + height,
                 cornerRadius);

   context.arcTo(cornerX + width, cornerY + height,
                 cornerX, cornerY + height,
                 cornerRadius);

   context.arcTo(cornerX, cornerY + height,
                 cornerX, cornerY,
                 cornerRadius);

   if (width > 0) {
      context.arcTo(cornerX, cornerY,
                    cornerX + cornerRadius, cornerY,
                    cornerRadius);
   }
   else {
      context.arcTo(cornerX, cornerY,
                    cornerX - cornerRadius, cornerY,
                    cornerRadius);
   }
}

function drawRoundedRect(strokeStyle, fillStyle, cornerX, cornerY,
                         width, height, cornerRadius) {
   context.beginPath();

   roundedRect(cornerX, cornerY, width, height, cornerRadius);

   context.strokeStyle = strokeStyle;
   context.fillStyle = fillStyle;

   context.stroke();
   context.fill();
}

// 초기화.............................................

drawRoundedRect('blue',   'yellow', 50, 40,  100,  100, 10);
drawRoundedRect('purple', 'green', 275, 40, -100,  100, 20);
drawRoundedRect('red',    'white', 300, 140, 100, -100, 30);
drawRoundedRect('white',  'blue', 525, 140, -100, -100, 40);
```

arc() 메서드처럼 arcTo() 메서드에서도 현재 패스에 추가된 가장 최근 서브패스의 마지막 점부터 arcTo() 메서드의 처음 두 개의 인수로 명시된 점까지 잇는 직선을 그린다. 이렇게 직선을 그리는 이유는 [예제 2.20]에서 소개했던 roundedRect() 메서드가 어떤 선을 그릴지 정확하게 명시하지 않았기 때문이다.

[표 2.8]에서는 arc() 메서드와 arcTo() 메서드에 대해 소개하고 있다.

roundedRect() 메서드를 CanvasRenderingContext2D에 추가하자

여러분은 roundedRect() 메서드를 캔버스 콘텍스트에 손쉽게 추가할 수 있다. 하지만 이렇게 할 때 약간의 위험이 있다는 사실을 알고 있어야 한다. 메서드를 캔버스 콘텍스트에 추가할 때 발생할 수 있는 위험에 대한 자세한 내용은 115페이지의 2.8.6절('CanvasRenderingContext2D를 확장해 점선 그리기')을 참고하자.

표 2.8   **호와 원을 그리기 위한 CanvasRenderingContext2D 메서드**

메서드	설명
arc(double x, double y, double radius, double stratAngle, double endAngle, boolean counter-clockwise)	stratAngle부터 endAngle까지의 호에 대한 각과 반지름을 이용해 (x, y) 좌표에 호 패스를 생성한다. 그리고 도가 아닌 라디안으로 각도를 명시한다(180도 = π 라디안). 마지막 인수는 옵션으로 이 인수를 true로 설정하면 시계 반대 방향으로 호를 그리고 기본값인 false로 설정하면 시계 방향으로 호를 그린다. arc() 메서드를 호출할 때 현재 패스에 서브패스가 존재한다면 브라우저에서는 호의 시작점을 서브패스의 마지막 점에 잇는 선을 그릴 것이다.
arcTo(double x1, double y1, double x2, double y2, double radius)	반지름을 이용해 (x1, y1)부터 (x2, y2)까지 잇는 호 패스를 생성한다. 호는 현재 패스의 마지막 점부터 (x1, y1)까지 잇는 선과 현재 점부터 (x2, y2)까지 잇는 선에 접한다. arc() 메서드와 마찬가지로 arcTo() 메서드를 호출할 때 현재 패스에 서브패스가 존재한다면 브라우저에서는 호의 시작점을 서브패스의 마지막 점에 잇는 선을 그릴 것이다.

2.9.4 다이얼 및 게이지

호, 특히 원은 물체를 그릴 때 자주 사용된다. 예를 들면, 22페이지의 1.5절('기본적인 드로잉 작업')에서 원형 문자판을 사용해 시계를 구현하는 방법을 살펴봤다. [그림 2.36]에서는 다섯 개의 원을 사용해 다이얼을 구현하는 애플리케이션을 보여주고 있다. 이렇게 만들어진 다이얼은 원의 각도를 나타내며 다각형 오브젝트를 회전시키는 방법을 소개한 165페이지의 2.13.1절('이동, 회전, 확대/축소')에서 사용될 것이다.

[그림 2.36]에서 보여준 애플리케이션에서는 지금까지 2장에서 배운 내용을 사용하고 있다. 애플리케이션에서는 다이얼을 그리기 위해 원과 선을 그리고 색상과 투명도를 사용하고 있을 뿐만 아니라 원형 패스의 윤곽을 그리고 내부를 칠하며 그림자를 사용해 다이얼에 입체감을 주고 있다. 또한, [그림 2.36]의 애플리케이션은 96페이지의 2.7.2.1절('컷아웃 도형')에서 살펴봤던 컷아웃 도형과 비슷하게 컷아웃을 구현한 것으로 다이얼 외곽 주위를 둘러싼 원에 반투명 색상을 입히고 있다.

[예제 2.21]는 [그림 2.36]의 애플리케이션에 해당하는 자바스크립트를 발췌한 코드다. 애플리케이션의 drawDial() 함수에서는 다음 코드에서처럼 다른 함수를 호출해 다이얼 일부분을 그리고 있다.

```
function drawDial() {
  var loc = {x: circle.x, y: circle.y};

  drawCentroid();
  drawCentroidGuidewire(loc);

  drawRing();
  drawTickInnerCircle();
  drawTicks();
  drawAnnotations();
```

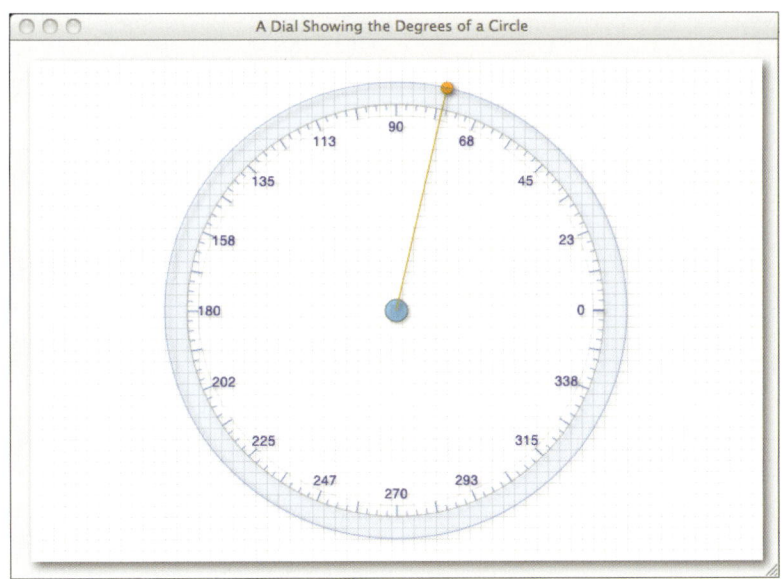

그림 2.36   다이얼

[예제 2.21]의 자바스크립트 코드를 살펴볼 때, drawDial()에서 호출하는 함수에 주목하자.

예제 2.21   다이얼 그리기

```javascript
var canvas = document.getElementById('canvas'),
    context = canvas.getContext('2d'),

    CENTROID_RADIUS = 10,
    CENTROID_STROKE_STYLE = 'rgba(0,0,0,0.5)',
    CENTROID_FILL_STYLE   = 'rgba(80,190,240,0.6)',

    RING_INNER_RADIUS = 35,
    RING_OUTER_RADIUS = 55,

    ANNOTATIONS_FILL_STYLE = 'rgba(0,0,230,0.9)',
    ANNOTATIONS_TEXT_SIZE = 12,

    TICK_WIDTH = 10,
    TICK_LONG_STROKE_STYLE = 'rgba(100,140,230,0.9)',
    TICK_SHORT_STROKE_STYLE = 'rgba(100,140,230,0.7)',

    TRACKING_DIAL_STROKING_STYLE = 'rgba(100,140,230,0.5)',

    GUIDEWIRE_STROKE_STYLE = 'goldenrod',
    GUIDEWIRE_FILL_STYLE = 'rgba(250,250,0,0.6)',

    circle = { x: canvas.width/2,
               y: canvas.height/2,
               radius: 150
             };

// 함수.....................................................

function drawGrid(color, stepx, stepy) {
  context.save()
  context.shadowColor = undefined;
  context.shadowOffsetX = 0;
  context.shadowOffsetY = 0;
  context.strokeStyle = color;
  context.fillStyle = '#ffffff';
  context.lineWidth = 0.5;
  context.fillRect(0, 0, context.canvas.width,
                         context.canvas.height);

  for (var i = stepx + 0.5;
           i < context.canvas.width; i += stepx) {
    context.beginPath();
    context.moveTo(i, 0);
    context.lineTo(i, context.canvas.height);
    context.stroke();
  }
```

```
    for (var i = stepy + 0.5;
              i < context.canvas.height; i += stepy) {
      context.beginPath();
      context.moveTo(0, i);
      context.lineTo(context.canvas.width, i);
      context.stroke();
    }
    context.restore();
}

function drawDial() {
    var loc = {x: circle.x, y: circle.y};

    drawCentroid();
    drawCentroidGuidewire(loc);
    drawRing();
    drawTickInnerCircle();
    drawTicks();
    drawAnnotations();
}

function drawCentroid() {
    context.beginPath();
    context.save();
    context.strokeStyle = CENTROID_STROKE_STYLE;
    context.fillStyle = CENTROID_FILL_STYLE;
    context.arc(circle.x, circle.y,
                CENTROID_RADIUS, 0, Math.PI*2, false);
    context.stroke();
    context.fill();
    context.restore();
}

function drawCentroidGuidewire(loc) {
    var angle = -Math.PI/4,
        radius, endpt;

  radius = circle.radius + RING_OUTER_RADIUS;

  if (loc.x >= circle.x) {
      endpt = { x: circle.x + radius * Math.cos(angle),
                y: circle.y + radius * Math.sin(angle)
      };
  }
  else {
      endpt = { x: circle.x - radius * Math.cos(angle),
                y: circle.y - radius * Math.sin(angle)
      };
  }
```

```
    context.save();

    context.strokeStyle = GUIDEWIRE_STROKE_STYLE;
    context.fillStyle = GUIDEWIRE_FILL_STYLE;

    context.beginPath();
    context.moveTo(circle.x, circle.y);
    context.lineTo(endpt.x, endpt.y);
    context.stroke();

    context.beginPath();
    context.strokeStyle = TICK_LONG_STROKE_STYLE;
    context.arc(endpt.x, endpt.y, 5, 0, Math.PI*2, false);
    context.fill();
    context.stroke();

    context.restore();
}

function drawRing() {
    drawRingOuterCircle();

    context.strokeStyle = 'rgba(0,0,0,0.1)';
    context.arc(circle.x, circle.y,
                circle.radius + RING_INNER_RADIUS,
                0, Math.PI*2, false);

    context.fillStyle = 'rgba(100,140,230,0.1)';
    context.fill();
    context.stroke();
}

function drawRingOuterCircle() {
    context.shadowColor = 'rgba(0,0,0,0.7)';
    context.shadowOffsetX = 3,
    context.shadowOffsetY = 3,
    context.shadowBlur = 6,
    context.strokeStyle = TRACKING_DIAL_STROKING_STYLE;
    context.beginPath();
    context.arc(circle.x, circle.y, circle.radius +
                RING_OUTER_RADIUS, 0, Math.PI*2, true);
    context.stroke();
}

function drawTickInnerCircle() {
    context.save();
    context.beginPath();
    context.strokeStyle = 'rgba(0,0,0,0.1)';
    context.arc(circle.x, circle.y,
                circle.radius + RING_INNER_RADIUS - TICK_WIDTH,
```

```
                              0, Math.PI*2, false);
   context.stroke();
   context.restore();
}

function drawTick(angle, radius, cnt) {
   var tickWidth = cnt % 4 === 0 ? TICK_WIDTH : TICK_WIDTH/2;

   context.beginPath();
   context.moveTo(circle.x + Math.cos(angle) * (radius - tickWidth),
                  circle.y + Math.sin(angle) * (radius - tickWidth));

   context.lineTo(circle.x + Math.cos(angle) * (radius),
                  circle.y + Math.sin(angle) * (radius));
   context.strokeStyle = TICK_SHORT_STROKE_STYLE;
   context.stroke();
}

function drawTicks() {
   var radius = circle.radius + RING_INNER_RADIUS,
       ANGLE_MAX = 2*Math.PI,
       ANGLE_DELTA = Math.PI/64,
       tickWidth;

   context.save();

   for (var angle = 0, cnt = 0; angle < ANGLE_MAX;
                                 angle += ANGLE_DELTA, cnt++) {
      drawTick(angle, radius, cnt++);
   }

   context.restore();
}

function drawAnnotations() {
   var radius = circle.radius + RING_INNER_RADIUS;

   context.save();
   context.fillStyle = ANNOTATIONS_FILL_STYLE;
   context.font = ANNOTATIONS_TEXT_SIZE + 'px Helvetica';

   for (var angle=0; angle < 2*Math.PI; angle += Math.PI/8) {
      context.beginPath();
      context.fillText((angle * 180 / Math.PI).toFixed(0),
         circle.x + Math.cos(angle) * (radius - TICK_WIDTH*2),
         circle.y - Math.sin(angle) * (radius - TICK_WIDTH*2));
   }
   context.restore();
}
```

```
// 초기화.................................................

context.shadowColor = 'rgba(0,0,0,0.4)';
context.shadowOffsetX = 2;
context.shadowOffsetY = 2;
context.shadowBlur = 4;

context.textAlign = 'center';
context.textBaseline = 'middle';

drawGrid('lightgray', 10, 10);
drawDial();
```

[예제 2.21]에서 소개한 자바스크립트 코드에 관해 일반적으로 알아두어야 할 사항이 몇 가지 있다. 첫 번째 사항은 애플리케이션에서 arc() 메서드를 호출하기 전에 beginPath() 메서드를 호출해 호의 패스를 생성하기 전에 새로운 패스를 시작한다는 점이다. 그리고 arc() 메서드에서는 호의 첫 번째 점을 현재 패스에 추가된 마지막 서브패스의 마지막 점에 연결한다는 사실을 기억하자. begainPath() 메서드를 호출하면 현재 패스에 있는 서브패스를 모두 지우므로 arc() 메서드에서는 보기 흉한 선을 그리지 않는다.

애플리케이션에서는 링을 반투명하게 만들어 배경을 비출 수 있게 컷아웃 기법을 사용하고 있으며 이때, arc() 메서드를 이용해 링의 외부 원을 시계 방향으로 그리고 내부 원을 시계 반대 방향으로 그리고 있다. 이런 경우, 애플리케이션에서는 컷아웃을 위해 arc() 메서드를 두 번째로 호출하기 전까지 beginPath() 메서드를 호출하지 않는다.

두 번째 사항은 save() 메서드와 restore() 메서드를 호출하는 사이에 strokeStyle과 fillStyle 등과 같은 콘텍스트 속성에 대한 변경이 일시적으로 발생한다는 점이다. 캔버스 콘텍스트의 save() 메서드와 restore() 메서드를 사용하면 예기치 못한 오류를 발생시키지 않고 드로잉 함수를 구현할 수 있다.

세 번째 사항은 애플리케이션에서 다이얼 주위에 텍스트를 그리는 방법에 있다. 콘텍스트의 textAlign과 textBaseline을 초기에 center와 middle로 설정했으므로 애플리케이션에서는 텍스트에 대한 위치를 쉽게 계산할 수 있다. 이 기법은 214페이지의 3.3.5절('다이얼 라벨링')에서 자세히 다룰 예정이다.

2.10 베지어 곡선

프랑스의 물리학자이자 수학자인 폴 드 카스텔죠(Paul de Casteljau)가 고안한 베지어 곡선은 프랑스 자동차 엔지니어인 피에르 베지어(Pierre Bezier)에 의해 대중화되었다.

본래 베지어 곡선은 차체를 디자인할 때 사용됐지만, 오늘날에는 어도비 일러스트레이터, 애플의 코코아, HTML5 캔버스 등과 같은 컴퓨터 그래픽 시스템에서 사용되고 있다.

베지어 곡선에는 이차 곡선과 다항 곡선이 있다. 이차 곡선(quadratic curve)은 2차 곡선(second-degree curve)이라고도 불리며 두 개의 기준점과 한 개의 제어점으로 정의된다. 그리고 다항 베지어 곡선(cubic bezier curve)은 3차 곡선(third-degree curve)으로 불리며 두 개의 기준점과 두 개의 제어점으로 정의된다.

캔버스에서는 이차 곡선과 다항 곡선을 모두 지원하고 있다. 다음 절에서는 캔버스를 이용해 이차 곡선과 다항 곡선을 생성하는 방법을 살펴보겠다.

2.10.1 이차 곡선

이차 베지어 곡선은 한 방향으로 곡선을 이루고 있는 간단한 곡선이다. [그림 2.37]에서는 체크박스를 구성하고 있는 세 가지 이차 베지어 곡선에 대한 사용법을 보여주고 있다.

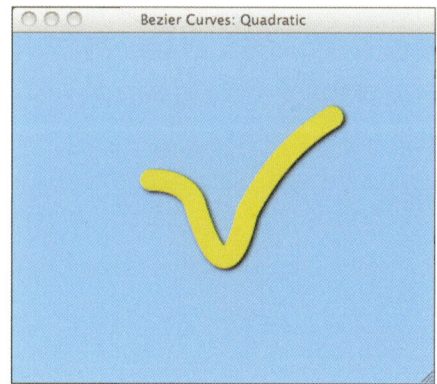

그림 2.37   이차 곡선을 이용한 체크박스 그리기

[예제 2.22]에서는 [그림 2.37]에서 보여준 애플리케이션의 자바스크립트 코드를 소개하고 있다.

예제 2.22   이차 곡선 그리기

```
var context = document.getElementById('canvas').getContext('2d');

context.fillStyle     = 'cornflowerblue';
context.strokeStyle   = 'yellow';

context.shadowColor   = 'rgba(50,50,50,1.0)';
context.shadowOffsetX = 2;
context.shadowOffsetY = 2;
```

```
context.shadowBlur    = 4;

context.lineWidth = 20;
context.lineCap = 'round';

context.beginPath();
context.moveTo(120.5, 130);
context.quadraticCurveTo(150.8, 130, 160.6, 150.5);
context.quadraticCurveTo(190, 250.0, 210.5, 160.5);
context.quadraticCurveTo(240, 100.5, 290, 70.5);

context.stroke();
```

위 코드에서는 두 개의 점에 대한 X 및 Y 좌표를 나타내는 네 개의 인수가 있는 quadraticCurveTo() 메서드를 이용해 이차 베지어 곡선을 그리고 있다. 첫 번째 점은 곡선의 제어점으로 곡선의 모양을 결정하며 두 번째 점은 기준점이다. quadraticCurveTo() 메서드에서는 기준점을 현재 패스에 정의된 마지막 점에 연결하여 베지어 곡선을 생성한다.

이차 베지어 곡선은 다양한 목적으로 사용될 수 있다. 예를 들면, [그림 2.38]에서 보여주는 애플리케이션에서는 화살촉의 세 가지 끝 부분을 위해 이차 베지어 곡선으로 화살촉을 그리고 있다. 그뿐만 아니라 애플리케이션에서는 각 곡선의 기준점과 제어점을 그리고 있다.

[예제 2.23]은 [그림 2.38]에서 보여준 애플리케이션에 대한 코드이다.

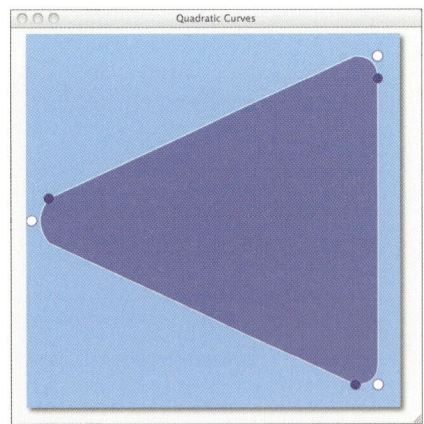

그림 2.38   베지어 곡선을 이용한 둥근 모서리 그리기: 하얀 점은 제어점, 파란 점은 기준점.

예제 2.23   둥근 모서리를 이용한 화살

```javascript
var canvas = document.getElementById('canvas'),
    context = canvas.getContext('2d'),
    ARROW_MARGIN = 30,
    POINT_RADIUS = 7,
    points = [
        { x: canvas.width - ARROW_MARGIN,
          y: canvas.height - ARROW_MARGIN },

        { x: canvas.width - ARROW_MARGIN*2,
          y: canvas.height - ARROW_MARGIN },

        { x: POINT_RADIUS,
          y: canvas.height/2 },

        { x: ARROW_MARGIN,
          y: canvas.height/2 - ARROW_MARGIN },

        { x: canvas.width - ARROW_MARGIN,
          y: ARROW_MARGIN },

        { x: canvas.width - ARROW_MARGIN,
          y: ARROW_MARGIN*2 },
    ];

// 함수......................................................

function drawPoint(x, y, strokeStyle, fillStyle) {
   context.beginPath();
   context.fillStyle = fillStyle;
   context.strokeStyle = strokeStyle;
   context.lineWidth = 0.5;
   context.arc(x, y, POINT_RADIUS, 0, Math.PI*2, false);
   context.fill();
   context.stroke();
}

function drawBezierPoints() {
   var i,
       strokeStyle,
       fillStyle;
   for (i=0; i < points.length; ++i) {
      fillStyle   = i % 2 === 0 ? 'white' : 'blue',
      strokeStyle = i % 2 === 0 ? 'blue' : 'white';
      drawPoint(points[i].x, points[i].y,
                strokeStyle, fillStyle);
   }
}
```

```
function drawArrow() {
    context.strokeStyle = 'white';
    context.fillStyle = 'cornflowerblue';

    context.moveTo(canvas.width - ARROW_MARGIN, ARROW_MARGIN*2);

    context.lineTo(canvas.width - ARROW_MARGIN,
                   canvas.height - ARROW_MARGIN*2);

    context.quadraticCurveTo(points[0].x, points[0].y,
                             points[1].x, points[1].y);

    context.lineTo(ARROW_MARGIN, canvas.height/2 + ARROW_MARGIN);

    context.quadraticCurveTo(points[2].x, points[2].y,
                             points[3].x, points[3].y);

    context.lineTo(canvas.width - ARROW_MARGIN*2, ARROW_MARGIN);

    context.quadraticCurveTo(points[4].x, points[4].y,
                             points[5].x, points[5].y);
    context.fill();
    context.stroke();
}

// 초기화.................................................

context.clearRect(0, 0, canvas.width, canvas.height);
drawArrow();
drawBezierPoints();
```

[표 2.9]에서는 quadraticCurve() 메서드를 소개하고 있다.

표 2.9   **quadraticCurve() 메서드**

메서드	설명
quadraticCurve(double cpx, double cpy, double x, double y)	이차 베지어 곡선에 대한 패스를 생성한다. 두 개의 점이 quadraticCurve() 메서드에 전달된다. 첫 번째 점은 곡선에 대한 제어 점이고 두 번째 점은 기준점이다.

2.10.2 다항 곡선

앞 절에서는 이차 베지어 곡선을 생성하는 방법을 살펴봤다. 이차 베지어 곡선은 2차원이므로 한 방향으로 곡선을 만든다. 만약 [그림 2.39]에서 보여주는 곡선과 같이 두 방향으로 곡선을 이루고 있는 곡선을 만들고 싶다면 다항 베지어 곡선으로 알려진 3차 곡선이 필요하다.

[그림 2.39]에서 보여주는 애플리케이션에서는 bezierCurveTo() 메서드를 사용해 다항 베지어 곡선에 대한 패스를 생성하고 있다. [예제 2.24]에서는 [그림 2.39]에서 보여준 애플리케이션의 코드를 소개하고 있다.

그뿐만 아니라 [예제 2.24]의 코드에서는 곡선을 그리는 작업 이외에 곡선의 제어점과 기준점을 나타내는 원의 내부를 칠하고 있다.

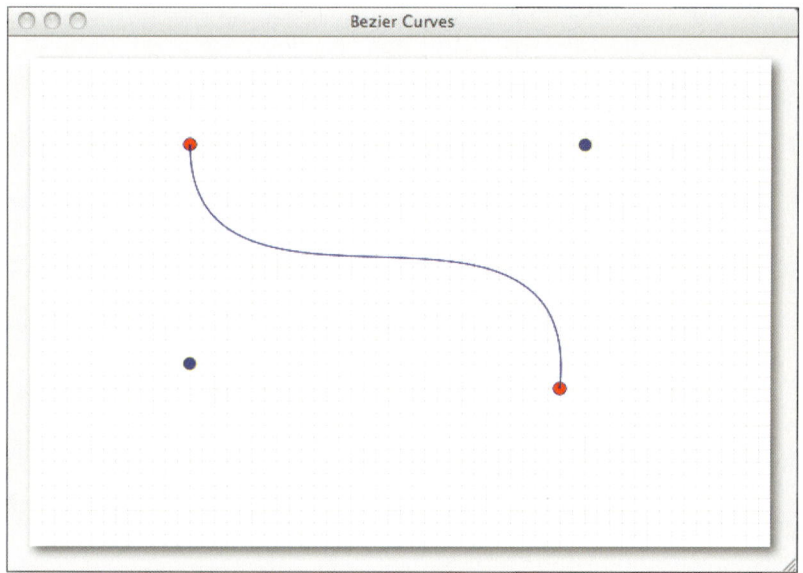

그림 2.39 다항 곡선

예제 2.24 다항 베지어 곡선 그리기

```
var canvas = document.getElementById('canvas'),
    context = canvas.getContext('2d'),
    endPoints    = [ { x: 130, y: 70 },  { x: 430, y: 270 }, ],
    controlPoints = [ { x: 130, y: 250 }, { x: 450, y: 70 }, ];
```

```javascript
// 함수.......................................................

function drawGrid(color, stepx, stepy) {
   // 코드를 간결하게 하려고 함수를 생략하고 있다.
   // 이 함수의 전체 코드는 104페이지의 [예제 2.13]을 참고하자.
}

function drawBezierCurve() {
   context.strokeStyle = 'blue';

   context.beginPath();
   context.moveTo(endPoints[0].x, endPoints[0].y);
   context.bezierCurveTo(controlPoints[0].x, controlPoints[0].y,
                         controlPoints[1].x, controlPoints[1].y,
                         endPoints[1].x, endPoints[1].y);
   context.stroke();
}

function drawEndPoints() {
   context.strokeStyle = 'blue';
   context.fillStyle = 'red';

   endPoints.forEach( function (point) {
      context.beginPath();
      context.arc(point.x, point.y, 5, 0, Math.PI*2, false);
      context.stroke();
      context.fill();
   });
}

function drawControlPoints() {
   context.strokeStyle = 'yellow';
   context.fillStyle = 'blue';

   controlPoints.forEach( function (point) {
      context.beginPath();
      context.arc(point.x, point.y, 5, 0, Math.PI*2, false);
      context.stroke();
      context.fill();
   });
}

// 초기화.......................................................

drawGrid('lightgray', 10, 10);

drawControlPoints();
drawEndPoints();
drawBezierCurve();
```

[표 2.10]에서는 bezierCurveTo() 메서드를 소개하고 있다.

표 2.10 **bezierCurveTo() 메서드**

메서드	설명
bezierCurveTo(double cpx, double cpy, double cp2x, double cp2y, double x, double y)	다항 베지어 곡선에 대한 패스를 생성한다. 세 개의 점이 bezierCurveTo() 메서드에 전달된다. 첫 번째 두 개의 점은 곡선에 대한 제어점이고 세 번째 점은 기준점이다.

2.11 다각형

지금까지 선, 직사각형, 호, 원, 베지어 곡선 등 캔버스 컨텍스트에서 지원하는 모든 기본 도형을 살펴봤다. 하지만 캔버스에서 삼각형, 육각형, 팔각형 등과 같은 다른 도형을 그리고 싶은 독자도 분명 있을 것이다. 이 절에서는 [그림 2.40]에서 보여주는 애플리케이션으로 다각형의 윤곽을 그리고 내부를 칠하는 방법을 자세히 살펴보자.

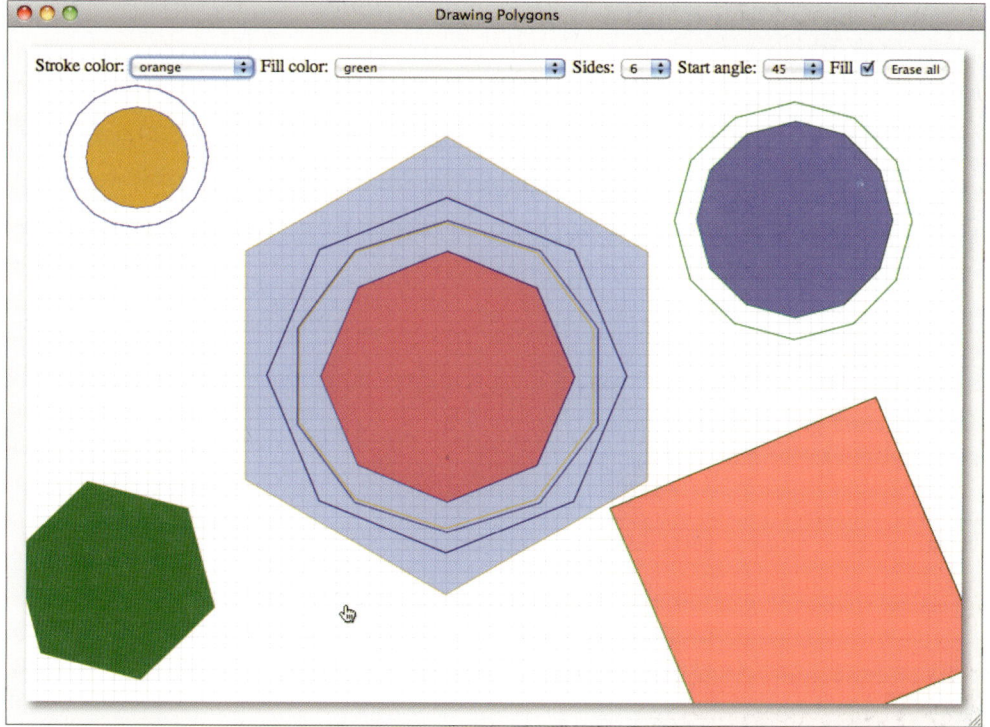

그림 2.40   다각형

몇 가지 간단한 삼각법을 이용해 moveTo() 메서드와 lineTo() 메서드를 사용하면 어떤 다각형이라도 그릴 수 있다. [그림 2.41]에서는 간단한 삼각법을 보여주고 있다.

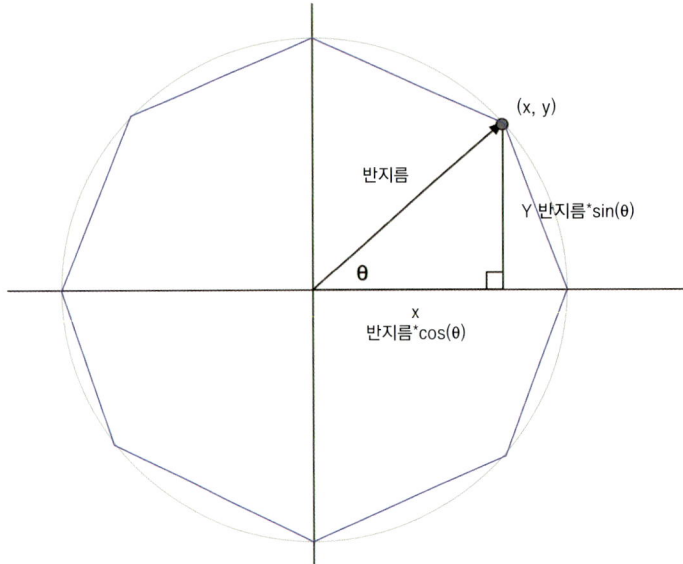

그림 2.41   다각형 꼭지점 계산하기

[그림 2.41]에서는 다각형을 둘러쌀 수 있는 가장 작은 원의 중심과 그 원의 반지름이 주어질 때 다각형 꼭지점을 계산하는 방법을 보여주고 있다. [예제 2.25]는 [그림 2.40]에서 보여준 애플리케이션의 자바스크립트를 발췌한 코드다. [예제 2.25] 에서는 꼭지점을 사용해 임의 다각형을 그리는 방법을 보여주고 있다.

예제 2.25   다각형 그리기(발췌)

```
var canvas = document.getElementById('canvas'),
    context = canvas.getContext('2d'),

    sidesSelect = document.getElementById('sidesSelect'),
    startAngleSelect = document.getElementById('startAngleSelect'),

    fillCheckbox = document.getElementById('fillCheckbox'),

    mousedown = {},
    rubberbandRect = {},
```

```
  Point = function (x, y) {
    this.x = x;
    this.y = y;
  },

// 함수......................................................

function getPolygonPoints(centerX, centerY, radius, sides, startAngle) {
  var points = [],
      angle = startAngle || 0;

  for (var i=0; i < sides; ++i) {
    points.push(new Point(centerX + radius * Math.sin(angle),
                          centerY - radius * Math.cos(angle)));
    angle += 2*Math.PI/sides;
  }

  return points;
}

function createPolygonPath(centerX, centerY, radius, sides, startAngle) {
  var points = getPolygonPoints(centerX, centerY, radius, sides,
                                startAngle);
  context.beginPath();
  context.moveTo(points[0].x, points[0].y);

  for (var i=1; i < sides; ++i) {
    context.lineTo(points[i].x, points[i].y);
  }
  context.closePath();
}

function drawRubberbandShape(loc, sides, startAngle) {
  createPolygonPath(mousedown.x, mousedown.y,
                    rubberbandRect.width,
                    parseInt(sidesSelect.value),
                    (Math.PI / 180) * parseInt(startAngleSelect.value));
  context.stroke();

  if (fillCheckbox.checked) {
    context.fill();
  }
}
```

[예제 2.25]에서 소개한 코드에서는 캔버스 콘텍스트에 대한 참조를 가져온 다음 Point 오브젝트를 정의하는 것으로 시작하고 있다.

getPolygonPoints() 함수에서는 이 함수에 전달되는 다섯 개의 파라미터에 의해 정의된 다각형에 대한 포인트 배열을 생성하고 반환한다. 이때, [그림 2.41]에서 보여준 다각형 꼭지점에 대한 방정식을 사용해 포인트 배열을 생성하고 있다.

그리고 createPolygonPath() 함수에서는 getPolygonPoints() 함수를 호출해 특정 다각형에 대한 포인트 배열을 가져오고 첫 번째 점으로 이동한 다음, 다각형의 모든 꼭지점을 포함하는 패스를 생성한다.

마지막으로, drawRubberbandShape() 함수에서 실제로 다각형을 그린다. [예제 2.25]에서의 drawRubberbandShape() 함수는 108페이지의 2.8.4절('러버 밴드를 이용해 선 그리기')에서 소개한 drawRubberbandShape()를 변형한 함수로 사용자가 마우스를 드래그할 때마다 다각형을 그릴 수 있게 사용되고 있다. 러버 밴드 도형을 그리는 방법에 대한 자세한 내용은 2.8.4절을 참고하자.

2.11.1 다각형 오브젝트

HTML5 캔버스가 즉시 모드 그래픽 시스템이라는 사실을 상기해보자. 캔버스에 도형을 그릴 때 브라우저에서는 곧바로 그리지만 그린 다음에는 즉시 잊어버린다. 여러분이 예제를 연습하기 위해 그림판 애플리케이션을 구현하고 싶다면 즉시 모드 그래픽이 좋다. 하지만 조작할 수 있는 그래픽 오브젝트를 생성하는 드로잉 애플리케이션을 구현하고 싶다면 편집하고 그릴 수 있는 오브젝트 목록을 사용하는 편이 낫다.

이 절에서는 앞 절에서 살펴본 애플리케이션을 변형해 다각형 오브젝트의 목록을 유지하는 방법을 자세히 살펴보자. [예제 2.26]에서는 변형된 애플리케이션에서 발췌한 코드를 소개하고 있다.

예제 2.26   다각형 오브젝트 사용하기

```
var canvas = document.getElementById('canvas'),
    context = canvas.getContext('2d'),
    startAngleSelect = document.getElementById('startAngleSelect'),
    sidesSelect = document.getElementById('sidesSelect'),
    ...

    mousedown = {},
    rubberbandRect = {};

function drawRubberbandShape(loc, sides, startAngle) {
    var polygon = new Polygon(mousedown.x, mousedown.y,
                    rubberbandRect.width,
                    parseInt(sidesSelect.value),
                    (Math.PI / 180) * parseInt(startAngleSelect.value),
```

```
                            context.strokeStyle,
                            context.fillStyle,
                            fillCheckbox.checked);

        context.beginPath();
        polygon.createPath(context);
        polygon.stroke(context);

        if (fillCheckbox.checked) {
            polygon.fill(context);
        }
        else {
            polygons.push(polygon);
        }
    }
```

위 애플리케이션에서는 사용자가 마우스를 드래그하는 동안 drawRubberbandShape() 함수를 호출해 다각형을 생성하고 있다. drawRubberbandShape() 함수에서는 다각형 오브젝트를 생성하고 다각형의 createPath() 메서드를 호출한 다음, 패스의 윤곽을 그리고 가능하다면 내부도 칠하고 있다.

사용자가 마우스 드래그를 끝내면, drawRubberbandShape() 함수에서는 애플리케이션에서 관리하는 다각형 목록에 다각형을 추가한다.

이 절에서 살펴본 다각형 오브젝트는 다음과 같은 메서드를 가지고 있다.

- points[] getPoints[]
- void createPath(context)
- void stroke(context)
- void fill(context)
- void move(x, y)

[예제 2.27]에서는 다각형 오브젝트를 구현하는 방법을 보여주고 있다.

예제 2.27   다각형 오브젝트

```
// 포인트 생성자....................................................

var Point = function (x, y) {
    this.x = x;
    this.y = y;
};
```

```javascript
// 다각형 생성자.....................................................

var Polygon = function (centerX, centerY, radius,
                sides, startAngle, strokeStyle, fillStyle, filled) {
    this.x = centerX;
    this.y = centerY;
    this.radius = radius;
    this.sides = sides;
    this.startAngle = startAngle;
    this.strokeStyle = strokeStyle;
    this.fillStyle = fillStyle;
    this.filled = filled;
};

// 다각형 프로토타입.....................................................

Polygon.prototype = {
    getPoints: function () {
        var points = [],
            angle = this.startAngle || 0;

        for (var i=0; i < this.sides; ++i) {
            points.push(new Point(this.x + this.radius * Math.sin(angle),
                            this.y - this.radius * Math.cos(angle)));
            angle += 2*Math.PI/this.sides;
        }
        return points;
    },

    createPath: function (context) {
        var points = this.getPoints();

        context.beginPath();
        context.moveTo(points[0].x, points[0].y);

        for (var i=1; i < this.sides; ++i) {
            context.lineTo(points[i].x, points[i].y);
        }
        context.closePath();
    },

    stroke: function (context) {
        context.save();
        this.createPath(context);
        context.strokeStyle = this.strokeStyle;
        context.stroke();
        context.restore();
    },
```

```
fill: function (context) {
    context.save();
    this.createPath(context);
    context.fillStyle = this.fillStyle;
    context.fill();
    context.restore();
},

move: function (x, y) {
    this.x = x;
    this.y = y;
}
};
```

다각형을 생성하려면 다각형을 둘러쌀 수 있는 가장 작은 원의 중심에 해당하는 다각형의 위치를 명시해야 한다. 그뿐만 아니라 원의 반지름, 다각형 변의 수, 다각형 첫 번째 점의 시작 각도, 다각형의 strokeStyle 및 fillStyle, 다각형의 내부를 칠할 것인지에 대한 여부 등을 명시해야 한다.

다각형은 다각형 꼭지점을 나타내는 점에 대한 배열을 생성할 수 있으며 이 점으로부터 패스를 생성할 수 있다. 또한, 패스의 윤곽을 그리거나 내부를 칠하는 작업도 할 수 있으며 move() 메서드를 호출해 다각형을 이동시킬 수도 있다.

2.12 고급 패스 조작

드로잉 애플리케이션, CAD 시스템(Computer-Aided Design system), 게임 등과 같은 수많은 애플리케이션에서는 그리는 것을 파악하기 위해 디스플레이 오브젝트 목록을 관리한다. 이런 애플리케이션에서는 사용자가 디스플레이 오브젝트를 편집할 때도 있다. 예를 들면, CAD 애플리케이션에서는 사용자가 디자인 요소를 선택하거나 이동하고 크기를 조정할 수 있다.

일반적으로 사용자는 마우스를 클릭하거나 화면을 터치해 오브젝트를 선택할 수 있다. 캔버스 API에서는 쉽게 선택할 수 있게 특정 점이 현재 패스 내부에 존재할 때 true를 반환하는 pointInPath() 메서드를 제공한다. 이 절에서는 142페이지의 2.11.1절('다각형 오브젝트')에서 배웠던 다각형 애플리케이션을 확장해 pointInPath() 메서드의 사용법을 자세히 살펴보자.

또한, 153페이지의 2.12.2절('베지어 곡선 편집하기')에서 사용자가 베지어 곡선을 생성하고 편집하는 방법도 자세히 살펴보자.

2.12.1 다각형 드래그하기

이 절에서는 사용자가 다각형 오브젝트를 생성할 때 다각형 오브젝트의 목록을 관리하는 방법을 자세히 살펴보자. 다각형 목록을 이용하면 [그림 2.42]와 같이 다각형을 드래그하는 애플리케이션이나 164페이지의 2.13절('변환')에서 살펴볼 다각형을 회전시키는 애플리케이션 등과 같이 재미있고 다양한 애플리케이션을 구현할 수 있다.

[그림 2.42]에서 보여주는 애플리케이션에는 그리기 모드와 편집 모드를 사용하고 있다. 초기에 애플리케이션은 그리기 모드이므로 마우스를 드래그해 다각형을 그릴 수 있다. 다각형을 그린 다음 [Edit] 체크박스를 클릭하면 애플리케이션은 편집 모드로 전환되고 다각형을 드래그해 다른 위치로 이동시킬 수 있다.

[그림 2.42]에서 보여준 애플리케이션에서는 다각형 오브젝트 배열을 관리한다. 편집 모드에서 moudsedown 이벤트가 발생하면 애플리케이션에서는 배열을 반복해 각 다각형에 대한 패스를 생성한 다음 mousedown 이벤트가 발생한 위치가 패스 내부인지 확인한다. 이벤트가 발생한 위치가 패스 내부라면 애플리케이션에서는 관련 다각형에 대한 참조를 저장하고 다각형의 왼쪽 위부터 mousedown 이벤트 발생 위치까지 X 오프셋과 Y 오프셋을 저장한다.

그 시점부터, 애플리케이션의 mousemove 이벤트 핸들러에서는 마우스 움직임에 따라 선택된 다각형을 이동시킨다. 그리고 [Edit] 체크박스의 체크를 해지하면 애플리케이션은 다시 그리기 모드로 전환된다.

[예제 2.28]에서는 [그림 2.42]의 애플리케이션에서 다각형 드래그와 관련된 자바스크립드 코드를 소개하고 있다. 코드를 간결하게 하려고 애플리케이션의 HTML 코드는 생략했다.

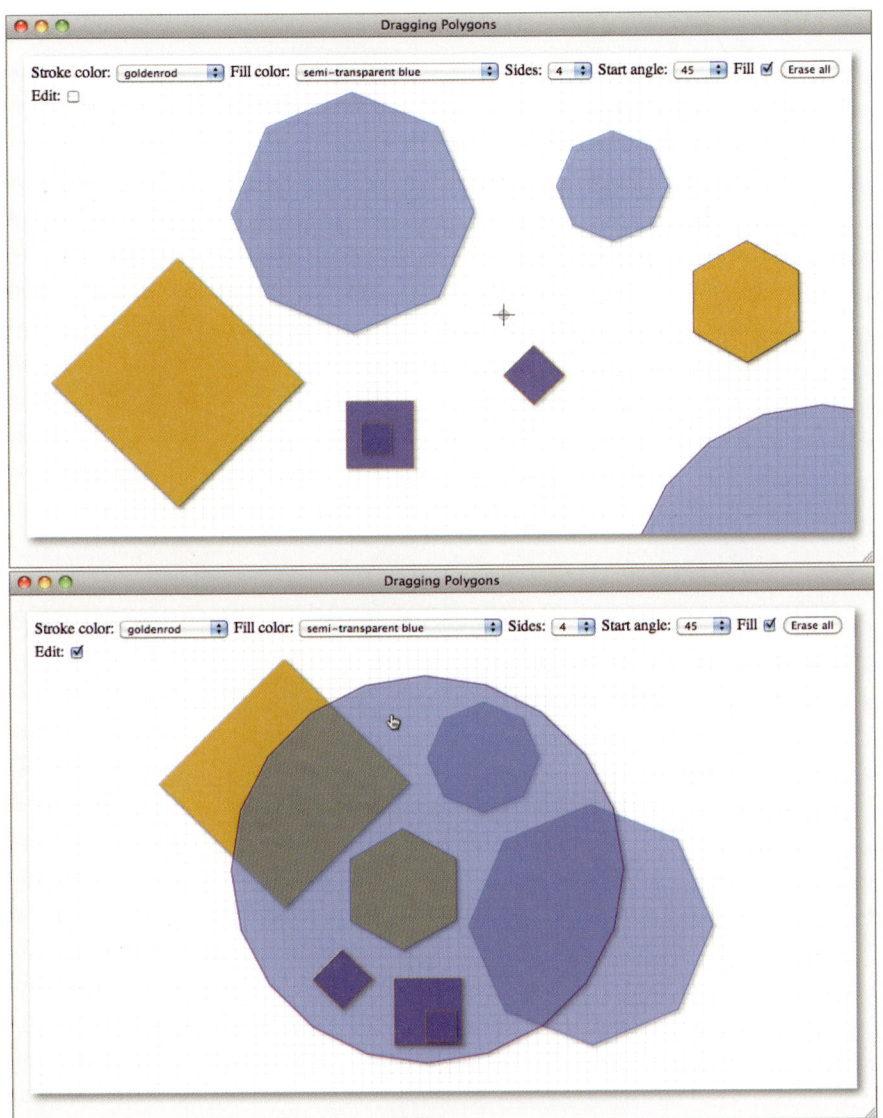

그림 2.42 다각형 드래그하기

예제 2.28   다각형 드래그하기

```javascript
var canvas = document.getElementById('canvas'),
    context = canvas.getContext('2d'),
    eraseAllButton = document.getElementById('eraseAllButton'),
    strokeStyleSelect = document.getElementById('strokeStyleSelect'),
    fillStyleSelect = document.getElementById('fillStyleSelect'),
    fillCheckbox = document.getElementById('fillCheckbox'),
    editCheckbox = document.getElementById('editCheckbox'),
    sidesSelect = document.getElementById('sidesSelect'),

    drawingSurfaceImageData,

    mousedown = {},
    rubberbandRect = {},

    dragging = false,
    draggingOffsetX,
    draggingOffsetY,

    sides = 8,
    startAngle = 0,

    guidewires = true,
    editing = false,
    polygons = [];

// 함수.........................................................

function drawGrid(color, stepx, stepy) {
    // 코드를 간결하게 하려고 함수를 생략하고 있다.
    // 이 함수의 전체 코드는 104페이지의 [예제 2.13]을 참고하자.
}

function windowToCanvas(x, y) {
    var bbox = canvas.getBoundingClientRect();
    return { x: x - bbox.left * (canvas.width  / bbox.width),
             y: y - bbox.top  * (canvas.height / bbox.height)
           };
}

// 드로잉 표면 저장 및 복원하기................................

function saveDrawingSurface() {
    drawingSurfaceImageData = context.getImageData(0, 0,
                                canvas.width,
                                canvas.height);
}
```

```javascript
function restoreDrawingSurface() {
   context.putImageData(drawingSurfaceImageData, 0, 0);
}

// 다각형 그리기....................................................

function drawPolygon(polygon) {
   context.beginPath();
   polygon.createPath(context);
   polygon.stroke(context);

   if (fillCheckbox.checked) {
      polygon.fill(context);
   }
}

// 러버 밴드....................................................

function updateRubberbandRectangle(loc) {
   rubberbandRect.width = Math.abs(loc.x - mousedown.x);
   rubberbandRect.height = Math.abs(loc.y - mousedown.y);

   if (loc.x > mousedown.x) rubberbandRect.left = mousedown.x;
   else                     rubberbandRect.left = loc.x;

   if (loc.y > mousedown.y) rubberbandRect.top = mousedown.y;
   else                     rubberbandRect.top = loc.y;
}

function drawRubberbandShape(loc, sides, startAngle) {
   var polygon = new Polygon(mousedown.x, mousedown.y,
                  rubberbandRect.width,
                  parseInt(sidesSelect.value),
                  (Math.PI / 180) * parseInt(startAngleSelect.value),
                  context.strokeStyle,
                  context.fillStyle,
                  fillCheckbox.checked);
   drawPolygon(polygon);

   if (!dragging) {
      polygons.push(polygon);
   }
}

function updateRubberband(loc, sides, startAngle) {
   updateRubberbandRectangle(loc);
   drawRubberbandShape(loc, sides, startAngle);
}
```

```javascript
// 가이드와이어.....................................................

function drawHorizontalLine (y) {
   context.beginPath();
   context.moveTo(0,y+0.5);
   context.lineTo(context.canvas.width,y+0.5);
   context.stroke();
}

function drawVerticalLine (x) {
   context.beginPath();
   context.moveTo(x+0.5,0);
   context.lineTo(x+0.5,context.canvas.height);
   context.stroke();
}

function drawGuidewires(x, y) {
   context.save();
   context.strokeStyle = 'rgba(0,0,230,0.4)';
   context.lineWidth = 0.5;
   drawVerticalLine(x);
   drawHorizontalLine(y);
   context.restore();
}

function drawPolygons() {
   polygons.forEach( function (polygon) {
      drawPolygon(polygon);
   });
}

// 드래그.....................................................

function startDragging(loc) {
  saveDrawingSurface();
  mousedown.x = loc.x;
  mousedown.y = loc.y;
}

function startEditing() {
   canvas.style.cursor = 'pointer';
   editing = true;
}

function stopEditing() {
   canvas.style.cursor = 'crosshair';
   editing = false;
}
```

```
// 이벤트 핸들러......................................................

canvas.onmousedown = function (e) {
   var loc = windowToCanvas(e.clientX, e.clientY);

   e.preventDefault(); //  커서 변경 방지

   if (editing) {
     polygons.forEach( function (polygon) {
        polygon.createPath(context);
        if (context.isPointInPath(loc.x, loc.y)) {
           startDragging(loc);
           dragging = polygon;
           draggingOffsetX = loc.x - polygon.x;
           draggingOffsetY = loc.y - polygon.y;
           return;
        }
     });
   }
   else {
     startDragging(loc);
     dragging = true;
   }
};

canvas.onmousemove = function (e) {
   var loc = windowToCanvas(e.clientX, e.clientY);

   e.preventDefault(); // 선택 방지

   if (editing && dragging) {
      dragging.x = loc.x - draggingOffsetX;
      dragging.y = loc.y - draggingOffsetY;
      context.clearRect(0, 0, canvas.width, canvas.height);
      drawGrid('lightgray', 10, 10);
      drawPolygons();
   }
   else {
     if (dragging) {
        restoreDrawingSurface();
        updateRubberband(loc, sides, startAngle);

        if (guidewires) {
           drawGuidewires(mousedown.x, mousedown.y);
        }
     }
   }
};
```

```javascript
canvas.onmouseup = function (e) {
   var loc = windowToCanvas(e.clientX, e.clientY);

   dragging = false;

   if (editing) {
   }
   else {
      restoreDrawingSurface();
      updateRubberband(loc);
   }
};

eraseAllButton.onclick = function (e) {
   context.clearRect(0, 0, canvas.width, canvas.height);
   drawGrid('lightgray', 10, 10);
   saveDrawingSurface();
};

strokeStyleSelect.onchange = function (e) {
   context.strokeStyle = strokeStyleSelect.value;
};

fillStyleSelect.onchange = function (e) {
   context.fillStyle = fillStyleSelect.value;
};

editCheckbox.onchange = function (e) {
   if (editCheckbox.checked) {
      startEditing();
   }
   else {
      stopEditing();
   }
};

// 초기화.................................................

context.strokeStyle = strokeStyleSelect.value;
context.fillStyle = fillStyleSelect.value;

context.shadowColor = 'rgba(0,0,0,0.4)';
context.shadowOffsetX = 2;
context.shadowOffsetY = 2;
context.shadowBlur = 4;

drawGrid('lightgray', 10, 10);
```

2.12.2 베지어 곡선 편집하기

146페이지의 2.12.1절('다각형 드래그하기')에서 살펴본 도형을 드래그하는 기능은 다양한 가능성을 제시했다. 예를 들어, [그림 2.43]과 같이 사용자가 베지어 곡선을 그린 다음 단점과 제어점을 드래그해 베지어 곡선을 편집할 수 있다.

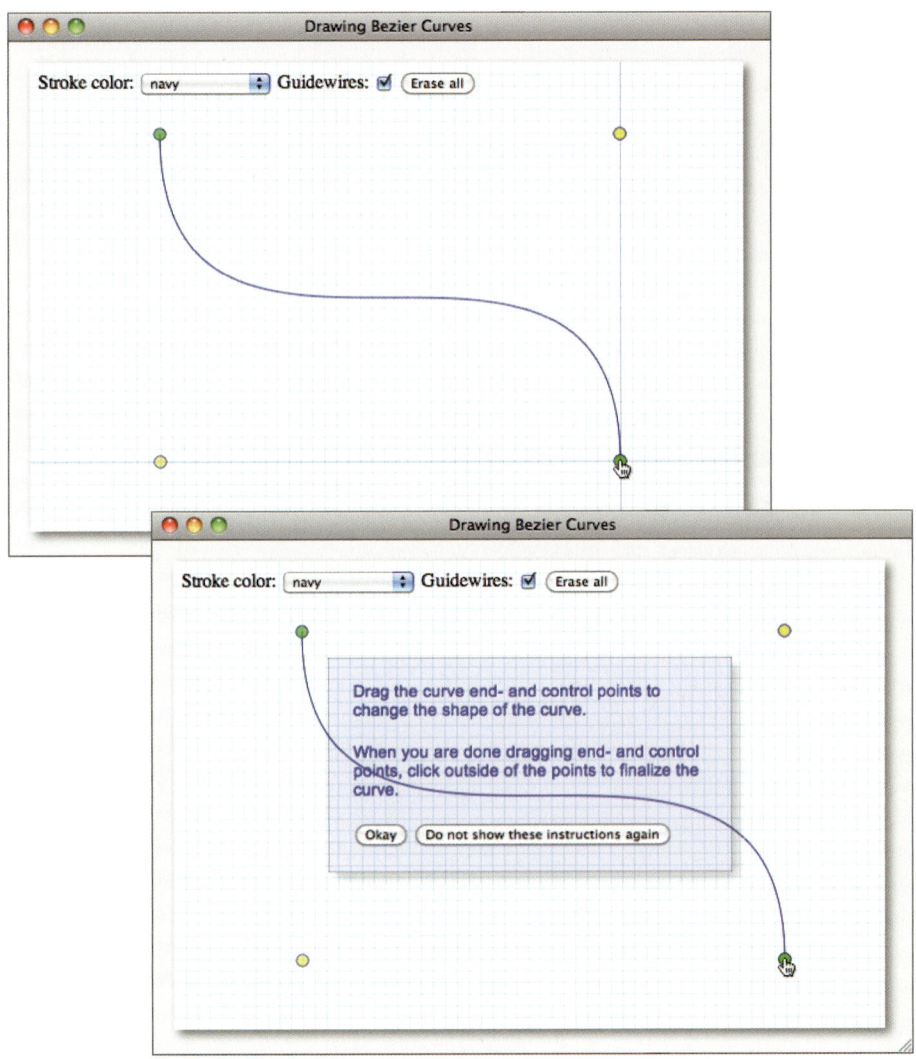

그림 2.43 베지어 곡선 편집하기

[그림 2.43]에서는 사용자가 마우스를 드래그해 곡선을 그리는 방법과 사용자가 마우스 드래그를 멈출 때 애플리케이션에서 보여주는 안내 문구를 보여주고 있다. 안내 문구를 끄면 [그림 2.44]의 위에 있는 그림처럼 단점이나 제어점을 드래그하여 곡선을 조정할 수 있다.

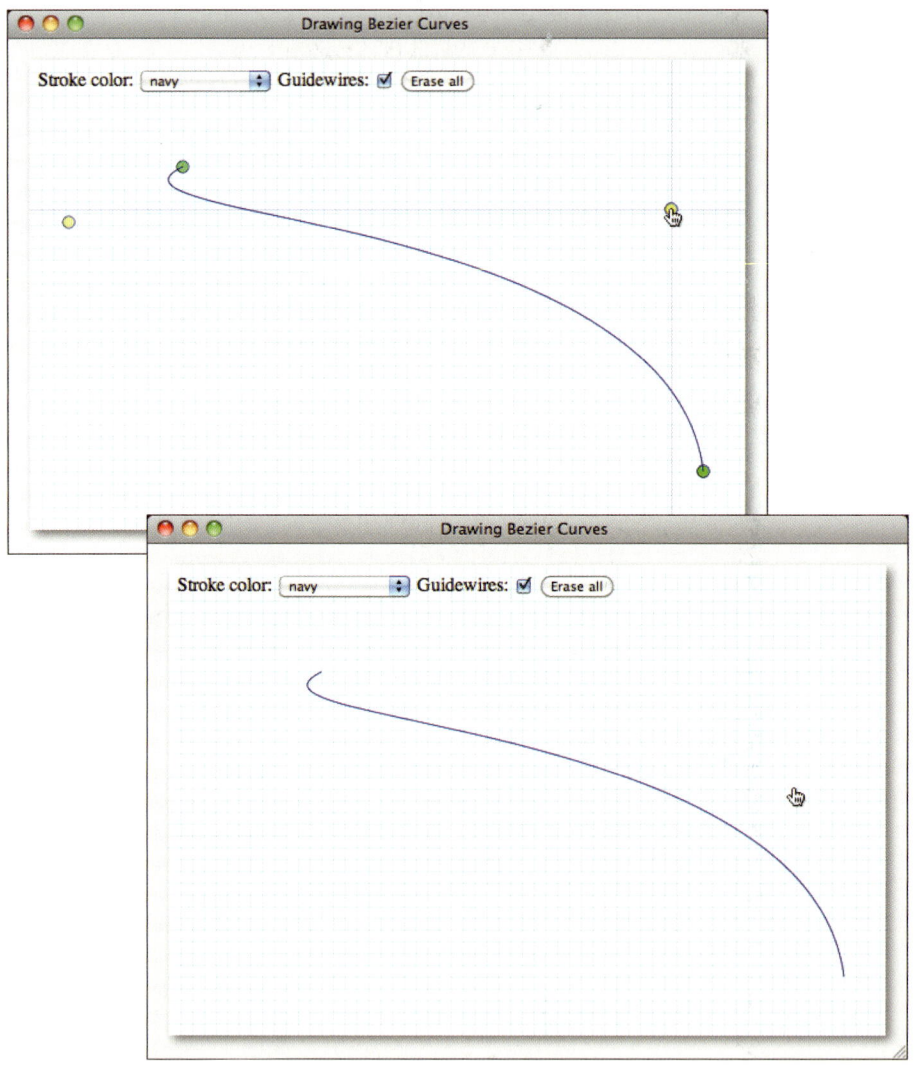

그림 2.44   베지어 단점 및 제어점 드래그하기

마지막으로 곡선을 조정한 다음 단점이나 제어점 이외의 지점을 클릭하면 [그림 2.44]의 아래에 있는 그림처럼 애플리케이션에서는 곡선을 완성한다.

[예제 2.29]에서는 [그림 2.43]에서 보여준 애플리케이션의 HTML 코드를 소개하고 있다.

예제 2.29   베지어 곡선 단점 및 제어점 드래그하기: HTML

```html
<!DOCTYPE html>
<html>
  <head>
    <title>Drawing Bezier Curves</title>

    <style>
      body {
        background: #eeeeee;
      }

      .floatingControls {
        position: absolute;
        left: 150px;
        top: 100px;
        width: 300px;
        padding: 20px;
        border: thin solid rgba(0,0,0,0.3);
        background: rgba(0,0,200,0.1);
        color: blue;
        font: 14px Arial;
        -webkit-box-shadow: rgba(0,0,0,0.2) 6px 6px 8px;
        -moz-box-shadow: rgba(0,0,0,0.2) 6px 6px 8px;
        box-shadow: rgba(0,0,0,0.2) 6px 6px 8px;
        display: none;
      }

      .floatingControls p {
        margin-top: 0px;
        margin-bottom: 20px;
      }

      #controls {
        position: absolute;
        left: 25px;
        top: 25px;
      }

      #canvas {
        background: #ffffff;
        cursor: pointer;
        margin-left: 10px;
        margin-top: 10px;
        -webkit-box-shadow: 4px 4px 8px rgba(0,0,0,0.5);
        -moz-box-shadow: 4px 4px 8px rgba(0,0,0,0.5);
        -box-shadow: 4px 4px 8px rgba(0,0,0,0.5);
      }
    </style>
  </head>
```

```html
<body>
    <canvas id='canvas' width='605' height='400'>
        Canvas not supported
    </canvas>

    <div id='controls'>
        Stroke color: <select id='strokeStyleSelect'>
            <option value='red'>red</option>
            <option value='green'>green</option>
            <option value='blue'>blue</option>
            <option value='orange'>orange</option>
            <option value='cornflowerblue'>cornflowerblue</option>
            <option value='goldenrod'>goldenrod</option>
            <option value='navy' selected>navy</option>
            <option value='purple'>purple</option>
        </select>
        Guidewires:
        <input id='guidewireCheckbox' type='checkbox' checked/>
        <input id='eraseAllButton' type='button' value='Erase all'/>
    </div>

    <div id='instructions' class='floatingControls'>
        <p>Drag the curve end- and control points to
           change the shape of the curve.</p>

        <p>When you are done dragging end- and control points,
           click outside of the points to finalize the curve.</p>

        <input id='instructionsOkayButton' type='button'
               value='Okay' autofocus/>
        <input id='instructionsNoMoreButton' type='button'
               value='Do not show these instructions again'/>
    </div>

    <script src = 'example.js'></script>
</body>
</html>
```

애플리케이션에서는 안내 문구를 표시하기 위해 40페이지의 1.8절('캔버스에서 HTML 요소 사용하기')에서 살펴본 기법을 사용해 캔버스 위에 떠있는 것처럼 보이는 유리판을 구현하고 있다. 안내 문구를 담고 있는 DIV 클래스는 배경을 설정하고 캔버스 위에 DIV를 배치시키고 있는 foloatingControls다.

게다가, HTML 코드에서는 윤곽에 대한 색상을 선택하는 요소, 가이드와이어를 끄거나 켜기 위한 요소, 모든 곡선 지우는 요소 등 여러 요소를 생성하고 있다.

[예제 2.30]에서는 [그림 2.43]에서 보여준 애플리케이션의 자바스크립트 코드를 소개하고 있다.

코드를 살펴보면 알 수 있듯이, 코드의 2/3 이상이 cursorInEndPoint() 함수와 cursorInControlPoint() 함수로 이뤄져 있다는 사실에 주목하자. 참고로 cursorInEndPoint() 함수와 cursorInControlPoint() 함수에서는 사용자가 단점이나 제어점 내부에서 마우스를 클릭했는지 판단한다.

또한, mousemove 이벤트 핸들러에 주목하자. 사용자는 마우스를 드래그해 곡선을 그리거나 곡선의 한 점, 즉 단점이나 제어점 중 하나를 드래그해 곡선을 그릴 수 있다. 사용자가 두 가지 방법 중 하나를 사용하면 이벤트 핸들러에서는 드로잉 표면을 복원한 다음 가능하다면 가이드와이어를 임시로 그린다.

사용자가 곡선을 그리면 mousemove 이벤트 핸들러에서는 곡선과 단점 및 제어점을 다시 그린다. 만약 사용자가 한 점을 드래그하면 애플리케이션에서는 드래그한 점의 위치를 업데이트한 다음 곡선의 단점 및 제어점과 곡선 자체를 다시 그린다.

예제 2.30　베지어 곡선 단점 및 제어점 드래그하기: 자바스크립트

```javascript
var canvas = document.getElementById('canvas'),
    context = canvas.getContext('2d'),
    eraseAllButton = document.getElementById('eraseAllButton'),
    strokeStyleSelect = document.getElementById('strokeStyleSelect'),
    guidewireCheckbox = document.getElementById('guidewireCheckbox'),
    instructions = document.getElementById('instructions'),
    instructionsOkayButton =
        document.getElementById('instructionsOkayButton'),
    instructionsNoMoreButton =
        document.getElementById('instructionsNoMoreButton'),

    showInstructions = true,

    AXIS_MARGIN = 40,
    HORIZONTAL_TICK_SPACING = 10,
    VERTICAL_TICK_SPACING = 10,
    TICK_SIZE = 10,

    AXIS_ORIGIN = { x: AXIS_MARGIN, y: canvas.height-AXIS_MARGIN },
    AXIS_TOP    = AXIS_MARGIN,

    AXIS_RIGHT = canvas.width - AXIS_MARGIN,
    AXIS_WIDTH = AXIS_RIGHT    - AXIS_ORIGIN.x,
    AXIS_HEIGHT = AXIS_ORIGIN.y - AXIS_TOP,

    NUM_VERTICAL_TICKS   = AXIS_HEIGHT / VERTICAL_TICK_SPACING,
    NUM_HORIZONTAL_TICKS = AXIS_WIDTH  / HORIZONTAL_TICK_SPACING,

    GRID_STROKE_STYLE = 'lightblue',
    GRID_SPACING = 10,
```

```
        CONTROL_POINT_RADIUS = 5,
        CONTROL_POINT_STROKE_STYLE = 'blue',
        CONTROL_POINT_FILL_STYLE = 'rgba(255,255,0,0.5)',

        END_POINT_STROKE_STYLE = 'navy',
        END_POINT_FILL_STYLE   = 'rgba(0,255,0,0.5)',

        GUIDEWIRE_STROKE_STYLE = 'rgba(0,0,230,0.4)',

        drawingImageData,        // Image data stored on mouse down events

        mousedown = {},          // Cursor location for last mouse down event
        rubberbandRect = {},     // Constantly updated for mouse move events

        dragging = false,        // If true, user is dragging the cursor
        draggingPoint = false,   // End- or control point user is dragging

        endPoints     = [ {}, {} ],  // Endpoint locations (x, y)
        controlPoints = [ {}, {} ],  // Control point locations (x, y)
        editing  = false,            // If true, user is editing the curve

        guidewires = guidewireCheckbox.checked;

// 함수.......................................................

function drawGrid(color, stepx, stepy) {
   // 코드를 간결하게 하려고 함수를 생략하고 있다.
   // 이 함수의 전체 코드는 104페이지의 [예제 2.13]을 참고하자.
}

function windowToCanvas(x, y) {
   var bbox = canvas.getBoundingClientRect();

   return { x: x - bbox.left * (canvas.width  / bbox.width),
            y: y - bbox.top  * (canvas.height / bbox.height)
          };
}

// 드로잉 표면 저장 및 복원하기.................................

function saveDrawingSurface() {
   drawingImageData = context.getImageData(0, 0,
                          canvas.width, canvas.height);
}

function restoreDrawingSurface() {
   context.putImageData(drawingImageData, 0, 0);
}
```

```
// 러버 밴드................................................

function updateRubberbandRectangle(loc) {
   rubberbandRect.width  = Math.abs(loc.x - mousedown.x);
   rubberbandRect.height = Math.abs(loc.y - mousedown.y);

   if (loc.x > mousedown.x) rubberbandRect.left = mousedown.x;
   else                     rubberbandRect.left = loc.x;

   if (loc.y > mousedown.y) rubberbandRect.top = mousedown.y;
   else                     rubberbandRect.top = loc.y;
}

function drawBezierCurve() {
   context.beginPath();
   context.moveTo(endPoints[0].x, endPoints[0].y);
   context.bezierCurveTo(controlPoints[0].x, controlPoints[0].y,
                         controlPoints[1].x, controlPoints[1].y,
                         endPoints[1].x, endPoints[1].y);
   context.stroke();
}

function updateEndAndControlPoints() {
   endPoints[0].x = rubberbandRect.left;
   endPoints[0].y = rubberbandRect.top;

   endPoints[1].x = rubberbandRect.left + rubberbandRect.width;
   endPoints[1].y = rubberbandRect.top  + rubberbandRect.height;

   controlPoints[0].x = rubberbandRect.left;
   controlPoints[0].y = rubberbandRect.top  + rubberbandRect.height;

   controlPoints[1].x = rubberbandRect.left + rubberbandRect.width;
   controlPoints[1].y = rubberbandRect.top;
}

function drawRubberbandShape(loc) {
   updateEndAndControlPoints();
   drawBezierCurve();
}

function updateRubberband(loc) {
   updateRubberbandRectangle(loc);
   drawRubberbandShape(loc);
}
```

```javascript
// 가이드와이어.......................................................

function drawHorizontalGuidewire (y) {
   context.beginPath();
   context.moveTo(0, y + 0.5);
   context.lineTo(context.canvas.width, y + 0.5);
   context.stroke();
}

function drawVerticalGuidewire (x) {
   context.beginPath();
   context.moveTo(x + 0.5, 0);
   context.lineTo(x + 0.5, context.canvas.height);
   context.stroke();
}


function drawGuidewires(x, y) {
   context.save();
   context.strokeStyle = GUIDEWIRE_STROKE_STYLE;
   context.lineWidth = 0.5;
   drawVerticalGuidewire(x);
   drawHorizontalGuidewire(y);
   context.restore();
}

// 단점 및 제어점.....................................

function drawControlPoint(index) {
   context.beginPath();
   context.arc(controlPoints[index].x, controlPoints[index].y,
               CONTROL_POINT_RADIUS, 0, Math.PI*2, false);
   context.stroke();
   context.fill();
}
function drawControlPoints() {
   context.save();
   context.strokeStyle = CONTROL_POINT_STROKE_STYLE;
   context.fillStyle   = CONTROL_POINT_FILL_STYLE;
   drawControlPoint(0);
   drawControlPoint(1);
   context.stroke();
   context.fill();
   context.restore();
}

function drawEndPoint(index) {
   context.beginPath();
   context.arc(endPoints[index].x, endPoints[index].y,
               CONTROL_POINT_RADIUS, 0, Math.PI*2, false);
   context.stroke();
```

```javascript
      context.fill();
}

function drawEndPoints() {
   context.save();
   context.strokeStyle = END_POINT_STROKE_STYLE;
   context.fillStyle   = END_POINT_FILL_STYLE;

   drawEndPoint(0);
   drawEndPoint(1);

   context.stroke();
   context.fill();
   context.restore();
}

function drawControlAndEndPoints() {
   drawControlPoints();
   drawEndPoints();
}

function cursorInEndPoint(loc) {
   var pt;

   endPoints.forEach( function(point) {
      context.beginPath();
      context.arc(point.x, point.y,
                  CONTROL_POINT_RADIUS, 0, Math.PI*2, false);

      if (context.isPointInPath(loc.x, loc.y)) {
         pt = point;
      }
   });

   return pt;
}

function cursorInControlPoint(loc) {
   var pt;

   controlPoints.forEach( function(point) {
      context.beginPath();
      context.arc(point.x, point.y,
                  CONTROL_POINT_RADIUS, 0, Math.PI*2, false);

      if (context.isPointInPath(loc.x, loc.y)) {
         pt = point;
      }
   });
```

```javascript
    return pt;
}

function updateDraggingPoint(loc) {
    draggingPoint.x = loc.x;
    draggingPoint.y = loc.y;
}

// 캔버스 이벤트 핸들러............................................

canvas.onmousedown = function (e) {
    var loc = windowToCanvas(e.clientX, e.clientY);

    e.preventDefault(); // 선택 방지

    if (!editing) {
        saveDrawingSurface();
        mousedown.x = loc.x;
        mousedown.y = loc.y;
        updateRubberbandRectangle(loc);
        dragging = true;
    }
    else {
        draggingPoint = cursorInControlPoint(loc);

        if (!draggingPoint) {
            draggingPoint = cursorInEndPoint(loc);
        }
    }
};

canvas.onmousemove = function (e) {
    var loc = windowToCanvas(e.clientX, e.clientY);

    if (dragging || draggingPoint) {
        e.preventDefault(); // Prevent selections
        restoreDrawingSurface();

        if(guidewires) {
            drawGuidewires(loc.x, loc.y);
        }
    }

    if (dragging) {
        updateRubberband(loc);
        drawControlAndEndPoints();
    }
    else if (draggingPoint) {
        updateDraggingPoint(loc);
        drawControlAndEndPoints();
```

```
      drawBezierCurve();
   }
};

canvas.onmouseup = function (e) {
   loc = windowToCanvas(e.clientX, e.clientY);

   restoreDrawingSurface();

   if (!editing) {
      updateRubberband(loc);
      drawControlAndEndPoints();
      dragging = false;
      editing = true;
      if (showInstructions) {
         instructions.style.display = 'inline';
      }
   }
   else {
      if (draggingPoint) drawControlAndEndPoints();
      else                 editing = false;

      drawBezierCurve();
      draggingPoint = undefined;
   }
};

// 컨트롤 이벤트 핸들러...........................................

eraseAllButton.onclick = function (e) {
   context.clearRect(0, 0, canvas.width, canvas.height);
   drawGrid(GRID_STROKE_STYLE, GRID_SPACING, GRID_SPACING);

   saveDrawingSurface();

   editing = false;
   dragging = false;
   draggingPoint = undefined;
};

strokeStyleSelect.onchange = function (e) {
   context.strokeStyle = strokeStyleSelect.value;
};

guidewireCheckbox.onchange = function (e) {
   guidewires = guidewireCheckbox.checked;
};
```

```
// 인스트럭션 이벤트 핸들러.......................................

instructionsOkayButton.onclick = function (e) {
    instructions.style.display = 'none';
};

instructionsNoMoreButton.onclick = function (e) {
    instructions.style.display = 'none';
    showInstructions = false;
};

// 초기화....................................................

context.strokeStyle = strokeStyleSelect.value;
drawGrid(GRID_STROKE_STYLE, GRID_SPACING, GRID_SPACING);
```

2.12.3 패스를 뷰로 스크롤하기

이 책을 집필하고 있을 당시만 해도 캔버스 명세서에서는 scrollPathIntoView() 메서드를 캔버스 콘텍스트에 추가했다. 하지만 책이 출판됐을 때, 어떤 브라우저에서도 현재 패스를 뷰로 스크롤하는 scroll PathIntoView() 메서드를 지원하지 않았기 때문에 책에서 scrollPathIntoView() 메서드를 사용한 예제를 제외했다. 브라우저에서 이 기능을 구현한다면 http://corehtml5canvas.com/에서 관련 예제를 확인할 수 있을 것이다.

scrollPathIntoView()는 모바일 애플리케이션용 메서드다

scrollPathIntoView() 메서드는 작은 화면을 갖춘 모바일 장치를 위해 캔버스 명세서에 추가됐다. 이 덕분에 개발자는 scrollPathIntoView() 메서드로 일부가 오프스크린인 캔버스를 뷰로 스크롤할 수 있게 됐다.

2.13 변환

67페이지의 2.1절('좌표계')에서 살펴봤듯이, 캔버스 좌표계를 이동하거나 회전, 확대/축소할 수 있다. 이 절에서는 이런 작업을 사용해야 하는 이유를 알아보자.

기본 위치인 원점을 캔버스의 왼쪽 위 모서리 이외에 곳으로 이동시키는 작업은 종종 유용하게 사용된다. 기본적으로 원점을 이동시키면 도형과 텍스트를 캔버스 내부로 이동시킬 때 필요한 계산을 단순화할 수 있다. 예를 들면, 다음 코드에서처럼 캔버스 중앙에 직사각형을 그릴 수 있다.

```
var canvas = document.getElementById('canvas'),
    context = canvas.getContext('2d'),
    RECTANGLE_WIDTH = 100,
    RECTANGLE_HEIGHT = 100;

context.strokeRect(canvas.width/2 - RECTANGLE_WIDTH/2,
                   canvas.height/2 - RECTANGLE_HEIGHT/2,
                   RECTANGLE_WIDTH, RECTANGLE_HEIGHT);
```

위 코드에서는 캔버스 중앙에서 직사각형 너비의 반과 높이의 반을 각각 빼 직사각형의 왼쪽 위 모서리의 X 좌표와 Y 좌표를 계산하고 있다.

원점으로부터 위에서 계산된 좌표만큼 이동시키면, 다음 코드에서처럼 strokeRect() 메서드 호출을 단순화할 수 있다.

```
var canvas = document.getElementById('canvas'),
    context = canvas.getContext('2d'),
    RECTANGLE_WIDTH = 100,
    RECTANGLE_HEIGHT = 100;

context.translate(canvas.width/2 - RECTANGLE_WIDTH/2,
                  canvas.height/2 - RECTANGLE_HEIGHT/2);

context.strokeRect(0, 0, RECTANGLE_WIDTH, RECTANGLE_HEIGHT);
```

물론 위 코드에서도 같은 위치를 계산해야 하므로 위 코드에서는 원점을 이동시키는 방법이 첫 번째 방법보다 단순하지 않았다고 생각하는 사람이 있을 것이다. 처음 코드와 비교해 봤을 때 유일한 차이점은 strokeRect() 메서드 대신 translate() 메서드에 위치를 넣는 부분뿐이다. 여러분의 생각이 옳을 수 있다. 하지만 캔버스 중앙에 여러 가지 도형을 그린다고 가정해 보자. 이때는, 원점을 이동시키는 방법을 사용하면 다양한 도형을 그리는 데 필요한 계산을 상당히 단순화할 수 있을 것이다.

2.13.1 이동, 회전, 확대/축소

[그림 2.45]에서는 사용자가 다각형을 회전시켜 좌표계를 이동하고 회전할 수 있는 애플리케이션을 보여주고 있다.

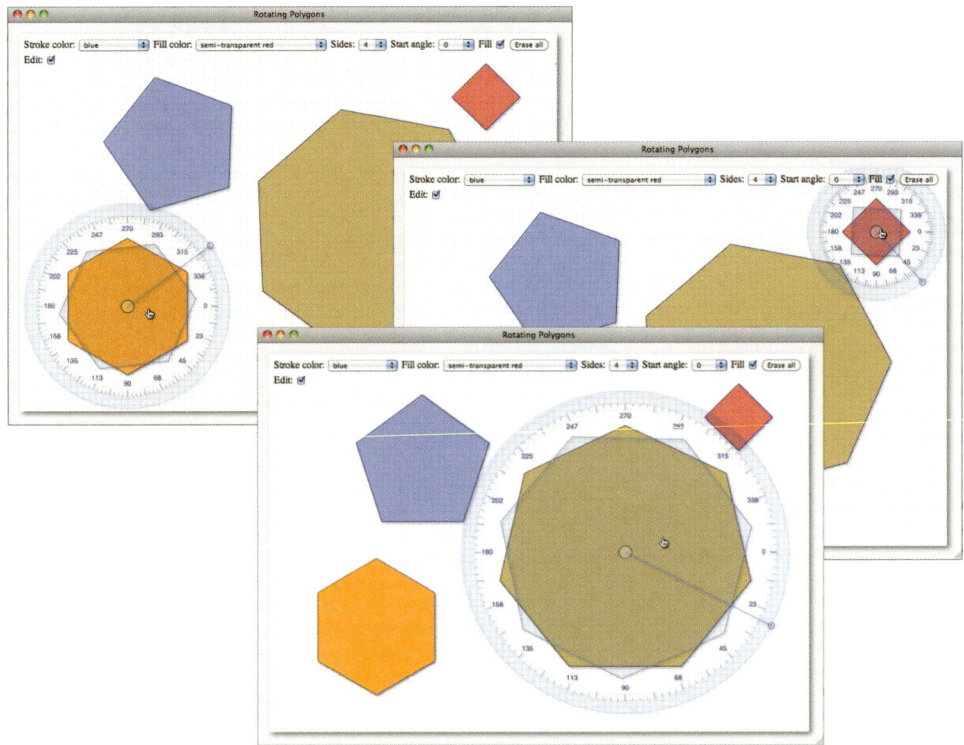

그림 2.45　좌표계의 이동 및 회전

[Edit] 체크박스를 체크한 다음 다각형을 클릭하면, [그림 2.45]에서 보여준 애플리케이션에서는 각도를 나타내는 다이얼을 사용해 다각형에 주석을 달고 현재 회전 각도를 보여주는 가이드와이어를 추가한다. 다이얼과 가이드와이어를 구현하는 방법에 대한 자세한 내용은 126페이지의 2.9.4절('다이얼 및 게이지')을 참고하자.

그리고 회전시킬 다각형을 선택한 다음 마우스를 움직여 회전각을 조절할 수 있다. 가이드와이어는 마우스를 따라다니며, 애플리케이션에서는 현재 회전각에 따라 회전하는 다각형을 보여준다. 이때, 마우스를 클릭하면 애플리케이션에서는 회전과 관련된 주석을 제거하고 선택한 회전각까지 다각형을 회전시킨다.

코드를 간결하게 하려고, 이 책에서는 [그림 2.45]에서 보여준 애플리케이션에 대한 코드를 일부만 소개하고 있다. 그러나 http://corehtml5canvas.com에서 해당 예제를 내려받거나 홈페이지에서 예제를 실행할 수 있으니 참고하자. [예제 2.31]에서는 애플리케이션에서 주어진 회전각으로 다각형을 그릴 때 사용한 함수의 코드를 소개하고 있다.

```
function drawPolygon(polygon, angle) {
   var tx = polygon.x,
       ty = polygon.y;

   context.save();

   context.translate(tx, ty);

   if (angle) {
     context.rotate(angle);
   }

   polygon.x = 0;
   polygon.y = 0;

   polygon.createPath(context);
   context.stroke();

   if (fillCheckbox.checked) {
     context.fill();
   }

   context.restore();

   polygon.x = tx;
   polygon.y = ty;
}
```

[그림 2.45]에서 보여준 애플리케이션에서 구현한 것처럼 다각형에서는 다각형 중심의 위치를 관리한다. 따라서 [예제 2.31]에서 소개한 함수에서는 회전된 다각형을 그리기 위해 좌표계를 임시로 다각형의 중심으로 이동시킨 다음 해당 각도만큼 좌표계를 회전시키고 있다. 그리고 애플리케이션에서는 다각형의 createPath() 메서드를 호출해 패스의 윤곽을 그리고 가능하면 내부를 채운다. [예제 2.31]의 함수에서는 다각형의 윤곽을 그리고 내부를 칠하는 작업을 끝낸 다음 다각형의 X 좌표와 Y 좌표와 콘텍스트를 저장하고 있다.

[표 2.11]에서는 rotate() 메서드, scale() 메서드, translate() 메서드에 대해 소개하고 있다.

표 2.11 **CanvasRenderingContext2D 이동 및 회전 메서드**

메서드	설명
rotate(double angleInRadians)	주어진 반지름만큼 좌표계를 회전시킨다. (참고: 180도 = π 라디안)
scale(double x, double y)	X 및 Y 위치에 있는 좌표계를 확대/축소한다.
translate(double x, double y)	X 및 Y 위치에 있는 좌표계를 이동시킨다.

 개발하는 동안 콘텍스트를 확대/축소하는 작업을 유용하게 사용할 때가 있다

캔버스에 복잡한 드로잉을 해야 할 때, 10장에서 소개할 슬라이더와 같은 사용자 정의 컨트롤 (custom control)을 구현할 것이다. 사용자 정의 컨트롤을 이용하면 사용자가 그리는 것을 자세히 볼 수 있으므로 캔버스를 확대/축소하는 작업은 매우 유용하게 사용될 수 있다. 예를 들어, 코드에 context.scale(2.5, 2.5)를 추가하면 작업을 매우 가까이에서 볼 수 있다. 게다가 개발을 완료하면 코드에서 이 내용을 간단히 제거할 수도 있다.

개발하는 동안 콘텍스트를 확대/축소하면 콘텍스트의 특정 부분에 주목하기 때문에 시야에서 사라지는 부분이 있을 것이다. 이때는 context.translate() 메서드를 이용해 원하는 곳으로 콘텍스트를 이동시켜 확대된 캔버스의 다른 부분을 시야로 가져올 수 있다.

2.13.1.1 미러링

좌표계 변환은 다양한 작업에서 유용하게 사용될 수 있다. 예를 들면, 도형을 그린 다음 [그림 2.46]에서 보여준 애플리케이션에서처럼 scale(-1, -1)을 호출해 도형을 수평으로 비추거나 scale(1, -1)을 호출해 수직으로 비출 수 있다.

[그림 2.46]에서 보여준 애플리케이션에서는 다음과 같이 화살을 비추고 있다.

```
drawArrow(context);

context.translate(canvas.width, 0);
context.scale(-1, 1);

drawArrow(context);
```

위 코드에서는 [그림 2.46]에서 왼쪽에 있는 화살표를 그리는 drawArrow() 메서드를 호출하고 있다.

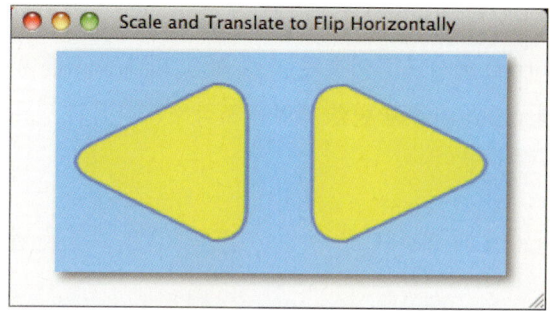

그림 2.46   scale()을 이용한 미러링

그리고 애플리케이션에서는 화살표를 캔버스 중앙에서 수직으로 비출 수 있게 원점을 캔버스의 오른쪽 가장자리로 이동시키고 scale(-1, 1)을 호출한 다음 화살표를 정확하게 다시 그리고 있다. 이와 관련된 자세한 내용은 133페이지의 2.10.1절('이차 곡선')에서 살펴본 drawArrow() 메서드를 참고하자.

2.13.2 사용자 정의 변환

앞 절에서는 scale() 메서드, rotate() 메서드, translate() 메서드를 사용해 좌표계를 이동시키기 방법을 살펴봤다. 앞 절에서 살펴본 세 개의 메서드는 콘텍스트의 변환 행렬(transformation matrix)을 조작할 수 있는 매우 편리한 메서드다. 도형이나, 텍스트, 또는 이미지 등을 캔버스에 그릴 때마다 브라우저에서는 그리려는 오브젝트에 변환 행렬을 적용시킨다. 변환 행렬은 단위행렬(identity matrix)로도 알려져 있지만 단위행렬은 그리려고 하는 오브젝트와 전혀 관련이 없다. scale() 메서드나, rotate() 메서드, 혹은 translate() 메서드를 호출하면, 앞으로 발생하는 드로잉 작업에 영향을 줄 수 있도록 변환 행렬을 변경해야 한다.

대부분 scale() 메서드, rotate() 메서드, translate() 메서드 등 세 개의 메서드만 사용해도 충분하지만, 변환 행렬을 직접 조작해야 할 때도 있다. 예를 들면, 세 개의 메서드를 조합해도 그리고 있는 오브젝트에 전단(shear, 한 쌍의 힘을 평행하게 작용시켜 물체를 절단하는 일)을 적용하는 것은 불가능하다. 따라서 이런 경우에는 변환 행렬을 조작해야 한다.

캔버스 콘텍스트에서는 변환 행렬을 직접 조작할 수 있는 두 개의 메서드, transform()과 setTransform()을 제공하고 있다. transform() 메서드에서는 변환을 현재 변환 행렬에 적용시키며 setTransform() 메서드에서는 현재 변환 행렬을 원래 값인 단위행렬로 재설정한 다음 변환을 재설정한 단위행렬에 적용시킨다. 즉, transform() 메서드를 연속해서 호출하면 해당 값이 누적되는 반면 setTransform() 메서드를 연속적으로 호출하면 매번 변환 행렬로 되돌아간다.

scale() 메서드, rotate() 메서드, translate() 메서드 등 세 개의 메서드를 이용해 변환 행렬을 조작할 수 있을 뿐 아니라 setTransform() 메서드와 transform() 메서드를 이용해 이동, 회전, 확대/축소를 할 수도 있다. transform() 메서드와 setTransform() 메서드를 이용해 변환 행렬을 조작하면 다음과 같은 두 가지 장점이 있다.

1. scale(), rotate(), translate() 메서드 중 하나만 사용해 효과를 낼 수 없는 전단과 같은 효과를 낼 수 있다.

2. transform() 또는 setTransform() 메서드 중 하나만 호출해도 확대/축소, 회전, 이동, 전단 등과 같은 효과를 나타낼 수 있다.

하지만 transform()과 setTransform() 메서드는 scale(), rotate(), translate() 메서드 등을 사용하는 것만큼 쉽지 않다.

transform()과 setTransform() 메서드는 모두 여섯 개의 인수를 가지고 있다. 이 절에서는 여섯 개의 인수가 무엇을 나타내는지와 캔버스에 그릴 오브젝트를 이동, 축소/확대, 회전, 전단하는 작업을 포함한 모든 형태의 변환에 대해 인수를 명시하는 방법을 살펴보자.

2.13.2.1 변환을 위한 대수 방정식

먼저 이동, 확대/축소, 회전에 대한 간단한 대수 방정식을 살펴보자. [방정식 2.1]에서는 (x, y)를 (x', y')로 이동하는 방정식을 보여주고 있다.

$$x' = x + dx$$
$$y' = y + dy$$

방정식 2.1   이동을 위한 방정식

위 방정식에서는 dx로 표시한 델타 x를 x좌표에 추가하고 dy로 표시한 델타 y를 y좌표에 추가하고 있다. 예를 들어, (5, 10)을 (10, 20)으로 이동한다고 가정해 보자. 델타 x는 5, 그리고 델타 y는 10이 될 것이다. 이 값을 [방정식 2.2]에 대입해 보자.

$$x' = 5 + 5$$
$$y' = 10 + 10$$

방정식 2.2   (5, 10)에서 (10, 20)으로 이동

[방정식 2.3]에서는 확대를 위한 방정식을 보여주고 있다.

$$x' = x * sx$$

$$y' = y * sy$$

방정식 2.3   확대를 위한 방정식

[방정식 2.3]에서는 sx로 표시한 스케일 x에 x좌표를 곱하고 sy로 표시한 스케일 y에 y좌표를 곱하고 있다. 예를 들어, (5, 10)에서 (40, 60)으로 확대한다고 가정해 보자. 스케일 x는 8, 그리고 스케일 y는 6이 될 것이다. 이 값을 [방정식 2.4]에 대입해 보자.

$$x' = 5 * 8$$

$$y' = 10 * 6$$

방정식 2.4   (5, 10)에서 (40, 60)으로 확대

[방정식 2.5]와 같이 회전을 위한 방정식에는 삼각법을 이용한다.

$$x' = x * \cos(angle) - (y * \sin(angle))$$

$$y' = y * \cos(angle) + (x * \sin(angle))$$

방정식 2.5   회전을 위한 방정식

(5, 10)을 원점(0, 0)에서 45도로 회전시키면, [방정식 2.6]에서 보여주는 것처럼 (3.5, 10.6)으로 이동한다.

$$x' = 5 * \cos(\pi / 4) - (10 * \sin(\pi / 4))$$

$$y' = 10 * \cos(\pi / 4) + (5 * \sin(\pi / 4))$$

방정식 2.6   (5, 10)을 원점(0, 0)에서 45도로 회전

2.13.2.2 transform() 및 setTransform() 사용하기

지금까지 회전, 확대, 이동에 대한 기본적인 방정식을 배웠다. 이제는 transform() 메서드와 setTransform() 메서드에서 사용하는 여섯 가지 인수에 대해 알아보자. transform() 메서드와 setTransform() 메서드는 다음 코드처럼 나타낼 수 있다.

```
transform(a, b, c, d, e, f)
setTransform(a, b, c, d, e, f)
```

위 코드에 표시된 여섯 가지 인수는 지금까지 배운 이동, 확대, 회전에 대한 모든 방정식을 아우른 방정식에 사용된다. [방정식 2.7]에서는 이 방정식을 보여주고 있다.

$$x' = ax + cy + e$$
$$y' = bx + dy + f$$

방정식 2.7   일반 변환을 위한 방정식

[방정식 2.7]에서 a부터 f까지의 글자는 transform() 메서드와 setTransform() 메서드의 여섯 가지 인수를 나타낸다. 그리고 방정식에서 a = 1, b = 0, c = 0, d = 1로 설정하면, 인수 e와 f는 순수 변환(pure translation)을 나타낸다. 이때, x'에 대한 방정식은 $x' = 1 \times x + 0x + e$로, y'에 대한 방정식은 $y' = 1 \times x + 0y + f$로 나타낼 수 있다. 즉, x'와 y'에 대한 방정식은 간단하게 [방정식 2.8]과 같이 나타낼 수 있다.

$$x' = x + e$$
$$y' = x + f$$

방정식 2.8   transform() 메서드와 setTransform() 메서드의 인수를 사용한 순수 변환

transform() 메서드나 setTransform() 메서드를 이용해 좌표계를 이동하려면, 다섯 번째 인수(e)를 사용해 x 좌표를, 여섯 번째 인수(f)를 사용해 y 좌표를 이동시킨 다음 a와 d를 1로, b와 c를 0으로 설정한다.

그리고 transform() 메서드나 setTransform() 메서드를 이용해 좌표계를 확대하려면, a와 d를 제외한 다른 인수를 0으로 설정하고 a와 d 인수를 사용해 X 좌표와 Y 좌표를 각각 확대한다. 이때 방정식은 $x' = a \times x + 0y + 0$과 $y' = 0 \times x + dy + 0$으로 나타낼 수 있고 간단하게 [방정식 2.9]와 같이 나타낼 수 있다.

$$x' = ax$$
$$y' = dy$$

방정식 2.9   transform() 메서드와 setTransform() 메서드의 인수를 사용한 확대

원점을 주어진 각도(라디안)만큼 회전시키려면, [방정식 2.10]과 같이 transform() 메서드나 setTransform() 메서드에 a = cos(angle), b = sin(angle), c = -sin(angle), d = cos(angle), e = f = 0을 대입한다.

$$x' = \cos(\text{angle}) * x + -\sin(\text{angle}) * y + 0$$
$$y' = \sin(\text{angle}) * x + \cos(\text{angle}) * y + 0$$

방정식 2.10   transform() 메서드와 setTransform() 메서드의 인수를 이용한 회전

2.13.2.3 transform() 메서드와 setTransform() 메서드를 이용한 이동, 회전, 확대

[그림 2.47]에서 보여주는 애플리케이션에서는 다음 코드처럼 텍스트를 회전시키고 확대하고 있다.

```
context.clearRect(-origin.x, -origin.y, canvas.width, canvas.height);
context.rotate(clockwise ? angle : -angle);
context.scale(scale, scale);
drawText();
```

위 코드는 다음과 같이 transform() 메서드로 같은 효과를 나타낼 수 있다.

```
var sin = clockwise ? Math.sin(angle) : Math.sin(-angle),
    cos = clockwise ? Math.cos(angle) : Math.cos(-angle);

if (!paused) {
   context.clearRect(-origin.x, -origin.y,
                     canvas.width, canvas.height);
   context.transform(cos, sin, -sin, cos, 0, 0);
   context.transform(scale, 0, 0, scale, 0, 0);
   drawText();
}
```

위 코드를 살펴보면 transform() 메서드를 첫 번째로 호출할 때 좌표계를 회전하고 두 번째로 호출할 때 회전된 좌표계를 확대하고 있다.

그리고 다음 코드처럼 두 번의 transform() 메서드 호출을 조합해 같은 효과를 낼 수 있다.

```
context.transform(scale*cos, sin, -sin, scale*cos, 0, 0);
```

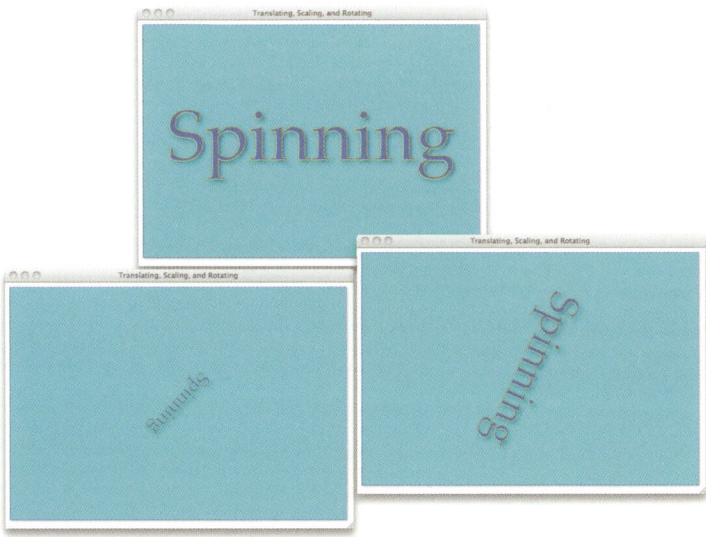

그림 2.47   텍스트 회전

이 절에서는 transform() 메서드와 setTransform() 메서드로 이동, 확대, 회전하는 방법을 살펴봤다. 물론 앞에서 언급했듯이 scale(), rotate(), translate() 등의 메서드를 조합해도 같은 효과를 나타낼 수 있다. 이제 scale(), rotate(), translate() 등의 메서드를 조합해도 나타낼 수 없는 효과를 transform() 메서드와 setTransform() 메서드로 나타내는 방법을 살펴보자.

2.13.2.4 전단

[방정식 2.11]을 보며 171페이지의 2.13.2.2절('transform() 및 setTransform() 사용하기')에서 살펴봤던 일반 변환에 대한 방정식을 생각해 보자.

$$x' = ax + cy + e$$
$$y' = bx + dy + f$$

방정식 2.11 일반 변환을 위한 방정식

그리고 [방정식 2.11]에서 보여준 방정식에서 a부터 f까지의 문자가 transform() 메서드와 setTransform() 메서드에 전달되는 인수를 나타내고 있다는 점을 기억해 보자.

```
transform(a, b, c, d, e, f)
setTransform(a, b, c, d, e, f)
```

이제 [방정식 2.11]에서 변수 c와 b를 살펴보자. c는 y와 곱하여 x'를 생성하고 b는 x와 곱하여 y'를 생성하고 있다. 이것은 x의 값이 y의 값에 영향을 주는 것을 의미하며 반대로 [그림 2.48]에서 보여주는 것처럼 c와 b를 이용해 전단을 구현할 수 있다는 의미이기도 한다.

[그림 2.48]에서 보여준 애플리케이션은 간단한 그림판 프로그램으로 이 애플리케이션에서는 아이콘을 위해 별도의 캔버스를 사용하고 있다. 그리고 애플리케이션에서는 아이콘을 그리기 전에 다음 코드에서처럼 별도의 캔버스를 위해 콘텍스트를 이동시키고 있다.

```
controlsContext.transform(1, 0, 0.75, 1, 0, 0);
```

위 코드에서 여섯 개의 인수를 [방정식 2.11]에 대입하면, $x' = 1 \times x + 0.75 \times y + 0$과 $y' = 0 \times x + 1 \times y + 0$으로 나타낼 수 있으며 다음과 같이 단순화할 수 있다.

$$x' = x + 0.75y$$
$$y' = y$$

방정식 2.12 수평 방향으로 전단 효과를 내기 위한 방정식

[그림 2.48]과 같이 위 방정식에서는 y 좌표를 변경하지 않고 아이콘을 구성하는 모든 포인트에 대한 x좌표를 전단하고 있다. [표 2.12]에서는 transform() 메서드와 setTransform() 메서드에 대해 소개하고 있다.

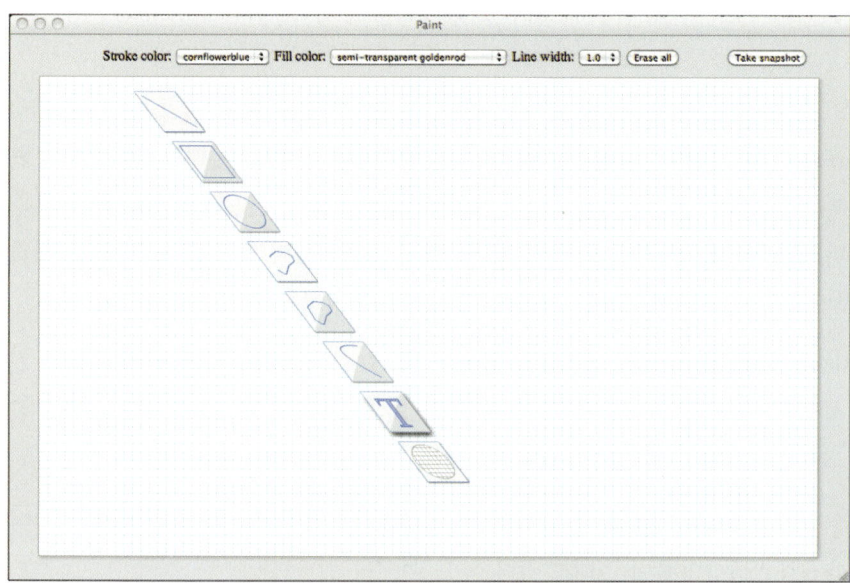

그림 2.48 　전단을 이용해 떠있는 것처럼 보이는 3D 아이콘 생성

표 2.12 　**CanvasRenderingContext2D 변환 메서드**

메서드	설명
transform(double a, double b, double c, double d, double e, double f)	여섯 개의 인수로 명시한 변환을 적용한다.
setTransform(double a, double b, double c, double d, double e, double f)	현재 변환을 단일 행렬로 재설정하고 여섯 개의 인수로 명시한 변환을 적용한다.

 떠있는 것처럼 보이는 아이콘

[그림 2.48]에서 아이콘은 드로잉 표면 위에 떠있는 것처럼 보인다. 떠있는 것처럼 보이는 효과를 낼 수 있도록 컨트롤을 생성하는 방법을 소개한 35페이지의 1.8절('캔버스에서 HTML 요소 사용하기')을 참고하자.

2.14 합성

기본적으로 캔버스에서 오브젝트(목적 오브젝트) 위에 다른 오브젝트(소스 오브젝트)를 그릴 때 브라우저에서는 간단히 목적 오브젝트 위에 소스 오브젝트를 그린다. 합성(compositing)이라고 부르는 이 동작은 종이 위에 다른 종이를 올리고 그 위에 그림을 그리는 동작이라고 생각하면 된다.

그러나 캔버스 콘텍스트의 globalCompositeOperation 속성을 설정하면 기본 합성 동작을 [표 2.13]에서 소개한 다른 모드로 변경할 수 있다. 그리고 [표 2.13]에서 소개한 모드는 포터-더프(Porter-Duff) 연산자로 알려졌으며 1984년 8월, 루카스 필름(LucasFilm Ltd.)에 재직 중이던 토마스 포터(Thomas Porter)와 톰 더프(Tom Duff)가 <컴퓨터 그래픽>지에 게재한 글에서 이 연산자를 소개하였다. 참고로, <컴퓨터 그래픽>지에 실린 글은 http://keithp.com/~keithp/porterduff/p253-porter.pdf에서 읽을 수 있다.

[표 2.13]에서는 globalCompositeOperation에 대한 모든 합성 모드을 소개하고 있을 뿐만 아니라 원으로 표시한 소스 오브젝트를 사각형으로 표시한 목적 오브젝트와 합성하는 방법도 소개하고 있다. 참고로, 표에서 주목해서 봐야 할 모드는 기본값인 source-over다.

[그림 2.49]에서 보여주는 애플리케이션에서는 globalCompositeOperation을 사용하는 방법을 보여주기 위해 마우스를 따라 오렌지색상의 원을 그리고 있다.

[그림 2.49]에서 보여주는 것처럼 globalCompositeOperation은 모든 종류의 효과에 매우 유용하게 사용할 수 있다. 가장 오른쪽에 있는 그림에서는 마우스가 텍스트 위에 있을 때 오렌지 색상 원이 눈에 띄게 lighter 합성 모드를 사용하고 있다.

[예제 2.32]에서는 [그림 2.49]에서 보여준 애플리케이션에 대한 HTML 코드를 소개하고 있다.

HTML에서는 globalCompositeOperation 값에 대한 <select> 요소를 생성하고 있을 뿐만 아니라 캔버스도 생성하고 있다. 그리고 HTML에서는 CSS를 사용해 캔버스를 <select> 요소의 오른쪽에 배치하고 있다.

표 2.13 **CanvasRenderingContext2D 합성 모드**

연산 모드	예시	연산 모드	예시
source-atop		source-in	
source-out		source-over	
destination-atop		destination-in	
destination-out		destination-over	
lighter		copy	
xor			

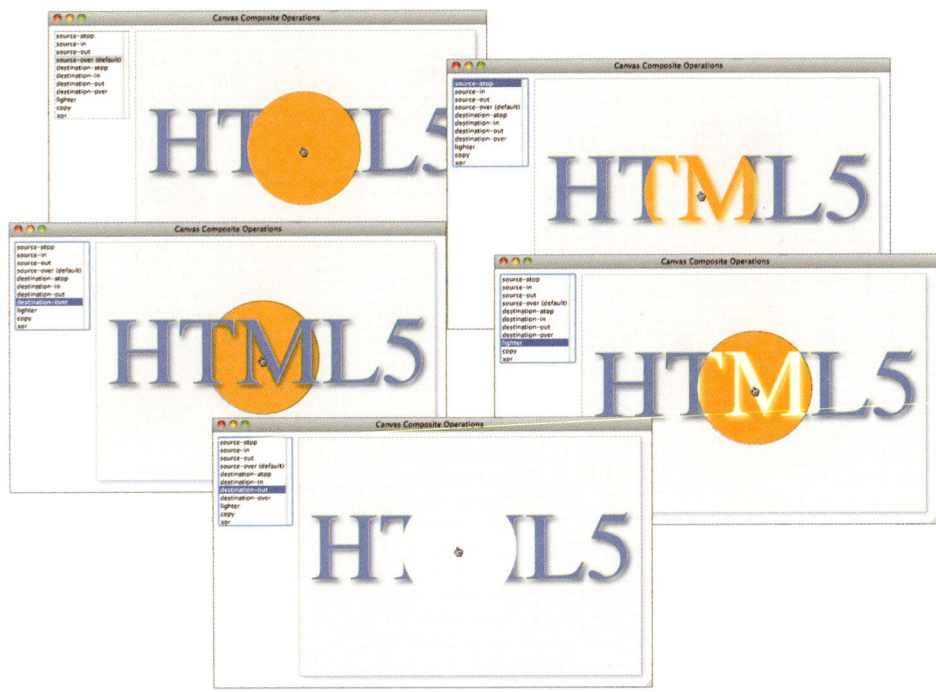

그림 2.49   합성 모드. 상단에서 시계 방향으로: source-over, source-atop, lighter, destination-out, destination-over

---

예제 2.32   합성: HTML

```html
<!DOCTYPE html>
<html>
  <head>
    <title>Canvas Composite Operations</title>

    <style>
      #canvas {
        border: 1px solid cornflowerblue;
        position: absolute;
        left: 150px;
        top: 10px;
        background: #eeeeee;
        border: thin solid #aaaaaa;
        cursor: pointer;
        -webkit-box-shadow: rgba(200,200,255,0.9) 5px 5px 10px;

        -moz-box-shadow: rgba(200,200,255,0.9) 5px 5px 10px;
        box-shadow: rgba(200,200,255,0.9) 5px 5px 10px;
      }
    </style>
```

```html
    </head>

    <body>
        <select id='compositingSelect' size='11'>
            <option value='source-atop'>source-atop</option>
            <option value='source-in'>source-in</option>
            <option value='source-out'>source-out</option>
            <option value='source-over'>source-over (default)</option>
            <option value='destination-atop'>destination-atop</option>
            <option value='destination-in'>destination-in</option>
            <option value='destination-out'>destination-out</option>
            <option value='destination-over'>destination-over</option>
            <option value='lighter'>lighter</option>
            <option value='copy'>copy</option>
            <option value='xor'>xor</option>
        </select>

        <canvas id='canvas' width='600' height='420'>
            Canvas not supported
        </canvas>

        <script src='example.js'></script>
    </body>
</html>
```

[예제 2.33]에서는 [그림 2.49]에서 보여준 애플리케이션에 대한 자바스크립트 코드를 소개하고 있다.

예제 2.33   합성: 자바스크립트

```javascript
var context = document.getElementById('canvas').getContext('2d'),
    selectElement = document.getElementById('compositingSelect');

// 합성.................................................

function drawText() {
    context.save();

    context.shadowColor   = 'rgba(100, 100, 150, 0.8)';
    context.shadowOffsetX = 5;
    context.shadowOffsetY = 5;
    context.shadowBlur    = 10;
    context.fillStyle = 'cornflowerblue';

    context.fillText('HTML5', 20, 250);

    context.strokeStyle = 'yellow';
    context.strokeText('HTML5', 20, 250);
```

```
        context.restore();
    }

    // 이벤트 핸들러..............................................

    function windowToCanvas(canvas, x, y) {
        var bbox = canvas.getBoundingClientRect();
        return { x: x - bbox.left * (canvas.width  / bbox.width),
                 y: y - bbox.top  * (canvas.height / bbox.height)
               };
    }

    context.canvas.onmousemove = function(e) {
        var loc = windowToCanvas(context.canvas, e.clientX, e.clientY);
        context.clearRect(0, 0, context.canvas.width,
                          context.canvas.height);
        drawText();

        context.save();
        context.globalCompositeOperation = selectElement.value;
        context.beginPath();
        context.arc(loc.x, loc.y, 100, 0, Math.PI*2, false);
        context.fillStyle = 'orange';
        context.stroke();
        context.fill();

        context.restore();
    }

    // 초기화.............................................

    selectElement.selectedIndex = 3;
    context.lineWidth = 0.5;
    context.font = '128pt Comic-sans';
    drawText();
```

위 자바스크립트에서는 마우스를 따라 오렌지 색상의 원을 그리는 mousemove 이벤트 핸들러를 구현하고 있다. 그리고 mousemove 이벤트 핸들러에서는 캔버스 콘텍스트의 globalCompositeOperation을 <compositingSelect> 요소의 값으로 설정하고 있다.

여담이지만 drawText() 메서드에서 save() 메서드 호출과 restore() 메서드 호출 사이에 텍스트를 그리는 코드를 넣어 텍스트를 그릴 때 그림자를 일시적으로 활성화하고 있다는 점에 주목하자. 이런 방법으로 메서드를 호출하면 그림자 효과를 텍스트에 적용할 수 있지만 오렌지 색상의 원에는 적용되지 않는다.

2.14.1 합성 논란

이 책을 집필할 당시 브라우저 제작 회사 간에 globalCompositeOperation에 대한 다섯 가지 값을 구현하는 방법에 대한 합의가 이루어지지 않았다. 현재 사파리와 크롬 vs 파이어폭스와 오페라가 대립하고 있으며 [표 2.14]에서 다섯 개의 합성 모드를 소개하고 있다.

표 2.14 **쉽게 사용할 수 없는 합성 모드**

합성 모드	크롬 및 사파리	파이어폭스 및 오페라
source-in		
source-out		
destination-in		
destination-atop		
Copy		

이처럼 합성을 구현하는 방법에 대한 브라우저 제작 회사 간의 불일치로 [표 2.14]에서 소개한 합성 모드를 간단하게 사용할 수 없게 됐다. 만약 [표 2.14]에서 비교한 합성 모드에 대한 기술적인 내용에 관심이 없다면, 여기서 다음 절로 넘어가도록 하자.

크롬과 사파리에서는 소스 오브젝트를 이루는 픽셀에서만 합성을 수행해야 하는 지역 합성(local compositing)을 구현하고 있다. 반면 파이어폭스와 오페라는 캔버스의 클리핑 영역으로 제한된 캔버스 내 모든 픽셀에서 합성을 수행해야 하는 전역 합성(global compositing)을 구현하고 있다.

[표 2.14]에서 크롬과 사파리에서 구현한 지역 합성과 파이어폭스와 오페라에서 구현한 전역 합성에 대한 차이점을 살펴본 것처럼 지역 합성에서는 목적 오브젝트를 변경하지 않고 남겨두지만, 전역 합성에서는 소스 오브젝트를 둘러싼 영역 외곽에 있는 목적 오브젝트를 지운다.

이 책을 집필할 당시 캔버스 명세서에서는 파이어폭스와 오페라에서 구현한 것처럼 전역 합성을 명시했다. 하지만 앞으로 캔버스 명세서의 내용이 크롬과 사파리에서 구현한 것처럼 지역 합성으로 변경될 가능성이 크다.

2.15 클리핑 영역

이 절에서는 캔버스 기능 중에서 단일 기능으로 가장 강력한 클리핑 영역을 자세히 살펴보자. 클리핑 영역은 브라우저에서 모든 드로잉 작업을 제한할 수 있게 패스로 정의된 캔버스 영역이다. 기본적으로 클리핑 영역의 크기는 캔버스의 크기와 같다. 패스를 생성한 다음 캔버스 콘텍스트의 clip() 메서드를 호출해 클리핑 영역을 명시적으로 설정할 때까지 클리핑 영역은 캔버스에 그려지는 도형에 어떤 영향도 주지 못한다. 그러나 클리핑 영역을 설정하면 캔버스에 그려지는 도형은 클리핑 영역에 제한된다. 다시 말하면 클리핑 영역 외부에 그려지는 도형은 어떤 효과도 얻지 못한다.

이 절에서는 클리핑 영역을 사용하는 두 가지 예제를 살펴볼 예정이다. 첫 번째 예제에서는 지우개를 구현하고 두 번째 예제에서는 망원경 애니메이션을 구현하고 있다.

 맥가이버 칼

클리핑 영역으로 나타낼 수 있는 효과가 무한하기 때문에 클리핑 영역은 맥가이버 칼에 비유할 수 있다. 이 책 후반부에서는 313페이지의 4.10절('돋보기')를 포함해 클리핑 영역에 대한 다양한 사용법을 살펴볼 것이다. 또한, 10장에서는 캔버스 내부에 있는 큰 이미지를 팬(pan)할 수 있도록 클리핑 영역을 사용하는 방법을 살펴볼 예정이다.

2.15.1 클리핑 영역으로 지우기

[그림 2.50]에서는 클리핑 영역을 사용해 지우개를 구현한 애플리케이션을 보여주고 있다.

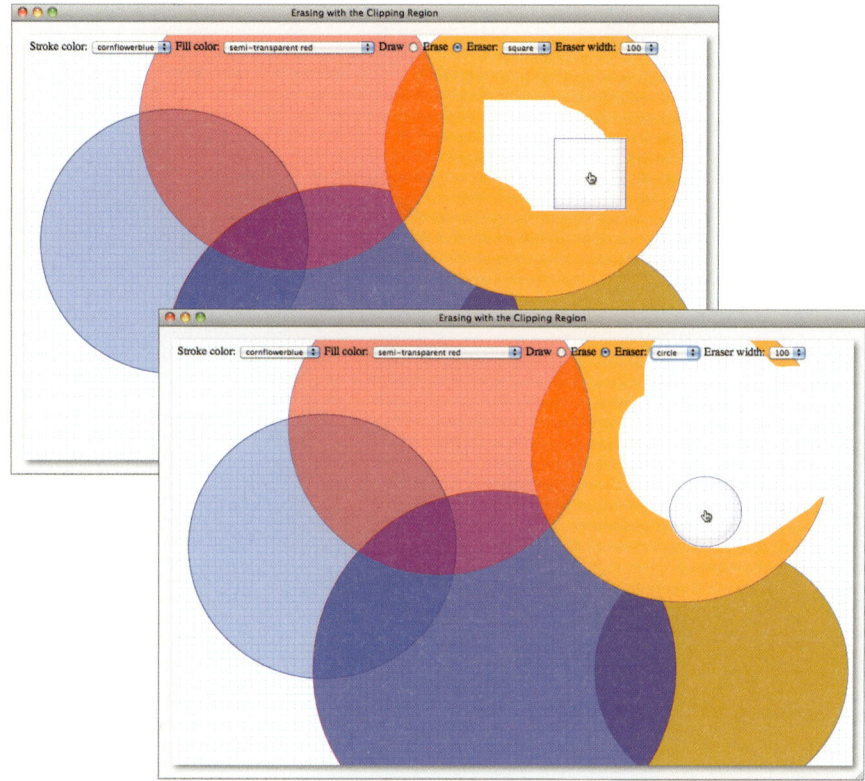

그림 2.50　클리핑 영역으로 지우기

지우개를 사용하는 방법은 간단하다. 캔버스에서 마우스를 드래그하면 애플리케이션 상단에 있는 풀다운(pulldown) 메뉴에서 선택한 지우개의 종류에 따라 마우스 커서를 둘러싸고 있는 원형이나 직사각형 영역을 지운다.

또한, 지우개를 구현하는 방법도 간단하다. 지우개가 사각형일 때 캔버스에서 마우스를 드래그하면, 애플리케이션에서는 클리핑 영역을 마우스 커서를 둘러싸고 있는 직사각형 영역으로 설정한 다음 clearRect(0, 0, canvas.width, canvas.height) 메서드를 호출한다. 2장에서 여러 번 봤듯이 이 책 후반부에서 자주 보겠지만, clearRect() 메서드를 호출하면 클리핑 영역이 설정돼 있지 않으면 캔버스 전체를 지운다. 클리핑 영역을 설정하고 clearRect() 메서드를 호출하면 지우개 기능은 클리핑 영역으로 제한된다. 자, 이제 지우개가 생겼다.

[예제 2.34]에서는 [그림 2.50]에서 보여준 애플리케이션의 자바스크립트 코드를 소개하고 있다.

예제 2.34   클리핑 영역으로 지우기

```javascript
var canvas = document.getElementById('canvas'),
    context = canvas.getContext('2d'),
    strokeStyleSelect = document.getElementById('strokeStyleSelect'),
    fillStyleSelect = document.getElementById('fillStyleSelect'),
    drawRadio = document.getElementById('drawRadio'),
    eraserRadio = document.getElementById('eraserRadio'),
    eraserShapeSelect = document.getElementById('eraserShapeSelect'),
    eraserWidthSelect = document.getElementById('eraserWidthSelect'),

    ERASER_LINE_WIDTH = 1,
    ERASER_SHADOW_COLOR  = 'rgb(0,0,0)',

    ERASER_SHADOW_STYLE  = 'blue',
    ERASER_STROKE_STYLE  = 'rgb(0,0,255)',
    ERASER_SHADOW_OFFSET = -5,
    ERASER_SHADOW_BLUR   = 20,

    GRID_HORIZONTAL_SPACING = 10,
    GRID_VERTICAL_SPACING = 10,
    GRID_LINE_COLOR = 'lightblue',
    drawingSurfaceImageData,

    lastX,
    lastY,
    mousedown = {},
    rubberbandRect = {},
    dragging = false,
    guidewires = true;

// 함수......................................................

function drawGrid(color, stepx, stepy) {
    // 코드를 간결하게 하려고 함수를 생략하고 있다.
    // 이 함수의 전체 코드는 104페이지의 [예제 2.13]을 참고하자.
}

function windowToCanvas(x, y) {
    var bbox = canvas.getBoundingClientRect();
    return { x: x - bbox.left * (canvas.width  / bbox.width),
             y: y - bbox.top  * (canvas.height / bbox.height)
}

// 드로잉 표면 저장 및 복원하기.................................

function saveDrawingSurface() {
```

```
        drawingSurfaceImageData = context.getImageData(0, 0,
                                    canvas.width,
                                    canvas.height);
}

function restoreDrawingSurface() {
    context.putImageData(drawingSurfaceImageData, 0, 0);
}

// 러버 밴드.....................................................

function updateRubberbandRectangle(loc) {
    // 코드를 간결하게 하려고 함수를 생략하고 있다.
    // 이 함수의 전체 코드는 110페이지의 [예제 2.16]을 참고하자.
}

function drawRubberbandShape(loc) {
    var angle = Math.atan(rubberbandRect.height/rubberbandRect.width),
        radius = rubberbandRect.height / Math.sin(angle);

    if (mousedown.y === loc.y) {
        radius = Math.abs(loc.x - mousedown.x);
    }

    context.beginPath();
    context.arc(mousedown.x, mousedown.y, radius, 0, Math.PI*2, false);
    context.stroke();
    context.fill();
}

function updateRubberband(loc) {
    updateRubberbandRectangle(loc);
    drawRubberbandShape(loc);
}

// 가이드와이어.....................................................

function drawGuidewires(x, y) {
    // 코드를 간결하게 하려고 함수를 생략하고 있다.
    // 이 함수의 전체 코드는 110페이지의 [예제 2.16]을 참고하자.
}

// 지우개.....................................................

function setDrawPathForEraser(loc) {
    var eraserWidth = parseFloat(eraserWidthSelect.value);

    context.beginPath();

    if (eraserShapeSelect.value === 'circle') {
```

```javascript
            context.arc(loc.x, loc.y,
                        eraserWidth/2,
                        0, Math.PI*2, false);
    }
    else {
        context.rect(loc.x - eraserWidth/2,
                     loc.y - eraserWidth/2,
                     eraserWidth, eraserWidth);
    }
    context.clip();
}

function setErasePathForEraser() {
    var eraserWidth = parseFloat(eraserWidthSelect.value);

    context.beginPath();

    if (eraserShapeSelect.value === 'circle') {
        context.arc(lastX, lastY,
                    eraserWidth/2 + ERASER_LINE_WIDTH,
                    0, Math.PI*2, false);
    }
    else {
        context.rect(lastX - eraserWidth/2 - ERASER_LINE_WIDTH,
                     lastY - eraserWidth/2 - ERASER_LINE_WIDTH,
                     eraserWidth + ERASER_LINE_WIDTH*2,
                     eraserWidth + ERASER_LINE_WIDTH*2);
    }
    context.clip();
}

function setEraserAttributes() {
  context.lineWidth     = ERASER_LINE_WIDTH;
  context.shadowColor   = ERASER_SHADOW_STYLE;
  context.shadowOffsetX = ERASER_SHADOW_OFFSET;
  context.shadowOffsetY = ERASER_SHADOW_OFFSET;
  context.shadowBlur    = ERASER_SHADOW_BLUR;
  context.strokeStyle   = ERASER_STROKE_STYLE;
}

function eraseLast() {
    context.save();

    setErasePathForEraser();
    drawGrid(GRID_LINE_COLOR,
             GRID_HORIZONTAL_SPACING,
             GRID_VERTICAL_SPACING);

    context.restore();
}
```

```
function drawEraser(loc) {
   context.save();

   setEraserAttributes();
   setDrawPathForEraser(loc);
   context.stroke();

   context.restore();
}

// 캔버스 이벤트 핸들러.........................................

canvas.onmousedown = function (e) {
   var loc = windowToCanvas(e.clientX, e.clientY);

   e.preventDefault(); // 커서 변경 방지

   if (drawRadio.checked) {
      saveDrawingSurface();
   }

   mousedown.x = loc.x;
   mousedown.y = loc.y;

   lastX = loc.x;
   lastY = loc.y;

   dragging = true;
};

canvas.onmousemove = function (e) {
   var loc;

   if (dragging) {
      e.preventDefault(); // 선택 방지

      loc = windowToCanvas(e.clientX, e.clientY);

      if (drawRadio.checked) {
         restoreDrawingSurface();
         updateRubberband(loc);

         if(guidewires) {
            drawGuidewires(loc.x, loc.y);
         }
      }
      else {
         eraseLast();
         drawEraser(loc);
      }
```

```
            lastX = loc.x;
            lastY = loc.y;
        }
    };

    canvas.onmouseup = function (e) {
        loc = windowToCanvas(e.clientX, e.clientY);

        if (drawRadio.checked) {
            restoreDrawingSurface();
            updateRubberband(loc);
        }

        if (eraserRadio.checked) {
            eraseLast();
        }

        dragging = false;
    };

    // 컨트롤 이벤트 핸들러......................................

    strokeStyleSelect.onchange = function (e) {
        context.strokeStyle = strokeStyleSelect.value;
    };

    fillStyleSelect.onchange = function (e) {
        context.fillStyle = fillStyleSelect.value;
    };

    // 초기화.............................................

    context.strokeStyle = strokeStyleSelect.value;
    context.fillStyle = fillStyleSelect.value;
    drawGrid(GRID_LINE_COLOR,
            GRID_HORIZONTAL_SPACING,
            GRID_VERTICAL_SPACING);
```

위 자바스크립트 코드에서 mousemove 이벤트 핸들러를 살펴보자. 사용자가 마우스를 드래그하면 mousemove 이벤트 핸들러에서는 지우개가 마지막으로 설정한 영역을 지운 다음 새로운 위치에 지우개를 그린다. 이때, 애플리케이션에서는 mousemove 핸들러에 의해 지워진 영역에 배경을 그린다.

그리고 clip() 메서드를 호출해 클리핑 영역을 현재 클리핑 영역과 현재 패스와의 교차 지점으로 설정한다는 사실을 이해하는 것도 중요하다. [예제 2.34]에서 직사각형 지우개에 save() 메서드와 restore() 메서드 호출을 주석 처리(comment out)한다면, 캔버스 내부에서 마우스를 어떤 방법으로 드래그하더라도 애플리케이션에서는 너비 60픽셀, 높이 40픽셀인 직사각형만큼만 지울 것이다. 이런 결과가 발생하는 이유는 첫 번째로 clip() 메서드를 호출할 때 클리핑 영역이 초기 직사각형으로 설정되고 연속으로 호출된 clip() 메서드가 초기에 설정된 직사각형으로 제한되기 때문이다.

그리고 clip() 메서드 호출은 위에서 언급한 것처럼 클리핑 영역에서만 작용하므로 save() 메서드 호출과 restore() 메서드 호출 사이에 포함되지 않은 clip() 메서드를 호출하는 일은 없을 것이다.

지금까지 클리핑 영역에 대해 자세히 살펴보았다. 이제 클리핑 영역을 사용해 애니메이션을 구현하는 예제를 살펴보자.

2.15.2   클리핑 영역을 이용한 망원경

[그림 2.51]에서는 망원경 애니메이션을 구현한 애플리케이션을 보여주고 있다. [그림 2.51]에서 위에 있는 그림은 초기에 애플리케이션에서 보여주는 배경이다. 그리고 상단에 있는 그림부터 시계 방향으로는 애플리케이션에서 클리핑 영역을 조작해 텍스트를 사라지게 하는 방법을 보여주고 있다.

그림 2.51   클리핑 영역을 이용한 망원경

물론 캔버스가 완벽하게 어두워지면 애플리케이션에서는 [그림 2.51]에서 위에 있는 그림처럼 원래 상태로 캔버스를 복원한다.

[예제 2.35]에서는 [그림 2.51]에서 보여준 애플리케이션의 자바스크립트 코드를 소개하고 있다. 참고로 animate() 함수에서 [그림 2.51]에 해당하는 동작을 처리한다.

onmousedown 이벤트 핸들러에서 호출된 animate() 함수에서는 초당 60프레임의 속도로 반복문을 100번 처리한다. 반복문을 처리할 때마다 animate() 함수에서는 캔버스 전체를 짙은 회색으로 칠하고 애니메이션 프레임을 그린다. 애니메이션의 각 프레임에서는 캔버스를 밝은 회색으로 칠하고 [HTML5] 텍스트를 그린다.

예제 2.35	클리핑 영역으로 구현된 망원경 애니메이션

```javascript
var canvas = document.getElementById('canvas'),
    context = canvas.getContext('2d');

// 함수.......................................................

function drawText() {
    context.save();
    context.shadowColor = 'rgba(100,100,150,0.8)';
    context.shadowOffsetX = 5;
    context.shadowOffsetY = 5;
    context.shadowBlur = 10;

    context.fillStyle = 'cornflowerblue';
    context.fillText('HTML5', 20, 250);
    context.strokeStyle = 'yellow';
    context.strokeText('HTML5', 20, 250);
    context.restore();
}

function setClippingRegion(radius) {
    context.beginPath();
    context.arc(canvas.width/2, canvas.height/2,
                radius, 0, Math.PI*2, false);
    context.clip();
}

function fillCanvas(color) {
    context.fillStyle = color;
    context.fillRect(0, 0, canvas.width, canvas.height);
}

function endAnimation(loop) {
    clearInterval(loop);

    setTimeout( function (e) {
        context.clearRect(0, 0, canvas.width, canvas.height);
```

```
            drawText();
        }, 1000);
    }

    function drawAnimationFrame(radius) {
        setClippingRegion(radius);
        fillCanvas('lightgray');
        drawText();
    }

    function animate() {
        var radius = canvas.width/2,
            loop;

        loop = window.setInterval(function() {
            radius -= canvas.width/100;

            fillCanvas('charcoal');

            if (radius > 0) {
                context.save();
                drawAnimationFrame(radius);
                context.restore();
            }
            else {
                endAnimation(loop);
            }
        }, 16);
    };

    // 이벤트 핸들러.................................................

    canvas.onmousedown = function (e) {
        animate();
    };

    // 초기화....................................................

    context.lineWidth = 0.5;
    context.font = '128pt Comic-sans';
    drawText();
```

[표 2.15]에서는 clip() 메서드를 소개하고 있다.

표 2.15   **clip() 메서드**

메서드	설명
clip()	클리핑 영역을 현재 클리핑 영역과 현재 패스와의 교차 지점으로 설정한다. 초기 클리핑 영역의 크기는 처음으로 clip() 메서드를 호출하기 전까지는 캔버스 전체의 크기와 같다.
	clip() 메서드를 호출하면 클리핑 영역을 현재 클리핑 영역과 현재 패스와의 교차 지점으로 설정하므로 clip() 메서드에 대한 호출은 거의 항상 save() 메서드 호출과 restore() 메서드 호출 사이에 위치한다. save() 메서드 호출과 restore() 메서드 호출 사이에서 clip() 메서드를 호출하지 않으면 클리핑 영역은 계속해서 작아지므로 원하는 효과를 얻을 수 없을 것이다.

2.16 결론

2장에서는 캔버스에 그리는 방법을 자세히 살펴봤다. 좌표계와 캔버스 드로잉 모델을 소개하는 것으로 시작으로 간단한 직사각형을 그리고, 색상과 투명도를 명시하고, 그라디언트와 패턴을 사용하며, 그림자를 적용하는 방법을 다뤘다.

그리고 패스와 서브패스를 사용해 도형을 그리고 칠하는 방법도 살펴봤다. 또한, 여러분은 교차하는 서브패스의 내부를 채울 때 캔버스에서 사용하는 넌제로 와인딩 룰뿐만 아니라 컷아웃을 구현해 와인딩 룰을 활용하는 방법도 알아봤다.

이후에는 선을 그리는 방법에 중점을 두었다. 너비가 1픽셀인 선을 그리는 방법과 너비가 1픽셀보다 좁게 보이는 선을 그리는 방법을 배우고 선을 사용해 격자무늬와 축을 그리는 방법도 살펴봤다. 또한, 사용자가 러버 밴드를 이용해 선을 그리는 방법과 캔버스 콘텍스트에서 명시적으로 지원하지 않은 점선을 그리는 방법을 살펴본 다음 점선을 지원할 수 있도록 캔버스 콘텍스트를 확장하는 방법까지 살펴봤다. 마지막으로 캔버스 콘텍스트에서 선의 단점을 그리는 방법을 결정하는 라인 캡과 라인 조인에 대해 배우는 것으로 선에 대한 절을 마무리했다.

그리고 호와 원으로 옮겨, 사용자가 마우스를 드래그해 원을 생성하는 방법을 알아보았다. 또한, arcTo() 메서드로 모서리가 둥근 직사각형을 그리는 방법과 다이얼과 게이지를 구현하는 방법도 살펴봤다.

다시 호와 원에서 이차 베지어 곡선과 다항 베지어 곡선으로 중점을 옮겨, 체크마크와 화살촉을 구현할 수 있도록 이차 베지어 곡선과 다항 베지어 곡선을 이용하는 방법을 살펴봤다. 그리고 다각형을 드래그할 수 있도록 캔버스 콘텍스트의 isPointInPath() 메서드를 이용하고 다각형 오브젝트를 구현해 다각형을 그리는 방법을 배웠다. 또한, isPointInPath() 메서드를 사용해 베지어 곡선을 생성하는 대화형 편집 프로그램을 구현하는 방법도 살펴봤다.

거기에서 변환으로 이동하여 캔버스 좌표계를 이동, 회전, 확대하는 방법도 살펴봤을 뿐만 아니라 전단과 같은 사용자 정의 변환을 생성하는 방법도 배웠다.

마지막으로, 캔버스에서 도형 위에 다른 도형을 그리는 방법을 결정하는 합성을 살펴봤다. 그리고 맥가이버 칼로 불리는 클리핑 영역을 자세히 살펴보고 클리핑 영역을 이용해 망원경 애니메이션을 구현하고 지우는 방법을 배우며 2장을 마무리했다.

현시점에서 여러분이 상상하는 어떤 도형이든 거의 완벽하게 캔버스에 그릴 수 있는 방법을 배웠다. 어려움 없이 2장을 잘 따라왔다면, 비디오를 실행하는 것처럼 캔버스 내부에서 비디오 프레임을 조작하는 방법, 사용자 정의 컨트롤을 구현하는 방법, 게임 개발, 충돌 감지, 물리, 스프라이트, 애니메이션, 이미지 등을 살펴보며 배운 내용을 활용하는 방법에 대해 배울 것이다. 앞으로 여러분은 스마트폰이나 태블릿 컴퓨터에서 실행할 수 있는 모바일 애플리케이션을 구현할 수 있게 캔버스를 사용하는 방법을 살펴볼 것이다.

캔버스에서는 어도비 일러스트레이터와 애플의 코코아 등과 같이 이미 증명된 그래픽 시스템을 기반으로 하고 있는 강력한 드로잉 API를 제공한다. 다음 장에서는 이 API에 대해 살펴볼 예정이다.

03

텍스트

거의 모든 캔버스 기반 애플리케이션에서는 텍스트를 처리할 수 있다. 물론 텍스트를 구성하고 표시만 하는 애플리케이션이 있는가 하면, 고급 텍스트 편집 기능을 제공하는 애플리케이션도 있다.

<canvas> 요소에서는 최소한도로만 텍스트를 지원하고 있다. 이 책을 집필할 당시만 해도 현재 사용 중인 기본 텍스트 편집 프로그램에서 찾을 수 있는 텍스트 선택, 복사하여 붙이기, 텍스트 스크롤 등과 같은 기능들이 많지 않았다. 그러나 임의 문자열의 너비(픽셀) 측정, 캔버스에 텍스트 배치, 텍스트 윤곽을 그리고 내부를 칠하는 등과 같은 기본적인 필수 기능은 지원하고 있었다. 캔버스 콘텍스트에서는 다음과 같이 텍스트와 관련된 세 가지 메서드를 제공하고 있다.

- strokeText(text, x, y)
- fillText(text, x, y)
- measureText(text, x, y)

measureText() 메서드에서는 width 속성을 가진 오브젝트를 반환하는데, width 속성은 measure Text() 메서드에 전달되는 텍스트의 너비를 나타낸다. 다음은 텍스트와 관련된 세 가지 캔버스 콘텍스트 속성이다.

- font
- textAlign
- textBaseline

font 속성을 사용하면 캔버스에 그릴 텍스트의 폰트를 설정할 수 있고 textAlign 속성과 textBaseline 속성을 사용해 텍스트를 그릴 위치를 지정할 수 있다. 이제, 지금 언급한 메서드와 속성에 대해 자세히 알아보자.

3.1 텍스트의 윤곽 그리기 및 내부 칠하기

[그림 3.1]에서는 텍스트의 윤곽을 그리고 내부를 칠하는 애플리케이션을 보여주고 있다.

그림 3.1   텍스트의 윤곽 그리기 및 내부 칠하기

위 애플리케이션에서는 텍스트에 그림자 효과를 넣을지, 윤곽을 그릴지, 또는 내부를 채울지를 제어할 수 있는 체크박스를 제공하고 있다.

이 책에서는 생략하고 있지만 [그림 3.1]에서 보여준 애플리케이션의 HTML 코드에서는 체크박스와 캔버스를 생성하고 있으며 위 애플리케이션에 대한 자바스크립트 코드도 포함하고 있다.

[예제 3.1]에서는 세 개의 체크박스에 대한 참조를 가져오고 있으며 onchange 핸들러를 배경과 텍스트를 그리는 체크박스에 각각 추가하고 있다.

그리고 애플리케이션에서는 fillText() 메서드와 strokeText() 메서드를 사용해 텍스트의 윤곽을 그리고 내부를 칠하고 있다. fillText() 메서드와 strokeText() 메서드에는 각각 세 가지가 인수가 있다. 첫 번째 인수는 텍스트이며 나머지 인수 두 개는 텍스트의 위치이다. 그리고 textAlign 속성과 textBaseline 속성에 따라 텍스트를 그리는 위치가 결정된다. 참고로, 이 내용은 204페이지의 3.3절('텍스트 배치하기')에서 자세히 다룰 예정이다.

```javascript
var canvas = document.getElementById('canvas'),
    context = canvas.getContext('2d'),
    fillCheckbox   = document.getElementById('fillCheckbox'),
    strokeCheckbox = document.getElementById('strokeCheckbox'),
    shadowCheckbox = document.getElementById('shadowCheckbox'),
    text='HTML5';

// 함수......................................................

function draw() {
   context.clearRect(0, 0, canvas.width, canvas.height);
   drawBackground();

   if (shadowCheckbox.checked) turnShadowsOn();
   else                        turnShadowsOff();

   drawText();
}

function drawBackground() {  // 괘지
   var STEP_Y = 12,
       TOP_MARGIN = STEP_Y * 4,
       LEFT_MARGIN = STEP_Y * 3,
       i = context.canvas.height;

   // 가로선

   context.strokeStyle = 'lightgray';
   context.lineWidth = 0.5;

   while(i > TOP_MARGIN) {
      context.beginPath();
      context.moveTo(0, i);
      context.lineTo(context.canvas.width, i);
      context.stroke();
      i -= STEP_Y;
   }

   // 세로선

   context.strokeStyle = 'rgba(100,0,0,0.3)';
   context.lineWidth = 1;
   context.beginPath();
   context.moveTo(LEFT_MARGIN,0);
   context.lineTo(LEFT_MARGIN,context.canvas.height);
   context.stroke();
}
```

```javascript
function turnShadowsOn() {
   context.shadowColor = 'rgba(0,0,0,0.8)';
   context.shadowOffsetX = 5;
   context.shadowOffsetY = 5;
   context.shadowBlur    = 10;
}

function turnShadowsOff() {
   context.shadowColor = undefined;
   context.shadowOffsetX = 0;
   context.shadowOffsetY = 0;
   context.shadowBlur    = 0;
}

function drawText() {
   var TEXT_X = 65,
       TEXT_Y = canvas.height/2 + 35;

   context.strokeStyle = 'blue';

   if (fillCheckbox.checked)   context.fillText  (text, TEXT_X, TEXT_Y);
   if (strokeCheckbox.checked) context.strokeText(text, TEXT_X, TEXT_Y);
}

// 이벤트 핸들러....................................................

fillCheckbox.onchange   = draw;
strokeCheckbox.onchange = draw;
shadowCheckbox.onchange = draw;

// 초기화....................................................

context.font = '128px Palatino';
context.lineWidth = 1.0;
context.fillStyle = 'cornflowerblue';

turnShadowsOn();
draw();
```

fillText() 메서드와 strokeText() 메서드는 텍스트의 최대 너비(픽셀)를 명시하는 네 번째 인수를 가지고 있는데 이 인수는 옵션이다. [그림 3.2]에서 위에 있는 애플리케이션은 [그림 3.1]에서 텍스트를 그리는 애플리케이션과 같은 애플리케이션이고, [그림 3.2]에서 아래에 있는 애플리케이션은 fillText() 메서드와 strokeText() 메서드에 네 번째 인수를 사용해 텍스트의 너비를 제한한 애플리케이션이다.

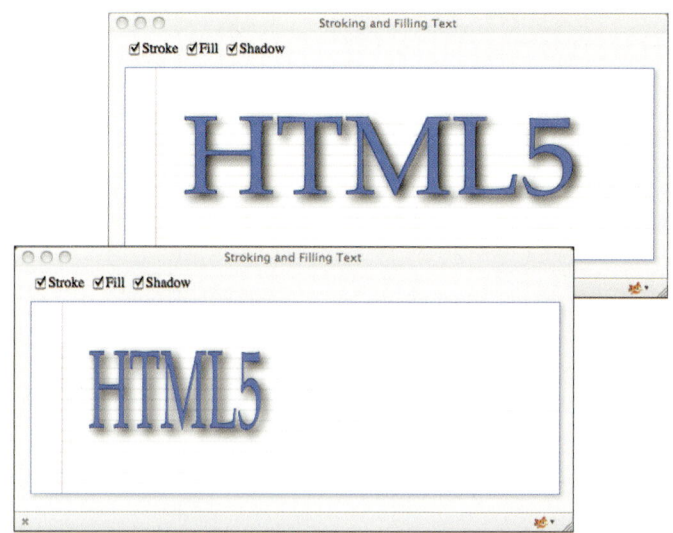

그림 3.2   텍스트의 최대 너비 설정

　텍스트의 최대 너비를 명시하고 있는 네 번째 인수를 갖춘 fillText() 메서드와 strokeText() 메서드를 사용한다면, 캔버스 명세서에서는 텍스트가 지정한 너비를 초과하지 않고 특정 너비에 맞도록 브라우저에서 텍스트 크기를 변경해야 한다고 명시돼 있다. 따라서 브라우저에서는 가로로 텍스트 크기를 확대하거나 폰트 크기를 변경하는 등 두 가지 선택을 할 수 있지만 어떤 방법을 사용하더라도 반드시 텍스트를 읽을 수 있어야 한다.

　이 책을 집필할 당시 사파리나 크롬에서는 네 번째 인수인 maxWidth 인수를 지원하지 않았기 때문에 maxWidth 인수를 지원하는 데 문제가 있었다. 그러나 파이어폭스는 5.0으로 업그레이드되면서부터 [그림 3.2]에서 볼 수 있듯이 maxWidth 인수를 지원하게 됐고, 인터넷 익스플로러에서도 IE9 이후부터 maxWidth 인수를 지원하게 됐다.

　또한, 색상을 사용해 텍스트의 윤곽을 그리고 내부를 칠하는 작업 이외에 [그림 3.3]과 같이 도형을 사용하는 것처럼 패턴과 그라디언트를 사용할 수도 있다.

　[예제 3.2]에서는 [그림 3.3]에서 보여준 애플리케이션의 자바스크립트 코드를 소개하고 있다.

　[예제 3.2]에서는 75페이지의 2.5.1.1절('선형 그라디언트')에서 소개한 것처럼 선형 그라디언트와 패턴을 생성하고 있다. [그림 3.3]에서 보여준 애플리케이션에서는 위에 있는 텍스트를 그리기 전에 fillStyle을 선형 그라디언트로 설정하고 있으며 아래에 텍스트를 그리기 전에 fillStyle을 패턴으로 설정하고 있다.

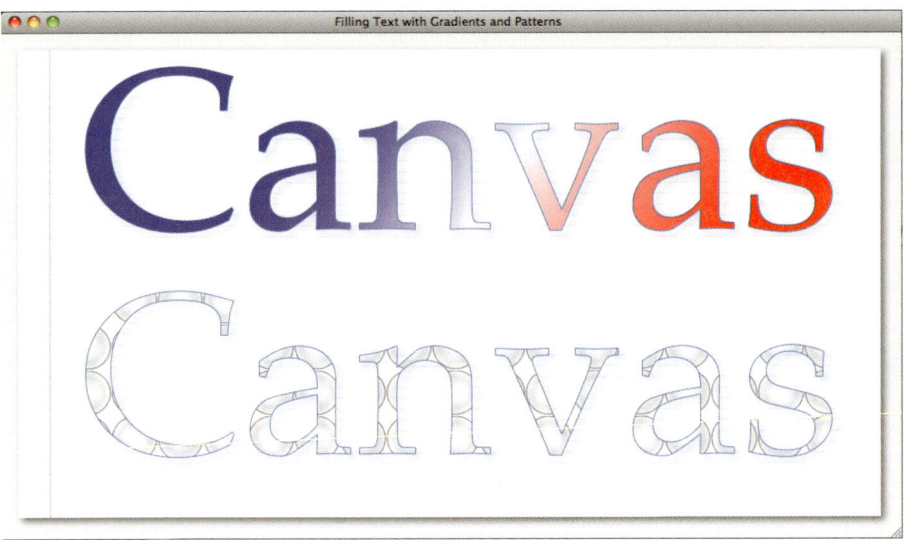

그림 3.3   패턴과 그라디언트를 사용해 텍스트 내부 칠하기

예제 3.2   패턴과 그라디언트를 사용해 텍스트 내부 칠하기

```
var canvas = document.getElementById('canvas'),
    context = canvas.getContext('2d'),
    image = new Image(),
    gradient = context.createLinearGradient(0, 0,
               canvas.width, canvas.height),
    text = 'Canvas',
    pattern; // 이미지를 로드한 다음 패턴을 생성한다.

// 함수.....................................................

function drawBackground() {
    // 코드를 간결하게 하려고 함수를 생략하고 있다.
    // 이 함수의 전체 코드는 197페이지의 [예제 3.1]을 참고하자.
}

function drawGradientText() {
    context.fillStyle = gradient;
    context.fillText(text, 65, 200);
    context.strokeText(text, 65, 200);
}

function drawPatternText() {
    context.fillStyle = pattern;
    context.fillText(text, 65, 450);
    context.strokeText(text, 65, 450);
```

```
    }

    // 이벤트 핸들러.......................................................

    image.onload = function (e) {
        pattern = context.createPattern(image, 'repeat');
        drawPatternText();
    };

    // 초기화.............................................................

    image.src = 'redball.png';

    context.font = '256px Palatino';
    context.strokeStyle = 'cornflowerblue';

    context.shadowColor    = 'rgba(100,100,150,0.8)';
    context.shadowOffsetX = 5;
    context.shadowOffsetY = 5;
    context.shadowBlur     = 10;

    gradient.addColorStop(0,    'blue');
    gradient.addColorStop(0.25, 'blue');
    gradient.addColorStop(0.5,  'white');
    gradient.addColorStop(0.75, 'red');
    gradient.addColorStop(1.0,  'yellow');

    drawBackground();
    drawGradientText();
```

지금까지 텍스트의 윤곽을 그리고 내부를 칠하는 방법을 소개했다. 다음 절에서는 font 속성을 설정하는 방법을 알아보자.

3.2 font 속성 설정하기

[표 3.1]에서 보여주는 것처럼 다양한 구성 요소로 구성된 CSS3 폰트 문자열인 콘텍스트의 font 속성을 사용해 캔버스에 그릴 텍스트의 폰트를 설정할 수 있다. 참고로 표에서 소개하고 있는 폰트 구성 요소는 콘텍스트의 font 속성에서 사용하는 순서대로 위에서 아래로 나열하고 있다.

캔버스 폰트의 기본값은 10px sans-serif이다. 그리고 font-style, font-variant, font-weith의 기본값은 모두 normal이다.

[그림 3.4]에서는 다양한 폰트를 사용해 텍스트 내부를 칠하는 애플리케이션을 보여주고 있다.

[그림 3.4]에서 보여준 애플리케이션의 문자열은 콘텍스트의 font 속성을 설정한 다음 콘텍스트의 fillText() 메서드로 출력해 만들었다.

표 3.1   font 속성의 구성 요소

font 속성	유효 값
font-style	normal, italic, oblique 등 세 가지 값을 사용할 수 있다.
font-variant	normal과 small-caps 등 두 가지 값을 사용할 수 있다.
font-weight	normal, bold, bolder(기본 폰트보다 두껍다), lighter(기본 폰트보다 얇다), 100, 200, 300, …, 900 등의 값을 사용해 폰트 특성에 대한 두께를 결정할 수 있다. 참고로 400은 normal과 같은 두께이며 700은 bold와 같은 두께다.
font-size	폰트 크기에 대한 값으로 xx-small, x-small, medium, large, x-large, xx-large, smaller, larger, length, % 등을 사용할 수 있다.
font-height	브라우저에서는 항상 이 속성을 기본값인 normal로 설정하도록 강요하고 있다. 만약 속성을 기본값으로 설정하지 않으면 브라우저에서는 설정된 값을 무시할 것이다.
font-family	family-name과 generic-family 등 두 가지 형태의 폰트 패밀리를 사용할 수 있다. family-name에는 헬베티카(Helvetica), 버다나(verdana), 팔라티노(palatino) 등이 있으며 generic-family에는 세리프(serif), 산세리프(sans-serif), 모노스페이스(monospace), 필기체(cursive), 판타지(fantasy) 등이 있다. 폰트의 font-family 구성 요소에 대해 family-name이나 generic-family 중 하나를 사용하거나 둘 다 사용할 수 있다.

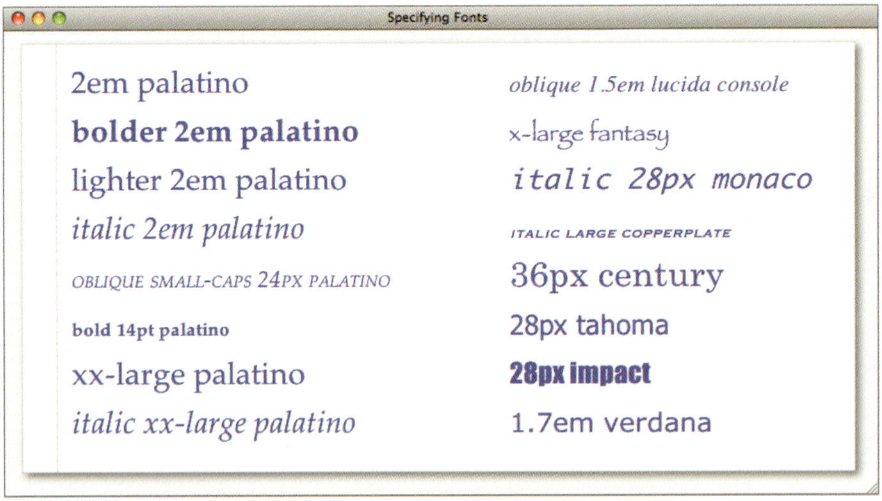

그림 3.4   폰트 명시

[그림 3.4]에서 왼쪽 열에 있는 문자열은 모두 **font-family**의 팔라티노를 변형한 폰트를 사용하고 있다. 그리고 오른쪽 열에 있는 문자열은 웹에서 안전하게 사용할 수 있는 웹 세이프 폰트(web-safe font)를 사용하고 있다.

그리고 위 애플리케이션에서 사용된 모든 폰트는 내재된 위험이 없으므로 웹에서 안전하게 사용할 수 있다. 웹-세이프 모니커(moniker)란 위에서 언급한 폰트들로 윈도우, 맥, 리눅스에서 광범위하게 사용할 수 있다는 의미다. 이렇게 광범위하게 사용할 수 있는 유용성 때문에 윈도우, 맥, 리눅스 등 주요 운영체제에서 사용되는 모든 브라우저에서는 안전하게 사용할 수 있는 폰트를 제공하고 있다.

[예제 3.3]에서는 [그림 3.4]에서 보여준 애플리케이션의 코드를 소개하고 있다.

예제 3.3   **font 속성 설정하기**

```javascript
var canvas = document.getElementById('canvas'),
    context = canvas.getContext('2d'),

    LEFT_COLUMN_FONTS = [
        '2em palatino',                  'bolder 2em palatino',
        'lighter 2em palatino',          'italic 2em palatino',
        'oblique small-caps 24px palatino', 'bold 14pt palatino',
        'xx-large palatino',             'italic xx-large palatino'
    ],
    RIGHT_COLUMN_FONTS = [
        'oblique 1.5em lucida console',  'x-large fantasy',
        'italic 28px monaco',            'italic large copperplate',
        '36px century',                  '28px tahoma',
        '28px impact',                   '1.7em verdana'
    ],

    LEFT_COLUMN_X = 25,
    RIGHT_COLUMN_X = 425,
    DELTA_Y = 50,
    TOP_Y = 50,
    y = 0;

context.fillStyle = 'blue';

LEFT_COLUMN_FONTS.forEach( function (font) {
    context.font = font;
    context.fillText(font, LEFT_COLUMN_X, y += DELTA_Y);
});

y = 0;

RIGHT_COLUMN_FONTS.forEach( function (font) {
    context.font = font;
    context.fillText(font, RIGHT_COLUMN_X, y += DELTA_Y);
});
```

[예제 3.3]에서는 font 속성을 설정한 다음 화면에 출력하고 있다. 이미 알고 있겠지만, 애플리케이션에서는 항상 font 속성을 정확히 명시했을 때만 명시한 속성대로 출력한다는 사실에 주목하자.

font 속성을 사용할 수 없는 값으로 설정하면 예를 들어, font-style을 사용할 수 없는 값으로 설정하거나 font-style과 font-family 등과 같은 속성의 구성 요소를 잘못된 순서로 명시한다면, 브라우저에서는 폰트를 변경하지 않으므로 font를 변경하지 않은 상태로 남겨둘 것이다.

CSS3 vs 캔버스를 사용한 폰트 명시

콘텍스트의 font 속성에서는 inherit나 initial 등과 같은 속성 독립적인 스타일시트 문법을 제외한 CSS3 폰트 문법만 제공하고 있다. 만약 inherit나 initial을 사용한다면 브라우저에서는 예외 처리를 하지 않고 조용히 오류를 발생하며 폰트 설정을 하지 않을 것이다.

웹-세이프 폰트

다음은 웹-세이프 폰트를 소개하고 있는 웹사이트다.

http://www.speaking-in-styles.com/web-typography/Web-Safe-Fonts
http://www.codestlye.org/css/font-family/sampler-CombinedResultsFull.shtml
http://www.apaddedcell.com/web-fonts

3.3　텍스트 배치하기

지금까지 텍스트의 윤곽을 그리고 내부를 칠하는 방법과 폰트를 설정하는 방법을 살펴봤다. 이 절에서는 캔버스 내부에 텍스트를 배치하는 방법을 알아보자.

3.3.1　가로 및 세로로 배치하기

strokeText() 메서드나 fillText() 메서드로 캔버스에 텍스트를 그리려면 텍스트의 X 좌표와 Y 좌표를 명시해야 한다. 하지만 브라우저에서 텍스트를 그릴 정확한 위치는 textAlign 속성과 textBaseline 속성 등 두 가지 콘텍스트 속성에 달려 있다. [그림 3.5]는 textAlign 속성과 textBaseline 속성을 사용한 애플리케이션이다.

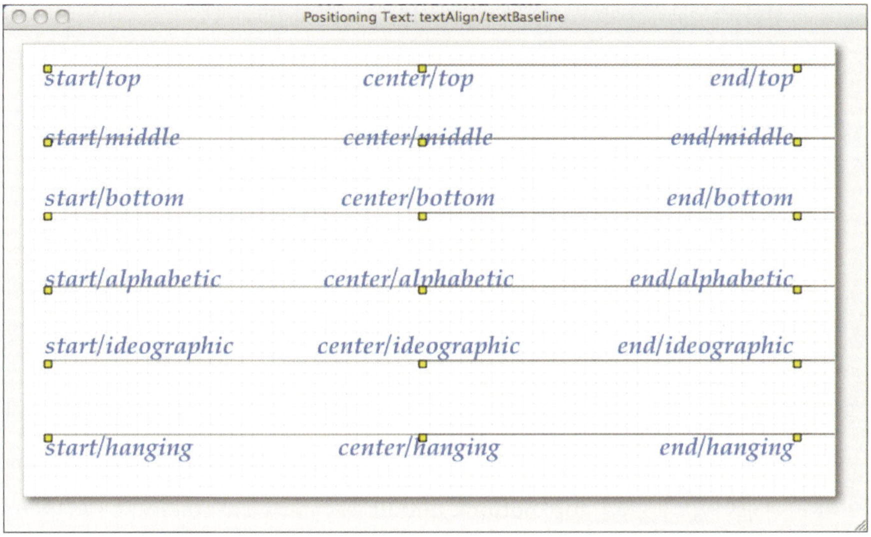

그림 3.5   텍스트 정렬/기준: 기본값으로 각각 start 및 alphabetic 사용

[그림 3.5]에서 내부가 채워진 직사각형은 애플리케이션에서 fillText() 메서드에 전달한 X 좌표와 Y 좌표다. 애플리케이션에 표시된 각 문자열에서는 textAlign 속성과 textBaseline 속성의 조합을 보여주고 있다.

다음은 textAlign에 설정할 수 있는 값이다.

- start
- center
- end
- left
- right

textAlign 속성의 기본값은 start다. 브라우저에서 텍스트를 왼쪽에서 오른쪽으로 표시하면, left 는 start와 같고 right는 end와 같다. 이때, <canvas> 요소의 dir 속성은 ltr를 의미한다. 마찬가지로 브라우저에서 텍스트를 오른쪽에서 왼쪽으로 표시하면, right는 start와 같고 left는 end와 같다. 이때, <canvas> 요소의 dir 속성은 rtl을 의미한다. [그림 3.5]에서 보여준 애플리케이션에서는 텍스트를 왼쪽에서 오른쪽으로 표시하고 있다.

다음은 textBaseline에 설정할 수 있는 값이다.

- top
- bottom
- middle
- alphabetic
- ideographic
- hanging

textBaseline의 기본값은 라틴어 기반 언어에 사용되는 alphabetic이다. ideographic는 일본어와 중국어 등과 같은 언어에 사용되며 hanging은 인도의 다양한 언어에 사용된다. 참고로 top, bottom, middle 등은 어떤 언어와도 관련이 없다. 대신, top, bottom, middle은 폰트의 'em square'로 알려진 텍스트 주위에 있는 경계 박스 내부의 위치를 나타낸다.

[예제 3.4]에서는 [그림 3.5]에서 보여준 애플리케이션의 자바스크립트 코드를 소개하고 있다. 그리고 [표 3.2]에서는 textAlign 및 textBaseline 콘텍스트 속성을 소개하고 있다.

예제 3.4   textAlign 속성과 textBaseline 속성을 사용한 텍스트 배치

```javascript
var canvas = document.getElementById('canvas'),
    context = canvas.getContext('2d'),
    fontHeight = 24,
    alignValues = ['start', 'center', 'end'],
    baselineValues = ['top', 'middle', 'bottom',
                      'alphabetic', 'ideographic', 'hanging'],
    x, y;

// 함수.....................................................

function drawGrid(color, stepx, stepy) {
   // 코드를 간결하게 하려고 함수를 생략하고 있다.
   // 이 함수의 전체 코드는 104페이지의 [예제 2.13]을 참고하자.
}

function drawTextMarker() {
   context.fillStyle = 'yellow';
   context.fillRect  (x, y, 7, 7);
   context.strokeRect(x, y, 7, 7);
}
```

```
function drawText(text, textAlign, textBaseline) {
   if(textAlign) context.textAlign = textAlign;
   if(textBaseline) context.textBaseline = textBaseline;

   context.fillStyle = 'cornflowerblue';
   context.fillText(text, x, y);
}

function drawTextLine() {
   context.strokeStyle = 'gray';
   context.beginPath();
   context.moveTo(x, y);
   context.lineTo(x + 738, y);
   context.stroke();
}

// 초기화................................................

context.font = 'oblique normal bold 24px palatino';

drawGrid('lightgray', 10, 10);

for (var align=0; align < alignValues.length; ++align) {
   for (var baseline=0; baseline < baselineValues.length; ++baseline) {
      x = 20 + align*fontHeight*15;
      y = 20 + baseline*fontHeight*3;

      drawText(alignValues[align] + '/' + baselineValues[baseline],
               alignValues[align], baselineValues[baseline]);

      drawTextMarker();
      drawTextLine();
   }
}
```

표 3.2 textAlign 및 textBaseline 콘텍스트 속성

속성	설명
textAlign	start, left, center, right, end 등의 유효한 값을 사용해 텍스트를 가로로 정렬하는 방법을 명시한다. 참고로 기본값은 start다.
textBaseline	top, bottom, middle, alphabetic, ideographic, hanging 등의 유효한 값을 사용해 텍스트를 세로로 정렬하는 방법을 명시한다. 참고로 기본값은 alphabetic이다.

em square

디지털 시대 이전, 다시 말하면 인쇄기로 글씨를 인쇄하던 시절에는 폰트의 포인트 크기는 글자가 새겨지는 인쇄용 판의 높이에 의해 결정됐다. 인쇄용 판은 다음 그림처럼 생겼다.

판의 높이는 포인트 크기이며 글자 M의 폭은 일반적으로 em square로 알려져 있다.

그러나 시간이 지남에 따라 em square의 의미는 M 자를 가지고 있지 않은 언어를 포함할 수 있게 진화했다. 따라서 오늘날 em square는 일반적으로 특정 폰트의 높이로 간주된다.

3.3.2 중앙에 텍스트 배치하기

앞 절에서 언급한 캔버스 컨텍트스의 textAlign 속성과 textBaseline 속성을 사용하면 텍스트를 중앙에 배치할 수 있다. [그림 3.6]에서 보여준 애플리케이션은 캔버스의 중앙에 텍스트를 배치하는 애플리케이션이다.

[예제 3.5]는 이 애플리케이션의 자바스크립트를 발췌한 코드 일부분을 소개하고 있다.

예제 3.5　　**텍스트를 중앙에 배치하기**

```javascript
function drawText() {
   context.fillStyle = 'blue';
   context.strokeStyle = 'yellow';

   context.fillText(text, canvas.width/2, canvas.height/2);
   context.strokeText(text, canvas.width/2, canvas.height/2);
}

context.textAlign = 'center';
context.textBaseline = 'middle';
```

위 애플리케이션에서는 textAlign 속성과 textBaseline 속성을 각각 center와 middle로 설정한 다음 텍스트의 윤곽을 그리고 내부를 칠하고 있다.

애플리케이션에서는 텍스트의 윤곽을 그리고 내부를 칠한 다음 fillText() 메서드와 strokeTexT() 메서드에 전달할 위치를 캔버스의 중앙으로 설정하고 있다.

Positioning Text
Centered

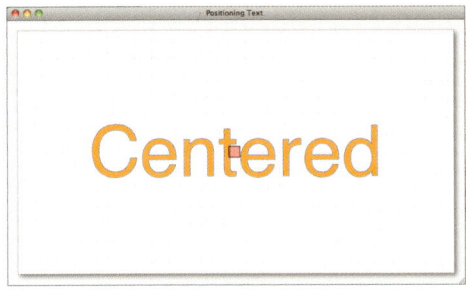

그림 3.6 캔버스 중앙에 텍스트 배치

또한 애플리케이션에서 textAlign 속성과 textBaseline 속성을 각각 center와 middle로 설정하고 있기 때문에 텍스트는 [그림 3.6]에서 보여주는 것처럼 캔버스 중앙에 놓이게 된다.

3.3.3 텍스트 측정하기

문자열의 너비와 높이(픽셀)를 측정할 수 있어야 텍스트로 재미있는 작업을 구현할 수 있다. 예를 들어, [그림 3.7]에서는 텍스트 커서를 사용한 간단한 텍스트 편집기를 보여주고 있다. 편집기에서는 캔버스에 있는 커서의 위치를 알고 있어야 하므로 텍스트의 크기를 알아야 한다.

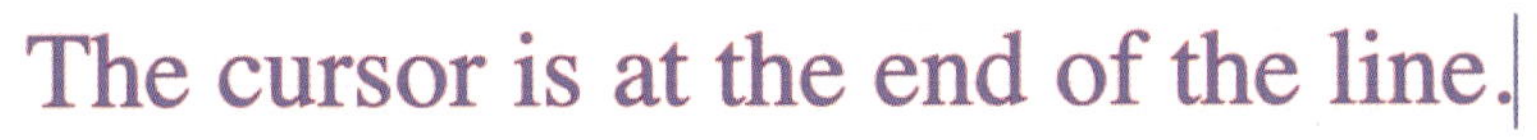

The cursor is at the end of the line.

그림 3.7 픽셀 위치에 커서 배치

텍스트 라인 끝에 커서를 배치하려면 해당 텍스트의 너비를 계산해야 한다.

캔버스 콘텍스트에서는 문자열의 너비(픽셀)를 측정할 수 있는 measureText() 메서드를 제공하고 있다. measureText() 메서드에서는 단일 속성인 문자열의 width 속성을 포함하고 있는 TextMetrics 오브젝트를 반환한다. [예제 3.6]에서는 measureText() 메서드로 텍스트 라인의 너비를 계산하는 방법을 보여주고 있다. 이 내용은 225페이지의 3.4.2절('캔버스에서 텍스트 라인 편집하기')에서 자세히 소개할 예정이다.

예제 3.6 텍스트 라인의 너비 측정하기

```
TextLine = function (x, y) {
   this.text = '';
   ...
};
```

```
TextLine.prototype = {
  getWidth: function(context) {
    return context.measureText(this.text).width;
  },
  ...
}
```

[표 3.3]에서는 measureText() 메서드를 소개하고 있다.

표 3.3   **measureText() 메서드**

메서드	설명
TextMetricsmeasureText(DOMString text)	measureText() 메서드에 전달되는 텍스트의 width(픽셀) 속성을 포함하는 TextMetrics 오브젝트를 반환한다. 현재 폰트를 기반으로 한 텍스트의 너비는 이 책을 집필하고 있을 당시 TextMetrics 오브젝트에서 가져올 수 있는 유일한 행렬이었다.

 measureText() 메서드를 호출하기 전에 폰트를 설정하자

measureText() 메서드를 사용할 때 흔히 저지르는 실수는 measureText() 메서드를 호출한 다음에 폰트를 설정하는 것이다. measureText() 메서드에서는 현재 폰트를 기반으로 문자열의 폭을 측정한다는 사실을 기억하자. 따라서 measureText() 메서드를 호출한 다음 폰트를 변경하면 measureText() 메서드에서 반환된 너비는 현재 폰트로 설정된 실제 텍스트의 너비에 영향을 주지 않을 것이다.

 텍스트 측정은 부정확하다

여러분은 measureText() 메서드에서 반환된 TextMetrics 오브젝트의 width 속성을 사용해 임의 문자열의 너비(픽셀)를 가져올 수 있다. 책을 집필하고 있을 당시만해도 TextMetrics 오브젝트에는 height 속성이 없었다. 그러나 다음과 같이 캔버스 명세서에서 언급한 내용 때문에 텍스트 측정은 새로운 방향으로 전개되었다.

> fillText() 메서드와 strokeText() 메서드로 만들어진 상형문자(Glyph)는 measureText() 메서드에서 반환된 너비(텍스트 너비)와 폰트 사이즈(em square 사이즈)로 만들어진 상자에서 쏟아질 수 있다.

캔버스 명세서에서 언급한 내용은 measureText()에서 반환된 너비가 정확하지 않다는 것을 의미한다. 물론 이 값이 정확한지가 중요하지 않을 때도 있지만 때로는 결정적인 역할을 하기도 한다. 225페이지의 3.4.2절('캔버스에서 텍스트 라인 편집하기')에서 이 내용에 대해 자세히 다룰 예정이다.

3.3.4 축 라벨링

여러분은 이미 105페이지의 2.8.3절('축 그리기')에서 그래프 축을 그리는 방법에 대해 배웠다. 이 절에서는 [그림 3.8]과 같이 축에 텍스트 라벨을 추가하는 방법을 살펴보자.

[예제 3.7]에서는 [그림 3.8]에서 보여준 애플리케이션의 자바스크립트를 발췌한 코드 일부분을 소개하고 있다.

가로축과 세로축에 라벨을 그리는 방법은 간단하다. 애플리케이션에서는 축과 라벨 사이의 공간, 축에 대한 눈금선의 길이, 축의 위치에 따라 텍스트를 그리기만 하면 된다.

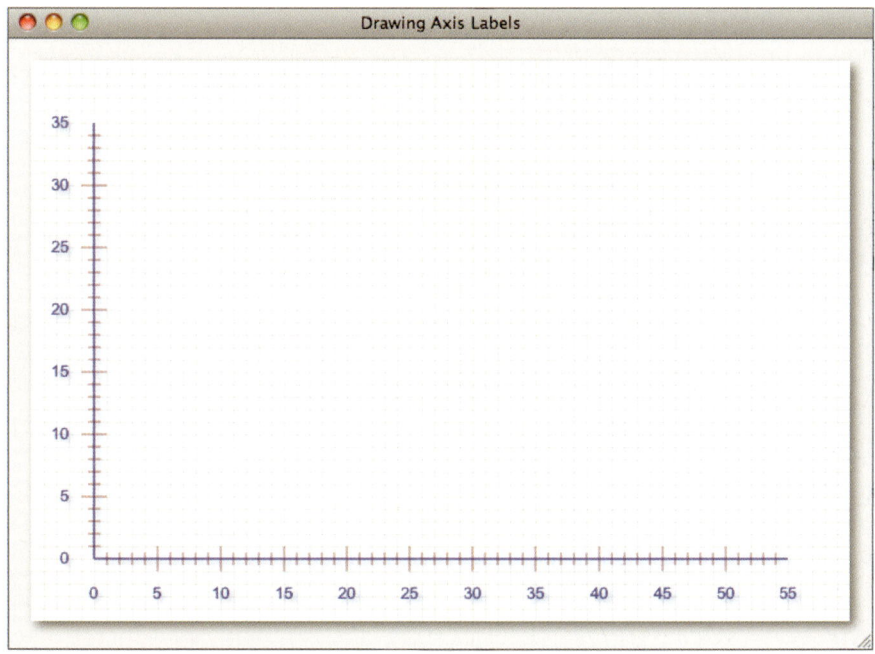

그림 3.8   축

예제 3.7   축에 라벨 추가하기

```
var canvas = document.getElementById('canvas'),
    context = canvas.getContext('2d'),

    HORIZONTAL_AXIS_MARGIN = 50,
    VERTICAL_AXIS_MARGIN = 50,

    AXIS_ORIGIN = { x: HORIZONTAL_AXIS_MARGIN,
                    y: canvas.height-VERTICAL_AXIS_MARGIN },
```

```
        AXIS_TOP   = VERTICAL_AXIS_MARGIN,
        AXIS_RIGHT = canvas.width-HORIZONTAL_AXIS_MARGIN,

        HORIZONTAL_TICK_SPACING = 10,
        VERTICAL_TICK_SPACING = 10,

        AXIS_WIDTH  = AXIS_RIGHT - AXIS_ORIGIN.x,
        AXIS_HEIGHT = AXIS_ORIGIN.y - AXIS_TOP,

        NUM_VERTICAL_TICKS   = AXIS_HEIGHT / VERTICAL_TICK_SPACING,
        NUM_HORIZONTAL_TICKS = AXIS_WIDTH  / HORIZONTAL_TICK_SPACING,

        TICK_WIDTH = 10,

        SPACE_BETWEEN_LABELS_AND_AXIS =  20;

// 함수......................................................

function drawAxes() {
    context.save();
    context.lineWidth = 1.0;
    context.fillStyle = 'rgba(100,140,230,0.8)';
    context.strokeStyle = 'navy';

    drawHorizontalAxis();
    drawVerticalAxis();

    context.lineWidth = 0.5;
    context.strokeStyle = 'navy';

    context.strokeStyle = 'darkred';
    drawVerticalAxisTicks();
    drawHorizontalAxisTicks();

    context.restore();
}

// 코드를 간결하게 하려고 축 드로잉 메서드를 생략하고 있다.
// 이 함수의 전체 코드는 105페이지의 [예제 2.14]을 참고하자.
...

function drawAxisLabels() {
    context.fillStyle = 'blue';
    drawHorizontalAxisLabels();
    drawVerticalAxisLabels();
}

function drawHorizontalAxisLabels() {
    context.textAlign = 'center';
    context.textBaseline = 'top';
```

```javascript
    for (var i=0; i <= NUM_HORIZONTAL_TICKS; ++i) {
      if (i % 5 === 0) {
        context.fillText(i,
            AXIS_ORIGIN.x + i * HORIZONTAL_TICK_SPACING,
            AXIS_ORIGIN.y + SPACE_BETWEEN_LABELS_AND_AXIS);
      }
    }
  }

  function drawVerticalAxisLabels() {
    context.textAlign = 'right';
    context.textBaseline = 'middle';

    for (var i=0; i <= NUM_VERTICAL_TICKS; ++i) {
      if (i % 5 === 0) {
        context.fillText(i,
                AXIS_ORIGIN.x - SPACE_BETWEEN_LABELS_AND_AXIS,
                AXIS_ORIGIN.y - i * VERTICAL_TICK_SPACING);
      }
    }
  }

  function drawGrid(color, stepx, stepy) {
    // 코드를 간결하게 하려고 함수를 생략하고 있다.
    // 이 함수의 전체 코드는 104페이지의 [예제 2.13]을 참고하자.
  }

  // 초기화................................................

  context.font = '13px Arial';

  drawGrid('lightgray', 10, 10);

  context.shadowColor = 'rgba(100,140,230,0.8)';
  context.shadowOffsetX = 3;
  context.shadowOffsetY = 3;
  context.shadowBlur = 5;

  drawAxes();
  drawAxisLabels();
```

위 코드에서 textAlighn 속성과 textBaseline 속성의 설정에 주목하자. [그림 3.9]처럼 세로축에 있는 라벨에는 해당 속성을 right와 middle로 설정하고 가로축에 있는 라벨에는 해당 속성을 center와 top으로 설정하고 있다.

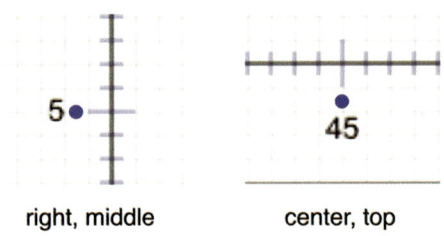

그림 3.9   축 라벨의 기준 및 정렬

3.3.5 다이얼 라벨링

211페이지의 3.3.4절('축 라벨링')에서 이미 살펴봤듯이 가로축과 세로축에 텍스트 라벨을 그리는 작업은 어렵지 않다. 물론 호와 원에 라벨링하는 작업은 삼각법을 이용해야 하므로 축에 라벨링하는 작업보다 약간 더 어렵다.

[그림 3.10]에서는 원의 각도를 나타내는 다이얼을 그리는 애플리케이션을 보여주고 있다.

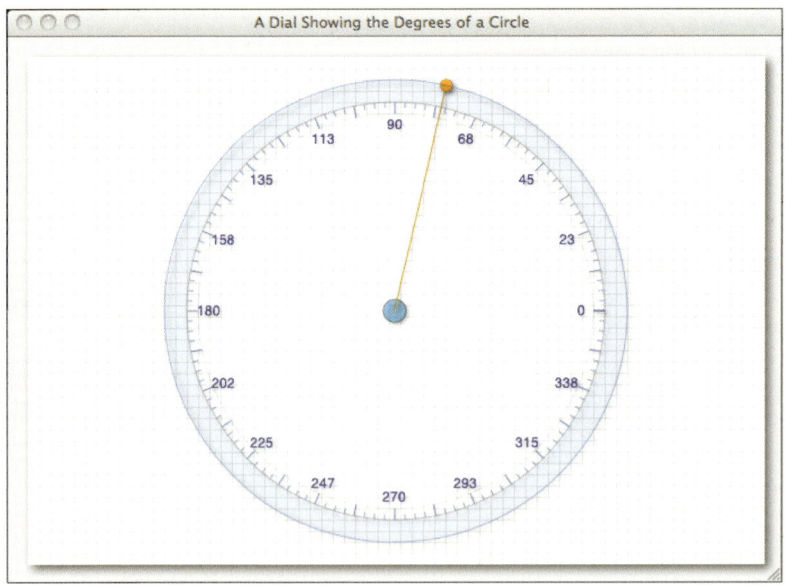

그림 3.10   다이얼 라벨링

위 애플리케이션에서는 각 라벨을 위해 [그림 3.11]의 노란색 점, 즉 라벨의 위치를 계산한다. 그리고 애플리케이션에서는 center로 설정된 textAlign 속성과 middle로 설정된 textBaseline 속성을 이용해 각 위치에 라벨을 그리고 있다.

그림 3.11 다이얼 라벨 배치, textAlign = 'center' 및 textBaseline = 'middle'

[예제 3.8]에서는 [그림 3.10]에서 보여준 애플리케이션의 자바스크립트를 발췌한 코드 일부분을 소개하고 있다.

예제 3.8   다이얼 라벨링

```javascript
var canvas = document.getElementById('canvas'),
    context = canvas.getContext('2d'),
    ...

    DEGREE_ANNOTATIONS_FILL_STYLE = 'rgba(0,0,230,0.9)',
    DEGREE_ANNOTATIONS_TEXT_SIZE = 12;

// 함수.......................................................

function drawDegreeAnnotations() {
   var radius = circle.radius + DEGREE_DIAL_MARGIN;

   context.save();
   context.fillStyle = DEGREE_ANNOTATIONS_FILL_STYLE;
   context.font = DEGREE_ANNOTATIONS_TEXT_SIZE + 'px Helvetica';

   for (var angle=0; angle < 2*Math.PI; angle += Math.PI/8) {
      context.beginPath();

      context.fillText((angle * 180 / Math.PI).toFixed(0),
         circle.x + Math.cos(angle) * (radius - TICK_WIDTH*2),
         circle.y - Math.sin(angle) * (radius - TICK_WIDTH*2));
   }
   context.restore();
}
```

```
// 초기화..................................................
...

context.textAlign = 'center';
context.textBaseline = 'middle';

drawGrid('lightgray', 10, 10);
drawDial();
```

[예제 3.8]에서 fillText() 메서드 호출에 주의하자. fillText() 메서드에 전달된 마지막 두 개의 파라미터는 텍스트의 X 및 Y 좌표를 나타낸다. 그리고 콘텍스트를 텍스트의 위치로 이동시킨 후 다음 코드에서처럼 (0, 0)에서 텍스트 내부를 칠하면 같은 효과를 낼 수 있다.

```
function drawDegreeAnnotations() {
   ...
   for (var angle=0; angle < 2*Math.PI; angle += Math.PI/8) {
      ...
      context.translate(
         circle.x + Math.cos(angle) * (radius - TICK_WIDTH*2),
         circle.y - Math.sin(angle) * (radius - TICK_WIDTH*2));
      context.fillText((angle * 180 / Math.PI).toFixed(0), 0, 0);
   }
}
```

다음 절에서는 호 둘레를 따라 텍스트를 그릴 수 있도록 콘텍스트를 이동시키는 방법을 알아보자.

3.3.6 호 둘레에 텍스트 그리기

아래의 네 가지 단계를 따르면 [그림 3.12]처럼 호 둘레에 텍스트를 그릴 수 있다. [예제 3.9]에서는 [그림 3.12]에서 보여준 애플리케이션의 자바스크립트를 소개하고 있다.

1. 호 둘레에 배치할 각 글자의 위치를 계산한다.

2. 콘텍스트를 1단계에서 계산한 위치로 이동한다.

3. π - 각도만큼 콘텍스트를 회전시킨다.

4. 글자의 윤곽을 그리거나 내부를 칠한다(또는 두 가지 작업 모두 실행한다).

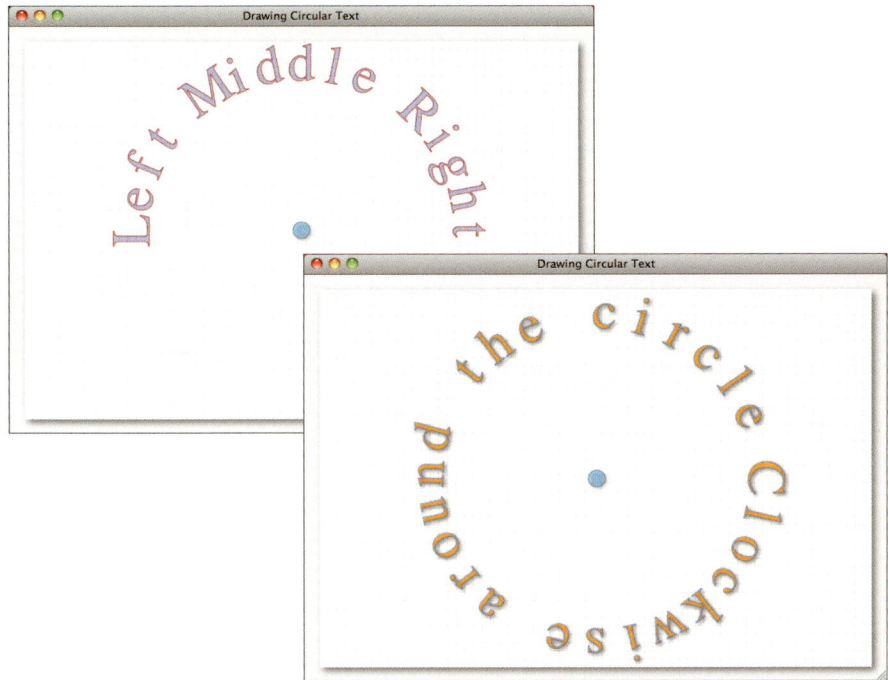

그림 3.12　　호 둘레에 텍스트 그리기

예제 3.9　　원형 텍스트 그리기

```javascript
var canvas = document.getElementById('canvas'),
    context = canvas.getContext('2d'),
    ...
    TEXT_FILL_STYLE = 'rgba(100,130,240,0.5)',
    TEXT_STROKE_STYLE = 'rgba(200,0,0,0.7)',
    TEXT_SIZE = 64,

    circle = { x: canvas.width/2,
               y: canvas.height/2,
               radius: 200
             };

// 함수.......................................................

function drawCircularText(string, startAngle, endAngle) {
   var radius = circle.radius,
       angleDecrement = (startAngle - endAngle)/(string.length-1),
       angle = parseFloat(startAngle),
       index = 0,
       character;
```

```javascript
    context.save();

    context.fillStyle = TEXT_FILL_STYLE;
    context.strokeStyle = TEXT_STROKE_STYLE;
    context.font = TEXT_SIZE + 'px Lucida Sans';

    while (index < string.length) {
        character = string.charAt(index);

        context.save();
        context.beginPath();

        context.translate(circle.x + Math.cos(angle) * radius,
                          circle.y - Math.sin(angle) * radius);

        context.rotate(Math.PI/2 - angle);

        context.fillText(character, 0, 0);
        context.strokeText(character, 0, 0);

        angle -= angleDecrement;
        index++;

        context.restore();
    }
    context.restore();
}

// 초기화.....................................................

context.textAlign = 'center';
context.textBaseline = 'middle';
...

drawCircularText("Clockwise around the circle", Math.PI*2, Math.PI/8);
```

drawCircularText() 함수는 위에서 언급한 것처럼 네 가지 단계로 구현됐다. 애플리케이션에서 단계에 따라 translate() 메서드와 rotate() 메서드 순으로 호출하고 있는 것에 주의하자. 만약 콘텍스트의 기본 원점에 대해 회전한 다음 이동한다면 이해할 수 없는 완전히 다른 결과가 발생할 것이다.

지금까지 캔버스에서 텍스트를 그리는 다양한 방법을 배웠다. 지금까지 배운 내용을 토대로 간단한 텍스트 편집기를 구현해보자.

3.4   텍스트 컨트롤 구현하기

캔버스에서는 커서, 텍스트 선택, 잘라내기, 복사하기, 붙여 넣기 등과 같은 고급 텍스트 편집 기능을 제공하지는 않지만 이런 기능을 구현할 수 있도록 상당한 그래픽 능력을 제공하고 있다. 이 장 후반부에서는 캔버스 API로 간단한 텍스트 편집기를 구현할 예정이다.

이 절에서는 간단한 텍스트 커서를 살펴보는 것을 시작으로 자체적으로 커서를 가지고 있을 뿐만 아니라 편집할 수 있는 여러 개의 텍스트가 있는 단락(paragraph)을 소개하는 것으로 마무리할 예정이다.

3.4.1 텍스트 커서

이 절에서는 [그림 3.13]처럼 그리는 것은 가능하지만 지울 수 없는 간단한 텍스트 커서를 알아보자.

[그림 3.13]에서 보여주는 애플리케이션에서는 단일 커서를 생성하고 마우스를 클릭할 때마다 커서를 다시 그리고 있다. 이 애플리케이션에서는 다양한 커서를 가지고 있지만 [예제 3.10]에서 소개한 TextCursor 오브젝트에서는 erase() 메서드가 빠져있기 때문에 애플리케이션에서는 커서를 반복적으로 재구성하고 다시 그리지만, 결코 지우지는 않는다.

애플리케이션에서는 페이지 상단에 HTML 컨트롤을 캔버스 콘텍스트의 font 속성과 fillColor 속성에 연결했기 때문에 커서는 콘텍스트의 font 속성과 fillColor 속성을 사용할 수 있다. 따라서 커서는 페이지 상단에 있는 HTML 컨트롤의 특성을 갖게 된다.

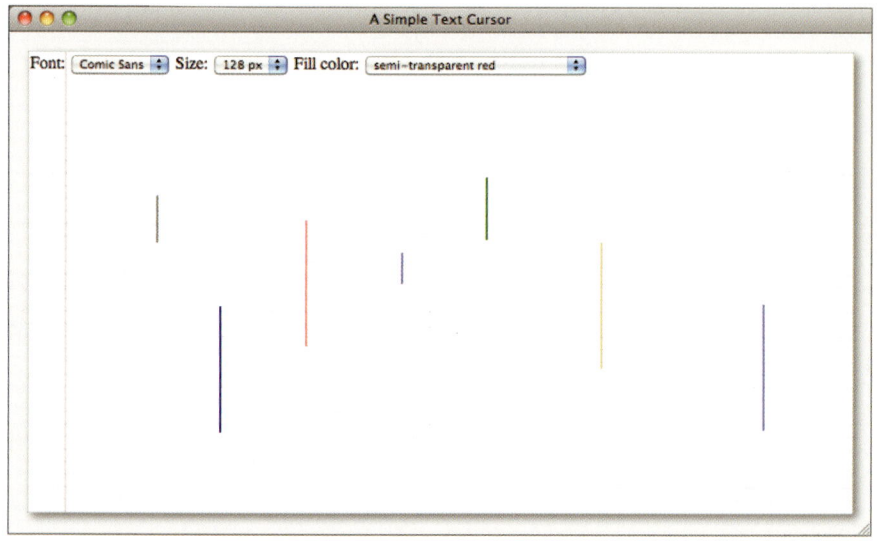

그림 3.13   텍스트 커서

예제 3.10 텍스트 커서

```javascript
TextCursor = function (width, fillStyle) {
    this.fillStyle = fillStyle || 'rgba(0,0,0,0.5)';
    this.width     = width || 2;
    this.left      = 0;
    this.top       = 0;
};

TextCursor.prototype = {
    getHeight: function (context) {
        var h = context.measureText('W').width;
        return h + h/6;
    },

    createPath: function (context) {
        context.beginPath();
        context.rect(this.left, this.top,
                     this.width, this.getHeight(context));
    },

    draw: function (context, left, bottom) {
        context.save();

        this.left = left;
        this.top = bottom - this.getHeight(context);

        this.createPath(context);

        context.fillStyle = this.fillStyle;
        context.fill();

        context.restore();
    },
};
```

TextCursor는 내부가 칠해진 간단한 직사각형으로 콘텍스트의 현재 폰트에 따라 높이를 계산한다. 콘텍스트의 measureText() 메서드로부터 반환된 TextMetric 오브젝트에서 사용할 수 있는 행렬이 measureText() 메서드에 전달될 문자열의 width뿐이라는 사실을 기억하자. 텍스트 커서에서는 글자 M 의 너비에 11/6을 곱하여 height를 계산한다.

text.js란 이름의 파일에서는 TextCursor 오브젝트를 구현하고 있다. [예제 3.11]에서 보여주는 것처럼 애플리케이션에는 HTML 내부에 text.js 파일을 포함하고 있다.

예제 3.11   간단한 텍스트 커서: HTML

```html
<!DOCTYPE html>
<html>
   <head>
      <title>A Simple Text Cursor</title>
      ...
   </head>

   <body>
      <canvas id='canvas' width='780' height='440'>
         Canvas not supported
      </canvas>
      ...

      <script src='text.js'></script>
      <script src='example.js'></script>
   </body>
</html>
```

[예제 3.12]에서는 [그림 3.13]에서 보여준 애플리케이션의 자바스크립트를 발췌한 코드 일부분을 소개하고 있다. 애플리케이션에서는 TextCursor을 생성한 다음 마우스를 클릭할 때 마우스를 클릭한 지점에 커서를 그린다.

예제 3.12   간단한 텍스트 커서: 자바스크립트

```javascript
var canvas = document.getElementById('canvas'),
    context = canvas.getContext('2d'),
    ...

    cursor = new TextCursor();

function moveCursor(loc) {
   cursor.draw(context, loc.x, loc.y);
}

canvas.onmousedown = function (e) {
   var loc = windowToCanvas(e);
   moveCursor(loc);
};
```

솔직히 위에서 살펴본 텍스트 커서는 특별히 내세울 게 없다. 다음 절에서 erase() 메서드를 이용한 재미있는 작업을 살펴보도록 하자.

경험에 의한 텍스트의 높이

measureText() 메서드에서는 TextMetrics 오브젝트를 반환하며 TextMetrics 오브젝트의 행렬은 여러분이 명시한 문자열의 너비. 이것은 문자열의 높이를 계산하려면 스스로 해야 한다는 것을 의미한다. 다행히 M 자의 너비처럼 대부분 폰트의 높이는 거의 비슷하다.

3.4.1.1 지우기

앞 절에서 텍스트 커서를 소개할 때, 가장 복잡한 구현 즉 텍스트 커서를 지우는 기능에 대한 언급을 회피했다. 하지만 커서를 그리면 앞 절에서 살펴봤듯이 커서가 계속해서 그려져 있는 모습을 보고 싶지 않을 것이므로 커서를 지우는 기능이 필요하다.

캔버스에서는 캔버스에 원하는 대로 그리는 작업에 대한 다양한 방법을 제공하고 있다. 예를 들면, 108페이지의 2.8.4절('러버 밴드를 이용해 선 그리기')에서는 사용자가 선을 생성하는 동안 러버 밴드를 이용해 선을 그리는 방법을 소개했다. 해당 예제에서는 러버 밴드 선을 그리기 전에 드로잉 표면 전체를 저장한 다음 드로잉 표면을 복원해 선을 지웠다.

커서를 지우려면 이와 비슷한 방법을 사용하면 된다. 커서를 그리기 전에 콘텍스트의 getImageData() 메서드를 이용해 캔버스의 사진을 찍을 수 있다. 그리고 캔버스에 커서를 그린 다음 커서의 직사각형을 이미지 데이터로부터 캔버스로 복사하여 지운다.

TextCursor.erase() 메서드에서는 이미지 데이터의 파라미터를 가지고 있으므로 커서의 직사각형을 이미지 데이터로부터 캔버스로 복사할 수 있다. [예제 3.13]에서는 TextCursor에서 구현한 erase() 메서드의 코드를 보여주고 있다.

예제 3.13 erase() 함수를 추가한 텍스트 커서

```
TextCursor.prototype = {
  ...

  erase: function (context, imageData) {
    context.putImageData(imageData, 0, 0,
                         this.left, this.top,
                         this.width, this.getHeight(context));
  }
};
```

텍스트 커서의 erase() 메서드에서는 받은 이미지 데이터가 캔버스 전체를 나타내고 있다고 가정한다. erase() 메서드에서는 커서를 지우기 위해 콘텍스트의 putImageData() 메서드를 이용한다. 110페이지의 2.8.4절('러버 밴드를 이용해 선 그리기')에서는 캔버스에서 목적 X 좌표와 Y 좌표 그리고 이미지 데이터를 나타내는 세 개의 인수를 가진 동일한 메서드에 대해 살펴봤다. 이 절에서는 이미지 데이터 내부에 있으며 캔버스에 복사하려고 하는 직사각형을 나타내는 네 번째 인수를 추가할 것이다.

여기서는 putImageData() 메서드를 자세히 살펴보는 것보다 putImageData() 메서드를 사용해 커서를 지우는 방법을 살펴보는 것이 더 중요하다. 참고로 4장에서 getImageData() 메서드와 putImageData() 메서드에 대해 자세히 살펴볼 예정이다. 따라서 이 절에는 [예제 3.13]에서 사용된 erase() 메서드에서 특정 직사각형을 이미지 데이터로부터 캔버스로 복사하는 방법에 대해서만 이해하면 된다. [예제 3.14]에서 보여주듯이 애플리케이션에서 getImageData() 메서드를 사용해 이미지 데이터를 생성하고 있다.

예제 3.14   커서 지우기

```javascript
var canvas = document.getElementById('canvas'),
    context = canvas.getContext('2d'),
    ...

    drawingSurfaceImageData,
    cursor = new TextCursor();

// 드로잉 표면...............................................

function saveDrawingSurface() {
    drawingSurfaceImageData = context.getImageData(0, 0,
                                canvas.width,
                                canvas.height);
}

// 텍스트.....................................................
...

function moveCursor(loc) {
    cursor.erase(context, drawingSurfaceImageData);
    cursor.draw(context, loc.x, loc.y);
}

// 이벤트 핸들러..............................................
...

canvas.onmousedown = function (e) {
    var loc = windowToCanvas(e);
```

```
    moveCursor(loc);
};

// 초기화................................................
...

drawGrid(GRID_STROKE_STYLE,
         GRID_HORIZONTAL_SPACING,
         GRID_VERTICAL_SPACING);

saveDrawingSurface();
```

[예제 3.14]에서 소개한 애플리케이션에서는 배경에 격자무늬를 그리는 것을 시작으로 getImageData() 메서드를 사용해 드로잉 표면을 저장하고 있다. 그리고 사용자가 마우스를 클릭하면 애플리케이션에서는 이전 위치에 있던 커서를 지우고 사용자가 새로 마우스를 클릭한 위치에 다시 그린다.

3.4.1.2 깜빡이는 커서

앞 절에서 커서를 지우는 방법을 살펴봤으므로 [예제 3.15]처럼 커서를 깜박이게 하는 것은 간단하다.

[예제 3.15]에서 소개하는 애플리케이션에서는 커서를 생성한 다음 blinkCursor() 함수를 사용해 커서를 깜박이게 하고 있다. 애플리케이션에서는 매초 커서를 지우고 300ms가 지난 후 다시 그리고 있다. 즉, 커서가 1초 중에서 700ms 동안만 보인다는 의미다.

예제 3.15   깜박이는 커서

```
var canvas = document.getElementById('canvas'),
    context = canvas.getContext('2d'),
    ...

    blinkingInterval,
    BLINK_ON = 500,
    BLINK_OFF = 500,

    cursor = new TextCursor();

// 함수.......................................................

function blinkCursor(loc) {
    blinkingInterval = setInterval( function (e) {
        cursor.erase(context, drawingSurfaceImageData);
```

```
        setTimeout( function (e) {
            cursor.draw(context, cursor.left,
                        cursor.top + cursor.getHeight(context));
        }, BLINK_OFF);
    }, BLINK_ON + BLINK_OFF);
}

function moveCursor(loc) {
    cursor.erase(context, drawingSurfaceImageData);
    cursor.draw(context, loc.x, loc.y);

    if (!blinkingInterval)
        blinkCursor(loc);
}

// 이벤트 핸들러.....................................................

canvas.onmousedown = function (e) {
    var loc = windowToCanvas(e);
    moveCursor(loc);
};
```

사용자가 마우스를 처음 클릭하면 애플리케이션에서는 blinkCursor() 메서드를 호출하고 blink
Cursor() 메서드에서는 무한 반복으로 커서를 계속 깜박이게 한다. 물론 커서가 깜박이는 것을 멈출 수
도 있다. 예를 들어, 커서를 완벽하게 숨기고 싶다면 clearInterval() 메서드를 호출하면 된다.

이 절에서는 마음대로 움직일 수 있는 깜박이는 커서에 대해 알아봤다. 다음 절에서는 깜박이는 커서
를 이용해 캔버스에 텍스트를 삽입하는 작업을 살펴보자.

3.4.2 캔버스에서 텍스트 라인 편집하기

[그림 3.14]에서는 캔버스에 텍스트를 입력하는 애플리케이션을 보여주고 있다. 이 애플리케이션에서는
입력하는 글자를 현재 라인의 끝에 추가하고 커서가 라인 끝에 남아 있도록 커서의 위치를 재배치한다.

이 애플리케이션에서는 백스페이스키를 눌러 라인에 있는 마지막 글자를 지울 수 있다. 또한, 캔버스
의 다른 곳을 클릭하면 애플리케이션은 현재 라인의 끝으로 이동한 다음 커서를 마우스가 클릭한 위치
로 이동시키고 새로운 라인을 시작한다.

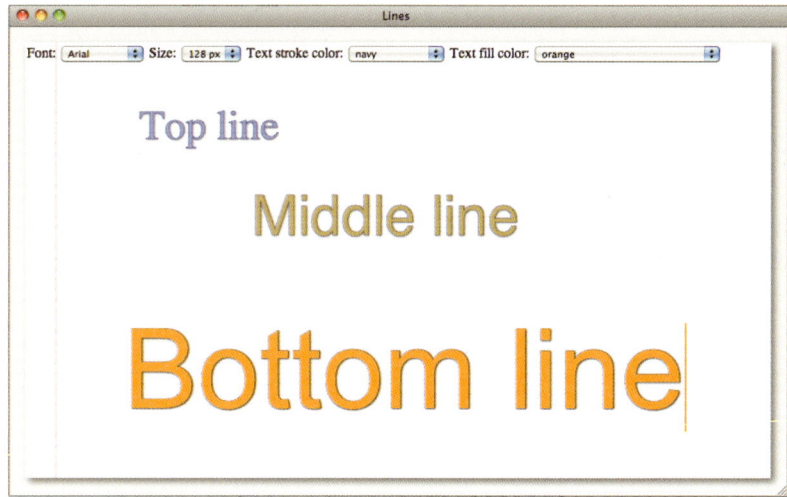

그림 3.14   캔버스에 추가된 단일 텍스트 라인

[예제 3.16]에서는 [그림 3.14]에서 보여준 애플리케이션의 TextLine 오브젝트를 소개하고 있다.

예제 3.16   TextLine 오브젝트

```javascript
// 생성자.......................................................

TextLine = function (x, y) {
   this.text = '';
   this.left = x;
   this.bottom = y;
   this.caret = 0;
};

// 프로토타입...................................................

TextLine.prototype = {
   insert: function (text) {
      this.text = this.text.substr(0, this.caret) + text +
                  this.text.substr(this.caret);
      this.caret += text.length;
   },

   removeCharacterBeforeCaret: function () {
      if (this.caret === 0)
         return;

      this.text = this.text.substring(0, this.caret-1) +
                  this.text.substring(this.caret);
```

```
        this.caret--;
    },

    getWidth: function(context) {
        return context.measureText(this.text).width;
    },

    getHeight: function (context) {
        var h = context.measureText('W').width;
        return h + h/6;
    },

    draw: function(context) {
        context.save();
        context.textAlign = 'start';
        context.textBaseline = 'bottom';

        context.strokeText(this.text, this.left, this.bottom);
        context.fillText(this.text, this.left, this.bottom);

        context.restore();
    },

    erase: function (context, imageData) {
        context.putImageData(imageData, 0, 0);
    }
};
```

각 TextLine 오브젝트에서는 삽입 기호로 알려진 텍스트를 문자열에 삽입하기 위한 삽입점, 캔버스 내의 문자열 위치, 문자열을 관리하고 있다. insert(), draw(), erase(), getWidth(), getHeight() 등의 TextLine 메서드를 사용하면, 삽입 기호 위치에 텍스트를 삽입하고, 텍스트를 그린 후 지우고, 텍스트 라인의 너비와 높이를 구할 수 있다.

[그림 3.14]에서 보여준 애플리케이션에서는 [예제 3.17]에서 소개하고 있는 코드처럼 애플리케이션의 이벤트 핸들러에 있는 TextLine 오브젝트를 생성하고 조작하고 있다.

예제 3.17   텍스트 라인 그리기

```
var canvas = document.getElementById('canvas'),
    context = canvas.getContext('2d'),

    fontSelect = document.getElementById('fontSelect'),
    sizeSelect = document.getElementById('sizeSelect'),
    strokeStyleSelect = document.getElementById('strokeStyleSelect'),
    fillStyleSelect = document.getElementById('fillStyleSelect'),
```

```
        GRID_STROKE_STYLE = 'lightgray',
        GRID_HORIZONTAL_SPACING = 10,
        GRID_VERTICAL_SPACING = 10,

        cursor = new TextCursor(),

        line,

        blinkingInterval,
        BLINK_TIME = 1000,
        BLINK_OFF = 300;

// 다용도 함수...................................

function drawBackground() { // 괘지
    // 코드를 간결하게 하려고 함수를 생략하고 있다.
    // 이 함수의 전체 코드는 197페이지의 [예제 3.1]을 참고하자.
}

function windowToCanvas(x, y) {
    var bbox = canvas.getBoundingClientRect();
    return { x: x - bbox.left * (canvas.width  / bbox.width),
             y: y - bbox.top  * (canvas.height / bbox.height)
           };
}

// 드로잉 표면................................................

function saveDrawingSurface() {
    drawingSurfaceImageData = context.getImageData(0, 0,
                                                   canvas.width,
                                                   canvas.height);
}

// 텍스트.........................................................

function setFont() {
    context.font = sizeSelect.value + 'px ' + fontSelect.value;
}

function blinkCursor(x, y) {
    clearInterval(blinkingInterval);
    blinkingInterval = setInterval( function (e) {
        cursor.erase(context, drawingSurfaceImageData);

        setTimeout( function (e) {
            if (cursor.left == x &&
                cursor.top + cursor.getHeight(context) == y) {
                cursor.draw(context, x, y);
            }
```

```
      }, 300);
    }, 1000);
  }

function moveCursor(x, y) {
    cursor.erase(context, drawingSurfaceImageData);
    saveDrawingSurface();
    context.putImageData(drawingSurfaceImageData, 0, 0);

    cursor.draw(context, x, y);
    blinkCursor(x, y);
  }

// 이벤트 핸들러................................................

canvas.onmousedown = function (e) {
    var loc = windowToCanvas(e.clientX, e.clientY),
        fontHeight = context.measureText('W').width;

    fontHeight += fontHeight/6;
    line = new TextLine(loc.x, loc.y);
    moveCursor(loc.x, loc.y);
  };

fillStyleSelect.onchange = function (e) {
    cursor.fillStyle = fillStyleSelect.value;
    context.fillStyle = fillStyleSelect.value;
  }

strokeStyleSelect.onchange = function (e) {
    cursor.strokeStyle = strokeStyleSelect.value;
    context.strokeStyle = strokeStyleSelect.value;
  }

// 키 이벤트 핸들러...........................................

document.onkeydown = function (e) {
    if (e.keyCode === 8 || e.keyCode === 13) {
      // e.preventDefault()를 호출하면 브라우저에서 document.onkeypress()를
      // 호출하는 것을 막을 수 있다. 참고로 백스페이스키와 엔터키에 대한
      // document.onkeypress() 호출만 막을 수 있다.
      e.preventDefault();
    }

    if (e.keyCode === 8) {  // 백스페이스키
      context.save();

      line.erase(context, drawingSurfaceImageData);
      line.removeCharacterBeforeCaret();
```

```
            moveCursor(line.left + line.getWidth(context), line.bottom);

            line.draw(context);
            context.restore();
        }
    }

    document.onkeypress = function (e) {
        var key = String.fromCharCode(e.which);

        if (e.keyCode !== 8 && !e.ctrlKey && !e.metaKey) {
            e.preventDefault(); // 브라우저에서 처리하지 않는다.

            context.save();

            line.erase(context, drawingSurfaceImageData);
            line.insert(key);

            moveCursor(line.left + line.getWidth(context), line.bottom);

            context.shadowColor = 'rgba(0,0,0,0.5)';
            context.shadowOffsetX = 1;
            context.shadowOffsetY = 1;
            context.shadowBlur = 2;

            line.draw(context);
            context.restore();
        }
    }

    // 초기화.............................................

    fontSelect.onchange = setFont;
    sizeSelect.onchange = setFont;

    cursor.fillStyle = fillStyleSelect.value;
    cursor.strokeStyle = strokeStyleSelect.value;

    context.fillStyle = fillStyleSelect.value;
    context.strokeStyle = strokeStyleSelect.value;
    context.lineWidth = 2.0;

    setFont();
    drawBackground();
    saveDrawingSurface();
```

사용자가 마우스를 클릭하면 애플리케이션에서는 새로운 TextLine 오브젝트를 생성하고 텍스트 라인과 커서를 마우스를 클릭한 위치로 이동시킨다.

그리고 애플리케이션에서 keydown 이벤트를 감지하면 눌러진 키가 백스페이스인지를 판단한다. 만약 눌러진 키가 백스페이스라면 애플리케이션에서는 텍스트 라인을 지우고 삽입 기호 전에 있는 글자를 삭제한 다음 커서를 재배치하고 텍스트 라인을 다시 그린다. 그리고 사용자가 백스페이스를 누르지 않았고 Ctrl 키나 Meta 키를 누르고 있지 않다면 브라우저에서 애플리케이션의 onkeypress() 메서드를 호출할 때 애플리케이션에서는 글자를 텍스트 라인에 삽입한다.

지금까지 한 줄짜리 간단한 텍스트 컨트롤을 구현하는 방법을 살펴봤다. 다음 절에서는 한 줄에서 여러 줄로 확장하여 단락을 구현하는 방법을 살펴볼 것이다.

 텍스트를 지울 때 캔버스 전체를 교체해야 한다

209페이지의 3.3.3절('텍스트 측정하기')에서는 다음과 같은 내용을 캔버스 명세서에서 인용했다.

> fillText() 메서드와 strokeText() 메서드로 만들어진 상형문자(Glyph)는 measureText() 메서드에서 반환된 너비(텍스트 너비)와 폰트 사이즈(em square 사이즈)로 만들어진 상자에서 쏟아질 수 있다.

그리고 명세서에서는 다음과 같은 내용을 이어서 명시하고 있다.

> … 만약 텍스트를 생성하거나 삭제하려면 em square 높이와 측정된 텍스트 너비만큼의 박스뿐만이 아니라 클리핑 영역이 둘러싸고 있는 캔버스 전체 영역을 교체해야 한다.

마지막 문장은 이 절에서 구현한 TextLine 오브젝트에서 클리핑 영역에 해당하는 전체 캔버스를 대체할 수 있도록 earse() 메서드를 구현해야 한다는 의미다. 이것은 경계 박스를 복원해 지우는 방법을 소개한 222페이지의 3.4.1.1절('지우기')에서 살펴봤던 TextCursor와 대조되는 내용이다.

3.4.3 단락

앞 절에서 깜박이는 커서와 텍스트 라인을 구현하는 방법을 살펴봤다. 이 절에서는 Paragraph 오브젝트를 구현하는 방법을 자세히 살펴보자. 각 단락은 TextLine 오브젝트 배열을 포함하고 있으며 사용자가 편집할 수 있는 라인에 대한 참조를 관리하고 있다. 또한, 단락에서는 사용자의 편집에 맞춰 커서를 유지하고 있다. [그림 3.15]에서는 단락을 생성하는 애플리케이션을 보여주고 있다.

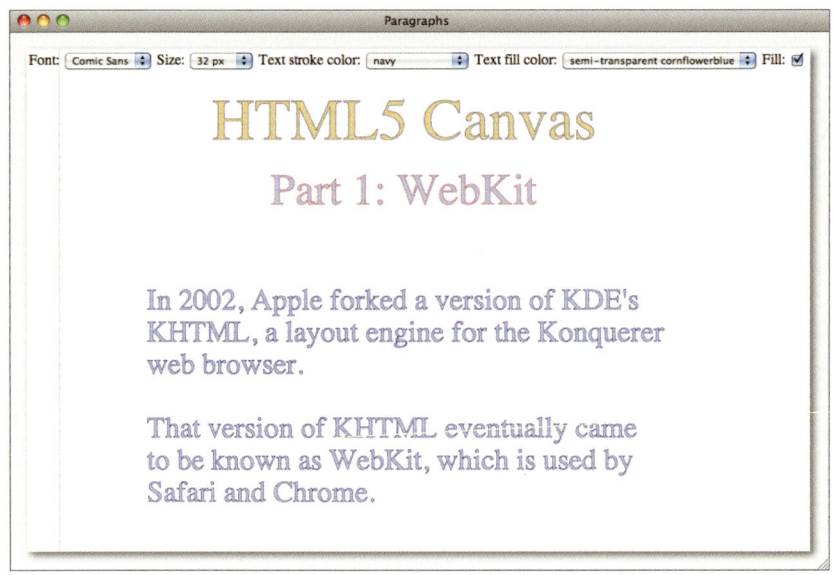

그림 3.15   단락

   단락은 포함하고 있는 텍스트 라인과 논리적으로 연결되어 있다. 예를 들어, 커서가 라인의 가장 왼쪽에 있을 때 사용자가 백스페이스키를 누르면 [그림 3.16]에서 보여주는 것처럼 단락 오브젝트에서는 텍스트를 커서 앞으로 이동시키고 한 라인 위로 올린다. 마찬가지로 단락에서 텍스트 라인을 편집하는 동안 엔터키를 누르면 단락에서는 새로운 텍스트 라인을 생성한 다음 커서 아래에 라인을 삽입한다.

   Paragraph에서는 [그림 3.15]와 [그림 3.16]에서 보여주는 애플리케이션에서 사용된 키 메서드를 제공하고 있다.

- isPointInside(): 특정 점이 단락 내부에 있으면 **true**를 반환한다.

- moveCursorCloseTo(): 커서를 가장 가까운 커서 위치로 X 및 Y 좌표만큼 이동시킨다.

- addLine(): TextLine을 단락에 추가한다.

- backspace(): 현재 삽입 기호에서 백스페이스 기능을 수행한다.

- newline(): 현재 삽입 기호에서 새로운 라인 기능을 수행한다.

- insert(): 현재 삽입 기호에서 텍스트를 삽입한다.

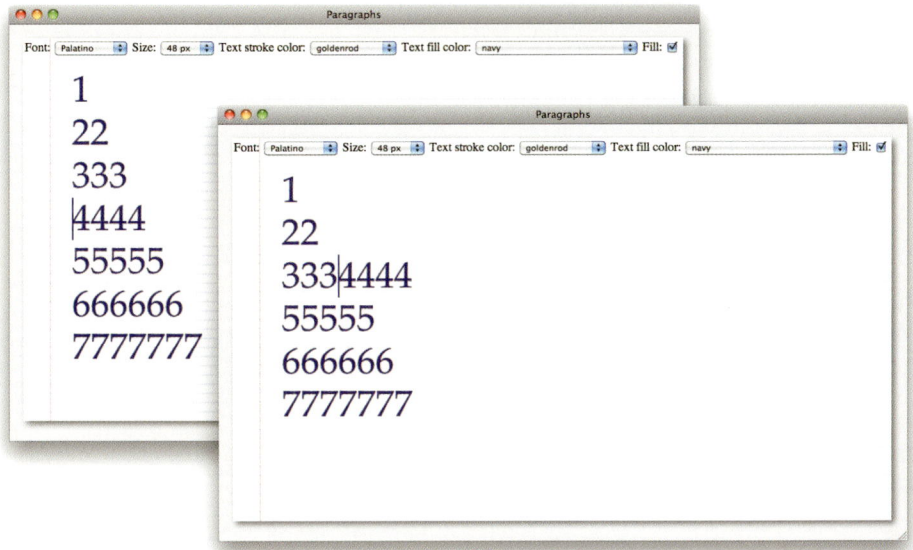

그림 3.16   위: 백스페이스키를 누르기 바로 직전, 아래: 그 결과

[예제 3.18]에서는 [그림 3.15]에서 보여준 애플리케이션의 자바스크립트 일부를 보여주고 있다. 이 코드에서는 앞에서 소개한 Paragraph 메서드를 사용하는 방법에 주목하자.

예제 3.18   단락을 이용한 예제

```javascript
var canvas = document.getElementById('canvas'),
    context = canvas.getContext('2d'),
    ...
    cursor = new TextCursor(),
    paragraph;
...

function drawBackground() {
    // 코드를 간결하게 하려고 함수를 생략하고 있다.
    // 이 함수의 전체 코드는 197페이지의 [예제 3.1]을 참고하자.
}

// 드로잉 표면.....................................................

function saveDrawingSurface() {
    drawingSurfaceImageData = context.getImageData(0, 0,
                                   canvas.width, canvas.height);
}
...
```

```javascript
// 이벤트 핸들러......................................................

canvas.onmousedown = function (e) {
   var loc = windowToCanvas(canvas, e.clientX, e.clientY),
       fontHeight,
       line;

   cursor.erase(context, drawingSurfaceImageData);
   saveDrawingSurface();

   if (paragraph && paragraph.isPointInside(loc)) {
      paragraph.moveCursorCloseTo(loc.x, loc.y);
   }
   else {
      fontHeight = context.measureText('W').width,
      fontHeight += fontHeight/6;
      paragraph = new Paragraph(context, loc.x, loc.y - fontHeight,
                                drawingSurfaceImageData, cursor);
      paragraph.addLine(new TextLine(loc.x, loc.y));
   }
};
...


// 키 이벤트 핸들러...............................................

document.onkeydown = function (e) {
   if (e.keyCode === 8 || e.keyCode === 13) {
      // e.preventDefault()를 호출하면 브라우저에서 document.onkeypress()를
      // 호출하는 것을 막을 수 있다. 참고로 백스페이스키와 엔터키에 대한
      // document.onkeypress() 호출만 막을 수 있다.
      e.preventDefault();
   }
   if (e.keyCode === 8) {   // 백스페이스키
      paragraph.backspace();
   }
   else if (e.keyCode === 13) { // 엔터키
      paragraph.newline();
   }
}
document.onkeypress = function (e) {
   var key = String.fromCharCode(e.which);

   // 사용자가 Ctrl 키나 Meta 키를 누르지 않은 상태에서
   // 텍스트를 편집할 때만 이 함수를 처리한다.

   if (e.keyCode !== 8 && !e.ctrlKey && !e.metaKey) {
     e.preventDefault(); // 브라우저에서 처리하지 않는다.

     context.fillStyle = fillStyleSelect.value;
```

```
        context.strokeStyle = strokeStyleSelect.value;

        paragraph.insert(key);
    }
}

// 초기화...............................................
...

cursor.fillStyle = fillStyleSelect.value;
cursor.strokeStyle = strokeStyleSelect.value;

context.lineWidth = 2.0;
setFont();

drawBackground();
saveDrawingSurface();
```

사용자가 단락을 편집할 때 단락 내 어느 한 지점을 마우스로 클릭하면 onmousedown() 이벤트 핸들러에서는 mousedown 이벤트가 발생한 지점에서 가장 가까운 위치에 커서를 배치할 수 있게 moveCursorCloseTo() 메서드를 호출한다.

만약 사용자가 단락을 편집하지 않은 상태에서 단락 바깥쪽을 클릭하면, 애플리케이션에서는 드로잉 표면을 저장하고 새로운 단락을 생성한 다음 텍스트 라인을 새로운 단락에 추가한다. Paragraph의 생성자 함수에서는 커서, 드로잉 표면에 대한 이미지 데이터, 단락의 위치, 콘텍스트에 대한 참조를 하고 있다.

애플리케이션에서는 onkeydown() 이벤트 핸들러로 백스페이스키와 엔터키를 처리하며 이 이벤트 핸들러에서는 단락의 backspace()와 newline() 메서드를 호출한다.

그리고 onkeypress() 이벤트 핸들러에서는 단락의 insert() 메서드로 글자를 단락에 삽입한다.

240페이지의 [예제 3.19]에서 Paragraph 오브젝트에 대한 코드를 살펴볼 예정이지만 그 전에 Paragraph 오브젝트에서 어떤 작업을 수행하는지 알아보자.

3.4.3.1 단락 생성 및 초기화

232페이지의 [그림 3.15]에서 보여준 애플리케이션에서는 다음과 같이 단락을 생성하고 있다.

```
var cursor = new TextCursor(),
    paragraph = new Paragraph(context, loc.x, loc.y - fontHeight,
                            drawingSurfaceImageData, cursor);
```

그리고 애플리케이션에서는 TextLine 오브젝트를 단락에 추가하고 있다.

```
paragraph.addLine(new TextLine(loc.x, loc.y));
```

Paragraph의 생성자는 다음과 같다.

```
Paragraph = function (context, left, top, imageData, cursor) {
   this.context = context;
   this.drawingSurface = imageData;
   this.left = left;
   this.top = top;
   this.lines =[]
   this.activeLine = undefined;
   this.cursor = cursor;
   this.blinkingInterval = undefined;
};
```

단락에서는 커서, TextLine 오브젝트 배열, 단락을 생성할 때 캔버스에 대한 이미지 데이터, 캔버스 콘텍스트에 대한 참조를 관리한다. 또한, 단락에서는 사용자가 현재 편집 중인 TextLine 오브젝트와 위치를 기록한다.

Paragraph의 addLine() 메서드에서는 새로운 라인을 TextLine 오브젝트 배열에 대입하고 단락의 활성화된 라인을 설정한 다음 커서를 새로운 라인의 시작 부분으로 이동시킨다.

```
Paragraph.prototype = {
   addLine: function (line) {
      this.lines.push(line);
      this.activeLine = line;
      this.moveCursor(line.left, line.bottom);
   },
   ...
}
```

위 코드에서 moveCursor() 메서드에 주목하고 다음 절에서는 moveCursor() 메서드를 자세히 살펴보자.

3.4.3.2 마우스 클릭에 따라 텍스트 커서 배치하기

단락에서는 커서를 캔버스 내 특정 위치로 이동시킬 수 있는 moveCursor()를 제공하고 있다.

```
moveCursor: function (x, y) {
   this.cursor.erase(this.context, this.drawingSurface);
   this.cursor.draw(this.context, x, y);
   this.blinkCursor(x, y);
}
```

moveCursor() 메서드에서는 현재 위치에 있는 커서를 지운 다음 새로운 위치에 커서를 다시 그린다. 그다음 moveCursor() 메서드에서는 blinkCursor() 메서드를 호출한다.

단락에서는 Paragraph.moveCursorCloseTo()를 사용해 글자 사이에 커서를 배치한다. Paragraph.moveCursorCloseTo() 메서드에서는 두 글자 사이의 공간에 커서를 배치한다. 이 공간은 캔버스 내 특정 위치에 가장 가까운 곳이다. moveCursorCloseTo() 메서드의 코드는 다음과 같다.

```javascript
moveCursorCloseTo: function (x, y) {
   var line = this.getLine(y);

   if (line) {
      line.caret = this.getColumn(line, x);
      this.activeLine = line;
      this.moveCursor(line.getCaretX(context), line.bottom);
   }
},

getLine: function (y) {
   var line;

   for (i=0; i < this.lines.length; ++i) {
      line = this.lines[i];
      if (y > line.bottom - line.getHeight(context) &&
         y < line.bottom) {
         return line;
      }
   }
   return undefined;
}
```

3.4.3.3 텍스트 삽입하기

Paragraph 오브젝트에서는 텍스트를 단락에 삽입할 수 있는 insert() 메서드를 제공하고 있다.

```javascript
insert: function (text) {
   var t = this.activeLine.text.substring(0, this.activeLine.caret),
      w = this.context.measureText(t).width;

   this.activeLine.erase(this.context, this.drawingSurface);
   this.activeLine.insert(text);
   this.moveCursor(this.activeLine.left + w, this.activeLine.bottom);
   this.activeLine.draw(this.context);
}
```

insert() 메서드에서는 활성화된 라인을 지우고 텍스트를 삭제된 라인에 삽입한 다음 라인을 다시 그리고 있다. 또한, insert() 메서드에서는 커서를 라인 내 삽입 기호 위치로 이동시킨다. 그리고 라인의

erase() 메서드에서 실제로 단락을 지워 단락을 생성하기 전에 있던 그대로 전체 캔버스를 복원하고 있다는 점을 기억하자.

3.4.3.4 새로운 라인

232페이지의 [그림 3.15]에서 보여준 애플리케이션에서 엔터키를 누르면 애플리케이션에서는 다음과 같이 구현된 단락의 newline() 메서드를 호출한다.

```javascript
newline: function () {
    var textBeforeCursor =
            this.activeLine.text.substring(0, this.activeLine.caret),
        textAfterCursor =
            this.activeLine.text.substring(this.activeLine.caret),
        height = this.context.measureText('W').width +
                this.context.measureText('W').width/6,
        bottom = this.activeLine.bottom + height,
        activeIndex,
        line;

    // 단락을 지우고 활성화된 라인의 텍스트를 설정한다.

    this.erase(this.context, this.drawingSurface);
    this.activeLine.text = textBeforeCursor;

    // 텍스트를 포함하고 있는 새로운 라인을 커서 뒤에 생성한다.

    line = new TextLine(this.activeLine.left, bottom);
    line.insert(textAfterCursor);

    // 새로운 라인을 이은 다음 활성화된 라인을 설정하고 삽입 기호를 재설정한다.

    activeIndex = this.lines.indexOf(this.activeLine);
    this.lines.splice(activeIndex+1, 0, line);

    this.activeLine = line;
    this.activeLine.caret = 0;

    // 새로운 라인에서 시작하며 반복문으로 남아있는 라인을 반복한다.

    activeIndex = this.lines.indexOf(this.activeLine);

    for(var i=activeIndex+1; i < this.lines.length; ++i) {
        line = this.lines[i];
        line.bottom += height; // 라인을 한 열로 아래로 이동시킨다.
    }

    this.draw();
    this.cursor.draw(this.context, this.activeLine.left,
```

```
                      this.activeLine.bottom);
   },
```

newline() 메서드에서는 커서와 단락 자체를 지우고 새로운 TextLine 오브젝트를 생성한 다음 생성
된 오브젝트를 단락에서 관리하는 TextLine 배열에 삽입한다. 그리고 새로 생성된 라인 아래에 있는 모
든 라인을 반복해 다음 열로 이동시킨다. 마지막으로 newline() 메서드에서는 업데이트된 단락과 커서
를 그린다.

3.4.3.5 백스페이스

단락에서는 다음 코드에서처럼 구현된 backspace() 메서드를 이용하여 백스페이스키를 처리하고 있다.

```
backspace: function () {
   var lastActiveLine,
       activeIndex,
       t, w;

   this.context.save();

   if (this.activeLine.caret === 0) {
      if ( ! this.activeLineIsTopLine(); {
         this.erase();
         this.moveUpOneLine();
         this.draw();
      }
   }
   else {   // 활성화된 라인에 텍스트가 있을 때
      this.context.fillStyle = fillStyleSelect.value;
      this.context.strokeStyle = strokeStyleSelect.value;

      this.activeLine.erase(this.context, drawingSurfaceImageData);
      this.activeLine.removeCharacterBeforeCaret();

      t = this.activeLine.text.slice(0, this.activeLine.caret);
      w = this.context.measureText(t).width;

      this.moveCursor(this.activeLine.left + w,
                      this.activeLine.bottom);
      this.activeLine.draw(this.context);
   }
   context.restore();
}
```

backspace() 메서드에서는 **a)** 현재 라인이 라인의 왼쪽 모서리에 있는지와 **b)** 라인이 단락의 첫 번째
라인인지 확인한다. 만약 a)와 b)를 모두 만족한다면 backspace() 메서드에서는 단락을 지우고 활성화

된 라인 아래에 있는 모든 라인을 한 열 위로 이동시킨 다음 변형된 단락을 다시 그린다. 그렇지 않다면 backspace() 메서드에서는 활성화된 라인의 삽입 기호 앞에 있는 글자를 지운 다음 라인을 다시 그린다.

[예제 3.19]에서는 Paragraph 오브젝트에 대한 코드를 소개하고 있다.

예제 3.19   단락 오브젝트

```javascript
// 생성자......................................................

Paragraph = function (context, left, top, imageData, cursor) {
    this.context = context;
    this.drawingSurface = imageData;
    this.left = left;
    this.top = top;
    this.lines = [];
    this.activeLine = undefined;
    this.cursor = cursor;
    this.blinkingInterval = undefined;
};

// 프로토타입......................................................

Paragraph.prototype = {
    isPointInside: function (loc) {
        var c = this.context;

        c.beginPath();
        c.rect(this.left, this.top,
               this.getWidth(), this.getHeight());

        return c.isPointInPath(loc.x, loc.y);
    },

    getHeight: function () {
        var h = 0;

        this.lines.forEach( function (line) {
            h += line.getHeight(this.context);
        });

        return h;
    },

    getWidth: function () {
        var w = 0,
            widest = 0;

        this.lines.forEach( function (line) {
            w = line.getWidth(this.context);
```

```
        if (w > widest) {
            widest = w;
        }
    });

    return widest;
},

draw: function () {
    this.lines.forEach( function (line) {
        line.draw(this.context);
    });
},

erase: function (context, imageData) {
    context.putImageData(imageData, 0, 0);
},

addLine: function (line) {
    this.lines.push(line);
    this.activeLine = line;
    this.moveCursor(line.left, line.bottom);
},

insert: function (text) {
    this.erase(this.context, this.drawingSurface);
    this.activeLine.insert(text);

    var t = this.activeLine.text.substring(0, this.activeLine.caret),
        w = this.context.measureText(t).width;

    this.moveCursor(this.activeLine.left + w,
                    this.activeLine.bottom);

    this.draw(this.context);
},

blinkCursor: function (x, y) {
    var self = this,
        BLINK_OUT = 200,
        BLINK_INTERVAL = 900;

    this.blinkingInterval = setInterval( function (e) {
        cursor.erase(context, self.drawingSurface);

        setTimeout( function (e) {
            cursor.draw(context, cursor.left,
                        cursor.top + cursor.getHeight(context));
        }, BLINK_OUT);
    }, BLINK_INTERVAL);
```

```
    },

    moveCursorCloseTo: function (x, y) {
        var line = this.getLine(y);

        if (line) {
            line.caret = this.getColumn(line, x);
            this.activeLine = line;
            this.moveCursor(line.getCaretX(context), line.bottom);
        }
    },

    moveCursor: function (x, y) {
        this.cursor.erase(this.context, this.drawingSurface);
        this.cursor.draw(this.context, x, y);

        if ( ! this.blinkingInterval)
            this.blinkCursor(x, y);
    },

    moveLinesDown: function (start) {
        for (var i=start; i < this.lines.length; ++i) {
            line = this.lines[i];
            line.bottom += line.getHeight(this.context);
        }
    },

    newline: function () {
        var textBeforeCursor =
                this.activeLine.text.substring(0, this.activeLine.caret),
            textAfterCursor =
                this.activeLine.text.substring(this.activeLine.caret),
            height = this.context.measureText('W').width +
                    this.context.measureText('W').width/6,

            bottom = this.activeLine.bottom + height,
            activeIndex,
            line;

        // 단락을 지우고 활성화된 라인의 텍스트를 설정한다.

        this.erase(this.context, this.drawingSurface);
        this.activeLine.text = textBeforeCursor;

        // 텍스트를 포함하고 있는 새로운 라인을 커서 뒤에 생성한다.

        line = new TextLine(this.activeLine.left, bottom);
        line.insert(textAfterCursor);

        // 새로운 라인을 이은 다음 활성화된 라인을 설정하고 삽입 기호를 재설정한다.
```

```
    activeIndex = this.lines.indexOf(this.activeLine);
    this.lines.splice(activeIndex+1, 0, line);

    this.activeLine = line;
    this.activeLine.caret = 0;

    // 새로운 라인에서 시작하며 반복문으로 남아있는 라인을 반복한다.

    activeIndex = this.lines.indexOf(this.activeLine);

    for(var i=activeIndex+1; i < this.lines.length; ++i) {
        line = this.lines[i];
        line.bottom += height; // 라인을 한 열로 아래로 이동시킨다.
    }

    this.draw();
    this.cursor.draw(this.context, this.activeLine.left,
                     this.activeLine.bottom);
},

getLine: function (y) {
    var line;
    for (i=0; i < this.lines.length; ++i) {
        line = this.lines[i];
        if (y > line.bottom - line.getHeight(context) &&
            y < line.bottom) {
            return line;
        }
    }
    return undefined;
},

getColumn: function (line, x) {
    var found = false,
        before,
        after,
        closest,
        tmpLine,
        column;

    tmpLine = new TextLine(line.left, line.bottom);
    tmpLine.insert(line.text);

    while ( ! found && tmpLine.text.length > 0) {
        before = tmpLine.left + tmpLine.getWidth(context);
        tmpLine.removeLastCharacter();
        after = tmpLine.left + tmpLine.getWidth(context);

        if (after < x) {
            closest = x - after < before - x ? after : before;
```

```
            column = closest === before ?
                         tmpLine.text.length + 1 : tmpLine.text.length;
            found = true;
         }
      }
      return column;
   },

   activeLineIsOutOfText: function () {
      return this.activeLine.text.length === 0;
   },

   activeLineIsTopLine: function () {
      return this.lines[0] === this.activeLine;
   },

   moveUpOneLine: function () {
      var lastActiveText, line, before, after;

      lastActiveLine = this.activeLine;
      lastActiveText = '' + lastActiveLine.text;

      activeIndex = this.lines.indexOf(this.activeLine);
      this.activeLine = this.lines[activeIndex - 1];
      this.activeLine.caret = this.activeLine.text.length;

      this.lines.splice(activeIndex, 1);

      this.moveCursor(
         this.activeLine.left + this.activeLine.getWidth(this.context),
         this.activeLine.bottom);

      this.activeLine.text += lastActiveText;

      for (var i=activeIndex; i < this.lines.length; ++i) {
         line = this.lines[i];
         line.bottom -= line.getHeight(this.context);
      }
   },

   backspace: function () {
      var lastActiveLine,
          activeIndex,
          t, w;

      this.context.save();

      if (this.activeLine.caret === 0) {
         if ( ! this.activeLineIsTopLine()) {
            this.erase(this.context, this.drawingSurface);
```

```
            this.moveUpOneLine();
            this.draw();
        }
    }

    else {   // 활성화된 라인에 텍스트가 있을 때
        this.context.fillStyle = fillStyleSelect.value;
        this.context.strokeStyle = strokeStyleSelect.value;

        this.erase(this.context, this.drawingSurface);
        this.activeLine.removeCharacterBeforeCaret();

        t = this.activeLine.text.slice(0, this.activeLine.caret),
        w = this.context.measureText(t).width;

        this.moveCursor(this.activeLine.left + w,
                        this.activeLine.bottom);

        this.draw(this.context);

        context.restore();
    }
  }
};
```

 WHATWG 캔버스 모범 사례: 텍스트 컨트롤을 구현하지 마라

WHATWG 캔버스 명세서에서는 모범 사례와 관련된 짧은 글을 소개하고 있다. 그중에는 캔버스 요소를 사용해 텍스트 편집 컨트롤을 구현하는 대신, HTML5 contenteditable 속성과 결합해 HTML 〈input〉 요소나 〈textarea〉 요소를 사용하라는 내용이 있다. 참고로 W3C의 캔버스 2d 콘텍스트 명세서에서 같은 내용을 확인할 수 없다.

이렇게 말하는 이유는 무엇일까? WHATWG에 따르면 텍스트 컨트롤을 구현하는데 해야 할 작업이 너무 많기 때문이다. 기본적으로 〈canvas〉 요소에서 복사하여 붙이기, 끌어놓기, 텍스트 선택, 스크롤 등과 같은 기능을 제공하지 않으므로 텍스트 편집 컨트롤을 효율적으로 구현하려면 이 기능들을 구현해야 한다.

물론 WHATWG에서 텍스트 편집 컨트롤을 구현하는 것이 좋은 방법이라고 생각하지 않는다고 해서 이런 충고를 맹목적으로 따라야 할 필요는 없다. 사실 사람들은 텍스트 편집 컨트롤을 구현하고 있다. 베스핀 편집기(Bespin editor)가 좋은 예라고 할 수 있다. 모든 모범 사례와 마찬가지로 곧이곧대로 믿지 말고 노력할 가치가 있다고 생각하면 여러분의 판단대로 행동하자. 단지 〈canvas〉 요소에서 텍스트를 최소한으로 지원하고 있다는 사실과 텍스트 컨트롤을 구현하기 위해 여러 작업을 거쳐야 한다는 사실을 알고 있으면 된다.

3.5   결론

캔버스에서는 텍스트를 조작하는 데 필요한 핵심 기능을 제공하지만, 호를 따라 텍스트를 그리는 기능이나 텍스트 라인을 편집할 수 있는 기능 등과 같이 복잡한 텍스트를 처리할 수 있는 기능을 명확하게 제공하지는 않는다.

3장에서는 호를 따라 텍스트를 그리는 방법을 포함한 캔버스에서 제공하는 최소의 텍스트 API를 적용해 복잡한 텍스트를 처리할 수 있는 기능을 구현하는 방법을 살펴봤다. 또한, 축과 다이얼에 텍스트 라벨을 그리는 방법뿐만 아니라 정렬과 폰트 등과 같이 텍스트 파라미터를 설정하는 방법도 살펴봤다.

그리고 3장의 나머지 부분에서는 텍스트 커서를 시작으로, 편집할 수 있는 텍스트 라인, 마지막으로 단락까지 텍스트 컨트롤을 구현하는 방법에 대해 자세히 살펴봤다. 만약 여러분이 텍스트 컨트롤을 구현하겠다고 결정했다면, 이런 오브젝트들은 좋은 출발점이 될 것이다.

다음 장에서는 캔버스에 이미지를 표시하고 조작하는 방법을 살펴보도록 하자.

04

이미지 및 비디오

HTML5 캔버스에서는 이미지에 대한 지원을 확대했기 때문에 이미지의 일부든, 전체든, 확대한 이미지이든, 확대하지 않은 이미지이든 캔버스 내 어디에나 그릴 수 있고, 각 픽셀의 색상과 투명도에 접근해 조작할 수도 있다. 또한, 클리핑 영역과 오프스크린 캔버스 등과 같은 다양한 캔버스 API와 이미지 조작을 결합해 애니메이션 및 멀티플레이어 게임이나, 데이터 시각화, 또는 입자 물리학 모의실험 등과 같은 화려한 효과를 연출할 수 있다.

[그림 4.1]에서는 캔버스 이미지를 조작할 수 있다는 것을 입증하는 돋보기를 보여주고 있다. 돋보기를 드래그하면 애플리케이션에서는 돋보기 바로 아래의 픽셀을 확대한 다음 돋보기 렌즈에 한정된 부분을 다시 캔버스에 그린다.

캔버스 콘텍스트에서는 이미지를 그리고 조작하는 작업을 위해 다음과 같이 네 가지 메서드를 제공하고 있다.

- drawImage()
- getImageData()
- putImageData()
- createImageData()

짐작한 것처럼 drawImage() 메서드를 사용하면 캔버스에 이미지를 그릴 수 있다. 하지만 drawImage() 메서드로 캔버스 내부에 다른 캔버스나 비디오 프레임을 그릴 수 있다는 사실은 짐작하지 못했을 것이다. 물론 이런 기능을 구현하려면 엄청난 작업이 동반돼야 할 것이다.

그리고 이미지 데이터 메서드를 사용하면 이미지의 각 픽셀에 접근해 조작할 수 있다. getImageData() 메서드를 이용하면 이미지의 근본 픽셀에 접근할 수 있으며 putImageData() 메서드를 이용하면 픽셀을 다시 이미지에 넣을 수 있다. 항상 이 방법을 사용하지는 건 아니지만, 보통 이 방법으로 픽셀을 조작하게 될 것이다. 자세한 내용은 276페이지 4.5.1절('이미지 데이터에 접근하기')에서 살펴보자.

그림 4.1   클리핑 영역을 사용해 픽셀을 확대한 돋보기

또한, 여러분은 createImageData() 메서드로 빈 이미지 데이터 오브젝트를 생성할 수 있다. 그리고 ImageData 오브젝트를 createImageData() 메서드에 전달하거나 이미지 데이터의 너비와 높이 중 하나를 createImageData() 메서드에 전달할 수 있으며 이럴 경우 createImageData() 메서드에서는 전달된 오브젝트와 같은 너비와 높이를 가진 빈 ImageData 오브젝트를 반환한다.

4.1   이미지 그리기

drawImage() 메서드를 사용하면 이미지 전체나 일부를 캔버스 내부 어디든 그릴 수 있을 뿐만 아니라 이미지를 확대할 수도 있다. 또한, 오프스크린 캔버스에 그릴 수 있으므로 패닝 효과나 페이드 효과 등과 같이 이미지로 다양한 작업을 할 수 있다. 4장에서는 오프스크린 캔버스의 다양한 사용법을 알아볼 예정이다.

4.1.1 캔버스에 이미지 그리기

[그림 4.2]처럼 캔버스에 이미지를 그려보자. 이 애플리케이션의 코드는 [예제 4.1]에 있다.

그림 4.2   캔버스에 그린 이미지

예제 4.1   이미지 그리기

```
var canvas = document.getElementById('canvas'),
    context = canvas.getContext('2d'),
    image = new Image();

image.src = 'fence.png';
image.onload = function(e) {
   context.drawImage(image, 0, 0);
};
```

[예제 4.1]에서는 이미지를 생성하고 이미지의 소스를 설정하고 있다. 그리고 이미지를 가져올 때까지 기다린 후 캔버스의 왼쪽 위 모서리에 이미지를 그리고 있다.

이는 drawImage() 메서드를 이용한 가장 간단한 사용법으로 원본 이미지 전체를 캔버스에 그린다. 하지만 이미지를 캔버스에 그리기 전에 이미지를 가져올 때까지 기다려야 한다는 단점이 있다. 만약 이미지를 가져오기 전에 이미지를 그리면, 캔버스 명세서에 따라 drawImage() 메서드에서는 오류를 발생시킬 것이다.

이미지를 가져오기 전까지 이미지를 그릴 수 없다

drawImage() 메서드에서는 이미지를 캔버스에 그리지만, 이미지를 가져오지 않았다면 drawImage() 메서드에서는 어떤 작업도 하지 않을 것이다. 따라서 drawImage() 메서드를 사용할 때는 보통 drawImage() 메서드에 대한 호출을 onload callback 함수에 넣음으로써 이미지를 가져오는지 확인한다.

 캔버스 명세서를 따르자

캔버스 명세서를 보면 가져오지 않은 이미지를 그리려고 시도하면 drawImage() 메서드에서는 오류를 발생시켜야 한다. 하지만 브라우저에서는 오류를 발생시키는 대신 예외처리를 하고 있다. 이 내용은 http://bit.ly/ilW6ET에서 확인할 수 있다.

일반적으로 브라우저가 항상 캔버스 명세서를 고수하지는 않는다는 점을 기억할 필요가 있다. 이런 이유에서 브라우저가 캔버스 명세서를 지키는지를 테스트하는 시험 슈트를 가지고 있는 것이 좋다. 더 자세한 내용은 http://w3c-test.org에서 살펴볼 수 있다.

 이미지를 그릴 때, 그림자, 클리핑 영역, 합성을 사용할 수 있다

drawImage() 메서드에서는 현재 패스를 고려하지 않고 이미지를 그리지만 globalAlpha 설정, 그림자 효과, 클리핑 영역, 전역 합성 연산자 등을 고려해야 한다.

 이미지 로드

몇몇 애플리케이션에서는 시작하기 전에 적지 않은 이미지를 가져와야 한다. 주로 게임이 이런 애플리케이션이라고 할 수 있다. 540페이지의 9.1.2절('이미지 로드하기')에서는 여러 개의 이미지를 가져오는 방법과 이미지를 로딩하는 동안 프로그레스 바(progress bar)를 표시하는 방법을 살펴볼 예정이다.

지금까지 캔버스에 이미지를 그리는 방법을 살펴봤다. 다음 절에서는 **drawImage()** 메서드에 대해 자세히 알아보자.

4.1.2 drawImage() 메서드

[그림 4.3]에서는 drawImage() 메서드를 보여주고 있다.

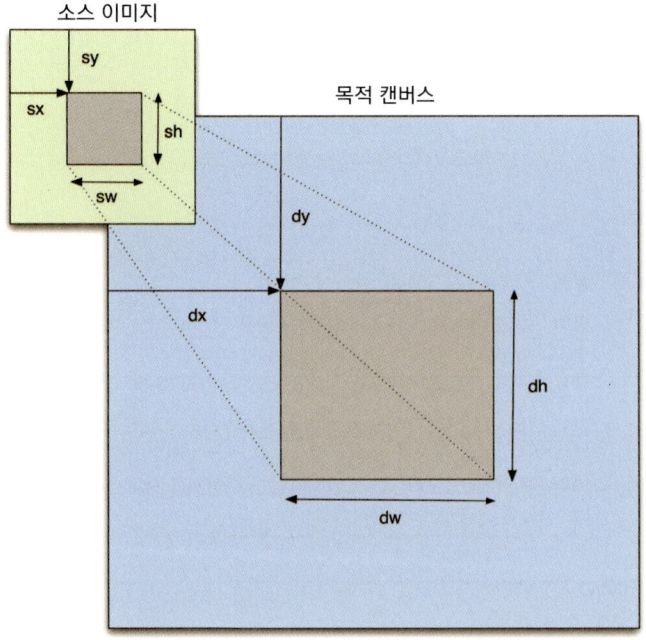

그림 4.3 drawImage() 메서드를 사용하면 확대했거나 조작하지 않은 이미지의 전체나 일부를 캔버스에 그릴 수 있다.

drawImage() 메서드에서는 소스 이미지라고 불리는 이미지를 목적 캔버스라고 불리는 캔버스에 그린다. [그림 4.3]에서 's'로 시작하는 변수는 소스 이미지에 해당하고 'd'로 시작하는 변수는 목적 캔버스에 해당한다. drawImage() 메서드에서는 다음과 같이 세 가지 형태로 인수를 설정할 수 있다.

- drawImage(image, dx, dy)
- drawImage(image, dx, dy, dw, dh)
- drawImage(image, sx, sy, sw, sh, dx, dy, dw, dh)

위 세 가지 형태에서 첫 번째 인수는 이미지(HTMLImageElement)를 나타내지만, 이 인수는 다른 캔버스(HTMLCanvasElement)나 비디오(HTMLVideoElement)를 나타낼 수도 있다. 따라서 캔버스나 비디오를 마치 이미지인 것처럼 처리할 수 있으므로 비디오-편집 소프트웨어 등과 같이 다양한 애플리케이션에서 사용할 수 있다.

drawImage() 메서드의 첫 번째 형태는 전체 이미지를 목적 캔버스 내부의 특정 위치에 그릴 때 사용한다.

그리고 두 번째 형태는 전체 이미지를 특정 위치에 그리고 특정 너비와 높이만큼 확대할 때 사용한다.

마지막으로 세 번째 형태는 전체 또는 일부 이미지를 목적 캔버스의 특정 위치에 그리고 임의 너비와 높이만큼 확대할 때 사용한다.

[표 4.1]에서는 drawImage() 메서드에 대해 소개하고 있다.

표 4.1   **drawImage() 메서드**

메서드	설명
`drawImage(HTMLImageElement image, double sx, double sy, double sw, double sh, double dx, double dy, double dw, double dh);`	이미지를 캔버스에 그린다. 첫 번째 인수인 이 이미지는 비디오(HTMLVideoElement, drawImage()에서 비디오의 현재 프레임을 그릴 때)나 캔버스(HTMLCanvasElement)가 될 수 있다. 전체 이미지나 이미지 일부가 캔버스에 그려지며 이때 이미지를 확대할 수도 있다. 이미지 일부는 sx, sy, sw, sh 파라미터로 명시하며 브라우저에서는 dw와 dh 파라미터만큼 이미지를 확대한다. 이때는 처음 세 개의 인수만 필요하다.

 이미지, 캔버스, 비디오를 캔버스에 그릴 수 있다

drawImage() 메서드는 유연하므로 이미지나, 캔버스, 또는 비디오 프레임의 전체나 일부를 캔버스에 그릴 수 있다. 그뿐만 아니라 원하는 위치와 크기로 이미지나, 캔버스, 또는 비디오를 배치할 수 있다.

4.2   이미지 확대하기

앞 절에서는 drawImage() 메서드로 확대하지 않은 원본 이미지를 캔버스에 그리는 방법을 살펴봤다. 이 절에서는 [그림 4.4]처럼 drawImage() 메서드를 이용해 이미지를 확대하는 방법을 알아보자.

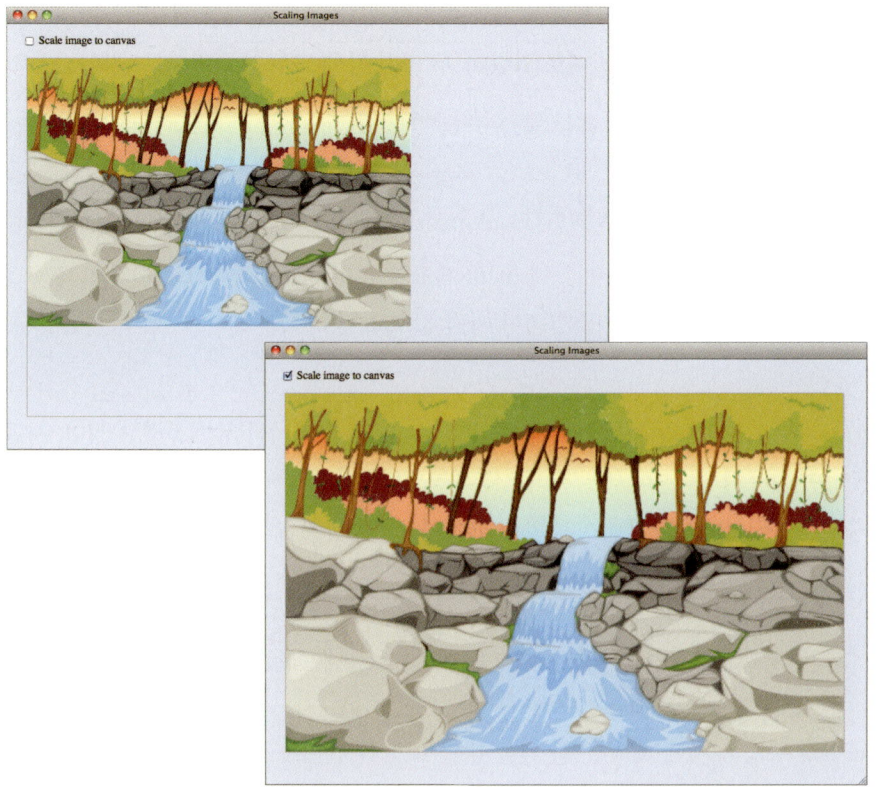

그림 4.4   이미지 확대

[그림 4.4]의 위에 있는 그림에서 볼 수 있듯이 초기 이미지는 캔버스보다 약간 작다. 그러나 사용자가 페이지 위에 있는 체크박스를 클릭하면 [그림 4.4]의 아래에 있는 그림처럼 캔버스의 크기에 맞게 이미지를 확대한다.

[예제 4.2]에서는 [그림 4.4]에서 이미지를 그리는 함수에 대한 코드를 소개하고 있다.

예제 4.2   이미지 확대하기

```
function drawImage() {
   context.clearRect(0, 0, canvas.width, canvas.height);

   if (scaleCheckbox.checked) {
      context.drawImage(image, 0, 0, canvas.width, canvas.height);
   }
   else {
      context.drawImage(image, 0, 0);
   }
}
```

체크박스를 클릭하면 함수에서는 캔버스 크기에 맞게 이미지를 확대한다. 하지만 체크박스의 선택을 해지하면 함수에서는 초기 원본 이미지의 크기대로 그린다. 두 가지 경우 모두 함수에서는 캔버스 내 (0, 0) 좌표에 전체 이미지를 그린다.

4.2.1 캔버스 경계 밖에 이미지 그리기

[예제 4.2]에서 소개한 애플리케이션에서는 캔버스 내 (0, 0) 좌표에 이미지를 배치하고 있지만, [그림 4.5]에서 보여주는 애플리케이션에서처럼 목적 좌표를 0이 아닌 값으로 명시하면 캔버스 어디든 이미지를 배치할 수 있다.

이 애플리케이션에서는 사용자가 이미지의 크기를 조절할 수 있는 슬라이더를 제공하고 있다. 사용자가 슬라이더를 이동하면 애플리케이션에서는 캔버스를 지운 다음 정해진 비율에 따라 이미지를 다시 그린다. 이때 애플리케이션에서 이미지를 캔버스 중앙에 배치하고 있다는 점에 주목하자.

이 애플리케이션에서는 이미지를 확대하는 기능 이외에 재미있는 기능을 하나 더 제공하고 있다. 바로 사용자가 슬라이더를 움직이면 왼쪽 위 모서리에 표시된 확대 정보도 이미지와 함께 확대되는 기능이다. 참고로 이 기능을 구현하는 방법은 [예제 4.5]에서 소개하고 있다.

이미지는 캔버스 내부의 특정 위치에 배치할 수 있을 뿐만 아니라 캔버스 외부에도 배치할 수 있다. [그림 4.5]에서 보여준 애플리케이션에서는 [그림 4.6]에서 보여주는 것처럼 이미지를 중앙에 위치시키고 있다.

[그림 4.6]에서는 [그림 4.5]에서 보여준 애플리케이션이 특정 배율, 여기서는 2.0으로 이미지를 확대하는 방법을 보여주고 있다. 이미지의 특정 부분을 캔버스에 표시하고 다른 부분을 표시되지 않게 하려고, 캔버스에 표시할 이미지 부분은 완전히 불투명하게 보여주고 있지만 캔버스 경계 밖에 있는 이미지의 나머지 부분은 페이드 효과로 처리하고 있다.

[예제 4.3]처럼 [그림 4.6]에서 보여준 애플리케이션에서는 캔버스 너비와 높이에 일정 배율을 곱해 이미지를 확대하고 있을 뿐만 아니라 이미지의 왼쪽 위 모서리도 계산하고 있다.

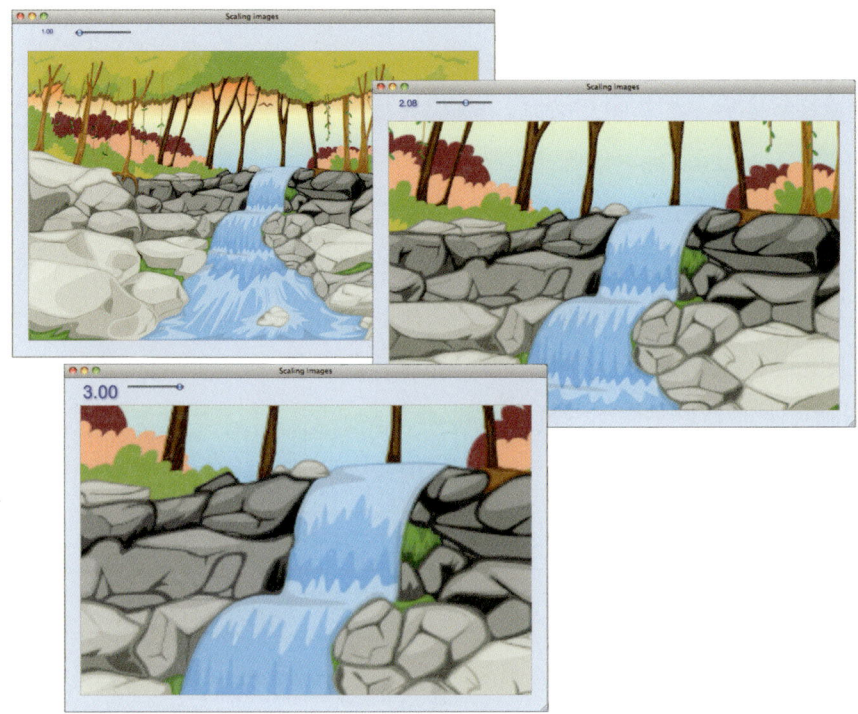

그림 4.5   이미지를 확대하고 중앙에 배치하기

그림 4.6   [그림 4.5]에 대한 전체 이미지; 이미지의 어두운 부분은 캔버스 경계 밖에 위치

예제 4.3   이미지 확대하고 중앙에 배치하기

```
function drawImage() {
    var w = canvas.width,
        h = canvas.height,
        sw = w * scale,
        sh = h * scale;

    context.clearRect(0, 0, w, h);
    context.drawImage(image, -sw/2 + w/2, -sh/2 + h/2, sw, sh);
}
```

[예제 4.4]와 [예제 4.5]에서는 [그림 4.5]에서 보여준 애플리케이션의 HTML 코드와 자바스크립트 코드를 소개하고 있다.

예제 4.4   이미지 확대하기: HTML

```
<!DOCTYPE html>
<html>
  <head>
    <title>Scaling images</title>

    <style>
        body {
            background: rgba(100, 145, 250, 0.3);
        }

        #scaleSlider {
            vertical-align: 10px;
            width: 100px;
            margin-left: 90px;
        }

        #canvas {
            margin: 10px 20px 0px 20px;
            border: thin solid #aaaaaa;
            cursor: crosshair;
        }

        #controls {
            margin-left: 15px;
            padding: 0;
        }

        #scaleOutput {
            position: absolute;
```

```css
        width: 60px;
        height: 30px;
        margin-left: 10px;
        vertical-align: center;
        text-align: center;
        color: blue;
        font: 18px Arial;
        text-shadow: 2px 2px 4px rgba(100, 140, 250, 0.8);
    }

  </style>
</head>

<body>
  <div id='controls'>
    <output id='scaleOutput'>1.0</output>
    <input id='scaleSlider' type='range'
           min='1' max='3.0' step='0.01' value='1.0'/>
  </div>

  <canvas id='canvas' width='800' height='520'>
    Canvas not supported
  </canvas>

  <script src='example.js'></script>
</body>
</html>
```

예제 4.5　　이미지 확대하기: 자바스크립트

```javascript
var canvas = document.getElementById('canvas'),
    context = canvas.getContext('2d'),
    image = new Image(),

    scaleSlider = document.getElementById('scaleSlider'),
    scale = 1.0,
    MINIMUM_SCALE = 1.0,
    MAXIMUM_SCALE = 3.0;

// 함수......................................................

function drawImage() {
  var w = canvas.width,
      h = canvas.height,
      sw = w * scale,
      sh = h * scale;
```

```
    context.clearRect(0, 0, canvas.width, canvas.height);
    context.drawImage(image, -sw/2 + w/2, -sh/2 + h/2, sw, sh);
}

function drawScaleText(value) {
    var text = parseFloat(value).toFixed(2);
    var percent = parseFloat(value - MINIMUM_SCALE) /
                  parseFloat(MAXIMUM_SCALE - MINIMUM_SCALE);

    scaleOutput.innerText = text;
    percent = percent < 0.35 ? 0.35 : percent;
    scaleOutput.style.fontSize = percent*MAXIMUM_SCALE/1.5 + 'em';
}

// 이벤트 핸들러......................................................

scaleSlider.onchange = function(e) {
    scale = e.target.value;

    if (scale < MINIMUM_SCALE) scale = MINIMUM_SCALE;
    else if (scale > MAXIMUM_SCALE) scale = MAXIMUM_SCALE;

    drawScaleText(scale);
    drawImage();
};

// 초기화......................................................

context.fillStyle     = 'cornflowerblue';
context.strokeStyle   = 'yellow';
context.shadowColor   = 'rgba(50, 50, 50, 1.0)';
context.shadowOffsetX = 5;
context.shadowOffsetY = 5;
context.shadowBlur    = 10;

image.src = 'waterfall.png';

image.onload = function(e) {
    drawImage();
    drawScaleText(scaleSlider.value);
};
```

캔버스 외부에 이미지를 그릴 수 있다

여러분은 캔버스 내부나 외부에 이미지를 그릴 수 있다. 예를 들어, [그림 4.5]에서 소개한 애플리케이션에서는 1.0보다 큰 배율의 이미지는 캔버스 외부에 있는 위치를 명시하고 있다.

여러분이 이미지를 캔버스에 그릴 때 이미지의 일부분이 캔버스 경계 밖에 있다면 브라우저에서는 캔버스 외부에 있는 이미지를 무시한다.

캔버스 경계밖에 이미지를 그리는 기능은 매우 중요하다. 362페이지의 5.7절('배경 스크롤하기')에서는 이미지를 캔버스 경계 밖에 그려 배경을 스크롤하는 방법과 배경을 시야에 들어오게 스크롤 할 수 있도록 캔버스 좌표계를 이동시키는 방법을 소개할 예정이다.

 캔버스에 제공하기

[예제 4.5]에서 소개한 애플리케이션에서는 사용자가 슬라이더를 조정하면 왼쪽 위 모서리에 있는 배율 정보를 이미지와 같은 배율로 확대하고 있다. 여기서 fillText() 메서드를 사용해 슬라이더의 배율에 맞게 캔버스를 확대할 수 있는 배율 정보를 구현하고 싶은 생각이 들 수도 있다. 하지만 캔버스 명세서에는 다음과 같이 명시돼 있다.

더 적합한 요소를 사용할 수 있다면 개발자는 〈canvas〉 요소를 사용해서는 안 된다. 예를 들면, 페이지 헤더를 가져올 때 〈canvas〉 요소를 사용하는 방법은 적절하지 않다.

[예제 4.5]에서 보여준 애플리케이션에서는 〈canvas〉 요소보다 〈output〉 요소를 사용하는 방법이 적합할 뿐만 아니라 구현하기도 쉽다.

4.3 캔버스에 캔버스 그리기

[그림 4.7]의 애플리케이션에서는 이미지를 캔버스에 그린 다음 이미지 위에 워터마크라고 알려진 텍스트를 그리고 있다.

사용자가 왼쪽 위 모서리에 있는 슬라이더로 배율을 조정하면, 애플리케이션에서는 이미지와 텍스트를 모두 확대한다. 이때, 특정 배율만큼 확대한 이미지와 텍스트를 오프스크린 캔버스에 그린 다음 오프스크린 캔버스를 온스크린 캔버스에 복사해 이미지와 텍스트를 함께 확대하는 방법을 사용할 수도 있다. 하지만 drawImage() 메서드를 사용하면 다음 코드에서처럼 캔버스를 캔버스 자체에 그리므로 오프스크린 캔버스를 사용할 필요가 없다.

```
var canvas = document.getElementById('canvas'),
    context = canvas.getContext('2d'),
    scaleWidth = ...,  // Calculate scales for width and height
    scaleHeight = ...;

...
context.drawImage(canvas, 0, 0, scaleWidth, scaleHeight);
...
```

위 코드에서는 캔버스를 캔버스 자체에 그린 다음 해당 비율만큼 캔버스를 확대하고 있다. 사용자가 배율을 변경하면 애플리케이션에서는 캔버스를 지우고 캔버스의 너비와 높이만큼 확대한 이미지를 캔버스에 그린 다음 이미지 위에 워터마크를 그린다.

그림 4.7　워터마크

그러나 애플리케이션에서는 곧바로 캔버스를 캔버스 자체에 그리고 사용자가 설정한 배율만큼 확대하므로 사용자는 캔버스의 이런 과정을 볼 수 없다. 이것은 이미지뿐만 아니라 워터마크만 확대할 때에도 똑같이 적용된다.

이때는 캔버스를 캔버스 자체에 그리는 방법이 편리하지만 효율적이지 못하다. 왜냐하면, 사용자가 배율을 변경할 때마다 애플리케이션에서 이미지와 워터마크를 그린 다음 전체 캔버스를 다시 그리고 변경된 배율만큼 확대해야 하기 때문이다. [예제 4.6]에서 소개한 애플리케이션의 자바스크립트 코드에서 볼 수 있듯이, 이것은 배율이 변경될 때마다 애플리케이션에서 이미지와 워터마크를 두 번씩 그려야 한다는 의미다.

예제 4.6   워터마크: 자바스크립트

```javascript
var canvas = document.getElementById('canvas'),
    context = canvas.getContext('2d'),
    image = new Image(),

    scaleOutput = document.getElementById('scaleOutput');
    scaleSlider = document.getElementById('scaleSlider'),
    scale = scaleSlider.value,
    scale = 1.0,

    MINIMUM_SCALE = 1.0,
    MAXIMUM_SCALE = 3.0;

// 함수......................................................

function drawScaled() {
   var w = canvas.width,
       h = canvas.height,
       sw = w * scale,
       sh = h * scale;

   // 캔버스를 지우고 캔버스 크기만큼 확대된 이미지를 그린다.

   context.clearRect(0, 0, canvas.width, canvas.height);
   context.drawImage(image, 0, 0, canvas.width, canvas.height);

   // 이미지 위에 워터마크를 그린다.

   drawWatermark();

   // 마지막으로 현재 비율에 따라 확대된 캔버스를 캔버스 자체에 그린다.
   // 이때, 소스 캔버스와 목적 캔버스가
   // 같은 캔버스란 사실에 주목하자.

   context.drawImage(canvas, 0, 0, canvas.width, canvas.height,
                     -sw/2 + w/2, -sh/2 + h/2, sw, sh);
}

function drawScaleText(value) {
   var text = parseFloat(value).toFixed(2);
   var percent = parseFloat(value - MINIMUM_SCALE) /
                 parseFloat(MAXIMUM_SCALE - MINIMUM_SCALE);

   scaleOutput.innerText = text;
```

```javascript
        percent = percent < 0.35 ? 0.35 : percent;
        scaleOutput.style.fontSize = percent*MAXIMUM_SCALE/1.5 + 'em';
}

function drawWatermark() {
    var lineOne = 'Copyright',
        lineTwo = 'Acme Inc.',
        textMetrics,
        FONT_HEIGHT = 128;

    context.save();
    context.font = FONT_HEIGHT + 'px Arial';

    textMetrics = context.measureText(lineOne);

    context.globalAlpha = 0.6;
    context.translate(canvas.width/2,
                      canvas.height/2-FONT_HEIGHT/2);

    context.fillText(lineOne, -textMetrics.width/2, 0);
    context.strokeText(lineOne, -textMetrics.width/2, 0);

    textMetrics = context.measureText(lineTwo);
    context.fillText(lineTwo, -textMetrics.width/2, FONT_HEIGHT);
    context.strokeText(lineTwo, -textMetrics.width/2, FONT_HEIGHT);

    context.restore();
}

// 이벤트 핸들러......................................................

scaleSlider.onchange = function(e) {
    scale = e.target.value;

    if (scale < MINIMUM_SCALE) scale = MINIMUM_SCALE;
    else if (scale > MAXIMUM_SCALE) scale = MAXIMUM_SCALE;

    drawScaled();
    drawScaleText(scale);
}

// 초기화....................................................

context.fillStyle    = 'cornflowerblue';
context.strokeStyle  = 'yellow';
context.shadowColor   = 'rgba(50, 50, 50, 1.0)';
context.shadowOffsetX = 5;
context.shadowOffsetY = 5;
context.shadowBlur    = 10;
```

```
var glassSize = 150;
var scale = 1.0;

image.src = 'lonelybeach.png';
image.onload = function(e) {
    context.drawImage(image, 0, 0, canvas.width, canvas.height);
    drawWatermark();
    drawScaleText(scaleSlider.value);
};
```

오프스크린 캔버스를 사용하려면 코딩 작업을 더 해야 하지만, 위 예제에서는 오프스크린 캔버스를 사용하는 것이 효율적이다. 다음 절에서는 오프스크린 캔버스를 사용해 워터마크 예제를 구현하는 방법을 살펴보자.

 캔버스를 캔버스 자체에 그릴 수 있지만 조심해야 한다

drawImage() 메서드를 이용하면 캔버스를 다른 캔버스에 그릴 수 있다. 또한, 캔버스를 캔버스 자체에 그릴 수도 있다. 캔버스를 캔버스 자체에 그리는 것은 [예제 4.6]에서처럼 캔버스를 확대하는 작업과 같이 몇몇 경우에만 편리하게 사용할 수 있다. 대부분, 브라우저에서는 캔버스를 확대할 수 있게 중간 오프스크린 캔버스를 생성해야 하므로 효율적이지 않다.

4.4 오프스크린 캔버스

이미지의 임시 장소로 사용되는 오프스크린 캔버스는 다양한 사례에서 유용하게 사용된다. 예를 들면, [그림 4.1]에서 보여준 돋보기 애플리케이션에서는 오프스크린 캔버스를 사용해 온스크린 캔버스 일부를 확대한 다음 오프스크린 캔버스의 이미지를 온스크린 캔버스에 복사하고 있다.

[그림 4.8]에서는 오프스크린 캔버스의 또 다른 사용법을 보여주고 있다. 여기서 오프스크린 캔버스는 이미지와 워터마크의 원본을 가지고 있다. 사용자가 배율 슬라이더를 조작하면 애플리케이션에서는 오프스크린 캔버스를 온스크린 캔버스에 복사하며 이 과정에서 오프스크린 캔버스를 확대한다.

일반적으로 오프스크린 캔버스를 사용하는 방법은 다음과 같이 네 단계로 진행된다.

1. 오프스크린 <canvas> 요소를 생성한다.

2. 오프스크린 캔버스의 너비와 높이를 설정한다.

3.   오프스크린 캔버스에 그린다.

4.   오프스크린 캔버스 전체나 일부를 온스크린 캔버스에 복사한다.

[예제 4.7]에서는 위 단계에 따라 생성한 코드를 소개하고 있다.

오프스크린 캔버스

온스크린 캔버스

그림 4.8   오프스크린 캔버스

예제 4.7   오프스크린 캔버스에 대한 코드

```javascript
var canvas = document.getElementById('canvas'),
    context = canvas.getContext('2d'),
    offscreenCanvas = document.createElement('canvas'),
    offscreenContext = offscreenCanvas.getContext('2d'),
...

// 온스크린 캔버스에 맞게 오프스크린 캔버스의 크기를 설정한다.

offscreenCanvas.width = canvas.width;
offscreenCanvas.height = canvas.height;
...
```

```
// 오프스크린에 이미지를 그린다.

offscreenContext.drawImage(anImage, 0, 0);
...
// 오프스크린 이미지를 온스크린 캔버스에 그린다.

context.drawImage(offscreenCanvas, 0, 0,
                  offscreenCanvas.width, offscreenCanvas.height);
```

다음과 같이 오프스크린 캔버스를 생성할 수 있다.

```
var offscreenCanvas = document.createElement('canvas');
```

이 코드에서는 <DOM> 요소에 소속되지 않은 새로운 캔버스를 생성하므로 생성된 캔버스는 볼 수 없을 것이다. 이런 이유에서 오프스크린이란 단어를 사용하고 있다.

기본적으로 오프스크린 캔버스의 크기는 캔버스의 기본 크기인 너비 300픽셀, 높이 150픽셀로 설정된다. 하지만 오프스크린 캔버스의 기본 크기가 충분하지 않을 때도 있으므로 캔버스 크기를 조절할 필요가 있다.

오프스크린 캔버스를 생성하고 크기를 설정했다면, 일반적으로 오프스크린 캔버스에 그린 다음 오프스크린 캔버스 전체나 일부를 온스크린에 그린다.

[예제 4.8]에서는 [그림 4.8]에서 보여준 애플리케이션의 코드를 소개하고 있다.

예제 4.8   오프스크린 캔버스 사용하기

```
var canvas = document.getElementById('canvas'),
    context = canvas.getContext('2d'),

    offscreenCanvas = document.createElement('canvas'),
    offscreenContext = offscreenCanvas.getContext('2d'),

    image = new Image(),

    scaleOutput = document.getElementById('scaleOutput'),
    canvasRadio = document.getElementById('canvasRadio'),
    imageRadio = document.getElementById('imageRadio'),

    scale = scaleSlider.value,
    scale = 1.0,

    MINIMUM_SCALE = 1.0,
    MAXIMUM_SCALE = 3.0;
```

```javascript
// 함수........................................................

function drawScaled() {
  var w = canvas.width,
      h = canvas.height,
      sw = w * scale,
      sh = h * scale;

  context.drawImage(offscreenCanvas, 0, 0,
                    offscreenCanvas.width, offscreenCanvas.height,
                    -sw/2 + w/2, -sh/2 + h/2, sw, sh);
}

function drawScaleText(value) {
  var text = parseFloat(value).toFixed(2);
  var percent = parseFloat(value - MINIMUM_SCALE) /
                parseFloat(MAXIMUM_SCALE - MINIMUM_SCALE);

  scaleOutput.innerText = text;
  percent = percent < 0.35 ? 0.35 : percent;
  scaleOutput.style.fontSize = percent*MAXIMUM_SCALE/1.5 + 'em';
}

function drawWatermark(context) {
  var lineOne = 'Copyright',
      lineTwo = 'Acme, Inc.',
      textMetrics = null,
      FONT_HEIGHT = 128;

  context.save();
  context.fillStyle = 'rgba(100,140,230,0.5);';
  context.strokeStyle = 'yellow';
  context.shadowColor = 'rgba(50, 50, 50, 1.0)';
  context.shadowOffsetX = 5;
  context.shadowOffsetY = 5;
  context.shadowBlur = 10;

  context.font = FONT_HEIGHT + 'px Arial';
  textMetrics = context.measureText(lineOne);
  context.translate(canvas.width/2, canvas.height/2);
  context.fillText(lineOne, -textMetrics.width/2, 0);
  context.strokeText(lineOne, -textMetrics.width/2, 0);

  textMetrics = context.measureText(lineTwo);
  context.fillText(lineTwo, -textMetrics.width/2, FONT_HEIGHT);
  context.strokeText(lineTwo, -textMetrics.width/2, FONT_HEIGHT);
  context.restore();
}
```

```
// 이벤트 핸들러................................................

scaleSlider.onchange = function(e) {
   scale = e.target.value;

   if (scale < MINIMUM_SCALE) scale = MINIMUM_SCALE;
   else if (scale > MAXIMUM_SCALE) scale = MAXIMUM_SCALE;

   drawScaled();
   drawScaleText(scale);
}

// 초기화................................................

offscreenCanvas.width = canvas.width;
offscreenCanvas.height = canvas.height;

image.src = 'lonelybeach.png';
image.onload = function(e) {
   context.drawImage(image, 0, 0, canvas.width, canvas.height);
   offscreenContext.drawImage(image, 0, 0,
                              canvas.width, canvas.height);
   drawWatermark(context);
   drawWatermark(offscreenContext);
   drawScaleText(scaleSlider.value);
};
```

💡 **오프스크린을 사용해 성능 향상시키기**

오프스크린 캔버스는 메모리를 많이 사용하지만, 성능을 크게 향상시킬 수 있다.

[예제 4.6]보다 [예제 4.8]에서 drawScaled() 메서드를 효율적으로 사용하고 있다는 사실에 주목하자. [예제 4.8]에서 소개한 예제에서는 오프스크린 캔버스에서 가져와 그리고 있다. 반면 [예제 4.6]에서 소개한 애플리케이션에서는 캔버스를 지우고 이미지 및 워터마크를 그린 다음 캔버스를 캔버스 자체에 복사하고 있다.

지금까지 이 절에서는 이미지를 그리고 확대한 다음 확대한 이미지를 오프스크린 캔버스에 그리는 방법을 소개했다. 다음 절에서는 이미지의 각 픽셀을 이용하고 조작하는 방법을 알아보자.

4.5 이미지 조작하기

getImageData() 메서드와 putImageData() 메서드를 사용하면, 이미지의 픽셀에 접근할 수 있고 픽셀을 이미지에 삽입할 수 있다. 그뿐만 아니라 픽셀을 변경할 수도 있기 때문에 getImageData() 메서드와 putImageData() 메서드를 이용하면 생각한 대로 이미지를 조작할 수 있다.

4.5.1 이미지 데이터에 접근하기

[그림 4.9]처럼 러버 밴드를 이용해 캔버스 영역을 선택하는 일반적인 사용 사례를 알아보자.

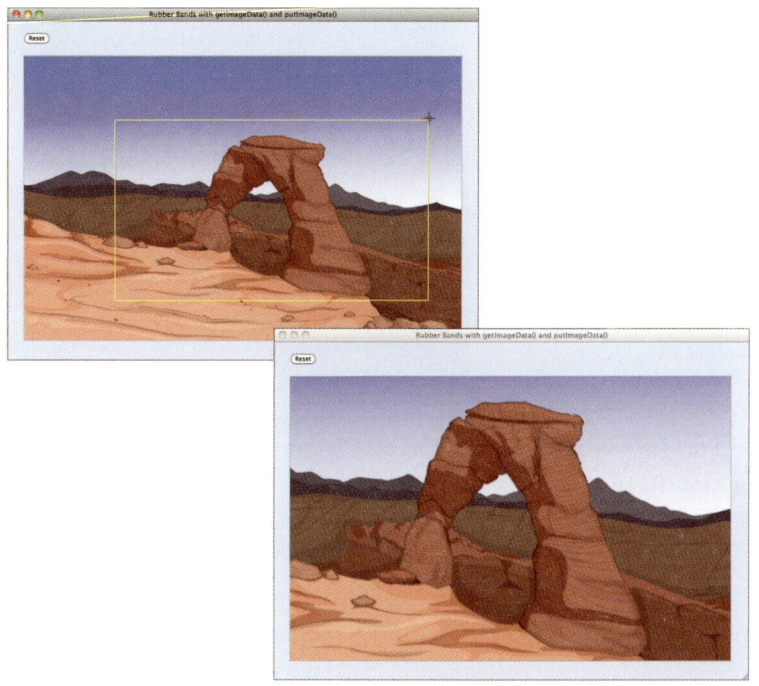

그림 4.9   러버 밴드

[그림 4.9]에서는 사용자가 러버 밴드를 이용해 캔버스의 영역을 선택하면 캔버스를 다시 그리고 선택한 영역을 캔버스의 너비와 높이만큼 확대해 표시하는 애플리케이션을 보여주고 있다.

사용자가 마우스를 드래그할 때마다 애플리케이션에서는 러버 밴드의 경계 박스를 계산하고 경계 박스 내부에 있는 이미지 픽셀을 포착한 다음 러버 밴드를 그린다. 그리고 다음에 다시 사용자가 마우스를 드래그할 때, 애플리케이션에서는 사용자가 마우스를 마지막으로 드래그할 때 포착한 이미지 픽셀을 복원한다. 그렇게 함으로써 애플리케이션에서는 러버 밴드를 지운 다음 첫 번째 프로세스를 다시 시작한다.

[그림 4.9]의 애플리케이션에서는 이미지 픽셀을 조작하지 않는다. 정확하게 말하면 애플리케이션에서는 사용자가 러버 밴드를 드래그하면 픽셀을 포착하고 복원한다. 참고로 [예제 4.9]에서는 [그림 4.9]에서 보여준 애플리케이션의 자바스크립트 코드를 소개하고 있다.

[그림 4.9]에서 보여준 애플리케이션의 rubberbandEnd() 메서드에서 rawImage() 메서드의 9번째 인수를 사용해 사용자가 선택한 이미지 일부를 확대하고 있다는 사실에 주목하자.

또한, 러버 밴드의 너비나 높이를 0으로 설정할 수 있게 사용자가 러버 밴드 직사각형의 크기를 쉽게 변경할 수 있다는 사실에 주목해야 한다. 캔버스 명세서에 의하면 너비나 높이를 0으로 설정할 때 getImageData() 메서드에서는 반드시 예외처리를 해야만 한다. [예제 4.9]에서 보여준 애플리케이션에서는 이런 일이 발생하면 다음에 사용자가 마우스를 움직일 때 현재 러버 밴드 직사각형에 대한 이미지 데이터를 업데이트하지 않으므로 애플리케이션에서 지우지 않은 러버 밴드 직사각형의 흔적이 남게 된다.

getImageData() 메서드에서 실행될지도 모르는 예외 처리를 고려해 rubberbandStretch() 메서드에서는 러버 밴드 직사각형의 너비나 높이가 0으로 설정될 때 getImageData()를 호출하지 않는 것을 확인해야 한다. 사실 콘텍스트의 선의 너비를 고려해 러버 밴드 직사각형이 러버 밴드 자체를 수용할 만큼 크지 않다면 rubberbandStretch() 메서드에서는 포착된 픽셀을 복원하거나 러버 밴드 직사각형을 업데이트하지 않는다.

예제 4.9   getImageData()와 putImageData()에서 구현한 러버 밴드

```javascript
var canvas = document.getElementById('canvas'),
    context = canvas.getContext('2d'),

    resetButton = document.getElementById('resetButton'),

    image = new Image(),
    imageData,

    mousedown = {},
    rubberbandRectangle = {},
    dragging = false;

// 함수.......................................................

function windowToCanvas(canvas, x, y) {
  var canvasRectangle = canvas.getBoundingClientRect();
  return { x: x - canvasRectangle.left,
```

```
                    y: y - canvasRectangle.top };
}

function captureRubberbandPixels() {
    imageData = context.getImageData(rubberbandRectangle.left,
                                     rubberbandRectangle.top,
                                     rubberbandRectangle.width,
                                     rubberbandRectangle.height);
}

function restoreRubberbandPixels() {
    context.putImageData(imageData, rubberbandRectangle.left,
                                    rubberbandRectangle.top);
}

function drawRubberband() {
    context.strokeRect(rubberbandRectangle.left + context.lineWidth,
                       rubberbandRectangle.top + context.lineWidth,
                       rubberbandRectangle.width - 2*context.lineWidth,
                       rubberbandRectangle.height - 2*context.lineWidth);
}

function setRubberbandRectangle(x, y) {
    rubberbandRectangle.left   = Math.min(x, mousedown.x);
    rubberbandRectangle.top    = Math.min(y, mousedown.y);
    rubberbandRectangle.width  = Math.abs(x - mousedown.x),
    rubberbandRectangle.height = Math.abs(y - mousedown.y);
}

function updateRubberband() {
    captureRubberbandPixels();
    drawRubberband();
}

function rubberbandStart(x, y) {
    mousedown.x = x;
    mousedown.y = y;

    rubberbandRectangle.left = mousedown.x;
    rubberbandRectangle.top = mousedown.y;

    dragging = true;
}

function rubberbandStretch(x, y) {
    if (rubberbandRectangle.width > 2*context.lineWidth &&
        rubberbandRectangle.height > 2*context.lineWidth) {
      if (imageData !== undefined) {
        restoreRubberbandPixels();
      }
```

```
      }

      setRubberbandRectangle(x, y);

      if (rubberbandRectangle.width > 2*context.lineWidth &&
          rubberbandRectangle.height > 2*context.lineWidth) {
         updateRubberband();
      }
   }

   function rubberbandEnd() {
      // 이미지를 확대해 온스크린 캔버스에 그린다.
      context.drawImage(canvas,
                        rubberbandRectangle.left + context.lineWidth*2,
                        rubberbandRectangle.top + context.lineWidth*2,
                        rubberbandRectangle.width - 4*context.lineWidth,
                        rubberbandRectangle.height - 4*context.lineWidth,
                        0, 0, canvas.width, canvas.height);
      dragging = false;
      imageData = undefined;
   }

   // 이벤트 핸들러....................................................

   canvas.onmousedown = function (e) {
      var loc = windowToCanvas(canvas, e.clientX, e.clientY);
      e.preventDefault();
      rubberbandStart(loc.x, loc.y);
   };

   canvas.onmousemove = function (e) {
      var loc;

      if (dragging) {
         loc = windowToCanvas(canvas, e.clientX, e.clientY);
         rubberbandStretch(loc.x, loc.y);
      }
   };

   canvas.onmouseup = function (e) {
      rubberbandEnd();
   };

   // 초기화......................................................

   image.src = 'arch.png';
   image.onload = function () {
      context.drawImage(image, 0, 0, canvas.width, canvas.height);
   };
```

```
resetButton.onclick = function(e) {
    context.clearRect(0, 0, canvas.width, canvas.height);
    context.drawImage(image, 0, 0, canvas.width, canvas.height);
};

context.strokeStyle = 'navy';
context.lineWidth = 1.0;
```

 러버 밴드의 대안

40페이지의 1.8.1절('보이지 않는 HTML 요소')에서는 캔버스 상단에 보이는 경계를 사용해 빈 〈span〉 태그를 떠있는 것처럼 만들어 러버 밴드를 구현한 애플리케이션을 살펴봤다. 그리고 사용자가 마우스를 드래그하면 애플리케이션에서는 러버 밴드 효과를 낼 수 있게 〈span〉 태그의 크기를 조절한다.

이 절에서 살펴본 러버 밴드를 구현하는 방법은 〈span〉 태그를 사용해 구현한 러버 밴드보다 약간 더 복잡할 뿐만 아니라 그다지 효율적이지 않다. 하지만 캔버스 자체에 러버 밴드를 구현했기 때문에 277페이지의 [그림 4.11]에서 보여준 것처럼 선택된 픽셀에 대한 투명도를 변경하는 것과 같이 여러 가지 효과를 추가할 수 있다.

4.5.1.1 ImageData 오브젝트

268페이지의 4.5.1절('이미지 데이터에 접근하기')에서 소개한 러버 밴드 애플리케이션에서는 ImageData 오브젝트에 대한 참조를 가져올 수 있도록 getImageData() 메서드를 호출하고 있다. 그런 다음 애플리케이션에서는 ImageData 오브젝트를 putImageData()에 전달해 마지막 러버 밴드를 지운다.

getImageData() 메서드에서 반환된 ImageData 오브젝트는 다음 세 가지 속성을 가지고 있다.

- width: 이미지 데이터의 너비(디바이스 픽셀)
- height: 이미지 데이터의 높이(디바이스 픽셀)
- data: 픽셀을 나타내는 값에 대한 배열

width와 height 속성은 모두 읽기 전용의 부호가 없는 long형의 실수 값이다. 그리고 data 속성은 이미지 데이터에서 각 디바이스 픽셀의 색상 구성 요소를 나타내는 8-비트 정수로 이루어진 배열이다. 276페이지의 4.5.2절('이미지 데이터 변경하기')에서 ImageData 오브젝트에 대해 자세히 다룰 예정이다.

디바이스 픽셀 vs. CSS 픽셀

브라우저에서는 더 좋은 이미지 품질을 위해 각 CSS 픽셀마다 여러 개의 디바이스 픽셀을 사용한다. 예를 들어, 가로 세로가 200픽셀인 정사각형 캔버스를 사용한다고 가정하자. 이때, 정사각형의 총 픽셀은 4만 CSS 픽셀이다. 하지만 브라우저에서 각 CSS 픽셀을 2 디바이스 픽셀로 나타낸다면, 정사각형은 총 16만(400*400) 디바이스 픽셀이 될 것이다. 따라서 ImageData 오브젝트의 너비와 높이 속성을 알면 디바이스 픽셀의 수를 산출할 수 있다.

4.5.1.2 이미지 데이터 부분 렌더링: putImageData의 더티 직사각형

268페이지의 4.5.1절('이미지 데이터 접근하기')에서 소개한 러버 밴드 애플리케이션에서는 사용자가 마우스를 드래그할 때마다 발생하는 mousemove 이벤트에서 이전 러버 밴드를 지우는 putImageData() 메서드를 호출한다. 그런 다음, 애플리케이션에서 러버 밴드를 그리기 전에 getImageData() 메서드를 호출해 새로운 마우스 위치에 있는 픽셀을 포착한다.

이 방법은 구현은 할 수 있지만, 한 가지 문제점이 있다. 러버 밴드 애플리케이션에서 사용자가 마우스를 움직일 때마다 getImageData() 메서드를 호출하므로 getImageData() 메서드가 느려질 수 있다. 물론 대부분 getImageData() 메서드를 반복해 호출하는 것이 하찮게 생각될 정도로 캔버스는 빠르다. 하지만 휴대폰이나 태블릿 컴퓨터와 같이 저출력 장치에서 애플리케이션을 실행할 때 getImageData() 메서드를 반복해서 호출한다면 성능에 영향을 미치게 될 것이다.

물론 더 효율적인 구현 방법이 있다. mousedown 이벤트가 발생할 때 getImageData() 메서드를 한 번만 호출해 캔버스에 대한 모든 픽셀을 포착하고 관련 직사각형만 이미지 데이터에서 캔버스에 복사해 mousemove 이벤트가 발생할 때마다 putImageData() 메서드를 사용하는 것이다. 이렇게 구현하면, getImageData() 메서드를 호출하는 횟수를 상당히 줄일 수 있다.

지금 언급한 방법보다 더 효율적인 방법은 putImageData() 메서드에 더티 직사각형(dirty rectangle)을 명시하는 네 개의 옵션 인수를 사용하는 것이다. 여기서 더티 직사각형이란 브라우저에서 캔버스로 복사하는 이미지 데이터 내부에 있는 직사각형을 의미한다. 다음은 네 개의 옵션 인수를 사용한 putImageData()에 대한 코드다.

```
putImageData(HTMLImage, dx, dy, dirtyX, dirty, dirtyWidth, dirtyHeight)
```

[그림 4.10]에서는 putImageData() 메서드의 7번째 인수를 이용해 이미지 데이터의 일부분을 캔버스로 복사하는 방법을 보여주고 있다.

putImageData() 메서드의 인수 dx와 dy는 캔버스의 왼쪽 위 모서리로부터의 목적 X 오프셋과 Y 오프셋(CSS 픽셀)을 나타낸다. 브라우저에서는 이미지 데이터의 왼쪽 위 모서리를 해당 오프셋에 위치시키고 거기서부터 이미지 데이터 내부에 있는 더티 직사각형의 캔버스에 해당하는 위치를 계산한다.

putImageData() 메서드의 마지막 네 개의 인수는 더티 직사각형(디바이스 픽셀)을 나타낸다. [그림 4.10]처럼 브라우저에서 더티 직사각형을 캔버스로 복사할 때 디바이스 픽셀을 CSS 픽셀로 변환한다.

268페이지의 4.5.1절('이미지 데이터에 접근하기')에서 소개한 러버 밴드 애플리케이션을 변형해 mousedown 이벤트가 발생할 때 캔버스의 모든 픽셀을 포착하고 사용자가 마우스를 드래그할 때 해당 픽셀로부터 러버 밴드 직사각형만을 복사할 수 있다. [예제 4.10]에서는 captureRubberbandPixels() 메서드와 restoreRubberbandPixels() 메서드를 변형하는 방법을 보여주고 있다.

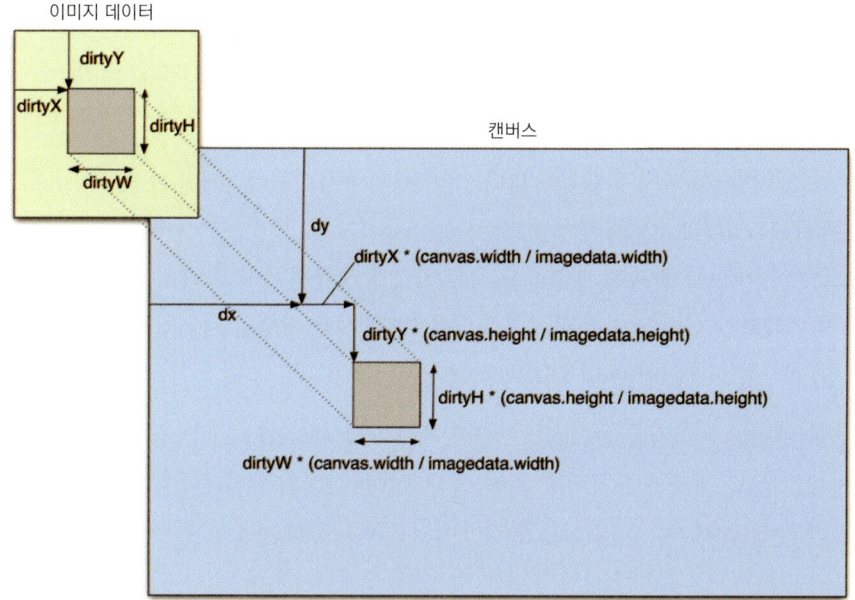

putImageData(imagedata, dx, dy, dirtyX, dirtyY, dirtyW, dirtyH);

그림 4.10   putImageData()의 더티 직사각형

예제 4.10   캔버스의 픽셀 포착하기

```
function captureRubberbandPixels() {
    // 전체 캔버스 포착한다.
    imageData = context.getImageData(0, 0, canvas.width, canvas.height);
}
```

```
function restoreRubberbandPixels() {
  var deviceWidthOverCSSPixels = imageData.width / canvas.width,
      deviceHeightOverCSSPixels = imageData.height / canvas.height;

  // 디바이스 픽셀만큼 확대한 러버 밴드 직사각형에 대한 데이터를 대입한다.

  context.putImageData(imageData, 0, 0,
    rubberbandRectangle.left,
    rubberbandRectangle.top,
    rubberbandRectangle.width * deviceWidthOverCSSPixels,
    rubberbandRectangle.height * deviceHeightOverCSSPixels);
}
```

[표 4.2]에서 getImageData() 메서드와 putImageData() 메서드를 소개하고 있다.

표 4.2   CanvasRenderingContext2D 이미지 조작 메서드

메서드	설명
getImageData(in double sx, in double sy, in double sw, in double sh)	4×w×h 정수 data 배열을 포함한 ImageData 오브젝트를 반환한다. 여기서 w와 h는 이미지의 너비와 높이를 의미한다. 참고로 ImageData의 width 속성과 height 속성에서 너비와 높이를 확인할 수 있다.
	ImageData 오브젝트의 data 배열은 빨간색, 녹색, 파란색에 해당하는 세 개의 픽셀과 알파 값으로 알려진 픽셀에 대한 투명도 등 픽셀마다 네 가지 정수를 포함하고 있다.
	getImageData() 메서드에서 반환되는 ImageData 오브젝트의 너비는 getImagData() 메서드에 전달된 너비와 반드시 같지는 않다. 왜냐하면, ImageData 오브젝트의 폭은 디바이스 픽셀을 나타내지만 getImagData() 메서드의 폭은 CSS 픽셀을 나타내기 때문이다.
putImageData(in ImageData, imagedata, in double dx, in double dy, in optional double dirtyX, in double dirtyY, in double dirtyWidth, in double dirtyHeight)	CSS 픽셀인 캔버스의 (dx, dy) 좌표에 이미지 데이터를 배치한다. 더티 직사각형은 브라우저에서 온스크린 캔버스에 복사할 이미지 데이터의 영역을 나타낸다. 이 직사각형은 디바이스 픽셀로 명시한다.

 전역 설정으로 putImageData() 메서드에 영향을 줄 수 없다

putImageData() 메서드로 이미지 데이터를 캔버스에 대입하면, 해당 이미지 데이터는 globalAlpha 와 globalCompositeOperation 등과 같은 전역 캔버스 설정에 영향을 받지 않는다. 또한, 브라우저에서는 그림자의 애플리케이션이나, 알파 블렌딩(alpha blending) 또는 합성에 대한 작업을 처리하지 않는다. putImageData() 메서드는 어떤 설정으로도 영향을 받는 drawImage() 메서드와 정반대라고 할 수 있다.

putImageData() 메서드의 옵션 인수

putImageData() 메서드에서 사용되는 마지막 네 가지 인수는 이미지 데이터에 있는 더티 직사각형을 나타낸다. 그리고 특정 방법을 사용해 더티 직사각형을 변경한 다음 변형된 더티 직사각형을 캔버스 내부로 복사한다.

네 개의 인수는 모두 옵션이므로 이 인수들을 명시하지 않으면 기본값으로 설정된다. 다음은 네 개의 인수와 기본값에 대한 설명이다.

- 이미지 데이터의 왼쪽 위 모서리로부터의 가로 오프셋(디바이스 픽셀). 기본값: 0.
- 이미지 데이터의 왼쪽 위 모서리로부터의 세로 오프셋(디바이스 픽셀). 기본값: 0.
- 더티 직사각형의 너비(디바이스 픽셀). 기본값: 이미지 데이터의 너비.
- 더티 직사각형의 높이(디바이스 픽셀). 기본값: 이미지 데이터의 높이.

 putImageData() 메서드에서는 디바이스 픽셀과 CSS 픽셀을 모두 요구한다

일곱 개의 인수를 모두 사용해 putImageData() 메서드를 호출하면, 캔버스까지의 오프셋(두 번째와 세 번째 인수)과 캔버스에 복사할 이미지 데이터 내부에 있는 더티 직사각형(마지막 네 개의 인수)을 모두 명시해야 한다.

이때, 캔버스 오프셋을 CSS 픽셀로 명시해야 하는 반면에 이미지 데이터의 더티 직사각형은 디바이스 픽셀로 명시해야 한다. 만약 무심코 같은 단위로 명시한다면, putImageData() 메서드의 결과는 여러분의 예상과 달라질 것이다.

4.5.2 이미지 데이터 변경하기

지금까지 getImageData() 메서드와 putImageData() 메서드를 사용해 이미지 데이터를 저장하고 되찾아오는 방법을 살펴봤다. 이 절에서는 이미지 데이터를 변경하는 방법을 살펴보자.

[그림 4.11]에서는 러버 밴드 직사각형에 있는 모든 픽셀의 투명도를 변경하는 러버 밴드 애플리케이션을 보여주고 있다.

이 애플리케이션에서는 캔버스와 같은 크기인 두 개의 ImageData 오브젝트를 사용해 러버 밴드 직사각형 내부에 있는 픽셀의 투명도를 일시적으로 증가시키고 있다.

그림 4.11   여러 가지 효과를 이용한 러버 밴드

두 개의 ImageData 오브젝트 중 하나는 사용자가 마우스를 마지막으로 눌렀을 때의 캔버스에 대한 스냅 사진을 가지고 있고, 나머지 ImageData 오브젝트는 그 스냅 사진에 대한 복사본을 가지고 있다. 하지만 [그림 4.12] 처럼 복사본의 투명도는 원본 스냅 사진의 투명도의 두 배에 해당한다.

사용자가 마우스를 드래그하면 애플리케이션에서는 다음과 같이 세 가지 작업을 한다.

1.   배경 스냅 사진([그림 4.12] 위)으로부터 전체 캔버스를 복원해 이전 러버 밴드를 지운다.

2.   투명도가 높은 복사본([그림 4.12] 아래)의 러버 밴드 직사각형을 온스크린 캔버스에 복사한다.

3.   러버 밴드 직사각형의 윤곽을 그린다.

그림 4.12   두 개의 이미지 데이터 오브젝트. 위: 배경에 사용된 이미지; 아래: 러버 밴드 직사각형에 사용된 이미지

4.5.2.1 creatImageData() 메서드로 ImageData 오브젝트 생성하기

[그림 4.11]에서 보여준 애플리케이션은 시작할 때, createImageData() 메서드를 호출해 ImageData 오브젝트를 생성하고 있다. 그리고 사용자가 마우스를 클릭하면 애플리케이션에서는 [예제 4.11]에서 보여준 것처럼 captureCanvasPixels() 메서드에서 이미지 데이터를 초기화한다.

mousedown 이벤트를 감지하면 애플리케이션에서는 getImageData() 메서드를 호출해 캔버스 안에 있는 모든 픽셀을 저장한다. 그리고 copyCanvasPixels() 함수에서는 저장된 픽셀을 각 픽셀의 투명도를 두 배로 만들어 앞에서 할당된 imageDataCopy에 복사한다. 따라서 mousedown 이벤트가 발생한 다음, 애플리케이션은 캔버스를 위한 이미지 데이터와 이 데이터의 투명도가 높은 복사본을 가진다.

예제 4.11   ImageData 오브젝트 생성 및 초기화

```javascript
var canvas = document.getElementById('canvas'),
    context = canvas.getContext('2d'),

    image = new Image(),
    imageData,
    imageDataCopy = context.createImageData(canvas.width, canvas.height),
    ...

// 함수.......................................................
...

function copyCanvasPixels() {
    // 배열에서 각 픽셀에 대한 투명도를 두 배로 만들어
    // imageData를 imageDataCopy에 복사한다.
}

function captureCanvasPixels() {
    imageData = context.getImageData(0, 0, canvas.width, canvas.height);
    copyCanvasPixels();
}
...

function rubberbandStart(x, y) {
    ...
    captureCanvasPixels();
}

// 이벤트 핸들러.......................................................

canvas.onmousedown = function (e) {
    var loc = windowToCanvas(canvas, e.clientX, e.clientY);
    e.preventDefault();
    rubberbandStart(loc.x, loc.y);
};
...
```

[예제 4.11]에서 copyCanvasPixels() 메서드는 이미지 데이터를 변경해 캔버스에 있는 픽셀의 투명한 복사본을 생성하고 있다. 다음 절에서는 copyCanvasPixels() 메서드를 자세히 살펴보자.

4.5.2.1.1 이미지 데이터 배열

ImageData 오브젝트의 data 속성은 [그림 4.13]처럼 빨간색, 녹색, 파란색을 나타내는 0부터 255까지의 값인 8-비트 정수 배열과 픽셀의 알파 값을 참조하고 있다.

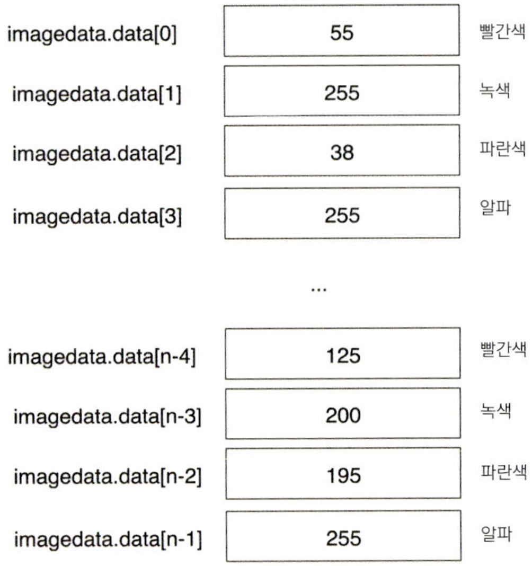

imagedata.data[0]	55	빨간색
imagedata.data[1]	255	녹색
imagedata.data[2]	38	파란색
imagedata.data[3]	255	알파

...

imagedata.data[n-4]	125	빨간색
imagedata.data[n-3]	200	녹색
imagedata.data[n-2]	195	파란색
imagedata.data[n-1]	255	알파

그림 4.13　길이가 n인 이미지 데이터 배열

277페이지의 [그림 4.11]에서 보여준 애플리케이션에서는 전체 캔버스를 나타내고 있는 이미지 데이터를 다음과 같은 함수를 사용해 별도의 **ImageData** 오브젝트에 복사하고 있다.

```
function copyCanvasPixels() {
   var i=0;

   // 첫 번째 픽셀의 빨간색, 녹색, 파란색 구성 요소를 복사한다.

   for (i=0; i < 3; i++) {
      imageDataCopy.data[i] = imageData.data[i];
   }

   // 첫 번째 픽셀의 알파 구성 요소를 시작으로,
   // imageData를 복사한 다음 복사본의 투명도를 높인다.

   for (i=3; i < imageData.data.length - 4; i+=4) {
      imageDataCopy.data[i]   = imageData.data[i] / 2; // 알파
      imageDataCopy.data[i+1] = imageData.data[i+1];   // 빨간색
      imageDataCopy.data[i+2] = imageData.data[i+2];   // 녹색
      imageDataCopy.data[i+3] = imageData.data[i+3];   // 파란색
   }
}
```

위 코드에서는 각 픽셀의 빨간색, 녹색, 파란색 구성 요소를 복사한 다음 각 픽셀의 투명도를 두 배로 만들고 있다. 그리고 반복문에서는 배열을 반복할 때마다 네 개의 정수를 건너뛰고 있다. 반복문의 내부에서는 배열로부터 다음 네 개의 값을 복사하고 있다. 참고로 각 픽셀의 알파 값은 반으로 나눈 후 복사하고 있다.

[예제 4.12]에서는 277페이지의 [그림 4.11]에서 보여준 애플리케이션의 자바스크립트 전체 코드를 보여
주고 있다.

예제 4.12   이미지 데이터를 변경하는 러버 밴드

```javascript
var canvas = document.getElementById('canvas'),
    context = canvas.getContext('2d'),

    resetButton = document.getElementById('resetButton'),

    image = new Image(),
    imageData,
    imageDataCopy = context.createImageData(canvas.width, canvas.height),

    mousedown = {},
    rubberbandRectangle = {},
    dragging = false;

// 함수......................................................

function windowToCanvas(canvas, x, y) {
   var canvasRectangle = canvas.getBoundingClientRect();
   return { x: x - canvasRectangle.left,
            y: y - canvasRectangle.top };
}

function copyCanvasPixels() {
   var i=0;

   // 첫 번째 픽셀의 빨간색, 녹색, 파란색 구성 요소를 복사한다.
   for (i=0; i < 3; i++) {
      imageDataCopy.data[i] = imageData.data[i];
   }

   // 첫 번째 픽셀의 알파 구성 요소를 시작으로,
   // imageData를 복사한 다음 복사본의 투명도를 높인다.
   for (i=3; i < imageData.data.length - 4; i+=4) {
      imageDataCopy.data[i]   = imageData.data[i] / 2; // Alpha
      imageDataCopy.data[i+1] = imageData.data[i+1];   // Red
      imageDataCopy.data[i+2] = imageData.data[i+2];   // Green
      imageDataCopy.data[i+3] = imageData.data[i+3];   // Blue
   }
}

function captureCanvasPixels() {
   imageData = context.getImageData(0, 0, canvas.width, canvas.height);
   copyCanvasPixels();
}
```

```javascript
function restoreRubberbandPixels() {
    var deviceWidthOverCSSPixels = imageData.width / canvas.width,
        deviceHeightOverCSSPixels = imageData.height / canvas.height;

    // 마우스를 클릭했을 때 보이는 것처럼 캔버스를 복원한다.
    context.putImageData(imageData, 0, 0);

    // 투명도가 높은 이미지 데이터를 러버 밴드 직사각형에 대입한다.
    context.putImageData(imageDataCopy, 0, 0,

        rubberbandRectangle.left + context.lineWidth,
        rubberbandRectangle.top + context.lineWidth,

        (rubberbandRectangle.width - 2*context.lineWidth)
            * deviceWidthOverCSSPixels,
        (rubberbandRectangle.height - 2*context.lineWidth)
            * deviceHeightOverCSSPixels);
}

function setRubberbandRectangle(x, y) {
    rubberbandRectangle.left = Math.min(x, mousedown.x);
    rubberbandRectangle.top = Math.min(y, mousedown.y);
    rubberbandRectangle.width = Math.abs(x - mousedown.x),
    rubberbandRectangle.height = Math.abs(y - mousedown.y);
}

function drawRubberband() {
    context.strokeRect(rubberbandRectangle.left + context.lineWidth,
                       rubberbandRectangle.top + context.lineWidth,
                       rubberbandRectangle.width - 2*context.lineWidth,
                       rubberbandRectangle.height - 2*context.lineWidth);
}

function rubberbandStart(x, y) {
    mousedown.x = x;
    mousedown.y = y;

    rubberbandRectangle.left = mousedown.x;
    rubberbandRectangle.top = mousedown.y;

    rubberbandRectangle.width = 0;
    rubberbandRectangle.height = 0;

    dragging = true;

    captureCanvasPixels();
}

function rubberbandStretch(x, y) {
    if (rubberbandRectangle.width > 2*context.lineWidth &&
```

```
        rubberbandRectangle.height > 2*context.lineWidth) {
        if (imageData !== undefined) {
            restoreRubberbandPixels();
        }
    }

    setRubberbandRectangle(x, y);

    if (rubberbandRectangle.width > 2*context.lineWidth &&
        rubberbandRectangle.height > 2*context.lineWidth) {
        drawRubberband();
    }
}

function rubberbandEnd() {
    context.putImageData(imageData, 0, 0);

    // 확대한 캔버스를 캔버스 자체에 그린다.
    context.drawImage(canvas,
                    rubberbandRectangle.left + context.lineWidth*2,
                    rubberbandRectangle.top + context.lineWidth*2,
                    rubberbandRectangle.width - 4*context.lineWidth,
                    rubberbandRectangle.height - 4*context.lineWidth,
                    0, 0, canvas.width, canvas.height);

    dragging = false;
    imageData = undefined;
}

// 이벤트 핸들러......................................................

canvas.onmousedown = function (e) {
    var loc = windowToCanvas(canvas, e.clientX, e.clientY);
    e.preventDefault();
    rubberbandStart(loc.x, loc.y);
};
aa
canvas.onmousemove = function (e) {
    var loc;

    if (dragging) {
        loc = windowToCanvas(canvas, e.clientX, e.clientY);
        rubberbandStretch(loc.x, loc.y);
    }
};

canvas.onmouseup = function (e) {
    rubberbandEnd();
};
```

```
// 초기화......................................................

image.src = 'arch.png';
image.onload = function () {
    context.drawImage(image, 0, 0, canvas.width, canvas.height);
};

resetButton.onclick = function(e) {
    context.clearRect(0, 0, canvas.width, canvas.height);
    context.drawImage(image, 0, 0, canvas.width, canvas.height);
};

context.strokeStyle = 'navy';
context.lineWidth = 1.0;
```

 캔버스 명세서 업데이트: 이미지 데이터는 ArrayBuffer다

이 절에서는 이미지에서 픽셀의 빨간색, 녹색, 파란색, 알파 색상 구성 요소를 나타내는 8-비트 정수 배열에 접근하는 방법을 살펴봤다. 여기서 getImageData() 메서드에서 반환된 ImageData 오브젝트의 data 속성으로 이 8-비트 정수 배열을 참조할 수 있다는 사실을 배웠다.

이 책을 출간할 당시 W3C에서는 TypedArray에 대한 참조 형태를 변경했는데 형식화된 배열은 눈으로 읽을 수 있는 데이터 버퍼라고 명시했다. 이는 하나의 데이터 버퍼를 다양한 포맷으로 읽을 수 있다고 생각하면 된다.

엄밀히 따지면 이미지 데이터 배열은 ArrayBuffer가 되어야만 한다. 그리고 이 배열의 참조는 Unit8ClampedArray가 되어야 한다. https://developer.mozilla.org/en/JavaScript_typed_arrays에서 형식화된 배열에 대해 자세한 내용을 확인할 수 있다.

물론 현실에서는 이미지 데이터 배열을 배열로 접근하므로 캔버스 명세서가 변경된다고 코드를 변경할 필요는 없을 것이다. 하지만 명세서를 따라 변경한다면 배열은 보다 효율적이고 유연해질 것이다.

4.5.2.2 데이터 이미지에 대한 다양한 반복문

다음과 같은 코드가 주어지면 다양한 반복문을 사용해 이미지 데이터를 반복할 수 있다.

```
var canvas = document.getElementById('canvas'),
    context = canvas.getContext('2d'),
    imagedata = context.getImageData(0,0,canvas.width,canvas.height),
    data = imagedata.data,
    length = imagedata.data.length,
    width = imagedata.width,
```

```
    index = 0,
    value;
```

모든 픽셀을 반복문을 돌릴 때의 코드는 다음과 같다.

```
for (var index=0; index < length; ++i) {
    value = data[index];
}
```

반대 방향으로 반복문을 돌릴 때의 코드는 다음과 같다.

```
index = length-1;
while (index >= 0) {
    value = data[index];
    index--;
}
```

빨간색이나, 녹색, 또는 파란색이 아닌 알파만 반복문을 돌릴 때의 코드는 다음과 같다.

```
for(index=3; index < length-4; index+=4) {
    data[index] = ...;  // Alpha
}
```

알파를 제외한 빨간색, 녹색, 파란색만 반복문을 돌릴 때의 코드는 다음과 같다.

```
for(index=0; index < length-4; index+=4) {
    data[index] = ...;    // 빨간색
    data[index+1] = ...;  // 녹색
    data[index+2] = ...;  // 파란색
}
```

반복문으로 이미지 데이터를 반복하는 방법과 성능에 대해서는 305페이지의 4.9절('성능')에서 자세히 다룰 예정이다.

4.5.2.3 이미지 필터링

지금까지 여러분은 이미지의 각 픽셀을 조작하는 방법을 살펴봤다. 이 절에서는 이미지 필터를 구현하는 방법을 살펴볼 것이다. [그림 4.14]에서는 네거티브 필터(negative filter)와 흑백 필터(black and white filter) 등 두 가지 필터를 보여주고 있다. 그리고 [예제 4.13]과 [예제 4.14]에서 네거티브 필터와 흑백 필터의 코드를 소개하고 있다.

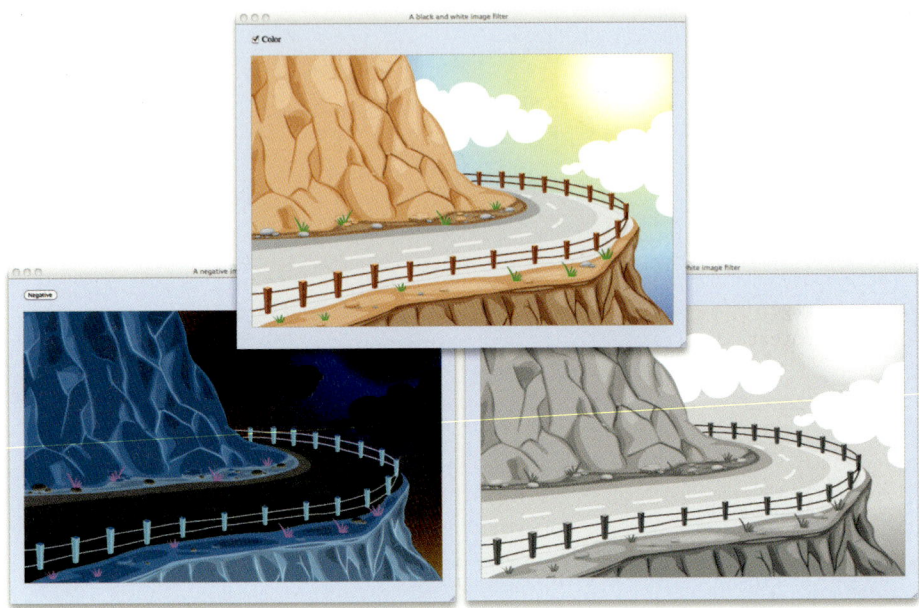

그림 4.14   위: 원본 이미지; 아래: 네거티브 필터 및 흑백 필터

네거티브 필터와 흑백 필터에서는 반복문을 돌릴 때마다 한 번에 네 개의 값을 건너뛰며 이미지 데이터를 반복하고 있다. 그리고 반복문을 반복할 때마다 특정 픽셀의 빨간색 값을 일정하게 선택하고 있다. 반복문 내부에서는 필터로 인해 픽셀의 빨간색, 녹색, 파란색 값이 변경되지만 이 알고리즘에서는 모든 픽셀의 알파 값은 변경시키지 않는다.

네거티브 필터에서는 각 픽셀의 빨간색, 녹색, 파란색 값을 (255 – 현재 값)으로 설정하므로 원본 이미지의 색상과 정반대의 색상이 나타난다.

그리고 흑백 필터에서는 각 픽셀에 대한 빨간색, 녹색, 파란색 값의 평균을 구하고 이 평균 값을 각 값에 할당한다. 이렇게 처리하면 이미지로부터 색상을 빼낼 수 있다.

예제 4.13   네거티브 필터

```
var image = new Image(),
    canvas = document.getElementById('canvas'),
    context = canvas.getContext('2d'),
    negativeButton = document.getElementById('negativeButton');

negativeButton.onclick = function() {
  var imagedata =
        context.getImageData(0, 0, canvas.width, canvas.height),
      data = imagedata.data;
```

```
    for(i=0; i <= data.length - 4; i+=4) {
        data[i]   = 255 - data[i]
        data[i+1] = 255 - data[i+1];
        data[i+2] = 255 - data[i+2];
    }
    context.putImageData(imagedata, 0, 0);
};


image.src = 'curved-road.png';
image.onload = function() {
    context.drawImage(image, 0, 0, image.width, image.height, 0, 0,
                      context.canvas.width, context.canvas.height);
};
```

예제 4.14   흑백 필터

```
var image = new Image(),
    canvas = document.getElementById('canvas'),
    context = canvas.getContext('2d'),
    drawInColorToggleCheckbox =
        document.getElementById('drawInColorToggleCheckbox');

function drawInBlackAndWhite() {
    var data = undefined,
        i = 0;

    imagedata = context.getImageData(0, 0, canvas.width, canvas.height);
    data = imagedata.data;

    for(i=0; i < data.length - 4; i+=4) {
        average = (data[i] + data[i+1] + data[i+2]) / 3;
        data[i]   = average;
        data[i+1] = average;
        data[i+2] = average;
    }
    context.putImageData(imagedata, 0, 0);
}

function drawInColor() {
    context.drawImage(image, 0, 0,
        image.width, image.height, 0, 0,
        context.canvas.width, context.canvas.height);
}

colorToggleCheckbox.onclick = function() {
    if (colorToggleCheckbox.checked) {
        drawInColor();
    }
```

```
    else {
        drawInBlackAndWhite();
    }
};

image.src = 'curved-road.png';
image.onload = function() {
    drawInColor();
};
```

4.5.2.4 디바이스 픽셀 vs. CSS 픽셀

[그림 4.15]에서 보여준 엠보싱 필터 등과 같은 몇몇 이미지 필터에서는 필터 처리하는 이미지 데이터의 너비를 고려한다.

그림 4.15 엠보싱 필터

예를 들어, 엠보싱 필터에서는 현재 픽셀의 색상 값, 현재 픽셀 바로 오른쪽에 위치한 픽셀, 현재 픽셀 바로 아래 위치한 다음 열에 대한 픽셀 등을 이용한 간단한 방정식을 사용해 픽셀 색상을 계산한다. 그리고 이미지 데이터 배열에서 다음 열에 있는 픽셀의 위치를 계산하려면 이미지 데이터의 너비가 필요하다.

다음 코드에서는 [그림 4.15]에서 보여준 애플리케이션에 대한 요점을 소개하고 있다.

```
function emboss() {
  var imagedata, data, length, width;

  imagedata = context.getImageData(0, 0, canvas.width, canvas.height);
  data = imagedata.data;
  width = imagedata.width;
  length = data.length;

  for (i=0; i < length; i++) {
    if ((i+1) % 4 !== 0) {

      // getImageData() 메서드에 전달되는 너비를 사용하는 대신
      // imagedata.width를 사용한다. 대부분 두 값은 같지만,
      // 만약 브라우저에서 CSS 픽셀마다
      // 여러 개의 디바이스 픽셀을 사용한다면,
      // imagedata.width은 이미지 데이터의 진정한 너비를 나타낼 것이다.

      data[i] = 255/2                  // 평균 값
                  + 2*data[i]          // 현재 픽셀
                  - data[i+4]          // 다음 픽셀
                  - data[i+width*4];   // 아래 픽셀
    }
  }
  context.putImageData(imagedata, 0, 0);
}
```

위 함수에서는 이미지의 모든 픽셀을 탁한 회색으로 만든 다음 에지 검출(edge detection)로 알려진 기법을 사용해 색상의 변화(에지)를 감지하면 회색으로 만든다. 에지 검출을 구현한 이 알고리즘에서는 현재 픽셀을 가지고 있는 픽셀 색상, 현재 픽셀 오른쪽에 있는 픽셀, 현재 픽셀 바로 아래에 있는 픽셀을 계산한다.

하지만 위 함수에서는 경계 조건을 고려하지 않았다. 예를 들어, 픽셀의 마지막 열은 바로 아래에 다른 열을 가지고 있지 않고 열에서 가장 오른쪽에 있는 픽셀은 오른쪽에 다른 픽셀을 가지고 있지 않는다. [예제 4.15]에서 소개한 emboss() 함수는 [그림 4.15]에서 보여준 애플리케이션의 자바스크립트로 이런 경계 조건을 고려하고 있다.

예제 4.15　엠보싱 필터

```
var image = new Image(),
    canvas = document.getElementById('canvas'),
    context = canvas.getContext('2d'),
    embossButton = document.getElementById('embossButton'),
    embossed = false;
```

```javascript
// 함수.......................................................

function emboss() {
    var imagedata, data, length, width, index=3;

    imagedata = context.getImageData(0, 0, canvas.width, canvas.height);
    data = imagedata.data;
    width = imagedata.width;
    length = data.length;

    for (i=0; i < length; i++) { // 모든 픽셀에 대한 반복문

        // 배열의 범위를 넘지 않을 때

        if (i <= length-width*4) {

            // 알파가 아닐 때

            if ((i+1) % 4 !== 0) {

                // 열의 마지막 픽셀일 때, 오른쪽에 픽셀이 없다.
                // 따라서 이전 픽셀의 값을 복사한다.

                if ((i+4) % (width*4) == 0) {
                    data[i] = data[i-4];
                    data[i+1] = data[i-3];
                    data[i+2] = data[i-2];
                    data[i+3] = data[i-1];
                    i+=4;
                }
                else { // 열의 마지막 픽셀이 아닐 때
                    data[i] = 255/2            // 평균값
                            + 2*data[i]        // 현재 픽셀
                            - data[i+4]        // 다음 픽셀
                            - data[i+width*4]; // 아래 픽셀
                }
            }
        }

        else { // 마지막 열로 아래 픽셀이 없으므로 위 픽셀을 복사한다.
            if ((i+1) % 4 !== 0) {
                data[i] = data[i-width*4];
            }
        }
    }
    context.putImageData(imagedata, 0, 0);
}

function drawOriginalImage() {
    context.drawImage(image, 0, 0,
```

```
                    image.width, image.height,
                    0, 0, canvas.width, canvas.height);
}

embossButton.onclick = function() {
    if (embossed) {
        embossButton.value = 'Emboss';
        drawOriginalImage();
        embossed = false;
    }
    else {
        embossButton.value = 'Original image';
        emboss();
        embossed = true;
    }
};

// 초기화.....................................................

image.src = 'curved-road.png';
image.onload = function() {
    drawOriginalImage();
};
```

지금까지 4장에서 살펴본 이미지 조작에 대한 예제에서는 크기가 작고 간단한 이미지를 사용했기 때문에 성능에 대한 문제가 발생하지 않았다. 하지만 상대적으로 큰 이미지를 위해 대단히 복잡한 알고리즘을 사용하더라도 알고리즘을 실행하는 동안 브라우저가 멈추는 것을 보고 싶지 않을 것이다. 다음 절에서는 이런 문제를 수정하는 방법을 알아보자.

4.5.2.5 이미지 프로세싱 웹 워커

이미지를 처리할 때, 성능과 관련된 문제가 발생할 가능성이 크다. 예를 들어, 전력이 부족한 휴대폰에서 큰 이미지를 처리한다고 가정하자. 성능과 관련된 문제가 발생하면, 이미지 프로세싱을 웹 워커로 넘기는 것을 고려할 것이다.

브라우저에서는 메인 스레드에서 자바스크립트를 실행한다. 이것은 오랜 시간 동안 실행되고 있는 스크립트로 인해 애플리케이션의 속도가 느려질 수 있다는 것을 의미한다. 다행히 HTML5에서는 웹 워커를 사용해 다양한 스레드에서 코드를 실행한다. [그림 4.16]에서 보여준 애플리케이션에서는 실제 이미지 조작을 할 수 있도록 웹 워커를 사용해 선글라스 필터를 이미지에 적용하고 있다. 그리고 [예제 4.16]에서는 이 애플리케이션의 코드를 소개하고 있다.

그림 4.16   선글라스 필터

메인 스레드에서는 sunglassFilter = new Worker('sunglassFilter.js') 코드를 사용해 웹 워커를 생성하고 있다. Worker 생성자에 전달된 파일명에서는 웹 워커의 자바스크립트를 포함한 파일을 명시하고 있다.

예제 4.16   메인 스레드

```javascript
var image = new Image(),
    canvas = document.getElementById('canvas'),
    context = canvas.getContext('2d'),
    sunglassButton = document.getElementById('sunglassButton'),
    sunglassesOn = false,
    sunglassFilter = new Worker('sunglassFilter.js');

// 함수.......................................................

function putSunglassesOn() {
   sunglassFilter.postMessage(
      context.getImageData(0, 0, canvas.width, canvas.height);

   sunglassFilter.onmessage = function (event) {
       context.putImageData(event.data, 0, 0);
   };
}
```

```
function drawOriginalImage() {
   context.drawImage(image, 0, 0,
                     image.width, image.height, 0, 0,
                     canvas.width, canvas.height);
}

// 이벤트 핸들러.....................................................

sunglassButton.onclick = function() {
   if (sunglassesOn) {
      sunglassButton.value = 'Sunglasses';
      drawOriginalImage();
      sunglassesOn = false;
   }
   else {
      sunglassButton.value = 'Original picture';
      putSunglassesOn();
      sunglassesOn = true;
   }
};

// 초기화.....................................................

image.src = 'curved-road.png';
image.onload = function() {
   drawOriginalImage();
};
```

메인 스레드에서는 캔버스로부터 이미지 데이터를 웹 워커에 전달해 메시지를 웹 워커에 전달한 다음 웹 워커의 onmessage 속성을 설정하는 putSunglassesOn() 메서드에서 웹 워커와 상호 작용하고 있다. 그리고 웹 워커에서 이미지의 픽셀을 조작하고 메시지를 전달하면 브라우저에서는 웹 워커의 onmessage() 메서드를 호출한다. 이런 경우, onmessage() 메서드에서는 웹 워커에 의해 변경된 이미지 데이터를 캔버스에 다시 대입한다.

[예제 4.17]에서는 웹 워커에 대한 코드를 소개하고 있다. 이 코드에서는 색상을 어둡게 만들고 명암을 선명하게 만드는 이미지 필터를 구현하고 있다. 이미지 데이터를 필터 처리하면 웹 워커에서는 메인 스레드에서 받은 변경된 이미지 데이터를 전달한다.

예제 4.17   sunglassFilter.js: 웹 워커

```
onmessage = function (event) {
   var imagedata = event.data,
       data = imagedata.data,
       length = data.length,
```

```
        width = imagedata.width;

    for (i=0; i < length; ++i) {
      if ((i+1) % 4 != 0) {
        if ((i+4) % (width*4) == 0) { // 열의 마지막 픽셀
          data[i] = data[i-4];
          data[i+1] = data[i-3];
          data[i+2] = data[i-2];
          data[i+3] = data[i-1];
          i+=4;
        }
        else {
          data[i] = 2*data[i] - data[i+4] - 0.5*data[i+4];
        }
      }
    }

    postMessage(imagedata);
};
```

웹 워커는 여러 가지로 유용하게 사용할 수 있다. 그 중에서도 웹 워커를 사용해 오랜 시간 동안 실행된 코드를 다른 스레드에서 실행할 수 있기 때문에 브라우저의 반응 속도를 유지시킬 수 있다. 그리고 이미지 조작 웹 워커는 이미지 조작 알고리즘을 캡슐화할 수 있으므로 재사용할 수도 있다. [예제 4.17]를 통해 웹 워커를 재사용하는 방법을 살펴보자.

4.6   이미지 클리핑

[그림 4.17]은 [그림 4.16]에서 보여준 애플리케이션을 이용한 애플리케이션이다.

[그림 4.17]에서 보여준 선글라스 애플리케이션에서는 웹 워커, 이미지 조작, 오프스크린 캔버스, 클리핑, 캔버스 드로잉 API 등을 사용하고 있다. [예제 4.18]에서는 [그림 4.17]에서 보여준 애플리케이션의 자바스크립트 코드를 소개하고 있다.

다음은 선글라스 애플리케이션이 동작하는 방법을 보여주는 코드 일부분을 소개하고 있다.

```
var sunglassFilter = new Worker('sunglassFilter.js');
...
imagedata = context.getImageData(0, 0, canvas.width, canvas.height);
sunglassFilter.postMessage(imagedata);

sunglassFilter.onmessage = function(event) {
    offscreenContext.putImageData(event.data, 0, 0);
```

```
    drawLenses(leftLensLocation, rightLensLocation);
    drawWire(center);
    drawConnectors(center);
};
...
```

위 애플리케이션에서는 캔버스에서 이미지 데이터를 가져온 다음 가져온 이미지 데이터를 [예제 4.17]에서 소개한 선글라스 웹 워커에 전달하고 있다.

웹 워커에서는 높은 명암 대비를 사용해 이미지를 어둡게 만들어 이미지 데이터를 필터 처리하고 변경된 이미지 데이터를 전달한다. 이미지 데이터가 전달되면, 브라우저에서는 웹 워커의 onmessage() 메서드를 호출한다. 위 코드에서 알 수 있듯이, onmessage() 메서드에서는 변경된 픽셀을 오프스크린 캔버스에 복사한 다음 렌즈, 와이어, 커넥터를 그린다.

drawLenses() 메서드에서는 콘텍스트를 저장하고 패스를 시작한다. 그리고 렌즈를 나타내는 두 개의 원을 패스에 추가하고 클리핑 영역을 추가된 패스로 설정한 다음 오프스크린 캔버스를 온스크린에 그린다. 클리핑은 두 개의 원으로 설정되므로 오프스크린 캔버스가 온스크린에 그려질 때 캔버스의 일부만 영향을 받는다. drawLenses() 메서드에서는 콘텍스트를 복원하는 것을 끝으로 context.clip() 메서드를 호출하기 전 상황으로 클리핑 영역을 되돌린다.

[예제 4.18]에서 보여준 drawWire() 메서드와 drawConnectors() 메서드에서는 캔버스 드로잉 API를 사용해 각각 와이어와 커넥터를 그린다.

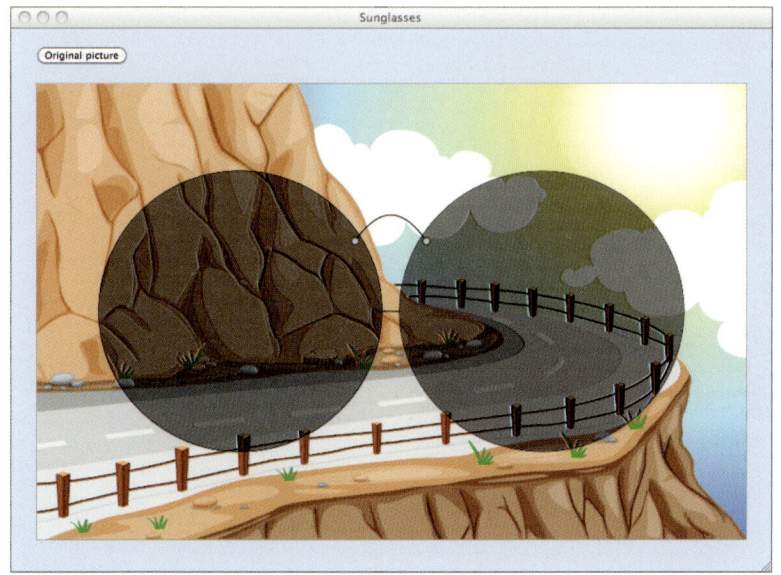

그림 4.17 선글라스

예제 4.18   선글라스: 이미지 조작, 오프스크린 캔버스, 클리핑

```javascript
var image = new Image(),
    canvas = document.getElementById('canvas'),
    context = canvas.getContext('2d'),

    offscreenCanvas = document.createElement('canvas'),
    offscreenContext = offscreenCanvas.getContext('2d'),

    sunglassButton = document.getElementById('sunglassButton'),
    sunglassesOn = false,
    sunglassFilter = new Worker('sunglassFilter.js'),

    LENS_RADIUS = canvas.width/5;

// 함수.......................................................

function drawLenses(leftLensLocation, rightLensLocation) {
   context.save();
   context.beginPath();

   context.arc(leftLensLocation.x, leftLensLocation.y,
                LENS_RADIUS, 0, Math.PI*2, false);
   context.stroke();

   moveTo(rightLensLocation.x, rightLensLocation.y);

   context.arc(rightLensLocation.x, rightLensLocation.y,
                LENS_RADIUS, 0, Math.PI*2, false);
   context.stroke();

   context.clip();

   context.drawImage(offscreenCanvas, 0, 0,
                    canvas.width, canvas.height);
   context.restore();
}

function drawWire(center) {
   context.beginPath();
   context.moveTo(center.x - LENS_RADIUS/4, center.y - LENS_RADIUS/2);

   context.quadraticCurveTo(center.x, center.y - LENS_RADIUS+20,
                            center.x + LENS_RADIUS/4,
                            center.y - LENS_RADIUS/2);
   context.stroke();
}

function drawConnectors(center) {
```

```
    context.beginPath();

    context.fillStyle = 'silver';
    context.strokeStyle = 'rgba(0,0,0,0.4)';
    context.lineWidth = 2;

    context.arc(center.x - LENS_RADIUS/4, center.y - LENS_RADIUS/2,
                4, 0, Math.PI*2, false);
    context.fill();
    context.stroke();

    context.beginPath();
    context.arc(center.x + LENS_RADIUS/4, center.y - LENS_RADIUS/2,
                4, 0, Math.PI*2, false);
    context.fill();
    context.stroke();
}

function putSunglassesOn() {
    var imagedata,
        center = {
          x: canvas.width/2,
          y: canvas.height/2
        },
        leftLensLocation = {
          x: center.x - LENS_RADIUS - 10,
          y: center.y
        },
        rightLensLocation = {
          x: center.x + LENS_RADIUS + 10,
          y: center.y
        },

    imagedata = context.getImageData(0, 0,
                                     canvas.width, canvas.height);

    sunglassFilter.postMessage(imagedata);

    sunglassFilter.onmessage = function(event) {
       offscreenContext.putImageData(event.data, 0, 0);
       drawLenses(leftLensLocation, rightLensLocation);
       drawWire(center);
       drawConnectors(center);
    };
}

function drawOriginalImage() {
    context.drawImage(image, 0, 0, image.width, image.height,
                      0, 0, canvas.width, canvas.height);
}
```

```
// 이벤트 핸들러.....................................................

sunglassButton.onclick = function() {
   if (sunglassesOn) {
      sunglassButton.value = 'Sunglasses';
      drawOriginalImage();
      sunglassesOn = false;
   }
   else {
      sunglassButton.value = 'Original picture';
      putSunglassesOn();
      sunglassesOn = true;
   }
};

offscreenCanvas.width = canvas.width;
offscreenCanvas.height = canvas.height;

// 초기화.........................................................

image.src = 'curved-road.png';
image.onload = function() {
   drawOriginalImage();
};
```

지금까지 캔버스 API를 사용해 이미지를 조작하는 방법을 살펴봤다. 다음 절에서는 이미지를 조작해 움직이는 방법을 알아보자.

4.7 이미지 움직이기

일정 시간 동안 계속해서 이미지 필터를 적용하면 이미지에 애니메이션 효과를 줄 수 있다. 예를 들면, [그림 4.18]의 애플리케이션에서는 이미지에 페이드 효과를 주고 있다.

이 애플리케이션에서는 setInterval() 메서드를 사용해 이미지가 완전히 희미해질 때까지 이미지의 모든 픽셀의 알파 채널을 반복해서 감소시키고 있다.

사용자가 [Fade Out] 버튼을 클릭하면 애플리케이션에서는 25번 반복하는 애니메이션을 시작한다. 각 주기는 초당 60프레임으로 반복되므로 전체 애니메이션을 실행하는 데 걸리는 시간은 0.5초다.

페이드아웃 애니메이션에서 까다로운 부분은 애니메이션의 각 단계를 시작할 때 픽셀마다 다른 알파 값을 가지고 있을 수 있기 때문에 애플리케이션에서 초기값에 따라 각 픽셀의 알파 값을 감소시켜야 한다. 지금 언급한 가변-알파-채널 감소를 구현 하려면, **getImageData()** 메서드를 사용해 이미지의 모든 원본 픽셀의 스냅샷을 찍어야만 애니메이션 단계마다 픽셀의 알파를 얼마나 감소시킬 수 있는지 계산할 때 원본 픽셀에 대한 초기 값을 참고할 수 있다.

[예제 4.19]에서는 [그림 4.18]에서 보여준 애플리케이션의 코드를 소개하고 있다.

그림 4.18 이미지 페이드아웃

예제 4.19 이미지 페이드아웃

```javascript
var image = new Image(),
    canvas = document.getElementById('canvas'),
    context = canvas.getContext('2d'),
    fadeButton = document.getElementById('fadeButton'),
    originalImageData = null,
    interval = null;

// 함수.........................................................

function increaseTransparency(imagedata, steps) {
   var alpha, currentAlpha, step, length = imagedata.data.length;
```

```
      for (var i=3; i < length; i+=4) { // 모든 알파 구성 요소
        alpha = originalImageData.data[i];

        if (alpha > 0 && imagedata.data[i] > 0) { // 아직 완전히 투명해지지 않았을 때
          currentAlpha = imagedata.data[i];
          step = Math.ceil(alpha/steps);

          if (currentAlpha - step > 0) { // 투명화 진행 중
            imagedata.data[i] -= step;  // 투명도 증가
          }
          else {
            imagedata.data[i] = 0; // 종료: 완벽히 투명해짐
          }
        }
      }
    }

    function fadeOut(context, imagedata, x, y,
                    steps, millisecondsPerStep) {
      var frame = 0,
          length = imagedata.data.length;

      interval = setInterval(function () { // millisecondsPerStep마다 한 번씩 발생
        frame++;

        if (frame > steps) { // 애니메이션이 끝났을 때
          clearInterval(interval); // 애니메이션 종료
          animationComplete();     // 1초 안에 이미지 되돌리기
        }
        else {
          increaseTransparency(imagedata, steps);
          context.putImageData(imagedata, x, y);
        }
      }, millisecondsPerStep);
    }

    // 애니메이션......................................................

    function animationComplete() {
      setTimeout(function() {
        context.drawImage(image, 0, 0, canvas.width, canvas.height);
      }, 1000);
    }

    // 이벤트 핸들러....................................................

    fadeButton.onclick = function() {
      fadeOut(context,
        context.getImageData(0, 0, canvas.width, canvas.height),
        0, 0, 20, 1000/60);
```

```
    };

    // 초기화.....................................................

    image.src = 'log-crossing.png';
    image.onload = function() {
        context.drawImage(image, 0, 0, canvas.width, canvas.height);
        originalImageData = context.getImageData(0, 0,
                                    canvas.width, canvas.height);
    };
```

 페이드아웃 효과를 더 쉽게 사용하는 방법

[그림 4.18]에서 보여준 애플리케이션에서는 이미지에 대한 각 픽셀의 알파 값을 조작해 이미지에 페이드아웃 효과를 주고 있다. 이 방법은 일반적으로 사용하는 방법으로 캔버스를 사용하면 여러 가지 방법으로 같은 효과를 줄 수 있다. 예를 들면, 콘텍스트의 globalAlpha 변수를 설정하고 이미지를 그리면 이미지에 페이드아웃 효과를 줄 수 있다.

4.7.1 오프스크린 캔버스를 이용한 애니메이션

[그림 4.18]에서 보여준 애니메이션에서는 이미지에 대한 모든 픽셀의 투명도를 반복해서 증가시켜 이미지에 페이드아웃 효과를 주었다. 하지만 이미지 픽셀의 투명도가 다양하기 때문에 초기에 이미지를 그린 후 애플리케이션에서는 getImageData() 메서드를 호출해 이미지의 픽셀을 포착하고 있다. 그리고 애플리케이션에서는 이미지 데이터에 저장된 픽셀의 원본 투명도 값(알파 값)을 이용해 애니메이션의 각 단계에서 픽셀의 투명도를 얼마나 감소시켜야 하는지 계산하고 있다.

이와 같은 방법으로 페이드인 효과를 주려면 초기에 이미지의 픽셀에 대한 스냅샷을 찍고 알파 값을 사용해 애니메이션의 각 단계에서 각 픽셀의 투명도를 얼마나 증가시킬지 결정하면 된다. 하지만 이미지에 페이드아웃 효과를 줄 때 이미지가 표시되지 않으면 이미지에 대한 픽셀을 포착할 수 없다.

이미지를 표시하기 전에 이미지의 픽셀을 포착하기 위해, [그림 4.19]에서 보여준 애플리케이션에서는 이미지를 오프스크린 캔버스에 그리고 캔버스로부터 픽셀을 포착하고 있다.

그림 4.19 이미지 페이드인

[예제 4.20]에서는 [그림 4.19]에서 보여준 애플리케이션의 전체 코드를 소개하고 있다.

예제 4.20 **이미지 페이드인**

```
var image = new Image(),
    canvas = document.getElementById('canvas'),
    context = canvas.getContext('2d'),
    offscreenCanvas = document.createElement('canvas'),
    offscreenContext = offscreenCanvas.getContext('2d'),
    fadeButton = document.getElementById('fadeButton'),
    imagedata,
    imagedataOffscreen,
    interval = null;

// 함수.......................................................

function increaseTransparency(imagedata, steps) {
   var alpha,
       currentAlpha,
       step,
       length = imagedata.data.length;

   for (var i=3; i < length; i+=4) { // 모든 알파 구성 요소를 위한 for 문
```

```
        alpha = imagedataOffscreen.data[i];

    if (alpha > 0) {
        currentAlpha = imagedata.data[i];
        step = Math.ceil(alpha/steps);

        if (currentAlpha + step <= alpha) { // 원본 알파가 종료되지 않았을 때
            imagedata.data[i] += step; // 투명도 증가
        }
        else {
            imagedata.data[i] = alpha; // 종료: 원래 투명도
        }
    }
    }
    }
}

function fadeIn(context, imagedata, steps, millisecondsPerStep) {
    var frame = 0;

    for (var i=3; i < imagedata.data.length; i+=4) { // 모든 알파를 위한 for 문
        imagedata.data[i] = 0;
    }

    interval = setInterval(function () { // millisecondsPerStep마다 발생
        frame++;

        if (frame > steps) {
            clearInterval(interval);
        }
        else {
            increaseTransparency(imagedata, steps);
            context.putImageData(imagedata, 0, 0);
        }
    }, millisecondsPerStep);
}

// 애니메이션......................................................

function animationComplete() {
    setTimeout(function() {
        context.clearRect(0, 0, canvas.width, canvas.height);
    }, 1000);
}

// 이벤트 핸들러....................................................

fadeButton.onclick = function() {
    imagedataOffscreen = offscreenContext.getImageData(0, 0,
                            canvas.width, canvas.height);
```

```
        fadeIn(context,
                offscreenContext.getImageData(0, 0,
                                canvas.width, canvas.height),
                50,
                1000 / 60);
    };

    // 초기화.......................................................

    image.src = 'log-crossing.png';
    image.onload = function() {
        offscreenCanvas.width = canvas.width;
        offscreenCanvas.height = canvas.height;
        offscreenContext.drawImage(image,0,0);
    };
```

4.8　보안

이미지와 관련해 보안 문제가 발생할 때가 있다. 예를 들면, 소셜 네트워크에 올린 사진에 접근 제한을 걸거나 회사에서 제품의 프로토타입 사진을 숨기고 싶을 수 있다. 또는, 정치인이기 때문에 보안 문제에 민감할 수도 있다.

이런 보안 문제로, HTML5 캔버스 명세서에서는 다른 도메인에서 가져온 이미지를 사용할 수 있다지만 캔버스 API를 사용해 크로스-도메인 이미지를 저장하거나 조작할 수 없다고 명시하고 있다.

다음은 캔버스 이미지에 대한 보안 방법을 소개한 것이다.

모든 캔버스에는 origin-clean 플래그가 있다. 참고로 origin-clean 플래그의 기본값은 true다. 여러분이 drawImage() 메서드로 크로스-도메인 이미지를 그린다면 origin-clean 플래그는 false로 설정된다. 마찬가지로 drawImage() 메서드를 사용해 origin-clean 플래그가 false로 설정된 다른 캔버스를 그린다면, 그리려고 하는 캔버스도 origin-clean 플래그가 false로 설정된다.

캔버스의 origin-clean 플래그를 false로 설정하는 것 자체는 예외 처리와 같이 즉시 발생해야 하는 행동에 영향을 주지 않는다. 하지만 origin-clean 플래그를 false로 가진 캔버스에 toDataURL() 메서드나 getImageData() 메서드를 호출한다면, 브라우저에서는 SECURITY_ERR 예외를 발생시킨다.

브라우저에서는 사용자의 파일 시스템을 사용자의 애플리케이션에서 실행하는 파일 시스템의 도메인과 다른 도메인이라고 간주할 것이다. 따라서 기본적으로 사용자의 파일 시스템에 있는 이미지도 저장하거나 조작할 수 없다. 물론 이런 제한은 개발에 적합하지 않으므로 대부분 브라우저에서는 해결 방안을 제공하고 있다. 예를 들어, 크롬에서는 브라우저를 시작할 때 --allow-file-access-from-files라는
명령행 인수를 명시할 수 있다. 이 인수를 명시함으로써 제한을 풀면 크로스-도메인 이미지를 저장하거
나 조작할 수 있다. 그리고 파이어폭스에서는 다음과 같은 함수를 호출한다.

```
netscape.security.PrivilegeManager.enablePrivilege(
                            "UniversalBrowserRead");
```

반면 Firefox의 PrivilegeManager에서 UniveralBrowerRead 특권을 요청하는 enablePrivilege() 메
서드를 호출한다면, enablePrivilege() 메서드를 호출한 메서드와 같은 메서드에 있는 크로스-도메인 이
미지만 저장하고 조작할 수 있을 것이다.

 이 책에서 제공하는 예제를 실행해 보자

책에서 소개한 모든 예제의 코드는 corehtml5canvas.com에서 내려받을 수 있다. 아니면
corehtml5canvas.com에 올라와 있는 책의 예제를 온라인에서 바로 실행할 수도 있다. 여러
분이 코드를 내려받아 여러분의 파일 시스템에서 예제를 실행한다면, toDataURL() 메서드나
getImageData() 메서드를 사용해 이미지를 생성하거나 조작하는 예제를 실행할 수 있도록 이 절에
서 언급한 방법 중 하나를 실행해 크로스-도메인 제한을 풀어야 한다는 사실을 기억하자.

4.9 성능

이미지를 조작할 때 중요하게 생각하는 것 중 하나가 성능이다. 이 절에서는 다음과 같이 성능에 관련된
문제점을 다루고 있는 jsperf.com에서 세 가지를 벤치 마크해 자세히 살펴보자.

- 반복문을 통한 이미지 데이터 반복
- drawImage() vs. putImageData()
- drawImage() 메서드로 이미지 대신 캔버스 그리기
- drawImage() 메서드로 이미지를 그릴 때 확대하기

늘 그렇듯, 상당한 시간이 흐르고 다양한 브라우저에 따라 벤치 마크의 결과가 변경될 수 있다는 점
에 유의하자. 그리고 여러분은 앞으로 언급하는 모든 성능에 대한 권고를 기본 원칙이 아닌 여러분이 작
성한 코드에 대한 가이드라인으로 생각해야 할 것이다. 또한, 벤치 마크의 현재 상태를 살펴볼 수 있게
jsperf.com를 방문하는 것도 좋은 생각이다.

4.9.1 drawImage(HTMLImage) vs. drawImage(HTMLCanvas) vs. putImageData()

drawImage() 메서드와 putImageData() 메서드를 사용하면 캔버스에 이미지를 그릴 수 있다. 이 책을 집필할 당시만 해도 drawImage() 메서드가 putImageData() 메서드보다 상당히 빠르다고 알려졌었다.

게다가 성능적인 측면에서 보면 drawImage() 메서드를 사용하면 putImageData() 메서드에서는 할 수 없는 작업, 즉 캔버스를 다른 캔버스에 그리는 작업을 할 수 있다. 이 절에서 소개하는 예제에서는 이미지를 그리는 것에 비해 캔버스를 그릴 때 평균적으로 성능적인 불이익을 크게 받지 않는다는 사실을 보여주고 있다.

- putImageData() 메서드보다 drawImage() 메서드를 선호한다.

- 평균적으로 캔버스를 그리는 작업은 이미지를 그리는 작업과 같다.

다음은 셋업 코드다.

```
<canvas width=364 height=126 id="c1"></canvas>
<canvas width=364 height=126 id="c2"></canvas>
<img src='...'/>

<script>
  var c1 = document.getElementById('c1').getContext('2d');
  var c2 = document.getElementById('c2').getContext('2d');
  var c2_c = document.getElementById('c2');
  var img = document.getElementById('imgd');
  c1.drawImage(img, 0, 0);
  var imgData = c1.getImageData(0, 0, parseInt(img.width),
                                     parseInt(img.height));

  function execute(drawMethod) {
    for(var i=0; i< 100; i++) {
      drawMethod(i);
    }
  }
</script>
```

위 예제에서는 두 개의 캔버스와 이미지를 생성하고 있으며 생성된 캔버스 중 한 개의 캔버스에 이미지를 그리고 해당 이미지 데이터에 대한 참조를 가져오고 있다. 또한, 위 셋업 코드에서는 세 가지 테스트 메서드 중 하나를 호출하는 함수를 구현하고 있다.

[그림 4.20]에서는 테스트 케이스와 결과를 보여주고 있다.

	Test	Ops/sec

DrawImage	`function d(i) {`
	`  c1.drawImage(img, 0, 0);`
	`}`
	`execute(d)`
		ready

PutPixel	`function p(i) {`
	`  c2.putImageData(imgData, 0, 0);`
	`}`
	`execute(p)`
		ready

DrawImage(canvas)	`function p(i) {`
	`  c1.drawImage(c2_c, 0, 0);`
	`}`
	`execute(p)`
		ready

다른 브라우저들 사이의 결과 비교

Browserscope

UserAgent	DrawImage	DrawImage canvas	PutPixel	# Tests
Chrome 11.0.696	146	141	33	1
Chrome 12.0.742	193	198	37	12
Chrome 13.0.782	237	247	37	4
Chrome 14.0.791	99	143	109	1
Chrome 14.0.814	92	141	104	2
Firefox 5.0	533	537	16	8
iPad 4.3	148	143	18	6
iPad 4.3.3	22	16	18	2
Opera 11.50	224	137	50	1
Safari	29	16	2	1

Browserscope thinks you are using **Chrome 14.0.814** No?

그림 4.20 drawImage(HTMLImage) vs. drawImage(HTMLCanvas) vs. putImageData(); 숫자가 높을수록, 성능이 좋다.

위 테스트 케이스를 살펴본 것처럼, putImageData() 메서드는 drawImage() 메서드보다 항상 느리다. 게다가 상당히 느릴 때도 있다. 따라서 모든 조건이 같다면, putImageData() 메서드보다 drawImage() 메서드를 사용하는 방법이 좋다.

4.9.2 캔버스에 캔버스 그리기 vs. 캔버스에 이미지 그리기; 확대 vs. 원본

259페이지의 4.3절('캔버스에 캔버스 그리기')에서는 캔버스의 이미지를 확대해 캔버스를 캔버스 자체에 그리는 방법을 살펴봤다. 하지만 앞에서 살펴봤듯이 캔버스를 캔버스 자체에 그리는 방법을 사용하면 성능에 영향을 미칠 수 있으며 캔버스의 이미지를 확대하는 방법을 사용하면 성능에 더 큰 영향을 미칠 수 있다.

■   캔버스를 캔버스 자체에 그리는 방법은 성능에 영향을 미친다.

■   캔버스를 확대하는 방법은 성능에 더 큰 영향을 미친다.

다음은 간단한 테스트를 위한 셋업 코드다.

```
<script>
    var c = document.createElement('canvas');
    c.width = 256;
    c.height = 256;

    var ctx = c.getContext('2d');
    ctx.clearRect(0, 0, c.width, c.height);

    var img = new Image(),
    img.src = c.toDataURL();
</script>
```

	Test	Ops/sec
Copy, unscaled	ctx.drawImage(ctx.canvas, 0, 0);	ready
Copy, scaled	ctx.drawImage(ctx.canvas, 0, 0, ctx.canvas.width*2, ctx.canvas.height*2);	ready
Draw image	ctx.drawImage(img, 0, 0);	ready

You can edit these tests or add even more tests to this page by appending /edit to the URL.

다른 브라우저들 사이의 결과 비교

Browserscope

UserAgent	Copy scaled	Copy unscaled	Draw image	# Tests
Chrome 14.0.814	292	1,270	8,863	1
Firefox 5.0.1	352	660	12,292	1
iPad 4.3.2	180	639	1,427	1
Safari 5.0.1	380	772	11,641	1

Browserscope thinks you are using **Chrome 14.0.814** No?

그림 4.21   캔버스를 캔버스 자체에 그리기; 숫자가 높을수록, 성능이 뛰어남

위 셋업 코드에서는 캔버스를 생성한 다음 캔버스의 일부를 검은색으로 지우고 있다. 그리고 이미지를 생성하고 이미지의 소스를 캔버스의 이미지로 설정하고 있다.

[그림 4.21]에서는 테스트 케이스를 보여주고 있다.

4.9.3 반복문을 이용한 이미지 데이터 반복

본래 이미지 조작은 성능 집약적이다. 따라서 반복문으로 매우 큰 데이터를 포함할 수 있는 배열을 반복하는 작업은 성능에 큰 영향을 미칠 수밖에 없다. 다행히도 캔버스에서 이미지 데이터를 조작할 때 성능을 높일 수 있는 몇 가지 방법이 있다.

- 반복문에서 오브젝트 속성에 접근하지 않는다. 대신 로컬 변수에서 속성을 저장한다.

- 반복문으로 모든 픽셀값이 아닌 모든 픽셀을 반복한다.

- 반복문에서 반대 방향으로 반복하는 작업과 비트-시프트 연산(bit-shifting)은 삽질이다.

- 데이터의 양이 적을 때는 **getImageData()** 메서드를 반복적으로 호출하지 않는다.

반복문으로 이미지 데이터를 반복하는 다양한 방법을 벤치 마크한 **jsPerf** 테스트를 살펴보자. 우선, 다음 셋업 코드부터 살펴보자.

```
var canvas = document.createElement('canvas');
canvas.width = 256;
canvas.height = 256;

var ctx = canvas.getContext('2d');
ctx.fillRect(0, 0, 256, 256);

var id = ctx.getImageData(0, 0, 256, 256);
var pixels = id.data;
var length = pixels.length;
var width = id.width;
var height = id.height;
```

위 코드에서는 <canvas> 요소를 생성하고 캔버스의 너비와 높이를 설정한 다음 검은색으로 캔버스 내부를 칠하고 있다. 그리고 getImageData() 메서드를 사용해 캔버스의 이미지 데이터에 대한 참조를 가져오고 있다. 마지막으로 코드에서는 이미지 데이터 배열의 길이와 너비 등과 같은 이미지 데이터 파라미터를 로컬 변수에 저장하고 있다.

[그림 4.22]와 [그림 4.23]에서는 다양한 테스트 케이스를 보여주고 있다.

4.9.3.1 반복문에서 오브젝트 속성에 접근하지 말고 대신 로컬 변수에서 속성을 저장한다

[그림 4.22]의 처음 네 개의 테스트 케이스에서는 로컬 변수의 너비와 높이 값을 저장하는 것과 너비와 높이 등과 같은 이미지 데이터 속성에 접근하는 것을 반복적으로 비교하고 있다.

Test		Ops/sec
| property accesses 2d | ```
for (var y = 0; y < id.height; y++) {
    for (var x = 0; x < id.width; x++) {
        var off = (y * id.width + x) * 4;
        id.data[off] += 10;
        id.data[off + 1] += 20;
        id.data[off + 2] += 30;
        id.data[off + 3] += 40;
    }
}
``` | ready |
| property accesses 1d | ```
for (var i = 0; i < id.data.length; i += 4) {
    id.data[i] += 10;
    id.data[i + 1] += 20;
    id.data[i + 2] += 30;
    id.data[i + 3] += 40;
}
``` | ready |
| local variables 2d | ```
for (var y = 0; y < height; y++) {
    for (var x = 0; x < width; x++) {
        var off = (y * width + x) * 4;
        pixels[off] += 10;
        pixels[off + 1] += 20;
        pixels[off + 2] += 30;
        pixels[off + 3] += 40;
    }
}
``` | ready |
| local variables 1d | ```
for (var i = 0; i < length; i += 4) {
    pixels[i] += 10;
    pixels[i + 1] += 20;
    pixels[i + 2] += 30;
    pixels[i + 3] += 40;
}
``` | ready |
| local variables 1d hack one | ```
for (var i = -1; i < length;) {
    pixels[++i] += 10;
    pixels[++i] += 20;
    pixels[++i] += 30;
    pixels[++i] += 40;
}
``` | ready |
| local variables 1d hack two | ```
var i = -1;
while (i < length) {
    pixels[++i] += 10;
    pixels[++i] += 20;
    pixels[++i] += 30;
    pixels[++i] += 40;
}
``` | ready |
| local variables 1d hack three | ```
var i = length;
while (i >= 0) {
    pixels[--i] += 40;
    pixels[--i] += 30;
    pixels[--i] += 20;
    pixels[--i] += 10;
}
``` | ready |

그림 4.22   반복문으로 이미지 데이터 반복(http://bit.ly/novcmK)
```

| local variables 2d cache-unfriendly | ```for (var x = 0; x < width; x++) {
  for (var y = 0; y < height; y++) {
    var off = (y * width + x) * 4;
    pixels[off] += 10;
    pixels[off + 1] += 20;
    pixels[off + 2] += 30;
    pixels[off + 3] += 40;
  }
}``` | ready |
| local variables 1d hack four | ```for (var i = 0; i < length;) {
  pixels[i++] += 10;
  pixels[i++] += 20;
  pixels[i++] += 30;
  pixels[i++] += 40;
}``` | ready |
| local variables 2d w/ bit-shifts | ```for (var y = 0; y < height; y++) {
  for (var x = 0; x < width; x++) {
    var off = (((y << 8) + x) << 2);
    pixels[off] += 10;
    pixels[off + 1] += 20;
    pixels[off + 2] += 30;
    pixels[off + 3] += 40;
  }
}``` | ready |
| multiple getImageData calls | ```for (var y = 0; y < height; y++) {
  for (var x = 0; x < width; x++) {
    var pixel = ctx.getImageData(x, y, 1, 1).data;
    pixel[0] += 10;
    pixel[1] += 20;
    pixel[2] += 30;
    pixel[3] += 40;
  }
}``` | ready |

다른 브라우저들 사이의 결과 비교.

Browserscope

UserAgent	local variables 1d	local variables 1d hack four	local variables 1d hack one	local variables 1d hack three	local variables 1d hack two	local variables 2d	local variables 2d cache unfriendly	local variables 2d w bit shifts	multiple getImageData calls	property accesses 1d	property accesses 2d	# Tests
Chrome 12.0.742	1,443	51	276	28	277	1,279	50	50	1	1,451	196	
Chrome 13.0.782	1,968	500	55	27	55	1,687	487	485	2	1,962	205	
Chrome 14.0.814	1,452	840	45	44	44	1,311	677	860	2	1,501	201	
Firefox 5.0	512	740	335	338	335	589	545	658		588	565	
iPad 4.3.3	13	12	14	19	13	18	17	18	1	17	14	
Safari 5.0.5	86	84	83	122	84	116	112	117	10	111	93	

Browserscope thinks you are using **Chrome 14.0.814** No?

그림 4.23 반복문에서 이미지 데이터를 반복한 통계 자료; 숫자가 높을수록, 성능이 뛰어남

또한, 위 그림에서는 반복문 하나를 사용해 이미지 데이터를 반복하는 방법과 두 개를 이용하는 방법 사이의 차이를 비교하고 있다.

반복문 하나로 이미지 데이터를 반복하면, 속성에 접근하는 방법과 로컬 변수에 저장하는 방법 사이에 차이가 없다. 하지만 두 개의 반복문을 사용하면 로컬 변수를 이용하는 방법이 속성을 이용하는 방법보다 훨씬 빠르다. 결과적으로 로컬 변수를 이용해 속성을 저장하는 방법을 사용하는 것이 좋다.

4.9.3.2 반복문으로 모든 픽셀값이 아닌 모든 픽셀을 반복하자

앞에서 각 픽셀에 대한 이미지 데이터는 0부터 255까지 범위인 네 개의 8-비트 정수 값으로 나타내며 각 정수는 픽셀의 빨간색, 녹색, 파란색, 알파 구성 요소를 나타낸다고 배웠다. 또한, 브라우저에서는 이미지 정확도를 높이기 위해 여러 개의 픽셀값을 가진 픽셀을 나타내고 있다는 것도 배웠다.

만약 이 값 중 하나를 선택해 반복문에서 반복하면, 필요한 횟수보다 네 배 이상을 반복해야 한다. 따라서 각 픽셀의 구성 요소 대신 픽셀 경계를 반복하는 것이 현명하다. 이런 이유에서 지금까지 살펴본 테스트 케이스에서는 숫자 4를 사용했다.

아마도 여러분은 필요한 것보다 네 배 이상 반복하면 성능적인 측면에서 상당히 안 좋을 것으로 생각하고 있을 것이다. [그림 4.23]에서 보여준 테스트 결과에 따르면 아이패드와 사파리를 제외한 나머지 브라우저의 성능이 저하되었다.

[그림 4.22]의 테스트에서는 모든 픽셀을 반복하는 작업(local variables 1d)과 모든 픽셀의 구성요소를 반복하는 작업(local variables 1d hack one)을 비교하고 있다. 일반적으로 모든 픽셀을 반복하는 작업이 빠르며 상당히 빠를 때도 있다는 결과에 주목하자.

4.9.3.3 반복문에서 반대 방향으로 반복하는 작업과 비트-시프트 연산은 삽질이다

자바스크립트에서 반복문으로 배열을 반복할 때, 반대 방향으로 반복문을 반복하고 배열 오프셋을 계산할 수 있도록 비트-시프트 연산을 사용하는 것을 일반적인 통념으로 여기고 있다. [그림 4.23]의 테스트에서 비트-시프트 연산을 사용할 때는 별다른 차이가 없는 반면, 반복문을 반대 방향으로 반복할 때는 몇몇 경우에 성능을 상당히 저하시키는 결과를 보이고 있다. 반복문을 반대 방향으로 반복하는 작업(local variables 1d hack three)은 파이어폭스에서는 별다른 차이를 보이지 않지만, 크롬에서는 놀라울 정도로 느린 결과를 보이고 있다. 그리고 사파리와 아이패드에서 반복문을 정방향(looping forward)으로 반복하는 작업(local variables 1d hack one)과 비교했을 때 조금 빠른 정도로 보인다. 다른 말로 하면 삽질이다.

반복문을 반대 방향으로 반복해 저장하거나 비트-시프트 연산을 사용하는 방법 외에도 성능을 높일 방법이 있으므로 이런 방법을 사용하기 전에 다양한 방법을 시도해 보는 게 좋다.

4.9.3.4 데이터의 양이 적을 때 getImageData() 메서드를 반복적으로 호출하지 말자

이미지의 모든 픽셀을 가져올 때 **getImageData()** 메서드를 호출하는 대신, [그림 4.23]에서 보여준 마지막 테스트 케이스에서는 반복적으로 **getImageData()** 메서드를 호출해 이미지 데이터 배열의 각 픽셀에 접근하고 있다.

성능에 대한 독단적인 판단일 수 있지만 getImageData() 메서드는 상대적으로 성능에 많은 영향을 미치므로 이미지 데이터 배열의 모든 픽셀을 위해 getImageData() 메서드를 호출하는 방법은 반드시 피해야 한다.

4.10 돋보기

[그림 4.24]에서는 이 장을 시작할 때 소개했던 돋보기 애플리케이션을 보여주고 있다. 이 애플리케이션에서는 돋보기를 드래그해 이미지의 다양한 부분을 확대할 수 있을 뿐만 아니라 애플리케이션 위에 있는 슬라이더로 돋보기 배율과 돋보기 렌즈의 크기를 변경할 수도 있다.

그림 4.24 돋보기

다음은 돋보기의 동작 방법을 설명하고 있다.

사용자가 마우스를 드래그하면 애플리케이션에서는 돋보기 렌즈를 둘러싸고 있는 가장 작은 직사각형에 대한 픽셀을 포착한다.

그리고 애플리케이션에서는 클리핑 영역을 돋보기 렌즈로 설정한 다음 9개의 인수를 가진 drawImage() 메서드를 사용해 캔버스 픽셀을 확대해 캔버스에 캔버스를 그린다.

애플리케이션에서는 확대된 픽셀을 돋보기에 그릴 뿐만 아니라 사용자가 돋보기를 캔버스 주위로 드래그하면 돋보기를 지우기도 한다. 그리고 사용자가 돋보기를 드래그하는 동안 마우스를 움직일 때마다, 애플리케이션에서는 putImageData() 메서드를 호출해 사용자가 마우스를 드래그한 마지막 시점에 getImageData() 메서드를 사용해 저장한 배경을 복원한다.

따라서 사용자가 돋보기를 드래그하는 동안 마우스를 움직일 때마다 애플리케이션에서는 다음과 같은 단계를 수행한다.

1. putImageData() 메서드를 호출해 이전 돋보기 위치의 배경을 복원한다.

2. getImageData() 메서드를 호출해 새로운 위치의 돋보기 아래에 있는 픽셀을 저장한다.

3. 클리핑 영역을 돋보기 렌즈로 설정한다.

4. drawImage() 메서드를 호출해 확대된 픽셀을 캔버스에 그린다.

5. 돋보기 렌즈를 그린다.

다음은 애플리케이션의 mousemove 이벤트 핸들러에 대한 코드다.

```
canvas.onmousemove = function (e) {
   if (dragging) {
      eraseMagnifyingGlass();
      drawMagnifyingGlass(windowToCanvas(e.clientX, e.clientY));
   }
};
```

eraseMagnifyingGlasS() 메서드에서는 위에서 언급한 단계 중에서 첫 번째 단계를 수행한다.

```
function eraseMagnifyingGlass() { // 마우스를 움직일 때 호출된다.
   if (imageData != null) {
      context.putImageData(imageData,
         magnifyRectangle.x, magnifyRectangle.y);
   }
}
```

애플리케이션에서 eraseMagnifyingGlasS() 메서드를 처음 호출하면 지울 것이 없다. 따라서 imageData != null을 확인한다. imageData가 null인지 확인하지 않으면 애플리케이션에서는 putImageData() 메서드를 호출해 돋보기의 이전 그림을 지운다.

그리고 돋보기를 지운 다음 mousemove 이벤트 핸들러에서는 다음과 같이 구현된 drawMagnifyiingGlass() 메서드를 호출한다.

```javascript
function drawMagnifyingGlass(mouse) {
   var scaledMagnifyRectangle = null;

   magnifyingGlassX = mouse.x;
   magnifyingGlassY = mouse.y;

   calculateMagnifyRectangle(mouse);

   imageData = context.getImageData(magnifyRectangle.x,
                                    magnifyRectangle.y,
                                    magnifyRectangle.width,
                                    magnifyRectangle.height);
   context.save();

   scaledMagnifyRectangle = {
      width:  magnifyRectangle.width  * magnificationScale,
      height: magnifyRectangle.height * magnificationScale
   };

   setClip();

   context.drawImage(canvas,
      magnifyRectangle.x, magnifyRectangle.y,
      magnifyRectangle.width, magnifyRectangle.height,

      magnifyRectangle.x + magnifyRectangle.width/2 -
         scaledMagnifyRectangle.width/2,

      magnifyRectangle.y + magnifyRectangle.height/2 -
         scaledMagnifyRectangle.height/2,

      scaledMagnifyRectangle.width,
      scaledMagnifyRectangle.height);

   context.restore();

   drawMagnifyingGlassCircle(mouse);
}

function setClip() {
   context.beginPath();
   context.arc(magnifyingGlassX, magnifyingGlassY,
            magnifyingGlassRadius, 0, Math.PI*2, false);

   context.clip();
}
```

위 drawMagnifyingGlass() 함수에서는 새로운 위치에 있는 돋보기를 둘러싸고 있는 가장 작은 직사각형을 계산한 다음 애플리케이션에서 돋보기를 지울 수 있도록 계산된 직사각형에 대한 픽셀을 포착하고 있다.

그리고 애플리케이션에서는 확대된 픽셀에 대한 변경된 너비와 높이를 계산하고 클리핑 영역을 돋보기 렌즈로 설정하고 있다.

마지막으로, drawMagnifyingGlass() 함수에서는 픽셀을 확대해 캔버스를 캔버스에 그린다. [그림 4.25]에서는 drawImage() 메서드를 호출한 결과를 보여주고 있다.

그림 4.25　확대된 픽셀을 돋보기 렌즈로 복사. 위: 설정 전, 아래: 설정 후

[그림 4.25]에서 위에 있는 그림은 주석 처리한 setClip() 메서드를 호출한 결과다. 위에 있는 그림처럼 클리핑 영역을 설정하지 않으면, drawMagnifyingGlass() 함수에서 drawImage() 메서드를 호출해서 그려진 모든 픽셀을 볼 수 있다.

그리고 [그림 4.25]의 아래에 있는 그림에서는 복원된 setClip() 메서드를 호출한 모습을 보여주고 있다. 아래 그림에서처럼 클리핑 영역을 사용하면 확대된 픽셀은 돋보기 렌즈 내부로 제한된다.

돋보기 애플리케이션의 슬라이더

돋보기 애플리케이션에서는 돋보기 렌즈의 크기와 돋보기 배율을 변경할 수 있도록 페이지 위에 슬라이더를 배치하고 있다. 이 슬라이더는 캔버스에 구현된 사용자 정의 컨트롤로 10장에서 자세히 살펴볼 예정이다.

4.10.1 오프스크린 캔버스 사용하기

313페이지의 4.10절('돋보기')에서 살펴봤던 돋보기 애플리케이션에서는 확대된 캔버스를 캔버스 자체에 그리는 방법을 보여줬다. 이 방법 대신 이 절에서는 [예제 4.21]처럼 오프스크린 캔버스를 사용해 픽셀을 확대한 다음 오프스크린 캔버스를 다시 온스크린 캔버스에 그리는 방법을 소개할 것이다.

예제 4.21 오프스크린 캔버스 사용하기

```
var ...
    offscreenCanvas = document.createElement('canvas'),
    offscreenContext = offscreenCanvas.getContext('2d');
...

function drawMagnifyingGlass(mouse) {
  var scaledMagnifyRectangle = null;

  magnifyingGlassX = mouse.x;
  magnifyingGlassY = mouse.y;

  calculateMagnifyRectangle(mouse);

  imageData = context.getImageData(magnifyRectangle.x,
                                   magnifyRectangle.y,
                                   magnifyRectangle.width,
                                   magnifyRectangle.height);
  context.save();

  scaledMagnifyRectangle = {
    width:  magnifyRectangle.width  * magnificationScale,
    height: magnifyRectangle.height * magnificationScale
  };

  setClip();

  offscreenContext.drawImage(canvas,
    magnifyRectangle.x, magnifyRectangle.y,
    magnifyRectangle.width, magnifyRectangle.height,
```

```
        0, 0,
        scaledMagnifyRectangle.width,
        scaledMagnifyRectangle.height);

    context.drawImage(offscreenCanvas, 0, 0,
        scaledMagnifyRectangle.width,
        scaledMagnifyRectangle.height,

        magnifyRectangle.x + magnifyRectangle.width/2 -
            scaledMagnifyRectangle.width/2,

        magnifyRectangle.y + magnifyRectangle.height/2 -
            scaledMagnifyRectangle.height/2,

        scaledMagnifyRectangle.width,
        scaledMagnifyRectangle.height);

    context.restore();

    drawMagnifyingGlassCircle(mouse);
}
```

돋보기 애플리케이션에서는 오프스크린 캔버스를 사용하는 방법보다 캔버스를 캔버스에 그리는 방법을 사용할 때 더 좋은 성능을 보여주었다.

4.10.2 파일 시스템에서 이동한 이미지에 접근하기

돋보기 애플리케이션에서는 HTML5 Drag and Drop과 FileSystem API를 사용하므로 컴퓨터에서 이미지를 드래그해 애플리케이션으로 이동시킬 수 있다. [그림 4.26]에서는 사용자가 컴퓨터에서 드래그한 다음 애플리케이션으로 이동시킨 이미지에 접근할 수 있는 애플리케이션을 보여주고 있다. 사용자가 이미지를 드래그하면 [그림 4.26]의 아래에 있는 그림에서처럼 애플리케이션에서는 새로운 이미지를 표시한다.

이 책을 집필할 당시 크롬은 FileSystem API를 지원하는 유일한 브라우저였다. [예제 4.22]에서는 돋보기 애플리케이션에서 FileSystem API을 사용하는 방법을 보여주고 있다.

돋보기 애플리케이션에서는 브라우저에서 드래그 앤 드롭에 대한 기본 동작을 할 수 없게 drag enter 및 drag over 이벤트 리스너를 구현하고 있다.

그림 4.26   위: 이미지를 드래그한 상태(오른쪽 위 모서리에 있는 끌어넣기 아이콘에 주목); 아래: 드래그한 이미지를 표시

또한, 애플리케이션은 FileSystem API을 사용해 파일 시스템에 5MB의 디스크 공간을 요청하는 드롭 리스너를 가지고 있다. 그리고 애플리케이션에서는 이미지 파일을 생성하고 이미지 요소의 **src** 속성을 파일 시스템에서 가져온 URL로 설정한다.

예제 4.22   FileSystem API 사용하기

```
canvas.addEventListener('dragenter', function (e) {
    e.preventDefault();
    e.dataTransfer.effectAllowed = 'copy';
}, false);

canvas.addEventListener('dragover', function (e) {
    e.preventDefault();
}, false);

window.requestFileSystem =
        window.requestFileSystem || window.webkitRequestFileSystem;

canvas.addEventListener('drop', function (e) {
    var file = e.dataTransfer.files[0];
```

```
window.requestFileSystem(window.TEMPORARY, 5*1024*1024,
    function (fs) {
        fs.root.getFile(file.name, {create: true},
            function (fileEntry) {
                fileEntry.createWriter( function (writer) {
                    writer.write(file);
                });
                image.src = fileEntry.toURL();
            },

            function (e) {
                alert(e.code);
            }
        );
    },

    function (e) {
        alert(e.code);
    }
    );
}, false);
```

4.11 비디오 프로세싱

2006년 구글이 유튜브를 16억 5천만 달러, 한화로 1조 9천억 원에 인수했을 정도로 비디오는 큰 사업이다. 구글에 따르면 오늘날 유튜브는 전 세계 인터넷 트래픽의 20% 이상을 차지하고 있다. 온라인상에서 비디오는 한때 거의 모든 플래시(Flash) 영역이 독점했지만, 점차 HTML5로 기울어지고 있다.

HTML5에서는 비디오를 재생하고 제어할 수 있는 <video> 요소를 제공하고 있다. 그리고 캔버스 API를 사용하면 비디오를 재생할 때 키프레임만으로 비디오를 처리할 수 있다.

251페이지의 4.1.2절('drawImage() 메서드')을 생각해보자. drawImage() 메서드에서는 이미지를 그릴 수 있을 뿐만 아니라 다음 코드처럼 비디오 프레임도 캔버스에 그릴 수 있다.

```
var video = document.getElementById('video'); // A <video> element
...

context.drawImage(video, 0, 0); // 비디오 프레임 그리기
```

위 코드에서 drawImage() 메서드의 video 인수는 HTMLVideoElement다. 비디오 프레임을 캔버스에 그릴 때, <video> 요소 및 <canvas> 요소와 애니메이션을 결합해 비디오를 처리할 수 있다. 333페이지의 4.11.3절('비디오 프로세싱')에서 이와 관련된 내용을 소개할 예정이다.

4.11.1 비디오 포맷

이 책이 출판될 당시에는 [표 4.3]에서 소개한 것처럼 세 가지 포맷이 널리 사용되고 있었다.

표 4.3 **브라우저에서 지원하는 비디오 포맷**

포맷	지원하는 브라우저
H.264(MPEG-4)	IE9.0, 크롬 3.0(제외), 사파리 3.1
Ogg Theora	파이어폭스 3.5, 크롬 3.0, 오페라 10.5
VP8(WebM)	파이어폭스 4.0, 크롬 6.0, 오페라 10.6

위에서 언급한 세 가지 포맷 모두 주요 브라우저에서 지원하지 않는다는 사실에 주목하자. 이런 제약 때문에 비디오가 모든 플랫폼에서 실행될 수 있게 여러 포맷을 명시해야만 한다. 다음 코드에서처럼 <video> 요소 안에 <source> 요소를 넣어 같은 효과를 낼 수 있다.

```
<video>
    <source src = 'video.ogg'/>
    <source src = 'video.mp4'/>
</video>
```

 비디오 포맷의 짧은 역사

본래 HTML5 명세서에서는 비디오용으로 Ogg Theora 포맷을 요구했다. 이렇게 명시한 이유는 Ogg Theora 포맷이 오픈 소스로 무료로 사용할 수 있었을 뿐만 아니라 무엇보다도 명세서의 저자가 다양한 포맷을 명시하는 것보다 단일 포맷을 명시하는 것이 낫다고 믿었기 때문이다. 참고로 모질라와 오페라는 Ogg Theora 포맷의 강력한 지지자다.

그러나 애플과 노키아 등과 같은 몇몇 회사에서는 특허 문제에 대해 걱정했으며(아래 내용 참조) 특히 애플은 명세서에서 비디오 포맷을 직접적으로 명시한 행동을 좋게 생각하지 않았다.

결과적으로 명세서는 개정됐고 Ogg Theora 포맷에 대한 요구는 제외됐다.

2010년, 구글은 On2's VP8 포맷을 획득한 다음 확정 무료 특허권인 BSD 라이선스(BSD-like license)를 바탕으로 소프트웨어를 출시했다. 그리고 2011년 1월, 구글은 크롬에서 MPEG-4에 대한 지원을 종료할 것이라고 공식 발표했다.

잠수함 특허와 특허 매복 행위

1995년까지 미국의 특허 만기는 출원일 대신 발행일로부터 계산됐다. 비용이 많이 드는 방법이지만, 특허권을 신청할 때 출원을 한 다음 심사를 지연시킬 수 있도록 계속 출원을 신청할 수 있었다. 이런 특허권을 잠수함 특허(submarine patent)라고도 부른다.

하지만 출원자가 심사를 지연시키다가 부유한 기업에서 잠수함 특허를 침해할 때 특허권을 성립시키는 경우가 발생했다. 이럴 경우, 출원자는 특허 보유자(patent holder)로서 막대한 로열티를 목적으로 잠수함 특허를 침해한 기업을 고소할 수 있었다.

잠수함 특허는 소프트웨어 특허권이란 신비로운 세계의 한 측면일 뿐이다. 그리고 특허권을 남용하는 또 다른 사례로 특허 매복 행위(patent ambush)를 들 수 있다. 특허 매복 행위란 특허권을 신청하려는 회사에서 소프트웨어 표준 단체에 가입해 해당 특허권을 침해하도록 표준에 영향을 주는 행위를 의미한다.

무료 및 오픈 소스인 Ogg 포맷을 침해하는 특허권이 없는 상황에도 애플과 노키아가 Ogg 포맷에 반대한 이유 중 일부는 잠수함 특허와 특허 매복 행위에 대한 문제 때문이었다.

4.11.1.1 포맷 전환하기

가장 널리 사용된 세 가지 비디오 포맷 중 어떤 포맷도 주요 브라우저에서 사용되지 않으므로 모든 플랫폼에서 사용할 수 있도록 다양한 비디오 포맷을 제공해야 한다. 이런 상황 때문에, 조만간 여러분이 사용하고 있는 포맷을 다른 포맷을 전환해야 하는 상황이 발생할지도 모른다.

비디오 포맷을 다른 포맷으로 전환하는 방법은 수없이 많다. [그림 4.27]에서는 파이어폭스에서 제공하는 확장 기능을 소개하고 있다.

그림 4.27   포맷 전환하기

4.11.2 캔버스에서 비디오 재생하기

여러분이 캔버스의 비디오에 대한 지원을 살펴보는 궁극적인 목적은 비디오를 즉시 처리할 수 있게 구현하기 위함이다. 첫 번째 단계는 간단하게 캔버스에서 비디오를 재생하는 것이다. [그림 4.28]에서는 캔버스 크기에 맞게 각 비디오 프레임을 확대해 보이지 않는 <video> 요소의 프레임을 보이는 <canvas> 요소에 그리는 애플리케이션을 보여주고 있다.

그림 4.28 캔버스에서 비디오 재생하기

[예제 4.23]에서는 [그림 4.28]에서 보여준 애플리케이션의 HTML 코드를 소개하고 있다.

여기에서는 <video> 요소의 CSS에 주목하자. <video> 요소의 display 속성을 invisible로 설정하고 있다.

애플리케이션에서는 보이지 않는 비디오를 재생하고 340페이지의 5.1.3절('간편한 애니메이션 루프')에서 소개할 requestNextAnimationFrame() 폴리필(polyfill) 함수를 사용해 구현한 애니메이션 루프로 현재 비디오 프레임을 캔버스에 지속해서 그리고 있다. 결과적으로 캔버스에서 비디오를 재생하게 된다. [예제 4.24]에서는 애플리케이션의 자바스크립트 코드를 소개하고 있다.

비디오를 가져오면 코드에서는 가져온 비디오를 재생하고 requestNextAnimationFrame() 함수를 호출해 애니메이션 루프를 시작한다. 그리고 브라우저에서 다음 애니메이션 프레임을 그릴 준비가 됐을 때 비디오가 재생 중이면, 현재 비디오 프레임을 캔버스에 그린 다음 requestNextAnimationFrame() 함수를 호출해 애니메이션을 지속시키는 animate() 함수를 호출한다. 하지만 비디오가 종료된 상태라면 animate() 함수에서는 requestNextAnimationFrame() 함수를 호출하지 않고 애니메이션을 종료한다.

예제 4.23   비디오 재생하기: HTML

```html
<!DOCTYPE html>
  <head>
    <title>Video</title>

    <style>
        body {
            background: #dddddd;
        }

        #canvas {
            background: #ffffff;
            border: thin solid darkgray;
        }

        #video {
            display: none;
        }
    </style>
  </head>

<body>
  <video id='video' poster>
     <source src='dog-stealing.mp4'/>
     <source src='dog-stealing.ogg'/>
  </video>

  <canvas id='canvas' width='720' height='405'>
     Canvas not supported
  </canvas>

  <script src='requestNextAnimationFrame.js'></script>
  <script src='example.js'></script>
</body>
</html>
```

251페이지의 4.1.2절('drawImage() 메서드')에서 소개했듯이 아래에서 소개하고 있는 코드에서는 다섯 가지 인수를 가진 drawImage() 메서드를 사용해 캔버스에 맞게 비디오를 확대하고 있다.

예제 4.24 비디오 재생하기: 자바스크립트

```javascript
var canvas = document.getElementById('canvas'),
    context = canvas.getContext('2d'),
    video = document.getElementById('video');

function animate() {
   if (!video.ended) {
      context.drawImage(video, 0, 0, canvas.width, canvas.height);
      window.requestNextAnimationFrame(animate);
   }
}

video.onload = function (e) {
   video.play();
   window.requestNextAnimationFrame(animate);
};
```

지금까지 비디오의 각 프레임을 포착하고 포착된 프레임을 캔버스에 그리는 방법을 살펴봤다. 다음 절에서는 프레임을 표시하기 전에 처리하는 방법을 살펴보자.

4.11.3 비디오 프로세싱

[그림 4.29]에서 보여주는 애플리케이션에서는 앞 절에서 소개한 애플리케이션에서처럼 보이지 않는 <video> 요소의 프레임을 보이는 <canvas> 요소에 표시하고 있다. 그뿐만 아니라 [그림 4.29]에서 보여주는 애플리케이션에서는 각 비디오 프레임을 캔버스에 표시하기 전에 선택적으로 처리하고 있다.

애플리케이션에서는 비디오의 색상과 방향을 제어할 수 있게 두 개의 체크박스를 제공하고 있으며 사용자가 [Play] 버튼으로 비디오를 시작할 수 있다.

[예제 4.25]에서는 이 애플리케이션의 HTML 코드를 소개하고 있고, [예제 4.26]에서는 자바스크립트로 보이지 않은 <video> 요소의 프레임을 보이는 <canvas> 요소에 그리는 애니메이션을 구현하고 있다.

브라우저에서 다음 애니메이션 프레임을 그릴 준비가 됐을 때 호출하는 nextVideoFrame() 함수는 모든 행동이 이루어지는 장소다. 비디오가 종료되면 nextVideoFrame() 함수에서는 버튼의 텍스트를 [Play]로 대체하고 애니메이션을 재생하는 데 필요한 requestNextAnimationFrame() 함수를 호출하지 않는다.

만약 비디오가 종료되지 않았다면 nextVdieoFrame() 함수에서는 현재 비디오 프레임을 오프스크린 캔버스에 그리고 프레임을 온스크린 캔버스에 그리기 전에 선택된 체크박스에 따라 프레임의 방향을 뒤집거나 색상을 제거한다.

```html
<!DOCTYPE html>
  <head>
    <title>Video</title>

    <style>
      body {
        background: #dddddd;
      }

      .floatingControls {
        position: absolute;
        left: 175px;
        top: 300px;
      }

      #canvas {
        background: #ffffff;
        border: thin solid #aaaaaa;
      }

      #video {
        display: none;
      }
    </style>
  </head>

  <body>
    <video id='video' controls src='dog-stealing.mp4'></video>

    <canvas id='canvas' width='480' height='270'>
      Canvas not supported
    </canvas>

    <div id='controls' class='floatingControls'>
      <input id='controlButton' type='button' value='Play'/>
      <input id='colorCheckbox' type='checkbox' checked> Color
      <input id='flipCheckbox' type='checkbox'> Flip
    </div>

    <script src='requestNextAnimationFrame.js'></script>
    <script src='example.js'></script>
  </body>
</html>
```

그림 4.29 비디오 프로세싱

예제 4.26 비디오 컨트롤: 자바스크립트

```javascript
var canvas = document.getElementById('canvas'),
    offscreenCanvas = document.createElement('canvas'),
    offscreenContext = offscreenCanvas.getContext('2d'),
    context = canvas.getContext('2d'),
    video = document.getElementById('video'),
    controlButton = document.getElementById('controlButton'),
    flipCheckbox = document.getElementById('flipCheckbox'),
    colorCheckbox = document.getElementById('colorCheckbox'),
    imageData,
    poster = new Image();

// 함수.......................................................

function removeColor() {
   var data,
       width,
       average;

   imageData = offscreenContext.getImageData(0, 0,
                 offscreenCanvas.width, offscreenCanvas.height);
   data = imageData.data;
   width = data.width;
```

```
      for (i=0; i < data.length-4; i += 4) {
          average = (data[i] + data[i+1] + data[i+2]) / 3;
          data[i]   = average;
          data[i+1] = average;
          data[i+2] = average;
      }

      offscreenContext.putImageData(imageData, 0, 0);
   }

   function drawFlipped() {
      context.save();

      context.translate(canvas.width/2, canvas.height/2);
      context.rotate(Math.PI);
      context.translate(-canvas.width/2, -canvas.height/2);
      context.drawImage(offscreenCanvas, 0, 0);

      context.restore();
   }

   function nextVideoFrame() {
      if (video.ended) {
         controlButton.value = 'Play';
      }
      else {
         offscreenContext.drawImage(video, 0, 0);

         if (!colorCheckbox.checked)
            removeColor();

         if (flipCheckbox.checked)
            drawFlipped();
         else
            context.drawImage(offscreenCanvas, 0, 0);

         requestNextAnimationFrame(nextVideoFrame);
      }
   }

   function startPlaying() {
      requestNextAnimationFrame(nextVideoFrame);
      video.play();
   }

   function stopPlaying() {
      video.pause();
   }

   // 이벤트 핸들러.....................................................
```

```
controlButton.onclick = function(e) {
    if (controlButton.value === 'Play') {
        startPlaying();
        controlButton.value = 'Pause';
    }
    else {
        stopPlaying();
        controlButton.value = 'Play';
    }
};

poster.onload = function() {
    context.drawImage(poster, 0, 0);
};

// 초기화......................................................

poster.src = 'dog-stealing-poster.png';

offscreenCanvas.width = canvas.width;
offscreenCanvas.height = canvas.height;
```

4.12   결론

캔버스 API에서는 캔버스나 비디오 프레임 또는 이미지를 캔버스에 그리는 drawImage() 메서드, 캔버스로부터 직사각형 모양의 픽셀을 포착하는 getImageData() 메서드, 직사각형의 픽셀을 캔버스에 삽입하는 putImageData() 메서드, 픽셀 색상 값에 해당하는 빈 배열을 생성하는 createImageData() 메서드 등 네 가지 캔버스 콘텍스트 메서드로 수많은 기능을 제공하고 있다.

여러분은 지금 언급한 네 가지 메서드를 이용해 이미지 필터와 돋보기 등과 같은 복잡한 이미지 조작을 구현할 수 있다.

여러분은 이번 장에서 이미지를 그리고 확대하는 방법, 이미지 필터를 구현하는 방법, 오프스크린 캔버스에서 이미지를 처리하는 방법 및 웹 워커를 이용해 이미지를 처리하는 방법 등을 살펴봤다. 그리고 클리핑과 캔버스 드로잉 API 등과 같은 HTML5 캔버스의 여러 기능과 이미지 조작을 조합하는 방법뿐만 아니라 웹 워커 등과 같은 캔버스 외부의 HTML5 기능과 이미지 조작을 조합하는 방법도 살펴봤다. 웹 워커에서 이미지 필터를 캡슐화하면, 메인 브라우저 UI 스레드로부터 가중된 부하를 낮출 수 있을 뿐만 아니라 웹 워커를 다중 콘텍스트에서 재사용할 수도 있다. 또한, 이미지를 그리고 조작하기 위해 성능을 향상시킬 수 있는 방법도 배웠다.

그리고 여러분은 4장 전반에 걸쳐 사용됐던 돋보기 애플리케이션의 코드도 살펴봤다. 돋보기 애플리케이션에서는 HTML5 Drag and Drop과 FileSystem API을 사용해 사용자가 컴퓨터에서 드래그한 이미지에 접근하는 방법을 보여줬다.

마지막으로 애니메이션 및 drawImage() 메서드와 함께 <video> 요소와 <canvas> 요소를 사용해 비디오를 처리하는 방법을 살펴봤다.

다음 장에서는 캔버스 애니메이션로 이미지와 드로잉을 움직이게 하는 방법을 살펴보자.

애니메이션

인간은 애니메이션에 끌리기 때문에 시각과 관련된 신체 기관에서는 우리가 현실이라고 부르는 끝이 없는 애니메이션을 처리한다. 즉, 애니메이션은 이해하기 쉽고 직관적인 통신 매체라고 할 수 있다.

그리고 비디오와 마찬가지로 애니메이션도 큰 사업으로, 광고에서부터 비디오 게임에 이르기까지 수익 창출에 중요한 역할을 한다. 그뿐만이 아니라 애니메이션을 구현하는 작업은 소프트웨어 코딩만큼 재미있다.

지금까지 플래시 기반의 애니메이션이 온라인에서 군림하고 있지만, HTML5 캔버스가 플래시를 밀어내며 새롭게 급부상하고 있기 때문에 이런 구도는 빠르게 변화하고 있다. 따라서 이런 시기에 캔버스에서 애니메이션을 명시적으로 지원하지 않는다고 하면 놀랄 수밖에 없을 것이다. 캔버스에서는 애니메이션 프레임을 생성하는 데 필요한 그래픽 기능을 제공하고 있지만, 애니메이션 루프 자체는 W3C 명세서에 명시되어 있다. 5장에서는 애니메이션 루프를 캔버스 그래픽 API에 포함하는 방법을 살펴볼 예정이다.

5장의 첫 번째 절인 332페이지의 '애니메이션 루프'에서는 구식의 window.setTimeout() 메서드부터 새롭고 기능이 뛰어난 window.requestAnimatioFrame() 메서드까지 애니메이션 루프를 구현할 때 필요한 다양한 옵션을 살펴볼 예정이다. 그리고 340페이지의 5.1.3절('간편한 애니메이션 루프')에서는 window.requestAnimatioFrame() 메서드를 사용한 간단한 해결 방법을 소개할 예정이다.

애니메이션 루프를 소개한 다음에는 애니메이션을 자연스럽게 재생하는 방법을 자세히 들여다볼 예정이다. 그리고 손상된 배경을 복구하는 다양한 옵션과 이런 옵션이 성능에 미치는 영향뿐만 아니라 시간 기반 모션을 구현하는 방법, 배경을 스크롤하는 방법, 시차를 이용해 3차원을 시뮬레이션하는 방법도 살펴볼 예정이다.

5.1   애니메이션 루프

기본적으로 캔버스를 이용해 애니메이션을 구현하는 방법은 간단하다. 움직이게 하려는 것이 무엇이든 계속해서 업데이트하고 그리기만 하면 된다. 예를 들어, [그림 5.1]에서 보여준 애플리케이션에서는 세 개의 원을 지속적으로 움직이게 하고 있다.

그림 5.1   기본 애니메이션

이렇게 지속적으로 업데이트하고 그리는 작업을 애니메이션 루프라고 말하며 애니메이션 루프는 모든 애니메이션에 가장 중요한 핵심이라고 할 수 있다. 이제 애니메이션 루프가 동작하는 방법을 살펴보자.

애니메이션은 지속적인 루프라고 할 수 있지만, 브라우저에서 실행되는 자바스크립트를 이용해 지속적인 루프를 구현할 수는 없다. 적어도 전통적인 방법으로는 불가능하다. 예를 들면, [예제 5.1]의 자바스크립트 코드는 사용할 수 있지만, 특정 브라우저에서는 동작하지 않을 것이다.

[예제 5.1]에서 소개하는 **whileloop**는 무한으로 반복하는 루프다. 브라우저에서는 메인 스레드를 이용해 자바스크립트를 실행하기 때문에 무한 반복 루프때문에 애니메이션을 포함한 브라우저는 실행할 수 없는 상태로 빠질 것이다. 따라서 브라우저가 실행할 수 없는 상태로 빠지지 않게 짧은 시간 동안 브라우저에 제어권을 주기적으로 넘겨줘야 한다.

예제 5.1   브라우저를 사용할 수 없는 상태: 사용하지 말자

```
function animate() {
    // 애니메이션 오브젝트를 업데이트하고 그린다.
}

while(true) { // 브라우저를 사용할 수 없는 상태로 만든다: 사용하지 말자.
    animate();
}
```

[예제 5.2]와 [예제 5.3]처럼 window.setInterval() 메서드나 window.setTimeout() 메서드를 사용하면 브라우저를 사용할 수 없는 상태에서 풀어 줄 수 있다.

예제 5.2   애니메이션 루프에 setInterval() 메서드 사용하기

```
function animate() {
    // 애니메이션 오브젝트를 업데이트하고 그린다.
}
...

// 60프레임/초 속도로 애니메이션을 시작한다.

setInterval(animate, 1000 / 60);
```

예제 5.3   애니메이션 루프에 setTimeout() 메서드 사용하기

```
// setTimeOut()을 사용한 animate() 메서드

function animate() {
    var start = +new Date(),
        finish;

    // 애니메이션 오브젝트를 업데이트하고 그린다.

    finish = +new Date();

    setTimeout(animate, (1000 / 60) - (finish - start));
}
...

animate(); // 애니메이션을 시작한다.
```

setInterval() 메서드는 특정 시간마다 매소드를 반복적으로 호출하는 메서드이고 setTimeout() 메서드는 특정 시각에 매소드를 한 번만 호출한다. 이런 차이점 때문에 setInterval() 메서드는 한 번만 호출하면 되지만 setTimeout() 메서드는 반복해서 호출해야 한다. setTimeout() 메서드에서는 다음 애니메이션 메서드를 호출해야 하는 시각을 브라우저에게 명확하게 알려주는 것에 중점을 두기 때문에 반드시 애니메이션 메서드를 호출할 시각을 계산해야 한다. 반면 setInterval() 메서드에서는 간격을 한 번만 명시하면 된다.

setTimeout() 메서드와 setInterval() 메서드는 다양한 목적으로 사용할 수 있지만, 애니메이션을 목적으로 만들어진 메서드는 아니다. 따라서 애니메이션 루프를 구현할 때는 다음 절에서 소개할 requestAnimationFrame()이란 W3C 표준 메서드를 추천한다.

 애니메이션을 구현할 때 window.setInterval() 메서드나 window.setTimeout() 메서드를 사용하지 말자

먼저 window.setInterval() 메서드와 window.setTimeout() 메서드는 애니메이션을 위한 정확한 시간 측정 메서드가 아니라는 것을 알아야 한다. 이 두 메서드는 다목적 메서드로 이 메서드를 사용한 애플리케이션에서는 명시한 시각과 가까운 시각에 특정 코드를 실행한다.

HTML5 명세서에 따르면, 브라우저에서는 전력 사용량을 최적화할 수 있도록 타임아웃을 추가할 수 있다. 이것은 브라우저에서 사용하는 용어로 '타임아웃 간격을 고정한다.'고 한다. 실제로 브라우저에서는 타임아웃 간격을 고정한다. 예를 들면, 이 책을 집필할 당시, 파이어폭스에서는 setTimeout()을 한 번 호출하는 데 최소 10ms가 걸렸고 다음 호출에서는 최소 5ms가 걸렸다. 따라서 3ms의 타임아웃으로 setTimeout()을 호출할 수는 있지만, 브라우저에서는 이 간격을 무시하기 때문에 10ms를 기다리게 될 것이다.

 다음 애니메이션 프레임을 그릴 시간을 브라우저에 언급하지 말고, 브라우저에서 언급해야 한다

setTimeout() 메서드나 setInterval() 메서드를 호출할 때, 다음 애니메이션 프레임을 그릴 시각을 명시하겠지만 명시한 시각에 정확히 호출되지는 않을 것이다.

그러나 여러분이 다음 애니메이션을 그릴 가장 좋은 시각을 알아야 할 필요는 없다. 아마 알아 낼 방법도 없을 것이다. 반면 의심할 여지 없이 브라우저는 사용자가 시각을 명시할 때보다 다음 애니메이션 프레임을 그릴 가장 좋은 시각을 선택할 수 있다.

따라서 setTimeout() 메서드와 setInterval() 메서드를 사용해 다음 애니메이션 프레임을 그릴 시각을 브라우저에 언급하는 대신, 브라우저에서 다음 애니메이션 프레임을 그릴 준비가 되면 알려주는 방법을 사용하자. 즉, requestAnimationFrame() 메서드를 사용하면 된다.

5.1.1 requestAnimationFrame() 메서드로 브라우저에서 프레임률을 설정하게 하기

window.setInterval() 메서드나 window.setTimeout() 메서드를 사용한다면, 애니메이션은 필요한 것보다 리소스를 더 많이 사용하기 때문에 원하는 것처럼 부드럽게 움직이지 않을 것이다. 이렇게 동작하는 이유는 setTimeout() 메서드와 setInterval() 메서드의 다음과 같은 특성 때문이다.

- 다용도 메서드로 애니메이션을 위해 만들어지지 않았다.
- 밀리초 값을 보내더라도 밀리초만큼의 정확도를 갖지 못한다.
- 메서드를 호출하는 방식을 최적화하지 못한다.
- 애니메이션을 그릴 가장 좋은 시간을 고려하지 않고 정해진 시간에 메서드를 맹목적으로 호출한다.

window.setInterval() 메서드와 window.setTimeout() 메서드가 엉뚱한 단계에서 추상화를 하므로 문제가 발생한다. 우리가 브라우저로부터 원하는 것은 다음 프레임을 그리는데 가장 좋은 시각을 선택하는 작업과 최적의 프레임률과 같이 평범한 정보를 관리하는 애니메이션 API다. 하지만 window.setInterval() 메서드와 window.setTimeout() 메서드에서는 애니메이션에 대해 어떤 정보도 알지 못하므로 이런 작업은 개발자의 몫일 수밖에 없다.

다행히 브라우저 개발 단체에서는 애니메이션 지원의 필요성을 깨닫고 [예제 5.4]처럼 애니메이션을 제어할 때 사용하는 requestAnimationFrame() 메서드를 명시했다.

예제 5.4   window.requestAnimationFrame() 메서드를 이용한 애니메이션

```
function animate(time) {
    // 애니메이션 오브젝트를 업데이트하고 그린다.

    requestAnimationFrame(animate); // 애니메이션을 지속한다.
}
...

requestAnimationFrame(animate); // 애니메이션을 시작한다.
```

애니메이션을 시작할 수 있게 requestAnimationFrame() 메서드를 호출해야 한다. 이 메서드는 브라우저에서 첫 번째 애니메이션 프레임을 그릴 시각을 호출하는 함수에 대한 참조를 전달한다. 일반적으로 함수 내부에서는 애니메이션 루프를 계속 실행할 수 있게 requestAnimationFrame() 메서드를 조건부로 다시 호출할 것이다.

window.setInterval() 메서드와 window.setTimeout() 메서드와는 달리 requestAnimationFrame() 메서드에서는 프레임률을 명시하지 않는다는 사실에 주목하자. 대신 브라우저가 최적의 프레임률을 선택한다.

또한, W3C에서는 콜백을 취소할 수 있는 cancelRequestAnimationFrame() 메서드를 추가했다. requestAnimationFrame() 메서드에서는 콜백에 대한 핸들 역할을 하는 long 오브젝트를 반환한다. 그리고 콜백에 대한 핸들을 cancelRequestAnimationFrame() 메서드에 전달해 콜백을 취소할 수 있다.

[표 5.1]에서는 requestAnimationFrame() 메서드와 cancelRequestAnimationFrame() 메서드를 소개하고 있다.

 브라우저별로 구현한 requestAnimationFrame() 메서드

W3C 명세서에서는 requestAnimationFrame() 메서드를 스크립트 기반 애니메이션을 위한 타이밍 컨트롤(Timing control)이라고 명시하고 있다. 참고로, http://webstuff.nfshost.com/snim-timing/Overview.html에서 이 내용을 확인할 수 있다.

이 책이 출간될 당시 빠르게 업데이트되는 HTML5 명세서에서조차 이 내용은 비교적 새로웠기 때문에 다음 표와 같이 브라우저에서는 requestAnimationFrame() 메서드를 자신의 브라우저에 맞게 브라우저별로 구현했다.

브라우저	메서드
크롬 10	window.webkitRequestAnimationFrame(FrameRequestCallback callback, Element element)
파이어폭스(Gecko)4.0(2.0)	window.mozkitRequestAnimationFrame(FrameRequestCallback callback)
인터넷 익스플로러 10, 플랫폼 프리뷰 2	window.msRequestAnimationFrame(FrameRequestCallback callback)

또한, 크롬과 IE에서는 다음 애니메이션 프레임을 취소할 수 있는 webkitRequestAnimationFrame() 메서드와 msRequestAnimationFrame() 메서드를 제공하고 있다. 하지만 파이어폭스에서는 이와 비슷한 메서드를 지원하지 않는다.

W3C의 requestAnimationFrame() 메서드와 cancelRequestAnimationFrame() 메서드는 보편적으로 지원하지 않으므로 이 표준 메서드를 직접 사용하는 대신 폴리필 메서드를 사용해야 한다. 340페이지의 5.1.3절('간편한 애니메이션 루프')에서 폴리필 메서드의 구현 방법을 소개할 예정이다.

표 5.1   W3C의 requestAnimationFrame() 메서드와 cancelRequestAnimationFrame() 메서드

메서드	설명
long window.requestAnimationFrame(FrameRequestCallback callback)	다음 애니메이션 프레임을 그릴 때 브라우저에서 특정 콜백을 호출할 수 있게 요청한다. 그리고 cancelRequestAnimationFrame() 메서드에 전달할 수 있는 핸들을 반환한다.
void window.cancelRequestAnimationFrame(long handle)	requestAnimationFrame() 메서드를 사용해 사전에 등록한 콜백을 취소할 수 있다. 반드시 브라우저에서 콜백을 호출하기 전에 이 메서드를 호출해야 한다.

 requestAnimationFrame() 메서드와 시각

일반적으로 애니메이션은 시각을 기반으로 하므로 requestAnimationFrame() 메서드에서는 시각 (1970년 1월 1일부터 밀리초로 사용)을 애니메이션 함수에 대입한다.

 건너뛰기

requestAnimationFrame() 메서드에 얽힌 이야기나 브라우저별로 requestAnimationFrame() 메서드를 구현한 내용에 흥미를 느끼지 못한다면, requestAnimationFrame() 메서드에 대한 폴리필 메서드를 소개한 340페이지의 5.1.3절('간편한 애니메이션 루프')로 건너뛰자.

5.1.1.1 파이어폭스

파이어폭스 4.0에서는 requestAnimationFrame() 메서드의 브라우저용 버전인 mozRequestAnimation Frame() 메서드를 처음으로 구현했다. [예제 5.5]에서 볼 수 있듯이 requestAnimationFrame() 메서드 처럼 mozRequestAnimationFrame() 메서드를 사용할 수 있다.

예제 5.5   파이어폭스 콜백

```javascript
function animate(time) {
    // 애니메이션 오브젝트를 업데이트하고 그린다.

    window.mozRequestAnimationFrame(animate);
}

window.mozRequestAnimationFrame(animate);
```

파이어폭스의 mozRequestAnimationFrame() 메서드는 다음과 같은 규칙을 따른다.

- 파이어폭스에서는 초당 최대 60번 애니메이션 콜백을 호출한다.
- 파이어폭스에서는 애니메이션의 탭이 보이지 않을 때 초당 한 번이나 그 이하로 애니메이션 콜백을 호출한다.
- 파이어폭스에서는 페이지에서 표시하는 속도보다 빠르게 콜백을 호출하지 않는다.

requestAnimationFrame() 메서드처럼 파이어폭스에서는 애니메이션 프레임이 그려질 시각을 애니메이션 콜백 메서드에 전달한다.

 파이어폭스 4.0의 window.mozRequestAnimationFrame() 메서드에는 버그가 있다.

파이어폭스 4.0에 있는 버그 때문에 파이어폭스 4.0에서는 window.mozRequestAnimation Frame() 메서드를 사용할 때 대부분 애니메이션의 프레임률을 초당 30이나 40프레임으로 제한하고 있다. 물론 파이어폭스 5.0에서는 이 버그를 해결했다. 만약 파이어폭스 4.0에서 애니메이션을 실행할 계획이 있다면, mozRequestAnimationFrame() 메서드를 사용하지 말자.

[표 5.2]에서는 mozRequestAnimationFrame() 메서드를 소개하고 있다.

표 5.2 **파이어폭스의 mozRequestAnimationFrame() 메서드**

메서드	설명
window.mozRequestAnimationFrame(FrameRequestCallback)	다음 애니메이션 프레임을 그릴 때, 브라우저에서 특정 콜백을 호출할 수 있도록 요청한다. 파이어폭스에서는 이벤트 리스너를 window 오브젝트에 추가했으므로 콜백을 명시하는 것을 선택할 수 있다.

5.1.1.2 크롬

크롬에서는 파이어폭스에서 개발한 콜백 모델인 window.webkitRequestAnimationFrame() 함수를 채택했다. 이 메서드를 사용하는 방법은 [예제 5.6]에서 봤던 파이어폭스의 window.mozRequest AnimationFrame() 메서드를 사용하는 방법과 같다.

크롬에서 애니메이션 콜백을 호출하는 규칙도 파이어폭스와 거의 비슷하다.

- 크롬에서는 초당 최대 60번 애니메이션 콜백을 호출한다.

- 크롬에서는 애니메이션의 탭이 보이지 않을 때 콜백을 호출한다.

- 크롬에서는 페이지에서 표시하는 속도보다 빠르게 콜백을 호출하지 않는다.

예제 5.6   크롬 콜백

```javascript
function animate(time) {
    if (time == undefined)
        time = +new Date();

    // 애니메이션 오브젝트를 업데이트하고 그린다.

    window.webkitRequestAnimationFrame(animate);
}
...

window.webkitRequestAnimationFrame(animate);
```

[표 5.3]에서는 webkitRequestAnimationFrame() 메서드와 webkitCancelAnimationFrame() 메서드를 소개하고 있다.

표 5.3   크롬의 webkitRequestAnimationFrame() 메서드

메서드	설명
long window.webkitRequestAnimationFrame(FrameRequestCallback callback, optional Element element)	다음 애니메이션 프레임을 그릴 때, 콜백 함수를 호출할 수 있도록 요청 일정을 잡는다. 또한, 다음 애니메이션 프레임을 취소할 수 있게 webkitCancelAnimationFrame() 메서드에 전달할 수 있는 핸들을 반환한다.
	파이어폭스에서는 사용하지 않는 옵션 인수인 element는 애니메이션을 수행할 요소를 명시한다. 명시된 요소가 보이지 않는다면, 크롬에서는 콜백을 호출하지 않을 것이다.
void window.webkitCancelAnimationFrame(long handle)	webkitRequestAnimationFrame() 메서드를 사용해 콜백을 등록했을 때, 브라우저에서 콜백을 호출하기 전에 webkitCancelAnimationFrame() 메서드를 호출하면 webkitCancelAnimationFrame() 메서드에서는 콜백을 취소한다.

webkitRequestAnimationFrame() 메서드의 옵션 요소 인수

webkitRequestAnimationFrame() 메서드에서는 HTML 요소의 참조를 두 번째 옵션 인수로 가지고 있다. HTML 요소가 보이지 않으면, webkitRequestAnimationFrame() 메서드에서는 애니메이션 콜백을 호출하지 않는다. 보통, 애니메이션에서 실행 중인 캔버스의 참조를 webkitRequestAnimationFrame() 메서드에 전달한다.

 크롬 10에서의 타임 버그

파이어폭스에서처럼 크롬에서도 애니메이션 프레임을 그릴 시각을 애니메이션 콜백 메서드에 전달한다. 그러나 크롬은 버전 10에서 처음으로 webkitRequestAnimationFrame() 메서드를 지원하기 시작했다. 초기에 구현된 버전에서는 시각을 애니메이션 콜백 메서드에 전달하지 못했기 때문에 애니메이션 함수의 time 변수는 undefined로 설정될 것이다. 이때는 [예제 5.6]처럼 직접 시간을 할당할 수 있다.

5.1.2 인터넷 익스플로러

플랫폼 프리뷰 2, 인터넷 익스플로러 10을 시작으로 마이크로소프트에서는 W3C 표준 메서드와 비슷한 msRequestAnimationFrame() 메서드와 msCancelAnimationFrame() 메서드를 제공하고 있다. [예제 5.7]처럼 msRequestAnimationFrame() 메서드를 사용할 수 있다.

예제 5.7   인터넷 익스플로러 콜백

```
function animate(time) {
    // 애니메이션 오브젝트를 업데이트하고 그린다.

    window.msRequestAnimationFrame(animate);
}
window.msRequestAnimationFrame(animate);
```

5.1.3 간편한 애니메이션 루프

335페이지의 5.1.1절('requestAnimationFrame() 메서드로 브라우저에서 프레임률을 설정하게 하기')에서 살펴봤듯이, W3C에서는 애니메이션을 재생할 때 사용할 수 있는 표준 requestAnimationFrame() 메서드를 정의하고 있다.

그러나 여러분이 사용하는 모든 브라우저에서는 requestAnimationFrame() 메서드를 지원할 때까지 메서드를 호출하는 방법이 필요한데, requestAnimationFrame() 메서드를 이용할 수 없을 때는 직접 구현해야 한다.

먼저 requestAnimationFrame() 메서드를 이용할 수 있을 때, W3C의 구현을 사용한 간편한 해결 방법을 살펴보자. 해당 메서드를 이용할 수 없다면 다른 해결 방안을 사용하고, W3C의 구현이나 다른 해결 방안을 모두 사용할 수 없다면 setTimeout() 메서드를 사용해 초당 60프레임의 속도로 애니메이션을 재생할 수 있게 최선을 다해 구현하는 방법밖에 없다.

여기서 말한 최선을 다해 구현하는 방법이란 webkitRequestAnimationFrame() 메서드, mozRequestAnimationFrame() 메서드, requestAnimationFrame() 메서드처럼 window.requestNextAnimationFrame() 메서드를 이용하는 것이다. 여기서 window.requestNextAnimationFrame() 메서드 이름 속에 'Next'가 들어 있는 것에 주목하자.

```javascript
function animate(time) {
    // 애니메이션 오브젝트를 업데이트하고 그린다.

    window.requestNextAnimationFrame(animate);
}

window.requestNextAnimationFrame(animate);
```

다음은 requestNextAnimationFrame() 메서드를 처음으로 구현한 코드다.

```javascript
window.requestNextAnimationFrame =
    (function () {
        return window.requestAnimationFrame      ||
            window.webkitRequestAnimationFrame   ||
            window.mozRequestAnimationFrame      ||
            window.msRequestAnimationFrame       ||

            function (callback, element) { // element가 보인다고 가정한다
                var self = this,
                    start,
                    finish;

                window.setTimeout( function () {
                    start = +new Date();
                    callback(start);
                    finish = +new Date();

                    self.timeout = 1000 / 60 - (finish - start);

                }, self.timeout);
            };
```

```
        }
    )
();
```

위 코드에서는 자바스크립트에서 자동 시행되는 함수로부터 반환된 함수를 window 오브젝트의 requestNextAnimationFrame() 속성에 할당하고 있다.

W3C 표준 메서드나 다른 해결 방안을 사용할 수 있다면 위 코드에서는 window.requestNext AnimationFrame() 메서드를 표준 메서드나 다른 함수에 할당할 것이다.

하지만 W3C 표준 메서드나 다른 해결 방안을 사용할 수 없다면 code.requestNextAnimation Frame() 메서드는 window.setTimeout()을 사용해 초당 60프레임 속도로 애니메이션을 재생하는 함수를 사용할 수밖에 없을 것이다.

위에서 소개한 window.requestNextAnimationFrame() 메서드는 대부분 조건에서 잘 실행되지만, 다음과 같은 두 가지 문제점이 있다.

1. 애니메이션을 크롬 10에서 실행하면 animate() 함수에서 시간을 정의하지 않은 오브젝트를 반환할 것이다. 만약 359페이지의 5.6절('시간 기반 모션')에서 설명할 시간 기반 모션을 사용한다면, 정의되지 않은 오브젝트가 update() 메서드에 전달되므로 애니메이션이 정상적으로 재생되지 않을 것이다.

2. 337페이지의 5.1.1.1절('파이어폭스')에서 언급했듯이, 파이어폭스 4.0에서 window.mozRequest AnimationFrame() 메서드를 사용하면 버그 때문에 대부분 애니메이션의 프레임률이 초당 30에서 40프레임까지 제한되므로 애니메이션을 사용하기 불편할 정도로 느려진다. 만약 파이어폭스 4.0을 사용할 계획이라면 먼저 버그를 해결해야 할 것이다.

[예제 5.8]에서는 위에서 언급한 두 가지 문제를 고려한 window.requestNextAnimationFrame() 메서드의 최종 버전을 소개하고 있다. 크롬 10에서 애니메이션을 실행하면 적절한 시간이 콜백 함수에 전달되고 있는지 확인할 수 있도록 함수 내부에서 window.webkitRequestNextAnimation Frame() 메서드를 호출할 수 있다. 하지만 크롬 4.0에서 애니메이션을 재생한다면 코드에서 window. mozRequestNextAnimationFrame() 메서드를 제거하고 setTimeout() 메서드를 구현해야 한다.

폴리필

폴리필(polyfill)이란 단어는 '다양한 형태의 백필(polymorphically backfill)'의 혼성어로 객체 지향 언어에서의 다형성처럼 코드를 조건부로 실시간 실행한다. 그리고 폴리필을 사용하면 특정 명세서를 구현하지 못한 기능을 브라우저에 추가할 수 있다. 예를 들면, 이 절에서 언급했던 requestNextAnimationFrame() 폴리필에서는 스크립 기반의 애니메이션을 위한 타이밍 컨트롤을 지원하지 않는 브라우저를 위해 필요에 따라 setTimeout() 메서드를 구현하고 있으므로 requestAnimationFrame() 메서드 지원 여부에 따라 코드를 실시간으로 실행한다.

이것은 패러다임의 전환으로 과거에 크로스-플랫폼 소프트웨어에서 사용했던 일반적인 프로그램 대신 폴리필을 사용해 새로운 기능을 사용할 수 있을 때만 새로운 기능을 사용하며, 필요할 때 일반적인 프로그램으로 되돌아갈 수 있다는 의미다.

예제 5.8　　requestAnimationFrame() 폴리필

```
window.requestNextAnimationFrame =
  (function () {
    var originalWebkitMethod,
        wrapper = undefined,
        callback = undefined,
        geckoVersion = 0,
        userAgent = navigator.userAgent,
        index = 0,
        self = this;

    // 시간을 애니메이션 함수에 전달하지 못하는
    // 크롬 10 버그의 해결책

    if (window.webkitRequestAnimationFrame) {
      // wrapper 정의

      wrapper = function (time) {
        if (time === undefined) {
          time = +new Date();
        }
        self.callback(time);
      };

      // 전환한다.

      originalWebkitMethod = window.webkitRequestAnimationFrame;
```

```
        window.webkitRequestAnimationFrame =
        function (callback, element) {
            self.callback = callback;

            // 브라우저에서 wrapper을 호출하며 wrapper에서는 콜백을 호출한다.

            originalWebkitMethod(wrapper, element);
        }
    }

    // 애니메이션을 초당 30 ~ 40프레임으로 제한한
    // mozRequestAnimationFrame()에 대한 버그를 가진
    // Gecko 2.0의 해결책

    if (window.mozRequestAnimationFrame) {
        // Gecko 버전을 확인한다.
        // 파이어폭스 외에 다른 브라우저에서 Gecko을 사용한다.
        // Gecko 2.0은 파이어폭스 4.0에 해당한다.

        index = userAgent.indexOf('rv:');

        if (userAgent.indexOf('Gecko') != -1) {
            geckoVersion = userAgent.substr(index + 3, 3);

            if (geckoVersion === '2.0') {
                //  setTimeout() 함수에서
                // return 문을 구현하고 있다.

                window.mozRequestAnimationFrame = undefined;
            }
        }
    }

    return window.requestAnimationFrame       ||
        window.webkitRequestAnimationFrame ||
        window.mozRequestAnimationFrame    ||
        window.oRequestAnimationFrame      ||
        window.msRequestAnimationFrame     ||

        function (callback, element) {
            var start,
                finish;

            window.setTimeout( function () {
                start = +new Date();
                callback(start);
                finish = +new Date();

                self.timeout = 1000 / 60 - (finish - start);
```

```
                }, self.timeout);
            };
        }
    )
();
```

[그림 5.2]에서는 [예제 5.8]에서 소개했던 requestNextAnimationFrame() 함수를 사용한 애플리케이션을 보여주고 있다.

그림 5.2   requestAnimationFrame() 폴리필

[그림 5.2]에서 보여준 애플리케이션에서는 각 애니메이션 프레임을 그리기 전에 배경을 지우는 것을 제외하고 [그림 5.1]에서 보여준 애플리케이션과 비슷하게 세 개의 원반을 움직이고 있다.

[그림 5.2]에서 보여준 애플리케이션의 HTML 코드와 자바스크립트 코드는 [예제 5.9]와 [예제 5.10]에서 소개하고 있다. HTML에서 requestNextAnimationFrame.js란 이름의 자바스크립트 파일을 포함하고 있음을 눈여겨 보자. requestNextAnimationFrame.js 파일은 [예제 5.8]에서 소개한 requestNextAnimationFrame() 폴리필에 대한 코드를 포함하고 있다.

애플리케이션 코드 대부분은 원반을 정의하고 그리는 작업과 관련 있다. 코드 마지막 부분에 있는 [Animate] 버튼의 onclick 핸들러와 animate() 메서드에서 모든 애니메이션 코드를 캡슐화하고 있다.

[Animate] 버튼을 클릭하면 클릭 핸들러에서는 animate() 함수에 대한 참조를 전달해 애니메이션을 시작할 수 있게 requestNextAnimationFrame()을 호출한다. 그리고 animate() 함수에서는 캔버스를 지우고 다음 애니메이션 프레임을 그린 다음 애니메이션을 계속 재생할 수 있게 requestNextAnimationFrame()을 다시 호출한다.

예제 5.9 requestAnimationFrame() 사용하기: HTML

```html
<!DOCTYPE html>
  <head>
    <title>Using requestAnimationFrame()</title>

    <style>
      body {
        background: #dddddd;
      }

      #canvas {
        background: #ffffff;
        cursor: pointer;
        margin-left: 10px;
        margin-top: 10px;
        -webkit-box-shadow: 3px 3px 6px rgba(0,0,0,0.5);
        -moz-box-shadow: 3px 3px 6px rgba(0,0,0,0.5);
        box-shadow: 3px 3px 6px rgba(0,0,0,0.5);
      }

      #controls {
        margin-top: 10px;
        margin-left: 15px;
      }
    </style>
  </head>

  <body>
    <div id='controls'>
      <input id='animateButton' type='button' value='Animate'/>
    </div>

    <canvas id='canvas' width='750' height='500'>
      Canvas not supported
    </canvas>

    <script src='requestNextAnimationFrame.js'></script>
    <script src='example.js'></script>
  </body>
</html>
```

예제 5.10   requestAnimationFrame() 사용하기: 자바스크립트

```javascript
var canvas = document.getElementById('canvas'),
    context = canvas.getContext('2d'),
    paused = true,
    discs = [
       {
          x: 150,
          y: 250,
          lastX: 150,
          lastY: 250,
          velocityX: -3.2,
          velocityY: 3.5,
          radius: 25,
          innerColor: 'rgba(255,255,0,1)',
          middleColor: 'rgba(255,255,0,0.7)',
          outerColor: 'rgba(255,255,0,0.5)',
          strokeStyle: 'gray',
       },

       {
          x: 50,
          y: 150,
          lastX: 50,
          lastY: 150,
          velocityX: 2.2,
          velocityY: 2.5,
          radius: 25,
          innerColor: 'rgba(100,145,230,1.0)',
          middleColor: 'rgba(100,145,230,0.7)',
          outerColor: 'rgba(100,145,230,0.5)',
          strokeStyle: 'blue'
       },

       {
          x: 150,
          y: 75,
          lastX: 150,
          lastY: 75,
          velocityX: 1.2,
          velocityY: 1.5,
          radius: 25,
          innerColor: 'rgba(255,0,0,1.0)',
          middleColor: 'rgba(255,0,0,0.7)',
          outerColor: 'rgba(255,0,0,0.5)',
          strokeStyle: 'orange'
       },
    ],

    numDiscs = discs.length,
```

```javascript
    animateButton = document.getElementById('animateButton');

// 함수...............................................................

function drawBackground() {
    // 코드를 간결하게 하려고 함수를 생략하고 있다.
    // 이 함수의 전체 코드는 197페이지의 [예제 3.1]을 참고하자.
}

function update() {
    var disc = null;

    for(var i=0; i < numDiscs; ++i) {
        disc = discs[i];

        if (disc.x + disc.velocityX + disc.radius >
                context.canvas.width ||
                disc.x + disc.velocityX - disc.radius < 0)
            disc.velocityX = -disc.velocityX;

        if (disc.y + disc.velocityY + disc.radius >
                context.canvas.height ||
                disc.y + disc.velocityY - disc.radius  < 0)
            disc.velocityY= -disc.velocityY;

        disc.x += disc.velocityX;
        disc.y += disc.velocityY;
    }
}

function draw() {
    var disc = discs[i];

    for(var i=0; i < numDiscs; ++i) {
        disc = discs[i];

        gradient = context.createRadialGradient(disc.x, disc.y, 0,
                            disc.x, disc.y, disc.radius);
        gradient.addColorStop(0.3, disc.innerColor);
        gradient.addColorStop(0.5, disc.middleColor);
        gradient.addColorStop(1.0, disc.outerColor);

        context.save();
        context.beginPath();
        context.arc(disc.x, disc.y, disc.radius, 0, Math.PI*2, false);
        context.fillStyle = gradient;
        context.strokeStyle = disc.strokeStyle;
        context.fill();
        context.stroke();
        context.restore();
```

```
        }
    }

    // 애니메이션......................................................

    function animate(time) {
        if (!paused) {
            context.clearRect(0,0,canvas.width,canvas.height);
            drawBackground();
            update();
            draw();

            window.requestNextAnimationFrame(animate);
        }
    }

    // 이벤트 핸들러......................................................

    animateButton.onclick = function (e) {
        paused = paused ? false : true;
        if (paused) {
            animateButton.value = 'Animate';
        }
        else {
            window.requestNextAnimationFrame(animate);
            animateButton.value = 'Pause';
        }
    };

    // 초기화......................................................

    context.font = '48px Helvetica';
```

5.2   프레임률 계산하기

애니메이션이란 프레임률로 알려진 속도로 프레임으로 알려진 일련의 이미지를 연속으로 보여주는 것을 의미한다. 종종 애니메이션의 프레임률을 계산할 일이 발생한다. 예를 들면, 359페이지의 5.6절('시간 기반 모션')에서 언급하겠지만, 애니메이션의 프레임률을 사용해 시간 기반 모션을 구현할 수 있다. 또는 애니메이션을 자연스럽게 재생할 수 있게 애니메이션의 프레임률을 제대로 적용하고 있는지 확인해야 할 수도 있다.

[그림 5.3]에서 보여준 애니메이션에서는 애니메이션의 프레임률을 계산하고 계산된 프레임률을 캔버스에 표시하고 있다.

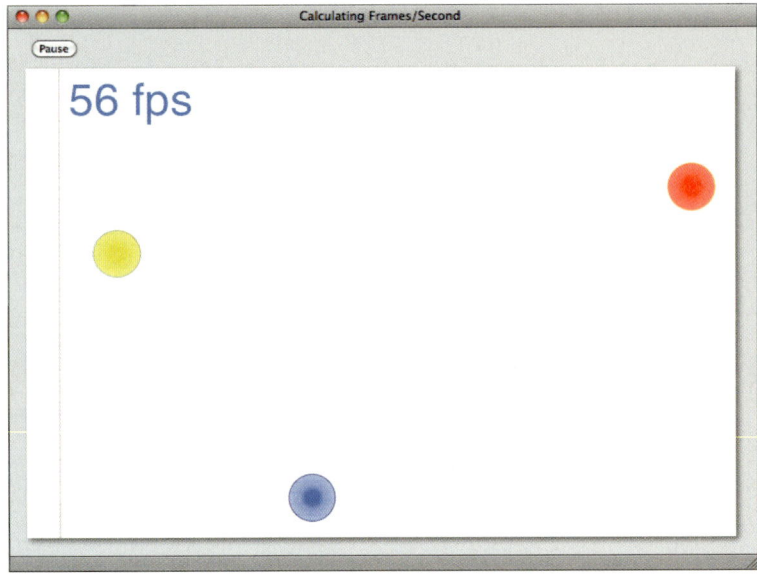

그림 5.3   초당 프레임 계산

[예제 5.11]에서는 애플리케이션의 애니메이션 루프와 함께 프레임률을 계산하는 코드를 소개하고 있다. 애플리케이션에서는 가장 최근의 애니메이션 프레임에 대한 경과 시간을 간단한 방정식에 대입해 초당 프레임을 계산하고 있다.

그리고 애플리케이션에서는 타임 델타 값(밀리초)을 얻기 위해 애니메이션 프레임을 그린 마지막 시각에서 현재 시각을 뺀다. 이렇게 계산된 타임 델타를 1,000으로 나누면 프레임률(프레임/초)을 얻을 수 있다.

예제 5.11   프레임률 계산하기

```
var lastTime = 0;

function calculateFps() {
   var now = (+new Date),
       fps = 1000 / (now - lastTime);

   lastTime = now;

   return fps;
}

function animate(time) {
   eraseBackground();
   drawBackground();
```

```
    update();
    draw();

    context.fillStyle = 'cornflowerblue';
    context.fillText(calculateFps().toFixed() + ' fps', 20, 60);

    window.requestNextAnimationFrame(animate);
}

window.requestNextAnimationFrame(animate);
```

 초당 6프레임으로 실행되는 3D Monster Maze

PC용 만들어진 첫 번째 3D 1인칭 슈팅 게임은 3D Monster Maze로 Sinclair ZX81용으로 1981년
에 출시됐다. 이 게임은 초당 6프레임으로 실행됐다.

5.3 대체 프레임률을 이용해 작업 예약하기

대부분 애니메이션에서는 애니메이션과 함께 애니메이션 이외의 작업도 한다. 예를 들면, 애니메이션에
서는 애니메이션을 재생하는 동안 텍스트를 표시하거나 음악을 재생하거나 게임 점수판을 갱신하기도
한다. 대부분 이런 유형의 작업은 초당 60번씩 처리될 필요가 없으므로 대체 프레임률을 사용해 작업을
예약한다.

[예제 5.12]에서 소개한 코드에서는 화면을 업데이트한 마지막 시간을 기록함으로써 매초 프레임 화면
을 업데이트하는 애플리케이션에서 사용할 애니메이션 루프를 보여주고 있다.

예제 5.12   작업 예약

```
var lastFpsUpdateTime = 0,
    lastFpsUpdate = 0;

function animate(time) {
    var fps = 0;

    if (time == undefined) {
        time = +new Date;
    }
```

```
    if (!paused) {
        eraseBackground();
        drawBackground();
        update(time);
        draw();

        fps = calculateFps();

        // 매초마다, 프레임률을 업데이트한다.

        if (now - lastFpsUpdateTime > 1000) {
            lastFpsUpdateTime = now;
            lastFpsUpdate = fps;
        }

        context.fillStyle = 'cornflowerblue';
        context.fillText(lastFpsUpdate.toFixed() + ' fps', 50, 48);
    }
}
```

5.4   배경 복원하기

애니메이션을 구현하는 작업은 다른 작업에 비해 상대적으로 쉽다. 그리고 상대적으로 쉬운 작업에는 requestAnimationFrame() 메서드로 animate() 메서드를 주기적으로 호출하는 작업과 오브젝트의 새로운 위치를 계산하고 새로운 위치에 오브젝트를 그리는 작업도 포함된다. 물론 애니메이션에서도 어려운 작업이 있다. 바로 배경을 처리하는 방법이다. 배경을 처리할 때 다음과 같은 세 가지 방법을 선택할 수 있다.

- 모든 것을 지우고 다시 그린다.
- 손상된 영역을 잘라낸다.
- 오프스크린 버퍼에서 손상된 영역을 차단한다.

첫 번째 방법은 모든 것을 지우고 다시 그리는 작업으로 가장 간단한 방법이다. 그리고 두 번째 방법은 손상된 영역을 잘라내는 작업으로 배경 전체를 지우고 다시 그리는 작업을 해야 한다. 그러나 실제로는 손상된 스크린 영역만 잘라낸다. 그리고 마지막 세 번째 방법은 오프스크린 버퍼로부터 배경의 손상된 영역을 복사하는 작업으로 블리팅(blitting)으로 알려졌다.

앞 절에서는 모든 것을 지우고 다시 그리는 첫 번째 방법을 소개했다. 따라서 다음 절에서는 두 번째 방법과 세 번째 방법인 클리핑과 블리팅에 초점을 맞춰 살펴보자.

> **프레임마다 모든 것을 다시 그려야 할까?**
>
> 언뜻 이해가 잘 안 될 수도 있지만, 애니메이션의 모든 프레임마다 모든 것을 다시 그려야 좋은 성능을 얻을 수 있을 때도 있다. 일반적으로 배경이 단순하고 애니메이션의 오브젝트도 상대적으로 단순할 때는 배경을 지우고 애니메이션 프레임마다 모든 것을 다시 그리는 것이 현명한 선택일 것이다.

5.4.1 클리핑

배경이 단순하다면 배경을 지운 다음 애니메이션의 다음 프레임을 다시 그리는 작업이 적합하다. 하지만 복잡한 배경을 사용한다면 프레임마다 전체 배경을 다시 그리는 방법은 성능에 큰 영향을 미칠 것이다. 이때는 클리핑 영역을 사용해 드로잉을 캔버스의 특정 영역으로 제한하는 방법을 고려해야 할 것이다.

182페이지의 2.15절('클리핑 영역')에서 살펴봤듯이, 여러분은 클리핑 영역으로 알려진 임의 패스를 사용해 모든 드로잉 작업을 제한할 수 있다. 일단 클리핑 영역을 설정하면 드로잉과 관련된 명령은 클리핑 지역 내부에만 영향을 미치게 된다.

[그림 5.4]에서는 원판이 움직이는 동안 클리핑 영역을 사용해 배경을 복원하는 애니메이션을 보여주고 있다. 일반적으로는 초기에 전체 배경을 그린 다음 원판이 움직이는 동안 클리핑을 사용해 손상된 영역을 복원할 것이다. 하지만 [그림 5.4]에서 보여주는 애플리케이션에서는 배경을 처음부터 그리지 않고 클리핑을 사용해 원판 뒤에 있는 배경을 채우는 방법을 사용하고 있다.

다음은 애니메이션을 재생하는 동안 클리핑 영역으로 손상된 배경을 복원하는 단계를 보여주고 있다.

1. context.save() 메서드로 온스크린 캔버스의 상태를 저장한다.

2. beginPath() 메서드로 패스를 시작한다.

3. arc() 메서드나 rect() 메서드 등과 같은 콘텍스트 메서드로 패스를 설정한다.

4. context.clip() 메서드로 패스만큼 온스크린 캔버스를 잘라낸다.

5. 클리핑 영역만큼 잘라낸 온스크린 캔버스를 지운다.

6. 클리핑 영역만큼 잘라낸 배경을 온스크린 캔버스에 그린다.

7. 클리핑 영역을 재설정할 수 있게 온스크린 캔버스 상태를 복원한다.

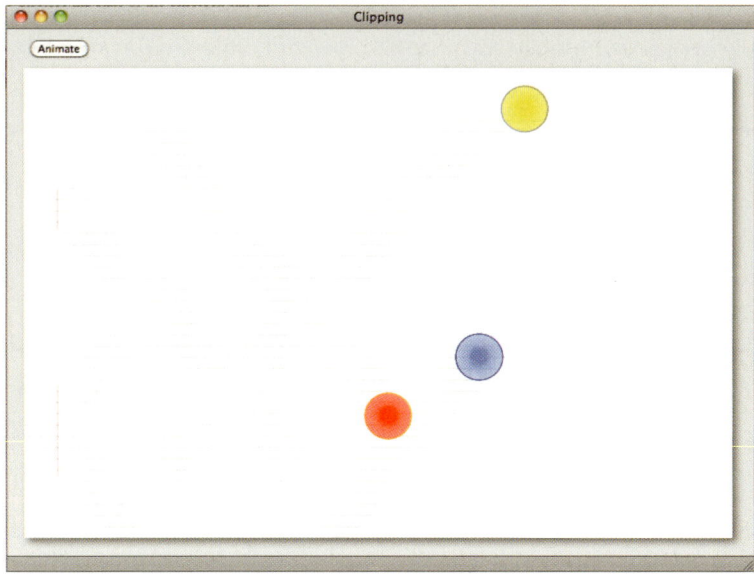

그림 5.4   애니메이션 클리핑

다음은 위에서 언급한 단계에 따라 [그림 5.4]에서 보여준 애플리케이션을 구현한 코드다.

```
function draw() {
  var numDiscs,
      disc,
      i;

  for(i=0; i < numDiscs; ++i) {
    drawDiscBackground(discs[i]);
  }
  ...

  for(i=0; i < numDiscs; ++i) {
    drawDisc(discs[i]);
  }
  ...
}

function drawDiscBackground(disc) {
  context.save();

  context.beginPath();
  context.arc(disc.lastX, disc.lastY,
          disc.radius+1, 0, Math.PI*2, false);

  context.clip();
```

```
    eraseBackground();
    drawBackground();

    context.restore();
}
```

위 코드에서 draw() 메서드는 이전 위치에 있는 모든 원반을 지운 다음 원반을 현재 위치에 그리고 있다.

그리고 drawDiscBackground() 메서드에서는 원반의 이전 위치에 배경을 그릴 때, 이전 위치에서 원반이 차지했던 패스만큼 클리핑 영역을 설정한 다음 배경을 지우고 다시 그린다. 이후에 drawDisc Background() 메서드에서는 콘텍스트를 복원하는 데 그렇게 함으로써 클리핑 영역을 다시 설정한다. 만약 콘텍스트를 복원하지 않았다면 context.clip() 메서드를 호출할 때마다 현재 클리핑 영역과 현재 패스의 조합으로 클리핑 영역을 설정하기 때문에 클리핑 영역은 완전히 사라질 때까지 빠르게 줄어들어 모든 그래픽 작업이 소용없어졌을 것이다.

 클리핑이 빠를 수 있지만, 그렇지 않을 수도 있다

클리핑 영역으로 설정된 전체 배경을 스크린의 작은 영역에 그리는 작업은 전체 배경을 스크린에 그리는 작업보다 상당히 빠를 수 있다. 따라서 오브젝트 수가 적은 클리핑 작업에서는 배경을 다시 그리는 방법을 선호하게 될 것이다. 하지만 애니메이션에 사용되는 오브젝트 수가 증가할수록 배경을 그려야 하는 시간이 증가할 수밖에 없다. 결국, 배경을 그릴 때 성능에 미치는 영향은 여러분의 발목을 잡게 되며 적은 오브젝트를 사용하는 데 따른 성능적인 장점은 사라지게 될 것이다.

5.4.2 블리팅

앞 절에서는 클리핑 영역을 사용해 애니메이션의 프레임마다 전체 배경을 스크린에 다시 그리는 작업을 피하는 방법을 소개했다. 클리핑 영역을 사용하면 캔버스에서 드로잉 영역을 제한할 수 있지만, 여전히 애니메이션 프레임마다 전체 배경을 다시 그려야 하는 문제가 남아 있다.

이 절에서는 앞 절과는 다르게 배경을 오프스크린 캔버스에 한 번 그린 다음 필요에 따라 손상된 배경을 복원할 수 있도록 오프스크린 캔버스로부터 온스크린 디스플레이에 복사하는 방법을 살펴볼 것이다.

오프스크린 캔버스로부터 배경을 차단하는 작업은 다음 코드처럼 오프스크린 캔버스로부터 클리핑 영역을 복사해 대체하는 여섯 번째 단계를 제외하고는 앞 절에서 언급했던 일곱 단계와 비슷하다. 참고로 앞 절에서 언급한 여섯 번째 단계에서는 클리핑 영역에서 잘라낸 배경을 온스크린 캔버스에 그린다.

```javascript
function drawDiscBackground(context, disc) {
   var x = disc.lastX,
       y = disc.lastY,
       r = disc.radius,
       w = r*2,
       h = r*2;

   context.save();

   context.beginPath();
   context.arc(x, y, r+1, 0, Math.PI*2, false);
   context.clip();

   context.clearRect(0, 0, canvas.width, canvas.height);
   context.drawImage(offscreenCanvas,
                     x-r, y-r, w, h, x-r, y-r, w, h);

   context.restore();
}
```

> 💡 **클리핑 vs 블리팅**
>
> 클리핑과 블리팅은 모두 전체를 다시 그리는 대신 배경의 손상된 영역을 복원하는 기능이 있다. 하지만 클리핑은 손상된 영역을 다시 그리지만, 블리팅은 오프스크린 캔버스로부터 손상된 영역을 복사하므로 방법적인 면에서 차이가 있다. 보통 블리팅이 클리핑보다 빠르지만 블리팅은 오프스크린 캔버스가 필요하므로 더 많은 메모리가 필요하다.

5.5 이중 버퍼링

지금까지 이 장에서는 다음 코드와 비슷한 형태의 애니메이션 루프를 사용하는 방법을 살펴봤다.

```javascript
var canvas = document.getElementById('canvas'),
    context = canvas.getContext('2d'),
    ...

function animate(time) {
   context.clearRect(0, 0, canvas.width, canvas.height);

   // 애니메이션 오브젝트를 업데이트하고 그린다...

   requestNextAnimationFrame(time); // 애니메이션을 계속 재생한다.
}

requestNextAnimationFrame(time); // 애니메이션을 시작한다.
```

위 애니메이션 루프에서는 먼저 캔버스를 지우고 다음 애니메이션 프레임을 그린다. 만약 애니메이션에서 온스크린 캔버스에 직접 그리는 단일 버퍼를 사용했다면, 배경을 지우는 작업 때문에 잠깐 캔버스가 비는 순간이 발생할 수 있으므로 깜박거리는 현상이 발생했을 것이다.

물론 이중 버퍼링을 사용하면 화면이 깜박거리는 현상을 제거할 수 있다. 이중 버퍼링을 사용하면 온스크린 캔버스에 직접 그리는 대신 [예제 5.13]처럼 모든 것을 오프스크린 캔버스에 그린 다음 오프스크린 캔버스를 동시에 온스크린 캔버스에 복사할 수 있다.

예제 5.13　이중 버퍼링

```javascript
// 이 예제는 보여주기 위한 코드로 사용하지 말자.

var canvas = document.getElementById('canvas'),
    context = canvas.getContext('2d'),

    // 오프스크린 캔버스를 생성한다.

    offscreenCanvas = document.createElement('canvas'),
    offscreenContext = offscreenCanvas.getContext('2d'),
    ...

offscreenCanvas.width = canvas.width;
offscreenCanvas.height = canvas.height;

function animate(now) {
   offscreenContext.clearRect(
      0, 0, offscreenCanvas.width, offscreenCanvas.height);

   // 애니메이션 오브젝트를 오프스크린 캔버스에 업데이트하고 그린다...

   // 온스크린 캔버스를 지우고
   // 오프스크린을 온스크린 캔버스에 그린다.

   context.clearRect(0, 0, canvas.width, canvas.height);
   context.drawImage(offscreenCanvas, 0, 0);
}
```

이중 버퍼링은 화면이 깜박거리는 현상을 제거하는데 매우 효과적이지만 브라우저에서 자동으로 이중 버퍼링을 사용해 <canvas> 요소를 처리하므로 여러분이 따로 구현할 필요가 없다. 사실 [예제 5.13]에서 소개한 코드처럼 직접 코딩해 이중 버퍼링을 구현하면 오히려 애니메이션의 성능이 저하될 것이다. 이때는 어떤 편익도 없이 애니메이션 프레임마다 오프스크린 버퍼를 온스크린에 복사하기 때문에 성능에 안 좋은 영향만 미칠 것이다.

만약 디버거로 캔버스 코드를 살펴봤다면 브라우저에서 이중 버퍼링을 사용해 <canvas> 요소를 자동으로 처리하는 것을 의심했을 것이다. 디버거로 코드를 살펴보면 캔버스 API에 대한 각 호출이 미치는 영향을 즉시 확인할 수 있다. 하지만 디버거는 다른 스레드에서 실행하므로 실제로 이중 버퍼를 사용한 효과를 보려면 캔버스 API를 호출해야 한다.

다음과 같은 코드를 사용하면 브라우저에서 이중 버퍼링을 사용해 <canvas> 요소를 처리하는지를 확인할 수 있다.

```javascript
var canvas = document.getElementById('canvas'),
    context = canvas.getContext('2d'),
    sum = 0,
    ...

function animate(now) {
   eraseBackground(); // 온스크린 캔버스를 지운다.

   // 다음과 같은 복잡한 작업으로 배경을 지운다.

   for (var i=0; i < 500000; ++i) {
      sum += i;
   }

   // 복잡한 작업 종료

   drawBackground();  // 배경을 온스크린 캔버스에 그린다.
   draw();            // 애니메이션 오브젝트를 온스크린 캔버스에 그린다.

   requestNextAnimationFrame(time); // 애니메이션을 계속 재생한다.
}

requestNextAnimationFrame(time); // 애니메이션을 시작한다.
```

위 코드에서는 캔버스 배경을 지운 다음 루프로 복잡한 작업을 처리한다.

캔버스에서 이중 버퍼를 사용하지 않았다면 즉, 각 캔버스 API 명령어가 곧바로 영향을 미쳤다면 코드에서는 캔버스를 지우고 일정 시간 동안 복잡한 작업을 처리한 다음 배경과 원반을 그리는 작업을 계속 반복하므로 위 코드에서는 빈 캔버스를 생성했을 것이다. 물론 이런 사태는 발생하지 않는다. 사실, 여러분은 빈 캔버스를 볼 수 없다. 모든 캔버스 API 호출처럼 브라우저에서는 이중 버퍼를 사용해 호출하므로 캔버스를 지우는 호출은 즉시 실행되지 않는다. 그러므로 브라우저에서는 복잡한 작업을 수행하기 전에 배경을 실제로 지우지 않는다. 지우는 작업은 브라우저에서 오프스크린 버퍼를 온스크린에 복사할 시점에 발생한다.

브라우저에서는 이중 버퍼로 캔버스를 자동으로 처리한다

전반적으로 브라우저 판매 회사에서 〈canvas〉 요소를 위한 이중 버퍼링을 제공하므로 같은 작업을 구현하는 것은 역효과를 낳을 수 있다. 직접 코딩해 이중 버퍼링을 구현하더라도 브라우저에서 이미 이중 버퍼링을 사용하고 있기 때문에 오프스크린 버퍼를 온스크린에 복사하는 작업은 오히려 성능에 좋지 않은 영향을 미칠 것이다.

하지만 이것은 다중 버퍼를 사용하지 말라는 의미가 아니다. 355페이지의 5.4.2절('블리팅')에서는 오프스크린 배경 버퍼로부터 복사하는 작업이 배경이 복잡할 때 성능을 향상시킬 수 있다는 것을 보여줬다. 그러나 무엇이든 오프스크린 캔버스에 그리고 추후에 오프스크린 캔버스를 복사할 수 있는 이중 버퍼링은 더이상 필요 없을 뿐만 아니라 〈canvas〉 요소를 사용할 때 오히려 역효과를 낳을 수 있다.

5.6   시간 기반 모션

멀티 플레이어 슈팅 게임에서 두 명의 플레이어가 교차 지점이 있는 서로 다른 통로로 이동한다고 가정해 보자. 현재 이동 중인 속도로 보면 두 플레이어는 통로가 교차하는 지점에서 동시에 만날 것이다. 이때 한 플레이어가 다른 플레이어보다 성능이 좋은 컴퓨터를 사용하고 있다면, 게임의 애니메이션 속도는 다른 플레이어의 컴퓨터에서 실행되는 애니메이션 속도보다 빠를 것이다. 그렇다고 성능이 좋은 컴퓨터를 사용하는 플레이어가 교차 지점에 먼저 도착하는 일은 없을 것이다.

이처럼 애니메이션은 기본 프레임률에 상관없이 일정한 속도로 실행돼야 한다. [그림 5.5]와 [그림 5.6]처럼 애니메이션의 프레임률을 낮추는 작업은 어렵지 않다. 여러 개의 애니메이션을 동시에 실행하면 실행되는 애니메이션들은 모두 느려질 것이다.

[그림 5.5]에서 보여준 애플리케이션에는 두 가지 모드가 있다. 애플리케이션 위에 있는 체크박스를 선택하면 애플리케이션에서는 시간 기반 모션을 사용하며 원반의 속도(픽셀/초)가 일정해진다. 하지만 체크박스를 선택하지 않으면 애플리케이션에서는 시간 기반 모션을 사용하지 않으며 원반의 속도는 애니메이션의 프레임률에 따라 변화한다.

시간 기반 모션을 사용하면 모든 원반은 같은 속도로 실행되지만, 이것은 원반의 상태가 모두 좋아 보인다는 의미는 아니다. 초당 약 30프레임의 속도로 실행되는 애니메이션은 모니터 재생률을 따라갈 수 없을 것이다. 이런 이유에서 애니메이션의 특정 프레임은 그려지지 않거나(드로핑 프레임(dropping frame)으로 알려진 현상) 애니메이션이 끊겨 원반이 갑자기 다른 위치로 건너뛰는 현상이 나타날 것이다.

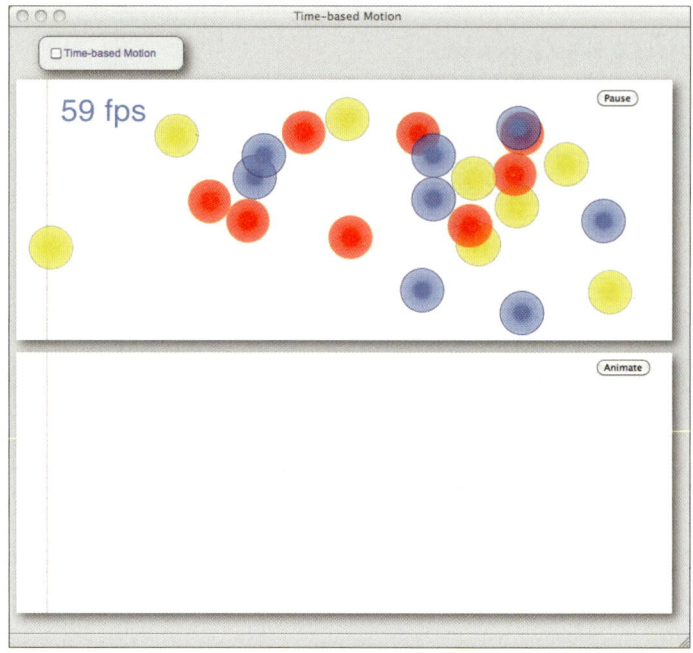

그림 5.5   약 60fps 속도로 실행되는 애니메이션

그러나 시간 기반 모션의 사용 여부와 관계없이 애니메이션에서는 초당 30프레임의 속도로 프레임을 떨어뜨리므로 원반이 갑자기 다른 위치로 건너뛰는 현상이 나타날 것이다. 물론 다른 원반에서도 같은 현상이 나타날 것이다. 따라서 애니메이션을 같은 속도로 실행할 수 있게 시간 기반 모션을 사용해야 한다.

그리고 애니메이션의 프레임률에 상관없이 애니메이션을 일정한 속도로 실행하려면 다음 코드처럼 오브젝트의 속도를 사용해 프레임률의 프레임에 대한 오브젝트가 움직인 픽셀의 수를 계산해야 한다.

$$\frac{\text{픽셀}}{\text{프레임}} = \frac{\text{픽셀}}{\text{초}} \Big/ \frac{\text{프레임}}{\text{초}}$$

또는,

$$\frac{\text{픽셀}}{\text{프레임}} = \frac{\text{픽셀}}{\text{초}} \times \frac{\text{초}}{\text{프레임}}$$

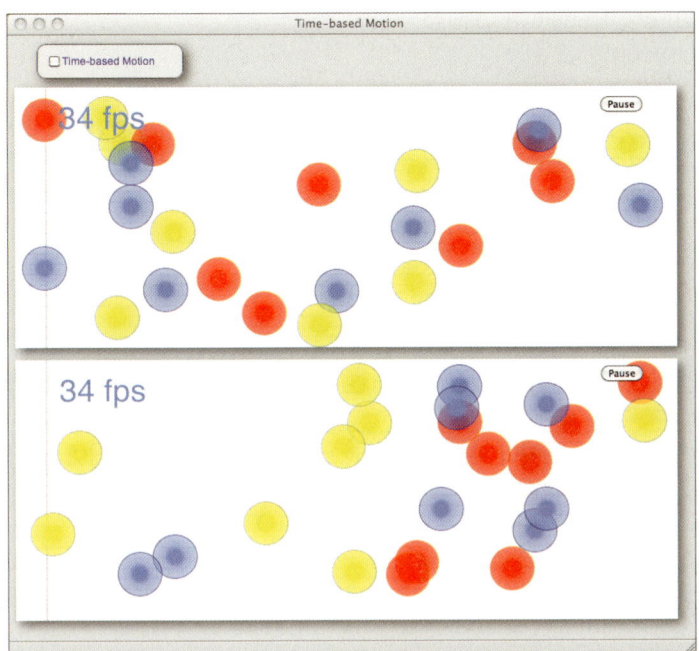

그림 5.6   여러 개의 애니메이션은 낮은 프레임률을 의미함

위 방정식에서는 한 프레임에서 오브젝트가 움직인 픽셀의 수를 계산하고 있다. 시간 기반 모드일 때, [그림 5.5]에서 보여준 애플리케이션에서는 위 방정식을 이용해 프레임마다 각 원반을 움직일 수 있게 픽셀의 수를 계산하고 있다. 해당 코드는 [예제 5.14]에서 소개하고 있다.

예제 5.14   프레임률에 상관없이 일정한 속도로 움직인다

```
function updateTimeBased(time) {
  var disc = null,
      elapsedTime = time - lastTime,

  for(var i=0; i < discs.length; ++i) {
    disc = discs[i];
    deltaX = disc.velocityX

    deltaX = disc.velocityX * (elapsedTime / 1000);
    deltaY = disc.velocityY * (elapsedTime / 1000);

    if (disc.x + deltaX + disc.radius > topContext.canvas.width ||
          disc.x + deltaX - disc.radius < 0) {
      disc.velocityX = -disc.velocityX;
      deltaX = -deltaX;
    }
```

```
        if (disc.y + deltaY + disc.radius > topContext.canvas.height ||
            disc.y + deltaY - disc.radius < 0) {
          disc.velocityY= -disc.velocityY;
          deltaY = -deltaY;
        }

        disc.x = disc.x + deltaX;
        disc.y = disc.y + deltaY;

        lastTime = time;
      }
    }
```

애플리케이션에서는 원반의 속도(초당 픽셀)에 마지막 프레임의 경과 시간(초)을 곱해 프레임마다 원반을 움직일 수 있게 픽셀의 수를 계산하고 있다. 원반은 프레임률과 상관없이 일정한 속도로 움직인다.

5.7　배경 스크롤하기

지금까지 5장에서는 정적인 배경을 건드리지 않고 오브젝트를 움직이는 방법을 살펴봤다. 물론 배경 자체를 움직이는 애니메이션도 있다. 예를 들면, [그림 5.7]처럼 구름을 움직이거나 횡 스크롤(side-scroller) 비디오 게임을 위해 움직이는 배경을 구현해 본 경험이 있을 것이다.

[그림 5.7]에서 보여준 애플리케이션에서는 다음 코드처럼 캔버스의 콘텍스트를 이동시켜 배경을 스크롤하고 있다.

```
var SKY_VELOCITY = 30, // 330픽셀/초
    skyOffset = 0;      // 오프셋만큼 이동한다.
    ...

function draw() {
   skyOffset = skyOffset < canvas.width ?
               skyOffset + SKY_VELOCITY/fps : 0;

   context.save();
   context.translate(-skyOffset, 0);
   context.drawImage(sky, 0, 0);
   context.drawImage(sky, sky.width, 0);
   context.restore();
}
```

그림 5.7   이동하는 구름에 대한 시뮬레이션: 위에서 아래로, 구름은 오른쪽에서 왼쪽으로 이동

애플리케이션에서는 애니메이션의 각 프레임에서 같은 위치에 하늘 이미지를 그리고 있다. 하지만 애플리케이션에서는 콘텍스트를 이동시키므로 [그림 5.7]처럼 구름이 마치 오른쪽에서 왼쪽으로 이동하는 것처럼 보인다.

애플리케이션에서는 콘텍스트를 이동하기 전에 콘텍스트를 저장하고 이동한 후에 저장된 콘텍스트를 복원하므로 콘텍스트는 애플리케이션에서 배경을 그리는 동안에만 움직인다.

그리고 애플리케이션에서는 하늘 이미지를 두 번에 걸쳐 그린다. 첫 번째는 (0, 0) 좌표에 그리고 두 번째는 (canvas.width, 0) 좌표에 그린다. 이렇게 그리면 초기에 (0, 0) 좌표에 그린 전체 배경 이미지는 보이지만 [그림 5.8]에서 위에 있는 그림처럼 (sky.width, 0) 좌표에 그린 이미지는 보이지 않는다.

애플리케이션에서 콘텍스트를 이동시키면, 초기에 오프스크린에 있던 이미지는 시야에 나타나게 스크롤 되며 [그림 5.8]에서 위부터 아래까지의 그림에서처럼 초기에 화면에 보이던 이미지는 시야에서 보이지 않게 스크롤 된다.

그림 5.8   콘텍스트를 이동한 배경 스크롤

정확하지는 않지만, 하늘 이미지의 왼쪽 가장자리와 오른쪽 가장자리가 일치한다. [그림 5.9]에서는 오른쪽 가장자리(왼쪽 그림)와 왼쪽 가장자리(오른쪽 그림)가 옆에 나란히 있는 그림을 보여주므로 효과를 쉽게 알아볼 수 있다. 배경 이미지의 왼쪽 가장자리와 오른쪽 가장자리가 같아서 이미지가 오프스크린에서 온스크린으로 이동할 때 단절된 부분을 볼 수 없다.

그림 5.9   배경 이미지의 왼쪽 가장자리와 오른쪽 가장자리는 같다.

지금 살펴본 예제에서는 초기에 오프스크린에 있는 배경 이미지와 초기에 온스크린에 있는 배경 이미지가 같다. 그러나 이렇게까지 같은 이미지를 사용할 필요는 없다. 두 배경 이미지(혹은 그 이상)의 왼쪽 가장자리와 오른쪽 가장자리가 같기만 하면 된다. 두 가장자리가 같다면 배경 이미지의 나머지 부분은 여러분이 원하는 만큼 변경할 수 있다. 이렇게 변경해도 자연스럽게 스크롤 되는 배경을 만들 수 있다.

[예제 5.15]에서는 [그림 5.7]에서 보여준 애플리케이션의 HTML 코드를 소개하고 있으며 [예제 5.16]에서는 자바스크립트 코드를 소개하고 있다.

예제 5.15   배경 스크롤하기: HTML

```
<!DOCTYPE html>
  <head>
    <title>Scrolling Backgrounds</title>

    <style>
        body {
            background: #dddddd;
        }

        #canvas {
            position: absolute;
            top: 30px;
            left: 10px;
            background: #ffffff;
```

```
                cursor: crosshair;
                margin-left: 10px;
                margin-top: 10px;
                -webkit-box-shadow: 4px 4px 8px rgba(0,0,0,0.5);
                -moz-box-shadow: 4px 4px 8px rgba(0,0,0,0.5);
                box-shadow: 4px 4px 8px rgba(0,0,0,0.5);
            }

            input {
                margin-left: 15px;
            }

        </style>
    </head>

  <body>
     <canvas id='canvas' width='1024' height='512'>
       Canvas not supported
     </canvas>

     <input id='animateButton' type='button' value='Animate'/>

     <script src='requestNextAnimationFrame.js'></script>
     <script src='example.js'></script>
  </body>
</html>
```

예제 5.16   배경 스크롤하기: 자바스크립트

```
var canvas = document.getElementById('canvas'),
    context = canvas.getContext('2d'),
    controls = document.getElementById('controls'),
    animateButton = document.getElementById('animateButton'),
    sky = new Image(),

    paused = true,
    lastTime = 0,
    fps = 0,

    skyOffset = 0,
    SKY_VELOCITY = 30; // 30 pixels/second

// 함수.......................................................

function erase() {
    context.clearRect(0, 0, canvas.width, canvas.height);
```

```
   }

   function draw() {
      context.save();

      skyOffset = skyOffset < canvas.width ?
                  skyOffset + SKY_VELOCITY/fps : 0;

      context.save();
      context.translate(-skyOffset, 0);

      context.drawImage(sky, 0, 0);
      context.drawImage(sky, sky.width-2, 0);

      context.restore();
   }

   function calculateFps(now) {
      var fps = 1000 / (now - lastTime);
      lastTime = now;
      return fps;
   }

   function animate(now) {
      if (now === undefined) {
         now = +new Date;
      }

      fps = calculateFps(now);

      if (!paused) {
         erase();
         draw();
      }

      requestNextAnimationFrame(animate);
   }

   // 이벤트 핸들러.....................................................

   animateButton.onclick = function (e) {
      paused = paused ? false : true;
      if (paused) {
         animateButton.value = 'Animate';
      }
      else {
         animateButton.value = 'Pause';
      }
   };
```

```
// 초기화.........................................

canvas.width = canvas.width;
canvas.height = canvas.height;

sky.src = 'sky.png';
sky.onload = function (e) {
   draw();
};

requestNextAnimationFrame(animate);
```

5.8   시차(視差)

누구도 새가 걸을 때 머리를 까닥거리는 이유를 알지 못하지만, 새가 머리를 까닥거려 양안시를 갖게 됐다는 이론이 받아들여지고 있다. 이 이론에 의하면 수직으로 빠르게 움직임으로써 운동 시차를 발생시켜 거의 동시에 두 가지 다른 시각을 갖게 해주기 때문에 입체감을 인지할 수 있다.

다행히도 인간의 눈은 시야를 겹칠 수 있으므로 머리를 까닥거리는 등과 같은 터무니없는 동작을 하지 않아도 시차 및 입체감을 느낄 수 있다. 여기서 시차(視差)란 한 물체를 바라볼 때 관측 위치에 따른 인지 차이를 나타낸다. 멀리 있는 물체가 가까이에 있는 물체보다 느리게 움직이는 것처럼 느끼는 이유가 바로 시차 때문이다.

일반적으로 애니메이션 제작자는 애니메이션의 다양한 레이어를 서로 다른 속도로 스크롤해서 시차 효과를 구현한다. 예를 들어, [그림 5.10]에서 보여주는 애플리케이션은 [그림 5.11]처럼 네 개의 레이어를 가지고 있다. 이 애니메이션 속 하늘과 구름은 관찰자에게서 가장 멀리 떨어져 있는 것처럼 보인다. 따라서 구름은 매우 느리게 오른쪽에서 왼쪽으로 스크롤된다. 애니메이션에서 구름 다음으로 가까이에 있는 오브젝트는 배경에 있는 작은 나무다. 나무들은 하늘보다 상당히 빠른 속도로 이동하지만 관찰자와 가까이에 있는 큰 나무보다는 빠르지 않다. 마지막으로, 애니메이션의 가장 앞에 있는 잔디는 애니메이션에서 그 어떤 오브젝트보다 더 빠르게 스크롤된다.

지금 언급한 내용을 조합하면, 각기 다른 속도로 스크롤되는 애니메이션 속 네 개의 레이어는 책에서 표현할 수 없는 3차원 영상을 만들어 낸다. 참고로 corehtml5canvas.com을 방문하면 온라인에서 이 예제를 확인할 수 있다.

그림 5.10   시차를 이용한 3차원 시뮬레이션: 앞에 있는 가장 큰 나무는 뒤에 있는 작은 나무보다 빠르게 오른쪽에서 왼쪽으로 이동

그림 5.11　시차 레이어

　[예제 5.17]에서는 [그림 5.10]에서 보여준 시차 예제의 자바스크립트 코드를 소개하고 있다. 이 코드에서는 네 개의 레이어에 대한 이동 오프셋을 계산하고 콘텍스트를 저장한 다음 저장한 콘텍스트를 이동하고, 레이어에 오브젝트를 그리고, 콘텍스트를 복원하는 draw() 메서드를 주의 깊게 살펴보자. draw() 메서드에서 저장/이동/그리기/복원 작업을 반복하므로 여러분이 스크롤하는 오브젝트의 위치를 계산해야 하는 부담을 덜어주고 있을 뿐만 아니라 콘텍스트의 이동으로 오브젝트가 이동하고 있다. 이제 여러분은 단순히 프레임마다 같은 좌표에 오브젝트를 그리기만 하면 된다.

예제 5.17　시차

```
var canvas = document.getElementById('canvas'),
    context = canvas.getContext('2d'),
    controls = document.getElementById('controls'),
    animateButton = document.getElementById('animateButton'),

    tree = new Image(),
    nearTree = new Image(),
    grass = new Image(),
```

```javascript
    grass2 = new Image(),
    sky = new Image(),

    paused = true,
    lastTime = 0,
    lastFpsUpdate = { time: 0, value: 0 },
    fps=60,

    skyOffset = 0,
    grassOffset = 0,
    treeOffset = 0,
    nearTreeOffset = 0,

    TREE_VELOCITY = 20,
    FAST_TREE_VELOCITY = 40,
    SKY_VELOCITY = 8,
    GRASS_VELOCITY = 75;

// 함수.........................................................

function erase() {
    context.clearRect(0, 0, canvas.width, canvas.height);
}

function draw() {
    context.save();

    skyOffset = skyOffset < canvas.width ?
                skyOffset + SKY_VELOCITY/fps : 0;

    grassOffset = grassOffset < canvas.width ?
                  grassOffset +  GRASS_VELOCITY/fps : 0;

    treeOffset = treeOffset < canvas.width ?
                treeOffset + TREE_VELOCITY/fps : 0;

    nearTreeOffset = nearTreeOffset < canvas.width ?
                     nearTreeOffset + FAST_TREE_VELOCITY/fps : 0;

    context.save();
    context.translate(-skyOffset, 0);
    context.drawImage(sky, 0, 0);
    context.drawImage(sky, sky.width-2, 0);
    context.restore();

    context.save();
    context.translate(-treeOffset, 0);
    context.drawImage(tree, 100, 240);
    context.drawImage(tree, 1100, 240);
    context.drawImage(tree, 400, 240);
```

```
      context.drawImage(tree, 1400, 240);
      context.drawImage(tree, 700, 240);
      context.drawImage(tree, 1700, 240);
      context.restore();

      context.save();
      context.translate(-nearTreeOffset, 0);
      context.drawImage(nearTree, 250, 220);
      context.drawImage(nearTree, 1250, 220);
      context.drawImage(nearTree, 800, 220);
      context.drawImage(nearTree, 1800, 220);
      context.restore();

      context.save();
      context.translate(-grassOffset, 0);

      context.drawImage(grass, 0,
                        canvas.height-grass.height);

      context.drawImage(grass, grass.width-5,
                        canvas.height-grass.height);

      context.drawImage(grass2, 0,
                        canvas.height-grass2.height);

      context.drawImage(grass2, grass2.width,
                        canvas.height-grass2.height);

      context.restore();
   }

   function calculateFps(now) {
      var fps = 1000 / (now - lastTime);
      lastTime = now;
      return fps;
   }

   function animate(now) {
      if (now === undefined) {
         now = +new Date;
      }

      fps = calculateFps(now);

      if (!paused) {
         erase();
         draw();
      }
```

```
      requestNextAnimationFrame(animate);
  }

  // 이벤트 핸들러.........................................

  animateButton.onclick = function (e) {
      paused = paused ? false : true;
      if (paused) {
          animateButton.value = 'Animate';
      }
      else {
          animateButton.value = 'Pause';
      }
  };

  // 초기화.............................................

  context.font = '48px Helvetica';

  tree.src = 'smalltree.png';
  nearTree.src = 'tree-twotrunks.png';
  grass.src = 'grass.png';
  grass2.src = 'grass2.png';
  sky.src = 'sky.png';
  sky.onload = function (e) {
      draw();
  };

  requestNextAnimationFrame(animate);
```

5.9   사용자 동작

몇몇 애니메이션은 자체로 실행할 수 있지만, 그 외 애니메이션은 사용자의 동작을 필요로 한다. 일반적으로 사용자는 컴퓨터나 휴대폰 등에서 마우스나 손가락을 이용한 사용자의 동작으로 애니메이션과 상호 작용을 한다.

[그림 5.12]의 애플리케이션은 313페이지의 4.10절('돋보기')에서 소개한 돋보기 애플리케이션이다. 하지만 [그림 5.12]에서 보여준 돋보기 애플리케이션에서는 사용자가 돋보기를 드래그한 상태에서 밀어 돋보기를 던질 수 있다. 사용자가 돋보기를 던지면 돋보기는 던져진 속도를 고려한 속도로 던져진 방향으로 계속 이동한다. 던져진 돋보기가 캔버스 가장자리에 닿으면 돋보기는 가장자리에서 튕긴 후 다시 움직인다. [그림 5.12]에서는 돋보기가 움직이는 모습을 보여주고 있다.

그림 5.12　　사용자 동작: 왼쪽 아래에서 오른쪽 위로 움직이는 돋보기

[예제 5.18]은 [그림 5.12]에서 보여준 애플리케이션에 대한 코드의 일부분으로 애플리케이션에서 던지는 동작을 구현하는 방법을 보여주고 있다.

사용자가 마우스를 드래그하면 애플리케이션에서는 mousedown 이벤트와 mouseup 이벤트가 발생한 시간과 위치를 기록한다. mouseup 이벤트에서 마우스 드래그를 종료하면 애플리케이션의 didThrow() 메서드에서는 커서의 속도를 고려한 간단한 방정식을 이용해 사용자의 동작을 평가한다. 만약 커서의 속도가 충분히 빠르다면 애플리케이션에서는 사용자가 돋보기를 던졌다고 판단하고 애니메이션을 시작한다.

예제 5.18　　애니메이션을 시작할 수 있도록 사용자의 동작을 구현(일부 코드)

```
var canvas = document.getElementById('canvas'),
    context = canvas.getContext('2d'),
    ...

    animating = false,
    dragging = false,
    mousedown = null,
    mouseup = null;

// 함수......................................................

function didThrow() {
```

```
    var elapsedTime = mouseup.time - mousedown.time;
    var elapsedMotion = Math.abs(mouseup.x - mousedown.x) +
                        Math.abs(mouseup.y - mousedown.y);
    return (elapsedMotion / elapsedTime * 10) > 3;
}

// 이벤트 핸들러.....................................................

canvas.onmousedown = function (e) {
    var mouse = windowToCanvas(e.clientX, e.clientY);
    mousedown = { x: mouse.x, y: mouse.y, time: (new Date).getTime() };
    e.preventDefault(e);

    if (animating) { // 현재 애니메이션을 멈춘다.
        animating = false;
        clearInterval(animationLoop);
        eraseMagnifyingGlass();
    }
    else { // 드래그를 시작한다.
        dragging = true;
        context.save();
    }
};

canvas.onmousemove = function (e) {
    if (dragging) {
        eraseMagnifyingGlass();
        drawMagnifyingGlass(
            windowToCanvas(e.clientX, e.clientY));
    }
};

canvas.onmouseup = function (e) {
    var mouse = windowToCanvas(canvas, e.clientX, e.clientY);
    mouseup = { x: mouse.x, y: mouse.y, time: (new Date).getTime() };

    if (dragging) {
        if (didThrow()) {
            velocityX = (mouseup.x-mousedown.x)/100;
            velocityY = (mouseup.y-mousedown.y)/100;
            animate(mouse, { vx: velocityX, vy: velocityY });
        }
        else {
            eraseMagnifyingGlass();
        }
    }
    dragging = false;
};
```

5.10 시한 애니메이션

지금까지 5장에서 소개한 모든 애니메이션은 시간제한 없이 계속 실행되지만 보통 대부분 애니메이션은 특정 시간 동안만 실행된다. 이 절에서는 스톱워치를 사용해 일정한 시간 동안 애니메이션을 실행하는 방법을 살펴보고 간단한 Animation 오브젝트에서 스톱워치를 캡슐화하는 방법을 소개할 예정이다.

5.10.1 스톱워치

[그림 5.13]에서는 스톱워치를 구현한 애플리케이션을 보여주고 있다. 애플리케이션의 입력란에 스톱워치의 시간을 설정하고 [Start] 버튼을 눌러 스톱워치를 시작할 수 있다. 스톱워치를 실행하면, 애플리케이션에서는 스톱워치의 바늘을 0으로 이동시킨다.

[그림 5.13]에서 보여준 애플리케이션에서는 다음과 같은 메서드를 가진 **stopwatch** 오브젝트를 사용하고 있다.

- void start()
- void stop()
- Number getElapsedTime()
- Boolean isRunning()
- void reset()

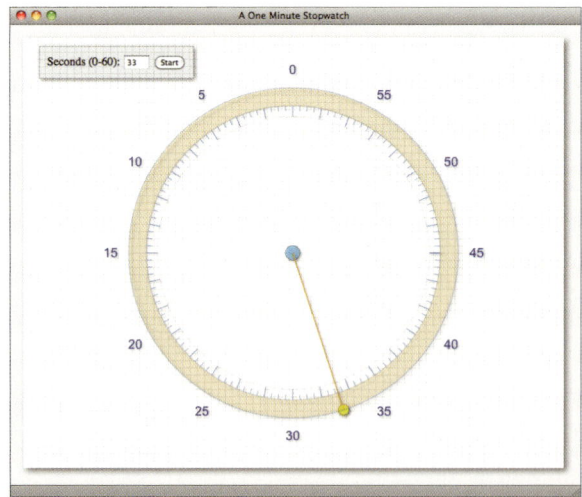

그림 5.13   스톱워치

여러분은 경과 시간을 가져오고 실행 여부를 결정한 다음 값을 0으로 재설정해 스톱워치를 시작하고 멈출 수 있다. [예제 5.19]에서는 스톱워치의 코드를 소개하고 있다.

[예제 5.20]에서는 [그림 5.13]에서 보여준 애플리케이션의 자바스크립트 코드 일부분을 소개하고 있다.

[Start] 버튼은 스톱워치를 시작하고 멈추는 두 가지 용도로 사용된다. 버튼의 텍스트가 [Start]일 때 버튼을 클릭하면 애플리케이션에서는 스톱워치를 시작하고 버튼의 텍스트를 [Stop]으로 설정한다. 그리고 초를 입력할 수 없도록 입력란을 비활성화한 다음 스톱워치 애니메이션을 시작할 수 있도록 다음 애니메이션 프레임을 요청한다.

만약 버튼이 [Stop]일 때 버튼을 클릭하면, 애플리케이션에서는 스톱워치를 멈추고 버튼의 텍스트를 [Start]로 재설정한 다음 초를 입력할 수 있는 입력란을 활성화한다. 애플리케이션에서 스톱워치를 멈출 때는 requestNextAnimationFrame() 메서드를 호출하지 않으므로 [Stop] 버튼을 누르면 스톱워치뿐만 아니라 애니메이션도 멈춘다는 점에 주목하자.

예제 5.19   스톱워치 구현

```
// 스톱워치.............................................................
//
// 실제 스톱워치처럼, 스톱워치를 시작하고 멈출 수 있다.
// 그뿐만 아니라 스톱워치가 실행된 경과 시간을 확인할 수도 있다.
// 스톱워치를 멈추면, getElapsedTime() 메서드에서는
// 시작과 멈춤 사이의 경과 시간을 반환한다.
//
// 스톱워치는 주로 타이밍 애니메이션을 위해 사용된다.

// 생성자...............................................................

Stopwatch = function ()  { };

// 프로토타입...........................................................

Stopwatch.prototype = {
   startTime: 0,
   running: false,
   elapsed: undefined,

   start: function () {
      this.startTime = +new Date();
      this.elapsedTime = undefined;
      this.running = true;
   },

   stop: function () {
```

```javascript
            this.elapsed = (+new Date()) - this.startTime;
            this.running = false;
        },

        getElapsedTime: function () {
            if (this.running) {
                return (+new Date()) - this.startTime;
            }
            else {
                return this.elapsed;
            }
        },

        isRunning: function() {
            return this.running;
        },

        reset: function() {
            this.elapsed = 0;
        }
    };
```

예제 5.20 스톱워치 사용하기

```javascript
var stopwatch = new Stopwatch(),
    secondsInput = document.getElementById('secondsInput'),
    startStopButton = document.getElementById('startStopButton');
...

startStopButton.onclick = function (e) {
    var value = startStopButton.value;
    if (value === 'Start') {
        stopwatch.start();
        startStopButton.value = 'Stop';
        requestNextAnimationFrame(animate);
        secondsInput.disabled = true;
    }
    else {
        stopwatch.stop();
        timerSetting = parseFloat(secondsInput.value);
        startStopButton.value = 'Start';
        secondsInput.disabled = false;
    }
    stopwatch.reset();
};

function animate() {
    if (stopwatch.isRunning() &&
```

```
        stopwatch.getElapsedTime() > timerSetting*1000) {

            // Animation is over

        stopwatch.stop();
        startStopButton.value = 'Start';
        secondsInput.disabled = false;
        secondsInput.value = 0;

    }
    else if (stopwatch.isRunning()) { // Animation is running
        redraw();
        requestNextAnimationFrame(animate);
    }
}
```

스톱워치의 경과 시간이 타이머 설정 값보다 작다면, animate() 함수에서는 스톱워치를 다시 그리고 requestNextAnimationFrame() 메서드를 호출해 재귀 호출한다. 그리고 스톱워치의 경과 시간이 타이머 설정 값보다 크다면 애플리케이션에서는 스톱워치를 멈추고 애니메이션을 종료한다.

5.10.2 애니메이션 타이머

[예제 5.20]에서는 스톱워치를 사용해 애니메이션의 시간을 제어하는 방법을 살펴봤다. 스톱워치는 애니메이션을 제어하는데 유용하게 사용될 수 있지만, 추상화 단계에서 작업하면 더 편리하므로 이 절에서는 [예제 5.21]에서 보여주는 것처럼 AnimationTimer를 구현하는 방법을 소개할 것이다.

예제 5.21   애니메이션 타이머

```
// 생성자....................................................................

AnimationTimer = function (duration) {
    this.duration = duration;
};

// 프로토타입...............................................................

AnimationTimer.prototype = {
    duration: undefined,
    stopwatch: new Stopwatch(),

    start: function () {
        this.stopwatch.start();
    },
```

```
    stop: function () {
       this.stopwatch.stop();
    },

    getElapsedTime: function () {
       var elapsedTime = this.stopwatch.getElapsedTime();

       if (!this.stopwatch.running)
          return undefined;
       else
          return elapsedTime;
    },

    isRunning: function() {
       return this.stopwatch.isRunning();
    },

    isOver: function () {
       return this.stopwatch.getElapsedTime() > this.duration;
    },
};
```

AnimationTimer 오브젝트는 앞 절에서 소개했던 Stopwatch 오브젝트를 둘러싸고 있다. Animation Timer는 대부분 스톱워치에 직접 위임했지만 새로운 메서드인 isOver() 메서드를 추가했다. isOver() 메서드는 애니메이션의 경과 시간이 지속 시간보다 큰지를 알려준다. 만약 여러분이 애니메이션이 종료된 것을 알았다면, 애니메이션은 스스로 멈추지 않기 때문에 애니메이션을 멈추고 싶을 것이다.

여러분은 스톱워치를 사용했을 때처럼 AnimationTimer를 사용할 수 있다. 물론 여기에는 isOver() 메서드의 이점이 있다. AnimationTimer에서는 실제로 어떤 것도 움직이지 못한다는 사실에 주목하자. AnimationTimer는 단순히 시간과 관련돼 있다. 439페이지의 7.2절('시간 왜곡')에서는 가속도와 탄성과 같이 비선형 움직임을 포함한 모든 종류의 비선형 효과를 낼 수 있는 타임 왜곡을 사용할 수 있도록 오브젝트를 확장함으로써 Animation에서 단일 추상화, 즉 시간을 처리하는 방법을 살펴볼 예정이다.

5.11 애니메이션 모범 사례

애니메이션을 만들 때 다음과 같은 모범 사례를 유념하자.

- requestAnimationFrame() 폴리필 메서드를 사용한다.
- 업데이트와 드로잉을 분리한다.

- 시간 기반 모션을 사용한다.

- 복잡한 배경을 복원할 때는 클리핑이나 블리팅을 사용한다.

- 배경을 위해 한 개 이상의 오프스크린 버퍼를 유지한다.

- 이중 버퍼링은 브라우저에서 대신 처리하므로 직접 구현하지 않는다.

- CSS 그림자와 둥근 모서리를 피한다.

- 캔버스 그림자를 피한다.

- 애니메이션을 재생하는 동안 메모리를 할당하지 않는다.

- 성능을 모니터하고 개선할 수 있도록 프로파일링과 타임라인을 사용한다.

여러분은 애니메이션을 위해 requestAnimationFrame() 폴리필 메서드를 사용해야 한다. 물론 이 장에서 언급했듯이 파이어폭스 4.0과 크롬 10 등과 같이 특정 브라우저에서 requestAnimationFrame() 폴리필 메서드를 사용하려면 반드시 버그를 고려해야 한다. requestAnimationFrame() 폴리필 메서드는 애니메이션을 위해 특별히 구현됐으므로 setTimeout() 메서드나 setInterval() 메서드를 사용하는 것보다 훨씬 낫다.

그리고 오브젝트를 변경하는 작업은 다른 오브젝트에 영향을 줄 수 있으므로 오브젝트의 실제 드로잉과 움직이려는 오브젝트를 업데이트하는 작업을 구분해야 한다.

또한, 애니메이션의 프레임률과 상관없이 모든 애니메이션을 같은 속도로 실행시킬 수 있게 시간 기반 모션을 사용해야 한다. 대부분 애니메이션, 특히 게임에서는 애플리케이션이 느려지더라도 애니메이션을 일정한 속도로 처리할 수 있어야 한다. 앞에서 살펴봤듯이 적어도 간단한 예제를 위한 프레임률에 독립적인 시간 기반 모션을 구현하는 방법은 어렵지 않다.

브라우저에서는 <canvas> 요소를 위해 이중 버퍼링을 자동으로 구현한다는 사실을 염두에 두자. 브라우저에서 이중 버퍼링을 사용하므로 직접 이중 버퍼링을 구현할 필요는 없지만, 복잡한 배경을 사용할 때는 한 개 이상의 오프스크린 버퍼를 사용하면 매우 유용하다. 다른 모든 조건이 모두 같다면, 애니메이션 프레임마다 배경을 다시 그리는 것보다 오프스크린 버퍼로부터 복잡한 배경을 복사함으로써 성능을 향상시킬 수 있다는 사실을 기억하자.

그라디언트와 함께 CSS 그림자를 사용하면 특히, 모바일 장치에서 사용하면 성능에 안 좋은 영향을 미친다. 만약 애플리케이션이 느리게 동작한다면 그림자와 그라디언트를 사용한 상태와 사용하지 않은 상태로 애플리케이션을 테스트해보자.

마지막으로 애니메이션을 실행하는 동안에는 메모리를 할당하는 작업을 피해야 한다. 애니메이션을 실행하면서 메모리를 할당하면, 브라우저에서 가비지 컬렉터를 실행하지 않거나 가비지 컬렉터를 불규칙적으로 실행한다. 또한, 프로파일링과 타임라인을 사용해 성능에 대한 병목 현상 위치를 찾아낼 수도 있다.

5.12 결론

이 장에서는 캔버스 애니메이션을 구현하는 방법을 살펴봤다. setTimeout() 메서드나 setInterval() 메서드로도 애니메이션을 구현할 수 있지만, 애니메이션을 위해 브라우저용으로 개발된 메서드나 requestAnimationFrame() 폴리필 메서드를 사용하는 편이 낫다.

그리고 애니메이션의 프레임율에 상관없이 일정한 속도로 애니메이션을 실행할 수 있도록 시간 기반 모션을 구현하는 방법도 살펴봤다.

또한, 3차원처럼 보일 수 있게 여러분에게 가까이에 있는 사물이 멀리 있는 사물보다 빠르게 움직이는 것처럼 보이는 시차를 활용하는 방법뿐만 아니라 애니메이션의 배경을 스크롤하는 방법도 살펴봤다.

마지막으로, 사용자의 동작을 감지해 애니메이션을 제어하는 방법을 살펴본 다음 캔버스 기반 애니메이션을 구현하기 위해 고려해야 할 몇 가지 모범 사례를 알아봤다. 다음 장에서는 애니메이션을 매번 다시 구현하지 않도록 5장에서 배운 내용 중 몇 가지를 캡슐화하는 방법을 알아볼 예정이다.

스프라이트

여러분은 앞 장에서 캔버스에 애니메이션을 구현하는 방법을 살펴봤다. 그리고 requestAnimation Frame() 폴리필 메서드로 자연스럽게 재생되는 애니메이션을 구현하는 방법과 애니메이션에서 클리핑 과 오프스크린 캔버스를 사용하는 방법도 살펴봤다. 또한, 시간 기반 모션을 구현하는 방법과 스톱워치 와 애니메이션 타이머를 사용해 애니메이션 재생 시간을 정하는 방법도 배웠다.

지금까지 여러분은 캔버스 기반 애니메이션을 구현하는 기본 방법을 배웠다. 하지만 예제를 살펴볼 때 마다 매번 애니메이션을 구현해야 했는데, 앞으로는 매번 애니메이션을 구현할 필요가 없도록 자바스크 립트 오브젝트에서 몇몇 핵심적인 내용을 캡슐화하는 방법을 살펴볼 예정이다. 또한, 6장에서는 애니메 이션에서 사용할 수 있는 그래픽 오브젝트인 스프라이트를 구현하는 방법을 살펴보고 배경을 건드리지 않고 스프라이트를 이동시키는 방법과 스프라이트에 동작을 부여하는 방법도 살펴볼 것이다. 예를 들 면, 공에 튕기는 동작을 추가하거나 폭탄에 터지는 동작을 추가할 수 있다. 그뿐만 아니라, 특정 시간 동 안만 지속되는 동작과 무한 반복하는 동작을 구현하는 방법도 살펴볼 예정이다.

또한, 스프라이트를 사용해 폭발하는 것처럼 보일 수 있도록 일정 시간 동안 모양을 변경할 수 있다. 따라서 스프라이트를 움직이게 하는 오브젝트인 스프라이트 애니메이터로 스프라이트의 모양을 주기 적으로 변경시키는 효과를 내는 방법을 살펴볼 예정이다.

 스프라이트의 역사

본래 그리스 요정을 의미하는 스프라이트란 단어는 텍사스 인스트루먼츠 9918(A)에서 비디오 디스 플레이 프로세서를 만든 구현자가 처음으로 쓴 표현이다. 스프라이트는 소프트웨어로도 구현할 수 있 고, 하드웨어로도 구현할 수 있다. 예를 들면, 1985년 코모도어 인터네셔널에서 발표한 개인용 컴퓨 터인 아미가(Amiga)에서는 여덟 개의 하드웨어 스프라이트를 지원했다. 스프라이트의 역사에 대한 자세한 내용은 http://en.wikipedia.org/wiki/Sprite_(computer_graphics)에서 확인할 수 있다.

스프라이트는 캔버스 API의 일부가 아니다

캔버스 API에서는 스크라이트를 지원하지 않지만, 스프라이트를 직접 구현하는 데 필요한 모든 그래픽 기능을 제공하고 있다. 스프라이트, 페인터, 애니메이터 등과 같이 6장에서 소개할 모든 오브젝트는 캔버스 API의 일부는 아니지만, 캔버스 API로부터 파생됐다.

6장에서 소개할 스프라이트 애니메이션, 스프라이트 동작, 스프라이트 등을 구현하는 방법은 무수히 많으므로 6장에서 배운 구현 방법을 사용할 수 있지만, 여러분의 입맛에 맞게 변경하거나 직접 구현한 스프라이트를 사용해도 무방하다.

 디자인 패턴, 동작, 애니메이터

이 장에서는 스트래티지 패턴(strategy), 커맨드 패턴(command), 플라이웨이트 패턴(flyweight) 등 세 가지 디자인 패턴을 구현하고 있다. 스트래티지 패턴은 페인터에서 스프라이트를 분리할 때 사용하고 커맨드 패턴은 동작을 구현할 때 사용하며 플라이웨이트 패턴은 인스턴스 하나로 다양한 스프라이트를 나타낼 때 사용한다.

또한, 6장에서는 두 가지 오픈 소스 프로젝트의 컨셉을 이용하고 있다. 첫 번째는 동작에 대한 콘셉트로 유명한 오픈소스 안드로이드 게임인 레플리카 아일랜드(Replica Island)로부터 가져왔고, 두 번째는 7장 마지막에 소개할 예정인 스프라이트 애니메이터에 대한 콘셉트로 인기 있는 애니메이션 라이브러리인 Animator.js로부터 가져왔다.

레플리카 아일랜드와 Animator.js에 대해서는 각각 http://bit.ly/kNzDvc와 http://hit.ly/krLlo6에서 자세히 확인할 수 있다.

6.1 스프라이트 개요

스프라이트를 유용하게 사용하려면 스프라이트를 칠하거나, 애니메이션의 특정 위치에 스프라이트를 배치하거나, 특정 속도로 한 곳에서 다른 곳으로 이동시킬 수 있어야 한다. 또한, 스프라이트는 다른 스프라이트와의 충돌, 폭발, 비행, 바운싱, 낙하 등과 같은 특정 행동을 수행하는 데 사용될 수 있다. [표 6.1]에서는 Sprite 속성을 소개하고 있다.

painter 속성은 paint(sprite, context) 메서드를 사용해 스프라이트를 칠하는 오브젝트와 관련 있고 behavior 속성은 execute(sprite, context, time) 메서드를 사용해 특정 방법으로 스프라이트를 조작하는 오브젝트의 배열과 관련 있다. [예제 6.1]에서는 Sprite 오브젝트를 구현하는 방법을 보여주고 있다.

스프라이트에는 paint() 메서드와 update() 메서드 등 두 가지 메서드가 있다. update() 메서드에서는 스프라이트에 추가했던 순서에 따라 스프라이트의 각 동작을 실행하고 paint() 메서드에서는 실제로 스프라이트가 페인터를 가지고 있고 스프라이트가 보일 때, 페인팅을 스프라이트의 페인터에 위임한다.

표 6.1　　**Sprite 속성**

속성	설명
top	스프라이트 왼쪽 위 모서리의 Y 값
left	스프라이트 왼쪽 위 모서리의 X 값
width	스프라이트의 너비
height	스프라이트의 높이
velocityX	X 방향에 대한 스프라이트의 속도
velocityY	Y 방향에 대한 스프라이트의 속도
behaviors	스프라이트를 업데이트할 때 호출되는 동작 배열
painter	스프라이트를 칠하는 오브젝트
visible	스프라이트를 보이게 할지 결정하는 불린 형의 값
animating	스프라이트를 움직이게 할지를 결정하는 불린 형의 값

Sprite 생성자는 스프라이트의 이름, 페인터, 동작 배열 등 세 가지 인수를 가지고 있다.

예제 6.1　　스프라이트

```
// 생성자......................................................

var Sprite = function (name, painter, behaviors) {
   if (name !== undefined)      this.name = name;
   if (painter !== undefined)   this.painter = painter;

   this.top = 0;
   this.left = 0;
   this.width = 10;
   this.height = 10;
   this.velocityX = 0;
   this.velocityY = 0;
   this.visible = true;
   this.animating = false;
   this.behaviors = behaviors || [];

   return this;
};

// 프로토타입......................................................
```

```
Sprite.prototype = {
   paint: function (context) {
      if (this.painter !== undefined && this.visible) {
         this.painter.paint(this, context);
      }
   },

   update: function (context, time) {
      for (var i = 0; i < this.behaviors.length; ++i) {
         this.behaviors[i].execute(this, context, time);
      }
   }
};
```

지금까지 스프라이트를 구현하는 방법을 살펴봤다. 이제 구현한 스프라이트를 사용하는 방법을 살펴보자. [그림 6.1]에서는 간단한 스프라이트를 표시하는 애플리케이션을 보여주고 있다.

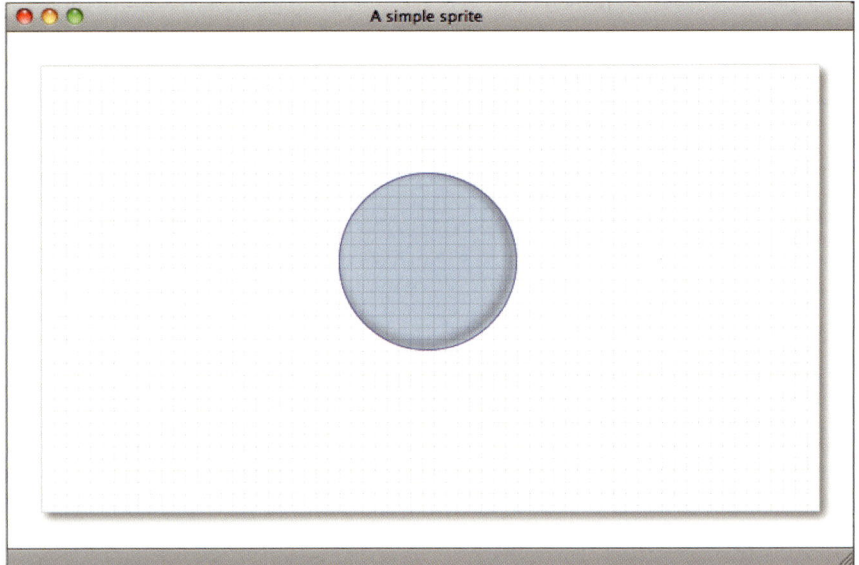

그림 6.1   간단한 스프라이트

[예제 6.2]에서는 [그림 6.1]에서 보여준 애플리케이션의 자바스크립트 코드를 소개하고 있다.

예제 6.2   간단한 스프라이트: 자바스크립트

```
var context = document.getElementById('canvas').getContext('2d'),
    RADIUS = 75,
    ball = new Sprite('ball',
```

```
    {
        paint: function(sprite, context) {
            context.beginPath();
            context.arc(sprite.left + sprite.width/2,
                        sprite.top + sprite.height/2,
                        RADIUS, 0, Math.PI*2, false);
            context.clip();

            context.shadowColor = 'rgb(0,0,0)';
            context.shadowOffsetX = -4;
            context.shadowOffsetY = -4;
            context.shadowBlur = 8;

            context.lineWidth = 2;
            context.strokeStyle = 'rgb(100,100,195)';
            context.fillStyle = 'rgba(30,144,255,0.15)';
            context.fill();
            context.stroke();
        }
    }
);

function drawGrid(color, stepx, stepy) {
    // 격자무늬를 그리는 함수의 전체 코드는
    // 103페이지의 2.8.2절을 참고하자.
}

drawGrid('lightgray', 10, 10);

ball.left = 320;
ball.top = 160;
ball.paint(context);
```

[예제 6.2]에서는 공을 칠하는 페인터를 사용해 ball이란 이름의 스프라이트를 생성하고 있다. ball 스프라이트는 구현하기 쉽지만 별다른 동작을 하지 않으므로 그다지 흥미롭지는 않다. 참고로, 401페이지의 6.3절('스프라이트 동작')에서 스프라이트에 동작을 추가하는 방법을 살펴볼 예정이다.

6.2 페인터

스프라이트는 스프라이트를 칠하는 오브젝트로부터 분리될 수 있다. 이 방법을 사용하면, 페인터를 실시간으로 스프라이트에 할당할 수 있으므로 상황에 따라 유연하게 사용할 수 있다. 예를 들면, 특정 간격을 두고 스프라이트의 페인터를 교체할 수 있는 스프라이트 애니메이터를 구현할 수 있다. 참고로, 407페이지의 6.4절('스프라이트 애니메이터')에서 애니메이터를 구현하는 방법을 살펴볼 예정이다.

페인터는 void paint(sprite, context) 메서드, 즉 단일 메서드를 구현할 때 필요하며 다음과 같이 세 가지 유형으로 나눌 수 있다.

- 스트로크(stroke) 페인터와 필(fill) 페인터
- 이미지 페인터
- 스프라이트 시트 페인터

스트로크 페인터와 필 페인터는 캔버스 그래픽 API를 사용해 스프라이트를 칠하고, 이미지 페인터는 이미지를 칠한다. 마지막으로 스프라이트 시트 페인터는 스프라이트 시트에 대한 각 스프라이트를 칠한다. 이제, 세 가지 유형의 페인터에 대해 알아보자.

 페인터와 스트래티지 패턴

스프라이트는 자신을 칠할 수 없으므로 페인팅을 다른 오브젝트에 위임한다. 페인터는 실시간으로 스프라이트에 할당할 수 있는 교환식 페인팅 알고리즘이다. 즉, 페인터는 스트래티지 디자인 패턴의 한 종류라고 할 수 있다. 스트래티지 패턴에 대해 자세한 내용은 http://bit.ly/k94Fro를 참고하자.

 sprites.js

sprites.js란 이름의 파일에서는 Sprite 오브젝트의 코드뿐만 아니라 ImagePainter와 같이 다른 스프라이트와 관련된 클래스에 대한 코드도 구현하고 있다. 참고로, 6장에서 사용한 예제와 관련된 코드는 해당 HTML 페이지에서 명시하고 있는 파일에 구현되어 있다.

6.2.1 스트로크 페인터와 필 페인터

스트로크 페인터와 필 페인터는 stroke() 메서드와 fill() 메서드를 포함하고 있으며 캔버스 그래픽을 호출해 스프라이트를 칠한다. 예를 들어, [그림 6.2]에서는 스프라이트로 시계바늘을 칠하는 시계를 보여주고 있다.

먼저, 애플리케이션에서는 스프라이트를 칠할 오브젝트를 생성한 다음 Sprite 생성자에 페인터를 전달하고 있다.

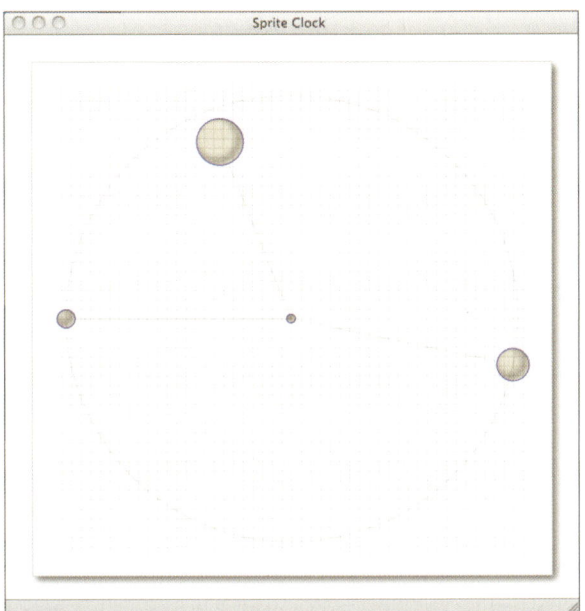

그림 6.2 11시 17분 45초를 가리키는 스프라이트 시계

```javascript
var ballPainter = {
   paint: function (sprite, context) {
      var x = sprite.left + sprite.width/2,
          y = sprite.top  + sprite.height/2,
          ...
          radius = sprite.width/2;

      context.save();
      context.beginPath();
      context.arc(x, y, radius, 0, Math.PI*2, false);
      context.clip();

      // 스프라이트를 그리는 코드...

      context.restore();
   }
},
...
ball = new Sprite('ball', ballPainter);
```

그리고 애플리케이션에서는 다음 코드와 같이 **ball** 스프라이트를 사용해 시계바늘을 그린다.

```javascript
function drawHand(loc, isHour) {
   // 공을 적절한 위치로 이동시킨다.
   ...
   ball.paint(context);
```

```
    }

function drawHands() {
    var date = new Date(),
        hour = date.getHours();

    // 초 바늘

    ball.width = 20;
    ball.height = 20;
    drawHand(date.getSeconds(), false);

    // 분 바늘

    hour = hour > 12 ? hour - 12 : hour;
    ball.width = 35;
    ball.height = 35;
    drawHand(date.getMinutes(), false);

    // 시 바늘

    ball.width = 50;
    ball.height = 50;
    drawHand(hour*5 + (date.getMinutes()/60)*5, true);

    // 중앙 장식

    ball.width = 10;
    ball.height = 10;
    ball.left = canvas.width/2 - ball.width/2;
    ball.top = canvas.height/2 - ball.height/2;
    ballPainter.paint(ball, context);
}
```

[예제 6.3]에서는 [그림 6.2]에서 보여준 애플리케이션의 전체 자바스크립트 코드를 소개하고 있다.

예제 6.3	스프라이트 시계: 자바스크립트

```
var canvas = document.getElementById('canvas'),
    context = canvas.getContext('2d'),

    CLOCK_RADIUS = canvas.width/2 - 15,
    HOUR_HAND_TRUNCATION = 35,

    // 페인터.....................................................

    ballPainter = {
      paint: function (sprite, context) {
        var x = sprite.left + sprite.width/2,
```

```
              y = sprite.top  + sprite.height/2,
              width = sprite.width,
              height = sprite.height,
              radius = sprite.width/2;

          context.save();
          context.beginPath();
          context.arc(x, y, radius, 0, Math.PI*2, false);
          context.clip();

          context.shadowColor = 'rgb(0,0,0)';
          context.shadowOffsetX = -4;
          context.shadowOffsetY = -4;
          context.shadowBlur = 8;

          context.fillStyle = 'rgba(218,165,32,0.1)';
          context.fill();

          context.lineWidth = 2;
          context.strokeStyle = 'rgb(100,100,195)';
          context.stroke();

          context.restore();
        }
    },

    // 스프라이트.......................................................

    ball = new Sprite('ball', ballPainter);

// 함수.......................................................

function drawGrid(color, stepx, stepy) {
    // 코드를 간결하게 하려고 함수를 생략하고 있다.
    // 이 함수의 전체 코드는 104페이지의 [예제 2.13]을 참고하자.
    ...
}

function drawHand(loc, isHour) {
    var angle = (Math.PI*2) * (loc/60) - Math.PI/2,
        handRadius = isHour ? CLOCK_RADIUS - HOUR_HAND_TRUNCATION
                            : CLOCK_RADIUS,
        lineEnd = {
            x: canvas.width/2 +
               Math.cos(angle)*(handRadius - ball.width/2),

            y: canvas.height/2 +
               Math.sin(angle)*(handRadius - ball.width/2)
        };
```

```
    context.beginPath();
    context.moveTo(canvas.width/2, canvas.height/2);
    context.lineTo(lineEnd.x, lineEnd.y);
    context.stroke();

    ball.left = canvas.width/2  +
                Math.cos(angle)*handRadius - ball.width/2;

    ball.top  = canvas.height/2 +
                Math.sin(angle)*handRadius - ball.height/2;

    ball.paint(context);
}

function drawClock() {
    drawClockFace();
    drawHands();
}

function drawHands() {
    var date = new Date(),
        hour = date.getHours();

    ball.width = 20;
    ball.height = 20;
    drawHand(date.getSeconds(), false);

    hour = hour > 12 ? hour - 12 : hour;
    ball.width = 35;
    ball.height = 35;
    drawHand(date.getMinutes(), false);

    ball.width = 50;
    ball.height = 50;
    drawHand(hour*5 + (date.getMinutes()/60)*5);

    ball.width = 10;
    ball.height = 10;
    ball.left = canvas.width/2 - ball.width/2;
    ball.top = canvas.height/2 - ball.height/2;
    ballPainter.paint(ball, context);
}

function drawClockFace() {
    context.beginPath();
    context.arc(canvas.width/2, canvas.height/2,
                CLOCK_RADIUS, 0, Math.PI*2, false);

    context.save();
    context.strokeStyle = 'rgba(0,0,0,0.2)';
```

```
    context.stroke();
    context.restore();
}

// 애니메이션...................................................

function animate() {
    context.clearRect(0, 0, canvas.width, canvas.height);

    drawGrid('lightgray', 10, 10);
    drawClock();

    window.requestNextAnimationFrame(animate);
}

// 초기화...................................................

context.lineWidth = 0.5;
context.strokeStyle = 'rgba(0,0,0,0.2)';
context.shadowColor = 'rgba(0,0,0,0.5)';
context.shadowOffsetX = 2;
context.shadowOffsetY = 2;
context.shadowBlur = 4;
context.stroke();

window.requestNextAnimationFrame(animate);

drawGrid('lightgray', 10, 10);
```

지금까지 스트로크 페인터와 필 페인터를 사용하는 방법을 살펴봤다. 이제 이미지 페인터를 구현하는 방법을 살펴보자.

 플라이웨이트 스프라이트

389페이지의 [그림 6.2]에서 보여준 애플리케이션은 마치 네 개의 스프라이트처럼 보이지만, 실제로는 한 개의 스프라이트만 사용됐다. [예제 6.3]에서 살펴봤듯이, [그림 6.2]에서 보여준 애플리케이션에서는 같은 스프라이트를 사용해 세 개의 바늘과 시계 중앙에 있는 중심축을 그리고 있다.

이처럼 한 개의 오브젝트로 여러 개의 오브젝트를 나타내는 방법을 플라이웨이트 디자인 패턴이라고 부른다. 플라이웨이트 디자인 패턴을 사용하면 생성하려는 오브젝트의 수를 줄일 수 있기 때문에 사용하는 메모리의 양도 줄 일 수 있다. 이렇게 사용하는 메모리 양이 줄면, 애니메이션과 비디오 게임에서 실행할 때 성능이 향상될 수 있다.

widnow.requestNextAnimationFrame()을 사용해 애니메이션 제어하기

[그림 6.2]에서 보여준 애플리케이션에서는 340페이지의 5.1.3절("간편한 애니메이션 루프")에서 소개한 폴리필 메서드인 window.requestNextAnimationFrame() 메서드를 사용하고 있다. 이 폴리필 메서드의 코드는 애플리케이션의 HTML에 명시된 requestNextAnimationFrame.js 파일에 구현돼 있다.

6.2.2 이미지 페인터

이미지 페인터에서는 이미지에 대한 참조를 관리하고 이미지를 그릴 수 있도록 paint() 메서드에서 전달받는 콘텍스트를 사용한다. [예제 6.4]에서는 이미지 페인터의 코드를 간단하게 보여주고 있다.

예제 6.4   스프라이트 이미지 페인터

```javascript
var ImagePainter = function (imageUrl) {
    this.image = new Image();
    this.image.src = imageUrl;
};

ImagePainter.prototype = {
    paint: function (sprite, context) {
        if (this.image.complete) {
            context.drawImage(this.image, sprite.left, sprite.top,
                            sprite.width, sprite.height);
        }
    }
};
```

이미지 페인터를 생성할 때, 이미지 URL에 대한 참조를 ImagePainter 생성자에 전달한다. 그리고 이미지 페인터의 paint() 메서드에서는 이미지를 가져온 경우에만 이미지를 그린다.

[그림 6.3]에서는 이미지 페인터를 갖춘 스프라이트를 보여주고 있다.

그림 6.3 이미지 페인터

[예제 6.5]에서는 [그림 6.3]에서 보여준 애플리케이션의 자바스크립트 코드를 소개하고 있다. 참고로, 이 애플리케이션은 폭탄 스프라이트를 반복해서 그리는 간단한 애니메이션이다.

예제 6.5   이미지 페인터를 사용하기: 자바스크립트

```javascript
var canvas = document.getElementById('canvas'),
    context = canvas.getContext('2d'),
    bomb = new Sprite('bomb', new ImagePainter('bomb.png')),
    BOMB_LEFT = 220,
    BOMB_TOP = 80,
    BOMB_WIDTH = 180,
    BOMB_HEIGHT = 130;

function animate() {
   context.clearRect(0, 0, canvas.width, canvas.height);
   bomb.paint(context);
   window.requestNextAnimationFrame(animate);
}

bomb.left = BOMB_LEFT;
bomb.top = BOMB_TOP;
bomb.width = BOMB_WIDTH;
bomb.height = BOMB_HEIGHT;

window.requestNextAnimationFrame(animate);
```

이미지 로딩

[예제 6.5]에서 보여준 애플리케이션에서 단순히 스프라이트를 그리는 작업만 수행하지 않는다는 사실에 주목하자. 애플리케이션에서는 애니메이션에 스프라이트를 사용하므로 스프라이트를 반복해서 그리고 있다. 물론 [예제 6.5]에서 소개한 애니메이션은 생각만큼 재미있지 않다. 하지만 이것도 애니메이션이다.

이미지 페인터에서는 스프라이트의 이미지를 반복해서 그리므로 이미지 로딩 작업과 관련이 없다. 만약 여러분이 이미지를 가져오지 않은 상태에서 이미지 페인터의 draw() 메서드를 호출한다면, draw() 메서드는 이미지를 가져온 다음 다시 호출할 것이라고 기대하므로 어떤 작업도 하지 않을 것이다. 그렇지 않다면, 이미지를 사용할 수 있을 때까지 이 사이클을 계속 진행한 다음 이미지를 표시할 것이다.

이렇게 다소 무신경한 이미지 로딩 정책만으로는 여러 가지 상황을 대처하기에 부족하다. 예를 들면, 이미지를 그리기 전에 모든 이미지를 미리 가져와야만 하는 상황도 있을 것이다. 540페이지의 9.1.2 절('이미지 로딩')에서는 이런 상황을 처리할 수 있는 이미지 로더를 소개할 예정이다.

6.2.3 스프라이트 시트 페인터

공간을 확보하고 내려받는 시간을 줄이기 위해, 스프라이트로 알려진 작고 움직이는 오브젝트를 위한 애니메이션 프레임은 [그림 6.4]처럼 하나의 이미지에 저장된다. 애니메이션의 모든 프레임을 가진 하나의 이미지는 스프라이트 시트라고도 불린다.

그림 6.4   스프라이트 시트

애니메이션 프레임을 그릴 때, 여러분은 스프라이트 시트의 적절한 직사각형을 화면에 복사할 수 있다. 하나의 이미지에서 여러 개의 직사각형을 복사하는 작업은 여러 개의 이미지를 복사하는 작업보다 상당히 빠르다. 그뿐만 아니라 하나의 파일에 여러 개의 이미지를 저장하면 애플리케이션에서 생성하는

HTTP 요청 횟수를 상당히 줄일 수 있다. 따라서 여러 측면에서 봤을 때 스프라이트 시트를 사용하는 편이 좋다.

스프라이트 시트 페인터에서는 스프라이트 시트의 애니메이션 셀을 칠할 뿐만 아니라 스프라이트 시트에 있는 애니메이션 셀 배열에 인덱스를 저장한다. 참고로, [예제 6.6]에서 소개하는 것처럼 advance() 메서드를 이용해 인덱스를 증가시킬 수 있다.

예제 6.6   스프라이트 시트 페인터

```javascript
SpriteSheetPainter = function (cells) {
   this.cells = cells || [];
   this.cellIndex = 0;
};

SpriteSheetPainter.prototype = {
   advance: function () {
      if (this.cellIndex == this.cells.length-1) {
         this.cellIndex = 0;
      }
      else {
         this.cellIndex++;
      }
   },

   paint: function (sprite, context) {
      var cell = this.cells[this.cellIndex];
      context.drawImage(spritesheet, cell.x, cell.y, cell.w, cell.h,
                        sprite.left, sprite.top, cell.w, cell.h);
   }
};
```

[그림 6.5]에서는 페이지 위에 간단한 스프라이트 시트가 위치하고 스프라이트 시트 바로 아래에서 애니메이션이 실행되는 애플리케이션을 보여주고 있다. 애플리케이션에서는 스프라이트 시트 페인터를 사용해 스프라이트 시트 셀을 칠하고 있다.

[예제 6.7]은 [그림 6.5]에서 보여준 애플리케이션의 자바스크립트 코드이다. 아홉 개의 이미지는 60프레임/초의 속도로 매우 빠르게 실행되므로 애플리케이션에서는 애니메이션의 프레임률을 10프레임/초로 설정하고 있다. 또한, 애플리케이션에서는 아홉 개의 인수를 가진 drawImage() 메서드로 스프라이트 시트의 직사각형을 캔버스에 그리고 있다. 여기서 drwaImage() 메서드에 대한 자세한 내용은 251페이지의 4.1.2절('drawImage() 메서드')을 참고하자.

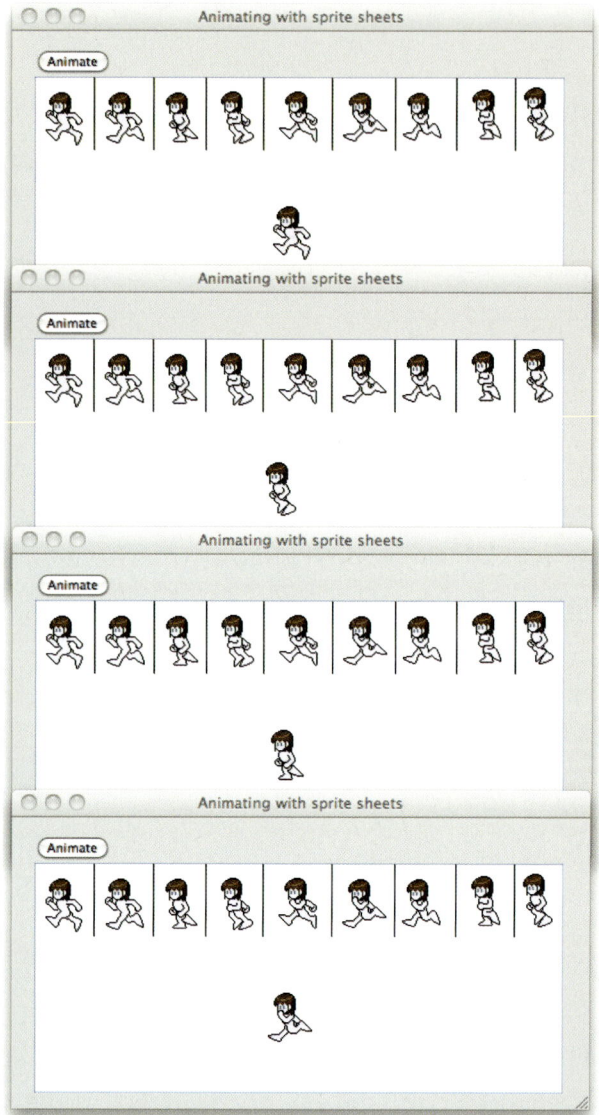

그림 6.5　스프라이트 시트 애니메이션

예제 6.7　스프라이트 시트 페인터를 이용한 애니메이션: 자바스크립트

```javascript
var canvas = document.getElementById('canvas'),
    context = canvas.getContext('2d'),
    animateButton = document.getElementById('animateButton'),
    spritesheet = new Image(),
    runnerCells = [
```

```javascript
        { left: 0,    top: 0, width: 47, height: 64 },
        { left: 55,   top: 0, width: 44, height: 64 },
        { left: 107,  top: 0, width: 39, height: 64 },
        { left: 150,  top: 0, width: 46, height: 64 },
        { left: 208,  top: 0, width: 49, height: 64 },
        { left: 265,  top: 0, width: 46, height: 64 },
        { left: 320,  top: 0, width: 42, height: 64 },
        { left: 380,  top: 0, width: 35, height: 64 },
        { left: 425,  top: 0, width: 35, height: 64 },
     ],
     sprite = new Sprite('runner', new SpriteSheetPainter(runnerCells)),
     interval,
     lastAdvance = 0,
     paused = false,
     PAGEFLIP_INTERVAL = 100;

// 함수.......................................................

function drawBackground() {
   var STEP_Y = 12,
       i = context.canvas.height;

   while(i < STEP_Y*4) {
      context.beginPath();
      context.moveTo(0, i);
      context.lineTo(context.canvas.width, i);
      context.stroke();
      i -= STEP_Y;
   }
}

function pauseAnimation() {
   animateButton.value = 'Animate';
   paused = true;
}

function startAnimation() {
   animateButton.value = 'Pause';
   paused = false;
   lastAdvance = +new Date();
   window.requestNextAnimationFrame(animate);
}

// 이벤트 핸들러...................................................

animateButton.onclick = function (e) {
   if (animateButton.value === 'Animate') startAnimation();
   else                                   pauseAnimation();
};
```

```javascript
// 애니메이션......................................................

function animate(time) {
    if ( ! paused) {
        context.clearRect(0, 0, canvas.width, canvas.height);
        drawBackground();
        context.drawImage(spritesheet, 0, 0);

        sprite.paint(context);

        if (time - lastAdvance > PAGEFLIP_INTERVAL) {
            sprite.painter.advance();
            lastAdvance = time;
        }
        window.requestNextAnimationFrame(animate);
    }
}

// 초기화......................................................

spritesheet.src = 'running-sprite-sheet.png';
spritesheet.onload = function(e) {
    context.drawImage(spritesheet, 0, 0);
};

sprite.left = 200;
sprite.top = 100;

context.strokeStyle = 'lightgray';
context.lineWidth = 0.5;

drawBackground();
```

애플리케이션의 animate() 메서드에서는 캔버스를 지우고 배경을 그린 다음 페이지의 위에 스프라이트 시트를 그리고 있다. 이 작업이 완료되면 animate() 메서드에서는 스프라이트를 칠한다.

그리고 스프라이트를 칠한 animate() 메서드는 페인터가 PAGEFLIP_INTERVAL 밀리초 동안 진행되지 않았으면 스프라이트 페인터를 진행시킨다. 마지막으로, 애플리케이션에서는 윈도우로부터 다음 애니메이션 프레임을 요청하므로 결과적으로 animate() 메서드를 다시 호출하게 된다. 즉, 지금 언급한 사이클이 다시 시작된다.

6.3 스프라이트 동작

여러분은 지금까지 스프라이트를 칠하는 방법을 살펴봤다. 이 절에서는 스프라이트에 동작을 할당해 특성을 부여하는 방법을 살펴보자.

사실, 동작은 execute(sprite, context, time) 메서드를 구현하는 오브젝트에 지나지 않는다. 일반적으로 execute() 메서드에서는 스프라이트를 이동시키거나 모양을 변경시키는 등의 방법으로 스프라이트를 조작한다.

스프라이트에서는 동작 배열을 관리한다. 스프라이트의 update() 메서드에서는 스프라이트에서 관리하는 동작 배열을 반복하며 각 동작을 실행한다. 따라서 여러분은 이 작업을 통해 다양한 스프라이트에 할당할 수 있는 오브젝트로 동작을 캡슐화할 수 있다. [예제 6.8]의 애플리케이션에서는 [그림 6.5]처럼 제자리에서 뛰는 동작을 캡슐화해 동작을 구현하는 방법을 보여주고 있다.

예제 6.8　　제자리에서 뛰기

```javascript
var canvas = document.getElementById('canvas'),
    context = canvas.getContext('2d'),
    ...

    runInPlace = {
        lastAdvance: 0,
        PAGEFLIP_INTERVAL: 1000,

        execute: function (sprite, context, now) {
            if (now - this.lastAdvance > this.PAGEFLIP_INTERVAL) {
                sprite.painter.advance();
                this.lastAdvance = now;
            }
        }
    },
    sprite = new Sprite('runner',
            new SpriteSheetPainter(runnerCells), [ runInPlace ]);
...

function animate(time) {
    context.clearRect(0, 0, canvas.width, canvas.height);
    drawBackground();

    context.drawImage(spritesheet, 0, 0);

    sprite.update(context, time);
    sprite.paint(context);
```

```
    window.requestNextAnimationFrame(animate);
  }
  ...
```

[예제 6.8]에서는 execute() 메서드를 가진 runInPlace 오브젝트를 생성하고 있는데 이것은 runInPlace 오브젝트가 동작으로 사용하기에 적합하다는 의미다. 그리고 애플리케이션에서는 스프라이트를 생성한 다음 스프라이트의 동작 배열에 대한 멤버로 runInPlace 오브젝트를 전달하고 있다. 그 뒤의 애니메이션 루프에서는 runInPlace 오브젝트의 execute() 메서드를 호출하는 스프라이트의 update() 메서드를 여러 차례 호출하므로 스프라이트는 제자리에서 뛰는 것처럼 보인다.

 동작은 명령이다

몇몇 종류의 명령을 캡슐화한 동작은 커맨드 디자인 패턴의 한 종류라고 할 수 있다. 이 절에서 소개한 예제는 스프라이트의 동작 배열을 위한 애플리케이션이므로 동작은 큐에 저장될 뿐만 아니라 실행될 수도 있다. 커맨드 패턴에 대한 자세한 내용은 http://bit.ly/lhla5q에서 확인할 수 있다.

6.3.1 동작 조합하기

스프라이트는 동작 배열을 가지고 있기 때문에 여러분은 원하는 대로 동작을 특정 스프라이트에 할당할 수 있다. 스프라이트의 update() 메서드에서는 스프라이트의 동작 배열에서, 첫 번째 동작부터 시작해서 마지막 동작까지 각 동작의 execute() 메서드를 차례로 호출한다.

[그림 6.6]의 애플리케이션에서는 401페이지의 6.3절('스프라이트 동작')에서 소개한 제자리 뛰기 동작과 스프라이트를 오른쪽에서 왼쪽으로 움직이는 동작을 조합하고 있다. 그 결과, 스프라이트가 페이지 오른쪽에서 왼쪽으로 뛰어가는 것처럼 보이는 효과를 만들어냈다.

애플리케이션에서는 다음 코드와 같이 스프라이트를 생성하고 있다.

```
sprite = new Sprite('runner',
                new SpriteSheetPainter(runnerCells),
                [ runInPlace, moveLeftToRight ]),
```

스프라이트는 여러분이 원하는 만큼 많은 동작을 가질 수 있을 뿐만 아니라, 여러분이 스프라이트의 behaviors 배열을 직접 조작해 실시간으로 동작을 추가하고 제거할 수 있다. 예를 들어, 사용자가 입력하면 점프 동작을 할 수 있도록 [그림 6.6]에서 보여준 스프라이트를 변형하는 것은 어렵지 않을 것이다.

[예제 6.9]에서는 [그림 6.6]에서 보여준 애플리케이션의 자바스크립트 코드를 소개하고 있다.

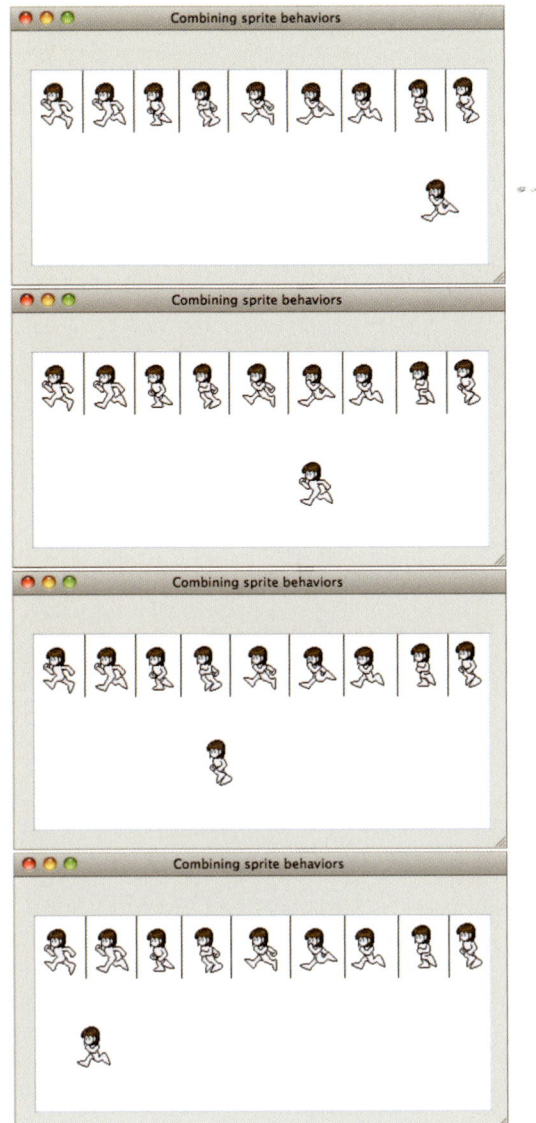

그림 6.6 스프라이트 동작 조합하기: 제자리 뛰기 동작과 오른쪽에서 왼쪽으로 이동하는 동작

예제 6.9 동작 조합하기: 자바스크립트

```javascript
var canvas = document.getElementById('canvas'),
    context = canvas.getContext('2d'),
    spritesheet = new Image(),
    runnerCells = [
       { left: 0,   top: 0, width: 47, height: 64 },
       { left: 55,  top: 0, width: 44, height: 64 },
```

```
            { left: 107, top: 0, width: 39, height: 64 },
            { left: 150, top: 0, width: 46, height: 64 },
            { left: 208, top: 0, width: 49, height: 64 },
            { left: 265, top: 0, width: 46, height: 64 },
            { left: 320, top: 0, width: 42, height: 64 },
            { left: 380, top: 0, width: 35, height: 64 },
            { left: 425, top: 0, width: 35, height: 64 },
        ];

        // 동작..............................................

        runInPlace = {
            lastAdvance: 0,
            PAGEFLIP_INTERVAL: 100,

            execute: function (sprite, context, time) {
                if (time - this.lastAdvance > this.PAGEFLIP_INTERVAL) {
                    sprite.painter.advance();
                    this.lastAdvance = time;
                }
            }
        },

        moveLeftToRight = {
            lastMove: 0,

            execute: function (sprite, context, time) {
                if (this.lastMove !== 0) {
                    sprite.left -= sprite.velocityX *
                                ((time - this.lastMove) / 1000);

                    if (sprite.left < 0) {
                        sprite.left = canvas.width;
                    }
                }
                this.lastMove = time;
            }
        },

        // 스프라이트..........................................

        sprite = new Sprite('runner', new SpriteSheetPainter(runnerCells),
                            [ runInPlace, moveLeftToRight ]);

    // 함수.....................................................

    function drawBackground() {
        var STEP_Y = 12,
            i = context.canvas.height;

        while(i > STEP_Y*4) {
```

```
        context.beginPath();

        context.moveTo(0, i);
        context.lineTo(context.canvas.width, i);
        context.stroke();

        i -= STEP_Y;
    }
}

// 애니메이션...................................................

function animate(time) {
    context.clearRect(0,0,canvas.width,canvas.height);
    drawBackground();

    context.drawImage(spritesheet, 0, 0);

    sprite.update(context, time);
    sprite.paint(context);

    window.requestNextAnimationFrame(animate);
}

// 초기화...............................................

spritesheet.src = 'running-sprite-sheet.png';

spritesheet.onload = function(e) {
    context.drawImage(spritesheet, 0, 0);
};

sprite.velocityX = 50;   // 픽셀/초
sprite.left = 200;
sprite.top = 100;

context.strokeStyle = 'lightgray';
context.lineWidth = 0.5;

window.requestNextAnimationFrame(animate);
```

6.3.2 시한 동작

동작을 스프라이트에 추가하면 추가한 동작은 보통 애니메이션 루프에서 반복적으로 호출하는 스프라이트의 **update()** 메서드에 의해 호출된다. 사실상, 여러분이 동작을 스프라이트에 추가하면 스프라이트의 동작 배열에서 해당 동작을 제거할 때까지 스프라이트에서는 해당 동작을 실행한다.

그러나 특정 시간 동안 동작을 실행하고 싶을 때도 있을 것이다. 예를 들어, 사용자가 입력하면 짧은 시간 동안만 오브젝트가 움직이는 것을 바랄지도 모른다.

[그림 6.7]에서 보여준 애플리케이션에서는 특정 시간 동안 지속하는 시한 동작을 사용하고 있다. 왼쪽 화살표나 오른쪽 화살표를 클릭할 때마다, 애플리케이션에서는 200ms 동안 화살표가 나타내는 방향으로 공을 움직인다.

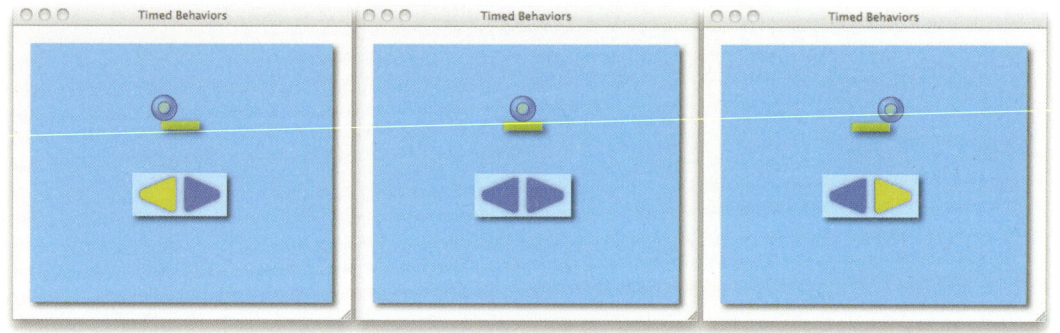

그림 6.7　시한 동작

공의 움직임은 시간 기반이며 공의 속도는 초당 픽셀, 정확하게는 110픽셀/초이다. 따라서 200ms의 움직임은 22픽셀과 동일하다(200ms는 1/5초이므로 110의 1/5은 22다).

공이 올라가 있는 선반의 폭은 44픽셀이므로 [그림 6.7]처럼 공이 선반 가운데 있을 때 두 개의 화살표 중 하나를 클릭하면 공을 선반의 가장자리로 이동시킬 수 있다. 사용자가 공을 선반 가장자리로 이동시키면, 애플리케이션에서는 공을 다시 선반 가운데로 이동시킨다.

사용자가 두 개의 화살표 중 하나를 클릭하면, 애플리케이션에서는 애니메이션 타이머를 시작하고 방향을 나타내는 플래그를 설정한다. 플러그를 설정한 후에 다음 코드처럼 공의 moveBall 동작을 이용해 공을 이동시킨다. 애니메이션 타이머에 대한 자세한 내용은 379페이지의 5.10.2절('애니메이션 타이머')을 참고하자.

```
var ANIMATION_DURATION = 200,
    pushAnimationTimer = new AnimationTimer(ANIMATION_DURATION),

    moveBall = {
        execute: function (sprite, context, time) {
            if (pushAnimationTimer.isRunning()) {
                if (arrow === LEFT) ball.left -= ball.velocityX / fps;
                else                ball.left += ball.velocityX / fps;
```

```
            if (isBallOnLedge()) {
                if (pushAnimationTimer.isOver()) {
                    pushAnimationTimer.stop();
                }
            }
            else {
                pushAnimationTimer.stop();
                ball.left = LEDGE_LEFT + LEDGE_WIDTH/2 - BALL_RADIUS;
                ball.top = LEDGE_TOP - BALL_RADIUS*2;
            }
        }
    }
},

ball = new Sprite('ball', painter, [ moveBall ]);
...
```

애니메이션 타이머가 실행 중이면, moveBall 동작에서는 사용자가 마지막으로 클릭한 화살표에 따라 왼쪽이나 오른쪽으로 공을 이동시킨다.

애플리케이션에서는 공의 속도(픽셀/초)를 애니메이션의 프레임률(프레임/초)로 나눠 시간 기반 모션을 구현하고 있다. 결과적으로 공이 현재 프레임 동안 이동해야 하는 픽셀의 수를 구할 수 있다. 시간 기반 모션에 대한 자세한 내용은 359페이지의 5.6절('시간 기반 모션')을 참고하자.

공의 위치를 조정하면 moveBall 동작에서는 공이 여전히 선반 위에 있는지 확인한다. 만약 공이 선반 위에 있고 공이 200ms 이상 동안 움직였다면, 동작은 애니메이션 타이머를 멈출 것이다. 하지만 그렇지 않다면, 공이 선반 밖으로 떨어졌기 때문에 동작은 애니메이션 타이머를 멈추고 공을 선반 중앙에 배치할 것이다.

지금까지 시한 동작을 구현하는 방법을 살펴봤다. 이제 스프라이트 애니메이터를 이용해 지금 배운 컨셉을 캡슐화하고 일반화하는 방법을 알아보자.

6.4 스프라이트 애니메이터

스프라이트를 한 위치에서 다른 위치로 이동시키는 것은 흔히 사용하는 작업이며, [그림 6.8]처럼 스프라이트 이미지를 움직이게 하는 것도 평범한 작업에 속한다.

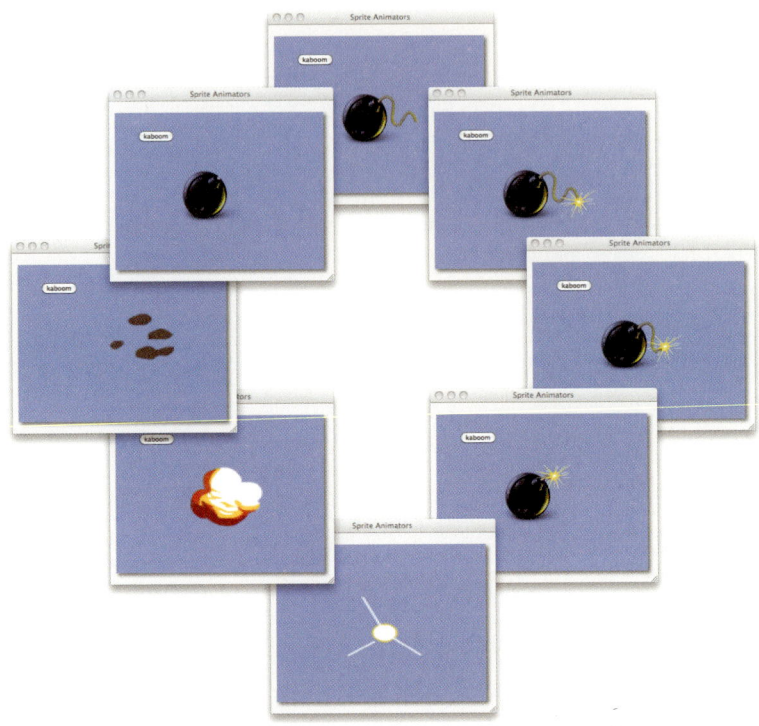

그림 6.8   퓨즈를 위한 애니메이터와 폭발을 위한 애니메이터 등 두 개의 애니메이터로 구성되며, 위부터 시계 방향으로 퓨즈에 불이 붙고, 폭탄이 터지는 단계를 반복.

[그림 6.8]에서 보여준 애플리케이션은 버튼과 스프라이트를 가지고 있다. 여러분이 버튼을 클릭하면, 애플리케이션에서는 퓨즈가 마치 불타는 것처럼 보일 수 있도록 스프라이트의 이미지를 움직인다.

그리고 퓨즈가 끝까지 모두 타면 애플리케이션에서는 마치 폭탄이 터지는 것처럼 보이는 일련의 이미지까지 스프라이트의 이미지를 움직인다.

마지막으로, 애플리케이션에서는 퓨즈가 없는 폭탄을 그리는 작업과 곧바로 퓨즈를 추가하는 작업 등 두 가지 단계를 거쳐 원본 스프라이트를 복원한다.

[그림 6.9]와 [그림 6.10]에서는 퓨즈가 타는 이미지와 폭발 애니메이션을 보여주고 있다.

스프라이트 애니메이터 오브젝트에서는 스프라이트의 애니메이션을 제어한다. [예제 6.10]에서는 SpriteAnimator 오브젝트의 코드를 소개하고 있다.

SpriteAnimator 오브젝트에서는 387페이지의 6.2절('페인터')에서 살펴봤듯이 paint(sprite, context) 메서드를 이용해 스프라이트를 칠하는 단순한 오브젝트인 스프라이트 페인터 배열을 관리하고 있다. 모든 스프라이트는 스프라이트를 칠하는 단일 스프라이트 페인터를 가지고 있다.

그림 6.9   퓨즈 애니메이션 셀(왼쪽에서 오른쪽으로, 첫 번째 열에서 두 번째 열로)

그림 6.10   폭발 애니메이션 셀(왼쪽에서 오른쪽으로, 첫 번째 열에서 두 번째 열로)

스프라이트 애니메이터에서는 일정한 시간 동안 각 스프라이트 애니메이터를 차례로 단일 스프라이트에 할당하는 페인터 배열을 순환한다.

여러분이 SpriteAnimator를 생성하면, 애니메이션의 페인터에 생성자 함수와 애니메이션이 종료될 때 애니메이터에서 호출할 옵션 콜백을 전달한다.

여러분은 SpriteAnimator.start() 메서드로 애니메이션을 시작할 수 있을 뿐만 아니라 애니메이션의 시간(밀리초)과 움직이고 싶은 스프라이트를 SpriteAnimator.start() 메서드에 전달할 수 있다.

예제 6.10   스프라이트 애니메이터

```
// 생성자.....................................................

var SpriteAnimator = function (painters, elapsedCallback) {
    this.painters = painters || [];
    this.elapsedCallback = elapsedCallback;
    this.duration = 1000;
    this.startTime = 0;
    this.index = 0;
};

// 프로토타입...................................................
```

```
SpriteAnimator.prototype = {
   end: function (sprite, originalPainter) {
      sprite.animating = false;

      if (this.elapsedCallback) this.elapsedCallback(sprite);
      else                        sprite.painter = originalPainter;
   },

   start: function (sprite, duration) {
      var endTime = +new Date() + duration,
          period = duration / (this.painters.length),
          animator = this,
          originalPainter = sprite.painter,
          lastUpdate = 0;

      this.index = 0;
      sprite.animating = true;
      sprite.painter = this.painters[this.index];

      requestNextAnimationFrame( function spriteAnimatorAnimate(time) {
         if (time < endTime) {
            if ((time - lastUpdate) > period) {
               sprite.painter = animator.painters[++animator.index];
               lastUpdate = time;
            }
            requestNextAnimationFrame(spriteAnimatorAnimate);
         }
         else {
            animator.end(sprite, originalPainter);
         }
      });
   },
};
```

애니메이션을 실행하기 위해, 애니메이터의 **start()** 메서드에서는 애니메이션의 지속 시간을 현재 시각에 더해 애니메이션의 종료 시각을 계산한다. 그리고 **start()** 메서드에서는 애니메이션의 각 이미지에 할당된 총 시간인 기간을 계산한다.

마지막으로, SpriteAnimator.start() 메서드에서는 표준 requestAnimationFrame() 함수를 소개한 340페이지의 5.1.3절('간편한 애니메이션 루프')에서 살펴봤던 폴리필 메서드인 window. requestNextAnimationFrame()을 호출하고 있다. 그리고 애플리케이션에서는 스프라이트의 페인터를 업데이트하는 함수에 requestNextAnimationFrame() 폴리필 메서드를 전달한다. 만약 여러분이 SpriteAnimator를 생성할 때 콜백 함수를 명시한다면, 애니메이터에서는 애니메이션이 종료될 때 명시된 콜백 함수를 호출한다. 하지만 콜백 함수를 명시하지 않는다면, 애니메이터에서는 스프라이트의 원본 페인터를 복원한다.

[예제 6.11]에서는 [그림 6.8]에서 보여준 애플리케이션의 자바스크립트 코드를 소개하고 있다.

예제 6.11   스프라이트 애니메이터 사용하기

```javascript
var canvas = document.getElementById('canvas'),
    context = canvas.getContext('2d'),
    explosionButton = document.getElementById('explosionButton'),

    BOMB_LEFT = 100,
    BOMB_TOP = 80,
    BOMB_WIDTH = 180,
    BOMB_HEIGHT = 130,

    NUM_EXPLOSION_PAINTERS = 9,
    NUM_FUSE_PAINTERS = 9,

    // 페인터.....................................................

    bombPainter = new ImagePainter('bomb.png'),
    bombNoFusePainter = new ImagePainter('bomb-no-fuse.png'),
    fuseBurningPainters = [],
    explosionPainters = [],

    // 애니메이터.....................................................

    fuseBurningAnimator = new SpriteAnimator(
       fuseBurningPainters,
       function () { bomb.painter = bombNoFusePainter; });

    explosionAnimator = new SpriteAnimator(
       explosionPainters,
       function () { bomb.painter = bombNoFusePainter; });

    // 폭탄.....................................................

    bomb = new Sprite('bomb', bombPainter),

// 함수.....................................................

function resetBombNoFuse() {
    bomb.painter = bombNoFusePainter;
}

// 이벤트 핸들러.....................................................
```

```javascript
explosionButton.onclick = function (e) {
   if (bomb.animating) // 폭발하지 않을 경우...
      return;

   // 퓨즈는 2초 동안 탄다.

   fuseBurningAnimator.start(bomb, 2000);

   // 3초를 기다린 다음, 1초 동안 폭발한다.

   setTimeout(function () {
      explosionAnimator.start(bomb, 1000);

      // 2초 동안 기다린 다음, 초기 폭탄 이미지로 다시 설정한다.

      setTimeout(function () {
         bomb.painter = bombPainter;
      }, 2000);
   }, 3000);
};

// 애니메이션.......................................................

function animate(now) {
   context.clearRect(0, 0, canvas.width, canvas.height);
   bomb.paint(context);
   window.requestNextAnimationFrame(animate);
}

// 초기화.......................................................

bomb.left = BOMB_LEFT;
bomb.top = BOMB_TOP;

bomb.width = BOMB_WIDTH;
bomb.height = BOMB_HEIGHT;

for (var i=0; i < NUM_FUSE_PAINTERS; ++i) {
   fuseBurningPainters.push(
      new ImagePainter('fuse-0' + i + '.png'));
}

for (var i=0; i < NUM_EXPLOSION_PAINTERS; ++i) {
   explosionPainters.push(
      new ImagePainter('explosion-0' + i + '.png'));
}

window.requestNextAnimationFrame(animate);
```

애플리케이션에서는 fuseBurningAnimator와 explosionAnimator 등 두 가지 애니메이터를 생성하고 있다. 본래 각 애니메이터는 스프라이트 페인터의 빈 배열을 포함하고 있지만, 나중에 애플리케이션에서 이미지 페인터를 사용해 이 배열을 초기화한다.

버튼의 click 이벤트 핸들러는 애플리케이션의 행동 대부분이 발생하는 장소라고 할 수 있다. 폭발 스프라이트가 이미 실행 중이라면, click 이벤트 핸들러에서는 간단히 반환한다. 하지만 폭발 스프라이트가 실행 중이 아니라면, click 이벤트 핸들러에서는 2초 동안 실행되는 도화선 애니메이터를 시작한다. 퓨즈가 다 타면, 도화선 애니메이터의 경과 콜백에서는 폭탄 스프라이트의 페인터를 퓨즈가 없는 폭탄을 그리는 페인터로 설정한다.

그 뒤에 1초 정도를 기다리면 폭탄은 1초 동안 폭발한다. 폭탄 애니메이션이 종료되면, 폭발 애니메이터에서는 공 스프라이트의 페인터를 퓨즈 없는 폭탄을 그리는 페인터로 설정한다.

마지막으로, 폭탄이 폭발하고 1초가 지나면 애플리케이션에서는 폭탄의 페인터를 퓨즈가 있는 폭탄을 그리는 페인터로 설정한다.

 비선형 애니메이션을 위한 지원

[예제 6.10]에서 소개한 SpriteAnimator에서는 애니메이션의 시간을 페인터의 개수로 나눠 각 페인터를 표시하는 시간을 계산하고 있다. 이 작업은 일정한 속도로 실행하는 애니메이션을 의미하는 선형 애니메이션을 구현하는 데 반드시 필요하다. 하지만 많은 애니메이션이 비선형에 속한다. 예를 들어, 409페이지의 [그림 6.9]에서는 일정한 속도로 퓨즈가 불에 탔지만, 일반적으로 퓨즈가 길 때보다 짧을 때 더 빠르게 타는 것처럼 보이므로 퓨즈가 타는 작업이 진행됨에 따라 도화선 애니메이션의 속도를 높이고 싶을 것이다.

7장에서는 비선형 애니메이션에서 스프라이트를 이동시키고 움직이게 하는 방법을 소개할 예정이다.

6.5 스프라이트 기반 애니메이션 루프

지금까지 이 장을 살펴보면서 직접 스프라이트를 그려보고 싶은 충동을 느꼈을 것이다. 그리고 아마도 다음 코드 형식과 비슷하게 재사용할 수 있는 스프라이트 기반 애니메이션 루프로 스프라이트를 그리려고 할 것이다.

```
var sprites = [ new Sprite(...), ... ], // 스프라이트 배열
    context = ...;
...
function animate(time) {
   var i;
   ...
   context.clearRect(0, 0, context.canvas.width,
                           context.canvas.height);
   drawBackground();

   for (i=0; i < sprites.length; ++i) {
      sprites.update(context, time);
   }

   for (i=0; i < sprites.length; ++i) {
      sprites.paint(context);
   }
   ...
   window.requestNextAnimationFrame(animate);
}
```

위 코드에서는 스프라이트 배열이 주어질 때 애니메이션 루프에서 배열을 두 번 반복하고 있다. 첫 번째 루프는 모든 스프라이트를 업데이트할 때 발생하며, 두 번째 루프는 그릴 때 발생한다.

위 애니메이션 루프에서는 업데이트 작업과 그리는 작업을 의도적으로 분리하고 있다. 왜냐하면, 스프라이트를 업데이트를하는 작업은 다른 스프라이트에 영향을 줄 수 있기 때문이다. 예를 들어, 업데이트하는 스프라이트가 다른 스프라이트와 충돌한다면 두 개의 스프라이트 위치는 충돌때문에 변경될 것이다.

따라서 업데이트 작업과 그리는 작업을 분리하지 않으면, 한 위치에서 스프라이트를 그린 다음 관련 스프라이트를 업데이트할 때 위치가 변경될 가능성이 있다. 결과적으로 원래 스프라이트는 위치를 벗어나게 될 것이다. 이렇게 두 개의 스프라이트 사이에 종속적인 관계가 존재할지도 모르므로 반드시 먼저 모든 스프라이트를 업데이트하고 난 다음에 스프라이트를 그려야 한다.

6.6   결론

스프라이트는 재미있는 애니메이션을 그리는 데 반드시 필요한 구성 요소다. 여러분은 6장에서 스프라이트 애니메이션, 스프라이트 동작, 스프라이트 페인터, 스프라이트를 재사용할 수 있는 오브젝트를 캡슐화하는 방법을 살펴봤다. 이렇게 캡슐화한 오브젝트를 사용하면, 추상화 단계에서 코드를 작성할 수 있으므로 작성해야 할 코드를 간소화할 수 있다.

다음 장에서는 필수 애니메이션 구성 요소 중 하나인 물리학을 자세히 살펴보도록 하자.

물리학

물리학은 스프라이트 기반의 애니메이션 그 중에서도 게임에서 중요한 역할을 한다. 7장에서는 다양한 애니메이션에 사용되는 기본 물리학을 소개할 예정이다.

- 중력
- 비선형 움직임
- 비선형 애니메이션

중력은 소닉부터 Cut the Rope에 이르기까지 비디오 게임에서 널리 사용되고 있다. 이 장에서는 먼저 단현 운동(harmonic motion, 단진동이라고도 하며 입자 또는 물체가 직선 위를 왕복으로 운동할 때 위치 변화를 시간의 사이 또는 코사인 함수로 나타낼 수 있는 진동을 뜻함.)에 적용된 중력, 낙하, 탄도 궤적(projectile trajectories) 등 애플리케이션에서 가장 흔하게 사용되는 세 가지 중력을 살펴볼 예정이다.

단현 운동에서는 스프링과 진자운동 등과 같이 사물에 대한 정밀한 드랍백(dropback)을 제공하고 있다. 이 장에서는 단현 운동에 대해 소개한 다음, 가속(ease in), 감속(ease out), 진동, 탄성 등과 같은 효과를 구현할 수 있는 시간 왜곡(time warping)을 살펴볼 예정이다.

그 전에 우주에서 가장 약한 힘인 중력을 살펴보자.

가장 약한 힘

중력은 우주에서 가장 약한 힘이다. 현재 우리가 알고 있는 기본 힘은 모두 네 가지로 강한 순서대로 하면 강한 핵력, 전자기력, 약력, 중력 순으로 나열할 수 있다.

강한 핵력은 원자의 핵을 한데 모아두는 역할을 하는 가장 강력한 힘이다. 그리고 자석의 끌어당기는 힘인 전자기력은 강한 핵력보다 약 100 배정도 약하며, 방사성 붕괴의 원인인 약력은 전자기력보다 약 1천억 배 정도 약하다. 마지막으로 중력은 전자기력보다 약 100,000,000,000,000,000,000,000,000,000,000,000,000,000배 정도 약하다.

7.1 중력

중성미립자가 다른 방법으로 증명하고 있지만, 우주의 속도를 제한하고, 파장이나 미립자로 행동할 수 있는 '빛' 그리고 얼릴 때 팽창하는 몇 안 되는 물질 중 하나이자, 불로장생약인 '물'과같이 '중력'은 우주에서 가장 매력적인 요소 중 하나라고 할 수 있다. 중력은 금속에 가까이 갈 때 작은 자석에 느낄 수 있는 작은 인력보다도 헤아릴 수 없을 정도로 약하디 약하다. 그러나 중력이 없다면, 여러분이 알고 있는 그 어떤 것도 존재할 수 없을 것이다.

현실에서, 지구로 떨어지는 물체는 9.81m/s/s(32ft/s/s)의 속도로 가속한다. 소프트웨어에서 중력을 시뮬레이션하려면 낙하 스프라이트를 이 속도로 가속하게 만들면 된다. 어렵지 않게 느껴질 것이다. 물론 실제로도 쉽다.

7.1.1 낙하

[그림 7.1]에서는 낙하를 시뮬레이션하는 애플리케이션을 보여주고 있다. 공은 선반 중간에서 시작한다. 하지만 화살표를 연속해서 두세 번 클릭하면, 공은 선반에서 떨어져 보이지 않을 것이다. 공이 낙하하면, 애플리케이션에서는 [방정식 7.1][1] 의 간단한 공식을 사용해 공의 수직 속도를 계산한다.

$$v_y = gt$$

방정식 7.1 중력 상수 g를 사용한 시간 t에 대한 낙체의 수직 속도

---

1   위키피디아: 낙체에 대한 방정식, http://bit.ly/jURRlf.

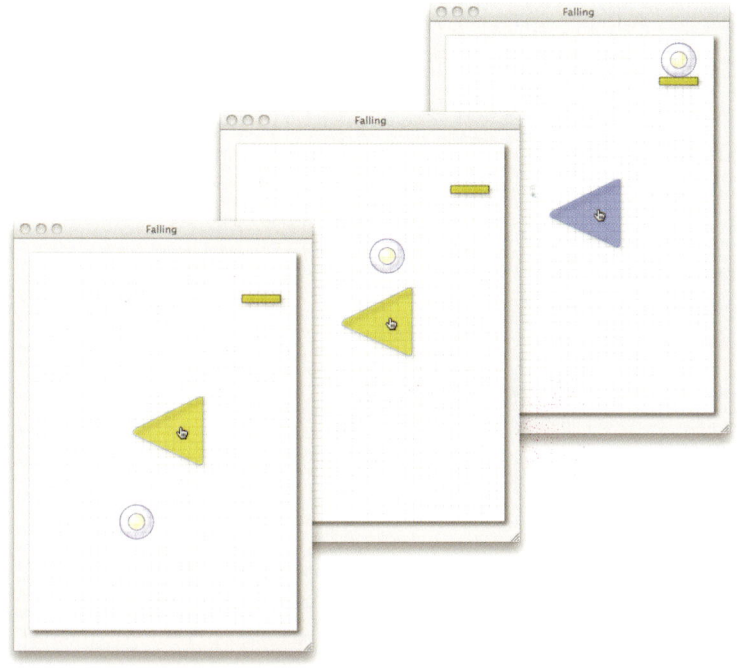

그림 7.1   선반에서 낙하

중력 상수를 미터나 피트로 나타낼 수 있으므로 [방정식 7.1]을 자바스크립트로 전환하는 것은 어렵지 않다. 하지만 중력 상수를 픽셀로 나타낼 수는 없으므로 중력을 시뮬레이션할 때, 미터를 픽셀로 전환하기는 어렵다. [예제 7.1]에서는 [그림 7.1]의 애플리케이션이 동작하는 방법을 보여주고 있다.

애플리케이션에서는 공을 움직이는 동작만 사용해 ball 스프라이트를 생성한다. 또한, 애플리케이션에서는 애니메이션의 경과 시간을 기록하는 애니메이션 타이머를 생성한다. 애니메이션 타이머에 대한 자세한 내용은 379페이지의 5.10.2절('애니메이션 타이머')을 참고하자.

예제 7.1   **낙하**

```
var canvas = document.getElementById('canvas'),
    context = canvas.getContext('2d'),
    ...

    GRAVITY_FORCE = 9.81,        // 9.81 m/s/s
    PLATFORM_HEIGHT_IN_METERS = 10, // 10 미터

    pixelsPerMeter = (canvas.height - LEDGE_TOP) /
                     PLATFORM_HEIGHT_IN_METERS,
```

```
...

// moveBall은 공에 관련된 동작으로
// execute(sprite, context, time) 메서드를 가지고 있는 오브젝트다.
// 애플리케이션에서 ball.update() 메서드를 호출하면,
// 공 스프라이트에서는 moveBall 동작을 실행한다.
// 그리고 execute() 메서드에 전달된 스프라이트는 공 스프라이트다.

moveBall = {
    execute: function (sprite, context, time) {
        ...
        if (fallingAnimationTimer.isRunning()) { // 공이 낙하한다.

            // R 일정한 픽셀/초 속도로 공의 위치를 변경한다.

            sprite.top += sprite.velocityY / fps;

            // 공의 속도를 다시 계산한다.

            sprite.velocityY = GRAVITY_FORCE *
                (fallingAnimationTimer.getElapsedTime()/1000) *
                pixelsPerMeter;

            if (sprite.top > canvas.height) {
                stopFalling();
            }
        }
    }
},

function stopFalling() {
    fallingAnimationTimer.stop();
    ...

    ball.left = LEDGE_LEFT + LEDGE_WIDTH/2 - BALL_RADIUS;
    ball.top = LEDGE_TOP - BALL_RADIUS*2;

    ball.velocityY = 0;
},

...

// Create the animation timer and the ball sprite.

fallingAnimationTimer = new AnimationTimer(),
```

```
    ball = new Sprite(
        'ball', // 이름
        { paint: function(sprite, context) { ... } }, // 페인터
        [ moveBall ]), // 동작
    ...
}
```

애플리케이션에서는 선반부터 캔버스 아래까지의 거리를 10m로 설정하고 있다. 캔버스의 높이(픽셀)가 주어지면, 애플리케이션에서는 픽셀/m 비율을 계산한 다음, 이 비율로 공의 속도를 m/초에서 픽셀/초로 변환한다.

애니메이션 타이머를 실행하면 즉, 공이 낙하하기 시작하면, moveBall 동작의 execute() 메서드에서는 다음 코드처럼 공의 위치를 계속해서 업데이트한다.

```
ball.top += ball.velocityY / fps;
```

속도(픽셀/초)를 애니메이션 속도(프레임/초)로 나누면, 현재 애니메이션 프레임 동안 공이 움직인 픽셀 개수(픽셀/프레임)를 산출할 수 있다. 그리고 execute() 메서드에서는 다음 코드처럼 공의 수직 속도를 계산한다.

```
ball.velocityY = GRAVITY_FORCE *
                (fallingTimer.getElapsedTime()/1000) * pixelsPerMeter;
```

위 코드에서는 중력(9.81m/s/s)에 공이 낙하한 경과 시간(초)을 곱하고 있다. 61페이지의 1.11.4절('측정 단위에서 방정식 산출하기')에서 측정 단위로부터 방정식을 도출하는 방법을 살펴본 것처럼 여기서도 초는 상쇄되므로 속도(m/초)를 산출할 수 있다. 그러나 애플리케이션에서는 공의 속도를 픽셀/초로 명시하고 있으므로 속도에 픽셀/m를 곱해 m/초에서 픽셀/초로 전환해야 한다.

 스프라이트

7장에서 소개하고 있는 예제에서는 6장에서 구현한 스프라이트를 사용하고 있으므로 애니메이션에 대한 세부적인 사항을 소개하는 대신 물리적인 측면에서 예제를 살펴보고 있다. 따라서 7장에서 소개하고 있는 예제에서 주의 깊게 살펴볼 부분은 [예제 7.1]에서 소개한 moveBall의 동작과 같은 스프라이트 동작의 코드다.

마찰

지구에 계속 가까워지고 있다고 가정할 때, 중력은 물체를 지구의 중심으로 지속해서 끌어 당기는 일정한 힘이다.

그리고 물체가 동질적인 표면에 미끄러진다고 가정할 때, 중력과 마찬가지로 마찰도 일정한 힘이다. 그러나 중력은 항상 한 방향으로 가해지지만, 마찰은 물체의 움직임과 반대로 가해진다.

여러분은 [예제 7.1]에서 중력에 의한 가속을 처리할 수 있도록 스프라이트의 속도를 조정하는 방법을 살펴봤다. 마찰로 인한 가속을 처리하는 방법도 비슷하다. 핀볼 게임에 마찰을 적용한 예제를 소개하고 있는 580페이지의 9.3.3절('중력과 마찰')을 참고하자.

7.1.2 탄도 궤적

여러분은 앞 절에서 중력을 처리할 수 있도록 낙하하는 물체의 수직 속도를 조정하는 방법을 살펴봤다. 이 절에서는 수평 움직임을 추가해 탄도 궤적을 시뮬레이션하는 방법을 살펴보자.

[그림 7.2]에서 보여준 애플리케이션은 플레이어가 공을 발사해 양동이에 넣는 간단한 게임이다. 사용자가 마우스를 이동하면, 애플리케이션에서는 마우스 이동에 따라 가이드와이어를 공의 중심으로부터 마우스 커서까지 계속해서 그린다.

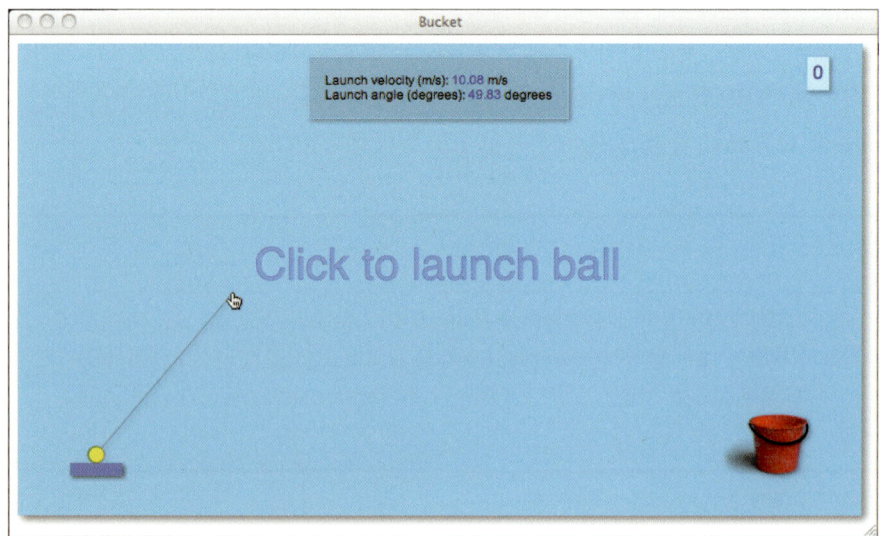

그림 7.2　양동이 게임

이때, 가이드와이어는 애플리케이션에서 공을 발사하는 시점의 각도와 속도를 나타낸다. 가이드와이어가 길수록, 애플리케이션에서 공을 발사할 때 적용되는 힘이 세진다.

또한, 사용자가 마우스를 이동할 때마다 애플리케이션은 가이드와이어를 계속 업데이트하는 것 이외에, 애플리케이션의 윗부분에 있는 헤드-업 디스플레이에 표시된 각도와 발사 속도를 계속해서 갱신한고 오른쪽 위 모서리에 현재 점수를 표시한다. 점수 획득 규칙은 [그림 7.3]의 위에 있는 그림처럼, 공이 캔버스 경계를 벗어나지 않고 양동이에 넣으면 2점을 획득하고 [그림 7.3]의 아래에 있는 그림처럼, 캔버스 경계를 벗어난 채로 공을 발사해 양동이에 넣으면 3점을 획득한다.

애플리케이션에서는 다음 코드처럼 공 스프라이트를 생성한다.

```
ball = new Sprite('ball', ballPainter, [ lob ]),
```

애플리케이션에서는 캔버스 폭을 10m로 정의하고 미터 당 픽셀의 개수를 계산한다.

```
ARENA_LENGTH_IN_METERS = 10,
pixelsPerMeter = canvas.width / ARENA_LENGTH_IN_METERS,
```

공 스프라이트는 [예제 7.2]에서 소개한 것처럼 공을 공중에 발사하는 하나의 동작을 한다.

공을 발사하면, lob 동작에서는 마지막 애니메이션 프레임의 경과 시간과 공의 비행 경과 시간을 계산한 다음, 계산된 값으로 공의 위치를 업데이트하고 중력을 공의 속도에 적용한다.

공의 위치를 업데이트하려면, lob 동작에서는 공의 속도(m/s)에 마지막 애니메이션 프레임을 실행한 초를 곱한다. 이 결과 값을 이용하면 현재 애니메이션 프레임의 공의 이동 거리(미터)를 구할 수 있다. 마지막으로 lob 동작에서는 미터인 이동 거리에 픽셀/미터를 곱해 픽셀단위의 이동 거리를 산출한다.

lob 동작에서는 [방정식 7.2][2]를 사용해 중력을 공의 수직 속도에 적용하고 있다.

$$v_y = v_{y0} - gt$$

방정식 7.2 탄도의 속도

---

2   위키피디아: 탄도의 궤도, http://bit.ly/1wNcox.

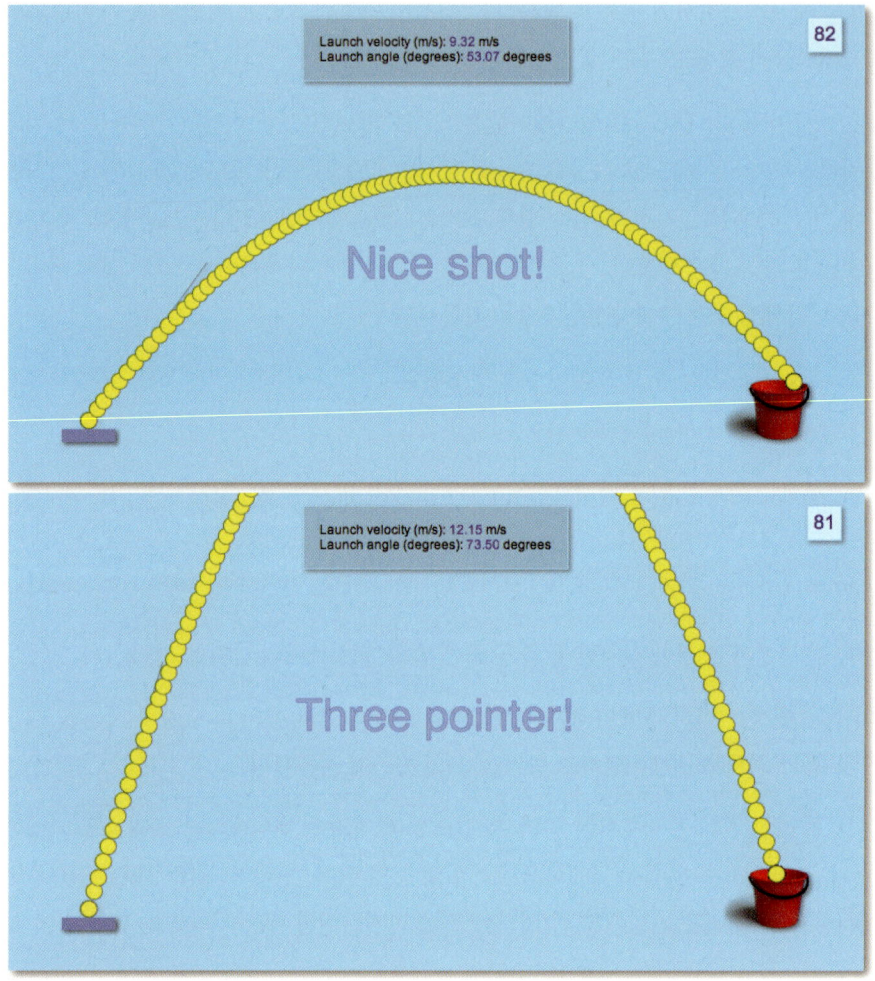

그림 7.3   2점(위) 및 3점(아래)

예제 7.2   공 발사

```
lob = {
   lastTime: 0,
   GRAVITY_FORCE: 9.81, // m/s/s

   applyGravity: function (elapsed) {
      ball.velocityY = (this.GRAVITY_FORCE * elapsed) -
                       (launchVelocity * Math.sin(launchAngle));
   },

   updateBallPosition: function (updateDelta) {
      ball.left += ball.velocityX * (updateDelta) * pixelsPerMeter;
```

```
        ball.top   += ball.velocityY * (updateDelta) * pixelsPerMeter;
    },

    checkForThreePointer: function () {
        if (ball.top < 0) {
            threePointer = true;
        }
    },

    checkBallBounds: function () {
        if (ball.top > canvas.height || ball.left > canvas.width)  {
            reset();
        }
    },

    execute: function (ball, context, time) {
        var updateDelta,
            elapsedFlightTime;

        if (ballInFlight) {
            elapsedFrameTime  = (time - this.lastTime)/1000;
            elapsedFlightTime = (time - launchTime)/1000;

            this.applyGravity(elapsedFlightTime);
            this.updateBallPosition(elapsedFrameTime);
            this.checkForThreePointer();
            this.checkBallBounds();
        }
        this.lastTime = time;
    }
},
```

낙하하는 물체의 수직 속도를 계산하는 418페이지의 [방정식 7.1]과 탄도의 수직 속도를 계산하는 [방정식 7.2]이 유사하다는 점에 주목하자. 단, [방정식 7.2]에서는 탄의 초기 수직 속도(V_{y0})를 고려하고 있다.

[예제 7.3]과 [예제 7.4]에서는 [그림 7.2]에서 보여준 애플리케이션의 HTML 코드와 자바스크립트 코드를 소개하고 있다. 양동이 애플리케이션에서는 탄도 궤도를 구현하는 방법을 보여주는 것뿐만 아니라 사용자가 득점했을 때의 피드백, 헤드-업 디스플레이, 득점판 등 다양한 구성 요소를 제공하고 있다.

예제 7.3   양동이 게임: HTML

```html
<!DOCTYPE html>
<html>
    <head>
        <title>Bucket</title>
```

```
<style>
    output {
        color: blue;
    }

    .floatingControls {
        background: rgba(0,0,0,0.1);
        border: thin solid skyblue;
        -webkit-box-shadow: rgba(0,0,0,0.3) 2px 2px 4px;
        -moz-box-shadow: rgba(100,140,230,0.5) 2px 2px 6px;
        box-shadow: rgba(100,140,230,0.5) 2px 2px 6px;
        padding: 15px;
        font: 12px Arial;
    }

    #canvas {
        background: skyblue;
        -webkit-box-shadow: 4px 4px 8px rgba(0,0,0,0.5);
        -moz-box-shadow: 4px 4px 8px rgba(0,0,0,0.5);
        box-shadow: 4px 4px 8px rgba(0,0,0,0.5);
        cursor: pointer;
    }

    #scoreboard {
        background: rgba(255,255,255,0.5);
        position: absolute;
        left: 755px;
        top: 20px;
        color: blue;
        font-size: 18px;
        padding: 5px;
    }

    #controls {
        position: absolute;
        left: 285px;
        top: 20px;
    }
    </style>
</head>

<body>
    <canvas id='canvas' width='800' height='450'>
        Canvas not supported
    </canvas>

    <div id='scoreboard' class='floatingControls'>0</div>

    <div id='controls' class='floatingControls'>
        Launch velocity  (m/s):
```

```html
      <output id='launchVelocityOutput'></output> m/s<br/>

      Launch angle (degrees):
      <output id='launchAngleOutput'></output> degrees<br/>
    </div>

    <script src = 'requestNextAnimationFrame.js'></script>
    <script src = 'sprites.js'></script>
    <script src = 'example.js'></script>
  </body>
</html>
```

양동이 게임의 HTML에서는 <canvas> 요소에 뿐만 아니라 scoreboard와 controls 등 두 개의 DIV를 생성하고 있다. 애플리케이션의 CSS에서는 캔버스의 오른쪽 모서리에는 득점판을 배치하고, 캔버스의 윗부분에는 컨트롤을 배치하고 있다.

또한, 양동이 게임의 HTML은 requestNextAnimationFrame.js, sprites.js, example.js 등 세 개의 자바스크립트 파일을 포함하고 있다. requestNextAnimationFrame.js 파일에서는 340페이지의 5.1.3절('간편한 애니메이션 루프')에서 소개했던 requestAnimationFrame() 폴리필 메서드를 구현하고 있으며 sprites.js 파일에서는 6장에서 소개했던 스프라이트에 대한 코드를 구현하고 있다. 마지막으로 example.js 파일에서는 [예제 7.4]에서 소개한 애플리케이션의 자바스크립트를 포함하고 있다.

 requestAnimationFrame() 폴리필

7장에서 소개하는 예제에서는 340페이지의 5.1.3절('간편한 애니메이션 루프')에서 소개한 requestAnimationFrame() 폴리필 메서드를 사용하고 있다. requestAnimationFrame() 폴리필 메서드는 requestNextAnimationFrame()란 이름으로 사용하고 있으며 requestAnimationFrame()처럼 동작하므로 다음 애니메이션 프레임을 그릴 때 콜백 메서드를 호출한다.

예제 7.4　　양동이 게임: 자바스크립트

```javascript
var canvas = document.getElementById('canvas'),
    context = canvas.getContext('2d'),
    scoreboard = document.getElementById('scoreboard'),
    launchAngleOutput = document.getElementById('launchAngleOutput'),
    launchVelocityOutput =
       document.getElementById('launchVelocityOutput'),

    elapsedTime = undefined,
```

```
    launchTime = undefined,

    score = 0,
    lastScore = 0,
    lastMouse = { left: 0, top: 0 },

    threePointer = false,
    needInstructions = true,

    LAUNCHPAD_X = 50,
    LAUNCHPAD_Y = context.canvas.height-50,
    LAUNCHPAD_WIDTH = 50,
    LAUNCHPAD_HEIGHT = 12,
    BALL_RADIUS = 8,
    ARENA_LENGTH_IN_METERS = 10,
    INITIAL_LAUNCH_ANGLE = Math.PI/4,

    launchAngle = INITIAL_LAUNCH_ANGLE,
    pixelsPerMeter = canvas.width / ARENA_LENGTH_IN_METERS,

    // 발사대.......................................................

    launchPadPainter = {
       LAUNCHPAD_FILL_STYLE: 'rgb(100,140,230)',

       paint: function (ledge, context) {
          context.save();
          context.fillStyle = this.LAUNCHPAD_FILL_STYLE;
          context.fillRect(LAUNCHPAD_X, LAUNCHPAD_Y,
                           LAUNCHPAD_WIDTH, LAUNCHPAD_HEIGHT);
          context.restore();
       }
    },

    launchPad = new Sprite('launchPad', launchPadPainter),

    // 공.........................................................

    ballPainter = {
       BALL_FILL_STYLE: 'rgb(255,255,0)',
       BALL_STROKE_STYLE: 'rgb(0,0,0,0.4)',

       paint: function (ball, context) {
          context.save();
          context.shadowColor = undefined;
          context.lineWidth = 2;
          context.fillStyle = this.BALL_FILL_STYLE;
          context.strokeStyle = this.BALL_STROKE_STYLE;

          context.beginPath();
```

```
            context.arc(ball.left, ball.top,
                        ball.radius, 0, Math.PI*2, false);

            context.clip();
            context.fill();
            context.stroke();
            context.restore();
        }
    },

    // 발사 동작................................................

    lob = {
        lastTime: 0,
        GRAVITY_FORCE: 9.81, // m/s/s

        applyGravity: function (elapsed) {
            ball.velocityY = (this.GRAVITY_FORCE * elapsed) -
                            (launchVelocity * Math.sin(launchAngle));
        },

        updateBallPosition: function (updateDelta) {
            ball.left +=
                ball.velocityX * (updateDelta) * pixelsPerMeter;

            ball.top +=
                ball.velocityY * (updateDelta) * pixelsPerMeter;
        },

        checkForThreePointer: function () {
            if (ball.top < 0) {
                threePointer = true;
            }
        },

        checkBallBounds: function () {
            if (ball.top > canvas.height || ball.left > canvas.width) {
                reset();
            }
        },

        execute: function (ball, context, time) {
            var updateDelta,
                elapsedFlightTime;

            if (ballInFlight) {
                elapsedFrameTime  = (time - this.lastTime)/1000;
                elapsedFlightTime = (time - launchTime)/1000;

                this.applyGravity(elapsedFlightTime);
```

```javascript
            this.updateBallPosition(elapsedFrameTime);
            this.checkForThreePointer();
            this.checkBallBounds();
        }
        this.lastTime = time;
    }
},

ball = new Sprite('ball', ballPainter, [ lob ]),
ballInFlight = false,

// 양동이.......................................................

catchBall = {
    ballInBucket: function() {
        return ball.left > bucket.left + bucket.width/2 &&
               ball.left < bucket.left + bucket.width   &&
               ball.top > bucket.top && ball.top <
               bucket.top + bucket.height/3;
    },

    adjustScore: function() {
        if (threePointer) lastScore = 3;
        else              lastScore = 2;

        score += lastScore;
        scoreboard.innerText = score;
    },

    execute: function (bucket, context, time) {
        if (ballInFlight && this.ballInBucket()) {
            reset();
            this.adjustScore();
        }
    }
},

BUCKET_X = 668,
BUCKET_Y = canvas.height - 100,
bucketImage = new Image(),

bucket = new Sprite('bucket',
    {
        paint: function (sprite, context) {
            context.drawImage(bucketImage, BUCKET_X, BUCKET_Y);
        }
    },

    [ catchBall ]
);
```

```
// 함수.......................................................

function windowToCanvas(x, y) {
   var bbox = canvas.getBoundingClientRect();

   return { x: x - bbox.left * (canvas.width  / bbox.width),
            y: y - bbox.top  * (canvas.height / bbox.height)
          };
}

function reset() {
   ball.left = LAUNCHPAD_X + LAUNCHPAD_WIDTH/2;
   ball.top = LAUNCHPAD_Y - ball.height/2;
   ball.velocityX = 0;
   ball.velocityY = 0;
   ballInFlight = false;
   needInstructions = false;
   lastScore = 0;
}

function showText(text) {
   var metrics;

   context.font = '42px Helvetica';
   metrics = context.measureText(text);

   context.save();
   context.shadowColor = undefined;
   context.strokeStyle = 'rgb(80,120,210)';
   context.fillStyle = 'rgba(100,140,230,0.5)';

   context.fillText(text,
                    canvas.width/2 - metrics.width/2,
                    canvas.height/2);

   context.strokeText(text,
                      canvas.width/2 - metrics.width/2,
                      canvas.height/2);
   context.restore();
}

function drawGuidewire() {
   context.moveTo(ball.left, ball.top);
   context.lineTo(lastMouse.left, lastMouse.top);
   context.stroke();
};

function updateBackgroundText() {
   if (lastScore == 3)       showText('Three pointer!');
   else if (lastScore == 2)  showText('Nice shot!');
```

```
      else if (needInstructions) showText('Click to launch ball');
};

function resetScoreLater() {
   setTimeout(function () {
      lastScore = 0;
   }, 1000);
};

function updateSprites(time) {
   bucket.update(context, time);
   launchPad.update(context, time);
   ball.update(context, time);
}

function paintSprites() {
   launchPad.paint(context);
   bucket.paint(context);
   ball.paint(context);
}

// 이벤트 핸들러....................................................

canvas.onmousedown = function(e) {
   var rect;

   e.preventDefault();

   if ( ! ballInFlight) {
      ball.velocityX = launchVelocity * Math.cos(launchAngle);
      ball.velocityY = launchVelocity * Math.sin(launchAngle);
      ballInFlight = true;
      threePointer = false;
      launchTime = +new Date();
   }
};

canvas.onmousemove = function (e) {
   var rect;

   e.preventDefault();

   if ( ! ballInFlight) {
      loc = windowToCanvas(e.clientX, e.clientY);
      lastMouse.left = loc.x;
      lastMouse.top = loc.y;

      deltaX = Math.abs(lastMouse.left - ball.left);
      deltaY = Math.abs(lastMouse.top - ball.top);
```

```
        launchAngle =
            Math.atan(parseFloat(deltaY) / parseFloat(deltaX));

        launchVelocity =
            4 * deltaY / Math.sin (launchAngle) / pixelsPerMeter;

        launchVelocityOutput.innerText = launchVelocity.toFixed(2);
        launchAngleOutput.innerText =
            (launchAngle * 180/Math.PI).toFixed(2);
    }
};

// 애니메이션 루프......................................................

function animate(time) {
    elapsedTime = (time - launchTime) / 1000;
    context.clearRect(0, 0, canvas.width, canvas.height);

    if (!ballInFlight) {
        drawGuidewire();
        updateBackgroundText();

        if (lastScore !== 0) { // Just scored
            resetScoreLater();
        }
    }

    updateSprites(time);
    paintSprites();

    window.requestNextAnimationFrame(animate);
}

// 초기화................................................

ball.width = BALL_RADIUS*2;
ball.height = ball.width;
ball.left = LAUNCHPAD_X + LAUNCHPAD_WIDTH/2;
ball.top = LAUNCHPAD_Y - ball.height/2;
ball.radius = BALL_RADIUS;

context.lineWidth = 0.5;
context.strokeStyle = 'rgba(0,0,0,0.5)';
context.shadowColor = 'rgba(0,0,0,0.5)';
context.shadowOffsetX = 2;
context.shadowOffsetY = 2;
context.shadowBlur = 4;
context.stroke();
```

```
bucketImage.src = 'bucket.png';
bucketImage.onload = function (e) {
   bucket.left = BUCKET_X;
   bucket.top = BUCKET_Y;
   bucket.width = bucketImage.width;
   bucket.height = bucketImage.height;
};

window.requestNextAnimationFrame(animate);
```

7.1.3 진자

앞에서 언급했듯이 이 절은 중력에 대한 마지막 절이다. 이 절에서는 진자의 중력 효과를 시뮬레이션하는 방법을 자세히 알아보자.

탄도나 낙하하는 물체의 속도를 계산하기 위해 앞 절에서 사용했던 방정식은 선형 방정식이었다. 다시 말하면, 속도는 물체가 움직이는 총 시간에 정비례했다.

반면에 진자는 비선형 시스템이므로 앞 절에서 시간에 중력 상수를 곱했던 것처럼 간단히 계산할 수 없다. 대신, [방정식 7.3][3]을 사용해 애니메이션의 경과 시간을 계산한다.

$$\theta = \theta_0 \times \cos(\sqrt{g/l} \times t)$$

방정식 7.3 간단한 진자 운동에 대한 방정식

[방정식 7.3]에서, θ는 진자의 각도를 나타내며 θ_0는 진자의 초기 각도를 나타내고 있다. g는 중력이고, l 은 진자의 막대기 길이, 그리고 t는 경과 시간이다. 진자 끝에 달린 추의 무게는 방정식에서 사용하지 않는다는 점에 주목하자. 여기에서는 진자 끝에 달린 추의 무게는 중요하지 않다.

[그림 7.4]에서는 진자를 시뮬레이션하는 애플리케이션을 보여주고 있다.

애플리케이션에서는 다음 코드처럼 추에 대한 스프라이트를 생성하고 있다.

```
pendulum = new Sprite('pendulum', pendulumPainter, [ swing ]),
```

진자 스프라이트는 하나의 스윙 동작을 한다. 스윙 동작에서는 다음 코드처럼 [방정식 7.3]을 이용해 진자의 각도를 계산한다.

---

3   위키피디아: 진자에 대한 운동 방정식, http://bit.ly/mvpGu7.

```
swing = {
    GRAVITY_FORCE: 32, // 32 ft/s/s,
    ROD_LENGTH: 0.8,   // 0.8 ft

    execute: function(pendulum, context, time) {
        pendulum.angle =
            pendulum.initialAngle * Math.cos(
                Math.sqrt(this.GRAVITY_FORCE/this.ROD_LENGTH) *
                elapsedTime);

        pendulum.weightX =
            pendulum.x + Math.sin(pendulum.angle) * pendulum.rodLength;

        pendulum.weightY =
            pendulum.y + Math.cos(pendulum.angle) * pendulum.rodLength;
    }
};
```

swing 동작에서는 진자의 각도를 이용해 진자 끝에 달린 추의 위치를 계산한다.

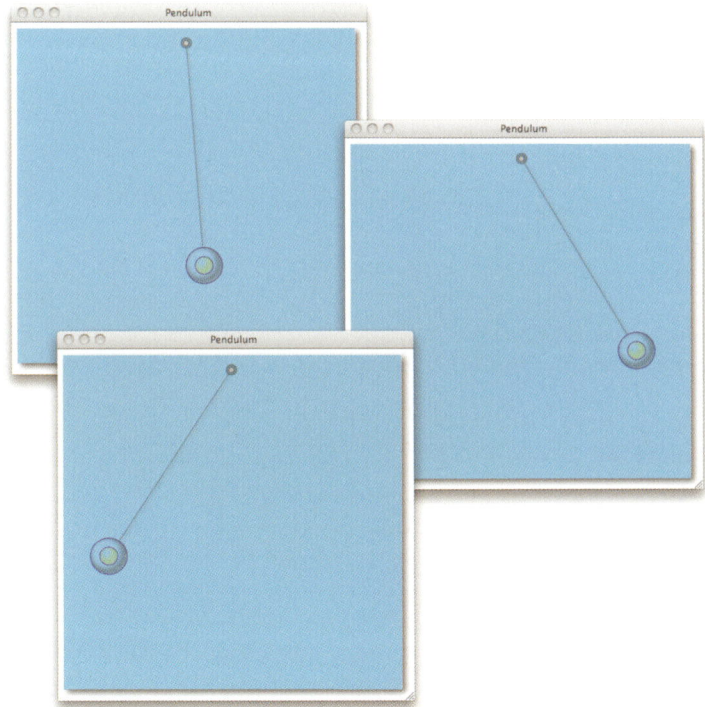

그림 7.4   진자: 비선형 운동

[예제 7.5]에서는 [그림 7.4]에서 보여준 애플리케이션의 자바스크립트 코드를 소개하고 있다.

예제 7.5   진자

```
var canvas = document.getElementById('canvas'),
    context = canvas.getContext('2d'),

    elapsedTime = undefined,
    startTime = undefined,

    PIVOT_Y = 20,
    PIVOT_RADIUS = 7,
    WEIGHT_RADIUS = 25,
    INITIAL_ANGLE = Math.PI/5,
    ROD_LENGTH_IN_PIXELS = 300,

    // 진자 페인터.............................................

    pendulumPainter = {
        PIVOT_FILL_STYLE:     'rgba(0,0,0,0.2)',
        WEIGHT_SHADOW_COLOR:  'rgb(0,0,0)',
        PIVOT_SHADOW_COLOR:   'rgb(255,255,0)',
        STROKE_COLOR:         'rgb(100,100,195)',

        paint: function (pendulum, context) {
            this.drawPivot(pendulum);
            this.drawRod(pendulum);
            this.drawWeight(pendulum, context);
        },

        drawWeight: function (pendulum, context) {
            context.save();
            context.beginPath();
            context.arc(pendulum.weightX, pendulum.weightY,
                        pendulum.weightRadius, 0, Math.PI*2, false);
            context.clip();

            context.shadowColor = this.WEIGHT_SHADOW_COLOR;
            context.shadowOffsetX = -4;
            context.shadowOffsetY = -4;
            context.shadowBlur = 8;

            context.lineWidth = 2;
            context.strokeStyle = this.STROKE_COLOR;
            context.stroke();

            context.beginPath();
            context.arc(pendulum.weightX, pendulum.weightY,
                        pendulum.weightRadius/2, 0, Math.PI*2, false);

            context.clip();
```

```javascript
        context.shadowColor = this.PIVOT_SHADOW_COLOR;
        context.shadowOffsetX = -4;
        context.shadowOffsetY = -4;
        context.shadowBlur = 8;
        context.stroke();

        context.restore();
    },

    drawPivot: function (pendulum) {
        context.save();
        context.beginPath();
        context.shadowColor = undefined;
        context.fillStyle = 'white';
        context.arc(pendulum.x + pendulum.pivotRadius,
                    pendulum.y, pendulum.pivotRadius/2,
                    0, Math.PI*2, false);
        context.fill();
        context.stroke();

        context.beginPath();
        context.fillStyle = this.PIVOT_FILL_STYLE;
        context.arc(pendulum.x + pendulum.pivotRadius,
                    pendulum.y, pendulum.pivotRadius,
                    0, Math.PI*2, false);
        context.fill();
        context.stroke();
        context.restore();
    },

    drawRod: function (pendulum) {
        context.beginPath();

        context.moveTo(
            pendulum.x + pendulum.pivotRadius +
            pendulum.pivotRadius*Math.sin(pendulum.angle),

            pendulum.y + pendulum.pivotRadius *
                Math.cos(pendulum.angle)
        );

        context.lineTo(
            pendulum.weightX -
                pendulum.weightRadius*Math.sin(pendulum.angle),

            pendulum.weightY -
                pendulum.weightRadius*Math.cos(pendulum.angle)
        );

        context.stroke();
```

```
        }
    },

    // 스윙 동작..............................................

    swing = {
        // 중력은 32ft/s/s,
        // 막대기 길이는 0.8ft(약 10인치),
        // 그리고 진자 운동에 걸리는 시간은 약 1초로 설정한다.
        // 막대기 길이가 길수록, 진자 운동 시간은 길어진다.

        GRAVITY_FORCE: 32, // 32 ft/s/s,
        ROD_LENGTH: 0.8,    // 0.8 ft

        execute: function(pendulum, context, time) {
            pendulum.angle = pendulum.initialAngle * Math.cos(
                Math.sqrt(this.GRAVITY_FORCE/this.ROD_LENGTH) *
                elapsedTime);

            pendulum.weightX = pendulum.x +
                Math.sin(pendulum.angle) * pendulum.rodLength;

            pendulum.weightY = pendulum.y +
                Math.cos(pendulum.angle) * pendulum.rodLength;
        }
    };

    // 진자...................................................

    pendulum = new Sprite('pendulum', pendulumPainter, [ swing ]);

// 애니메이션 루프...................................................

function animate(time) {
    elapsedTime = (time - startTime) / 1000;
    context.clearRect(0, 0, canvas.width, canvas.height);
    pendulum.update(context, time);
    pendulum.paint(context);
    window.requestNextAnimationFrame(animate);
}

// 초기화...................................................

pendulum.x = canvas.width/2;
pendulum.y = PIVOT_Y;
pendulum.weightRadius = WEIGHT_RADIUS;
pendulum.pivotRadius  = PIVOT_RADIUS;
pendulum.initialAngle = INITIAL_ANGLE;
pendulum.angle        = INITIAL_ANGLE;
pendulum.rodLength    = ROD_LENGTH_IN_PIXELS;
```

```
context.lineWidth = 0.5;
context.strokeStyle = 'rgba(0,0,0,0.5)';
context.shadowColor = 'rgba(0,0,0,0.5)';
context.shadowOffsetX = 2;
context.shadowOffsetY = 2;
context.shadowBlur = 4;
context.stroke();

startTime = + new Date();
animate(startTime);
```

7.2 시간 왜곡

434페이지의 7.1.3절('진자')에서는 비선형 방정식을 사용해 진자의 각도를 계산했다. 이런 계산 이외에도 비선형 시스템은 스프링과 진자부터 공의 바운싱에 이르기까지 널리 사용되므로 애니메이션에서 비선형 시스템을 시뮬레이션하는 것은 중요하다.

7.1.3절에서 소개한 진자 운동은 비선형 운동이다. 하지만 앞 절에서 살펴본 비선형적인 운동 이외에 애니메이션의 다른 측면을 변하게 하고 싶은 사람도 있을 것이다. 예를 들어, 사람의 얼굴이 붉어지는 것을 시뮬레이션한다면 얼굴이 붉어졌다가 천천히 본래 얼굴로 돌아가도록 보여줘야 할 것이다. 이때는, 위치가 변하지 않고 색상이 비선형으로 변한다.

기본적으로 비선형적인 방법을 사용하면 위치나, 색상, 또는 다른 속성을 특정 시간 동안 계속해서 변경시킬 수 있다. 이 절에서는 위치나 색상 등과 같은 속성이 아닌 다른 속성을 조작하는 방법을 자세히 살펴보자.

379페이지의 5.10.2절('애니메이션 타이머')에서는 애니메이션을 제어할 때 사용하는 간단한 AnimationTimer를 구현하는 방법을 소개했다. 여러분은 AnimationTimer를 다음 코드처럼 사용할 수 있다.

```
var ANIMATION_DURATION = 1000, // 1초

    // 애니메이션을 계속 재생한다.
    animationTimer = new AnimationTimer(ANIMATION_DURATION);
    ...

function animate() {
   var elapsed;
   ...
```

```
    if ( ! animationTimer.isOver()) {

        // 애니메이션 타이머의 경과 시간에 따라
        // 애니메이션을 업데이트한다.

        updateAnimation(animationTimer.getElapsedTime());
        ...
    }

    // 애니메이션을 계속 재생한다.

    requestNextAnimationFrame(animate);
}
...
animationTimer.start();              // 애니메이션 타이머를 시작한다.
requestNextAnimationFrame(animate);  // 애니메이션을 시작한다.
```

여러분은 애니메이션이 종료될 때까지 애니메이션 타이머를 생성하고 시작한다. 그리고 애니메이션의 경과 시간을 주기적으로 가져온 다음 해당 애니메이션을 업데이트한다.

애니메이션 타이머는 특별할 게 없다. 애니메이션 타이머는 애니메이션의 지속 시간을 관리하는 타이머일 뿐이다. 물론 지속 시간을 관리하므로 애니메이션이 종료했는지 알려줄 수 있다.

실제로 애니메이션 타이머를 활용하려면, 실제로 경과된 시간 이외에 다른 것을 반환할 수 있도록 AnimationTimer.getElapsedTime()을 구현할 수 있어야 한다. 이렇게 구현할 수 있다면, 시간도 왜곡시킬 수 있다.

예를 들어, 여러분이 실제 경과 시간보다 적은 경과 시간을 초기에 반환할 수 있도록 getElapsedTime() 메서드를 구현했다고 가정해 보자. 애니메이션이 재생되는 동안, getElapsedTime() 메서드에서 반환되는 값과 실제 경과 시간 사이의 차이를 꾸준히 줄일 것이다. 그 결과, 초기에 시간은 매우 천천히 움직이지만, 애니메이션을 재생하는 동안 꾸준히 빨라질 것이다.

이렇게 천천히 시작하고 계속해서 가속하는 알고리즘을 가속(ease-in) 효과라고 부른다. [그림 7.5]에서는 가속 효과를 보여주고 있다.

[그림 7.5]에서 보여주는 애플리케이션에서는 스프라이트가 달리고 있는 듯한 효과를 주는 일련의 이미지로 스프라이트를 움직인다. 또한, 애플리케이션에서는 오른쪽에서 왼쪽으로 스프라이트를 이동시키고 있다. 이렇게 오른쪽에서 왼쪽으로 스프라이트를 이동시키지 않으면, 스프라이트는 제자리에서 뛰는 것처럼 보일 것이다.

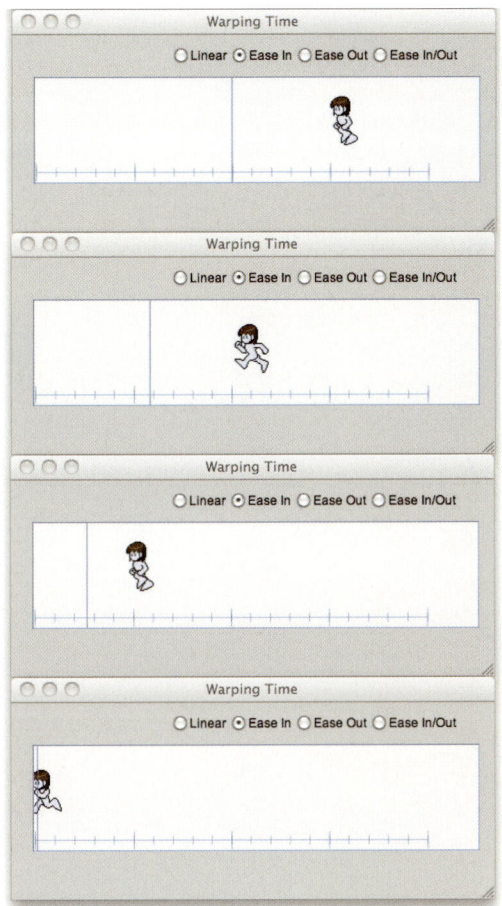

그림 7.5   가속 효과

 애플리케이션에서는 애니메이션의 실제 경과 시간을 사용해 수직선을 배치하며 AnimationTimer. getElapsedTime()에서 반환하는 왜곡 경과 시간을 사용해 스프라이트를 배치한다.

 [그림 7.5]에서 보여준 가속 효과를 주기 위해, 초기에 스프라이트는 타임라인에 뒤처져 있다. 하지만 애플리케이션에서는 애니메이션이 종료하기 전까지 스프라이트와 타임라인 사이의 차이를 천천히 줄이므로 마지막에는 스프라이트와 타임라인이 일치하게 된다.

 [그림 7.5]에서 보여주는 가속 운동과 [그림 7.6]에서 보여주는 선형 운동을 비교해 보자. 선형 운동을 사용한 스프라이트에서는 타임라인과 함께 일정한 속도로 이동한다.

그림 7.6   선형 효과

[그림 7.5]에서 보여준 가속 효과는 여러분이 생성할 수 있는 수많은 시간 왜곡 효과 중 하나이며 시간-왜곡 효과로 감속, 가속 및 감속(ease in/out), 탄성, 바운싱 등이 흔히 사용된다. 447페이지의 7.4절('운동 왜곡')에서는 [그림 7.5]에서 보여준 애플리케이션에 대해 자세히 소개할 예정이다. 따라서 이 절에서는 다양한 효과를 구현하는 방법을 살펴보자.

시간 왜곡을 구현하려면, 효과마다 AnimationTimer.getElapasedTime() 메서드에 대한 동작을 변경해야 한다. [그림 7.7]처럼 개발자가 AnimationTimer.getElapasedTime() 메서드에서 실제 경과 시간에 적용한 시간-왜곡 함수를 제공하는 것도 한 가지 방법이다.

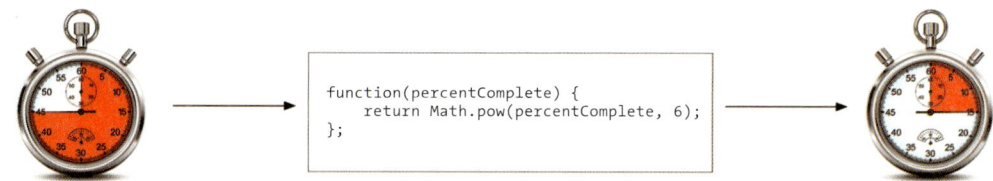

```
function(percentComplete) {
    return Math.pow(percentComplete, 6);
};
```

그림 7.7   함수를 이용한 시간 왜곡

[예제 7.6]에서는 시간-왜곡 함수를 명시한 AnimationTimer을 구현하는 방법을 보여주고 있다. getElapsedTime() 메서드를 호출하면, 애니메이션 타이머에서는 시간-왜곡 함수로 현실 경과 시간을 전달한다.

코드 중에서 elapsedTime * (this.timeWarp(percentComplete) / percentComplete)를 반환하는 getElapsedTime() 메서드에 주목하자. 이것이 의미하는 바는 다음과 같다.

AnimationTimer.getElapasedTime() 메서드에서는 애니메이션의 경과 시간을 가져온 다음 애니메이션의 비율이 완벽한지를 확인할 수 있도록 가져온 경과 시간을 지속 시간으로 나눈다.

getElapsedTime() 메서드에서는 애니메이션의 진행률(0.0부터 1.0까지의 숫자)을 AnimationTimer를 생성할 때 적용한 시간-왜곡 함수에 전달한다. 그리고 이 시간-왜곡 함수에서는 아마도 왜곡 진행률을 나타내는 0.0에서 1.0사이의 다양한 값을 반환할 것이다.

getElapsedTime() 메서드에서는 실제 진행률과 왜곡 진행률을 사용해 왜곡 시간을 반환하는데 이 왜곡 시간은 왜곡 진행률 / 실제 진행률의 비율을 곱한 실제 경과 시간이다.

예를 들어, 애니메이션의 지속 시간이 100초이고 경과 시간이 17초라고 가정해 보자. 애니메이션은 17% 완료됐기 때문에 AnimationTimer.getElapasedTime() 메서드에서는 0.17을 시간-왜곡 함수에 전달할 것이다. 그리고 시간-왜곡 함수에서는 전달된 비율을 제곱한 값인 0.034를 왜곡 비율로 반환한다. 즉, 17%가 아닌 3.4%가 완료됐다는 의미로 여기서 왜곡 비율(3.4%)은 실제 비율(17%)의 1/5(0.34/0.17 = 0.2)을 계산한 결과다. 따라서 AnimationTimer.getElapasedTime() 메서드에서는 (왜곡 비율 / 실제 비율)에 실제 시간을 곱해 실제 시간의 1/5인 3.4를 반환한다.

예제 7.6   시간 왜곡을 지원할 수 있도록 수정한 AnimationTimer

```
// 생성자.........................................................

AnimationTimer = function (duration, timeWarp) {
    if (timeWarp !== undefined) this.timeWarp = timeWarp;
    if (duration !== undefined) this.duration = duration;
    this.stopwatch = new Stopwatch();
```

```
};

// 프로토타입........................................................

AnimationTimer.prototype = {
   start: function () {
      this.stopwatch.start();
   },

   stop: function () {
      this.stopwatch.stop();
   },

   getElapsedTime: function () {
      var elapsedTime = this.stopwatch.getElapsedTime(),
          percentComplete = elapsedTime / this.duration;

      if (!this.stopwatch.running)    return undefined;
      if (this.timeWarp == undefined) return elapsedTime;

      return elapsedTime *
         (this.timeWarp(percentComplete) / percentComplete);
   },

   isRunning: function() {
      return this.stopwatch.running;
   },

   isOver: function () {
      return this.stopwatch.getElapsedTime() > this.duration;
   },
};
```

다음 코드에서는 애니메이션 타이머를 사용해 시간-왜곡 함수를 구현하는 방법을 소개하고 있다.

```
var ANIMATION_DURATION = 1000, // 1초
    animation = new AnimationTimer(ANIMATION_DURATION,
       function (percentComplete) {
          return Math.pow(percentComplete, 2);
       });
   ...

   function animate() {   // 애니메이션 루프에서 반복해서 호출한다.
      ...
      if ( ! animation.isOver()) {
         elapsed = animation.getElapsedTime();

         // 경과 시간에 따라 애니메이션을 업데이트한다.
         update(elapsed);
```

```
        }
        ...
    }
    ...
```

위 코드에서 시간-왜곡 함수는 실제 경과 시간을 제곱하고 있다. 이렇게 실제 경과 시간을 제곱함으로써 앞에서 소개했던 가속 효과를 구현하고 있다. 예를 들어, 실제 경과 시간에 대한 값이 작으면, 예를 들어 이 값을 0.2라고 하면, 제곱한 값은 0.04가 된다. 하지만 0.9처럼 큰 값을 제곱하면 0.81이 되기 때문에 원래 값(0.9)에 근접해진다. 이렇듯 시간-왜곡 함수 때문에 시간은 초기에는 천천히 진행되지만, 점차 빨라진다.

7.3   시간-왜곡 함수

[예제 7.6]에서 소개한 AnimationTimer 오브젝트는 [예제 7.7]에서 소개할 시간-왜곡 함수를 사용했다.

따라서 여러분은 [예제 7.7]에서 소개한 메서드를 사용해 시간-왜곡을 구현할 수 있다. 예를 들면, 다음과 같은 코드를 사용해 가속 효과를 구현할 수 있다.

```
var ANIMATION_DURATION = 1000, // 1초
    animation = new AnimationTimer(ANIMATION_DURATION,
                                   AnimationTimer.makeEaseIn(1));
```

위 코드에서 AnimationTimer.makeEaseIn() 메서드에 전달된 값은 가속 효과의 세기를 제어한다. 다음 절에서는 가속 효과의 세기를 제어하는 변수를 사용하는 방법을 소개하고 [예제 7.7]에서 소개하는 각 효과에 대해 자세히 살펴보자.

예제 7.7   시간-왜곡 함수

```
var DEFAULT_ELASTIC_PASSES = 3;

AnimationTimer.makeEaseIn = function (strength) {
  return function (percentComplete) {
    return Math.pow(percentComplete, strength*2);
  };
};

AnimationTimer.makeEaseOut = function (strength) {
  return function (percentComplete) {
    return 1 - Math.pow(1 - percentComplete, strength*2);
  };
};
```

```javascript
AnimationTimer.makeEaseInOut = function () {
   return function (percentComplete) {
      return percentComplete - Math.sin(percentComplete*2*Math.PI) /
            (2*Math.PI);
   };
};

AnimationTimer.makeElastic = function (passes) {
   passes = passes || DEFAULT_ELASTIC_PASSES;
   return function (percentComplete) {
      return ((1-Math.cos(percentComplete * Math.PI * passes)) *
            (1 - percentComplete)) + percentComplete;
   };
};

AnimationTimer.makeBounce = function (bounces) {
   var fn = AnimationTimer.makeElastic(bounces);
   return function (percentComplete) {
      percentComplete = fn(percentComplete);
      return percentComplete <= 1 ? percentComplete : 2-percentComplete;
   };
};

AnimationTimer.makeLinear = function () {
   return function (percentComplete) {
      return percentComplete;
   };
};
```

 트위닝(tweening)

여러분은 아마도 7장에서 소개한 시간 왜곡을 플래시나 CSS3의 핵심 기술인 트위닝으로 생각하고 있을 것이다. 여러분은 애니메이션에서 키 프레임(keyframe)을 정의하지만 플래시나 CSS3에서는 여러분이 명시한 시간-왜곡(트위닝)을 사용해 중간에 키 프레임을 생성한다.

캔버스에서는 CSS3와 플래시 등과 같이 높은 수준의 추상화에서 찾을 수 있는 트위닝 기능을 제공하지 않으므로 이 절에서는 시간-왜곡 기능을 구현하는 방법을 소개했다.

7.4 운동 왜곡

지금까지 애니메이션을 재생하는 동안 시간의 흐름을 조작할 수 있도록 시간-왜곡 함수를 이용해 애니메이션 타이머를 구현하는 방법을 살펴봤다. 이 절에서는 [그림 7.8]에서 보여주는 것처럼 시간-왜곡 함수에 공의 움직임을 적용한 애플리케이션으로 전형적인 모션 트위닝을 살펴보자.

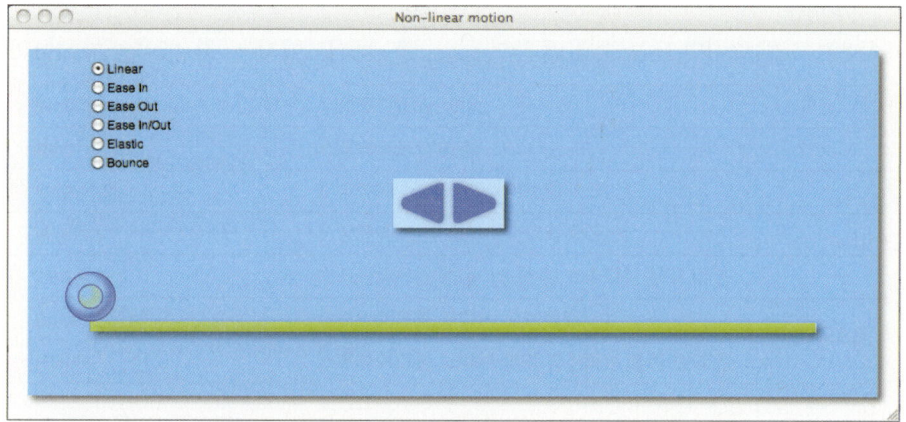

그림 7.8   다양한 모션 트위닝 알고리즘

다음은 [그림 7.8]에서 보여준 애플리케이션에서 지원하고 있는 시간-왜곡 함수를 나열한 것이다.

- Linear: 일정한 속도로 이동한다.

- Ease In: 천천히 시작하고 점점 가속한다.

- Ease Out: 빠르게 시작하고 점점 감속한다.

- Ease In/Out: 천천히 시작하며 가속하다가 감속한다.

- Elastic: 한 점에 대해 진동한다.

- Bounce: 한 점에 대해 바운스한다.

[그림 7.8]에서 보여준 애플리케이션에서 함수를 선택하고 화살표 중 하나를 클릭하면, 애플리케이션에서는 선택한 함수를 사용해 공을 움직인다. [예제 7.8]에서는 애플리케이션에서 공을 이동시키는 방법을 소개하고 있다.

그리고 애플리케이션에서는 [예제 7.7]에서 소개했던 시간-왜곡 함수를 사용해 여섯 개의 함수를 생성하고 각 함수에 라디오 버튼을 할당하고 있다. 그리고 애니메이션 지속 시간을 3.6초로 설정한 다음, 설정한 지속 시간으로 애니메이션 타이머를 생성하고 있다. 애플리케이션에서 애니메이션 타이머를 생성할 때는 시간-왜곡 함수를 명시하지 않으므로 애니메이션 타이머에서는 기본 시간-왜곡 함수인 선형 함수를 사용한다.

애플리케이션에서는 moveBall이라는 하나의 동작을 하는 ball이란 이름의 스프라이트를 생성한다. 만약 애니메이션 타이머가 실행 중이면, moveBall 동작의 execute() 메서드에서는 애니메이션 타이머의 경과 시간에 따라 공을 이동시킨다.

예제 7.8   **공 움직이기**

```
var linear     = AnimationTimer.makeLinear(),
    easeIn     = AnimationTimer.makeEaseIn(1),
    easeOut    = AnimationTimer.makeEaseOut(1),
    easeInOut  = AnimationTimer.makeEaseInOut(1),
    elastic    = AnimationTimer.makeElastic(5),
    bounce     = AnimationTimer.makeBounce(5),

    PUSH_ANIMATION_DURATION = 3600,

    pushAnimationTimer = new AnimationTimer(PUSH_ANIMATION_DURATION),
    ...

    // 공 동작..........................................

    moveBall = {
        lastTime: undefined,

        resetBall: function () {
            ball.left = LEDGE_LEFT - BALL_RADIUS;
            ball.top  = LEDGE_TOP - BALL_RADIUS*2;
        },

        updateBallPosition: function (elapsed) {
            if (arrow === LEFT)
                ball.left -= ball.velocityX * (elapsed/1000);
            else
                ball.left += ball.velocityX * (elapsed/1000);
        },

        execute: function (ball, context, time) {
            if (pushAnimationTimer.isRunning()) {
                var animationElapsed = pushAnimationTimer.getElapsedTime(),
                    elapsed;
```

```
            if (this.lastTime !== undefined) {
                elapsed = animationElapsed - this.lastTime;

                this.updateBallPosition(elapsed);

                if (isBallOnLedge()) {
                    if (pushAnimationTimer.isOver()) {
                        pushAnimationTimer.stop();
                    }
                }
                else { // 공이 선반에서 떨어질 때
                    pushAnimationTimer.stop();
                    this.resetBall();
                }
            }
        }
        this.lastTime = animationElapsed;
    }
},

// 공 스프라이트.....................................................

ball = new Sprite('ball', ..., [ moveBall ]);
```

moveBall 동작의 execute() 메서드에서는 애니메이션 타이머에서 발생할 수 있는 시간-왜곡 가능성에 대해 전혀 모르고 있다는 점에 주목할 필요가 있다. execute() 메서드에서는 애니메이션 타이머로부터 경과 시간을 가져온 다음 가져온 경과 시간을 사용해 공을 배치한다.

여러분이 라디오 버튼을 선택하면, 애플리케이션에서는 다음 코드에서처럼 적절한 시간-왜곡 함수를 애니메이션 타이머에 할당한다.

```
var
linearRadioButton    = document.getElementById('linearRadioButton'),
easeInRadioButton    = document.getElementById('easeInRadioButton'),
easeOutRadioButton   = document.getElementById('easeOutRadioButton'),
easeInOutRadioButton = document.getElementById('easeInOutRadioButton'),
elasticRadioButton   = document.getElementById('elasticRadioButton'),
bounceRadioButton    = document.getElementById('bounceRadioButton');

linearRadioButton.onchange = function (e) {
   pushAnimationTimer.timeWarp = linear;
};

easeInRadioButton.onchange = function (e) {
   pushAnimationTimer.timeWarp = easeIn;
};
```

```
easeOutRadioButton.onchange = function (e) {
    pushAnimationTimer.timeWarp = easeOut;
};

easeInOutRadioButton.onchange = function (e) {
    pushAnimationTimer.timeWarp = easeInOut;
};

elasticRadioButton.onchange = function (e) {
    pushAnimationTimer.timeWarp = elastic;
};

bounceRadioButton.onchange = function (e) {
    pushAnimationTimer.timeWarp = bounce;
};

linearRadioButton.onchange = function (e) {
    pushAnimationTimer.timeWarp = linear;
};
```

위 코드에서 이벤트 핸들러는 원하는대로 시간을 왜곡하기 위해 적절한 시간-왜곡 함수를 애니메이션 타이머에 할당한 다음 애니메이션 타이머를 이용해 애니메이션을 구동하고 있다.

다음 절에서는 AnimationTimer에서 지원하는 시간-왜곡에 대한 다양한 알고리즘을 간략하게 살펴보자.

7.4.1 등속도 운동

뉴턴의 역학에서는 움직이는 물체가 공기 저항이나, 마찰, 혹은 다른 물체와의 충돌이 발생하지 않을 때 현재 속도를 유지하며 진행 방향으로 움직이려는 성질을 갖고 있다고 언급하고 있다. 가속이 없는 이런 운동을 등속도 운동이라고 부른다. [그림 7.9]에서는 등속도 운동을 보여주고 있다.

[그림 7.9]에서 공은 일정한 속도로 왼쪽에서 오른쪽으로 이동하고 있다. 수학적인 측면에서 볼 때 등속도 운동의 방정식은 간단하다. [방정식 7.4]에서 보여주는 것처럼 애니메이션의 실제 경과 시간이 주어지면, 경과 시간을 반환한다.

$$f(x) = x$$

방정식 7.4   등속도 운동

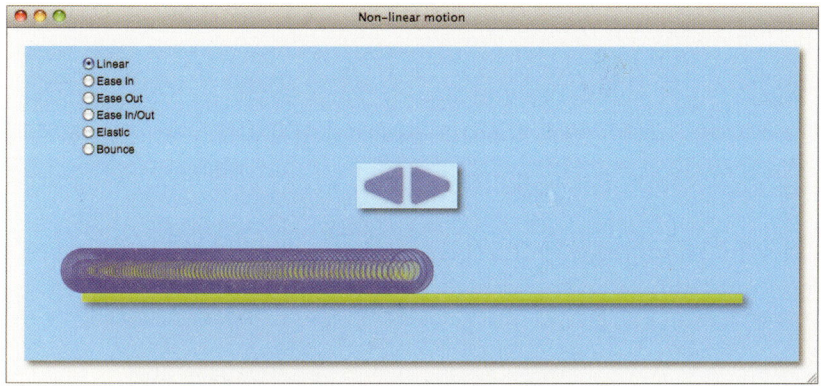

그림 7.9 등속도 운동(각 공은 애니메이션의 프레임을 나타낸다.)

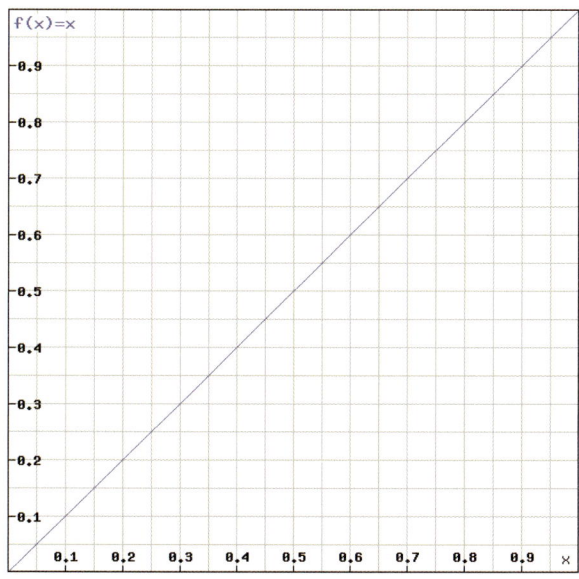

그림 7.10 직선 운동 그래프

다음은 [방정식 7.4]를 구현한 함수로 방정식처럼 간단하다.

```
function (percentComplete) {
    return percentComplete;
};
```

만약 x축에 실제 경과 시간에 대한 비율을, 그리고 y축에 시간-왜곡 비율을 그래프로 나타내면, [그림 7.10] 처럼 기울기가 45도인 직선으로 표시된다.

7.4.2 Ease In: 지속적인 가속

현실 속의 물체는 대부분 일정한 속도로 무한정 이동하지 않는다. 대부분 천천히 시작해서 가속한다. 0mph에서 출발해 벽을 뚫을 기세로 가속하는 단거리 주자나 수직 속도 없이 시작하지만 일단 물속에 들어가면 엄청난 수직 속도를 얻는 다이버가 좋은 예라고 할 수 있다.

[그림 7.11]에서 보여주는 것처럼 애니메이션에서는 지속적인 가속을 ease in이라고 표현한다.

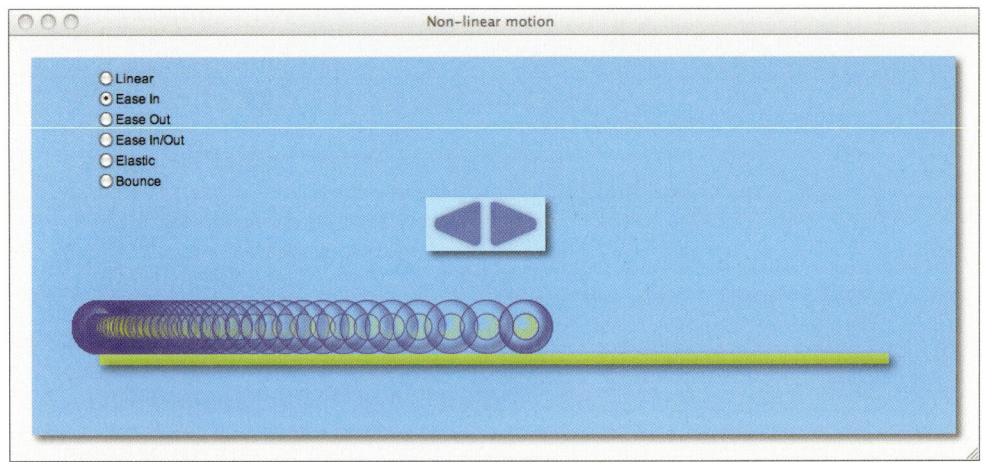

그림 7.11   Ease in

Ease in에 대한 방정식은 거듭제곱 함수다. [방정식 7.5]에서는 2의 거듭제곱을 사용하고 있지만 거듭제곱에 사용된 지수에 연연할 필요가 없다. 예를 들면, 가속 효과를 극대화할 수 있도록 지수를 4나 5로 올릴 수 있다.

$$f(x) = x^2$$

방정식 7.5   Ease in

다음은 [방정식 7.5]를 구현한 자바스크립트 코드다.

```
function (percentComplete) {
    return Math.pow(percentComplete, 2);
};
```

[그림 7.12]에서는 위 자바스크립트로 구현한 거듭제곱에 대한 곡선을 그래프로 보여주고 있다.

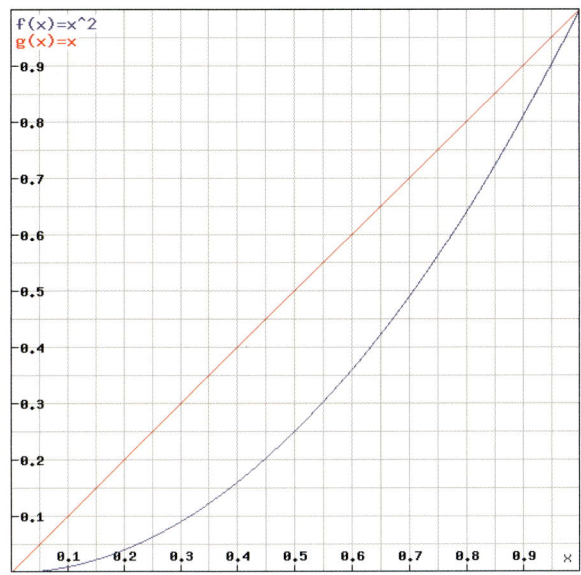

그림 7.12   Ease-in 그래프

[그림 7.12]에서 x축은 실시간으로 경과한 애니메이션의 비율을 나타낸다. 그리고 y축은 애니메이션 시스템에서 애니메이션의 속성을 처리할 때 사용한 왜곡 시간을 나타낸다. 예제에서는 왜곡 시간을 AnimationTimer.getElapasedTime() 메서드에서 반환된 값으로 사용한다.

[그림 7.12]에서 빨간색 선은 등속도 운동의 그래프이고 파란색 곡선은 거듭제곱 곡선의 그래프다. 거듭제곱 곡선은 왜곡 경과 시간(y축)과 실제 경과 시간(x축)을 보여주고 있다. 예를 들면, 실제 경과 시간을 나타내는 x축의 0.5는 왜곡 경과 시간의 0.25에 해당하기 때문에 애니메이션은 마치 현재 재생한 시간의 1/4만 재생한 것처럼 보일 것이다.

[그림 7.12]의 그래프에서 양 축은 시간을 나타내고, 직선과 곡선의 기울기는 시간의 움직임을 나타낸다. [그림 7.12]에서 직선의 기울기는 일정하므로 시간은 일정한 속도로 이동한다. 반면에 곡선의 기울기는 계속해서 변경되고 있으며 이런 이유에서 기울기는 곡선으로 표시된다. 초기 곡선의 기울기는 매우 작아서 시간은 매우 천천히 이동하지만, 왼쪽에서 오른쪽으로 곡선을 따라 이동하면, 곡선의 기울기는 꾸준히 증가한다. 이것은 곡선을 따라 시간이 매우 빠르게 이동하고 있다는 의미다.

[그림 7.12]에서 보여준 그래프와 비슷한 거듭제곱 곡선은 스프링부터 경제는 물론 애니메이션에 이르기까지 모든 종류의 시스템에 사용된다.

[그림 7.13]에서는 x2, x3, x4 등 세 가지 거듭제곱 곡선을 보여주고 있다. 이 그래프에서 곡선의 기울기에 주목하자. 지수가 커질수록, 가속 효과도 더욱 커진다. 초기에 x4곡선은 x2곡선보다 평평하지만, 애니메이션이 진행될수록 기울기는 더욱 급격하게 기울어진다.

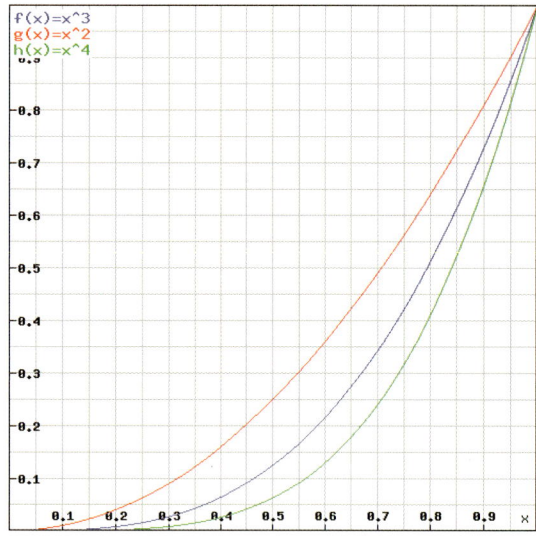

그림 7.13　Ease-in 거듭제곱 곡선

7.4.3 Ease Out: 지속적인 감속

앞 절에서는 시간이 초기에 천천히 이동하고 점차 가속하는 가속 효과에 대해 살펴봤다. [그림 7.14]에서 보여주는 것처럼 Ease out은 가속 효과의 반대 효과로 시간이 초기에 빠르게 이동하고 점차 감속한다.

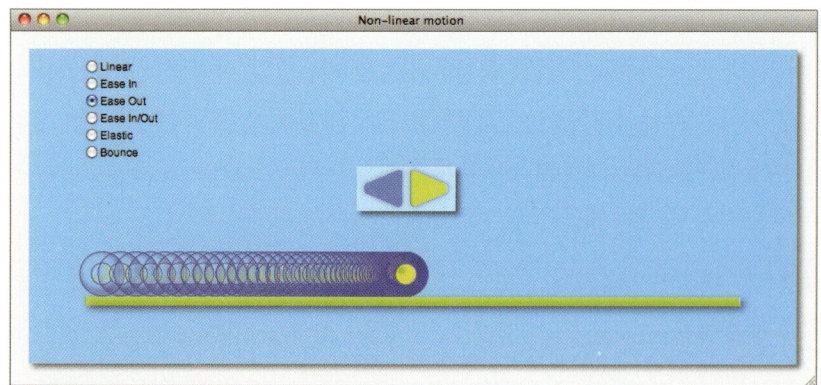

그림 7.14　Ease out

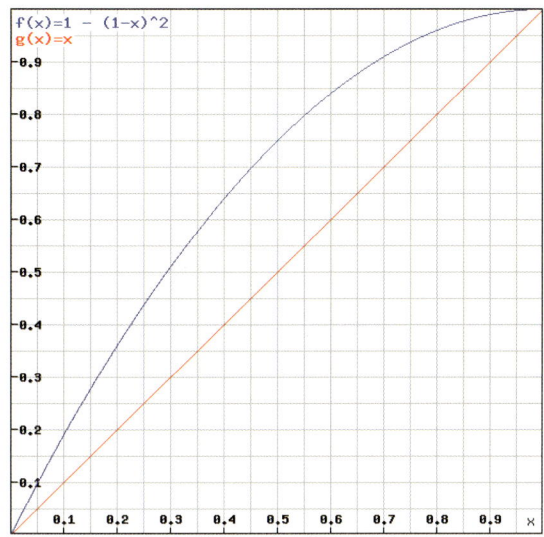

그림 7.15   Ease-out 그래프

[방정식 7.6]에서는 감속 효과에 대한 방정식을 보여주고 있으며 [그림 7.15]에서는 방정식에 대한 그래프를 보여주고 있다. 곡선의 기울기는 초기에는 가파르지만 기울기는 거의 0이 될 때까지 점차 감소한다. 즉, 시간은 초기에 빨리 이동하고 점차 감속한다.

$$f(x) = 1 - (1 - x)^2$$

방정식 7.6   Ease out

다음은 [방정식 7.6]을 구현한 자바스크립트 코드다.

```
function (percentComplete) {
  return 1 - Math.pow(1 - percentComplete, 2);
}
```

가속 효과에 대한 곡선에서 살펴봤던 것처럼, [그림 7.16]에서는 감속 효과에 대한 3의 거듭제곱 곡선과 4의 거듭제곱 곡선을 보여주고 있다. 가속 효과 때와 마찬가지로 지수가 커질수록, 감속 효과는 더욱 커진다.

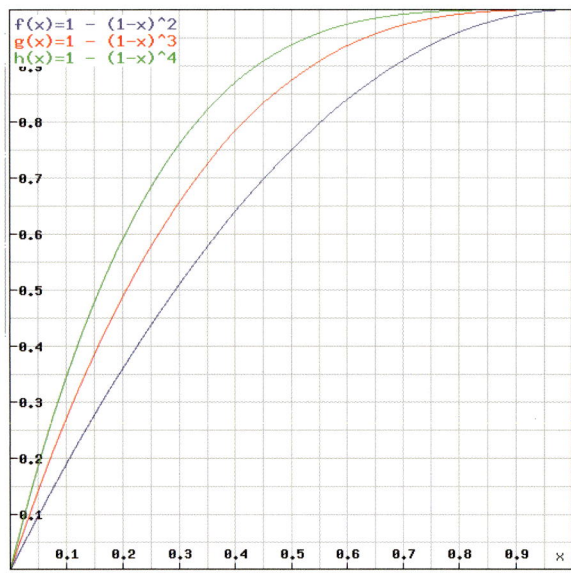

그림 7.16   Ease-out 거듭제곱 곡선

7.4.4 Ease In, Ease Out

앞에서 한 번 언급했지만, 단거리 달리기 주자가 달리는 모습을 상상해 보자. 단거리 주자는 최대 속도에 다다를 때까지 가속하다가 특정 시점부터 속도를 줄이기 시작하여 완전히 멈출 때까지 속도를 줄일 것이다. [그림 7.17]에서 보여주는 이런 종류의 운동이 가속과 감속의 조합이다.

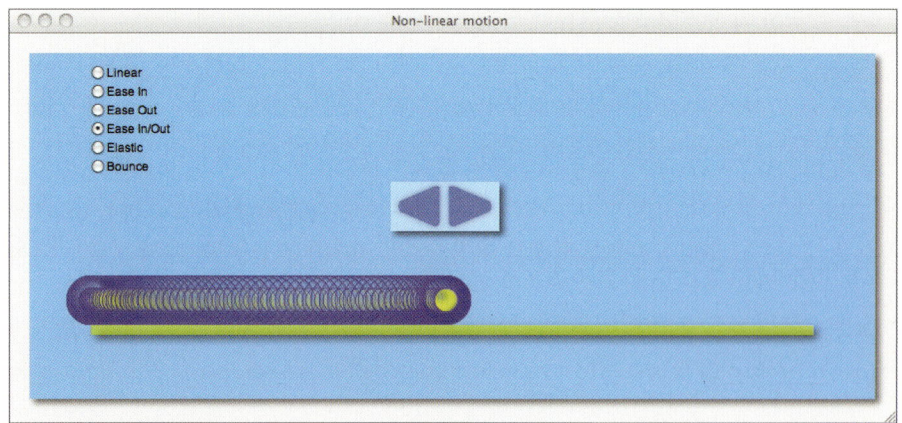

그림 7.17   Ease In, Ease Out

Ease In/Out은 일정 주기를 가지고 있기 때문에 [방정식 7.7]과 [그림 7.18]에서 보여주는 것처럼 사인파로 나타낼 수 있다.

$$f(x) = x - \sin(x \times 2\pi) / (2\pi)$$

방정식 7.7   Ease In/Out

[그림 7.18]에서는 [방정식 7.7]에 대한 그래프를 보여주고 있다.

다음은 [방정식 7.7]을 구현한 자바스크립트 코드다.

```
function (percentComplete) {
  return percentComplete
        - Math.sin(percentComplete*2*Math.PI) / (2*Math.PI);
};
```

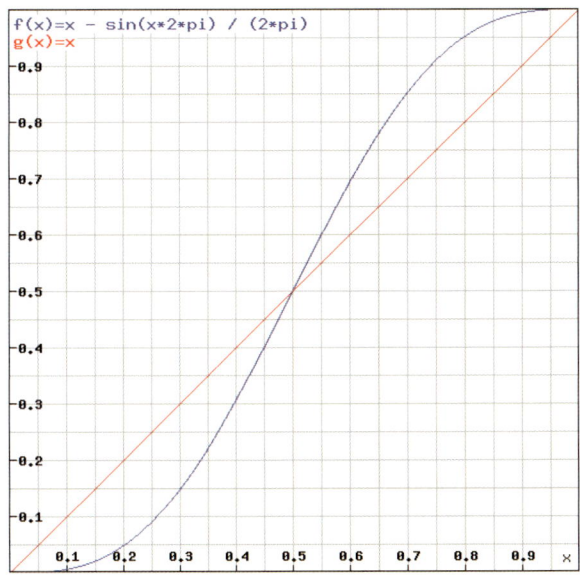

그림 7.18   Ease in/out 그래프

7.4.5 탄성과 바운싱

[그림 7.19]과 [그림 7.21]에서 보여주고 있는 탄성과 바운싱은 자주 사용되는 효과다.

[방정식 7.8]에서는 탄성에 대한 방정식을 보여주고 있다.

$$f(x) = (1 - \cos(x \times N_{passes} \times \pi) \times (1 - x)) + x$$

방정식 7.8   탄성 운동

이 절에서 소개한 [방정식 7.8]에서는 이전 방정식과는 달리 애니메이션 진행률을 나타내는 x 이외에 변수를 포함하고 있다. 이 변수는 물체가 중심축을 지나간 횟수를 나타낸다. 예를 들면, [그림 7.19]에서 N_{passes}는 3이다.

[그림 7.20]에서는 [방정식 7.8]에 대한 그래프를 보여주고 있다.

그림 7.19   탄성 운동(위에서 아래)

[그림 7.20]에서 보여준 그래프는 지금까지 봐온 그래프와 다르다. 그래프의 y축은 1.0이 아닌 2.0까지 표시되어 있을 뿐만 아니라 곡선도 y축의 1.0 이상까지 올라가고 있다.

만약 y축에 있는 시간을 탄성 운동에 적용하면, 물체는 원래 애니메이션이 종료되는 시점에 있어야 하는 곳을 지날 것이다. 그리고 곡선이 내려감에 따라 물체는 반대 방향을 향해 이동하다 결국 다시 종점을 지나게 되고 다시 한 번 사이클을 반복한다. 참고로 [그림 7.20]에서 곡선은 1.0을 3번 지나가기 때문에 패스(N_{passes})의 값은 3이 된다.

[그림 7.21]에서 보여주는 것처럼 바운싱은 탄성과 비슷하다. 초기에 공은 선반 중앙에 있으며 왼쪽으로 이동한다. 그리고 공은 선반 왼쪽 모서리에 닿으면 튕겨 나온다.

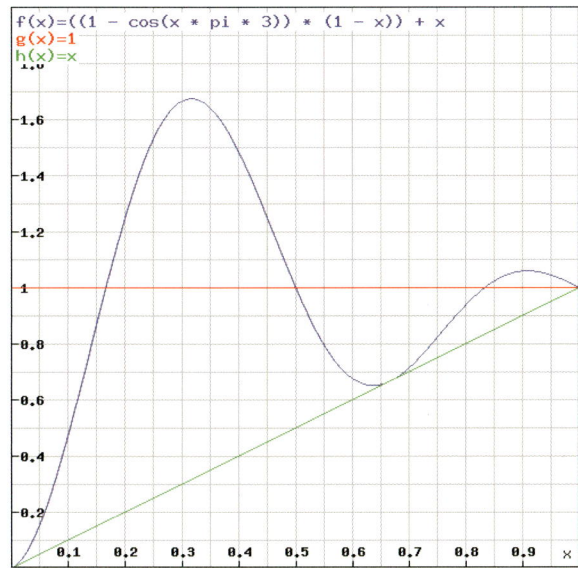

```
f(x)=((1 - cos(x * pi * 3)) * (1 - x)) + x
g(x)=1
h(x)=x
```

그림 7.20 탄성 운동 그래프

그림 7.21 바운싱 운동

일반적으로 바운싱 운동을 구현할 때, 두 가지 방정식을 적용한다. 첫 번째는 [방정식 7.9]에서 보여주는 방정식으로 [방정식 7.8]에서 보여준 탄성 방정식과 같다. [방정식 7.9]의 방정식에서 계산한 값이 1.0보다 적거나 같으면 바운싱 알고리즘에 이 값을 사용한다. 하지만 1.0보다 크다면, 바운스 알고리즘은 [방정식 7.10]을 사용한다.

$$f(x) = (1 - \cos(x \times N_{bounces} \times \pi) \times (1 - x)) + x$$

방정식 7.9 바운싱 방정식 #1, x가 1보다 작거나 같을 때

$$f(x) = 2 - (((1 - \cos(x \times \pi \times N_{bounces})) \times (1 - x)) + x)$$

방정식 7.10 바운싱 방정식 #2, x가 1보다 클 때

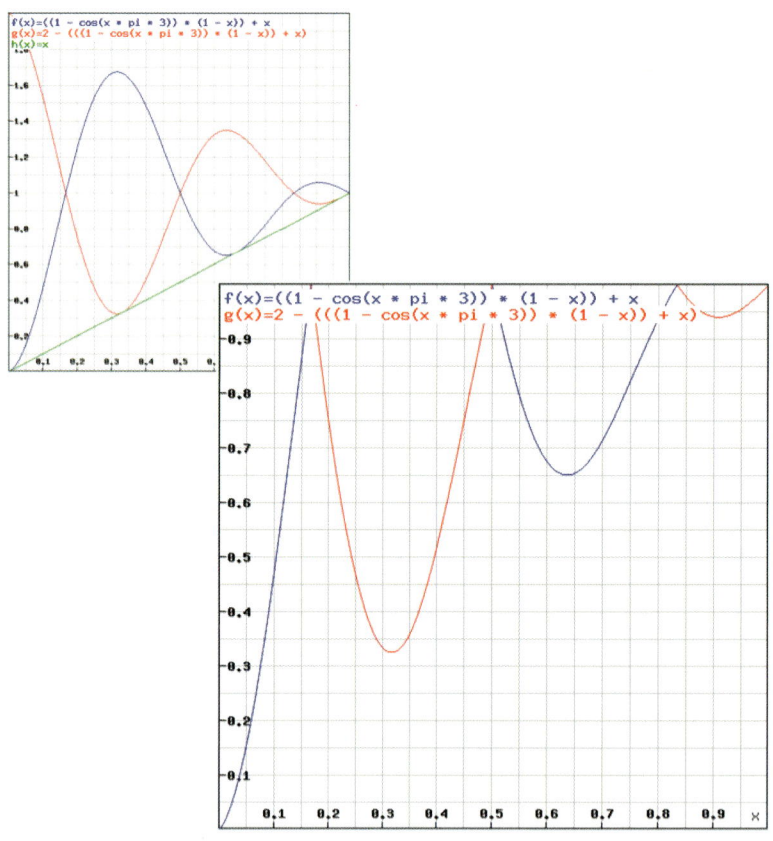

그림 7.22 바운싱 그래프

[그림 7.22]에서는 [방정식 7.9]와 [방정식 7.10]에 대한 그래프를 보여주고 있다. [그림 7.22]에서 뒤에 보이는 작은 그래프는 두 가지 방정식을 모두 보여주고 있다. 그러나 앞에 있는 큰 그래프에서는 바운싱 알고리즘에 사용된 곡선의 일부분만 보여주고 있다.

이 절에서 여러분은 시간을 왜곡하는 방법과 왜곡된 시간을 운동에 적용하는 방법을 살펴봤다. 그러나 왜곡된 시간은 운동뿐만 아니라 오브젝트의 다른 속성에도 적용할 수 있다. 예를 들면, 가속 효과나, 감속 효과 등과 같은 효과를 애니메이션의 셀에 적용하면 애니메이션의 속도를 높이거나 낮출 수 있다. 다음 절에서 애니메이션의 속도를 높이거나 낮추는 방법을 살펴보도록 하자.

7.5 애니메이션 왜곡

지금까지 여러분은 시간을 왜곡하는 방법과 다양한 운동을 살펴봤다. 이 절에서는 시간에 따라 다른 속성을 왜곡하는 방법을 자세히 살펴보자.

[그림 7.23]에서 보여주는 애플리케이션에서는 페이지 위에 있는 라디오 버튼을 사용해 선택한 알고리즘에 따라 시간을 왜곡하고 있다. [그림 7.23]에서는 스프라이트의 움직임에 의해 나타나는 왜곡 시간이 애니메이션의 처음 3/4 지점에 있는 수직 타임라인에 의해 나타나는 실제 시간보다 훨씬 빠르지만, 점점 느려져 결국 애니메이션 종료 시점에는 실제 시간과 왜곡 시간이 같아지는 감속 효과를 보여주고 있다.

[그림 7.23]에서 실제 시간과 왜곡 시간은 각 타임라인과 스프라이트에 의해 표시된다. 하지만 [그림 7.23]에서는 운동에 따라 스프라이트가 움직이는 비율을 표시하지 않는다. 감속 효과를 적용하면, 타임라인 앞에서 엄청난 속도로 달리기 시작한 스프라이트는 애니메이션의 처음 3/4 지점까지 셀을 빠르게 통과한다. 그러나 애니메이션의 마지막 4/4 지점에서 스프라이트의 속도와 애니메이션 속도는 빠르게 떨어지므로 결국 타임라인은 스프라이트를 따라잡는다.

애플리케이션에서는 moveRightToLeft와 runInPlace 등 두 가지 동작을 사용해 스프라이트를 생성하고 있다.

```
sprite = new Sprite('runner',
                new SpriteSheetPainter(runnerCells),
                [ moveRightToLeft, runInPlace ]);
```

스프라이트의 페인터가 실행된 마지막 시점까지의 경과 시간이 1/10초보다 크다면, runInPlace.execute() 메서드에서는 스프라이트의 페인터를 실행시키고 마지막 실행에 대한 시간을 다시 설정한다.

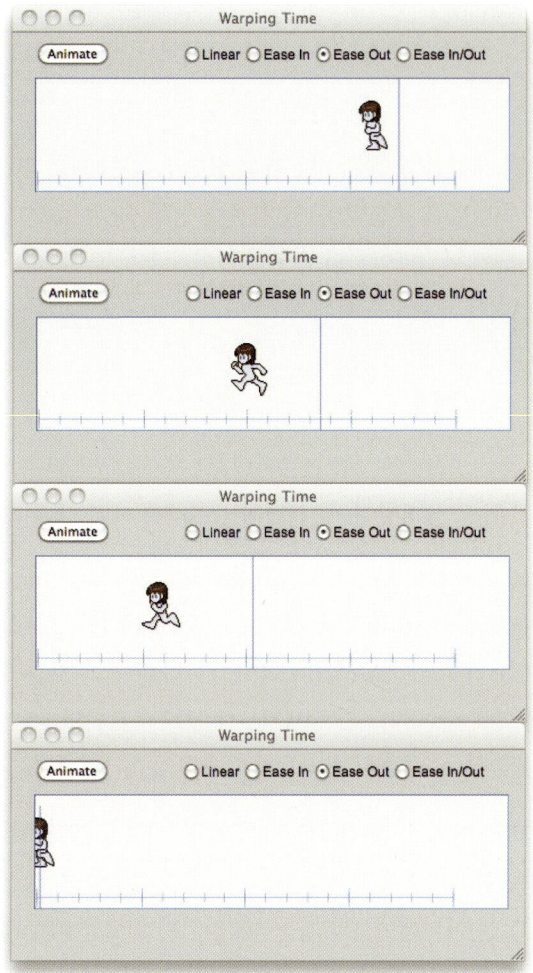

그림 7.23 운동과 애니메이션 왜곡

```
runInPlace = {
  execute: function() {
    var elapsed = animationTimer.getElapsedTime();

    if (lastAdvance === 0) {  // 처음은 건너뛴다.
      lastAdvance = elapsed;
    }
    else if (lastAdvance !== 0 &&
            elapsed - lastAdvance > PAGEFLIP_INTERVAL) {
      sprite.painter.advance();
      lastAdvance = elapsed;
    }
  }
},
```

moveRightToLeft.execute() 메서드에서는 스프라이트를 이동시킨 마지막 시점부터 스프라이트의 속도에 경과 시간을 곱해 스프라이트를 이동시킨다.

```
moveRightToLeft = {
   lastMove: 0,
      reset: function () {
         this.lastMove = 0;
      },

      execute: function(sprite, context, time) {
      var elapsed = animationTimer.getElapsedTime(),
         advanceElapsed = elapsed - this.lastMove;

      if (this.lastMove === 0) { // 처음은 건너뛴다.
         this.lastMove = elapsed;
      }
      else {
         sprite.left -= (advanceElapsed / 1000) * sprite.velocityX;
         this.lastMove = elapsed;
      }
   }
},
```

만약 애니메이션 타이머의 **getElapsedTime()** 메서드에서 애니메이션에 대한 실제 경과 시간을 반환한다면, 스프라이트의 운동과 스트라이트가 셀을 통과하는 속도는 선형이 될 것이다. 물론 이것은 초기에 선형 알고리즘을 선택한 상태에서 애플리케이션을 처음 시작하는 경우에 해당한다. 하지만 여러분이 라디오 버튼 중 하나를 선택하면, 애플리케이션에서는 다음 코드처럼 애니메이션 타이머의 시간-왜곡 함수를 변경한다.

```
easeInRadioButton.onchange = function (e) {
   animationTimer.timeWarp = AnimationTimer.makeEaseIn(1);
};
```

애니메이션 셀을 순환하는 속도와 스프라이트의 운동은 결국 애니메이션 타이머의 시간-왜곡 함수에 의해 제어된다.

[예제 7.9]와 [예제 7.10]에서는 [그림 7.23]에서 보여준 애플리케이션의 HTML 코드와 자바스크립트 코드를 소개하고 있다. 애플리케이션에서 396페이지의 6.2.3절('스프라이트 시트 페인터')에서 살펴봤던 스프라이트 시트 페인터를 사용해 스프라이트의 각 애니메이션 셀을 그리고 있다는 점에 주의하자.

예제 7.9	운동 및 애니메이션 속도 왜곡: HTML

```html
<!DOCTYPE html>
<html>
    <head>
        <title>Warping Time</title>

        <style>
            body {
                background: #cdcdcd;
            }

            .controls {
                position: absolute;
                left: 150px;
                top: 10px;
                font: 12px Arial;
            }

            #canvas {
                position: absolute;
                left: 0px;
                top: 20px;
                margin: 20px;
                border: thin inset rgba(100,150,230,0.8);
                background: #efefef;
            }

            #animateButton {
                margin-left: 15px;
                margin-bottom: 10px;
            }
        </style>
    </head>

    <body>
        <input id='animateButton' type='button' value='Animate'/>

        <canvas id='canvas' width='420' height='100'>
            Canvas not supported
        </canvas>

        <div id='motionControls' class='controls'>
            <div id='motionRadios'>
                <input type='radio' name='motion'
                        id='linearRadio' checked/>Linear

                <input type='radio' name='motion'
                        id='easeInRadio'/>Ease In
```

```html
            <input type='radio' name='motion'
                   id='easeOutRadio'/>Ease Out

            <input type='radio' name='motion'
                   id='easeInOutRadio'/>Ease In/Out
        </div>
    </div>

    <script src='stopwatch.js'></script>
    <script src='animationTimer.js'></script>
    <script src='requestNextAnimationFrame.js'></script>
    <script src='sprites.js'></script>
    <script src='example.js'></script>
  </body>
</html>
```

예제 7.10   운동 및 애니메이션 속도 왜곡: 자바스크립트

```javascript
var canvas = document.getElementById('canvas'),
    context = canvas.getContext('2d'),

    linearRadio = document.getElementById('linearRadio'),
    easeInRadio = document.getElementById('easeInRadio'),
    easeOutRadio = document.getElementById('easeOutRadio'),
    easeInOutRadio = document.getElementById('easeInOutRadio'),

    animateButton = document.getElementById('animateButton'),
    spritesheet = new Image(),

    runnerCells = [
      { left: 0,   top: 0, width: 47, height: 64 },
      { left: 55,  top: 0, width: 44, height: 64 },
      { left: 107, top: 0, width: 39, height: 64 },
      { left: 152, top: 0, width: 46, height: 64 },
      { left: 208, top: 0, width: 49, height: 64 },
      { left: 265, top: 0, width: 46, height: 64 },
      { left: 320, top: 0, width: 42, height: 64 },
      { left: 380, top: 0, width: 35, height: 64 },
      { left: 425, top: 0, width: 35, height: 64 },
    ],

    interval,
    lastAdvance = 0.0,

    SPRITE_LEFT = canvas.width - runnerCells[0].width;
    SPRITE_TOP = 10,

    PAGEFLIP_INTERVAL = 100,
```

```
    ANIMATION_DURATION = 3900,

animationTimer = new AnimationTimer(ANIMATION_DURATION,
                        AnimationTimer.makeLinear(1)),

LEFT = 1.5,
RIGHT = canvas.width - runnerCells[0].width,
BASELINE = canvas.height - 9.5,
TICK_HEIGHT = 8.5,
WIDTH = RIGHT-LEFT,

runInPlace = {
    execute: function() {
        var elapsed = animationTimer.getElapsedTime();

        if (lastAdvance === 0) {  // 처음은 건너뛴다.
            lastAdvance = elapsed;
        }
        else if (lastAdvance !== 0 &&
                elapsed - lastAdvance > PAGEFLIP_INTERVAL) {
            sprite.painter.advance();
            lastAdvance = elapsed;
        }
    }
},

moveRightToLeft = {
    lastMove: 0,
    reset: function () {
        this.lastMove = 0;
    },

    execute: function(sprite, context, time) {
        var elapsed = animationTimer.getElapsedTime(),
            advanceElapsed = elapsed - this.lastMove;

        if (this.lastMove === 0) { // 처음은 건너뛴다.
            this.lastMove = elapsed;
        }
        else {
            sprite.left -= (advanceElapsed / 1000) * sprite.velocityX;
            this.lastMove = elapsed;
        }
    }
},

sprite = new Sprite('runner',
                new SpriteSheetPainter(runnerCells),
                [ moveRightToLeft, runInPlace ]);
```

```
// 함수........................................................

function endAnimation() {
   animateButton.value = 'Animate';
   animateButton.style.display = 'inline';
   animationTimer.stop();

   lastAdvance = 0;
   sprite.painter.cellIndex = 0;
   sprite.left = SPRITE_LEFT;
   animationTimer.reset();
   moveRightToLeft.reset();
}

function startAnimation() {
   animationTimer.start();
   animateButton.style.display = 'none';
   window.requestNextAnimationFrame(animate);
}

function drawAxis() {
   context.lineWidth = 0.5;
   context.strokeStyle = 'cornflowerblue';

   context.moveTo(LEFT, BASELINE);
   context.lineTo(RIGHT, BASELINE);
   context.stroke();

   for (var i=0; i <= WIDTH; i+=WIDTH/20) {
      context.beginPath();
      context.moveTo(LEFT + i, BASELINE-TICK_HEIGHT/2);
      context.lineTo(LEFT + i, BASELINE+TICK_HEIGHT/2);
      context.stroke();
   }

   for (i=0; i < WIDTH; i+=WIDTH/4) {
      context.beginPath();
      context.moveTo(LEFT + i, BASELINE-TICK_HEIGHT);
      context.lineTo(LEFT + i, BASELINE+TICK_HEIGHT);
      context.stroke();
   }

   context.beginPath();
   context.moveTo(RIGHT, BASELINE-TICK_HEIGHT);
   context.lineTo(RIGHT, BASELINE+TICK_HEIGHT);
   context.stroke();
}

function drawTimeline() {
   var realElapsed = animationTimer.getRealElapsedTime(),
```

```
            realPercent = realElapsed / ANIMATION_DURATION;

   context.lineWidth = 0.5;
   context.strokeStyle = 'rgba(0,0,255,0.5)';

   context.beginPath();

   context.moveTo(WIDTH - realPercent*(WIDTH), 0);
   context.lineTo(WIDTH - realPercent*(WIDTH), canvas.height);
   context.stroke();
}

// 이벤트 핸들러...................................................

animateButton.onclick = function (e) {
   if (animateButton.value === 'Animate') startAnimation();
   else                                   endAnimation();
};

linearRadio.onclick = function (e) {
   animationTimer.timeWarp = AnimationTimer.makeLinear(1);
};

easeInRadio.onclick = function (e) {
   animationTimer.timeWarp = AnimationTimer.makeEaseIn(1);
};

easeOutRadio.onclick = function (e) {
   animationTimer.timeWarp = AnimationTimer.makeEaseOut(1);
};

easeInOutRadio.onclick = function (e) {
   animationTimer.timeWarp = AnimationTimer.makeEaseInOut();
};

// 애니메이션......................................................

function animate(time) {
   if (animationTimer.isRunning()) {
      elapsed = animationTimer.getElapsedTime();

      context.clearRect(0, 0, canvas.width, canvas.height);
      sprite.update(context, time);
      sprite.paint(context);

      drawTimeline();
      drawAxis();

      if (animationTimer.isOver()) {
         endAnimation();
```

```
    }
    window.requestNextAnimationFrame(animate);
  }
}

// 초기화.....................................................

spritesheet.src = 'running-sprite-sheet.png';
sprite.left = SPRITE_LEFT;
sprite.top = SPRITE_TOP;
sprite.velocityX = 100; // 픽셀/초

drawAxis();

spritesheet.onload = function () {
  sprite.paint(context);
};
```

7.6   결론

여러분은 7장에서 중력을 구현하는 것을 시작으로 애니메이션과 게임에서 사용할 수 있는 기본 물리학에 대해 살펴봤다. 그뿐만 아니라 여러분은 진자와 같은 비선형 운동, 비행하는 물체, 낙하하는 물체 등을 구현하는 방법도 살펴봤다.

그리고 정지 신호에서부터 출발해 가속하는 차량부터 바운싱되는 공에 이르기까지 대부분 운동이 비선형 운동이므로 가속 효과와 감속 효과 등과 같은 효과를 적용할 수 있도록 시간을 왜곡하는 방법도 살펴봤다. 이렇듯 시간을 왜곡할 수 있기 때문에 7장의 마지막 예제에서 살펴본 것처럼 스프라이트가 움직이는 속도뿐만 아니라, 스프라이트가 애니메이션 셀을 지나가는 속도도 변경하는 애니메이션 속도와 운동 등과 같은 파생적인 것도 왜곡할 수 있다.

계속해서 다음 장에서도 물리학적인 측면에서 충돌 감지에 대해 살펴보자.

충돌 감지

충돌 감지는 거의 모든 게임과 대부분 애니메이션에 반드시 필요한 주요 기능이라고 할 수 있다. 여러분은 이 장에서 경계 영역과 레이 캐스팅을 사용하는 간단한 방법부터 다각형, 원, 이미지, 스프라이트 사이에 발생한 충돌을 감지하는 방법까지 충돌 감지를 구현하는 다양한 방법을 살펴볼 것이다.

8장에서는, 이차원과 삼차원에서 다각형 사이에 발생하는 충돌을 감지할 때 주로 사용하는 메서드인 SAT(Separating Axis Theorem)를 구현하는 방법을 소개할 예정으로 캔버스를 사용해 SAT를 구현하는 방법과 원, 이미지, 스프라이트를 위해 SAT를 확장하는 방법을 자세히 알아볼 것이다.

그리고 8장의 마지막 부분에서는 SAT의 부산물이자 더이상 충돌이 발생하지 않게 충돌하는 물체를 이동시켜야 하는 가장 짧은 거리인 MTV(Minimum Translation Vector)를 자세히 살펴볼 것이다. MTV를 사용하면, 충돌하는 물체를 분리하거나, 물체를 서로 붙이거나, 물체를 서로 튕겨 나가게 할 수 있다.

8.1 바운싱 영역

2차원 충돌 감지에서는 경계 영역인 3D를 위한 바운딩 볼륨(bounding volume)을 이용하고 있기 때문에 먼저 경계 영역을 사용한 예제를 살펴본 다음 충돌 감지에 대해 소개할 예정이다.

8.1.1 직사각형의 경계 영역

직사각형은 경계 영역으로 자주 사용되며 흔히 경계 박스라고도 부른다. [그림 8.1]의 애플리케이션에서 직사각형의 경계 영역에 대한 사용법을 소개하고 있다. [그림 8.1]에서 화살표를 사용하면, 초기에 선반에 있는 공을 수평으로 이동시킬 수 있다. 화살표로 공을 선반 왼쪽으로 계속 이동시키면, 공은 위에 있는 선반에서 아래에 있는 선반으로 떨어진다. 물론 공과 아래에 있는 선반이 충돌한다면 말이다.

그림 8.1   직사각형 경계 영역

애플리케이션에서는 다음과 같은 메서드를 이용해 공이 아래에 있는 선반과 충돌했는지 결정한다.

```
ballWillHitLedge: function (ledge) {
  var ballRight = ball.left + ball.width,
      ledgeRight = ledge.left + ledge.width,
      ballBottom = ball.top + ball.height,
      nextBallBottomEstimate = ballBottom + ball.velocityY / fps;

  return ballRight > ledge.left &&
         ball.left < ledgeRight &&
         ballBottom < ledge.top &&
         nextBallBottomEstimate > ledge.top;
}
```

ballWillHitLedge() 메서드에서는 공의 밑면 가장자리를 계산하고 애니메이션의 현재 프레임률과 공의 속도에 따라 다음 애니메이션 프레임에 공의 밑면이 어디에 있을지 판단한다.

그리고 현재 공이 선반 위에 있다면, ballWillHitLedge() 메서드에서는 true를 반환하고 다음 애니메이션 프레임에서 공이 선반으로 떨어질 것으로 예측한다.

[그림 8.1]에서 보여준 애플리케이션에서는 충돌 감지를 위한 경계 박스뿐만 아니라 충돌이 발생하기 전에 충돌을 감지하는 연역적 충돌 감지도 사용하고 있다. 물론 충돌이 발생한 다음에 충돌을 감지하는 귀납적 충돌 감지를 사용할 수도 있다. 다음 절에서는 귀납적 충돌 감지를 구현하는 방법을 자세히 살펴보자.

> **여러분의 연역적 평가는 잠시 미루어두자**
>
> 위 예제에서 다음 애니메이션 프레임에 공이 어디에 있을지에 대한 애플리케이션의 추측은 틀릴 수 있다. 왜냐하면, 애플리케이션은 현재 프레임률에 근거로 예측하기 때문이다. 따라서 현재 프레임률이 갑자기 변경된다면, 애플리케이션의 추측은 빗나가게 될 것이다.
>
> 만약 공이 선반 바로 위에 있다면, 애플리케이션에서는 다음 애니메이션 프레임 때 공이 선반과 충돌하지 않을거라고 예측할 것이다. 하지만 다음 애니메이션 프레임에서 공이 선반과 충돌하게 되면, 애플리케이션은 충돌을 놓칠 것이다.
>
> 추측에 대한 부정확성은 연역적 충돌 감지의 단점 중 하나다.

8.1.2 원형 경계 영역

[그림 8.2]에서 양동이에 떨어지는 공을 보여주는 것처럼 원형 경계 영역이 직사각형 경계 영역보다 적합할 때가 있다. [그림 8.2]에서 공이 양동이 내부에 있는 원형 경계 영역과 충돌한다면, 애플리케이션에서는 공이 양동이에 들어왔다는 사실을 알게 된다.

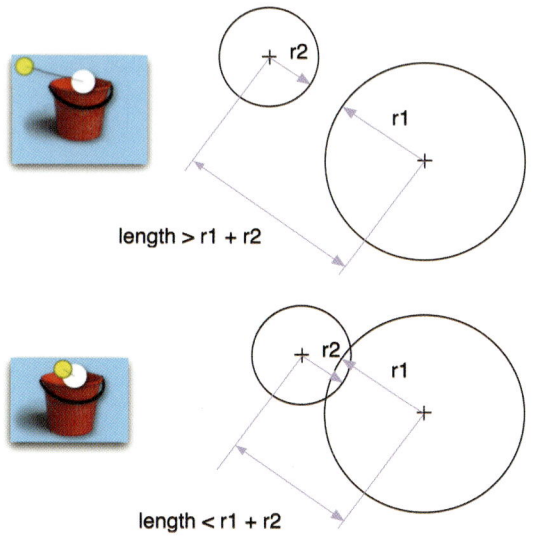

그림 8.2 원 사이의 충돌: 두 원에 대한 중심 사이의 거리는 두 원의 반지름을 더한 값보다 작음

또한, [그림 8.2]에서는 원형 경계 영역을 사용했을 때 충돌을 확인하는 방법이 얼마나 쉬운지 보여주고 있다. 만약 두 원에 대한 중심 사이의 거리가 두 원의 반지름을 합친 값보다 작다면, 두 원은 충돌했다고 판단할 수 있다. 이처럼 간단한 계산은 원형 경계 영역의 매력이라고 할 수 있다.

[그림 8.3]에서는 [그림 8.2]에서 보여준 양동이와 공 사이의 충돌을 감지하는 애플리케이션을 소개하고 있다.

애플리케이션에서는 다음과 같은 메서드를 이용해 공이 양동이에 들어갔는지 결정한다.

```
isBallInBucket: function() {
   var ballCenter = { x: ball.left + BALL_RADIUS,
                      y: ball.top  + BALL_RADIUS
   },

   distance = Math.sqrt(
      Math.pow(bucketHitCenter.x - ballCenter.x, 2) +
      Math.pow(bucketHitCenter.y - ballCenter.y, 2));

   return distance < BALL_RADIUS + bucketHitRadius;
}
```

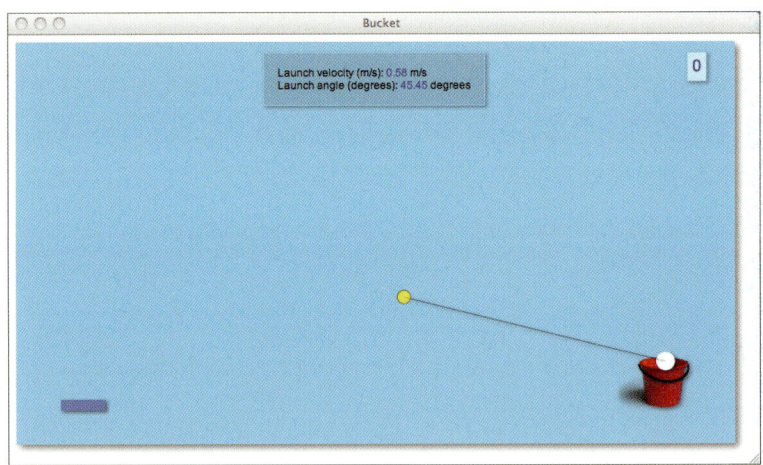

그림8.3   원형 경계 영역

위 메서드에서 buckHitCenter 오브젝트는 원형 경계 영역의 중심에 대한 좌표를 가지고 있다. 그리고 메서드에서는 [방정식 8.1]에서 보여주는 피타고라스의 정리를 사용해 원형 경계 영역의 중심과 공의 중심 사이의 거리를 계산하고 있다.

$$c = \sqrt{a^2 + b^2}$$

방정식 8.1   두 점 사이의 거리

[그림 8.3]에서 보여준 애플리케이션에서는 귀납적 충돌 감지를 사용하고 있다. 즉, 충돌이 발생한 후에 충돌했는지 감지하고 있다.

[그림 8.1]의 애플리케이션에서 사용한 충돌 감지와 마찬가지로, [그림 8.2]의 애플리케이션에서 사용하고 있는 충돌 감지도 완벽하지는 않다. 공이 엄청나게 빠른 속도로 이동하면, 공이 한 애니메이션 프레임 동안 원형 경계 영역까지 이동할 수 있기 때문에 애플리케이션에서는 충돌을 감지할 수 없을 것이다. 물론 애니메이션에서 공의 속도를 제한하면 이런 문제를 간단히 해결할 수 있다. 참고로, 8장 후반부에서는 더 정확한 충돌 감지 메서드를 살펴볼 예정이다.

 연역적 충돌 감지 vs. 귀납적 충돌 감지

연역적 충돌 감지는 충돌이 발생하기 전에 충돌을 감지하는 반면, 귀납적 충돌 감지에서는 충돌이 발생한 다음에 충돌을 감지한다.

따라서 연역적 충돌 감지를 사용하면, 물체가 앞으로 위치할 장소를 계산할 수 있다. 이것은 연역적 충돌 감지에서는 위치를 계산할 때 필요한 물체의 속도 등을 반드시 고려해야 한다는 의미. 반면 귀납적 충돌 감지에서는 이런 계산을 할 필요가 없다. 다만 물체가 충돌했는지만 확인하면 된다.

그러나 여러분이 귀납적 충돌 감지를 사용했을 때는 반드시 충돌에 대한 여파를 처리해야 한다. 일반적으로 충돌의 여파를 처리하는 작업은 물체의 위치를 예측하는 계산만큼 복잡해서 두 가지 방법 중 어떤 방법도 극단적으로 간단하지 않다.

8.2 바운싱

[그림 8.4]에서는 공이 캔버스 모서리에 부딪힌 다음 튀어나오는 애니메이션을 보여주고 있다.

만약 충돌 감지를 위해 경계 박스를 사용한다면, [예제 8.1]에서 보여주는 것처럼 물체의 위치와 속도를 조작해 캔버스 모서리에 부딪히면 튀어나오는 코드를 쉽게 구현할 수 있다.

예제 8.1 바운싱

```
handleEdgeCollisions: function() {
  var bbox = getBoundingBox(ball),
      right = bbox.left + bbox.width,
      bottom = bbox.top + bbox.height;

  if (right > canvas.width || bbox.left < 0) {
    velocityX = -velocityX;
```

```
        if (right > canvas.width) {
            ball.left -= right-canvas.width;
        }

        if (bbox.left < 0) {
            ball.left -= bbox.left;
        }
    }

    if (bottom > canvas.height || bbox.top < 0) {
        velocityY = -velocityY;

        if (bottom > canvas.height) {
            ball.top -= bottom-canvas.height;
        }
        if (bbox.top < 0) {
            ball.top -= bbox.top;
        }
    }
};
```

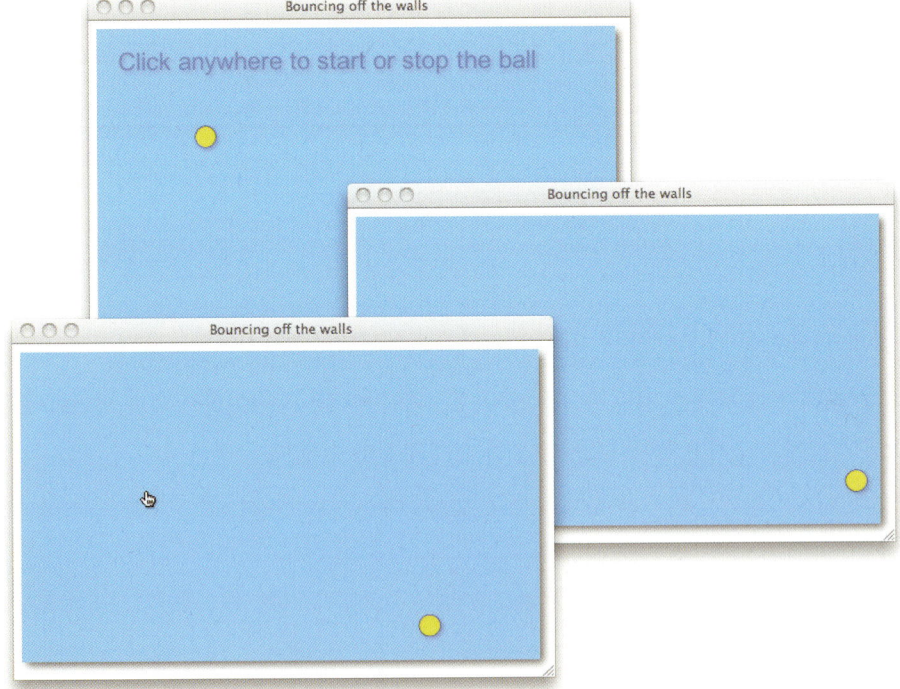

그림 8.4   바운싱

[예제 8.1]에서는 공의 경계 박스를 사용해 공이 캔버스 경계 밖으로 이동하는지 확인하고 있다. 만약 공이 캔버스의 경계 밖으로 이동했다면, 메서드에서는 수평 방향 또는 수직 방향으로 공의 속도를 반전시킨 다음 공이 캔버스 경계 안으로 들어올 수 있게 공의 위치를 업데이트한다.

지금까지 경계 영역을 사용해 충돌 감지를 구현하는 방법을 살펴봤다. 다음 절에서는 경계 영역보다 정확한 레이 캐스팅(ray casting)에 대해 살펴보자.

8.3   레이 캐스팅

경계 영역의 대안으로 경계 영역보다 정확한 레이 캐스팅을 사용해 충돌을 감지할 수 있다. [그림 8.5]에서 보여주는 애플리케이션에서는 레이 캐스팅을 사용해 공이 양동이에 들어갔는지 결정하고 있다. 애플리케이션의 왼쪽에는 간단한 발사대, 그리고 오른쪽에는 양동이가 배치되어 있다. 애플리케이션을 시작하면, 공은 발사대에 얹혀진다. 이때, 사용자가 마우스를 클릭하면, 애플리케이션에서는 커서부터 발사대까지의 거리에 비례하는 속도로 마우스 커서 방향을 향해 공을 발사한다.

레이 캐스팅은 물체로부터 물체의 속도 벡터와 일치하는 빛을 방출하고 다른 물체에서 다른 빛을 방출할 때 두 빛이 교차하는 지점을 계산하는 원리를 이용한 것으로 생각보다 간단하다.

[그림 8.5]에서 보여주는 애플리케이션에서는 공의 속도 벡터와 일치하는 빛을 생성하고 [그림 8.5]에서처럼 ray #1이라고 이름을 붙였다. 그리고 애플리케이션에서는 ray #2라고 명명한 두 번째 빛을 생성한 다음 두 빛의 교차 지점을 계산한다.

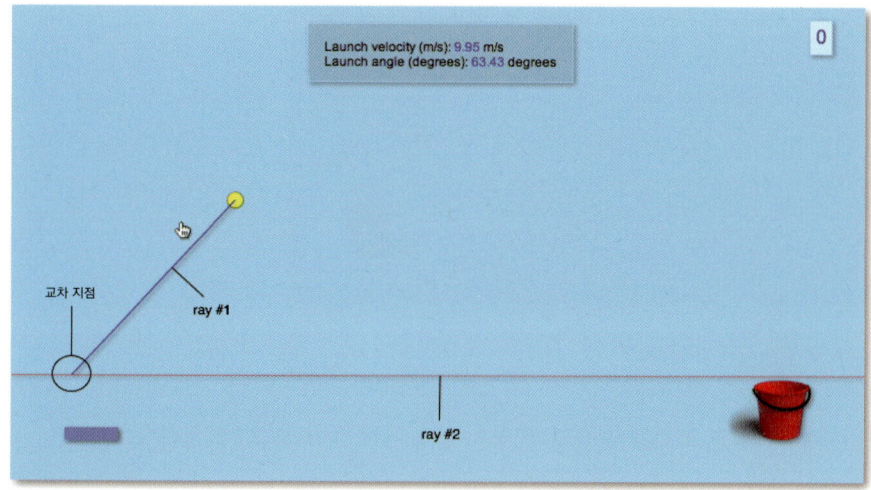

그림 8.5   레이 캐스팅

공이 발사되면, 애플리케이션에서는 ray #1을 공부터 ray #2와 교차하는 지점까지 계속해서 지우고 다시 그린다. [그림 8.6]에서는 이 작업을 보여주고 있다.

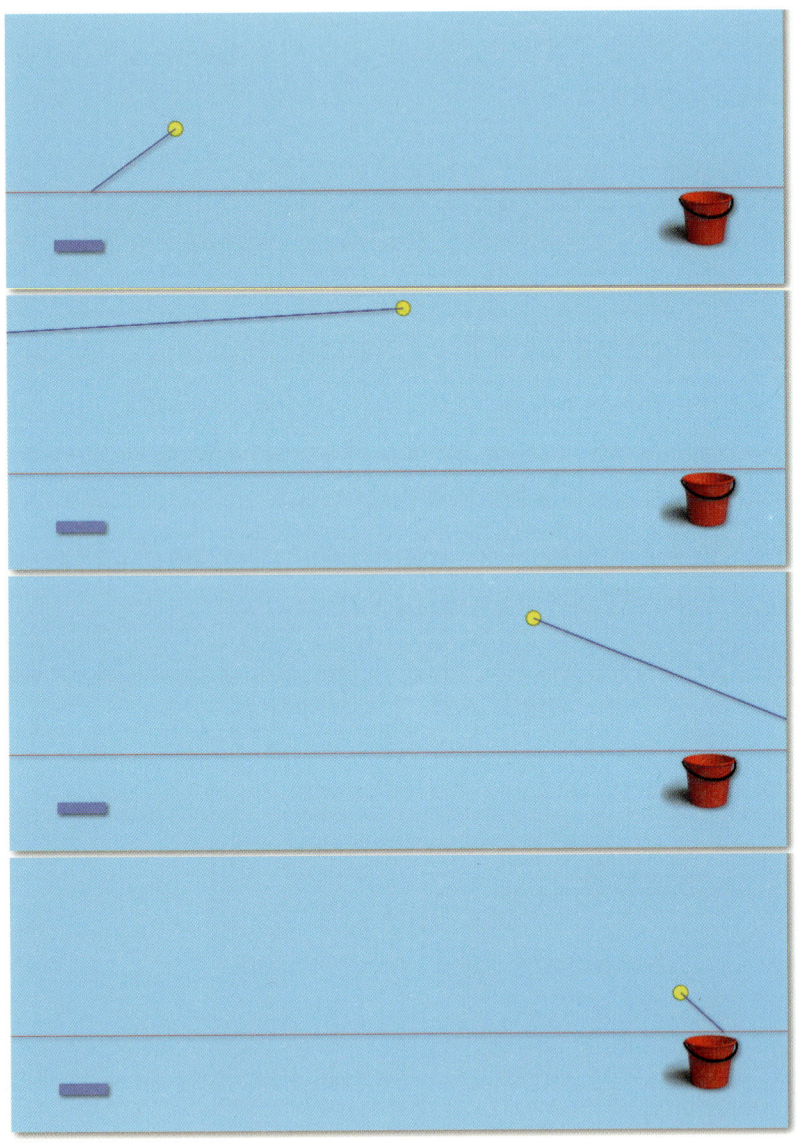

그림 8.6   공에 대한 ray #1을 계속해서 업데이트함

애플리케이션에서는 다음 두 가지 조건을 만족할 때 공이 양동이에 들어갔다고 인식한다.

- ray #1과 ray #2의 교차 지점이 양동이 모서리의 사이에 있다.

- 공이 ray #2 아래에 있다.

[그림 8.7]에서 가장 오른쪽에 있는 이미지가 이 두 가지 조건을 만족한다.

그림 8.7   레이 캐스팅 클로즈업: 오른쪽에 있는 사진은 득점으로 인정

지금부터 [방정식 8.2]에서 보여주는 선형 방정식인 점-기울기(point-slope) 방정식을 시작으로 레이 캐스팅 충돌 감지를 구현해 보자.

$$y = mx + b$$

방정식 8.2   선형 방정식인 점-기울기 방정식

[방정식 8.2]에서, b는 y-인터셉트로 선이 Y축을 가로지르는 지점을 의미한다.

여기서 찾아야 할 것은 두 선의 교차점 즉, 두 선이 만나는 지점이다. 따라서 ray #1에 대한 방정식을 ray #2에 대한 방정식과 동일하게 둔다. 그리고 [방정식 8.3]처럼, x에 대해 방정식을 풀 수 있다(방정식에서 x1과 x2는 같다는 사실을 기억하자).

$$mx_1 + b_1 = mx_2 + b_2$$
$$mx_1 - mx_2 = b_2 - b_1$$
$$x(m_1 - m_2) = b_2 - bx_1$$
$$x = (b_2 - b_1) / (m_1 - m_2)$$

방정식 8.3   두 선의 교차점(방정식 유도)

x에 대한 값을 구하면, 구한 x값을 점-기울기 방정식에 대입해 y값도 구할 수 있다. [예제 8.2]는 [방정식 8.3]에 대한 코드로 [그림 8.5]의 애플리케이션에서 사용한 충돌 감지를 구현하고 있다.

예제 8.2	레이 캐스팅을 사용해 충돌 감지를 구현한 오브젝트

```javascript
catchBall = {
    intersectionPoint: { x: 0, y: 0 },

    isBallInBucket: function() {  // 귀납적
        if (lastBallPosition.left === ball.left ||
            lastBallPosition.top === ball.top) {
            return;
        }
        // (x1, y1) = 마지막 공 위치
        // (x2, y2) = 현재 공 위치
        // (x3, y3) = 양동이 왼쪽
        // (x4, y4) = 양동이 오른쪽

        var x1 = lastBallPosition.left,
            y1 = lastBallPosition.top,
            x2 = ball.left,
            y2 = ball.top,
            x3 = BUCKET_LEFT + BUCKET_WIDTH/4,
            y3 = BUCKET_TOP,
            x4 = BUCKET_LEFT + BUCKET_WIDTH,
            y4 = y3,

            // m1는 (x1, y1)부터 (x2, y2)까지의 기울기다.

            m1 = (ball.top - lastBallPosition.top) /
                 (ball.left - lastBallPosition.left),

            // m2는 (x3, y3)부터 (x4, y4)까지의 기울기다.

            m2 = (y4 - y3) / (x4 - x3),  // 결과는 0이지만
                                        // 그림을 그리기 위해 계산한다.
            // b1은 (x1, y1)부터 (x2, y2)까지의 y-인터셉트다.

            b1 = y1 - m1*x1,

            // b2는 (x3, y3)부터 (x4, y4)까지의 y-인터셉트다.

            b2 = y3 - m2*x3;

        this.intersectionPoint.x = (b2 - b1) / (m1 - m2);
        this.intersectionPoint.y = m1*this.intersectionPoint.x + b1;

        return this.intersectionPoint.x > x3 &&
               this.intersectionPoint.x < x4 &&
               ball.top + ball.height > y3 &&
               ball.left + ball.width < x4;
    }
};
```

 **수평선과 수직선**

isBallInBucket() 메서드에서는 공이 수직 및 수평으로 움직이는 것을 전혀 고려하지 않는다. 왜냐하면, 수평으로 움직이는 공의 기울기는 0이고 수직으로 움직이는 공의 기울기는 무한대이기 때문이다. 따라서 두 경우 모두 계산에 도움이 되지 않는다.

하지만 여러분이 선형 방정식인 클라이언트-기울기 방정식을 사용한다면, 수직선과 수평선에 대해 특별한 처리를 해야 한다는 사실을 알고 있어야 한다.

8.3.1 미조정

레이 캐스팅은 경계 영역보다 정확하다. [그림 8.5]에서 공이 아무리 빠르게 움직이더라도, 애플리케이션에서는 충돌을 감지할 수 있다. 그러나 [그림 8.8]과 같이 모든 충돌 감지와 마찬가지로 레이 캐스팅도 완벽하지 않다.

그림 8.8   모서리 사례

[그림 8.8]에서, 공의 레이와 양동이의 레이 사이의 교차점은 양동이 모서리 사이에 (간신히) 있고 공은 양동이 상단에 바로 아래에 있다. 물론 공은 양동이에 들어가지 않았다.

[그림 8.8]에서 보여준 모서리 사례를 설명하기 위해, [예제 8.2]의 반환문을 다음 코드처럼 변경할 수 있다.

```
return intersectionPoint.x > x3 &&
       intersectionPoint.x < x4 &&
       ball.top + ball.height > y3 &&
       ball.left + ball.width < x4;
```

지금까지 충돌을 감지하는 간단한 방법을 살펴봤다. 이제 SAT와 MTV를 사용해 스프라이트, 이미지, 원, 다각형 사이에 발생하는 충돌 감지법을 살펴보자.

8.4   SAT 및 MTV

지금까지 여러분은 직사각형과 원 등의 경계 영역을 사용해 간단한 충돌 감지를 구현하는 방법을 살펴 봤다. 또한, 여러분은 레이 캐스팅을 사용해 충돌을 감지하는 방법도 살펴봤다. 이 기법들은 상대적으로 구현하기 쉬울 뿐만 아니라 다양한 예제에 충분히 활용할 수 있지만, 임의로 그린 다각형 사이에 발생한 충돌을 감지할 때는 적합하지 않다.

8장의 후반부에서는 SAT 기반의 정확한 충돌 감지 알고리즘을 구현하는 방법을 보여줄 것이다. SAT 를 사용하면 다각형 사이에 발생하는 충돌을 감지할 수 있지만 먼저 원, 이미지, 스프라이트에 SAT를 적용하는 방법부터 배워야 한다.

그리고 SAT를 사용해 충돌이 발생할 때 반응하는 최소의 MTV를 계산하는 방법도 살펴볼 예정이다.

 볼록한 다각형

SAT는 다각형의 내부 각이 모두 180도보다 작은 볼록한 다각형에만 적용할 수 있다. 그리고 볼록한 다각형의 꼭지점은 다각형의 중심에서 밖으로 향해야 한다. 따라서 직사각형, 삼각형, 정사각형 등에 는 SAT를 사용할 수 있다. 내부 각도가 180도보다 작은 어떤 모양이든 팩맨같이 움푹 들어간 곳이 있으면 오목한 다각형으로 본다. 참고로, SAT에서는 오목한 다각형 사이에 발생한 충돌을 감지할 수 없다.

8.4.1 SAT를 이용한 충돌 감지

[그림 8.9]에서는 캔버스 좌표계에 있는 두 개의 다각형을 보여주고 있다. 참고로, 오른쪽에 있는 그림 속 다각형들은 충돌 중이다.

개념적인 측면에서 보면, SAT는 이해하기 쉽다. [그림 8.10]과 [그림 8.11]에서 보여주는 것처럼 SAT에 는 충돌이 의심스러운 두 개의 다각형에 빛을 비춘 다음 다각형 뒤에 있는 벽에 생긴 그림자를 조사하는 방정식을 사용해 충돌을 감지한다.

수학적인 측면에서 보면, 그림자는 투영, 그리고 벽은 축이다. [그림 8.12]에서는 [그림 8.10]과 [그림 8.11] 의 다각형들, X축과 Y축, 각 축에 대한 투영을 보여주고 있다.

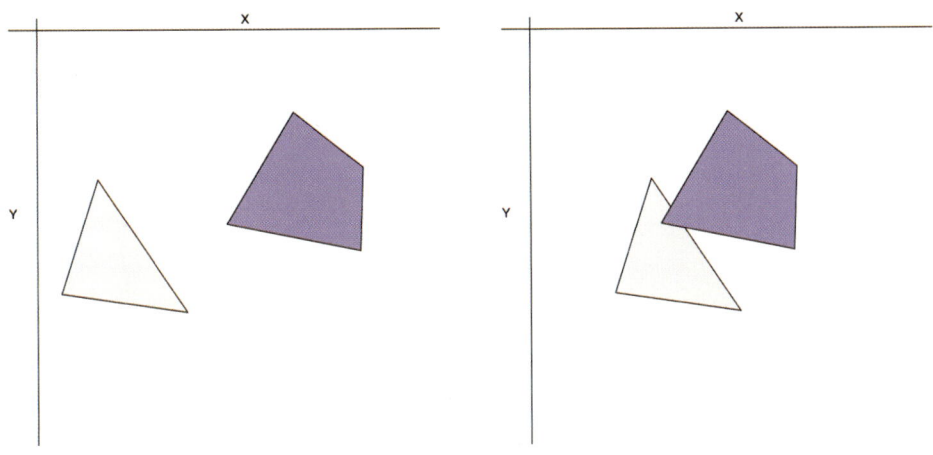

그림 8.9   충돌 중인 두 다각형(오른쪽 그림)

그림 8.10   다각형에 빛을 비춘 후 투영에 대한 분리를 조사

어떤 축이든 투영 사이가 분리된다는 것은 충돌하지 않았다는 것을 의미한다. [그림 8.12]의 왼쪽 그림에서 충돌하지 않은 다각형에 대해 X 축의 투영이 분리되는 것을 볼 수 있다. 반면, 오른쪽 그림에서는 양쪽 축에서 충돌한 다각형에 대해 어떤 분리도 찾을 수 없다. 즉, 분리가 있으면 충돌하지 않았다는 것을, 그리고 충돌했다는 것은 투영에 분리가 없다는 것을 의미한다.

여러분은 [그림 8.12]에서처럼 X축과 Y축에 대해 분리를 조사하는 것만으로도 충분히 충돌을 감지할 수 있다고 믿을 것이다. [그림 8.13]에서 살펴보겠지만, 그렇지 않을 때도 있다.

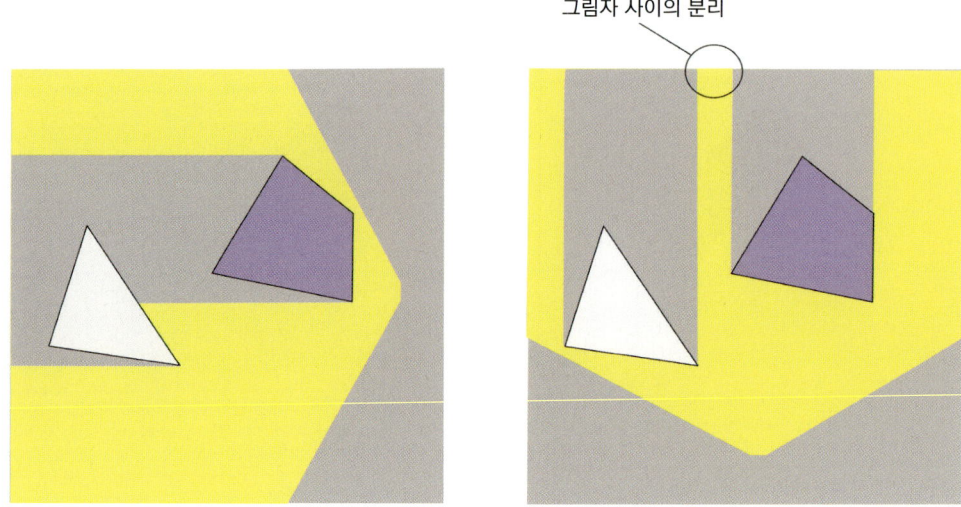

그림 8.11   그림자 사이에 분리가 있다는 것은 충돌하지 않았다는 의미

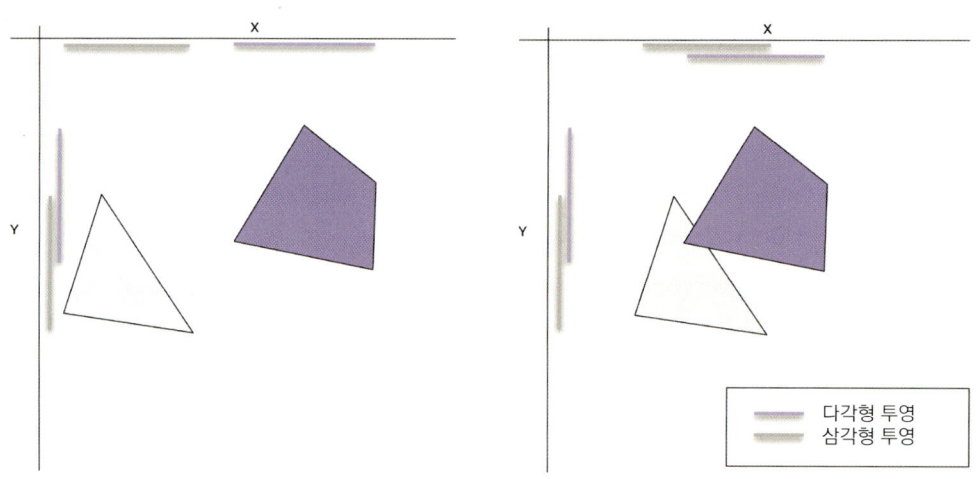

그림 8.12   X축과 Y축에 대한 투영도

[그림 8.13]에서, 두 다각형은 충돌하지 않은 상태지만 X축이나 Y축에 분리가 형성되지 않는다. 따라서 X축과 Y축에서 투영 사이의 분리를 조사하는 것만으로는 충분하지 않다. 즉, 또 다른 방향에서도 빛을 비출 필요가 있다.

[그림 8.14]에서는 SAT를 사용해 조사해야 하는 모든 축을 보여주고 있다.

그림 8.13   X축과 Y축에 분리가 발생하지 않았지만, 충돌이 발생하지 않는 경우

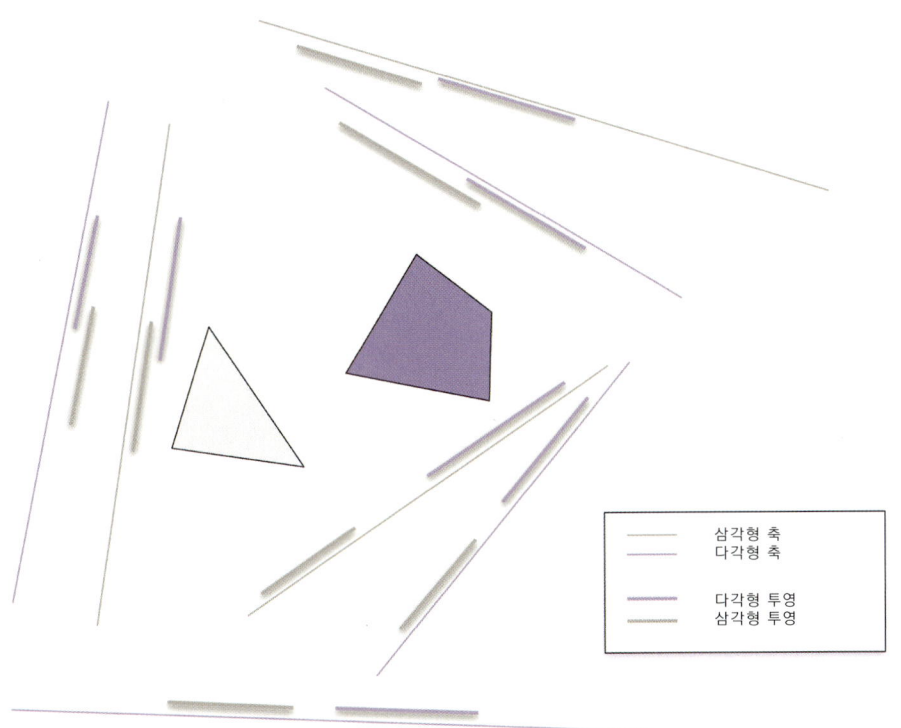

그림 8.14   SAT에서는 축에서 분리를 발견할 때까지 모든 다각형 축을 조사

SAT를 사용해 충돌을 감지하기 위해, 여러분은 투영 사이에 구분을 찾을 때까지 [그림 8.14]에서 보여주는 것처럼 다각형의 모든 축을 조사해야 한다.

다각형에 대한 축의 개수는 다각형에 있는 변의 개수와 같으므로 [그림 8.14]에서는 세 개의 변을 가진 삼각형과 네 개의 변을 가진 다각형에 대해 최대 일곱 개의 축을 조사해야 한다.

이처럼 각 다각형이 가지고 있는 변의 개수에 따라 조사해야 할 축의 개수가 달라지므로 많은 축을 조사해야 할 때는 성능적인 측면에서 좋지 않을 수 있다. 하지만 축에 나타난 투영 사이에 분리가 있다는 것은 충돌하지 않았다는 의미이므로 투영 사이에 분리를 찾은 시점에서 축에 대한 조사를 중단할 수 있다.

[그림 8.15]에서는 두 다각형이 충돌할 때 생기는 각 투영과 모든 축을 보여주고 있다.

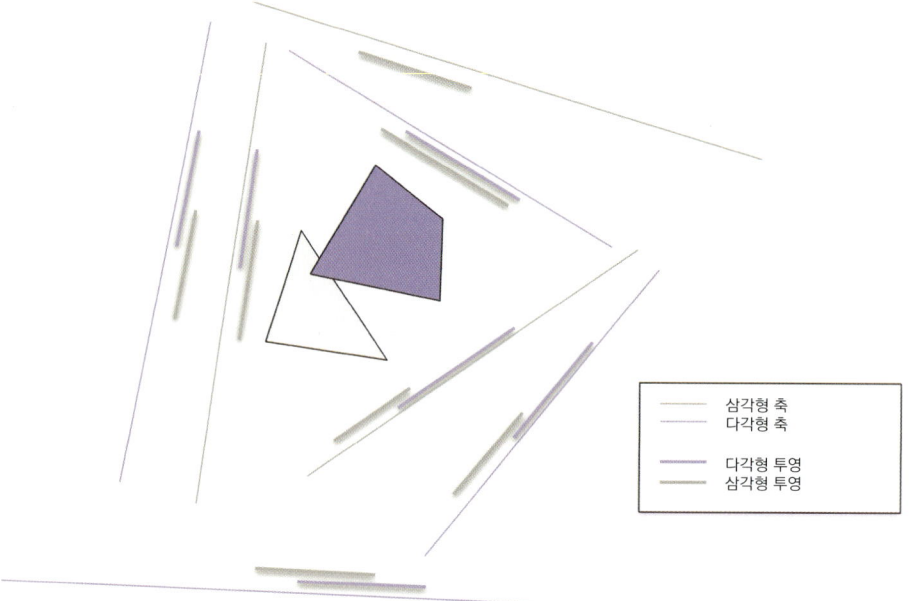

———	삼각형 축
………	다각형 축
▬▬▬	다각형 투영
▬▬▬	삼각형 투영

그림 8.15   충돌이 발생하면, 축에서 분리를 찾을 수 없음

다음은 두 다각형을 위해 SAT를 구현한 유사 코드다.

```
// polygon1과 polygon2가 충돌하면 true를 반환한다.

function polygonsCollide(polygon1, polygon2) {
  var axes, projection1, projection2;

  axes = polygon1.getAxes();
  axes.push(polygon2.getAxes()); // 축은 축 배열이다.
```

```
for (each axis in axes) {
  projection1 = polygon1.project(axis);
  projection2 = polygon2.project(axis);

  if ( ! projection1.overlaps(projection2))
    return false; // 축에 분리가 있다는 것은 충돌하지 않았음을 의미한다.n
}
return true; // 축에 분리가 없다는 것은 충돌했음을 의미한다.
}
```

위 유사 코드를 구현하기 전에, 다음 몇 가지 질문에 대한 해결 방법을 고민해 보자.

■   다각형의 축을 어떻게 얻을 것인가?

■   다각형을 축에 어떻게 투영할 것인가?

■   투영 사이의 겹쳐지는 부분을 어떻게 감지할 것인가?

다음 절에서는 이 질문에 대한 해답을 알아보고 캔버스를 사용해 SAT를 구현하는 방법을 살펴보자.

8.4.1.1 투영 축

SAT를 사용해 두 다각형 사이에 발생하는 충돌을 감지하려면, 다각형의 변을 고려해 각 다각형에 대한 모든 축을 알아야 한다. [그림 8.16]에서는 임의 다각형 변에 대해 투영 축을 생성하는 방법을 보여주고 있다.

[그림 8.16]에서, 다각형의 변은 p1부터 p2까지의 벡터로 정의된다. 이렇게 정의된 벡터의 다른 명칭은 에지 벡터(edge vector)다.

SAT를 사용한 충돌 감지에 사용될 투영 축은 에지 법선 벡터로 에지 벡터와 수직을 이룬다.

[그림 8.16]에서는 다각형 오른쪽 아래에 있는 투영 축을 보여주고 있다. 이때, 축의 위치는 문제가 되지 않는다. 왜냐하면, 축의 길이는 무한하고 다각형 투영은 축의 위치와 상관없이 축과 겹쳐지는 부분을 항상 포함하고 있기 때문이다. 여기서 중요한 것은 축의 방향이다.

다음은 꼭짓점 p1과 p2가 주어질 때 벡터인 축을 생성하는 코드다.

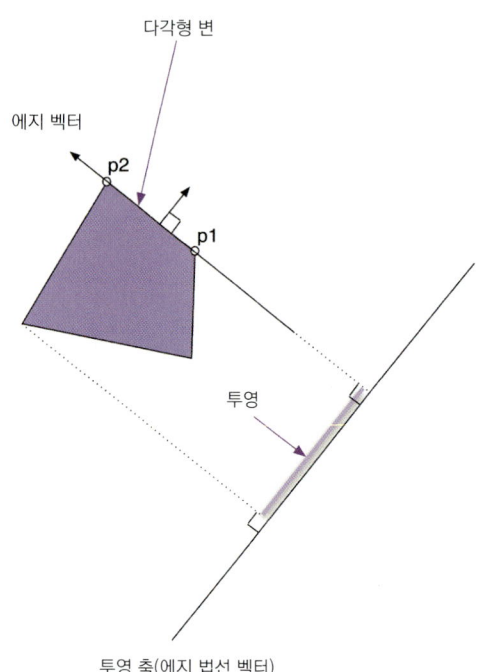

다각형 변

에지 벡터

p2

p1

투영

투영 축(에지 법선 벡터)

그림 8.16   다각형 모서리에 해당하는 하나의 축에 투영

```
// 투영시킬 축을 생성한다.
// 생성된 축은 p1부터 p2까지의 변과 수직을 이룬다.

var v1 = new Vector(p1.x, p1.y);
    v2 = new Vector(p2.x, p2.y);
    axis = v1.edge(v2).normal();
```

[예제 8.3]에서는 위 메서드를 사용해 Vector 오브젝트를 구현하는 방법을 보여주고 있다.

벡터는 직각 삼각형의 빗변을 제곱한 값은 삼각형의 다른 두 변을 제곱한 값의 합과 같다는 피타고라스의 정리를 이용해 계산된 크기를 가지고 있다.

벡터는 벡터끼리 더하거나 뺄 수 있을 뿐만 아니라 곱셈도 가능하다. 점(dot)은 곱셈을 나타낼 때 자주 사용되기 때문에 벡터 곱셈은 벡터의 내적(dot product)으로 불린다. 또한, 한 벡터에서 다른 벡터를 빼 두 벡터 사이의 차를 계산할 수도 있다.

예제 8.3 벡터

```javascript
// 생성자..........................................................

var Vector = function(x, y) {
    this.x = x;
    this.y = y;
};

// 프로토타입......................................................

Vector.prototype = {
    getMagnitude: function () {
        return Math.sqrt(Math.pow(this.x, 2) +
                         Math.pow(this.y, 2));
    },

    add: function (vector) {
        var v = new Vector();
        v.x = this.x + vector.x;
        v.y = this.y + vector.y;
        return v;
    },

    subtract: function (vector) {
        var v = new Vector();
        v.x = this.x - vector.x;
        v.y = this.y - vector.y;
        return v;
    },

    dotProduct: function (vector) {
        return this.x * vector.x +
               this.y * vector.y;
    },

    edge: function (vector) {
        return this.subtract(vector);
    },

    perpendicular: function () {
        var v = new Vector();
        v.x = this.y;
        v.y = 0-this.x;
        return v;
```

```
    },

    normalize: function () {
      var v = new Vector(0, 0),
          m = this.getMagnitude();

      if (m != 0) {
        v.x = this.x / m;
        v.y = this.y / m;
      }
      return v;
    },

    normal: function () {
      var p = this.perpendicular();
      return p.normalize();
    }
  };
```

이제 여러분은 perpendicular() 메서드를 사용해 수직 벡터를 생성하거나 normal() 메서드를 사용해 정규화된 수직 벡터를 생성할 수 있다. 정규화 작업은 벡터에서 크기를 분리하는 과정이다. 이때, 정규화된 벡터의 크기는 1이므로 정규화된 벡터는 단위 벡터라고도 알려져 있다.

크기가 1인 단위 벡터는 방향만 가리키고 있다. 예를 들면, 위 코드에서 axis 변수는 축의 방향을 나타내는 단위 벡터다.

다각형에 대한 두 개의 연속된 점이 있다면, 지금까지 배운 내용을 토대로 이 두 점에 의해 정의된 다각형 변에 대한 투영 축을 나타내는 벡터를 생성할 수 있을 것이다. 이제 남은 것은 두 다각형의 모든 변에 대한 투영 축을 생성하고, 각 다각형을 생성한 모든 축에 투영한 뒤, 투영 사이의 분리를 확인하는 작업뿐이다. 만약 분리를 찾는다면, 충돌이 발생하지 않았다는 의미다. 하지만 분리를 찾지 못한다면, 충돌이 발생했다는 사실을 알 수 있다. 이렇게 분리를 찾으려면, 먼저 투영을 해야 한다.

8.4.1.2 투영

[예제 8.4]처럼 투영에서는 축에 따라 최대 및 최솟값만 가지고 있으므로 투영을 구현하는 것은 간단하다. 물론 투영을 사용하면 다른 투영 위에 겹쳐지는지 알 수 있지만, 이것이 투영으로 할 수 있는 전부다.

지금까지 투영과 벡터에 대해 배웠고 다각형의 변이 주어질 때 투영 축을 생성하는 방법을 살펴봤다. 그렇다면, 여러분은 도형과 다각형을 위한 SAT를 사용해 충돌 감지를 구현할 준비가 된 것이다.

예제 8.4 **투영**

```javascript
var Projection = function (min, max) {
    this.min = min;
    this.max = max;
};

Projection.prototype = {
    overlaps: function (projection) {
        return this.max > projection.min && projection.max > this.min;
    }
};
```

8.4.1.3 도형과 다각형

8장의 궁극적인 목표는 다각형, 원, 이미지, 스프라이트를 위한 SAT를 사용해 충돌 감지를 구현하는 것이다. 충돌 감지를 구현하기에 앞서 다음 메서드를 가진 Shape 오브젝트를 구현하는 방법부터 살펴 보자.

- boolean collidesWith(anotherShape)
- Vector[] getAxes()
- boolean separationOnAxes(axes, anotherShape)
- Projection project(axis)

다음은 collidesWith() 메서드를 사용하는 방법이다.

```javascript
if (shape1.collidesWith(shape2)) {
    ...
}
```

위 코드에서 collidesWith() 메서드는 shape1과 shape2가 충돌할 때 true을 반환한다.

[그림 8.17]에서는 하나의 도형에 대한 축과 관련 투영을 나타내고 있다. 여기서 [그림 8.16]에서 보여주 는 것처럼 각 축은 해당 다각형 변과 수직인 벡터와 평행을 이루고 있다는 점을 기억하자.

Shape.getAxes() 메서드에서는 축을 나타내는 벡터 배열을 반환하고 Shape.project(axis)에서는 도형 의 투영을 특정 축에 나타내고 있는 투영을 반환하고 있다.

[예제 8.5]에서는 위에서 언급한 네 개의 Shape 메서드에 대한 구현 방법을 보여주고 있다.

```javascript
Shape.prototype = {
   ...
   // 도형의 축에 분리가 존재하지 않는다면,
   // 해당 도형은 otherShape과 충돌했다는 것을 의미한다.

   collidesWith: function (otherShape) {
      var axes = this.getAxes().concat(otherShape.getAxes());
      return !this.separationOnAxes(axes, otherShape);
   },

   // 도형과 otherShpae 사이의 분리가
   // 특정 축에 존재하는가?

   separationOnAxes: function (axes, otherShape) {
      for (var i=0; i < axes.length; ++i) {

         axis = axes[i];
         projection1 = otherShape.project(axis);
         projection2 = this.project(axis);

         if (! projection1.overlaps(projection2)) {
            return true;
         }
      }
      return false;
   },

   // 충돌 감지에 사용될 도형의 축을 생성한다.

   getAxes: function () {
      throw 'getAxes() not implemented';
   },
   ...

   // 도형을 특정 축에 투영한다.

   project: function (axis) {
      throw 'project(axis) not implemented';
   }
};
```

다각형 축

다각형 투영

그림 8.17　　Shape.getAxes() 메서드에서는 다각형의 축을 반환하고 Shape.project() 메서드에서는 축에 다각형의 변을 투영한다.

collidesWith() 메서드에서는 각 도형에 대한 getAxes() 메서드를 호출한 다음 project() 메서드를 사용해 두 도형을 각 축에 투영하는 separationOnAxes() 메서드에 축을 전달한다. 그리고 separation OnAxes() 메서드에서는 단일 축에 표시된 투영 사이의 분리를 찾는 순간 true를 반환한다. 하지만 구분을 찾지 못한다면, separationOnAxes()에서는 false를 반환한다.

getAxes() 메서드와 project() 메서드는 다각형과 원을 위해 구현됐으므로 getAxes() 메서드와 project() 메서드에 대한 구현은 Polygon 오브젝트와 Circle 오브젝트에 달려있다. 다음은 Polygon에서 getAxes() 메서드와 project() 메서드를 구현하는 코드다.

```
// 다각형은 점(point) 배열을 가지고 있다.

var Polygon = function () {
  this.points = [];
  ...
};
...

// 다각형은 도형이다.

Polygon.prototype = new Shape();
...
```

```javascript
// 다각형의 각 점을 특정 축에 투영하고
// 투영된 점에 대한 최댓값과 최솟값을 가진
// 투영을 반환한다.

Polygon.prototype.project = function (axis) {
   var scalars = [],
       v = new Vector();

   this.points.forEach( function (point) {
      v.x = point.x;
      v.y = point.y;
      scalars.push(v.dotProduct(axis));
   });

   return new Projection(Math.min.apply(Math, scalars),
                         Math.max.apply(Math, scalars));
};

// SAT를 사용하여 충돌 감지를 조사할 때 필요한
// 모든 다각형의 축을 반환한다.

Polygon.prototype.getAxes = function () {
   var v1 = new Vector(),
       v2 = new Vector(),
       axes = [];

   for (var i=0; i < this.points.length-1; i++) {
      v1.x = this.points[i].x;
      v1.y = this.points[i].y;

      v2.x = this.points[i+1].x;
      v2.y = this.points[i+1].y;

      axes.push(v1.edge(v2).normal());
   }

   return axes;
};
```

위 코드에서 Polygon은 project() 메서드와 getAxes() 메서드를 가진 Shapes이다. 즉, 다각형에서도 충돌을 감지할 수 있다는 의미다.

Circle 오브젝트에서 project() 메서드와 getAxes() 메서드를 구현하는 방법은 503페이지의 8.4.1.5절 ('원')을 참고하자.

[예제 8.6]과 [예제 8.7]에서는 각 Shape 오브젝트와 Polygon 오브젝트에 대한 코드를 소개하고 있다.

```javascript
// 생성자.......................................................
var Shape = function () {
   this.x = undefined;
   this.y = undefined;
   this.strokeStyle = 'rgba(255, 253, 208, 0.9)';
   this.fillStyle = 'rgba(147, 197, 114, 0.8)';
};

// 프로토타입.....................................................

Shape.prototype = {
   // 충돌 감지 메서드...............................................

   collidesWith: function (shape) {
      var axes = this.getAxes().concat(shape.getAxes());
      return !this.separationOnAxes(axes, shape);
   },

   separationOnAxes: function (axes, shape) {
      for (var i=0; i < axes.length; ++i) {
         axis = axes[i];
         projection1 = shape.project(axis);
         projection2 = this.project(axis);

         if (! projection1.overlaps(projection2)) {
            return true; // 나머지 축은 조사하지 않는다.
         }
      }
      return false;
   },

   project: function (axis) {
      throw 'project(axis) not implemented';
   },

   getAxes: function () {
      throw 'getAxes() not implemented';
   },

   move: function (dx, dy) {
      throw 'move(dx, dy) not implemented';
   },

   // 드로잉 메서드...................................................

   createPath: function (context) {
      throw 'createPath(context) not implemented';
   },
```

```javascript
    fill: function (context) {
        context.save();
        context.fillStyle = this.fillStyle;
        this.createPath(context);
        context.fill();
        context.restore();
    },

    stroke: function (context) {
        context.save();
        context.strokeStyle = this.strokeStyle;
        this.createPath(context);
        context.stroke();
        context.restore();
    },

    isPointInPath: function (context, x, y) {
        this.createPath(context);
        return context.isPointInPath(x, y);
    },
};
```

예제 8.7	Polygon 오브젝트

```javascript
// 생성자.......................................................

var Point = function (x, y) {
    this.x = x;
    this.y = y;
};

var Polygon = function () {
    this.points = [];
    this.strokeStyle = 'blue';
    this.fillStyle = 'white';
};

// 프로토타입....................................................

Polygon.prototype = new Shape();

Polygon.prototype.getAxes = function () {
    var v1 = new Vector(),
        v2 = new Vector(),
        axes = [];

    for (var i=0; i < this.points.length-1; i++) {
```

```javascript
      v1.x = this.points[i].x;
      v1.y = this.points[i].y;

      v2.x = this.points[i+1].x;
      v2.y = this.points[i+1].y;

      axes.push(v1.edge(v2).normal());
   }

   v1.x = this.points[this.points.length-1].x;
   v1.y = this.points[this.points.length-1].y;

   v2.x = this.points[0].x;
   v2.y = this.points[0].y;

   axes.push(v1.edge(v2).normal());

   return axes;
};

Polygon.prototype.project = function (axis) {
   var scalars = [],
       v = new Vector();

   this.points.forEach( function (point) {
      v.x = point.x;
      v.y = point.y;
      scalars.push(v.dotProduct(axis));
   });

   return new Projection(Math.min.apply(Math, scalars),
                         Math.max.apply(Math, scalars));
};

Polygon.prototype.addPoint = function (x, y) {
   this.points.push(new Point(x,y));
};

Polygon.prototype.createPath = function (context) {
   if (this.points.length === 0)
      return;

   context.beginPath();
   context.moveTo(this.points[0].x,
                  this.points[0].y);

   for (var i=0; i < this.points.length; ++i) {
      context.lineTo(this.points[i].x,
                     this.points[i].y);
   }
```

```
      context.closePath();
   };

Polygon.prototype.move = function (dx, dy) {
   for (var i=0, point; i < this.points.length; ++i) {
      point = this.points[i];
      point.x += dx;
      point.y += dy;
   }
};
```

 다각형 패스는 무조건 닫힌다

[예제 8.7]에서 소개한 Polygon.createPath() 메서드에서 캔버스 콘텍스트의 closePath() 메서드를 호출해 패스를 닫고 있다는 점에 주목하자.

다각형은 두 가지 이유로 패스를 닫는다. 첫 번째 이유는 다각형의 첫 번째 점과 일치하는 여분의 점을 추가해 패스를 닫는 것을 기억할 필요가 없기 때문이다. 두 번째 이유는 첫 번째 이유 즉, 다각형의 첫 번째 점과 일치하는 여분의 점을 추가해 패스를 닫는 것이 좋은 방법이 아니기 때문이다. 왜냐하면, 첫 번째 이유에서 언급했던 방법을 사용하면 첫 번째 점과 마지막 점(첫 번째 점과 동일) 사이의 라인 조인을 만드는 문제를 일으킬 수 있기 때문이다.

8.4.1.4 다각형 사이의 충돌

여러분은 지금까지 SAT를 이용해 충돌을 감지할 때 반드시 필요한 구성 요소에 대해 모두 살펴봤다. 이 절에서는 [그림 8.18]처럼 다각형 사이에 발생한 충돌을 감지하는 애플리케이션을 살펴보자.

[그림 8.18]에서 보여주는 애플리케이션은 드래그할 수 있는 세 개의 다각형을 생성한다. 다각형을 다른 다각형 위나 아래로 드래그하면, 애플리케이션에서는 충돌 시 충돌을 당하는 다각형의 색과 같은 색을 사용해 캔버스 왼쪽 위 모서리에 'collision'이란 단어를 표시한다.

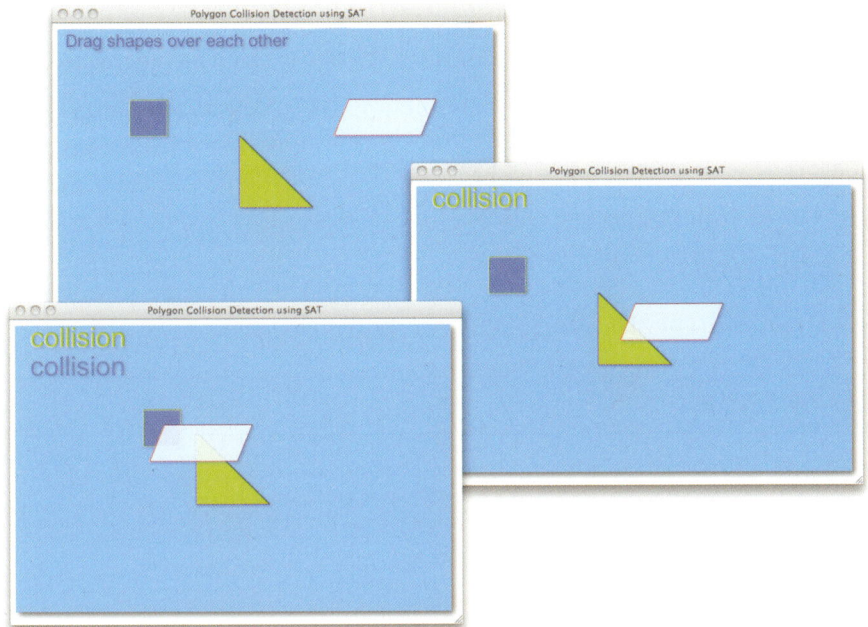

그림 8.18   다각형 사이의 충돌

다음은 애플리케이션에서 충돌 감지를 수행하는 방법을 구현한 코드다.

```javascript
function detectCollisions() {
   var textY = 30,
       numShapes = shapes.length,
       shape,
       i;
   if (shapeBeingDragged) {
      for(i = 0; i < numShapes; ++i) {
         shape = shapes[i];

         if (shape !== shapeBeingDragged) {
            if (shapeBeingDragged.collidesWith(shape)) {
               context.fillStyle = shape.fillStyle;
               context.fillText('collision', 20, textY);
               textY += 40;
            }
         }
      }
   }
}
```

여러분이 도형을 드래그하면, 애플리케이션에서는 shapeBeingDragged 변수를 해당 도형에 설정하므로 충돌이 발생할 때 위 코드에서 소개한 detectCollisions() 메서드에서는 shapeBeingDragged 변수가 설정되어 있는지 확인한다. shapeBeingDragged 변수가 설정되어 있다면, detectCollisions() 메서드는 여러분이 도형을 드래그하고 있다는 사실을 알게 된다.

shapeBeingDragged 변수를 설정하면, detectCollisions() 메서드에서는 모든 도형에 대해 드래그한 도형이 다른 도형과 충돌했는지 확인한다.

[예제 8.8]에서는 애플리케이션에 대한 전체 자바스크립트 코드를 소개하고 있다.

예제 8.8　　다각형 충돌: 자바스크립트

```javascript
var canvas = document.getElementById('canvas'),
    context = canvas.getContext('2d'),
    shapes = [],
    polygonPoints = [
        // 세 점이 있는 배열에 의해 생성된 패스는 열려 있다.
        // 열린 패스들은 Polygon.createPath() 메서드와
        // Polygon.getAxes() 메서드에 의해 닫힌다.

        [ new Point(250, 150), new Point(250, 250),
          new Point(350, 250) ],

        [ new Point(100, 100), new Point(100, 150),
          new Point(150, 150), new Point(150, 100) ],

        [ new Point(400, 100), new Point(380, 150),
          new Point(500, 150), new Point(520, 100) ]
    ],

    polygonStrokeStyles = [ 'blue', 'yellow', 'red'],
    polygonFillStyles   = [ 'rgba(255,255,0,0.7)',
                            'rgba(100,140,230,0.6)',
                            'rgba(255,255,255,0.8)' ],

    mousedown = { x: 0, y: 0 },
    lastdrag = { x: 0, y: 0 },
    shapeBeingDragged = undefined;

// 함수........................................................

function windowToCanvas(x, y) {
    var bbox = canvas.getBoundingClientRect();
    return { x: x - bbox.left * (canvas.width  / bbox.width),
             y: y - bbox.top  * (canvas.height / bbox.height)
           };
}
```

```javascript
function drawShapes() {
   shapes.forEach( function (shape) {
      shape.stroke(context);
      shape.fill(context);
   });
}

function detectCollisions() {
   var textY = 30,
       numShapes = shapes.length,
       shape,
       i;

   if (shapeBeingDragged) {
      for(i = 0; i < numShapes; ++i) {
         shape = shapes[i];

         if (shape !== shapeBeingDragged) {
            if (shapeBeingDragged.collidesWith(shape)) {
               context.fillStyle = shape.fillStyle;
               context.fillText('collision', 20, textY);
               textY += 40;
            }
         }
      }
   }
}

// 이벤트 핸들러...................................................

canvas.onmousedown = function (e) {
   var location = windowToCanvas(e.clientX, e.clientY);

   shapes.forEach( function (shape) {
      if (shape.isPointInPath(context, location.x, location.y)) {
         shapeBeingDragged = shape;
         mousedown.x = location.x;
         mousedown.y = location.y;
         lastdrag.x = location.x;
         lastdrag.y = location.y;
      }
   });
};

canvas.onmousemove = function (e) {
   var location,
       dragVector;

   if (shapeBeingDragged !== undefined) {
      location = windowToCanvas(e.clientX, e.clientYe);
```

```
            dragVector = { x: location.x - lastdrag.x,
                           y: location.y - lastdrag.y
                         };

            shapeBeingDragged.move(dragVector.x, dragVector.y);

            lastdrag.x = location.x;
            lastdrag.y = location.y;

            context.clearRect(0, 0, canvas.width, canvas.height);
            drawShapes();
            detectCollisions();
        }
    };

    canvas.onmouseup = function (e) {
        shapeBeingDragged = undefined;
    };

    // 초기화..................................................

    for (var i=0; i < polygonPoints.length; ++i) {
        var polygon = new Polygon(),
            points = polygonPoints[i];

        polygon.strokeStyle = polygonStrokeStyles[i];
        polygon.fillStyle = polygonFillStyles[i];

        points.forEach( function (point) {
            polygon.addPoint(point.x, point.y);
        });

        shapes.push(polygon);
    }

    context.shadowColor = 'rgba(100,140,255,0.5)';
    context.shadowBlur = 4;
    context.shadowOffsetX = 2;
    context.shadowOffsetY = 2;
    context.font = '38px Arial';

    drawShapes();

    context.save();
    context.fillStyle = 'cornflowerblue';
    context.font = '24px Arial';
    context.fillText('Drag shapes over each other', 10, 25);
    context.restore();
```

여러분은 지금까지 SAT를 사용해 다각형 사이에 발생한 충돌을 감지하는 방법을 살펴봤다. 이제 원을 포함할 수 있도록 알고리즘을 확장해보자.

8.4.1.5 원

지금까지 여러분이 살펴본 것처럼, 다각형 사이에 발생한 충돌을 감지하려면 SAT에서는 각 다각형을 축에 투영하고 투영 사이의 분리가 존재하는지 조사해야 한다. 이때, 축은 다각형 변과 일치한다.

원은 측면이 무한하므로 SAT에 대한 문제를 일으킬 수 있을 뿐만 아니라 원의 모든 변을 조사하는 것은 불가능하다. 사실 원은 하나의 축만 조사하면 된다. 조사할 축은 [그림 8.19]처럼 원의 중심에서부터 원에서 가장 가까운 다각형 점까지의 선에 의해 정의된다.

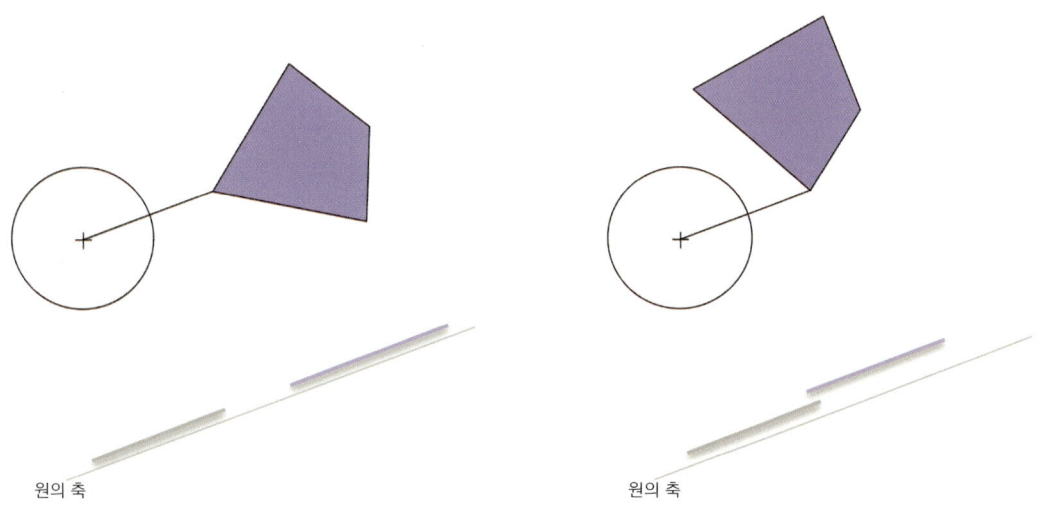

그림 8.19   다각형과 원 사이의 충돌

[그림 8.19]에서 오른쪽 그림에 있는 원과 다각형은 충돌하지 않은 상태다. 그러나 두 투영 사이의 분리가 원 축에 존재하지 않는다. 즉, 이 원 축만 조사하는 것으로 충분하지 않다는 의미다. 사실, 원 축뿐만 아니라 다각형 축도 조사해야 한다. 만약 [그림 8.19]의 오른쪽 그림에서 원과 다각형에 대한 모든 축을 조사한다면, [그림 8.20]에서 보여주는 것처럼 충돌이 발생하지 않았다는 것을 알려주는 분리를 찾을 것이다.

[예제 8.9]에서는 Circle 오브젝트에 대한 코드를 소개하고 있다. [예제 8.9]에서 원이 getAxes() 메서드에서 undefined를 반환하고 있다는 점에 주목하자. 이렇게 undefined를 반환하는 이유는 원만 충돌 감지를 위한 축을 가지고 있지 않기 때문이다. [그림 8.19]에서 보여준 충돌 감지를 위한 원의 축은 원과 다각형에 의해서만 결정될 수 있다.

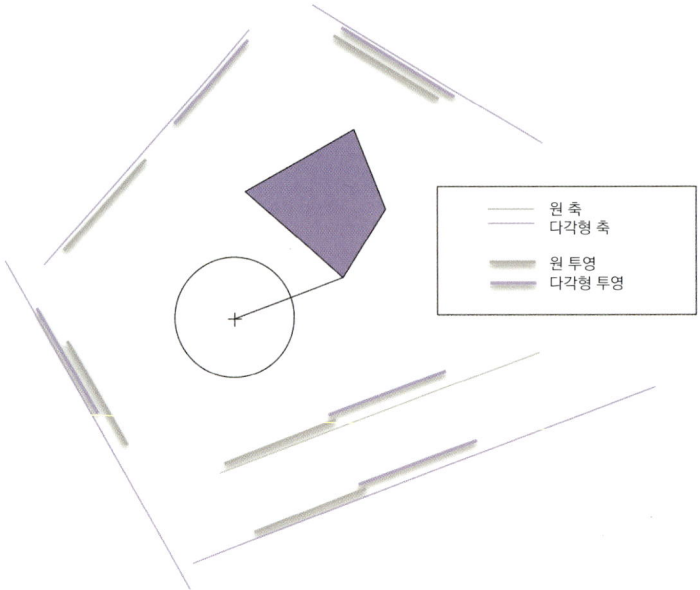

——	원 축
——	다각형 축
▬	원 투영
▬	다각형 투영

그림 8.20   충돌이 발생하지 않았을 때, 원과 다각형에 대한 모든 축을 조사해 분리를 찾을 수 있다.

예제 8.9   원

```
// 생성자.......................................................

var Circle = function (x, y, radius) {
  this.x = x;
  this.y = y;
  this.radius = radius;
  this.strokeStyle = 'rgba(255, 253, 208, 0.9)';
  this.fillStyle = 'rgba(147, 197, 114, 0.8)';
}

// 프로토타입....................................................

Circle.prototype = new Shape();

Circle.prototype.collidesWith = function (shape) {
  var point, length, min=10000, v1, v2,
      edge, perpendicular, normal,
      axes = shape.getAxes(), distance;

  if (axes === undefined) {  // 원
    distance = Math.sqrt(Math.pow(shape.x - this.x, 2) +
                         Math.pow(shape.y - this.y, 2));
```

```
        return distance < Math.abs(this.radius + shape.radius);
    }
    else {   // 다각형
        return polygonCollidesWithCircle(shape, this);
    }
};

Circle.prototype.getAxes = function () {
    return undefined; // 원에 대한 축의 개수는 무한하다.
};

Circle.prototype.project = function (axis) {
    var scalars = [],
        point = new Point(this.x, this.y);
        dotProduct = new Vector(point).dotProduct(axis);

    scalars.push(dotProduct);
    scalars.push(dotProduct + this.radius);
    scalars.push(dotProduct - this.radius);

    return new Projection(Math.min.apply(Math, scalars),
                          Math.max.apply(Math, scalars));
};

Circle.prototype.move = function (dx, dy) {
    this.x += dx;
    this.y += dy;
};
Circle.prototype.createPath = function (context) {
    context.beginPath();
    context.arc(this.x, this.y, this.radius, 0, Math.PI*2, false);
};
```

또한, 원에서는 collidesWith() 메서드를 다시 구현하고 있다. 다시 구현된 collidesWith() 메서드에서는 전달된 도형과 관련된 충돌 축이 undefined으로 설정되어 있는지 확인한다. 만약 충돌 축이 undefined으로 설정되어 있다면, 해당 오브젝트는 원이므로 Circle.collidesWith() 메서드에서는 473페이지의 8.1.2절('원형 경계 영역')에서 살펴봤던 원들 사이의 충돌 감지를 사용한다.

만약 Circle.collidesWith() 메서드에 전달된 도형이 충돌 축을 가지고 있다면, 해당 오브젝트는 다각형이므로 Circle.collidesWith() 메서드에서는 polygonCollidesWithCircle() 메서드를 호출한다. [예제 8.10]에서는 polygonCollidesWithCircle() 메서드에 대한 코드를 소개하고 있다.

```
function getPolygonPointClosestToCircle(polygon, circle) {
   var min = 10000,
       length,
       testPoint,
       closestPoint;

   for (var i=0; i < polygon.points.length; ++i) {
      testPoint = polygon.points[i];
      length = Math.sqrt(Math.pow(testPoint.x - circle.x, 2),
                         Math.pow(testPoint.y - circle.y, 2));
      if (length < min) {
         min = length;
         closestPoint = testPoint;
      }
   }

   return closestPoint;
};

function polygonCollidesWithCircle (polygon, circle) {
   var min=10000, v1, v2,
       edge, perpendicular, normal,
       axes = polygon.getAxes(),
       closestPoint = getPolygonPointClosestToCircle(polygon, circle);

   v1 = new Vector(new Point(circle.x, circle.y));
   v2 = new Vector(new Point(closestPoint.x, closestPoint.y));

   axes.push(v1.subtract(v2).normalize());

   return !polygon.separationOnAxes(axes, circle);
};
```

[예제 8.10]에서 **polygonCollidesWithCircle()** 메서드는 전달된 다각형과 원이 충돌했는지 판단해 충돌했다면 **true**를 반환한다. 그리고 원 중심으로부터 가장 가까운 다각형 점까지 원 축을 생성한 다음 다각형 축과 함께 원 축을 조사해 투영 사이의 분리를 찾는다.

원은 다각형과 충돌하는 방법을 알고 있지만, 다각형은 원과 충돌하는 방법을 알지 못한다. 따라서 [예제 8.11]에서 보여주는 것처럼 다각형에서 원과 충돌하는 방법을 알 수 있도록 **Polygon.collidesWith()** 메서드를 수정해야 한다.

예제 8.11 수정된 Polygon.collidesWith() 메서드

```
Polygon.prototype.collidesWith = function (shape) {
   var axes = shape.getAxes();

   if (axes === undefined) {
      return polygonCollidesWithCircle(this, shape);
   }
   else {
      axes.concat(this.getAxes());
      return !this.separationOnAxes(axes, shape);
   }
};
...
```

[그림 8.21]에서는 SAT를 사용해 다각형과 원 사이의 충돌을 감지하는 애플리케이션을 보여주고 있다.

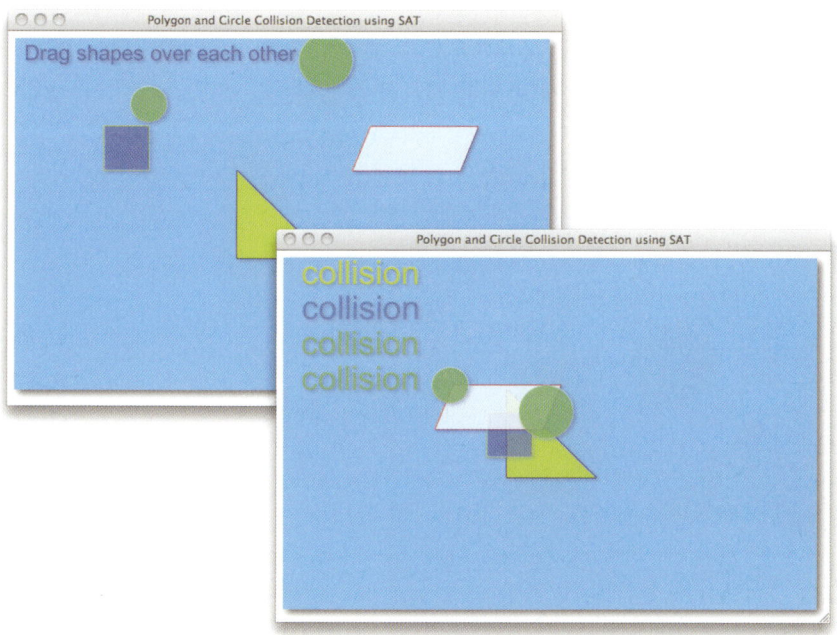

그림 8.21 다각형과 원 사이의 충돌

[그림 8.21]에서 보여준 애플리케이션의 코드는 두 원을 생성한 다음 생성된 두 원을 애플리케이션에서 관리하는 도형 배열에 넣은 작업을 제외하고 499페이지의 [그림 8.18]과 500페이지의 [예제 8.8]에서 소개했던 다각형 사이의 충돌을 감지하는 애플리케이션의 코드와 같다.

```
...
circle1 = new Circle(150, 75, 20);
circle2 = new Circle(350, 25, 30);
...
shapes.push(circle1);
shapes.push(circle2);
...
```

지금까지 여러분은 SAT를 이용해 다각형과 원 사이에 발생한 충돌을 감지하는 방법을 살펴봤다. 다음 절에서는 SAT를 이용해 이미지와 스프라이트 사이에 발생한 충돌을 감지하는 방법을 살펴보자.

8.4.1.6   이미지 및 스프라이트

앞에서 배운 다각형과 원 등과 같이 임의 도형 사이에 발생하는 충돌을 감지하는 방법은 중요하다. 하지만 이 절에서 배울 이미지와 스프라이트 사이에 발생한 충돌을 감지하는 것도 중요하다.

[그림 8.22]에서는 이미지(테니스공)와 스프라이트(골프공)와 함께 여러 가지 다각형이 있는 애플리케이션을 보여주고 있다. [그림 8.22]에서 보이는 모든 오브젝트는 드래그할 수 있으며 애플리케이션에서는 드래그한 오브젝트와 다른 오브젝트 사이에 발생한 충돌을 감지할 수 있다.

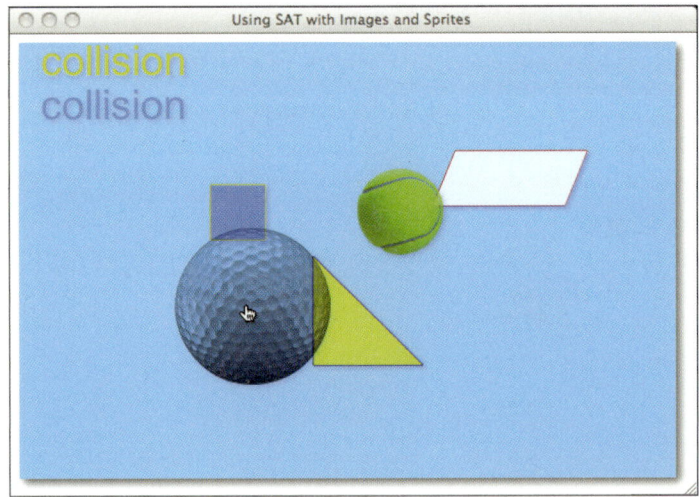

그림 8.22   이미지와 스프라이트를 이용한 SAT

애플리케이션에서는 세 가지 다각형, ImageShape, SpriteShape를 생성하고 다음 코드처럼 생성된 오브젝트를 모두 도형 배열에 넣는다.

```javascript
var canvas = document.getElementById('canvas'),
    context = canvas.getContext('2d'),
    shapes = [],

    ballSprite = new Sprite('ball',
                            new ImagePainter('tennis-ball.png')),

    polygonPoints = [
      [ new Point(250, 150), new Point(250, 250),
        new Point(350, 250), new Point(250, 150) ],

      [ new Point(100, 100), new Point(100, 150),
        new Point(150, 150), new Point(150, 100),
        new Point(100, 100) ],

      [ new Point(400, 100), new Point(380, 150),
        new Point(500, 150), new Point(520, 100),
        new Point(400, 100) ]
    ],

    polygonStrokeStyles = [ 'blue', 'yellow', 'red'],
    polygonFillStyles   = [ 'rgba(255,255,0,0.7)',
                            'rgba(100,140,230,0.6)',
                            'rgba(255,255,255,0.8)' ];

for (var i=0; i < polygonPoints.length; ++i) {
   var polygon = new Polygon(),
       points = polygonPoints[i];

   polygon.strokeStyle = polygonStrokeStyles[i];
   polygon.fillStyle = polygonFillStyles[i];

   points.forEach( function (point) {
      polygon.addPoint(point.x, point.y);
   });

   shapes.push(polygon);
}
...

shapes.push(new ImageShape('golfball.png', 50, 50));
shapes.push(new SpriteShape(ballSprite, 100, 100));
...
```

충돌 감지와 관련된 애플리케이션의 함수는 [예제 8.8]에서 소개한 함수와 다르지 않지만, 다시 한번 소개하겠다.

```javascript
function detectCollisions() {
   var textY = 30,
       numShapes = shapes.length,
       shape,
       i;

   if (shapeBeingDragged) {
      for(i = 0; i < numShapes; ++i) {
         shape = shapes[i];

         if (shape !== shapeBeingDragged) {
            if (shapeBeingDragged.collidesWith(shape)) {
               context.fillStyle = shape.fillStyle;
               context.fillText('collision', 20, textY);
               textY += 40;
            }
         }
      }
   }
}
```

[예제 8.12]와 [예제 8.13]에서는 각 ImageShape 오브젝트와 SpriteShape 오브젝트에 대한 코드를 소개하고 있다.

예제 8.12   ImageShape 오브젝트

```javascript
// 생성자......................................................

var ImageShape = function(imageSource, x, y, w, h) {
   var self = this;

   this.image = new Image();
   this.imageLoaded = false;
   this.points = [ new Point(x,y) ];
   this.x = x;
   this.y = y;

   this.image.src = imageSource;

   this.image.addEventListener('load', function (e) {
      self.setPolygonPoints();
      self.imageLoaded = true;
   }, false);
}

// 프로토타입......................................................

ImageShape.prototype = new Polygon();
```

```javascript
ImageShape.prototype.fill = function (context) { }; // Nothing to do

ImageShape.prototype.setPolygonPoints = function() {
   this.points.push(new Point(this.x + this.image.width, this.y));
   this.points.push(new Point(this.x + this.image.width,
                              this.y + this.image.height));
   this.points.push(new Point(this.x, this.y + this.image.height));
};

ImageShape.prototype.drawImage = function (context) {
   context.drawImage(this.image, this.points[0].x, this.points[0].y);
};

ImageShape.prototype.stroke = function (context) {
   var self = this;

   if (this.imageLoaded) {
      context.drawImage(this.image,
                        this.points[0].x, this.points[0].y);
   }
   else {
      this.image.addEventListener('load', function (e) {
         self.drawImage(context);
      }, false);
   }
};
```

ImageShape와 SpriteShape는 이미지나 스프라이트 주위에 경계 박스를 나타내는 다각형이다. 따라서 여러분은 이미지 소스나 스프라이트를 사용해 ImageShape나 SpriteShape를 생성하고 생성된 두 도형 사이에 발생하는 충돌을 감지할 수 있다.

예제 8.13   SpriteShape 오브젝트

```javascript
// 생성자.......................................................

var SpriteShape = function (sprite, x, y) {
   this.sprite = sprite;
   this.x = x;
   this.y = y;
   sprite.left = x;
   sprite.top = y;
   this.setPolygonPoints();
};

// 프로토타입.....................................................
```

```
SpriteShape.prototype = new Polygon();

SpriteShape.prototype.move = function (dx, dy) {
    var point, x;
    for(var i=0; i < this.points.length; ++i) {
        point = this.points[i];
        point.x += dx;
        point.y += dy;
    }
    this.sprite.left = this.points[0].x;
    this.sprite.top = this.points[0].y;
};


SpriteShape.prototype.fill = function (context) { };

SpriteShape.prototype.setPolygonPoints = function() {
    this.points.push(new Point(this.x, this.y));
    this.points.push(new Point(this.x + this.sprite.width, this.y));
    this.points.push(new Point(this.x + this.sprite.width,
                               this.y + this.sprite.height));
    this.points.push(new Point(this.x, this.y + this.sprite.height));
};

SpriteShape.prototype.stroke = function (context) {
    this.sprite.paint(context);
};
```

8.4.2 MTV를 이용해 충돌 처리하기

지금까지 배운 내용을 토대로 여러분은 다각형, 원, 이미지, 스프라라이트 사이에 발생한 충돌을 감지할 수 있다. 이제 감지한 충돌을 처리하는 방법을 살펴볼 차례다.

일반적으로 충돌한 도형들이 충격에서 살아남는다면, 충돌한 물체는 충돌에 대한 반응으로 서로 분리될 것이다. 이때, 충돌하는 물체들은 튕겨 서로 멀리 떨어지거나, 붙거나, 혹은 여러분이 원하는 특정 행동을 취할 것이다. 하지만 이렇게 특정 행동을 취하기 전에 물체를 분리하는 작업이 선행돼야 하는데 이때, MTV가 필요하다.

8.4.2.1 MTV

MTV는 충돌이 발생하지 않도록 충돌하는 물체를 움직일 수 있는 최단 거리를 나타낸다. [그림 8.23]에서는 충돌한 두 개의 다각형에 대한 MTV를 보여주고 있다.

최소 이동 벡터
(Minimum Translation Vector)

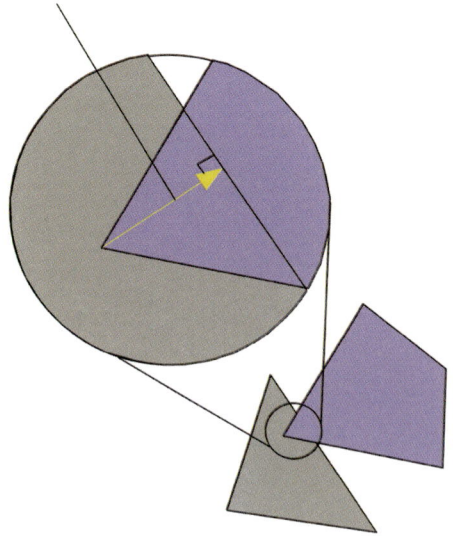

그림 8.23   충돌한 두 개의 다각형에 대한 MTV

[예제 8.14]에서는 MTV를 자바스크립트로 구현한 코드를 소개하고 있다.

예제 8.14   MTV

```javascript
var MinimumTranslationVector = function (axis, overlap) {
   this.axis = axis;        // 축은 벡터로 나타낸다.
   this.overlap = overlap;  // overlap은 스칼라로 나타낸다(단일값).
};
```

위 코드에서 MTV는 방향을 나타내는 단위 벡터인 축과 이 축과 겹치는 부분을 나타내는 값으로 구성돼 있다.

SAT 축에 분리가 있는지 조사하면 MTV를 계산할 수 있다. 492페이지의 [예제 8.5]에서 소개했던 Shape.separationOnAxes() 메서드를 기억해 보자. Shape.separationOnAxes() 메서드에서는 다음 코드처럼 다각형을 축에 투영해 투영 사이의 분리를 찾는다.

```javascript
Shape.prototype = {
   ...
   separationOnAxes: function (axes, shape) {
     for (var i=0; i < axes.length; ++i) {
        axis = axes[i];
        projection1 = shape.project(axis);
```

```
          projection2 = this.project(axis);

          if (! projection1.overlaps(projection2)) {
            return true;
          }
        }
      }
      return false;
    }
    ...
}
```

separationOnAxes() 메서드에서는 투영 사이에 분리가 특정 축에 있는지 나타내는 불린 형의 값을 반환하고 있다.

[예제 8.15]에서는 MTV를 계산하는 separationOnAxes() 메서드의 대안인 MinimumTranslation Vector 메서드를 보여주고 있다. MinimumTranslationVector 메서드에서는 불린 형의 값 대신 MinimumTranslationVector 오브젝트를 반환하고 있다.

separationOnAxes() 메서드와 마찬가지로, MinimumTranslationVector() 메서드에서는 다각형을 각 축에 투영하고 겹치는 부분이 있는지 확인한다. 하지만 MinimumTranslationVector() 메서드에서는 separationOnAxes() 메서드와 다르게 겹치는 부분이 가장 작은 지점을 확인한다.

예제 8.15   Shape.minimumTranslationVector(axes, shape)

```
Shape.prototype = {
...
   minimumTranslationVector: function (axes, shape) {
      var minimumOverlap = 100000,
          overlap,
          axisWithSmallestOverlap;

      for (var i=0; i < axes.length; ++i) {
         axis = axes[i];
         projection1 = shape.project(axis);
         projection2 = this.project(axis);
         overlap = projection1.overlap(projection2);

         if (overlap === 0) {
            return { axis: undefined,  // 충돌 없음.
                     overlap: 0
                   };
         }
         else {
            if (overlap < minimumOverlap) {
               minimumOverlap = overlap;
```

```
                axisWithSmallestOverlap = axis;
            }
        }
    }
    return { axis: axisWithSmallestOverlap, // 충돌
             overlap: minimumOverlap
           };
}
...
}
```

축에 분리된 부분이 있다면, 현재 충돌 상태가 아니므로 MTV가 존재하지 않는다. 따라서 minimum TranslationVector() 메서드에서는 axis를 undefined, 그리고 overlap을 0으로 설정한 Minimum TranslationVector 오브젝트를 반환한다. 하지만 분리 및 MTV가 존재한다면 minimumTranslation Vector() 메서드에서는 가장 작은 overlap 값을 가진 축을 나타내는 MinimumTranslationVector 오브 젝트를 반환한다.

[예제 8.16]에서 소개한 메서드에서는 Shape.minimumTranslationVector()를 사용해 충돌이 발생했 는지 결정할 수 있을 뿐만 아니라 MTV에 대한 참조도 가져올 수 있다.

예제 8.16   충돌 감지 및 MTV 결정

```javascript
// 두 다각형 사이에 발생한 충돌

function polygonCollidesWithPolygon (p1, p2) {
    var mtv1 = p1.minimumTranslationVector(p1.getAxes(), p2),
        mtv2 = p1.minimumTranslationVector(p2.getAxes(), p2);

    if (mtv1.overlap === 0 && mtv2.overlap === 0)
        return { axis: undefined, overlap: 0 };
    else
        return mtv1.overlap < mtv2.overlap ? mtv1 : mtv2;
}

// 두 원 사이에 발생한 충돌

function circleCollidesWithCircle (c1, c2) {
    var distance = Math.sqrt( Math.pow(c2.x - c1.x, 2) +
                              Math.pow(c2.y - c1.y, 2)),
        overlap = Math.abs(c1.radius + c2.radius) - distance;

    return overlap < 0 ?
        new MinimumTranslationVector(undefined, 0) :
        new MinimumTranslationVector(undefined, overlap);
```

```
    }

    // 다각형과 원 사이에 발생한 충돌

    function polygonCollidesWithCircle (polygon, circle) {
      var axes = polygon.getAxes(),
          closestPoint = getPolygonPointClosestToCircle(polygon, circle);

      axes.push(getCircleAxis(circle, polygon, closestPoint));

      return polygon.minimumTranslationVector(axes, circle);
    }
```

[예제 8.17]에서는 원과 다각형을 위해 collidesWith() 메서드를 수정하는 방법을 보여주고 있다. 이렇게 수정된 메서드에서는 [예제 8.15]에서 소개한 minimumTranslationVector() 함수를 사용하고 있다.

지금까지 여러분은 충돌을 감지하는 방법뿐 아니라 MTV를 계산하는 방법도 살펴봤다. 이제 MTV에 대한 올바른 사용법을 알아보자. 이제 여러분은 두 개의 도형이 충돌했을 때 [예제 8.18]에서 소개하는 것처럼 MTV를 사용해 충돌한 도형을 분리할 수 있을 것이다.

예제 8.17   수정된 collidesWith() 메서드

```
  // 원.......................................................

  Circle.prototype.collidesWith = function (shape) {
    if (shape.radius === undefined) {
      return polygonCollidesWithCircle(shape, this);
    }
    else {
      return circleCollidesWithCircle(this, shape);
    }
  };


  // 다각형.....................................................

  Polygon.prototype.collidesWith = function (shape) {
    if (shape.radius !== undefined) {
      return polygonCollidesWithCircle(this, shape);
    }
    else {
      return polygonCollidesWithPolygon(this, shape);
    }
  };
```

[예제 8.18]에서 소개한 separate() 메서드에서는 다각형과 원을 사용해 작업하고 있다. 503페이지의 8.4.1.5절('원')에서 소개한 것처럼, 원은 undefined으로 설정된 축을 가진 MTV를 가지고 있다. 이런 경우, separate() 메서드에서는 속도 단위 벡터를 따라 축을 생성한다.

위치는 속도를 기반으로 하므로 속도 단위 벡터를 이용하면 원을 충돌에서 벗어나게 할 수 있다. 물론 이 축에 대한 MTV는 최소 이동 벡터가 아닐 것이다. 하지만 좋은 방법이라고 할 수 있다. 왜냐하면, 최소 이동 벡터보다 약간 더 움직이더라도 여전히 충돌에서 벗어나게 하는 이동 벡터이기 때문이다.

충돌한 물체를 분리하는 작업은 MTV를 사용해 할 수 있는 가장 기본적인 작업이다. 이제 물체끼리 붙는 사례(스티킹, sticking)와 다른 물체에 튕겨 나가는 사례(바운싱) 등 두 가지 사례에 대해 살펴보자.

예제 8.18   충돌한 두 개의 도형 분리하기

```
// 이동 중인 물체(shapeMoving)를 충돌에서 벗어날 수 있도록 이동시키기

function separate(shapeMoving, mtv) {
  var dx,
      dy,
      velocityMagnitude,
      point;

  if (mtv.axis === undefined) {  // circle
    point = new Point();
    velocityMagnitude = Math.sqrt(Math.pow(velocity.x, 2) +
                                  Math.pow(velocity.y, 2));

    point.x = velocity.x / velocityMagnitude;
    point.y = velocity.y / velocityMagnitude;

    mtv.axis = new Vector(point);
  }

  dy = mtv.axis.y * mtv.overlap;
  dx = mtv.axis.x * mtv.overlap

  if ((dx < 0 && velocity.x < 0) ||  // Don't move in same direction
      (dx > 0 && velocity.x > 0)) {
    dx = -dx;
  }

  if ((dy < 0 && velocity.y < 0) ||  // Don't move in same direction
      (dy > 0 && velocity.y > 0)) {
    dy = -dy;
  }

  shapeMoving.move(dx, dy);
}
```

8.4.2.2 스티킹

[그림 8.24]에서는 원과 다각형을 포함한 애플리케이션을 보여주고 있다. 도형을 클릭하면, 애플리케이션에서는 클릭 된 도형을 움직여 다른 도형과 충돌할 때까지 캔버스의 측면으로 밀어낸다.

이때, 충돌이 발생하면 애플리케이션에서는 이동 중인 도형을 멈추고 0.5초 후에 충돌한 두 물체를 분리시킨다. 이동 중인 도형을 멈추면 움직이던 도형이 더는 움직이지 않으므로 [그림 8.24]의 아래에 있는 그림처럼 도형끼리 붙어 있는 것처럼 보인다.

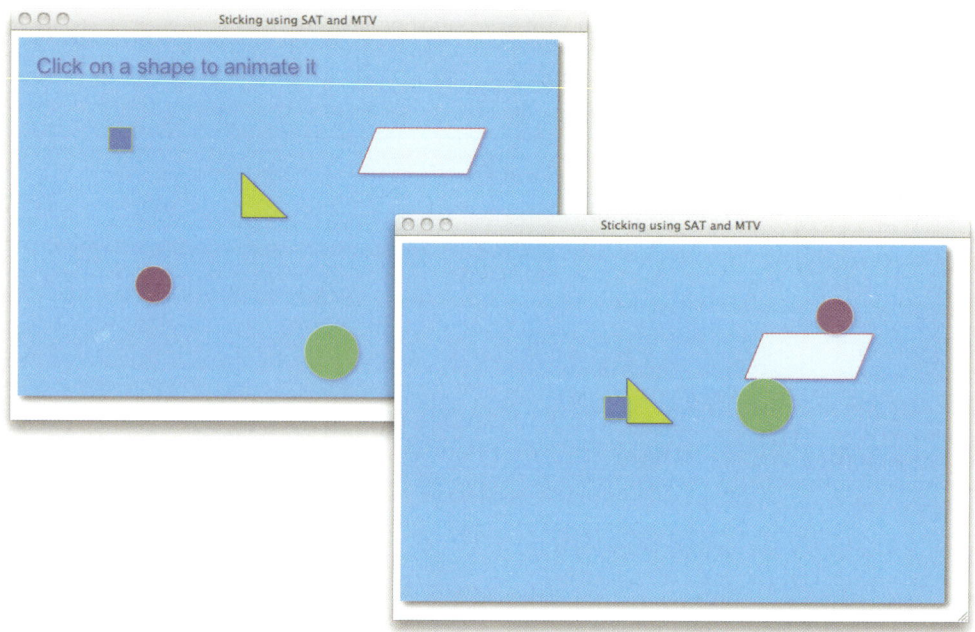

그림 8.24   MTV를 이용한 스티킹

[예제 8.19]에서는 [그림 8.24]에서 보여준 애플리케이션에 대한 자바스크립트 코드를 소개하고 있다. 애플리케이션은 340페이지의 5.1.3절('간편한 애니메이션 루프')에서 소개한 window.requestNextAnimationFrame() 메서드를 사용해 애니메이션을 실행하고 있으며 8장에서 소개한 도형을 사용하고 있다.

[예제 8.19]에서 언급한 detectCollisions() 함수에서는 충돌을 감지했을 때 도형의 collidesWith() 메서드에서 반환된 MTV를 전달하는 stick() 함수를 호출한다.

그리고 stick() 함수에서는 mtv.axis 변수가 undefined로 설정돼 있는지 확인한다. mtv.axis 변수가 undefined로 설정돼 있다면, 움직이는 오브젝트는 원이기 때문에 stick() 함수에서는 원의 속도에 일치하도록 MVT의 축을 설정한다.

그 뒤에 stick() 함수에서는 X 및 Y 좌표에 대해 이동해야 하는 값을 계산하고 500ms 후에 움직여서 충돌했던 물체를 이동시킨다.

예제 8.19   MTV를 이용한 스티킹

```javascript
var canvas = document.getElementById('canvas'),
    context = canvas.getContext('2d'),
    shapes = [],
    polygonPoints = [
      [ new Point(250, 150), new Point(250, 200),
        new Point(300, 200) ],

      [ new Point(100, 100), new Point(100, 125),
        new Point(125, 125), new Point(125, 100) ],

      [ new Point(400, 100), new Point(380, 150),
        new Point(500, 150), new Point(520, 100) ],
    ],

    polygonStrokeStyles = [ 'blue', 'yellow', 'red'],
    polygonFillStyles   = [ 'rgba(255,255,0,0.7)',
                            'rgba(100,140,230,0.6)',
                            'rgba(255,255,255,0.8)' ],
    shapeMoving = undefined,
    c1 = new Circle(150, 275, 20),
    c2 = new Circle(350, 350, 30),

    lastTime = undefined,
    velocity = { x: 350, y: 190 },
    lastVelocity = { x: 350, y: 190 },
    STICK_DELAY = 500,
    stuck = false;
    showInstructions = true;

// 함수.......................................................

function windowToCanvas(e) {
  var x = e.x || e.clientX,
      y = e.y || e.clientY,
      bbox = canvas.getBoundingClientRect();
```

```
        return { x: x - bbox.left * (canvas.width  / bbox.width),
                 y: y - bbox.top  * (canvas.height / bbox.height)
               };
};

function drawShapes() {
   shapes.forEach( function (shape) {
      shape.stroke(context);
      shape.fill(context);
   });
}

function stick(mtv) {
   var dx,
       dy,
       velocityMagnitude,
       point;

   if (mtv.axis === undefined) { // 움직이는 물체가 원일 때
      point = new Point();
      velocityMagnitude = Math.sqrt(Math.pow(velocity.x, 2) +
                                    Math.pow(velocity.y, 2));

      // 원의 속도에 대한 방향으로 MTV 축을 가리킨다.

      point.x = velocity.x / velocityMagnitude;
      point.y = velocity.y / velocityMagnitude;

      mtv.axis = new Vector(point);
   }

   // 델타 X와 델타 Y를 계산한다.
   // mtv.axis 변수는 방향을 나타내는 단위 벡터이며
   // overlap 변수는 이동 벡터의 크기를 나타낸다.

   dx = mtv.axis.x * mtv.overlap;
   dy = mtv.axis.y * mtv.overlap;

   // 델타와 속도가 같은 방향이라면,
   // 델타를 반전시킨다.

   if ((dx < 0 && velocity.x < 0) || (dx > 0 && velocity.x > 0))
      dx = -dx;

   if ((dy < 0 && velocity.y < 0) || (dy > 0 && velocity.y > 0))
      dy = -dy;

   // STICK_DELAY (500) ms 안에, 충돌 상태에서 벗어나도록 도형을 이동시킨다.

   setTimeout(function () {
```

```
      shapeMoving.move(dx, dy);
   }, STICK_DELAY);

   // 관련 변수를 재설정한다.

   lastVelocity.x = velocity.x;
   lastVelocity.y = velocity.y;
   velocity.x = velocity.y = 0;

   // STICK_DELAY가 종료되기 전에 다시 붙지 않는다.
   stuck = true;
}

function collisionDetected(mtv) {
   return mtv.axis != undefined || mtv.overlap !== 0;
}

function detectCollisions() {
   var textY = 30, bbox, mtv;

   if (shapeMoving) {
      shapes.forEach( function (shape) {
         if (shape !== shapeMoving) {
            mtv = shapeMoving.collidesWith(shape);

            if (collisionDetected(mtv)) {
               if (!stuck)
                  stick(mtv);
            }
         }
      });

      bbox = shapeMoving.boundingBox();
      if (bbox.left + bbox.width > canvas.width || bbox.left < 0) {
         velocity.x = -velocity.x;
      }
      if (bbox.top + bbox.height > canvas.height || bbox.top < 0) {
         velocity.y = -velocity.y;
      }
   }
};

// 이벤트 핸들러......................................................

canvas.onmousedown = function (e) {
   var location = windowToCanvas(e);

   if (showInstructions)
      showInstructions = false;
```

```
      velocity.x = lastVelocity.x;
      velocity.y = lastVelocity.y;

      shapeMoving = undefined;
      stuck = false;

      shapes.forEach( function (shape) {
         if (shape.isPointInPath(context, location.x, location.y)) {
            shapeMoving = shape;
         }
      });
   };

// 애니메이션.....................................................

function animate(time) {
   var elapsedTime, deltaX;

   if (lastTime === 0) {
      if (time !== undefined)
         lastTime = time;

      window.requestNextAnimationFrame(animate);
      return;
   }

   context.clearRect(0, 0, canvas.width, canvas.height);

   if (shapeMoving !== undefined) {
      elapsedTime = parseFloat(time - lastTime) / 1000;
      shapeMoving.move(velocity.x * elapsedTime,
                       velocity.y * elapsedTime);
   }

   detectCollisions();
   drawShapes();
   lastTime = time;

   if (showInstructions) {
      context.fillStyle = 'cornflowerblue';
      context.font = '24px Arial';
      context.fillText('Click on a shape to animate it', 20, 40);
   }
   window.requestNextAnimationFrame(animate);
};

// 초기화.....................................................

for (var i=0; i < polygonPoints.length; ++i) {
   var polygon = new Polygon(),
```

```
        points = polygonPoints[i];

    polygon.strokeStyle = polygonStrokeStyles[i];
    polygon.fillStyle = polygonFillStyles[i];

    points.forEach( function (point) {
        polygon.addPoint(point.x, point.y);
    });

    shapes.push(polygon);
}

c1.fillStyle = 'rgba(200, 50, 50, 0.5)';

shapes.push(c1);
shapes.push(c2);

context.shadowColor = 'rgba(100,140,255,0.5)';
context.shadowBlur = 4;
context.shadowOffsetX = 2;
context.shadowOffsetY = 2;
context.font = '38px Arial';

window.requestNextAnimationFrame(animate);
```

8.4.2.3 바운싱

[그림 8.25]에서는 다양한 도형을 포함하고 있는 애플리케이션을 보여주고 있다. 만약 도형을 클릭하면, 애플리케이션에서는 클릭 된 도형을 이동시킨다. 이때, 이동 중인 도형이 캔버스 측면과 충돌하거나 다른 도형과 충돌하면 튕겨 나온다.

물체가 다른 물체와 충돌할 때 바운싱 되려면 [그림 8.26]처럼 충돌하려는 모서리의 에지 법선 벡터에 대해 들어오는 속도를 반영해야 한다.

물체가 다른 물체의 변에 바운싱될 때, 축에 대하여 벡터를 반영하는 [방정식 8.4]를 사용할 수 있다. 이런 경우, 반영되는 벡터는 들어오는 속도 벡터를 나타내며 축은 충돌하는 물체의 변이나 에지 법선 벡터를 나타낸다.

$$\theta_{\text{outgoing}} = 2 \times (V \cdot L) / (L \cdot L) \times L - V$$

방정식 8.4   다른 벡터(L)에 대해 벡터(V)의 반영

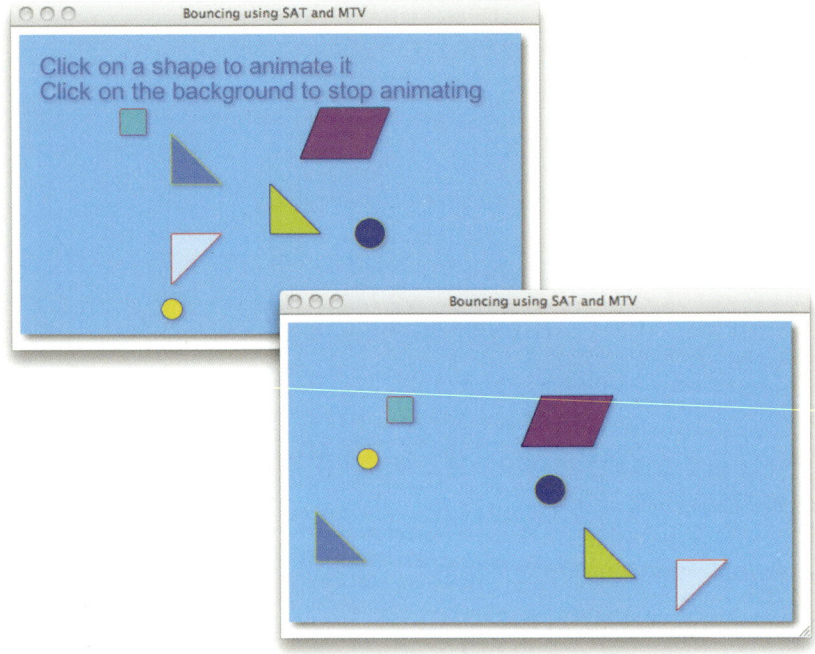

그림 8.25 MTV를 이용한 바운싱

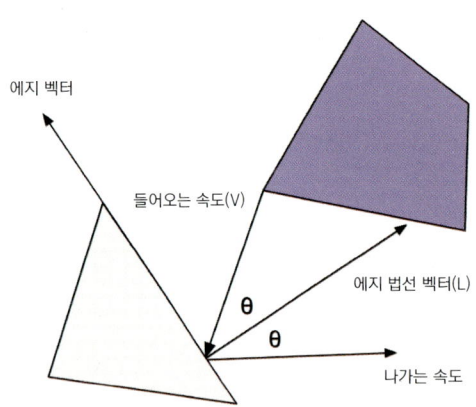

그림 8.26 바운싱 벡터

　[그림 8.25]에서 보여준 애플리케이션은 518페이지의 8.4.2.2절('스티킹')에서 소개했던 애플리케이션과 상당히 많은 공통점이 있다. 따라서 [예제 8.20]에서는 물체의 바운싱과 관련 있는 코드만 소개하고 있다.

bouce() 메서드는 [방정식 8.4]를 구현한 코드다.

예제 8.20   MTV를 이용한 바운싱

```javascript
function detectCollisions() {
   if (shapeMoving) {
      handleShapeCollisions();
      handleEdgeCollisions();
   }
};

function handleShapeCollisions() {
   var mtv;

   shapes.forEach( function (shape) {
      if (shape !== shapeMoving) {
         mtv = shapeMoving.collidesWith(shape);
         if (collisionDetected(mtv)) {
            bounce(mtv, shapeMoving, shape);
         }
      }
   });
}

function collisionDetected(mtv) {
   return mtv.axis != undefined || mtv.overlap !== 0;
}

function separate(mtv) {
   var dx, dy, velocityMagnitude, point;

   if (mtv.axis === undefined) {
      point = new Point();
      velocityMagnitude = Math.sqrt(Math.pow(velocity.x, 2) +
                                    Math.pow(velocity.y, 2));

      point.x = velocity.x / velocityMagnitude;
      point.y = velocity.y / velocityMagnitude;

      mtv.axis = new Vector(point);
   }

   dy = mtv.axis.y * mtv.overlap;
   dx = mtv.axis.x * mtv.overlap

   if ((dx < 0 && velocity.x < 0) ||
      (dx > 0 && velocity.x > 0)) {
      dx = -dx;
   }
```

```javascript
    if ((dy < 0 && velocity.y < 0) ||
        (dy > 0 && velocity.y > 0)) {
      dy = -dy;
    }

    shapeMoving.move(dx, dy);
}

function checkMTVAxisDirection(mtv, collider, collidee) {
    var centroid1, centroid2, centroidVector, centroidUnitVector;

    if (mtv.axis === undefined)
       return;

    centroid1 = new Vector(collider.centroid()),
    centroid2 = new Vector(collidee.centroid()),
    centroidVector = centroid2.subtract(centroid1),
    centroidUnitVector = (new Vector(centroidVector)).normalize();

    if (centroidUnitVector.dotProduct(mtv.axis) > 0) {
      mtv.axis.x = -mtv.axis.x;
      mtv.axis.y = -mtv.axis.y;
    }
};

function bounce(mtv, collider, collidee) {
    var dotProductRatio, vdotl, ldotl, point,
        velocityVector = new Vector(new Point(velocity.x, velocity.y)),
        velocityUnitVector = velocityVector.normalize(),
        velocityVectorMagnitude = velocityVector.getMagnitude(),
        perpendicular;

    if (shapeMoving) {
      checkMTVAxisDirection(mtv, collider, collidee)

      point = new Point();

      if (mtv.axis !== undefined) {
        perpendicular = mtv.axis.perpendicular();
      }
      else {
        perpendicular = new Vector(new Point(-velocityUnitVector.y,
                                             velocityUnitVector.x));
      }

      vdotl = velocityUnitVector.dotProduct(perpendicular);
      ldotl = perpendicular.dotProduct(perpendicular);
      dotProductRatio = vdotl / ldotl;
```

```
        point.x = 2 * dotProductRatio * perpendicular.x -
                velocityUnitVector.x;

        point.y = 2 * dotProductRatio * perpendicular.y -
                velocityUnitVector.y;

        separate(mtv);

        velocity.x = point.x * velocityVectorMagnitude;
        velocity.y = point.y * velocityVectorMagnitude;
    }
}
```

8.5　결론

8장에서 다룬 충돌 감지는 심도 있게 짚어 봐야 할 주제라고 생각했기 때문에 책 전반에 걸쳐 소개했다. 물론 여러분은 8장에서 경계 박스, 경계 원, 레이 캐스팅을 포함해 충돌 감지를 쉽게 구현하는 방법도 살펴봤다.

하지만 8장에서는 다양한 오브젝트끼리 발생한 충돌을 감지하기 위해 반드시 필요한 SAT과 MTV를 구현하는 방법을 소개하는데 많은 부분을 할애하고 있다.

다음 장에서는 8장에서 배운 내용뿐만 아니라 지금까지 배운 내용을 사용해 캔버스 기반 게임을 살펴보자.

게임 개발

게임 개발은 컴퓨터로 할 수 있는 가장 재미있는 작업이라고 할 수 있다. 하지만 재미있다고 해서 반드시 쉬운 것은 아니다. 게임을 개발하려면 대수학, 삼각법, 벡터를 포함한 수학에 대한 기본적인 이해가 필요할 뿐만 아니라 애니메이션과 충돌 감지 구현 등과 같은 매우 복잡한 주제에도 대처할 수 있어야 한다. 그러나 결국 본래 게임에 가졌던 비전을 화면에서 살아 숨 쉬게 만드는 것만큼 소프트웨어 개발자를 만족하게 하는 것도 없을 것이다.

다행스럽게도, 여러분은 이미 여덟 개의 장에서 수학, 애니메이션 구현, 충돌 감지 등을 살펴봤다. 이런 힘든 과정을 지나왔기 때문에 이번에는 재미있는 게임을 구현할 차례다.

9장은 다음과 같이 크게 세 부분으로 나뉜다.

- 게임 엔진
- Ungame
- 핀볼

첫 번째 부분에서는 시간 기반 모션 지원, 일시 정지, 하이 스코어 등과 같이 게임을 구현할 때 필요한 기본적인 도구를 제공하는, 약 450줄의 자바스크립트로 구성된 간단한 게임 엔진을 소개할 예정이다. 참고로, 548페이지의 [예제 9.9]에서는 게임 엔진의 전체 코드를 소개하고 있다.

두 번째 부분에서는 실제 게임 자체를 포함하고 있지는 않지만, 구현할 때 필요한 기본적인 기능을 갖춘 가장 간단한 게임인 ungame에 대해 소개할 예정이다. 게임용으로 만든 Hello World의 한 형태로 생각하면 ungame을 머릿속에 떠올릴 수 있을 것이다.

마지막으로, 세 번째 부분에서는 앞장에서 배운 다양한 기법과 게임 엔진을 사용하고 있는 강력한 핀볼 게임을 소개할 예정이다.

9.1 게임 엔진

9장에서 소개할 게임 엔진에는 다음과 같은 기능이 있다.

- 애니메이션 루프 구현: start()
- 스프라이트 그리기: addSprite(), getSprite()
- 시간 기반 모션 지원: pixelsPerFrame()
- 콜백 호출: startAnimate(), paintUnderSprites(), paintOverSprites(), endAnimate()
- 게임 일시 정지: togglePaused()
- 키 이벤트 처리: addkeyListener()
- 멀티 트랙 사운드 재생: canPlaySound(), playsound()
- 프레임률 기록: fps
- 게임 시간 기록: gameTime
- 하이 스코어 관리: setHighScore(), getHighScores(), clearHighScores()

위에서 언급한 기능은 GameEngine 오브젝트에 있는 메서드와 관련 속성을 보여주고 있다. 예를 들어, addSprite() 메서드를 이용하면 스프라이트를 게임 엔진에 추가할 수 있으며 getSprite() 메서드를 이용하면 스프라이트에 대한 참조를 가져올 수 있다.

기본적으로, 게임 엔진에서는 340페이지의 5.1.3절('간편한 애니메이션 루프')에서 소개한 window.requestAnimationFrame() 메서드를 사용해 게임 루프를 구현하고 있으며 애니메이션 프레임을 시작할 때, 게임 엔진에서 스프라이트를 그리는 전후, 애니메이션을 종료할 때 등 기능을 수정할 수 있도록 콜백을 게임 루프에 제공하고 있다.

게임 엔진에는 오브젝트의 속도(픽셀/초)가 주어질 때 현재 애니메이션 프레임 동안 오브젝트가 움직일 픽셀 개수를 반환하는 pixelsPerFrame() 메서드도 있다.

또한, 게임을 진행한 시간에서 게임을 일시 정지한 시간을 제외한 값인 게임 시간과 현재 프레임률에 접근할 수 있을 뿐만 아니라 togglePaused() 메서드로 게임을 일시 정지하거나 게임을 다시 시작할 수 있다.

게임 엔진에서는 하이 스코어, 키 처리, 사운드에 대한 기본적인 지원을 제공하고 있다.

[예제 9.1]에서는 게임과 스프라이트를 생성하고, 생성된 스프라이트에 게임을 추가하며, 적절한 애니메이션 콜백을 구현하고, 게임을 시작하는 등과 같이 게임 엔진을 이용해 게임을 구현하는 과정을 보여주고 있다.

예제 9.1　　게임 엔진을 이용한 게임 구현

```
// 게임 생성하기
var game = new Game('nameOfYourGame', 'canvasElementId'),

    // 스프라이트를 생성한다. 그리고 game.addSprite() 메서드를 이용해
    // 생성한 스프라이트를 게임에 추가한다.

    s1 = new Sprite(...),
    s2 = new Sprite(...); // s2는 s1 위에 그려진다.

game.addSprite(s1);
game.addSprite(s2);

// Implement animation callbacks

game.paintUnderSprites = function () {
    drawBackground(); // 스프라이트 아래에 페인트를 구현한다...
};

game.paintOverSprites = function () {
    // 스프라이트 위에 그린다...
};

game.startAnimate = function () {
    // 애니메이션 프레임 초기에 할 작업
};

game.endAnimate = function () {
    // 애니메이션 프레임 종료에 할 작업
};

// 게임 시작
game.start();
```

Game 오브젝트를 생성할 때, 여러분은 게임에서 사용할 <canvas> 요소의 식별자와 게임의 이름을 명시해야 한다. 그래야 게임 엔진에서 명시한 게임 이름을 사용해 로컬 스토리지(local storage)에 하이 스코어를 저장할 수 있기 때문이다.

다음 절에서는 게임 엔진의 기능에 대해 자세히 살펴보자.

9.1.1 게임 루프

다음은 게임 루프의 동작을 단계별로 소개한 것이다.

1 단계 : 게임을 일시 정지하려면, 아래 단계들을 건너뛰며 100ms 안에 게임 루프를 다시 호출한다.

2 단계 : 프레임률을 업데이트한다.

3 단계 : 게임 시간을 설정한다.

4 단계 : 화면을 지운다.

5 단계 : 애니메이션 시작 콜백을 호출한다.

6 단계 : 스프라이트 아래를 그린다.

7 단계 : 스프라이트를 업데이트한다.

8 단계 : 스프라이트를 그린다.

9 단계 : 스프라이트 위를 그린다.

10 단계 : 애니메이션 종료 콜백을 호출한다.

11 단계 : 다음 애니메이션 프레임을 요청한다.

여러분은 게임 엔진의 **togglePaused()** 메서드를 사용해 게임을 일시 정지하거나 다시 시작할 수 있다. 초기에 게임은 일시 정시 상태가 아니므로 **togglePaused()** 메서드를 처음으로 호출하면 게임은 일시 정지되며 다시 호출하면 게임은 다시 시작될 것이다.

게임이 일시 정지되면, 게임 루프에서는 100ms 안에 게임 루프에 대한 또 다른 호출을 할 수 있도록 작업을 재조정하는 것 이외에 어떤 작업도 하지 않는다. 100ms라는 시간은 16ms보다 상당히 길지만 초당 60프레임과 같으며 수많은 비디오 게임을 위한 프레임률이다. 그리고 게임을 일시 정지하면 게임 엔진에서는 호출을 재조정하는 작업밖에 하지 않으므로 게임 엔진에 대한 CPU 사용량이 줄어들게 된다.

움직임과 같이 많은 작업은 게임의 프레임률에 달려 있기 때문에 게임이 일시 정지 상태가 아니라면, 게임 루프에서는 프레임률과 게임 시간에 대한 업데이트를 첫 번째 작업으로 실행할 것이다. 그 뒤에, 게임 루프에서는 다음 애니메이션 프레임 준비를 위해 화면을 지운다.

화면을 지운 다음, 게임 엔진에서는 게임의 startAnimate() 콜백과 paintUnderSprites() 콜백을 호출한다. startAnimate() 콜백에서는 애니메이션 프레임을 시작할 때마다 하우스키핑(housekeeping)을 관리한다. 예를 들면, 여러 게임들이 startAnimate() 메서드에서 충돌 감지를 호출한다. 일반적으로 paintUnderSprites() 콜백에서는 배경을 그리지만, 가끔 게임에 속한 세계 일부분을 그릴 때도 있다.

게임에서 스프라이트 아래를 그리고 나면 게임 루프에서는 게임에 보이는 모든 스프라이트를 그린다. 그 뒤에 게임 루프에서는 게임의 paintOverSprite() 메서드를 호출해 스프라이트 위를 그릴 수 있도록 게임에게 기회를 준다.

마지막으로, 게임 루프에서는 게임의 endAnimation() 메서드를 호출하고 340페이지의 5.1.3절('간편한 애니메이션 루프')에서 소개한 window.requestNextAnimationFrame() 폴리필 메서드를 이용해 다음 애니메이션 프레임을 요청한다.

[예제 9.2]에서는 지금까지 언급한 단계를 구현한 코드를 소개하고 있다.

예제 9.2   게임 루프

```
var Game = function (gameName, canvasId) {
    var canvas = document.getElementById(canvasId),
        self = this; // 키 이벤트 핸들러에서 사용된다.

    // 일반

    this.context = canvas.getContext('2d');
    this.sprites = [];
    ...

    // 시간

    this.startTime = 0;
    this.lastTime = 0;
    this.gameTime = 0;
    this.fps = 0;
    this.STARTING_FPS = 60;

    this.paused = false;
    this.startedPauseAt = 0;
    this.PAUSE_TIMEOUT = 100;
    ...

    return this;
};

// 게임 메서드......................................................

Game.prototype = {
    ...

    // 게임 루프......................................................

    start: function () {
```

```
        var self = this;              // this 변수는 게임을 나타낸다
        this.startTime = getTimeNow(); // 게임의 startTime을 기록한다.

        애니메이션을 시작한다.

        window.requestNextAnimationFrame(
            function (time) {
                // 이 함수에서 this 변수는 윈도우를 나타낸다.

                self.animate.call(self, time); // self는 게임을 나타낸다.
            });
    },

    // 게임의 애니메이션을 재생한다. 다음 애니메이션 프레임일 때
    // 브라우저에서 이 메서드를 호출한다.

    animate: function (time) {
        var self = this;

        if (this.paused) {
            // 게임이 여전히 일시 정지 상태일 때,
            // PAUSE_TIMEOUT(100)ms 안에 이 메서드를 다시 호출한다.
            // 이보다 더 자주 확인할 필요 없다.

            setTimeout( function () {
                self.animate.call(self, time);
            }, this.PAUSE_TIMEOUT);
        }

        else {                          // 게임이 일시 정지 상태가 아닐 때
            this.tick(time);            // fps를 업데이트한다.
            this.clearScreen();         // 다음 프레임을 준비한다.

            this.startAnimate(time);    // 오버라이딩할 수 있다.
            this.paintUnderSprites();   // 오버라이딩할 수 있다.

            this.updateSprites(time);   // 스프라이트 동작을 호출한다.
            this.paintSprites(time);    // 캔버스에 스프라이트를 그린다.

            this.paintOverSprites();    // 오버라이딩할 수 있다.
            this.endAnimate();          // 오버라이딩할 수 있다.

            // 다음 애니메이션 프레임일 때
            // 이 메서드를 다시 호출한다.

            window.requestNextAnimationFrame(
                function (time) {
                    self.animate.call(self, time);
                });
        }
```

```
    },

    // 애플리케이션에서 애니메이션 프레임을 그렸던 마지막 시간,
    // 게임 시간, 프레임률을 업데이트한다.

    tick: function (time) {
        this.updateFrameRate(time);
        this.gameTime = (getTimeNow()) - this.startTime;
        this.lastTime = time;
    },

    // 마지막 애니메이션 프레임에 걸린 총 시간을 기반으로
    // 프레임률을 업데이트한다.

    updateFrameRate: function (time) {
        if (this.lastTime === 0) this.fps = this.STARTING_FPS;
        else                     this.fps = 1000 / (time - this.lastTime);
    },

    // 전체 캔버스를 지운다.

    clearScreen: function () {
        this.context.clearRect(0, 0,
            this.context.canvas.width, this.context.canvas.height);
    },

    // 모든 스프라이트를 업데이트한다. 스프라이트 update() 메서드에서는
    // 스프라이트의 모든 동작을 호출한다.

    updateSprites: function (time) {
        for(var i=0; i < this.sprites.length; ++i) {
            var sprite = this.sprites[i];
            sprite.update(this.context, time);
        };
    },

    // 보이는 모든 스프라이트를 그린다.

    paintSprites: function (time) {
        for(var i=0; i < this.sprites.length; ++i) {
            var sprite = this.sprites[i];
            if (sprite.visible)
                sprite.paint(this.context);
        };
    },
    ...

    // 필요에 따라 다음 메서드를 오버라이딩할 수 있다.
    // animate() 메서드에서는 나열된 순서로 메서드를 호출한다.
```

```
    startAnimate:       function (time) { },
    paintUnderSprites: function ()     { },
    paintOverSprites:  function ()     { },
    endAnimate:         function ()     { }
};
```

여러분은 다음 코드처럼 게임을 생성하고 시작할 수 있다.

```
var game = new Game('gameName', 'canvasId');
...
game.start();
```

게임 엔진의 start() 메서드를 호출할 때, start() 메서드에 있는 this 변수는 게임을 나타낸다.

그러나 requestNextAnimationFrame() 메서드에 전달된 함수에 있는 this 변수는 게임이 아닌 window 오브젝트를 나타낸다. this 변수를 가진 requestNextAnimationFrame() 메서드에 전달된 함수에 있는 게임 엔진의 animate() 메서드를 호출하려면(this.animate(time)), window 오브젝트에서 아마도 존재하지 않는 animate() 메서드를 호출해야 할 것이다.

표 9.1   **게임 루프와 관련 있는 게임 엔진 메서드**

메서드	설명
start()	게임 시간을 설정하고 첫 번째 애니메이션 프레임을 요청해 게임을 시작한다.
animate(time)	게임 루프를 구현한다.
tick(time)	애니메이션 프레임을 시작할 때마다 프레임률과 게임 시간을 업데이트한다.
updateFrameRate(time)	게임의 현재 프레임률을 업데이트한다.
clearScreen(time)	context.clearRect()을 사용해 화면을 정리한다.
updateSprites(time)	모든 스프라이트를 업데이트한다.
paintSprites(time)	보이는 모든 스프라이트를 그린다.
startAnimate()	애니메이션 프레임을 시작할 때 게임 엔진에서 startAnimate() 메서드를 호출한다. startAnimate() 메서드에서는 기본적으로 어떤 작업도 하지 않는다. 다만 게임에서 구현되기 전까지 남겨둔다.
paintUnderSprites(time)	스프라이트를 그리기 전에 게임 엔진에서 paintUnderSprites(time) 메서드를 호출한다. paintUnderSprites(time) 메서드에서는 기본적으로 어떤 작업도 하지 않는다. 다만 게임에서 구현되기 전까지 남겨둔다.
paintOverSprites(time)	스프라이트를 그린 후에 게임 엔진에서 paintOverSprites(time) 메서드를 호출한다. paintOverSprites(time) 메서드에서는 기본적으로 어떤 작업도 하지 않는다. 다만 게임에서 구현되기 전까지 남겨둔다.
endAnimate()	현재 애니메이션 프레임을 그린 후에 게임 엔진에서 paintOverSprites(time) 메서드를 호출한다. paintOverSprites(time) 메서드에서는 기본적으로 어떤 작업도 하지 않는다. 다만 게임에서 구현되기 전까지 남겨둔다.

게임 엔진의 start() 메서드에서는 자바스크립트의 call() 내장 메서드를 이용해 start() 메서드에서 requestNextAnimationFrame() 메서드에 전달한 함수에 있는 this 변수가 window 오브젝트가 아닌 게임을 정상적으로 나타내고 있는지 확인한다. start() 메서드를 호출할 때 this 변수는 게임을 나타내므로 start() 메서드에서는 self 변수에 해당 값을 저장한다. 그 뒤에 start() 메서드에서는 call()을 호출할 때 self 변수를 사용한다.

게임 엔진의 animate() 메서드는 이 절 시작할 때 언급했던 11단계 중에서 열한 번째 단계에 해당한다. animate() 메서드에서는 start() 메서드에서 사용한 기법을 이용해 animate() 메서드에 있는 this 변수가 window 오브젝트가 아닌 게임을 나타내고 있는지 확인하고 requestNextAnimationFrame() 메서드를 호출한다.

참고로, [표 9.1]에서는 게임 엔진에서 구현하고 게임 루프를 구성하고 있는 메서드들을 소개하고 있다.

9.1.1.1 일시 정지

게임 엔진에서는 게임이 현재 일시 정지 상태인지 확인할 수 있는 paused 속성을 관리하고 있다. 게임이 현재 일시 정지 상태라면, 게임 엔진에서는 게임 루프를 실행하지 않으므로 게임 엔진의 paused 속성이 설정되는 동안에는 어떤 일도 발생하지 않는다.

[예제 9.3]에서는 게임 엔진이 게임을 일시 정지하고 다시 시작하는 방법을 보여주고 있다.

Ungame이 일지 정지 상태일 때, animate() 메서드에서는 setTimout() 메서드를 호출해 약 100ms 안에 animate() 메서드를 호출할 수 있도록 작업을 재조정한다. 게임이 여전히 일지 정지 상태인지 확인할 때는 requestNextAnimationFrame() 메서드를 사용하는 방법보다 setTimeout() 메서드를 사용하는 방법이 더 적절하며 훨씬 간단하다.

togglePaused() 메서드를 사용해 게임을 정지시키면, togglePaused() 메서드에서는 시간을 기록하는데, 기록된 시간은 게임을 다시 시작할 때 사용된다.

그리고 togglePaused() 메서드에서는 일시 정지 상태의 게임을 다시 시작할 때 게임을 다시 시작한 시각에서 게임이 일시 정지되었던 총 시간을 뺀다. 즉, 게임을 다시 시작할 때 시간을 크게 건너뛰지 않도록 게임이 중단된 지점을 정확하게 알고 있다는 의미다. 게임 엔진의 startTime은 게임이 시작했던 시간을 나타내지 않는다는 점에 주목하자. 대신, 게임 엔진에서는 startTime 속성을 사용해 일시 정지 후 게임 시간을 조정한다. 여러 이유에서 게임을 시작했던 정확한 시간을 알아야 한다면, 여러분이 시작 시각을 기록해야 한다.

예제 9.3   일지 정지 상태

```javascript
var Game = function (gameName, canvasId) {
   var canvas = document.getElementById(canvasId),
       self = this; // 키 이벤트 핸들러에서 사용된다.
   ...
   this.startTime = 0;
   this.lastTime = 0;

   this.paused = false;
   this.startedPauseAt = 0;
   this.PAUSE_TIMEOUT = 100;
   ...
   return this;
};


// 게임 메서드.....................................................

Game.prototype = {

   start: function () {
      this.startTime = getTimeNow(); // 게임의 startTime을 기록한다.
      ...
      window.requestNextAnimationFrame(
         function (time) {
            self.animate.call(self, time); // self는 게임을 나타낸다.
         });
   },

   animate: function (time) {
      var self = this;

      if (this.paused) {
         // 게임이 여전히 일시 정지 상태일 때,
         // PAUSE_TIMEOUT(100)ms 안에 이 메서드를 다시 호출한다.
         // 이보다 더 자주 확인할 필요 없다.

         setTimeout( function () {
            self.animate.call(self, time); // self는 게임을 나타낸다.
         }, this.PAUSE_TIMEOUT); // PAUSE_TIMEOUT는 100ms다.
      }
      else { // 게임이 일시 정지 상태가 아닐 때
         // 다음 애니메이션 프레임을 그린다
         ...
         window.requestNextAnimationFrame(
            function (time) {
               self.animate.call(self, time);
            });
      }
```

```
    },

    togglePaused: function () {
      var now = getTimeNow();

      this.paused = !this.paused;

      if (this.paused) {
        this.startedPauseAt = now;
      }
      else { // 일시 정지 상태가 아닐 때,
        // 시간을 조정하므로
        // 게임은 사용자가 게임을 일시 정시했던 지점에서 게임을 다시 시작한다.

        this.startTime = this.startTime + now - this.startedPauseAt;
        this.lastTime = now;
      }
    },
  };
```

지금까지 게임 엔진에서 게임을 일시 정지하고 다시 시작할 수 있도록 시간을 제어하는 방법을 살펴봤다. 이제 시간을 이용해 현재 애니메이션 프레임 동안 오브젝트가 움직인 거리를 계산하는 방법을 알아보자.

9.1.1.2 시간 기반 모션

359페이지의 5.6절('시간 기반 모션')에서는 시간 기반 모션을 구현하는 방법과 시간 기반 모션을 사용할 때 얻을 수 있는 장점을 소개했다. [예제 9.4]에서 소개하는 것처럼 게임 엔진에서는 간단하지만 중요한 메서드인 pixelsPerFrame()을 사용해 시간 기반 모션을 구현하고 있다.

예제 9.4   시간 기반 모션을 지원하는 게임 엔진

```
pixelsPerFrame: function (time, velocity) {
    // 이 메서드에서는 현재 시각과 오브젝트의 속도가 주어질 때
    // 현재 애니메이션 프레임 동안 오브젝트가 이동해야 할 총 픽셀을 반환한다.
    // 속도는 픽셀/초로 나타낸다.
    //
    // 참고: (픽셀/초) * (초/프레임) = 픽셀/초

    return velocity / game.fps;
},
```

초당 픽셀로 명시된 속도와 현재 시각을 pixelsPerFrame() 메서드에 전달하면, pixelsPerFrame() 메서드에서는 속도를 유지할 수 있도록 현재 프레임 동안 오브젝트가 이동해야 할 픽셀 개수를 반환한다.

일반적으로 여러분은 startAnimate() 메서드나 endAnimate() 콜백 또는 스프라이트의 update() 메서드에 있는 pixelsPerFrame() 메서드를 사용할 것이다.

9.1.2 이미지 로딩

대부분 게임은 이미지 집약적으로 이런 게임들은 주로 게임을 시작할 때 이미지를 가져온다. 이미지 로딩은 시간이 걸리기 때문에 이미지를 가져오는 동안 사용자에게 피드백을 표시하는 것이 좋다.

게임 엔진에서는 여러 이미지를 가져올 수 있는 기능을 제공하고 있을 뿐만 아니라 주어진 시간에 가져온 이미지 수를 기록하기도 한다. [예제 9.5]에서는 이미지를 가져오는 게임 엔진과 관련된 코드를 소개하고 있다. 게임에서는 다음과 같은 세 가지 메서드로 이미지를 가져오고 이미지-로딩 진행 과정을 추적한다.

- queueImage(imageUrl): 이미지를 이미지 로딩 큐에 배치한다.
- loadImages(): loadImages() 메서드에서 진행된 이미지에 대해 100%를 반환할 때까지 반복해서 loadImages() 메서드를 호출한다.
- getImage(imageUrl): 이미지를 반환한다. loadImages() 메서드에서 100%를 반환한 후에 getImage(imageUrl) 메서드만 호출해야 한다.

가져오고 싶은 이미지마다 queueImage() 메서드를 호출하며 loadImages() 메서드에서 100%를 반환할 때까지 loadImages() 메서드를 반복해서 호출한다. 그리고 다음 코드에서처럼 로딩 진행 과정을 반영할 수 있도록 loadImages() 메서드에서 반환된 값을 이용해 게임의 사용자 인터페이스를 업데이트할 수 있다.

```
var game = new Game('gameName', 'canvasId');
...

game.queueImage('images/image1.png');
game.queueImage('images/image2.png');
...

interval = setInterval( function (e) {
    loadingPercentComplete = game.loadImages();

    if (loadingPercentComplete === 100) {
        clearInterval(interval);
```

```
      // 이미지 로딩이 완료되면, 그에 맞춰 사용자 인터페이스를 업데이트한다.
   }
   progressbar.draw(loadingPercentComplete);
}, 16);
```

물론 몇몇 이미지를 가져오지 못하는 경우가 발생할 수 있다. 이때, 로딩에 실패한 이미지 개수를 나타
내는 imagesFailedToLoad 속성을 살펴보면 모든 이미지를 가져왔는지 확인할 수 있다. 그러나 몇몇 이
미지에 대해 로딩에 실패해도 모든 이미지에 대한 진행이 완료되면, loadImages() 메서드에서는 100%
를 반환한다.

예제 9.5   이미지 로딩

```
var getTimeNow = function () {
   return +new Date();
};

var Game = function (gameName, canvasId) {
   var canvas = document.getElementById(canvasId),
   ...

   // 이미지 로딩

   this.imageLoadingProgressCallback;
   this.images = {};
   this.imageUrls = [];
   this.imagesLoaded = 0;
   this.imagesFailedToLoad = 0;
   this.imagesIndex = 0;
   ...

   return this;
};

// 게임 메서드.....................................................

Game.prototype = {
   // URL이 주어지면 관련 이미지를 반환한다.

   getImage: function (imageUrl) {
      return this.images[imageUrl];
   },

   // 이미지를 성공적으로 가져왔을 때,
   // loadImage() 메서드에서 이 메서드를 호출한다.

   imageLoadedCallback: function (e) {
      this.imagesLoaded++;
```

```
    },

    // 이미지를 성공적으로 가져오지 못했을 때,
    // loadImage() 메서드에서 이 메서드를 호출한다.

    imageLoadErrorCallback: function (e) {
        this.imagesFailedToLoad++;
    },

    // 특정 이미지를 가져온다.

    loadImage: function (imageUrl) {
        var image = new Image(),
            self = this;

        image.src = imageUrl;

        image.addEventListener('load',
            function (e) {
                self.imageLoadedCallback(e);
            });

        image.addEventListener('error',
            function (e) {
                self.imageLoadErrorCallback(e);
            });

        this.images[imageUrl] = image;
    },

    // queueImage()를 호출해 큐에 들어있는 이미지를 가져올 수 있도록
    // 반복적으로 이 메서드를 호출한다.
    // 이 메서드에서는 진행된 게임의 이미지에 대한 비율을 반환한다.
    // 메서드에서 100을 반환하면, 모든 이미지를 가져온 것으로
    // 이 메서드를 호출하는 작업을 중단할 수 있다.

    loadImages: function () {

        // 가져올 이미지가 있을 때

        if (this.imagesIndex < this.imageUrls.length) {
            this.loadImage(this.imageUrls[this.imagesIndex]);
            this.imagesIndex++;
        }
```

```
// 완료 퍼센트를 반환한다.

return (this.imagesLoaded + this.imagesFailedToLoad) /
        this.imageUrls.length * 100;
},

// 이미지에 큐를 추가할 수 있도록 이 메서드를 호출한다.
// loadImages() 메서드에서 이미지를 가져올 것이다.

queueImage: function (imageUrl) {
    this.imageUrls.push(imageUrl);
},
...
};
```

여러분이 게임 엔진의 queueImage() 메서드를 호출할 때마다, 게임 엔진에서는 이미지 URL을 배열에 추가한다. 그런 다음, loadImages() 메서드를 호출할 때마다 loadImages() 메서드에서는 배열에 있는 다음 이미지를 가져오며 이미지의 진행 비율을 반환한다.

loadImage() 메서드에서 게임 엔진의 start() 메서드와 animate() 메서드 등과 같은 기법으로 이미지 로딩과 이미지 에러 콜백에서 사용하고 있는 this 변수가 window 오브젝트가 아닌 게임을 나타내는지 확인하고 있다는 사실에 주목하자.

9.1.3 멀티 트랙 사운드

일반적으로 게임에서는 한번에 여러 가지 음악을 재생한다. 예를 들면, 게임에서는 사운드 효과를 재생하는 동시에 음악을 재생하기 때문에 [예제 9.6]처럼 게임 엔진에서는 멀티 트랙 사운드를 지원하고 있다.

여러분은 canPlay...() 메서드로 브라우저에서 특정 사운드 포멧을 재생할 수 있는지 결정한 다음 playSound() 메서드로 음악을 재생할 수 있다.

Game 생성자 함수에서는 열 개의 <Audio> 요소를 생성한 다음 생성된 <Audio> 요소를 배열에 추가한다. 이때, playSound() 메서드를 호출하면 게임 엔진에서는 첫 번째로 사용할 수 있는 오디오 트랙을 사용해 특정 사운드를 재생한다.

playSound() 메서드에서는 <audio> 요소와 일치하는 요소 식별자를 가지고 있다. <audio> 요소가 주어지면, playSound() 메서드에서는 첫 번째로 사용할 수 있는 사운드 채널을 이용해 사운드를 재생한다.

예제 9.6   사운드 지원

```javascript
var Game = function (gameName, canvasId) {
   ...

   this.soundOn = true;
   this.soundChannels = [];
   this.audio = new Audio();
   this.NUM_SOUND_CHANNELS = 10;

   for (var i=0; i < this.NUM_SOUND_CHANNELS; ++i) {
      var audio = new Audio();
      this.soundChannels.push(audio);
   }

   ...

   return this;
};

Game.prototype = {

   canPlayOggVorbis: function () {
      return "" != this.audio.canPlayType('audio/ogg; codecs="vorbis"');
   },

   canPlayMp4: function () {
      return "" != this.audio.canPlayType('audio/mp4');
   },

   getAvailableSoundChannel: function () {
      var audio;

      for (var i=0; i < this.NUM_SOUND_CHANNELS; ++i) {
         audio = this.soundChannels[i];
         if (audio.played && audio.played.length > 0) {
            if (audio.ended)
               return audio;
         }
         else {
            if (!audio.ended)
               return audio;
         }
      }
      return undefined; // All tracks in use
   },

   playSound: function (id) {
      var track = this.getAvailableSoundChannel(),
```

```
            element = document.getElementById(id);

        if (track && element) {
            track.src = element.src === '' ?
                        element.currentSrc : element.src;
            track.load();
            track.play();
        }
    },
};
```

9.1.4 키보드 이벤트

많은 게임이 키보드와의 상호 작용을 해야 하므로 [예제 9.7]처럼 게임 엔진에서는 키 리스너를 지원하고 있다.

키보드 이벤트를 이용하려면 addKeyListener() 메서드를 사용해 키 리스너를 게임에 추가하면 된다. addKeyListener() 메서드에 전달될 오브젝트는 전달받기 원하는 키와 키를 누를 때 게임 엔진에서 호출하길 원하는 함수를 나타내는 key 속성과 listener 속성을 가지고 있어야만 한다.

예제 9.7　　키 리스너와 스로틀링 이벤트(throttling event)

```
var Game = function (gameName, canvasId) {
    var canvas = document.getElementById(canvasId);
    ...
    this.keyListeners = [];
    ...
};


Game.prototype = {

    // 키 리스너.............................................

    addKeyListener: function (keyAndListener) {
        game.keyListeners.push(keyAndListener);
    },

    findKeyListener: function (key) {
        var listener = undefined;

        game.keyListeners.forEach(function (keyAndListener) {
            var currentKey = keyAndListener.key;
            if (currentKey === key) {
                listener = keyAndListener.listener;
```

```
                }
            });
            return listener;
        },

    keyPressed: function (e) {
        var listener = undefined,
            key = undefined;

        switch (e.keyCode) {
            // 필요한 만큼 키를 추가한다.
            case 32: key = 'space';         break;
            case 83: key = 's';             break;
            case 80: key = 'p';             break;
            case 37: key = 'left arrow';    break;
            case 39: key = 'right arrow';   break;
            case 38: key = 'up arrow';      break;
            case 40: key = 'down arrow';    break;
        }

        listener = game.findKeyListener(key);
        if (listener) { // Listener는 함수를 나타낸다.
            listener();  // 리스너 함수를 호출한다.
        }
    },
};
```

[예제 9.7]에서 소개한 것처럼, 게임 엔진에서는 기본적으로 space, s, 등과 같은 키를 지원한다. 물론 다른 키도 쉽게 추가할 수 있다. http://bit.ly/tvU2NS에서 자바스크립트 키 코드에 대한 목록을 참고하자.

9.1.5 하이 스코어

[예제 9.8]에서 보여주는 것처럼 게임 엔진에서는 JSON(JavaScript Object Notation)과 로컬 스토리지를 이용해 하이 스코어 배열을 관리한다.

예제 9.8   게임 엔진에서 지원하는 하이 스코어

```
var Game = function (gameName, canvasId) {
    var canvas = document.getElementById(canvasId);
    ...
    this.HIGH_SCORES_SUFFIX = '_highscores';
    ...
};

Game.prototype = {
```

```
// 하이 스코어...........................................

getHighScores: function () {
  var key = game.gameName + game.HIGH_SCORES_SUFFIX,
      highScoresString = localStorage[key];

  if (highScoresString == undefined) {
    localStorage[key] = JSON.stringify([]);
  }
  return JSON.parse(localStorage[key]);
},

setHighScore: function (highScore) {
  var key = game.gameName + game.HIGH_SCORES_SUFFIX,
      highScoresString = localStorage[key];

  highScores.unshift(highScore);
  localStorage[key] = JSON.stringify(highScores);
},

clearHighScores: function () {
  localStorage[game.gameName + game.HIGH_SCORES_SUFFIX] =
    JSON.stringify([]);
},
};
```

getHighScores() 메서드에서는 게임의 이름에 _highscores를 덧붙인 문자열을 사용해 로컬 스토리지에 있는 게임의 하이 스코어에 접근한다.

setHighScore() 메서드에서는 로컬 스토리지에 있는 하이 스코어를 검색하고 검색한 하이 스코어를 목록 맨 앞에 추가한 다음 목록을 로컬 스토리지에 저장한다.

마지막으로, clearHighScores() 메서드에서는 로컬 스토리지에 있는 하이 스코어에 대한 목록을 빈 배열로 설정한다.

[표 9.2]에서는 [예제 9.8]에서 보여준 메서드를 소개하고 있다.

표 9.2 **게임 엔진 하이 스코어 메서드**

메서드	설명
setHighScore(highScore)	하이 스코어를 로컬 스토리지에 있는 하이 스코어 목록에 추가한다.
getHighScore()	로컬 스토리지에서 하이 스코어 목록을 반환한다.
clearHighScore()	로컬 스토리지에 있는 게임의 하이 스코어를 지운다.

9.1.6 게임 엔진 코드

[예제 9.9]에서는 게임 엔진에 대한 코드를 소개하고 있다.

예제 9.9　　　게임 엔진(gameEngine.js)

```javascript
var getTimeNow = function () {
   return +new Date();
};

// 게임.......................................................

// 게임 엔진에서는 스프라이트를 그리는 게임 루프를 구현하고 있다.
//
// 또한, 게임 엔진에서는 다음과 같은 기능을 지원한다.
//
// 시간 기반 모션(game.pixelsPerFrame())
// 일시 정지 (game.togglePaused())
// 하이 스코어 (game.setHighScore(), game.getHighScores(), game.clearHighScores())
// 사운드 (game.canPlaySound(), game.playSound())
// 프레임률 접근 (game.fps)
// 게임 시간 접근 (game.gameTime)
// 키 처리 (game.addKeyListener())
//

// 게임 엔진의 animate() 메서드에서는 다음 메서드를
// 목록 순서대로 호출한다.
//
//     game.startAnimate()
//     game.paintUnderSprites()
//     game.paintOverSprites()
//     game.endAnimate()
//
// 게임 엔진에서 구현한 위 네 개의 메서드는 어떤 작업도 하지 않는다.
// 게임을 더 현실적으로 만들기 위해 네 개의 메서드들을 오버라이딩할 수 있다.

var Game = function (gameName, canvasId) {
   var canvas = document.getElementById(canvasId),
       self = this; // 키 이벤트 핸들러에 의해 사용된다.

   // 일반

   this.context = canvas.getContext('2d');
   this.gameName = gameName;
   this.sprites = [];
   this.keyListeners = [];

   // 하이 스코어
```

```javascript
    this.HIGH_SCORES_SUFFIX = '_highscores';

    // 이미지 로딩

    this.imageLoadingProgressCallback;
    this.images = {};
    this.imageUrls = [];
    this.imagesLoaded = 0;
    this.imagesFailedToLoad = 0;
    this.imagesIndex = 0;

    // 시간

    this.startTime = 0;
    this.lastTime = 0;
    this.gameTime = 0;
    this.fps = 0;
    this.STARTING_FPS = 60;

    this.paused = false;
    this.startedPauseAt = 0;
    this.PAUSE_TIMEOUT = 100;

    // 사운드

    this.soundOn = true;
    this.soundChannels = [];
    this.audio = new Audio();
    this.NUM_SOUND_CHANNELS = 10;

    for (var i=0; i < this.NUM_SOUND_CHANNELS; ++i) {
        var audio = new Audio();
        this.soundChannels.push(audio);
    }

    // 이벤트 핸들러에 있는 이 오브젝트는 DOM window을 나타내기 때문에
    // 함수에서 this.keyPressed(e) 메서드 대신
    // self.keyPressed() 메서드를 호출한다.

    window.onkeypress = function (e) { self.keyPressed(e)  };
    window.onkeydown  = function (e) { self.keyPressed(e); };

    return this;
};

// 게임 메서드....................................................

Game.prototype = {
    // URL이 주어질 때, 관련 이미지를 반환한다.
```

```
getImage: function (imageUrl) {
    return this.images[imageUrl];
},

// 이미지 로딩이 성공적으로 완료되면,
// loadImage() 메서드에서 이 메서드를 호출한다.

imageLoadedCallback: function (e) {
    this.imagesLoaded++;
},

// 이미지 로딩이 성공적으로 완료되지 않으면,
// loadImage() 메서드에서 이 메서드를 호출한다.

imageLoadErrorCallback: function (e) {
    this.imagesFailedToLoad++;
},

// 특정 이미지를 가져온다.

loadImage: function (imageUrl) {
    var image = new Image(),
        self = this;

    image.src = imageUrl;

    image.addEventListener('load',
        function (e) {
            self.imageLoadedCallback(e);
        });

    image.addEventListener('error',
        function (e) {
            self.imageLoadErrorCallback(e);
        });

    this.images[imageUrl] = image;
},

// queueImage()를 호출해 큐에 들어있는 이미지를 가져올 수 있도록
// 반복적으로 이 메서드를 호출한다.
// 이 메서드에서는 진행된 게임의 이미지에 대한 비율을 반환한다.
// 메서드에서 100을 반환하면, 모든 이미지를 가져온 것으로
// 이 메서드를 호출하는 작업을 중단할 수 있다.

loadImages: function () {

    // 가져올 이미지가 있을 때

    if (this.imagesIndex < this.imageUrls.length) {
```

```
      this.loadImage(this.imageUrls[this.imagesIndex]);
      this.imagesIndex++;
   }

   // 완료 퍼센트를 반환한다.

   return (this.imagesLoaded + this.imagesFailedToLoad) /
          this.imageUrls.length * 100;
},

// 이미지에 큐를 추가할 수 있도록 이 메서드를 호출한다.
// loadImages() 메서드에서 이미지를 가져올 것이다.

queueImage: function (imageUrl) {
   this.imageUrls.push(imageUrl);
},

// 게임 루프......................................................

// window.requestNextAnimationFrame()를 호출해 애니메이션을 시작한다.
//
// window.requestNextAnimationFrame()은 requestNextAnimationFrame.js에
// 구현되어 있는 폴리필 메서드다. 다음 애니메이션 프레임을 그릴 때
// 브라우저에서 호출하는 함수에 대한 참조를
// requestNextAnimationFrame()에 전달한다.
//
// 다음 애니메이션 프레임을 그릴 때 브라우저에서는
// requestNextAnimationFrame()에 전달할 함수를 호출한다.
// 브라우저에서 requestNextAnimationFrame() 함수를 호출하므로
// 함수의 this 변수는 window 오브젝트로 나타낼 것이다.
// this 변수를 게임 오브젝트로 나타내려면,
// this 변수로 명시된 게임과 함께
// 자바스크립트의 call() 내장 함수를 사용해
// requestNextAnimationFrame() 함수를 호출한다.

start: function () {
   var self = this;                  // this 변수는 game을 나타낸다.
   this.startTime = getTimeNow(); // 게임의 startTime을 기록한다.

   window.requestNextAnimationFrame(
      function (time) {
         // 함수에 있는 this 변수는 game이
         // 아닌 window를 나타내므로
         // 간단히 animate.call(time) 메서드를 호출할 수 없다.

         self.animate.call(self, time); // self는 game을 나타낸다.
      });
},

// 게임 애니메이션을 재생한다. 다음 애니메이션 프레임 동안
```

```
// 브라우저에서는 이 메서드를 호출한다.
//
// 게임이 일시 정지 상태라면, animate() 메서드에서는
// PAUSE_TIMEOUT (100)ms 안에
// animate() 메서드를 호출할 수 있도록 작업을 조정한다.
//
// 게임이 일시 정지 상태가 아니라면, animate() 메서드에서는
// 다음 애니메이션 프레임을 그린 다음 애니메이션 프레임을 그릴 때
// animate() 메서드를 호출 할 수 있도록 작업을 조정한다.
//
// 현재 this.startAnimate(), this.paintUnderSprites(), this.paintOverSprites(),
// this.endAnimate() 등의 메서드에서는 어떤 작업도 하지 않으므로
// 네 개의 메서드를 오버라이딩해
// 애니메이션 프레임을 생성할 수 있다.

animate: function (time) {
    var self = this;

    if (this.paused) {
        // 게임이 여전히 일시 정지 상태라면,
        // PAUSE_TIMEOUT(100)ms 안에 이 메서드를 다시 호출한다.
        // 이보다 더 자주 확인할 필요 없다.

        setTimeout( function () {
            self.animate.call(self, time);
        }, this.PAUSE_TIMEOUT);
    }
    else {                          // 게임이 일시 정지 상태가 아니면
        this.tick(time);            // fps을 업데이트한다.
        this.clearScreen();         // 다음 프레임에 준비한다.

        this.startAnimate(time);    // 오버라이딩할 수 있다
        this.paintUnderSprites();   // 오버라이딩할 수 있다

        this.updateSprites(time);   // 스프라이트 동작을 호출한다.
        this.paintSprites(time);    // 캔버스에 스프라이트를 그린다.

        this.paintOverSprites();    // 오버라이딩할 수 있다.
        this.endAnimate();          // 오버라이딩할 수 있다.

        // 애니메이션을 계속 재생한다.

        window.requestNextAnimationFrame(
            function (time) {
                self.animate.call(self, time);
            });
    }
},

// 애플리케이션에서 애니메니션 프레임을 그렸던 마지막 시간,
```

```
// 게임 시간, 프레임률을 업데이트한다.

tick: function (time) {
   this.updateFrameRate(time);
   this.gameTime = (getTimeNow()) - this.startTime;
   this.lastTime = time;
},

// 마지막 애니메이션 프레임에 걸린 총 시간을 기반으로
// 프레임률을 업데이트한다.

updateFrameRate: function (time) {
   if (this.lastTime === 0) this.fps = this.STARTING_FPS;
   else                     this.fps = 1000 / (time - this.lastTime);
},

// 캔버스 전체를 지운다.

clearScreen: function () {
   this.context.clearRect(0, 0,
      this.context.canvas.width, this.context.canvas.height);
},

// 모든 스프라이트를 업데이트한다. 스프라이트 update() 메서드에서는
// 스프라이트의 모든 동작을 호출한다.

updateSprites: function (time) {
   for(var i=0; i < this.sprites.length; ++i) {
      var sprite = this.sprites[i];
      sprite.update(this.context, time);
   };
},

// 보이는 모든 스프라이트를 그린다.

paintSprites: function (time) {
   for(var i=0; i < this.sprites.length; ++i) {
      var sprite = this.sprites[i];
      if (sprite.visible)
         sprite.paint(this.context);
   };
},

// 게임의 일시 정는 토글 형식이다. 따라서 토글링한 후
// 일시 정지 상태가 풀린다면,
// 애플리케이션에서는 게임의 시작 시각에서
// 일시 정지 동안 진행된 시간을 뺀다. 이렇게 함으로써
// 게임을 재개할 때 시간을 크게 건너뛰지 않고
// 게임이 중단된 지점을 시작한다.
```

```javascript
togglePaused: function () {
    var now = getTimeNow();

    this.paused = !this.paused;

    if (this.paused) {
        this.startedPauseAt = now;
    }

    else { // 일시 정지 상태가 아니면
        // 시간을 조정하기 때문에
        // 게임은 사용자가 게임을 일시 정시했던 지점에서 게임을 재개한다.

        this.startTime = this.startTime + now - this.startedPauseAt;
        this.lastTime = now;
    }
},

// 오브젝트의 속도가 주어지면, 현재 프레임 동안 오브젝트가 움직여야 하는
// 픽셀 개수를 계산한다.

pixelsPerFrame: function (time, velocity) {
    // 스프라이트는 픽셀/프레임만큼 이동한다.
    // 이 메서드에서는 주어진 프레임 동안 스프라이트가
    // 이동해야 하는 총 픽셀을 반환한다.
    // 스프라이트 속도는 픽셀/초로 나타낸다.
    // 따라서: (픽셀/초) * (초/프레임) = 픽셀/프레임:

    return velocity / this.fps;  // 픽셀 / 프레임
},

// 하이 스코어...................................................

// 로컬 스토리지에서 하이 스코어에 대한 배열을 반환한다.

getHighScores: function () {
    var key = this.gameName + this.HIGH_SCORES_SUFFIX,
        highScoresString = localStorage[key];

    if (highScoresString == undefined) {
        localStorage[key] = JSON.stringify([]);
    }
    return JSON.parse(localStorage[key]);
},

// 로컬 스토리지에 하이 스코어를 설정한다.

setHighScore: function (highScore) {
    var key = this.gameName + this.HIGH_SCORES_SUFFIX,
        highScoresString = localStorage[key];
```

```
      highScores.unshift(highScore);
      localStorage[key] = JSON.stringify(highScores);
   },

   // 로컬 스토리지에서 하이 스코어를 제거한다.

   clearHighScores: function () {
      localStorage[this.gameName + this.HIGH_SCORES_SUFFIX] =
      JSON.stringify([]);
   },

   // 키 리스너............................................

   // (key, listener)를 keyListeners 배열에 추가한다.

   addKeyListener: function (keyAndListener) {
      this.keyListeners.push(keyAndListener);
   },

   // 키가 주어지면, 관련 리스너를 반환한다.

   findKeyListener: function (key) {
      var listener = undefined;

      for(var i=0; i < this.keyListeners.length; ++i) {
         var keyAndListener = this.keyListeners[i],
             currentKey = keyAndListener.key;
         if (currentKey === key) {
            listener = keyAndListener.listener;
         }
      };
      return listener;
   },

   // 이 메서드는 키 다운 이벤트와 키 프레스 이벤트를 위한 콜백이다.

   keyPressed: function (e) {
      var listener = undefined,
          key = undefined;

      switch (e.keyCode) {
         // 필요에 따라 키를 추가할 수 있다.

         case 32: key = 'space';        break;
         case 68: key = 'd';            break;
         case 75: key = 'k';            break;
         case 83: key = 's';            break;
         case 80: key = 'p';            break;
         case 37: key = 'left arrow';   break;
```

```
        case 39: key = 'right arrow';  break;
        case 38: key = 'up arrow';     break;
        case 40: key = 'down arrow';   break;
    }

    listener = this.findKeyListener(key);
    if (listener) { // 리스너는 함수다.
        listener();  // 리스너 함수를 호출한다.
    }
},

// 사운드......................................................

// 브라우저에서 ogg 파일 포맷의 사운드를 재생할 수 있으면 true를 반환한다.

canPlayOggVorbis: function () {
    return "" != this.audio.canPlayType('audio/ogg; codecs="vorbis"');
},

// 브라우저에서 mp3 파일 포맷의 사운드를 재생할 수 있으면 true를 반환한다.

canPlayMp3: function () {
    return "" != this.audio.canPlayType('audio/mpeg');
},

// 첫 번째로 사용할 수 있는 사운드 채널을 반환한다.

getAvailableSoundChannel: function () {
    var audio;

    for (var i=0; i < this.NUM_SOUND_CHANNELS; ++i) {
        audio = this.soundChannels[i];
        if (audio.played && audio.played.length > 0) {
            if (audio.ended)
                return audio;
        }
        else {
            if (!audio.ended)
                return audio;
        }
    }
    return undefined; // 모든 채널이 사용 중이다.
},

// 식별자가 주어지면, 관련 사운드를 재생한다.
```

```
        playSound: function (id) {
            var channel = this.getAvailableSoundChannel(),
                element = document.getElementById(id);

            if (channel && element) {
                channel.src = element.src === '' ?
                            element.currentSrc : element.src;
                channel.load();
                channel.play();
            }
        },

        // 스프라이트.....................................................

        // 스프라이트를 게임에 추가한다. 게임 엔진에서는 스프라이트를 업데이트하며
        // animate() 메서드에 있는 스프라이트가 visible이면 스프라이트를 그린다.

        addSprite: function (sprite) {
            this.sprites.push(sprite);
        },

        // 스프라이트에 직접 접근하는 방법을 사용하는 것보다
        // 모든 스프라이트를 처리할 수 있는 일반화된 코드를 사용하는 것이 좋다.
        // 따라서, 이 메서드를 사용할 때 주의해야 한다.

        getSprite: function (name) {
            for(i in this.sprites) {
                if (this.sprites[i].name === name)
                    return this.sprites[i];
            }
            return null;
        },

        // 다음 메서드들은 어떤 작업도 하지 않지만 animate() 메서드에서는 나열된 순서로
        // 메서드들을 호출한다. 필요에 따라 오버라이딩할 수 있다.

        startAnimate:       function (time) { },
        paintUnderSprites:  function ()     { },
        paintOverSprites:   function ()     { },
        endAnimate:         function ()     { }
    };
```

지금까지 여러분은 게임 엔진을 구현하는 방법을 살펴봤다. 이제 구현된 게임 엔진을 사용해 보자.

9.2 Ungame

이 절에서는 [그림 9.1]처럼 ungame을 사용해 9장 시작 부분에서 소개했던 게임 엔진의 사용법을 살펴 볼 것이다.

그림 9.1   ungame 실행

실제로 죽지 않은 언데드(undead)처럼, ungame도 실제 게임이 아니다. Ungame의 목적은 사용자를 즐 겁게 만드는 것이 아니라 게임 엔진을 사용해 게임을 구현하는 방법을 보여주기 위한 것이다.

Ungame을 실행하면 스크롤되는 배경과 클릭할 수 있는 [Lose a life] 버튼을 볼 수 있다. Ungame은 세 개의 생명으로 시작하며 게임의 오른쪽 위 모서리에 있는 헤드-업 디스플레이에서 세 개의 생명을 확 인할 수 있다.

Ungame에는 다음 특성을 포함한 대부분 게임에서 찾아볼 수 있는 다양한 특성이 있다.

- 로딩 화면
- 자산 관리
- 사운드
- 시차를 사용한 배경 스크롤
- 생명 표시
- 하이 스코어
- 키 처리
- 일시 정지 및 자동 일시 정지
- 게임-종료 순서

먼저 ungame의 HTML 코드를 살펴보자.

9.2.1 ungame의 HTML

[예제 9.10]에서는 ungame의 HTML 코드를 소개하고 있다. HTML에서는 다음 DIV를 정의하고 있다.

- loadingToast
- scoreToast
- pausedToast
- gameOverToast
- highScoreToast
- loseLiftToast

토스트(toast)란 사용자에게 보여주기 위한 요소로, 좀 더 재미없는 단어로 표현하면 다이얼로그 박스라고 설명할 수 있다. ungame에서는 위에 나열한 여섯 개의 토스트가 있다. 게임이 시작될 때는 loadingToast 하나만 표시된다. 나머지 토스트는 ungame의 CSS에서 토스트의 display 속성을 none으로 설정하므로 보이지 않는다. 참고로, 이 책에서는 나머지 토스트에 대한 소개를 생략하고 있다.

Ungame은 게임의 배경과 스크롤되는 구름을 위한 캔버스와 게임의 오른쪽 위 모서리에 있는 생명 표시를 위한 캔버스 등 모두 두 개의 캔버스를 가지고 있을 뿐만 아니라 브라우저에서 미리 가져오는 두 개의 <audio> 요소도 가지고 있다. 사운드는 ungame의 자바스크립트에서 사용하고 있다.

예제 9.10   ungame: HTML

```html
<!DOCTYPE html>
<html>
    <head>
        <title>Ungame</title>
        <link rel="stylesheet" type="text/css" href="ungame.css"/>
    </head>

    <body>
        <!-- 게임 캔버스.............................................. -->

        <canvas id="gameCanvas" width="550" height="750">
            Canvas not supported
        </canvas>

        <!-- 토스트 가져오기........................................... -->

        <div id='loadingToast' class='toast'>
            <span id='loadingToastTitle' class='title'>The Ungame</span>

            <span id='loadingToastBlurb' class='blurb'>
                <p>This game is an ungame, sort of like the undead:
                    The undead are not really dead, and this is not really
                    a game; however, it implements essential functionality
                    pertient to most games.</p>

                <p>The ungame comes with:</p>

                <ul>
                    <li>This loading screen</li>
                    <li>Asset management</li>
                    <li>Music and Sounds</li>
                    <li>A scrolling background with parallax</li>
                    <li>Lives indicator (upper right corner)</li>
                    <li>Score indicator (appears when the ungame starts)</li>
                    <li>High score functionality</li>
                    <li>Key processing (including throttling)</li>
                    <li>Pause (press 'p' key once the ungame starts)</li>
                    <li>Auto-Pause (when the window loses focus)</li>
                </ul>

                <p>The ungame is implemented with a
                    simple game engine (~200 lines of JavaScript).</p>
            </span>

            <span id='loadButtonSpan'>
                <input type='button' id='loadButton' value='Load Game...'
                        autofocus='true'/>
```

```html
    <span id='loadingMessage'>Loading...</span>
  </span>

  <div id='progressDiv'></div>
</div>

<!-- 점수.............................................. -->

<div id='scoreToast' class='toast'></div>

<!-- 생명.............................................. -->

<canvas id='livesCanvas' width='90' height='40'>
  Canvas not supported
</canvas>

<!-- 일시 정지.......................................... -->

<div id='pausedToast' class='toast'>
  <p class='title' style='margin-left: 45px;'>Paused</p>
  <p>Click anywhere to start</p>
</div>

<!-- 게임 종료.......................................... -->

<div id='gameOverToast' class='toast'>
  <p class='title'>Game Over</p><br/>
  <p><input id='clearHighScoresCheckbox' type='checkbox'/>
    clear high scores</p>
  <input id='newGameButton' type='button' value='new game'
        autofocus='true'/>
</div>

<!-- 하이 스코어........................................ -->

<p id='highScoreParagraph'></p>

<div id='highScoreToast' width='400' style='display: none'>
  <p class='title'>High score!</p>

  <p>What's your name?</p>

  <input id='nameInput' type='text' autofocus='true'>
  <input id='addMyScoreButton' type='button' value='add my score'
        disabled='true'>

  <input id='newGameFromHighScoresButton' type='button'
        value='new game'>

  <p class='title' id='previousHighScoresTitle' display='none'>
```

```
      Previous High Scores
    </p>

    <!-- 다음에 나열된 목록은 ungame.js의 자바스크립트에서 확인할 수 있다. -->
    <ol id='highScoreList'></ol>
  </div>

  <!-- 생명 잃기................................................ -->

  <div id='loseLifeToast' class='toast'>
    <input id='loseLifeButton' type='button' value='Lose a life'
          autofocus='true'/>
  </div>

  <!-- 사운드................................................ -->

  <audio id='pop' preload='auto'>
     <source src='sounds/pop.ogg' type='audio/ogg'>
     <source src='sounds/pop.mp3' type='audio/mp3'>
  </audio>

  <audio id='whoosh' preload='auto'>
     <source src='sounds/whoosh.ogg' type='audio/ogg'>
     <source src='sounds/whoosh.mp3' type='audio/mp3'>
  </audio>

  <script src = 'requestNextAnimationFrame.js'></script>
  <script src = 'progressbar.js'></script>
  <script src = 'gameEngine.js'></script>
  <script src = 'ungame.js'></script>
 </body>
</html>
```

다음 절에서는 ungame의 게임 루프에 대해 살펴보자.

9.2.2 ungame의 게임 루프

ungame에서는 Game 인스턴스를 생성하고 paintUnderSprites() 메서드와 paintOverSprites() 메서드를 수정하고 있다. ungame에서는 스프라이트를 가지고 있지 않지만 [예제 9.11]에서 소개하는 것처럼 게임 엔진에서는 paintUnderSprites() 메서드와 paintOverSprites() 메서드를 호출하고 있다.

예제 9.11   스프라이트 위 및 아래 그리기

```javascript
var game = new Game('ungame', 'gameCanvas'),
    ...

game.paintOverSprites = function () {
   paintNearCloud(game.context, 120, 20);
   paintNearCloud(game.context, game.context.canvas.width+120, 20);
};

game.paintUnderSprites = function () {

   // 게임 엔진의 clearScreen() 메서드에 의해 지워진 배경

   if (!gameOver && livesLeft === 0) {
      over();
   }
   else {
      paintSun(game.context);
      paintFarCloud(game.context, 20, 20);
      paintFarCloud(game.context, game.context.canvas.width+20, 20);

      if (!gameOver) {
         updateScore();
      }

      updateLivesDisplay();
   }
};
...

game.start();
```

paintUnderSprites() 메서드에서는 멀리 있는 커다란 구름과 태양을 그리고 게임이 종료되지 않으면 점수 및 생명 디스플레이를 업데이트한다. paintOverSprites() 메서드에서는 가까이에 있는 작은 구름을 그린다. paintUnderSprites() 메서드와 paintOverSprites() 메서드에서는 정해진 위치에 구름을 두 번씩 그린다. [예제 9.12]에서 보여주는 것처럼, ungame에서는 콘텍스트를 이동시켜 구름이 마치 왼쪽에서 오른쪽으로 이동하는 것처럼 보이게 만든다.

애니메이션 프레임마다 ungame에서 호출하는 scrollBackground() 함수에서는 매우 작은 양만큼 콘텍스트를 이동시킨다. 이동 오프셋이 캔버스의 폭보다 크면 scrollBackground() 함수에서는 오프셋을 다시 설정해 배경이 마치 계속해서 스크롤되는 것처럼 보이게 한다.

```javascript
var game = new Game('ungame', 'gameCanvas'),
    ...

// 배경 스크롤하기....................................................

translateDelta = 0.025,
translateOffset = 0,

scrollBackground = function () {
   translateOffset = (translateOffset + translateDelta) %
                     game.canvas.width;
   game.context.translate(-translateOffset, 0);
},

// 메서드 그리기....................................................

paintClouds = function (context) {
   paintFarCloud(game.context, 0, 20);
   paintNearCloud(game.context, game.context.canvas.width + 120, 20);
},

paintSun = function (context) {
   ...
},

paintFarCloud = function (context, x, y) {
   context.save();
   scrollBackground();

   // 이차 곡선을 이용해 멀리 있는 구름을 그린다...

   context.restore();
},

paintNearCloud = function (context, x, y) {
   context.save();
   scrollBackground();
   scrollBackground();

   // 이차 곡선을 이용해 가까운 구름을 그린다...

   context.restore();
},
```

Ungame과 시차

paintFarCloud() 메서드에서는 Ungame의 scrollBackground() 함수를 한 번, 그리고 paintNear Cloud() 메서드에서는 scrollBackground() 함수를 두 번 호출하고 있다. 결과적으로, 가까이에 있는 구름은 멀리 있는 구름보다 두 배 빠르게 이동하므로 가벼운 시차 효과가 생성되고 있다. 시차 효과에 대한 자세한 내용은 368페이지의 5.8절('시차')을 참고하자.

9.2.3 ungame 로딩

Ungame이 시작되면, ungame에서는 [그림 9.2]의 왼쪽에 있는 그림처럼 로딩 화면을 표시한다. 로딩 화면에는 ungame에 대한 간략한 설명과 게임을 가져오는 [Load Game] 버튼이 있다. 사용자가 [Load Game] 버튼을 클릭하면, ungame에서는 해당 버튼을 프로그레스 바로 대체한 다음 프로그레스 바에 대한 리소스를 가져온다.

[예제 9.13]에서는 [Load Game] 버튼에 대한 onclick 핸들러를 소개하고 있다.

Ungame에서는 어떤 이미지도 사용하지 않지만, 태양과 구름을 직접 그리고 있다. 물론, ungame에서는 열두 개의 이미지를 가져올 때 이미지 로딩 상태를 보여주는 프로그레스 바를 화면에 표시하고 있다. 이미지 로딩에 대해서는 540페이지의 9.1.2절('이미지 로딩'), 그리고 프로그레스 바에 대해서는 612페이지의 10.2절('프로그레스 바')을 참고하자.

게임 엔진에서 이미지 로딩을 완료하면, [예제 9.13]에서 소개한 onclick 핸들러에서는 window. setTimeout() 메서드를 사용해 로딩 화면의 요소를 점차 사라지게 한다. 제일 먼저 프로그레스 바가 사라지고 그다음 텍스트들이 사라지며 마지막으로 로딩 토스트 자체가 사라진다.

예제 9.13 로딩

```
loadButton.onclick = function (e) {
    var interval,
        loadingPercentComplete = 0;

    e.preventDefault();

    progressDiv.style.display = 'block';
    loadButton.style.display = 'none';

    loadingMessage.style.display = 'block';
    progressDiv.appendChild(progressbar.domElement);
```

```
// 다음 이미지는 사용되지 않는다. ungame에서는
// 게임 시작 초기에 이미지를 로딩하는 것을 보여주기 위해 가져온다.

game.queueImage('images/image1.png');

game.queueImage('images/image2.png');
game.queueImage('images/image3.png');
game.queueImage('images/image4.png');
game.queueImage('images/image5.png');
game.queueImage('images/image6.png');
game.queueImage('images/image7.png');
game.queueImage('images/image8.png');
game.queueImage('images/image9.png');
game.queueImage('images/image10.png');
game.queueImage('images/image11.png');
game.queueImage('images/image12.png');

interval = setInterval( function (e) {
    loadingPercentComplete = game.loadImages();

    if (loadingPercentComplete === 100) {
        clearInterval(interval);
        setTimeout( function (e) {
            loadingMessage.style.display = 'none';
            progressDiv.style.display = 'none';

            setTimeout( function (e) {
                loadingToastBlurb.style.display = 'none';
                loadingToastTitle.style.display = 'none';

                setTimeout( function (e) {
                    loadingToast.style.display = 'none';
                    loseLifeToast.style.display = 'block';
                    game.playSound('sounds/pop');

                    setTimeout( function (e) {
                        loading = false;
                        score = 10;
                        scoreToast.innerText = '10';
                        scoreToast.style.display = 'inline';
                        game.playSound('pop');
                    }, 1000);
                }, 500);
            }, 500);
        }, 500);
    }
    progressbar.draw(loadingPercentComplete);
}, 16);
};
```

```
// 게임 시작.................................................
game.start();
```

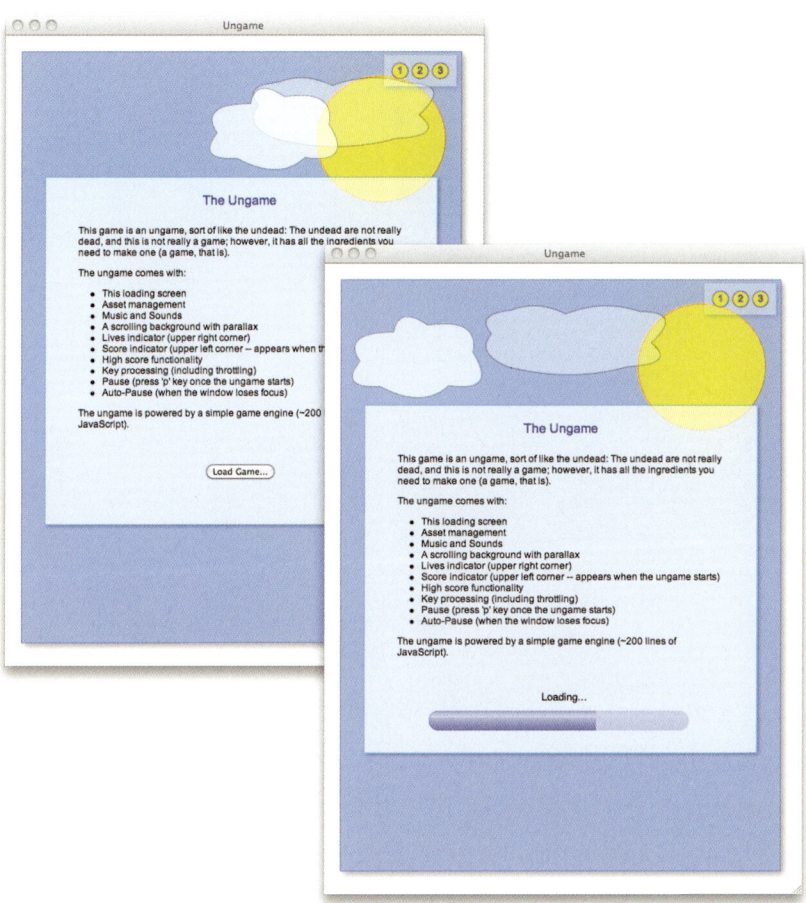

그림 9.2   로딩

9.2.4 일시 정지

이미 여러분은 537페이지의 9.1.1.1절('일시 정지')에서 게임 엔진에서 게임을 일시 정지하고 다시 시작하는 방법을 살펴봤다. [그림 9.3] 처럼 ungame에서는 일시 정지할 때 토스트를 보여준다.

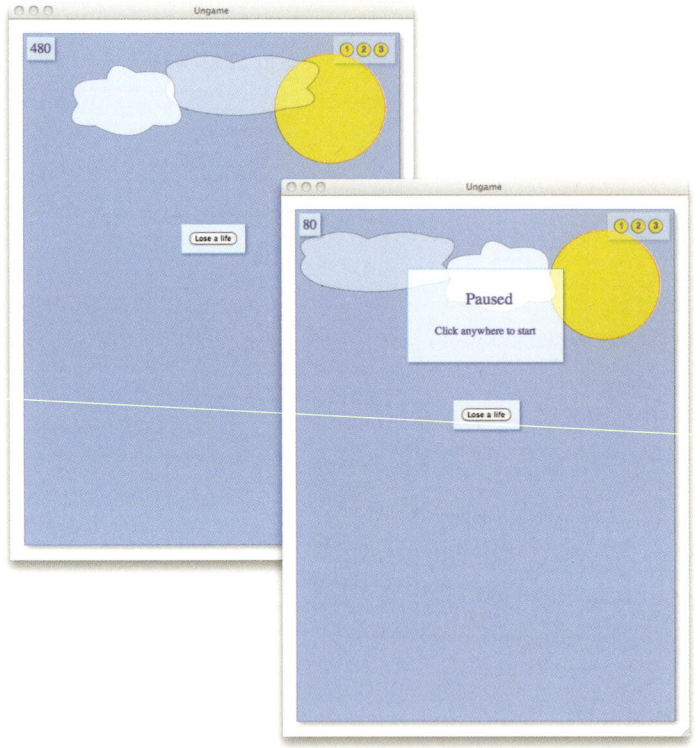

그림 9.3   일시 정지

　[예제 9.14]에서는 동일한 이름을 가진 게임 엔진의 메서드를 호출한 다음 게임이 일시 정지 상태일 때 일시 정지 토스트를 표시하는 ungame의 togglePaused() 메서드를 소개하고 있다. 이때, 일시 정지 토스트를 클릭하면 게임을 다시 시작할 수 있다. 또한, 게임을 일시 정지하거나 게임을 재개할 때 P키를 눌러도 된다. 이와 관련된 자세한 내용은 570페이지의 9.2.5절('키 리스너')을 참고하자.

예제 9.14   일시 정지

```javascript
var game = new Game('ungame', 'gameCanvas'),
...

pausedToast = document.getElementById('pausedToast'),
...

일시 정지된 상태Paused..........................................................

togglePaused = function () {
   game.togglePaused();
   pausedToast.style.display = game.paused ? 'inline' : 'none';
},
```

```
pausedToast.onclick = function (e) {
  pausedToast.style.display = 'none';
  togglePaused();
},
```

9.2.4.1 자동 일시 정지

여러분은 340페이지의 5.1.3절('간편한 애니메이션 루프')에서 브라우저에서 다음 애니메이션 프레임을 그릴 시기를 더 잘 판단할 수 있기 때문에 window.requestAnimationFrame() 메서드를 사용해 애니메이션을 실행하는 방법을 간략하게 살펴봤다.

일반적으로 새로운 브라우저 탭을 열거나 다른 윈도우로 이동할 때 window.requestAnimationFrame() 메서드는 애니메이션의 프레임률을 상당히 낮출 수 있다. 그리고 브라우저에서도 CPU 사이클과 배터리 수명 등 자원을 아낄 수 있도록 클램핑(clamping)을 구현하고 있다.

하지만 애니메이션에 대한 프레임률을 클램핑하는 작업은 원하지 않는 결과를 일으킬 수 있다. 낮은 프레임률은 충돌 감지 알고리즘에 대해 큰 혼란을 일으킬 수 있으므로 새로운 탭을 열거나 다른 윈도우를 활성화할 때는 브라우저의 클램핑 작업을 피하는 것이 좋다.

물론 브라우저의 클램핑 동작을 변경시킬 수는 없지만 윈도우가 비활성됐을 때 게임을 자동으로 일시 정지되게 게임의 동작을 변경할 수는 있다. 그리고 윈도우가 다시 활성화됐을 때, 게임을 자동으로 다시 시작하거나 사용자가 게임을 다시 시작할 수 있는 수단을 제공할 수 있다.

[예제 9.15]에서는 ungame에서 자동 일시 정지를 구현하는 방법을 소개하고 있다.

예제 9.15　**자동 일시 정지**

```
var game = new Game('ungame', 'gameCanvas'),
...
window.onblur = function windowOnBlur() {
  if (!gameOver && !game.paused) {
    togglePaused();
  }
},

window.onfocus = function windowOnFocus() {
  if (game.paused) {
    togglePaused();
  }
},
```

9.2.5 키 리스너

여러분은 이미 545페이지의 9.1.4절('키보드 이벤트')에서 게임 엔진에서 키 리스너를 지원하는 방법을 살펴봤다. [예제 9.16]에서 보여주는 것처럼 ungame에서는 이런 지원을 이용해 P 키에 대한 키 리스너를 구현하고 있다.

예제 9.16 **키 리스너**

```
var game = new Game('ungame', 'gameCanvas'),
    ...
// 키 리스너.......................................................

game.addKeyListener(
    {
        key: 'p',
        listener: function () {
            game.togglePaused();
        }
    }
);
...
```

ungame에서는 여러분이 P 키를 누를 때 게임의 일지 정지 상태를 토글 형식으로 구현하고 있다.

지금까지 게임을 실행하는 동안 ungame에서 게임 엔진을 사용하는 방법을 살펴봤다. 이제 게임이 종료될 때 ungame에서 게임 엔진을 사용하는 방법을 살펴보자.

9.2.6 게임 종료 및 하이 스코어

거의 모든 게임에서는 같은 방법으로 하이 스코어를 구현하고 있다. 만약 게임을 종료한 시점에 최고 점수를 획득했다면, 게임에서는 현재 최고 점수를 표시하고 점수를 기록할 기회를 줄 것이다.

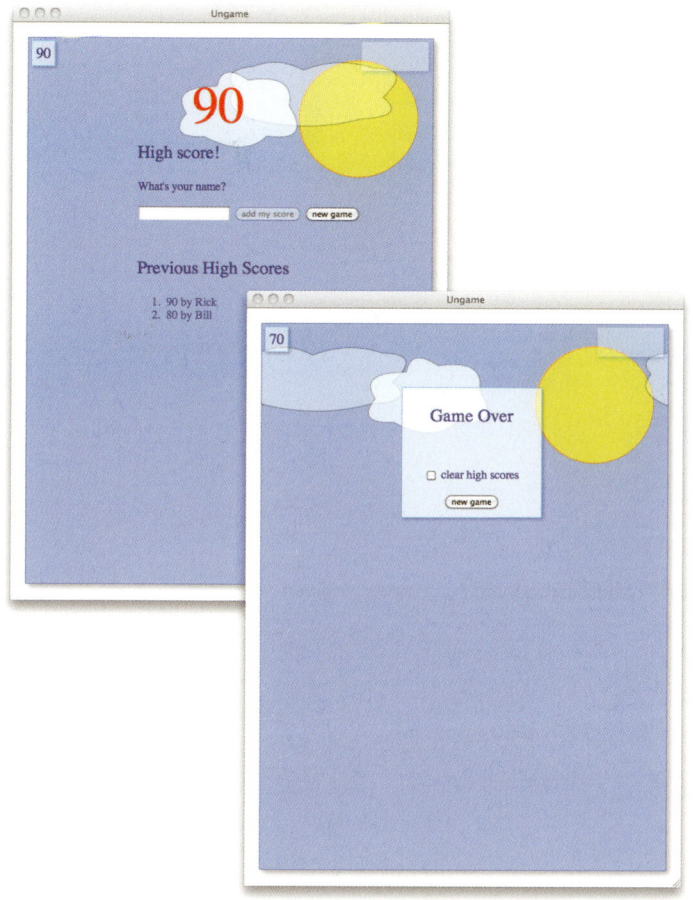

그림 9.4　　ungame의 하이 스코어

[그림 9.4]의 왼쪽 그림에서 볼 수 있듯이, **ungame**에서는 하이 스코어 헤드-업 디스플레이를 보여주고 있다.

그리고 [그림 9.4]의 오른쪽 그림에서는 게임이 종료되고 최고 점수를 획득하지 못했을 때 **ungame**에 표시되는 Game Over 토스트를 보여주고 있다. 대부분 게임과 달리, **ungame**에서는 새로운 게임을 시작할 때 현재 최고 점수를 지울 수 있다.

[그림 9.5]에서는 하이 스코어 헤드-업 디스플레이와 관련된 HTML 요소의 이름을 보여주고 있다. [그림 9.5]에서 보여주고 있는 이름들은 **ungame**에서 하이 스코어를 구현하는 방법을 소개하고 있는 [예제 9.17]의 코드에서 사용되고 있다.

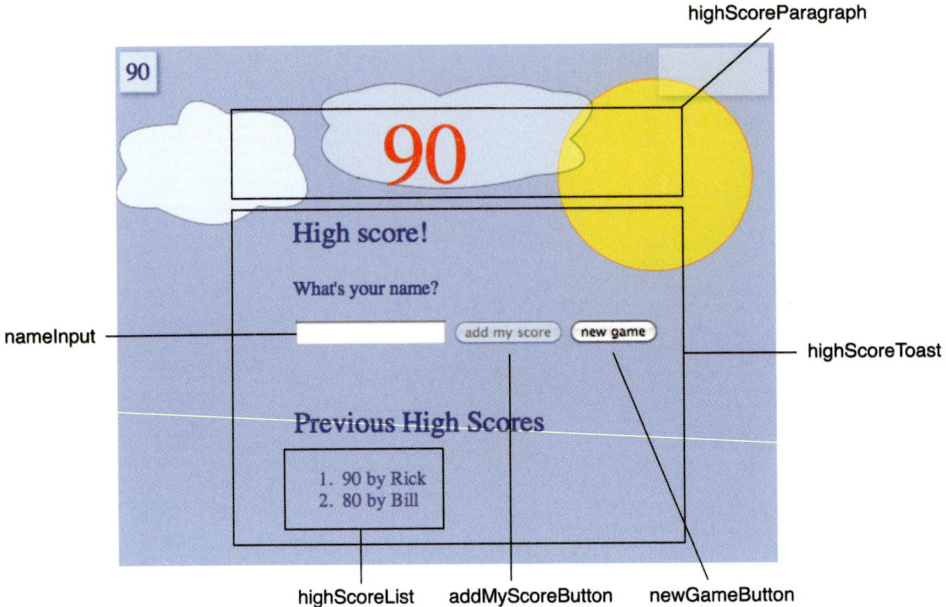

그림 9.5　헤드-업 디스플레이

　[예제 9.17]에서 소개하는 코드는 모두 사용자 인터페이스에 대한 것임에 주목하자. 그리고 546페이지
의 9.1.5절('하이 스코어'에서 언급했던 것처럼, 게임 엔진에서 하이 스코어를 로컬 스토리지에 유지하는
기본 작업을 구현하고 있다.

예제 9.17　하이 스코어

```
var game = new Game('ungame', 'gameCanvas'),
    ...
    score = 0,
    lastScore = 0,
    lastScoreUpdate = undefined,

    // 하이 스코어......................................................

    HIGH_SCORES_DISPLAYED = 10,

    highScoreToast = document.getElementById('highScoreToast'),
    highScoreParagraph = document.getElementById('highScoreParagraph'),
    highScoreList = document.getElementById('highScoreList'),
    nameInput = document.getElementById('nameInput'),
    addMyScoreButton = document.getElementById('addMyScoreButton'),
    newGameButton = document.getElementById('newGameButton'),

    previousHighScoresTitle =
```

```
          document.getElementById('previousHighScoresTitle'),

newGameFromHighScoresButton =
          document.getElementById('newGameFromHighScoresButton'),

clearHighScoresCheckbox =
          document.getElementById('clearHighScoresCheckbox'),

// 게임 종료......................................................

gameOverToast = document.getElementById('gameOverToast'),
gameOver = false,

// 게임 종료......................................................

over = function () {
   var highScore;
   highScores = game.getHighScores();

   if (highScores.length == 0 || score > highScores[0].score) {
      showHighScores();
   }
   else {
      gameOverToast.style.display = 'inline';
   }
   gameOver = true;
   lastScore = score;
   score = 0;
};

// 하이 스코어......................................................

// 플레이어가 최고 점수를 획득할 때
// 최고 점수를 보여 줄 수 있도록 게임 디스플레이를 변경한다.

showHighScores = function () {
   highScoreParagraph.style.display = 'inline';
   highScoreParagraph.innerText = score;
   highScoreToast.style.display = 'inline';
   updateHighScoreList();
};

// 게임에서는 순서 목록에 하이 스코어 목록을 보여준다.
// 이 메서드에서는 해당 <list> 요소를 생성하고
// 생성된 <list> 요소에 현재 하이 스코어를 저장한다.

updateHighScoreList = function () {
   var el,
       highScores = game.getHighScores(),
```

```
            length = highScores.length,
            highScore,
            listParent = highScoreList.parentNode;

    listParent.removeChild(highScoreList);
    highScoreList = document.createElement('ol');
    highScoreList.id = 'highScoreList'; // CSS에서 효과를 낸다.
    listParent.appendChild(highScoreList);

    if (length > 0) {
        previousHighScoresTitle.style.display = 'block';

        length = length > 10 ? 10 : length;

        for (var i=0; i < length; ++i) {

            highScore = highScores[i];
            el = document.createElement('li');
            el.innerText = highScore.score +
                        ' by ' + highScore.name;
            highScoreList.appendChild(el);
        }
    }
    else {
        previousHighScoresTitle.style.display = 'none';
    }
}
```

지금까지 간단하지만 다양한 기능을 갖춘 게임 엔진을 구현하는 방법과 소형 게임에서 사용할 수 있도록 구현된 게임 엔진을 적용하는 방법을 살펴봤다. 이제 앞에서 살펴본 것보다 강력한 게임을 살펴보자.

9.3 핀볼 게임

9장 시작 부분에 언급했던 것처럼 [그림 9.6]에서 보여준 게임 엔진을 사용한 핀볼 게임을 살펴보는 것으로 9장을 마무리할 것이다.

그림 9.6 포커 핀볼

핀볼 게임은 개발자가 다음과 같은 기능을 구현해야 하므로 구현이 쉽지 않다.

- 현실처럼 공을 움직일 수 있도록 중력과 마찰을 만든다.
- 비선형인 플리퍼(flipper) 움직임을 구현한다.
- 공과 다른 물체 사이에 발생한 충돌을 감지한다. 때로는 빠른 속도에서도 감지해야 한다.
- 동시에 움직이는 공과 플리퍼 사이에 발생하는 충돌을 감지해야 한다.
- 게임 상단에 있는 오목한 돔과 공 사이에 발생하는 충돌을 감지하고 적절히 반응해야 한다.

물론 자원을 가져오거나, 키스트록 처리, 하이 스코어 구현 등과 같은 게임에 대한 일상적인 기능은 위에 나열한 목록에 포함되지 않았다.

다행히 여러분은 이미 558페이지의 9.2절('Ungame')에서 핀볼 게임의 기반이 되는 ungame에 대해 자세히 살펴봤다. ungame에서 모든 일상적인 작업을 처리하기 때문에 여러분은 핀볼을 구현하는 데 집중할 수 있을 것이다.

지금부터 살펴볼 핀볼 게임은 ungame과 게임 엔진을 이용하고 있을 뿐만 아니라 4장부터 8장에서 배운 내용을 사용하고 있다.

먼저 핀볼 게임의 게임 루프를 살펴보자.

 핀볼 게임의 소스

핀볼 게임은 약 1,500줄의 다소 긴 코드로 구현되어 있다. 책으로 치면 약 30페이지 정도의 분량이기 때문에 이 책에서는 핀볼 게임의 전체 코드는 생략하고 있다. 따라서 다음 절에서는 게임 코드 중에서 중요한 부분을 살펴보고 해당 부분에 대한 코드만 소개할 것이다. 참고로, 이 책에서 소개하고 있는 예제와 핀볼 게임의 전체 코드는 corehtml5canvas.com에서 내려받을 수 있다.

9.3.1 게임 루프

[예제 9.18]에서는 핀볼 게임의 게임 루프와 관련된 코드를 소개하고 있다.

루프에 기능을 추가할 수 있는 네 개의 콜백과 함께 게임 엔진에서 게임 루프를 구현하는 방법을 소개한 530페이지의 9.1절('게임 엔진')을 상기해보자.

- startAnimate()
- paintUnderSprites()
- paintOverSprites()
- endAnimate()

예제 9.18 **핀볼 게임 루프**

```javascript
var game = new Game('pinball', 'gameCanvas'),
    ... // 코드를 간결하게 하려고 선언을 생략하고 있다.

game.startAnimate = function () {
  var collisionOccurred;

  if (loading || game.paused || launching)
```

```javascript
        return;

    if (!gameOver && livesLeft === 0) {
        over();
        return;
    }

    if (ballOutOfPlay) {
        ballOutOfPlay = false;
        prepareForLaunch();
        brieflyShowTryAgainImage(2000);
        livesLeft--;
        return;
    }

    adjustRightFlipperCollisionPolygon();
    adjustLeftFlipperCollisionPolygon();

    collisionOccurred = detectCollisions();

    if (!collisionOccurred && applyGravityAndFriction) {
        applyFrictionAndGravity(); // 공 속도 변경
    }
};

game.paintUnderSprites = function () {
    if (loading)
        return;

    updateLeftFlipper();
    updateRightFlipper();

    if (showPolygonsOnly) {
        drawCollisionShapes();
    }
    else {
        if (!showingHighScores) {
            game.context.drawImage(backgroundImage,0,0);

            drawLitBumper();

            if (showTryAgain) {
                brieflyShowTryAgainImage(2000); // 2초 동안 이미지를 보인다.
            }

            paintLeftFlipper();
            paintRightFlipper();

            for (var i=0; i < livesLeft-1; ++i) {
                drawExtraBall(i);
```

```
            }
        }
    }
};
```

위 메서드들은 게임 엔진에서 호출하는 순서대로 나열된 것이다. 핀볼 게임에서는 startAnimate() 메서드와 paintUnderSprites() 메서드 등 두 가지 메서드를 구현하고 있다.

새로운 애니메이션 프레임을 시작할 때 게임 엔진에서 호출하는 startAnimate() 메서드는 게임이 종료될 때나 로딩 중일 때, 일시 정지 상태나 공을 발사할 때는 어떤 작업도 하지 않지만, 공이 아웃되면 그에 맞게 반응하고 있는지 확인한다.

그 뒤에 startAnimate() 메서드에서는 플리퍼가 움직이고 있을 때 각 플리퍼의 충돌 다각형을 조정한 다음 충돌을 감지하고 반응하는 detectCollisions() 메서드를 호출한다. 마지막으로, startAnimate() 메서드에서는 충돌이 발생하지 않을 경우 마찰과 중력을 적용한다. 참고로, 마찰과 중력은 공이 발사되고 있는 동안에는 적용되지 않는다. 핀볼 게임에서 마찰과 중력을 구현하는 방법과 충돌을 감지하는 방법에 대해 자세히 알고 싶다면, 580페이지의 9.3.3절('중력과 마찰')과 587페이지의 9.3.6절('충돌 감지')을 참고하자.

핀볼 게임의 paintUnderSprites() 메서드에서는 배경과 추가된 공을 그리며 공이 범퍼와 충돌하면 범퍼에서 빛이 나게 한다.

또한, paintUnderSprites() 메서드에서는 양쪽 플리퍼를 업데이트하고 그린다. updateLeftFlipper() 메서드와 updateRightFlipper() 메서드에서는 플리퍼가 움직일 때 플리퍼의 각도를 조정한다.

마지막으로, showTryAgain 속성이 true로 설정돼 있으면 startAnimate() 메서드에서 breiflyShow TryAgainImage() 메서드를 호출한다는 점에 주목하자. [그림 9.7]처럼, breiflyShowTryAgainImage() 메서드에서는 공이 아웃되면 Try Again 이미지를 보여준다.

그림 9.7   Try again

9.3.2 공

핀볼 게임에서는 공을 발사할 때 사용하는 작동기와 공 등 두 개의 스프라이트만 가지고 있다. [예제 9.19]에서는 공에 대한 코드를 소개하고 있다.

예제 9.19   공

```javascript
var game = new Game('pinball', 'gameCanvas'),
    ...  // 코드를 간결하게 하려고 선언을 생략하고 있다.

    lastBallPosition = new Point(),

    ballMover = {
      execute: function (sprite, context, time) {
        if (!game.paused && !loading) {
          lastBallPosition.x = sprite.left;
          lastBallPosition.y = sprite.top;

          if ( !launching && sprite.left < ACTUATOR_LEFT &&
              (sprite.top > FLIPPER_BOTTOM || sprite.top < 0)) {
            ballOutOfPlay = true;
          }
          sprite.left += game.pixelsPerFrame(time, sprite.velocityX);
          sprite.top += game.pixelsPerFrame(time, sprite.velocityY);
        }
      },
    },

    ballSprite = new Sprite('ball',
                            new ImagePainter('images/ball.png'),
                            [ ballMover ]),
    ...
```

공 스프라이트는 생성자에게 전달한 URL에 해당하는 이미지를 그리는 작업을 담당하는 이미지 페인터에 의해 생성된다. 스프라이트와 이미지 페인터에 대한 자세한 내용은 6장을 참고하자.

공의 기능 중에서 balMover 오브젝트에 의해 구현된 공의 동작이 가장 흥미롭다. ballMover의 execute() 메서드에서는 현재 공의 위치를 기록한 다음 공을 이동시킨다. 게임에서는 lastBallPosition을 이용해 충돌 감지를 위한 변위 벡터(displacement vector)를 생성하고 있다.

ballMover.execute() 메서드에서 X 좌표 및 Y 좌표만큼 공을 이동시킬 수 있도록 게임 엔진의 pixels PerFrmae() 메서드를 이용해 픽셀 개수를 계산한다는 점에 주목하자. 공이 아웃되면, ballMover에서는 게임의 ballOutOfPlay 속성을 true로 설정한다. 그 뒤에 게임 엔진에서 다음번 startAnimate() 메서드를 호출하면, 게임에서는 발사대에 공을 놓는다.

그리고 ballMover에서는 공을 이동시킬 때 중력이나 마찰을 고려하지 않는다는 점에 주목하자. 이 내용은 다음 절에서 살펴볼 applyFrictionAndGravity() 메서드에서 소개할 것이다.

9.3.3 중력과 마찰

576페이지의 9.3.1절('게임 루프')에서 언급한 내용을 기억해 보면, 애니메이션 프레임이 시작할 때마다 게임 엔진에서 호출한 핀볼 게임의 startAnimate() 메서드에서는 다음 코드처럼 applyFrictionAndGravity() 메서드를 호출해 중력과 마찰을 적용하고 있다.

```
if (!collisionOccurred && applyGravityAndFriction) {
   applyFrictionAndGravity(parseFloat(time - game.lastTime));
}
```

[예제 9.20]에서 소개하는 것처럼, startAnimate() 메서드에서는 마지막 애니메이션 프레임에 대한 경과 시간(밀리초)을 applyFrictionAndGravity() 메서드에 전달하고 있다.

예제 9.20　중력과 마찰

```
applyFrictionAndGravity = function (time) {
   var lastElapsedTime = time / 1000,
       gravityVelocityIncrease = GRAVITY * seconds * 0.5;

   if (Math.abs(ballSprite.velocityX) > MIN_BALL_VELOCITY) {
      ballSprite.velocityX *= Math.pow(0.2, lastElapsedTime);
   }

   ballSprite.velocityY += gravityVelocityIncrease *
      parseFloat(game.context.canvas.height / GAME_HEIGHT_IN_METERS);
},
```

마지막 애니메이션 프레임이 실행하는 데 걸리는 시간(밀리초)이 주어지면 applyFrictionAndGravity() 메서드에서는 중력과 마찰에 대한 효과를 계산한다.

마찰 효과를 주기 위해 applyFrictionAndGravity() 메서드에서는 공의 속도를 초당 50%의 비율로 줄이고 있다. 경험을 바탕으로 공이 테이블 위를 굴러가는 듯한 느낌이 들게 초당 50%의 비율로 설정했다.

그리고 applyFrictionAndGravity() 메서드에서는 중력 효과를 줄 수 있도록 공의 수직 속도를 증가시키고 있다. 중력(9.8 m/s/s)에 마지막 애니메이션 프레임의 경과 시간(초)을 곱한 다음 다시 0.1을 곱해 증가시킬 수직 속도를 계산한다. 이때, 0.1을 곱하는 이유는 핀볼 기계의 기울기가 수직보다 수평에 가까워서 중력의 1/10을 적용하기 위해서다. 따라서 중력의 역할은 상당히 줄어들게 된다.

핀볼 게임에서 공의 움직임은 상대적으로 구현하기 쉽다. 하지만 플리퍼 움직임은 별개의 이야기다. 다음 절에서는 플리퍼의 움직임에 대해 살펴보자.

9.3.4 플리퍼의 움직임

핀볼 게임의 플리퍼는 비선형 운동이다. 플리퍼는 빠르게 올라가지만 올라감에 따라 속도가 줄어든다. 실제 핀볼 게임에서 플리퍼는 최고 속도로 올라가지만, 정점에 도달하자마자 즉시 멈춘다. 그리고 올라갈 때와 마찬가지로, 플리퍼는 내려갈 때 중력이 지속적으로 플리퍼를 미는 것처럼 속도가 붙는다.

여러분은 아마도 플리퍼를 올리는 동작과 플리퍼를 내리는 동작이 감속 효과와 가속 효과 등 두 가지 비선형 운동과 비슷하다는 것을 알아챘을 것이다. 가속 효과와 감속 효과 등 두 가지 비선형 운동은 이미 439페이지의 7.2절('시간 왜곡')에서 소개했다. 그리고 7장에서는 시간-왜곡 함수에서 사용한 간단한 애니메이션 타이머를 이용해 가속 효과와 감속 효과를 구현하는 방법을 살펴봤다. 따라서 여러분이 타이머로 움직임을 제어한다면(359페이지의 5.6절('시간 기반 모션')을 참고하자.), 시간을 왜곡하는 애니메이션 타이머를 사용하는 작업은 비선형 운동이 된다.

[예제 9.21]에서는 핀볼 게임에서 애니메이션 타이머를 사용해 왼쪽 플리퍼의 움직임을 제어하는 방법을 소개하고 있다. 애플리케이션에서는 플리퍼를 올릴 때 사용하는 타이머와 낮출 때 사용하는 타이머 등 두 가지 타이머를 생성하고 있다. 올릴 때 사용하는 타이머의 지속 시간은 25ms인 반면, 내릴 때 사용하는 타이머의 지속 시간은 175ms이다. 즉, 플리퍼는 빠르게 올라가지만, 그에 비해 느리게 내려온다.

[예제 9.21]에서 보여주는 플리퍼 각도를 설정하는 코드에 주목하자. 애플리케이션에서는 타이머를 이용해 플리퍼가 올라가는 동안이나 내려가는 동안 걸린 경과 시간에 접근하며 각각 감속 효과나 가속 효과를 일으킨다.

또한, [예제 9.21]에서는 [그림 9.8]에서 보여주는 왼쪽 플리퍼의 중심축과 중심축의 오프셋에 대한 정수를 소개하고 있다.

예제 9.21　　**플리퍼 움직임**

```javascript
var game = new Game('pinball', 'gameCanvas'),
    ... // 코드를 간결하게 하려고 선언을 생략하고 있다.

    FLIPPER_RISE_DURATION = 25,      // 밀리초
    FLIPPER_FALL_DURATION = 175,     // 밀리초
    MAX_FLIPPER_ANGLE = Math.PI/4,   // 45 degrees
    ...

    leftFlipperRiseTimer =
```

```
                  new AnimationTimer(FLIPPER_RISE_DURATION,
                                     AnimationTimer.makeEaseOut(3)),
          leftFlipperFallTimer =
               new AnimationTimer(FLIPPER_FALL_DURATION,
                                  AnimationTimer.makeEaseIn(3)),

          leftFlipperAngle = 0,
          ...


   function updateLeftFlipper() {
      if (leftFlipperRiseTimer.isRunning()) {      // 플리퍼가 올라갈 대
         if (leftFlipperRiseTimer.isOver()) {      // 끝까지 올라갔을 때
            leftFlipperRiseTimer.stop();           // 타이머 중단
            leftFlipperAngle = MAX_FLIPPER_ANGLE;  // 플리퍼 각도 설정
            leftFlipperFallTimer.start();          // 내려가기 시작
         }
         else {                                    // 플리퍼가 여전히 올라갈 때
            leftFlipperAngle =
               MAX_FLIPPER_ANGLE/FLIPPER_RISE_DURATION *
               leftFlipperRiseTimer.getElapsedTime();
         }
      }
      else if (leftFlipperFallTimer.isRunning()) { // 플리퍼가 내려갈 때
         if (leftFlipperFallTimer.isOver()) {      // 끝까지 내려갔을 때
            leftFlipperFallTimer.stop();           // 타이머 중단
            leftFlipperAngle = 0;                  // 플리퍼 각도 설정
            resetLeftFlipperCollisionPolygon();        // 충돌 다각형 재설정
         }
         else {                                    // 플리퍼가 여전히 내려갈 때
            leftFlipperAngle = MAX_FLIPPER_ANGLE -
               MAX_FLIPPER_ANGLE/FLIPPER_FALL_DURATION *
               leftFlipperFallTimer.getElapsedTime();
         }
      }
   };


   function paintLeftFlipper() {
      if (leftFlipperRiseTimer.isRunning() ||
        leftFlipperFallTimer.isRunning()) {
      game.context.save();
      game.context.translate(LEFT_FLIPPER_PIVOT_X,
                             LEFT_FLIPPER_PIVOT_Y);

      game.context.rotate(-leftFlipperAngle);

      game.context.drawImage(game.getImage('images/leftFlipper.png'),
                             -LEFT_FLIPPER_PIVOT_OFFSET_X,
                             -LEFT_FLIPPER_PIVOT_OFFSET_Y);
```

```
      game.context.restore();
    }
    else {
      game.context.drawImage(game.getImage('images/leftFlipper.png'),
         LEFT_FLIPPER_PIVOT_X - LEFT_FLIPPER_PIVOT_OFFSET_X,
         LEFT_FLIPPER_PIVOT_Y - LEFT_FLIPPER_PIVOT_OFFSET_Y);
    }
};
```

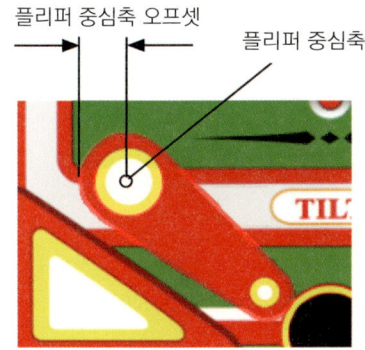

그림 9.8   플리퍼 중심축과 오프셋

9.3.5 키보드 이벤트 처리하기

핀볼 게임에서는 다음과 같이 키보드 이벤트를 처리한다.

- K 키는 오른쪽 플리퍼를 활성화 시키고 플리퍼 사운드를 재생한다.

- D 키는 왼쪽 플리퍼를 활성화 시키고 플리퍼 사운드를 재생한다.

- P 키는 토글형식으로 게임의 일시 정지 상태를 전환한다.

- ↑ 키는 발사대를 위로 이동시킨다.

- ↓ 키는 발사대를 아래로 이동시킨다.

- 스페이스 바는 공을 발사시킨다.

핀볼 게임에서는 게임 엔진을 사용해 [예제 9.22]에서 소개하는 것처럼 키 리스너를 구현하고 있다.

예제 9.22   키 리스너

```javascript
var game = new Game('pinball', 'gameCanvas'),
    ...

lastKeyListenerTime = 0,   // 스로틀링을 위한 변수

game.addKeyListener(
    {
        key: 'p',
        listener: function () {
            togglePaused();
        }
    }
);

game.addKeyListener(
    {
        key: 'k',
        listener: function () {
            if ( !launching && !gameOver) {
                rightFlipperAngle = 0;
                rightFlipperRiseTimer.start();
                game.playSound('flipper');
            }
        }
    }
);

game.addKeyListener(
    {
        key: 'd',
        listener: function () {
            if ( !launching && !gameOver) {
                leftFlipperAngle = 0;
                leftFlipperRiseTimer.start();
                game.playSound('flipper');
            }
        }
    }
);

game.addKeyListener(
    {
        key: 'up arrow',
        listener: function () {
            var now;

            if (!launching || launchStep === 1)
```

```
                return;

            now = +new Date();

            if (now - lastKeyListenerTime > 80) { // 스로틀링
                lastKeyListenerTime = now;

                launchStep--;

                ballSprite.top = BALL_LAUNCH_TOP + (launchStep-1) * 9;

                actuatorSprite.painter.image =
                    launchImages[launchStep-1];

                adjustActuatorPlatformShape();
            }
        }
    }
);


game.addKeyListener(
    {
        key: 'down arrow',
        listener: function () {
            var now;

            if (!launching || launchStep === LAUNCH_STEPS)
                return;

            now = +new Date();

            if (now - lastKeyListenerTime > 80) { // 스로틀링
                lastKeyListenerTime = now;
                launchStep++;
                actuatorSprite.painter.image = launchImages[launchStep-1];
                ballSprite.top = BALL_LAUNCH_TOP + (launchStep-1) * 9;
                adjustActuatorPlatformShape();
            }
        }
    }
);


game.addKeyListener(
    {
        key: 'space',
        listener: function () {
            if (!launching && ballSprite.left === BALL_LAUNCH_LEFT &&
                ballSprite.velocityY === 0) {
                launching = true;
                ballSprite.velocityY = 0;
```

```
            applyGravityAndFriction = false;
            launchStep = 1;
        }
    if (launching) {
        ballSprite.velocityY = -300 * launchStep;
        launching = false;
        launchStep = 1;

        setTimeout( function (e) {
            actuatorSprite.painter.image = launchImages[0];
            adjustActuatorPlatformShape();
        }, 50);

        setTimeout( function (e) {
            applyGravityAndFriction = true;
            adjustRightBoundaryAfterLaunch();
        }, 2000);
        }
    }
    }
);
```

P키는 토글 형식으로 핀볼 게임의 **togglePaused()** 메서드를 호출해 게임의 일지 정지 상태를 전환한다. [그림 9.9]에서 보여주는 것처럼, **togglePaused()** 메서드에서는 동일한 이름의 게임 엔진의 메서드를 호출하고 일시 정지 토스트를 화면에 표시한다.

왼쪽과 오른쪽 플리퍼를 활성화시키는 D 키와 K 키는 플리퍼 각도를 0으로 설정하고 플리퍼가 올라갈 때 사용하는 타이머를 시작한 다음 탁! 소리가 나는 플리퍼 사운드를 재생한다.

↓ 키와 ↑ 키는 발사대에 있는 공을 위아래로 이동시킨다. 핀볼 게임에서는 지금 소개한 키 이벤트들을 굉장히 자주 사용하므로 게임에서는 80ms마다 한 번씩 키 이벤트를 처리한다. 스로틀링을 사용하면, 플레이어가 ↓ 키나 ↑ 키를 누르고 있을 때 발사대가 올라가고 내려가는 비율을 제어할 수 있다.

그림 9.9   핀볼 게임 일시 정지

마지막으로, 플레이어가 스페이스 바를 누르면 핀볼 게임에서는 발사대로부터 공을 발사시킨다. 스페이스 바에 대한 키 핸들러에서는 발사된 공이 돔 모서리를 따라 자연스럽게 움직일 수 있도록 발사 후 50ms 동안 중력 효과와 마찰 효과를 적용하지 않는다. 그리고 발사 후 2초가 지나면, 키 핸들러에서는 중력 효과와 마찰 효과를 적용한다.

9.3.6 충돌 감지

482페이지의 8.4절('SAT 및 MTV')에서 언급한 것처럼, 핀볼 게임에서는 SAT를 이용해 귀납적(예를 들어, 충돌이 발생한 후에) 충돌 감지를 구현하고 있다. SAT는 상대적으로 크고 느리게 움직이는 다각형에 적합하지만 작고, 빠르게 움직이는 물체에는 적합하지 않다. 이와 같은 단점을 보완할 수 있도록 핀볼 게임에서는 공과 움직이는 플리퍼 사이에 발생하는 충돌을 감지할 수 있도록 SAT 충돌 감지에 레이 캐스팅을 사용하고 있다.

먼저 핀볼 게임에서 SAT를 사용해 움직이는 플리퍼를 제외한 모든 물체와 공 사이에 발생하는 충돌을 감지하는 방법을 살펴보자.

9.3.6.1 SAT 충돌 감지

핀볼 게임에서는 충돌 감지를 위해 SAT를 사용하므로 [그림 9.10]에서 보여주는 것처럼 공이 충돌할 수 있는 물체를 위한 다각형을 생성하고 있다.

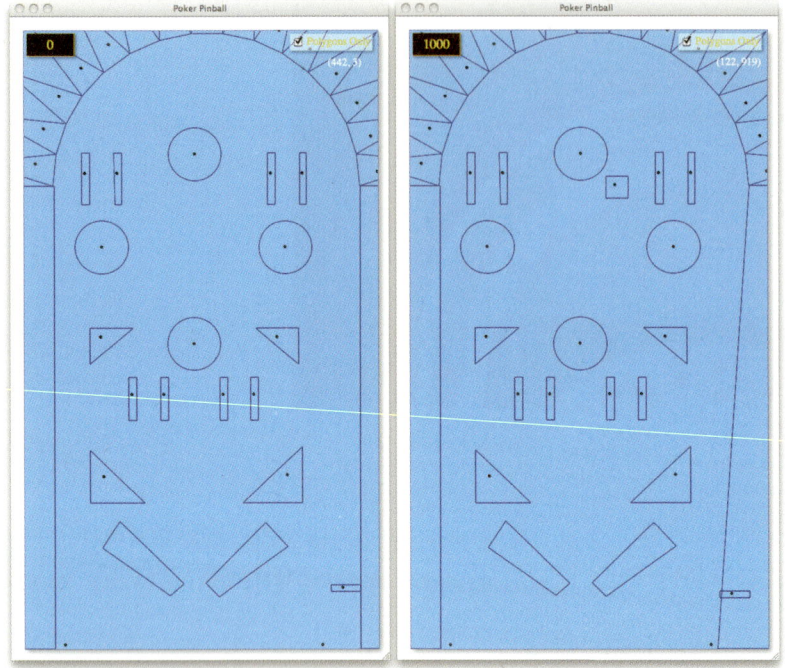

그림 9.10 핀볼 충돌 다각형: 공을 발사하기 전(왼쪽) 그리고 공을 발사한 후(오른쪽)

핀볼 게임에서는 [그림 9.10]의 오른쪽 위 모서리처럼 [Polygons Only] 체크박스를 제공하고 있다. [Polygons Only] 체크박스를 체크하면, 핀볼 게임에서는 충돌 감지 다각형과 헤드-업 디스플레이만 그린다.

핀볼 게임에서 충돌 감지 다각형만 표시하더라도 기능적으로 완벽하다. 물론 이렇게 충돌 감지 다각형만 보여주면 게임을 하는 플레이어의 입장에서 재미없겠지만, 충돌이 발생하는 방법에 대해 정확히 확인할 수 있기 때문에 개발자에게 굉장히 유용하다.

[Polygons Only] 체크박스를 체크하면, 핀볼 게임에서는 다음 메서드를 이용해 충돌 도형을 그린다.

```
function drawCollisionShapes() {
   var centroid;

   shapes.forEach( function (shape) {
      shape.stroke(game.context);
      game.context.beginPath();
      centroid = shape.centroid();
      game.context.arc(centroid.x, centroid.y, 1.5, 0,
                      Math.PI*2, false);
      game.context.stroke();
   });
}
```

위 메서드에서는 다각형을 그리는 도형의 stroke() 메서드를 호출한 다음 도형의 중심에 대한 정확한 위치를 나타낼 수 있도록 반경 1.5픽셀인 매우 작은 원을 그린다.

충돌을 감지할 수 있도록, 핀볼 게임에서는 다음 코드와 같이 공과 충돌할 수 있는 물체를 위한 다각형이나 원을 먼저 그린다.

```javascript
var game = new Game('pinball', 'gameCanvas'),
    ...
    // 충돌 감지............................................

    shapes = [],
    ...

    fiveHundredBumper = new Circle(256, 187, 40),
    oneHundredBumperRight = new Circle(395, 328, 40),
    oneHundredBumperLeft = new Circle(116, 328, 40),
    fiftyBumper = new Circle(255, 474, 40),

    leftBoundary = new Polygon(),
    rightBoundary = new Polygon(),
    ...

leftBoundary.points.push(new Point(45, 235));
leftBoundary.points.push(new Point(45, game.context.canvas.height));
leftBoundary.points.push(new Point(-450, game.context.canvas.height));
leftBoundary.points.push(new Point(-450, 235));
leftBoundary.points.push(new Point(45, 235));

rightBoundary.points.push(new Point(508, 235));
rightBoundary.points.push(new Point(508, game.context.canvas.height));
rightBoundary.points.push(new Point(508*2, game.context.canvas.height));
rightBoundary.points.push(new Point(508*2, 235))
rightBoundary.points.push(new Point(508, 235));
...
shapes.push(leftBoundary);
shapes.push(rightBoundary);
...
```

애플리케이션에서는 다각형을 위해 다각형의 각 꼭지점을 나타내는 점을 추가한 다음 각 도형을 도형에 대한 배열에 대입한다.

576페이지의 9.3.1절('게임 루프')에서 살펴봤던 핀볼 게임의 startAnimate() 메서드를 기억해 보자. startAnimate() 메서드에 대한 코드는 다음과 같다.

```javascript
game.startAnimate = function () {
    var collisionOccurred;
    ...

    adjustRightFlipperCollisionPolygon();
    adjustLeftFlipperCollisionPolygon();

    collisionOccurred = detectCollisions();

    if (!collisionOccurred && applyGravityAndFriction) {
        applyFrictionAndGravity(); // 공 속도를 변경한다.
    }
};
```

핀볼 게임의 startAnimate() 메서드에서는 각 애니메이션 프레임 초기에 (플리퍼가 움직일 때) 각 플리퍼에 대한 충돌 감지 다각형을 조정하고 [예제 9.23]에서 소개하고 있는 충돌을 감지하고 반응하는 게임의 detectCollisions() 메서드를 호출한다.

detectCollisions() 메서드에서는 공을 제외한 모든 도형을 위해 SAT를 사용해 충돌이 발생했는지 결정하는 공 도형의 collidesWith() 메서드에 도형과 공의 위치 벡터를 전달한다.

공 도형의 collidesWith() 메서드에서는 512페이지의 8.4.2절('MTV를 이용해 충돌 처리하기')에서 언급한 것처럼 충돌에서 벗어나도록 공을 이동시키는 데 필요한 최소 이동을 나타내는 Minimum TranslationVector 인스턴스를 반환한다. 그리고 핀볼 게임의 detectCollisions() 메서드에서는 공과 충돌한 도형으로부터 공을 튕기는 게임의 bounce() 메서드에 벡터를 전달한다.

공 도형의 detectCollisions() 메서드에 의해 구현된 SAT를 사용하면, 플리퍼가 움직이지 않는 경우 공과 플리퍼 사이에 발생한 충돌을 쉽게 감지할 수 있다. 하지만 공은 초당 최대 400픽셀이란 매우 빠른 속도로 움직이고 플리퍼는 움직일 때 상당한 각속도를 가지기 때문에 SAT에서는 움직이는 플리퍼와 공 사이에 발생한 충돌을 감지하지 못할 것이다. 따라서 게임의 detectCollisions() 메서드에서는 레이 캐스팅을 사용해 공과 플리퍼 사이에 발생한 충돌을 감지하는 각 플리퍼를 위한 detectFlipperCollision() 메서드를 호출한다. detectFlipperCollision() 메서드에 대한 자세한 내용은 597페이지의 [예제 9.26]을 참고하자.

예제 9.23   SAT를 이용한 충돌 감지

```javascript
function collisionDetected(mtv) {
    return mtv.axis !== undefined && mtv.overlap !== 0;
};

function detectCollisions() {
```

```javascript
var mtv, shape, displacement, position, lastPosition;

if (!launching && !loading && !game.paused) {
   ballShape.x = ballSprite.left;
   ballShape.y = ballSprite.top;
   ballShape.points = [];
   ballShape.setPolygonPoints();

   position = new Vector(new Point(ballSprite.left,
                                   ballSprite.top));

   lastPosition = new Vector(new Point(lastBallPosition.x,
                                       lastBallPosition.y));

   displacement = position.subtract(lastPosition);

   for (var i=0; i < shapes.length; ++i) {
      shape = shapes[i];

      if (shape !== ballShape) {
         mtv = ballShape.collidesWith(shape, displacement);
         if (collisionDetected(mtv)) {
            updateScore(shape);

            setTimeout ( function (e) {
               bumperLit = undefined;
            }, 100);

            if (shape === twoXBumperLeft         ||
                shape === twoXBumperRight         ||
                shape === fiveXBumperRight         ||
                shape === fiveXBumperLeft          ||
                shape === fiftyBumper              ||
                shape === oneHundredBumperLeft    ||
                shape === oneHundredBumperRight ||
                shape === fiveHundredBumper) {
               game.playSound('bumper');
               bounce(mtv, shape, 4.5);
               bumperLit = shape;
               return true;
            }

            else if (shape === rightFlipperShape) {
               if (rightFlipperAngle === 0) {
                  bounce(mtv, shape, 1 + rightFlipperAngle);
                  return true;
               }
            }
            else if (shape === leftFlipperShape) {
               if (leftFlipperAngle === 0) {
```

```
                        bounce(mtv, shape, 1 + leftFlipperAngle);
                        return true;
                    }
                }
                else if (shape === actuatorPlatformShape) {
                    bounce(mtv, shape, 0.2);
                    return true;
                }
                else {
                    bounce(mtv, shape, 0.96);
                    return true;
                }
            }
        }
    }

    detectFlipperCollision(LEFT_FLIPPER);
    detectFlipperCollision(RIGHT_FLIPPER);

    return flipperCollisionDetected;
  }
  return false;
}
```

그러나 여러분은 공을 충돌한 도형으로부터 튕기는 bounce() 메서드를 주의 깊게 살펴봐야 한다. [예제 9.24]에서는 bounce() 메서드와 함께 관련 메서드를 소개하고 있다.

공의 속도가 주어지면, bounce() 메서드에서는 MTV와 직각을 이루고 있는 다른 벡터 주변으로 산란하는 속도 단위 벡터를 생성할 수 있다. 그러나 두 벡터는 직각을 이루고 있기 때문에 게임에서는 두 벡터 중에서 사용할 벡터를 결정해야 한다.

예제 9.24   공에 대한 바운싱

```
function clampBallVelocity() {
   if (ballSprite.velocityX > MAX_BALL_VELOCITY)
      ballSprite.velocityX = MAX_BALL_VELOCITY;
   else if (ballSprite.velocityX < -MAX_BALL_VELOCITY)
      ballSprite.velocityX = -MAX_BALL_VELOCITY;

   if(ballSprite.velocityY > MAX_BALL_VELOCITY)
      ballSprite.velocityY = MAX_BALL_VELOCITY;
   else if (ballSprite.velocityY < -MAX_BALL_VELOCITY)
      ballSprite.velocityY = -MAX_BALL_VELOCITY;
};
```

```javascript
function separate(mtv) {
   var dx, dy, velocityMagnitude, point, theta=0,
       velocityVector = new Vector(new Point(ballSprite.velocityX,
                                             ballSprite.velocityY)),
       velocityUnitVector = velocityVector.normalize();

   if (mtv.axis.x === 0) {
      theta = Math.PI/2;
   }
   else {
      theta = Math.atan(mtv.axis.y / mtv.axis.x);
   }

   dy = mtv.overlap * Math.sin(theta);
   dx = mtv.overlap * Math.cos(theta);

   if (mtv.axis.x < 0 && dx > 0 || mtv.axis.x > 0 && dx < 0) dx = -dx;
   if (mtv.axis.y < 0 && dy > 0 || mtv.axis.y > 0 && dy < 0) dy = -dy;

   ballSprite.left += dx;
   ballSprite.top  += dy;
}

function checkMTVAxisDirection(mtv, shape) {
   var flipOrNot,
       centroid1 = new Vector(ballShape.centroid()),
       centroid2 = new Vector(shape.centroid()),
       centroidVector = centroid2.subtract(centroid1),
       centroidUnitVector = (new Vector(centroidVector)).normalize();

   if (centroidUnitVector.dotProduct(mtv.axis) > 0) {
      mtv.axis.x = -mtv.axis.x;
      mtv.axis.y = -mtv.axis.y;
   }
}

function bounce(mtv, shape, bounceCoefficient) {
   var velocityVector = new Vector(new Point(ballSprite.velocityX,
                                             ballSprite.velocityY)),
       velocityUnitVector = velocityVector.normalize(),
       velocityVectorMagnitude = velocityVector.getMagnitude(),
       reflectAxis, point;

   checkMTVAxisDirection(mtv, shape);

   if (!loading && !game.paused) {
      if (mtv.axis !== undefined) {
         reflectAxis = mtv.axis.perpendicular();
      }
```

```
        separate(mtv);

        point = velocityUnitVector.reflect(reflectAxis);

        if (shape === leftFlipperShape || shape === rightFlipperShape) {
            if (velocityVectorMagnitude < MIN_BALL_VELOCITY_OFF_FLIPPERS)
                velocityVectorMagnitude = MIN_BALL_VELOCITY_OFF_FLIPPERS;
        }

        ballSprite.velocityX = point.x * velocityVectorMagnitude *
                               bounceCoefficient;

        ballSprite.velocityY = point.y * velocityVectorMagnitude *
                               bounceCoefficient;

        clampBallVelocity();
    }
}
```

공의 중심부터 공과 충돌한 도형의 중심까지의 벡터와 MTV 축과의 내적을 사용하는 checkMTV AxisDirection() 메서드에서는 공의 속도를 반영할 벡터를 결정한다. 만약 두 벡터 사이의 내적이 0보다 크다면, 두 벡터 사이의 각도는 예각으로 동일한 방향을 향하고 있다.

하지만 내적이 0보다 크다면, 공과 충돌한 도형의 중심으로부터 공이 멀어지도록 MTV 축을 돌려 공이 충돌한 도형으로부터 멀리 벗어나게 해야 한다.

공의 속도를 반영할 축을 결정하면, bouce() 메서드에서는 MTV를 사용해 공과 충돌한 도형으로부터 공을 분리하는 separate() 메서드를 호출한다.

그다음, bounce() 메서드에서는 바운싱을 위한 공의 속도를 설정한다. 이때, bounce() 메서드에서는 공의 속도에 대해 두 번 조정한다. 첫 번째 조정은 공이 플리퍼 중 하나와 충돌한 다음 매우 느리게 움직일 때 이루어지며 bounce() 메서드에서는 속도 벡터를 최솟값으로 설정한다. 이렇게 최솟값으로 설정하면 공이 플리퍼의 상단에서 거의 움직이지 않더라도 플리퍼에 반응할 수 있다. 두 번째 조정으로 bounce() 메서드에서는 공의 속도에 대한 최대 속도를 낮춘다. 이렇게 최대 속도를 낮추지 않으면, 공이 거의 볼 수 없을 정도의 속도로 매우 빠르게 이동하는 경우 충돌 감지에 실패한다.

9.3.6.2 돔

[그림 9.11]에서 보여주는 것처럼, 핀볼 게임에서는 게임 상단에 있는 삼각형 형태의 오목한 돔을 사용해 충돌 감지를 구현하고 있다. 이때, 핀볼 게임에서는 공과 삼각형 사이에 발생한 충돌을 감지한다.

핀볼 게임에서는 다음 코드처럼 돔 삼각형을 생성하고 있다.

```
var DOME_SIDES = 15,
    DOME_X = 275,
    DOME_Y = 235,
    DOME_RADIUS = 232,
    domePolygons = createDomePolygons(DOME_X, DOME_Y,
                                      DOME_RADIUS, DOME_SIDES);

domePolygons.forEach( function (polygon) {
    shapes.push(polygon);
});
```

[예제 9.25]에서 소개하고 있는 createDomePolygons() 메서드에서 삼각형을 생성하면 게임에서는 생성된 삼각형을 충돌 감지 도형 배열에 넣는다.

[예제 9.25]에서 확인할 수 있듯이, 코드에서는 루프를 사용해 15개의 삼각형을 반복하며 삼각형마다 다각형을 생성한 다음 각 삼각형의 꼭지점을 계산한 다음 삼각형을 배열에 넣고 해당 배열을 반환하고 있다.

여기서 midPointRadius 변수에 주목하자. createDomePolygons() 메서드에서는 midPointRadius 변수를 사용해 돔의 표면으로부터 가장 멀리 떨어진 삼각형의 꼭지점을 계산하고 있다. 이렇게 계산된 값은 [그림 9.11]에서 보여주는 것처럼 돔의 표면으로부터 각 삼각형의 중심이 충분히 멀어질 만큼 커야 한다. 만약 작은 값을 사용한다면, 예를 들어 radius * 1.5 대신 radius * 1.05를 사용했다고 가정하면, [그림 9.12]와 같은 삼각형을 생성할 것이다.

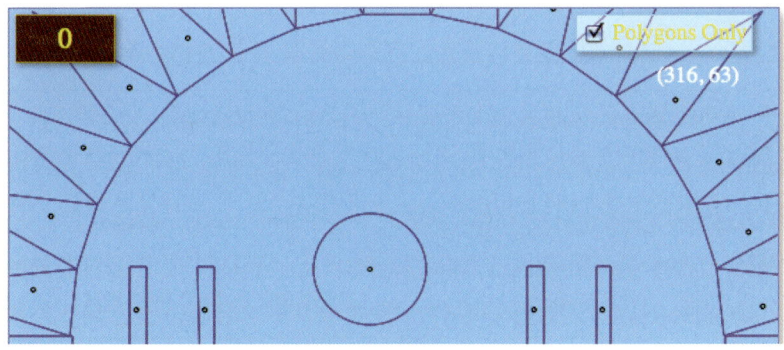

그림 9.11   핀볼 돔은 삼각형으로 구성

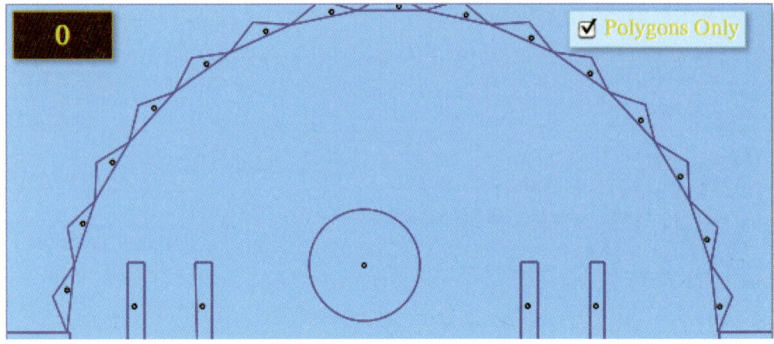

그림 9.12   정확한 충돌 감지를 하기에 돔 삼각형이 너무 작음

핀볼 게임에서는 충돌 감지를 귀납적으로 구현하므로, 즉 핀볼 게임에서는 충돌이 발생한 다음 충돌을 감지하기 때문에 게임에서 충돌을 감지하기 전에 공의 중심이 삼각형의 중심을 지나가는 경우가 발생할 수 있다. 만약 이런 일이 발생하면, 공이 삼각형에 튕기는 방법을 계산할 때 사용된 중심 벡터는 잘못된 방향을 가리킬 것이다. 그뿐만 아니라 공의 속도도 삼각형에서 멀어지는 대신 삼각형을 향하는 잘못된 방향을 가리키고 결국, 공은 돔의 표면에 붙어버릴 것이다. 따라서 공이 돔 표면에 붙지 않게, [그림 9.11]에서 보여주는 것처럼 큰 삼각형을 이용해 돔의 표면으로부터 멀리 떨어진 곳에 삼각형의 중심을 배치해야 한다.

예제 9.25   돔 다각형 생성하기

```javascript
function createDomePolygons(centerX, centerY, radius, sides) {
  var polygon,
      polygons = [],
      startTheta = 0,
      endTheta,
      midPointTheta,
      thetaDelta = Math.PI/sides,
      midPointRadius = radius*1.5;

  for (var i=0; i < sides; ++i) {
    polygon = new Polygon();

    endTheta = startTheta + thetaDelta;
    midPointTheta = startTheta + (endTheta - startTheta)/2;

    polygon.points.push(
      new Point(centerX + radius * Math.cos(startTheta),
                centerY - radius * Math.sin(startTheta)));

    polygon.points.push(
```

```
        new Point(centerX + midPointRadius * Math.cos(midPointTheta),
                midPointY - midPointRadius * Math.sin(midPointTheta)));

    polygon.points.push(
      new Point(centerX + radius * Math.cos(endTheta),
              centerY - radius * Math.sin(endTheta)));

    polygon.points.push(
      new Point(centerX + radius * Math.cos(startTheta),
              centerY - radius * Math.sin(startTheta)));

    polygons.push(polygon);

    startTheta += thetaDelta;
  }
  return polygons;
}
```

9.3.6.3 플리퍼 충돌 감지

핀볼 게임에서는 SAT를 이용해 공과 고정된 플리퍼 사이에 발생하는 충돌을 감지한다. 그러나 플리퍼가 올라가는 동안 공이 매우 빠른 속도로 움직이면, SAT에서 공과 올라가는 플리퍼 사이에 발생하는 충돌을 감지하지 못하는 상황이 발생할 것이다.

SAT는 매우 빠른 속도로 움직이는 작은 물체에 최적화되어 있지 않으므로, 핀볼 게임에서는 477페이지의 8.3절('레이 캐스팅')에서 소개했던 레이 캐스팅을 사용해 SAT 충돌 감지의 기능을 강화하고 있다. [예제 9.26]에서는 공과 고정된 물체 사이에 충돌을 감지하지 못할 때 detectCollision() 메서드에서 호출하는 핀볼 게임의 detectFlipperCollision() 메서드에 대한 코드를 소개하고 있다.

예제 9.26 플리퍼 충돌 감지

```
function detectFlipperCollision(flipper) {
  var v1, v2, l1, l2, surface, ip, bbox = {}, riseTimer;

  bbox.top  = 725;
  bbox.bottom = 850;

  if (flipper === LEFT_FLIPPER) {
    v1 = new Vector(leftFlipperBaselineShape.points[0].rotate(
            LEFT_FLIPPER_ROTATION_POINT,
            leftFlipperAngle));

    v2 = new Vector(leftFlipperBaselineShape.points[1].rotate(
```

```
                              LEFT_FLIPPER_ROTATION_POINT,
                              leftFlipperAngle));

        bbox.left = 170;
        bbox.right = 265;
        riseTimer = leftFlipperRiseTimer;
    }
    else if (flipper === RIGHT_FLIPPER) {
        v1 = new Vector(rightFlipperBaselineShape.points[0].rotate(
                        RIGHT_FLIPPER_ROTATION_POINT,
                        rightFlipperAngle));

        v2 = new Vector(rightFlipperBaselineShape.points[1].rotate(
                        RIGHT_FLIPPER_ROTATION_POINT,
                        rightFlipperAngle));

        bbox.left = 245;
        bbox.right = 400;
        riseTimer = rightFlipperRiseTimer;
    }

    if ( ! flipperCollisionDetected && riseTimer.isRunning() &&
        ballSprite.top + ballSprite.height > bbox.top &&
        ballSprite.left < bbox.right) {

        surface = v2.subtract(v1);
        l1 = new Line(new Point(ballSprite.left, ballSprite.top),
                    lastBallPosition),
        l2 = new Line(new Point(v2.x, v2.y), new Point(v1.x, v1.y)),
        ip = l1.intersectionPoint(l2);

        if (ip.x > bbox.left && ip.x < bbox.right) {
            reflectVelocityAroundVector(surface.perpendicular());

            ballSprite.velocityX = ballSprite.velocityX * 3.5;
            ballSprite.velocityY = ballSprite.velocityY * 3.5;

            if (ballSprite.velocityY > 0)
                ballSprite.velocityY = -ballSprite.velocityY;

            if (flipper === LEFT_FLIPPER && ballSprite.velocityX < 0)
                ballSprite.velocityX = -ballSprite.velocityX;
            else if (flipper === RIGHT_FLIPPER &&
                    ballSprite.velocityX > 0)
                ballSprite.velocityX = -ballSprite.velocityX;
        }
    }
}
```

detectFlipperCollision() 메서드에서는 원점에서 플리퍼 표면의 첫 번째 점까지의 방향에 대한 벡터와 원점에서 플리퍼 표면의 두 번째 점까지의 방향에 대한 벡터 등 두 가지 벡터를 생성한 다음 플리퍼의 모서리를 따라 생성된 벡터를 가져올 수 있도록 두 번째 벡터와 첫 번째 벡터의 차를 구하고 있다.

또한, detectFlipperCollision() 메서드에서는 공의 마지막 위치에서 공의 현재 위치까지의 선과 플리퍼의 모서리를 따라 만들어진 선 등 두 개의 선을 생성한 다음 두 선이 교차하는 지점을 확인한다.

그리고 공이 플리퍼 가까이에 있고 두 선의 교차점이 플리퍼의 왼쪽과 오른쪽 모서리 사이에 있다면, 충돌이 발생한 것으로 detectFlipperCollision() 메서드에서는 그에 맞게 공의 속도를 조절한다.

9.4 결론

HTML5 캔버스를 이용해 게임을 구현하는 방법을 소개하기까지 9장의 앞부분에서 상당히 많은 내용을 살펴봤다.

9장의 앞부분에서는 시간-기반 모션, 게임 일시 정지, 하이 스코어 기록, 사운드 재생, 키 리스너 구현 등과 같은 기능에 대한 지원과 게임 루프를 포함해 게임을 생성할 때 필요한 가장 핵심적인 기능을 구현하고 있는 약 450줄의 자바스크립트로 구성된 간단한 게임 엔진에 대한 코드를 살펴보는 것으로 시작했다.

그리고 간단하지만 강력한 기능을 갖춘 게임 엔진을 사용하여 실제 게임처럼 실행되지는 않지만, 게임의 다양한 기능을 구현하는 방법을 보여주는 게임의 Hello World인 ungame에 대해 자세히 살펴봤다.

9장의 마지막 부분에서는 각운동(angular motion) 구현, 중력과 마찰 구현, 충돌 감지를 위한 STA 및 레이 캐스팅 사용 등과 같이 고급 기능을 사용하고 있는 강력한 핀볼 게임을 생성하는 방법을 살펴봤다.

사용자 정의 컨트롤

지금까지 여러분은 텍스트 입력, 버튼과 같이 표준 HTML 컨트롤과 결합된 다양한 <canvas> 요소를 사용해 캔버스 기반 애플리케이션을 구현하는 방법을 살펴봤다. 표준 HTML 컨트롤만 사용해도 다양한 캔버스 기반 애플리케이션을 구현할 수 있지만, 일반적으로 표준 HTML 컨트롤을 사용할 수 없는 경우나 모든 브라우저에서 컨트롤을 제공하지 않기 때문에 몇몇 애플리케이션에서는 사용자 정의 컨트롤이 필요하다. 그뿐만 아니라 사용자가 HTML5를 이용할 수 있는 다양한 브라우저에서 같은 룩앤필(look and feel)을 사용해야 할 때도 사용자 정의 컨트롤이 필요하다.

10장에서는 다음에 나열된 네 가지 컨트롤을 구현하는 방법을 소개할 예정이다.

- 모서리가 둥근 직사각형
- 프로그레스 바
- 슬라이더
- 이미지 패너(panner)

10장에서 소개할 컨트롤은 다음과 같은 작업을 한다.

- COREHTML5란 이름의 전역 오브젝트에 있다.
- draw() 메서드를 사용해 캔버스에 그린다.
- 캔버스를 DIV에 넣고 해당 DIV를 domElement 속성으로 개발자에게 보여준다.
- 컨트롤의 <DOM> 요소를 <HTML> 요소에 덧붙인 다음 둘러싼 요소에 맞게 <DOM> 요소와 캔버스의 크기를 변경하는 appendTo(element) 메서드를 구현한다.

일반적으로 새롭게 생성한 자바스크립트 오브젝트는 전역 네임스페이스를 벗어나도록 설정하는 것이 좋다. 이 규칙에 따라 10장에서 소개하고 있는 컨트롤은 COREHTML5란 이름의 하나의 오브젝트에 존재한다. 오브젝트를 예를 들어 설명하기 전에 우선 COREHTML5 오브젝트부터 살펴보자. 603페이지의 10.1절('모서리가 둥근 직사각형')에서 소개하고 있는 모서리가 둥근 직사각형을 다음 코드처럼 생성할 수 있다.

```
roundedRectangle = new COREHTML5.RoundedRectangle(
                   'rgba(0,0,0,0.2)', 'darkgoldenrod', 90, 25);
```

이 코드에서 COREHTML5 오브젝트는 네임스페이스라고도 부른다. 네임스페이스는 누군가가 여러분이 생성한 오브젝트의 이름과 같은 이름으로 전역 오브젝트를 구현하여 오브젝트를 오버라이딩할 가능성을 줄인다. 예를 들면, 누군가가 Slider 오브젝트를 구현할 확률은 꽤 높지만 다른 누군가가 COREHTML5.Slider 오브젝트를 구현할 확률은 거의 없다.

이 책에서 소개하는 컨트롤은 캔버스 기반이므로 모든 컨트롤은 <canvas> 요소를 생성한 다음 캔버스에 컨트롤을 그린다. 여러분은 옵션 context 인수를 가지고 있는 draw() 메서드를 이용해 컨트롤을 그린다면 context 인수는 반드시 캔버스 콘텍스트이어야만 한다. 그리고 context 인수를 명시한다면, 컨트롤의 draw() 메서드에서는 컨트롤을 콘텍스트에 그릴 것이다. 하지만 콘텍스트를 명시하지 않는다면, draw() 메서드에서는 자체 콘텍스트에 그릴 것이다.

10장에서 소개한 컨트롤을 사용하려면, 컨트롤에 대한 인스턴스를 생성하고 DOM 트리에 있는 <HTML> 요소에 컨트롤의 <DOM> 요소를 덧붙여야 한다. 컨트롤의 appendTo(element) 메서드를 이용해도 같은 작업을 할 수 있다. 또한, 컨트롤은 domElement 속성을 통해 <DOM> 요소를 보여주고 있다. 즉, 이것은 다음 코드에서처럼 <DOM> 요소의 스타일을 프로그램적으로 제어할 수 있다는 의미다.

```
roundedRectangle.domElement.style.position = 'absolute';
roundedRectangle.domElement.style.top = '50px';
roundedRectangle.domElement.style.left = '50px';
```

또는 다음 코드와 같이 CSS 클래스를 생성하고 생성된 클래스를 컨트롤의 <DOM> 요소에 프로그램적으로 할당할 수 있다.

```
roundedRectangle.domElement.className = = 'customRectangle';
```

[표 10.1]에서는 10장에서 소개하고 있는 컨트롤의 특징들을 구현한 메서드를 소개하고 있다. 10장에서 소개하는 모든 컨트롤은 [표 10.1]에서 소개한 메서드를 구현하고 있다.

표 10.1 **사용자 정의 컨트롤 메서드**

메서드	설명
appendTo(element)	appendTo(element) 메서드에 전달된 요소에 컨트롤의 〈DOM〉 요소를 덧붙이고 〈DOM〉 요소의 크기에 맞추도록 컨트롤의 〈DOM〉 요소와 캔버스의 크기를 모두 변경한다.
createDOMElement()	컨트롤의 〈DOM〉 요소를 생성한다.
createCanvas()	컨트롤의 〈canvas〉 요소를 생성한다.
draw(context)	컨트롤을 그린다. context는 옵션이다. context를 명시하면 컨트롤에서는 명시된 콘텍스트에 그리지만, 명시하지 않는다면 컨트롤에서는 자체 콘텍스트에 그린다.
erase()	컨트롤의 캔버스를 지운다.
resize(width, height)	컨트롤의 캔버스 크기를 변경한다.

DIV 노출

10장에서 소개하는 컨트롤에서는 〈canvas〉 요소와 DIV를 생성한 다음 생성된 DIV에 〈canvas〉 요소를 덧붙이고 domElement 속성을 이용해 개발자에게 DIV를 노출하고 있다. 즉, 개발자는 DOM 트리에 있는 다른 요소에 노출된 DIV를 붙일 수 있다는 의미다.

또한, 컨트롤에서는 요소에 DIV를 덧붙인 다음 해당 요소의 크기에 맞게 캔버스와 DIV의 크기를 모두 변경하는 appendTo() 메서드를 구현한다.

10.1 모서리가 둥근 직사각형

[그림 10.1]에서 보여주는 애플리케이션처럼, 모서리가 둥근 직사각형은 10장에서 소개하는 네 개의 컨트롤 중에서 가장 간단한 컨트롤이다. 참고로, [그림 10.1]에서는 프로그레스 바와 슬라이더 등 두 가지 컨트롤을 사용했다.

[그림 10.1]에서 보여주는 애플리케이션에서는 직사각형의 너비와 높이를 제어하는 두 개의 슬라이더와 모서리가 둥근 직사각형 하나를 가지고 있다. 슬라이더를 움직이면, 슬라이더에 맞춰 직사각형의 크기가 변경된다.

[예제 10.1]에서는 roundedRectangleDiv란 이름의 DIV와 두 개의 슬라이더를 생성하는 애플리케이션의 HTML 코드를 소개하고 있다.

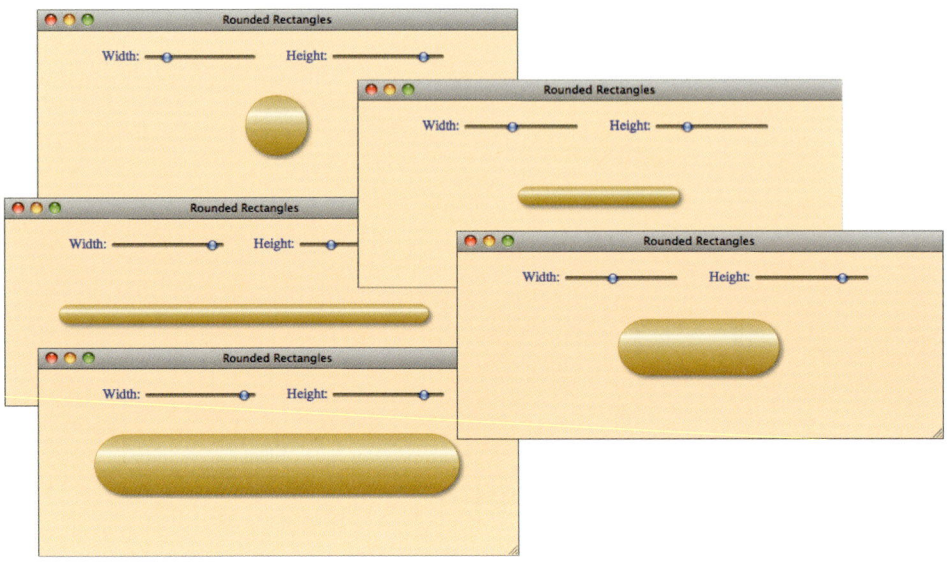

그림 10.1   모서리가 둥근 직사각형

예제 10.1   모서리가 둥근 직사각형 애플리케이션: HTML

```
<!DOCTYPE html>
  <head>
    <title>Rounded Rectangles</title>

    <style>
      body {
        background: bisque;
      }

      #roundedRectangleDiv {
        position: absolute;
        left: 50px;
        top: 70px;
        width: 450px;
        height: 80px;
      }

      .range {
        vertical-align: -5px;
      }

      #controls {
        color: blue;
        margin-top: 20px;
```

```
            margin-left: 65px;
        }

        #widthRangeDiv {
            margin-right: 30px;
            display: inline;
        }
    </style>
</head>

<body>
    <div id='controls'>
        <div id='widthRangeDiv'>
          Width:  <input id='widthRange' class='range' type='range'
                         minimum='5' maximum='100'/>
        </div>

        Height: <input id='heightRange' class='range' type='range'
                       minimum='5' maximum='100'/>
    </div>

    <div id='roundedRectangleDiv'></div>

    <script src='roundedRectangle.js'></script>
    <script src='example.js'></script>
</body>
</html>
```

[예제 10.2]에서는 모서리가 둥근 직사각형을 생성하고 생성된 직사각형의 appendTo() 메서드를 이용해 roundedRectangleDiv에 직사각형의 DIV를 덧붙이는 애플리케이션에 대한 자바스크립트 코드를 소개하고 있다. 또한, 애플리케이션에서는 사용자가 슬라이더의 값을 변경할 때 직사각형의 크기를 변경하고 다시 그리는 슬라이더에 change 이벤트 핸들러를 추가하고 있다.

[예제 10.3]에서 소개하는 것처럼 애플리케이션에서는 COREHTML5.RoundedRectangle 생성자에 네 가지 인수를 전달하는 모서리가 둥근 직사각형을 생성하고 있다. 처음 두 개의 인수는 모서리가 둥근 직사각형을 그릴 때 컨트롤에서 사용하는 strokeStyle과 fillStyle을 나타내고 있으며 마지막 두 개의 인수는 <DOM> 요소의 크기에 대한 모서리가 둥근 직사각형의 크기를 나타내고 있다.

인수에 사용할 수 있는 값의 범위는 0부터 1.0 사이이거나 0부터 100사이로 수평 및 수직 방향으로 모서리가 둥근 직사각형이 차지한 <DOM> 요소의 비율을 나타낸다. [그림 10.1]에서 보여준 애플리케이션에서는 해당 슬라이더에 대한 초기 값에 맞도록 해당 인수를 설정하고 있다. [그림 10.2]에서는 [그림 10.1]에서 보여준 애플리케이션의 본래 구성을 소개하고 있다.

예제 10.2   모서리가 둥근 직사각형 애플리케이션: 자바스크립트

```javascript
var widthRange = document.getElementById('widthRange'),
    heightRange = document.getElementById('heightRange'),
    roundedRectangle = new COREHTML5.RoundedRectangle(
                            'rgba(0,0,0,0.2)', 'darkgoldenrod',
                            widthRange.value, heightRange.value);

// 이벤트 핸들러.......................................................

function resize() {
   roundedRectangle.horizontalSizePercent = widthRange.value/100;
   roundedRectangle.verticalSizePercent   = heightRange.value/100;

   roundedRectangle.resize(roundedRectangle.domElement.offsetWidth,
                           roundedRectangle.domElement.offsetHeight);

   roundedRectangle.erase();
   roundedRectangle.draw();
}

// 초기화...........................................................

widthRange.onchange  = resize;
heightRange.onchange = resize;

roundedRectangle.appendTo(
   document.getElementById('roundedRectangleDiv'));

roundedRectangle.draw();
```

예제 10.3   모서리가 둥근 직사각형 오브젝트

```javascript
var COREHTML5 = COREHTML5 || {};

// 생성자............................................................

COREHTML5.RoundedRectangle = function(strokeStyle, fillStyle,
                                      horizontalSizePercent,
                                      verticalSizePercent) {
   this.strokeStyle = strokeStyle ? strokeStyle : 'gray';
   this.fillStyle   = fillStyle   ? fillStyle   : 'skyblue';

   horizontalSizePercent = horizontalSizePercent || 100;
   verticalSizePercent   = verticalSizePercent   || 100;

   this.SHADOW_COLOR = 'rgba(100,100,100,0.8)';
```

```
    this.SHADOW_OFFSET_X = 3;
    this.SHADOW_OFFSET_Y = 3;
    this.SHADOW_BLUR = 3;
    this.setSizePercents(horizontalSizePercent, verticalSizePercent);
    this.createCanvas();
    this.createDOMElement();

    return this;
}

// 프로토타입.......................................................

COREHTML5.RoundedRectangle.prototype = {

    // 일반 함수 ...........................................

    createCanvas: function () {
        var canvas = document.createElement('canvas');
        this.context = canvas.getContext('2d');
        return canvas;
    },

    createDOMElement: function () {
        this.domElement = document.createElement('div');
        this.domElement.appendChild(this.context.canvas);
    },

    appendTo: function (element) {
        element.appendChild(this.domElement);
        this.domElement.style.width = element.offsetWidth + 'px';
        this.domElement.style.height = element.offsetHeight + 'px';
        this.resize(element.offsetWidth, element.offsetHeight);
    },

    resize: function (width, height) {
        this.HORIZONTAL_MARGIN = (width - width *
                                  this.horizontalSizePercent)/2;
        this.VERTICAL_MARGIN   = (height - height *
                                  this.verticalSizePercent)/2;

        this.cornerRadius = (this.context.canvas.height/2 -
                             2*this.VERTICAL_MARGIN)/2;

        this.top    = this.VERTICAL_MARGIN;
        this.left   = this.HORIZONTAL_MARGIN;
        this.right  = this.left + width  - 2*this.HORIZONTAL_MARGIN;
        this.bottom = this.top  + height - 2*this.VERTICAL_MARGIN;

        this.context.canvas.width = width;
        this.context.canvas.height = height;
```

```
    },

    setSizePercents: function (h, v) {
        // horizontalSizePercent과 verticalSizePercent는
        // <DOM> 요소의 수직 및 수평 비율에 대한
        // 모서리가 둥근 직사각형의 크기를 나타낸다.

        this.horizontalSizePercent = h > 1 ? h/100 : h;
        this.verticalSizePercent   = v > 1 ? v/100 : v;
    },

    // 드로잉 함수............................................

    fill: function () {
        var radius = (this.bottom - this.top) / 2;

        this.context.save();
        this.context.shadowColor   = this.SHADOW_COLOR;
        this.context.shadowOffsetX = this.SHADOW_OFFSET_X;
        this.context.shadowOffsetY = this.SHADOW_OFFSET_Y;
        this.context.shadowBlur = 6;

        this.context.beginPath();

        this.context.moveTo(this.left + radius, this.top);

        this.context.arcTo(this.right, this.top,
                           this.right, this.bottom, radius);

        this.context.arcTo(this.right, this.bottom,
                           this.left, this.bottom, radius);

        this.context.arcTo(this.left, this.bottom,
                           this.left, this.top, radius);

        this.context.arcTo(this.left, this.top,
                           this.right, this.top, radius);

        this.context.closePath();

        this.context.fillStyle = this.fillStyle;
        this.context.fill();
        this.context.shadowColor = undefined;
    },

    overlayGradient: function () {
        var gradient =
            this.context.createLinearGradient(this.left, this.top,
                                              this.left, this.bottom);
```

```javascript
      gradient.addColorStop(0,    'rgba(255,255,255,0.4)');
      gradient.addColorStop(0.2,  'rgba(255,255,255,0.6)');
      gradient.addColorStop(0.25, 'rgba(255,255,255,0.7)');
      gradient.addColorStop(0.3,  'rgba(255,255,255,0.9)');
      gradient.addColorStop(0.40, 'rgba(255,255,255,0.7)');
      gradient.addColorStop(0.45, 'rgba(255,255,255,0.6)');
      gradient.addColorStop(0.60, 'rgba(255,255,255,0.4)');
      gradient.addColorStop(1,    'rgba(255,255,255,0.1)');

      this.context.fillStyle = gradient;
      this.context.fill();

      this.context.lineWidth = 0.4;
      this.context.strokeStyle = this.strokeStyle;
      this.context.stroke();

      this.context.restore();
   },

   draw: function (context) {
      var originalContext;

      if (context) {
         originalContext = this.context;
         this.context = context;
      }

      this.fill();
      this.overlayGradient();

      if (context) {
         this.context = originalContext;
      }
   },

   erase: function() {
      // 캔버스 전체를 지운다.

      this.context.clearRect(0, 0, this.context.canvas.width,
                                   this.context.canvas.height);
   }
};
```

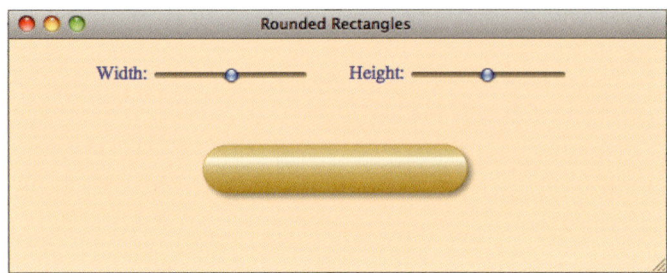

그림 10.2   애플리케이션의 원래 구성

[예제 10.3]에서 첫 번째 줄, var COREHTML5 = COREHTML5 || {}; 을 주의 깊게 살펴보자. COREHTML5 오브젝트가 존재하지 않으면, 이 코드에서는 전역 COREHTML5 오브젝트를 생성한다. 그 뒤에 [예제 10.3]에서는 RoundedRectangle 함수와 해당 프로토타입 오브젝트를 전역 COREHTML5 오브젝트에 추가한다.

COREHTML5.RoundedRectangle 메서드는 두 부분으로 구분된다. 첫 번째 부분은 appendTo() 함수와 resize() 함수 등과 같이 컨트롤의 <canvas> 요소와 DIV를 조작할 수 있는 일반 함수를 포함하고 있다. 그리고 두 번째 부분에서는 모서리가 둥근 직사각형을 그리고 있다. 참고로, appendTo() 메서드와 draw() 메서드를 주의 깊게 살펴보자.

appendTo() 메서드에서는 특정 <HTML> 요소에 모서리가 둥근 직사각형의 <DOM> 요소를 덧붙이고 있다. 예를 들면, [그림 10.1]에서 보여준 애플리케이션에서는 [그림 10.3]에서 보여주는 것처럼 roundedRectangleDiv란 이름의 DIV에 모서리가 둥근 직사각형을 덧붙이고 있다.

roundedRectangleDiv   roundedRectangle.domElement   roundedRectangle.context.canvas

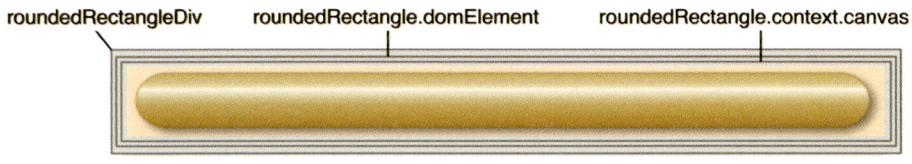

그림 10.3   Div에 둥근 직사각형을 덧붙임. 참고: 위 세 요소의 크기는 모두 같음

그 뒤에 appendTo() 메서드에서는 부모 <DOM> 요소의 크기에 맞추도록 모서리가 둥근 직사각형의 <DOM> 요소의 크기를 설정하고 <DOM> 요소의 크기에 맞추도록 컨트롤의 캔버스 크기를 변경하는 resize() 메서드를 호출한다. 예를 들어, 너비가 500픽셀이고 높이가 400픽셀인 <DIV> 요소에 모서리가 둥근 직사각형을 덧붙인다고 가정해 보자. 이때, 모서리가 둥근 직사각형에서 인근 요소의 공간을 모두 차지한다면, 모서리가 둥근 직사각형의 appendTo() 메서드에서는 모서리가 둥근 직사각형의

<DOM> 요소와 캔버스를 너비 500픽셀, 높이 400픽셀로 설정할 것이다. 참고로, 앞에서 언급한 것처럼 모서리가 둥근 직사각형이 차지하는 총 공간은 COREHTML5.RoundedRectangle 생성자의 마지막 두 개의 인수에 의해 정의될 수 있다.

모서리가 둥근 직사각형을 그릴 때, 모서리가 둥근 직사각형을 캔버스 콘텍스트에 그릴 수 있도록 캔버스 콘텍스트를 draw() 메서드에 전달할 수 있다. 이 기능은 컨트롤을 오프스크린 캔버스에 그릴 때 유용하게 사용된다. 참고로, 612페이지의 10.2절('프로그레스 바')에서는 프로그레스 바 컨트롤에 의해 구현된 방법을 보여주고 있다.

만약 모서리가 둥근 직사각형의 draw() 메서드에 캔버스 콘텍스트를 전달하지 않으면, 604페이지의 [그림 10.1]의 애플리케이션에서 보여주는 것처럼 모서리가 둥근 직사각형은 자체 캔버스에 그리게 될 것이다.

모서리가 둥근 직사각형을 그리는 작업은 두 단계로 진행된다. 첫 번째 단계로 [그림 10.4]의 위에 있는 그림처럼 draw() 메서드에서는 모서리가 둥근 직사각형의 내부를 채운다. 그리고 두 번째 단계로 draw() 메서드에서는 모서리가 둥근 직사각형의 내부를 하얀색 그라디언트로 덮어씌우기 때문에 [그림 10.4]의 아래에 있는 그림처럼 굽은 것처럼 보이게 된다.

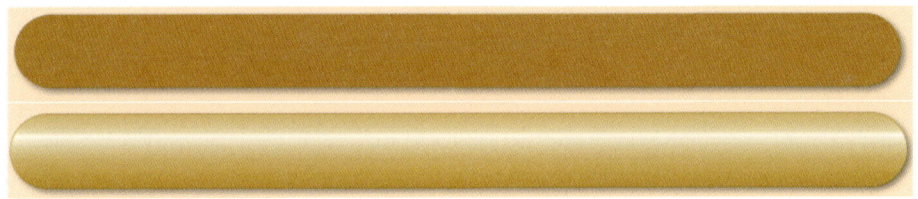

그림 10.4   반투명 오버레이

 모서리가 둥근 직사각형 컨트롤을 채택하다

이 절에서 소개한 모서리가 둥근 직사각형 컨트롤은 두 가지 용도로 사용할 수 있다. 첫 번째는 다른 컨트롤에 의해 사용된 기능을 캡슐화하는 용도로 사용된다. 예를 들면, 10장에서 소개하는 프로그레스 바 컨트롤과 슬라이더 컨트롤은 모두 모서리가 둥근 직사각형을 사용한다.

두 번째는 appendTo() 메서드와 resize() 메서드 등과 같이 COREHTML5.RoundedRectangle에 있는 대부분의 일반 기능을 유지하고 드로잉 코드를 다시 구현함으로써 관련 없는 컨트롤을 구현할 수 있도록 모서리가 둥근 직사각형 컨트롤을 사용하는 용도로 사용된다. 사실, 지금 언급한 내용은 앞으로 10장에서 소개할 컨트롤에 대한 구현 방법이다.

10.2 프로그레스 바

앞 절에서는 모서리가 둥근 직사각형을 이용해 캔버스 기반 컨트롤을 구현하는 방법을 살펴봤다. 이 절에서는 모서리가 둥근 직사각형을 사용하는 프로그레스 바에 대한 예제로 다른 컨트롤을 가지고 있는 컨트롤을 의미하는 복합(composite) 컨트롤을 자세히 살펴보자.

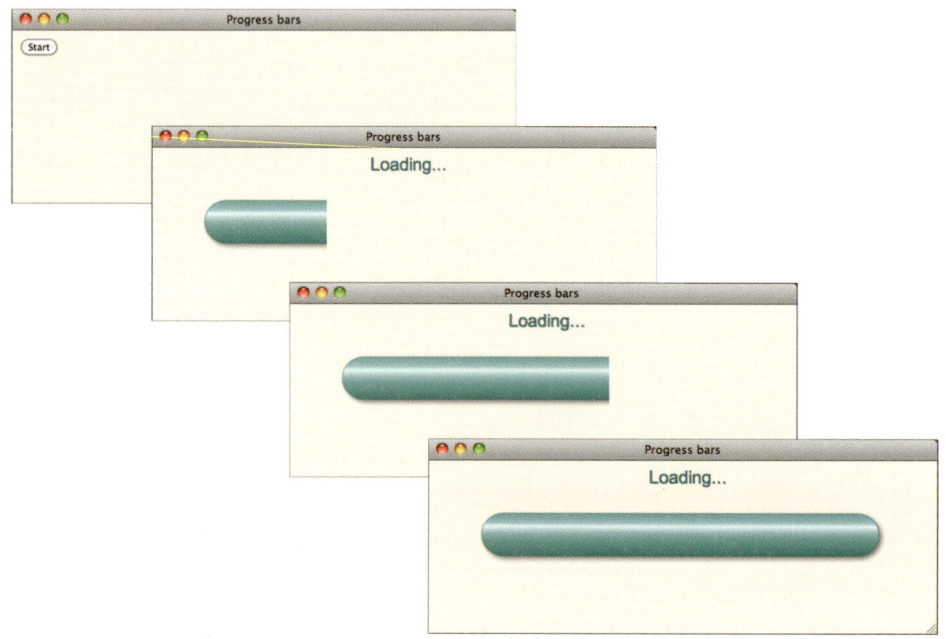

그림 10.5   프로그레스 바 진행 과정

[그림 10.5]에서는 동작 중인 프로그레스 바를 보여주고 있다.

[예제 10.4]에서는 [그림 10.5]에서 보여준 애플리케이션에 대한 HTML 코드를 소개하고 있다.

[예제 10.4]의 HTML에서는 [Start] 버튼과 로딩 <span> 태그를 생성하고 있다. [그림 10.5]의 위에 있는 그림처럼, 초기에 로딩 <span> 태그는 보이지 않는다. 그리고 progressbarDiv란 이름의 DIV를 해당 페이지에 추가하고 있다.

HTML에서는 COREHTML5.Progressbar 컨트롤과 COREHTML5.RoundedRectangle 컨트롤에 대한 자바스크립트를 가져오고 있다. 프로그레스 바는 모서리가 둥근 직사각형을 포함하고 있기 때문에 COREHTML5.RoundedRectangle 컨트롤에 대한 자바스크립트 파일은 COREHTML5.Progressbar 컨트롤에 필요하다. 또한, HTML에서는 340페이지의 5.1.3절('간편한 애니메이션 루프')에서 살펴봤던 requestNextAnimationFrame()란 이름의 애니메이션 폴리필 메서드에 대한 자바스크립트도 가져오고 있다. requestNextAnimationFrame() 폴리필 메서드에서는 프로그레스 바 애니메이션을 실행시킨다.

[예제 10.5]에서는 애플리케이션의 자바스크립트 코드를 소개하고 있다.

[예제 10.5]에서 소개하는 애플리케이션에서는 storkeStyle을 반투명한 검은색으로 설정하고 fillStyle을 청색으로 설정한 프로그레스 바를 생성하고 있다. 프로그레스 바는 <DOM> 요소 너비의 90%와 요소 높이의 70%를 차지하고 있다. 그리고 애플리케이션에서는 progressbarDiv에 프로그레스 바를 덧붙인다.

예제 10.4   프로그레스 바 애플리케이션: HTML

```html
<!DOCTYPE html>
  <head>
    <title>Progress bars</title>

    <style>
       body {
          background: linen;
       }

       #loadingSpan {
          font: 20px Arial;
          font-align: center;
          position: absolute;
          left: 250px;
          color: teal;
          text-shadow: 1px 1px rgba(0,0,0,0.1);
       }

       #progressbarDiv {
          position: absolute;
          left: 35px;
          top: 50px;
          width: 500px;
          height: 70px;
       }
    </style>
  </head>

  <body>
    <input type='button' id='startButton' value='Start'/>
    <span id='loadingSpan' style='display: none'>Loading...</span>
```

```
    <div id='progressbarDiv'></div>

    <script src='roundedRectangle.js'></script>
    <script src='progressbar.js'></script>
    <script src='requestNextAnimationFrame.js'></script>
    <script src='example.js'></script>
  </body>
</html>
```

또한, 애플리케이션에서는 사용자가 [Start] 버튼을 클릭할 때 프로그레스 바를 움직이는 onclick 이벤트 핸들러를 구현하고 있다.

[예제 10.6]에서는 COREHTML5.Progressbar 오브젝트에 대한 코드를 소개하고 있다.

예제 10.5	프로그레스 바 애플리케이션: 자바스크립트

```
var startButton = document.getElementById('startButton'),
    loadingSpan = document.getElementById('loadingSpan'),
    progressbar = new COREHTML5.Progressbar('rgba(0,0,0,0.2)',
                                            'teal', 90, 70),

    percentComplete = 0;

// 이벤트 핸들러.....................................................

startButton.onclick = function (e) {
    loadingSpan.style.display = 'inline';
    startButton.style.display = 'none';

    percentComplete += 1.0;

    if (percentComplete > 100) {
        percentComplete = 0;
        loadingSpan.style.display = 'none';
        startButton.style.display = 'inline';
    }
    else {
        progressbar.erase();
        progressbar.draw(percentComplete);
        requestNextAnimationFrame(startButton.onclick);
    }
};

// 초기화.........................................................

progressbar.appendTo(document.getElementById('progressbarDiv'));
```

프로그레스 바에서는 다음 네 가지를 생성한다.

- COREHTML5.RoundedRectangle의 인스턴스

- 온스크린 캔버스

- 오프스크린 캔버스

- <DOM> 요소(DIV)

프로그레스 바의 **appendTo()** 메서드에서는 모서리가 둥근 직사각형을 오프스크린 캔버스에 그린다. 그 뒤에, 프로그레스 바의 **draw()** 메서드에서는 프로그레스 바의 **percentComplete** 속성을 기반으로 오프스크린 캔버스 일부분을 온스크린 캔버스에 복사한다.

지금까지 간단한 컨트롤을 구현하는 방법과 다른 컨트롤을 사용하는 컨트롤을 구현하는 방법을 살펴봤다. 다음 절에서는 이벤트를 처리하는 복잡한 컨트롤에 대해 살펴보자.

예제 10.6   프로그레스 바 오브젝트

```javascript
var COREHTML5 = COREHTML5 || {};

// 생성자.................................................

COREHTML5.Progressbar = function(strokeStyle, fillStyle,
                                 horizontalSizePercent,
                                 verticalSizePercent) {
   this.trough = new COREHTML5.RoundedRectangle(strokeStyle,
                                        fillStyle,
                                        horizontalSizePercent,
                                        verticalSizePercent);
   this.SHADOW_COLOR = 'rgba(255,255,255,0.5)';
   this.SHADOW_BLUR = 3;
   this.SHADOW_OFFSET_X = 2;
   this.SHADOW_OFFSET_Y = 2;

   this.percentComplete = 0;
   this.createCanvases();
   this.createDOMElement();

   return this;
}

// 프로토타입.................................................

   COREHTML5.Progressbar.prototype = {
      createDOMElement: function () {
```

```
        this.domElement = document.createElement('div');
        this.domElement.appendChild(this.context.canvas);
    },

    createCanvases: function () {
        this.context = document.createElement('canvas').
                            getContext('2d');

        this.offscreen = document.createElement('canvas').
                            getContext('2d');
    },

    appendTo: function (element) {
        element.appendChild(this.domElement);

        this.domElement.style.width  = element.offsetWidth  + 'px';
        this.domElement.style.height = element.offsetHeight + 'px';

        this.resize(); // 캔버스에 있는 모든 것을 지운다.

        this.trough.resize(element.offsetWidth, element.offsetHeight);
        this.trough.draw(this.offscreen);
    },

    setCanvasSize: function () {
        var domElementParent = this.domElement.parentNode;

        this.context.canvas.width = domElementParent.offsetWidth;
        this.context.canvas.height = domElementParent.offsetHeight;
    },

    resize: function () {
        var domElementParent = this.domElement.parentNode,
        w = domElementParent.offsetWidth,
        h = domElementParent.offsetHeight;

        this.setCanvasSize();

        this.context.canvas.width = w;
        this.context.canvas.height = h;

        this.offscreen.canvas.width = w;
        this.offscreen.canvas.height = h;
    },

    draw: function (percentComplete) {
        if (percentComplete > 0) {

            // 전경 캔버스의 적절한 영역을
            // 온스크린 캔버스의 동일한 지역에 복사한다.
```

```
        this.context.drawImage(
            this.offscreen.canvas, 0, 0,
            this.offscreen.canvas.width*(percentComplete/100),
            this.offscreen.canvas.height,
            0, 0,
            this.offscreen.canvas.width*(percentComplete/100),
            this.offscreen.canvas.height);
        }
    },

    erase: function() {
        this.context.clearRect(0, 0,
                                this.context.canvas.width,
                                this.context.canvas.height);
    },
};
```

10.3 슬라이더

컨트롤은 이벤트를 등록된 리스너에게 전달하므로 여러분은 캔버스 기반 컨트롤에서 이벤트 처리를 구현하는 방법을 알아야 한다. 이 절에서는 [그림 10.6]에서 보여주는 것처럼 이벤트 처리를 슬라이더에 포함하는 방법을 살펴보자.

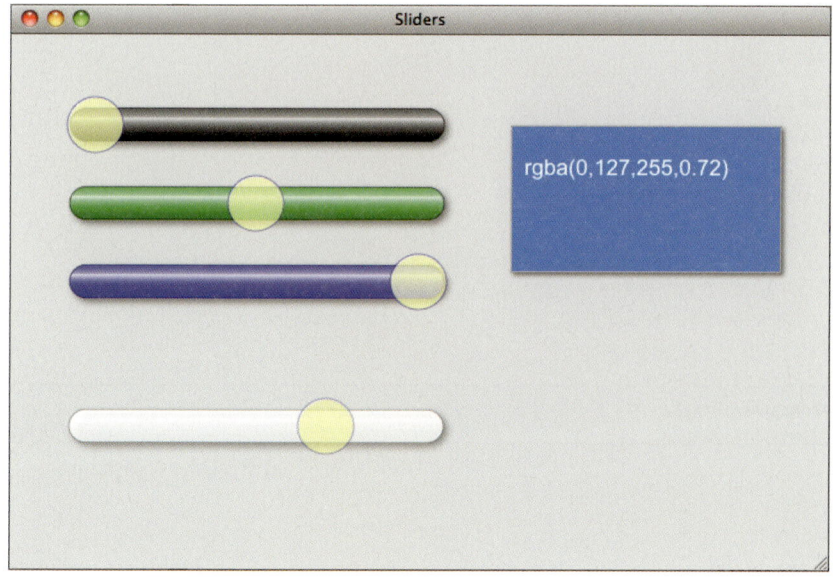

그림 10.6　슬라이더 사용

[그림 10.6]에서 보여준 애플리케이션에서는 빨간색, 녹색, 파란색 구성 요소를 위한 세 개의 슬라이더와 불투명한 색상을 위한 네 번째 슬라이더를 사용한 간단한 컬러 피커(color picker)를 보여주고 있다. 사용자가 손잡이를 드래그해 슬라이더의 값을 변경하면, 애플리케이션에서는 오른쪽에 있는 색상 패치의 색상을 변경할 뿐만 아니라 슬라이더의 모서리가 둥근 직사각형에 대한 색상도 조절한다. [그림 10.7]에서는 애플리케이션에서 다양한 값에 대해 슬라이더 색상을 조절하는 방법을 보여주고 있다.

[예제 10.7]에서는 [그림 10.6]에서 보여준 애플리케이션에 대한 HTML 코드를 소개하고 있다.

HTML에서는 각 슬라이더를 위한 DIV와 색상 패치를 위한 캔버스를 생성하고 있다. 애플리케이션의 자바스크립트에서는 네 개의 슬라이더를 생성하고 생성된 슬라이더를 적절한 DIV에 덧붙이고 있다. [그림 10.8]에서는 파란색 슬라이더를 위한 요소의 구조를 보여주고 있다.

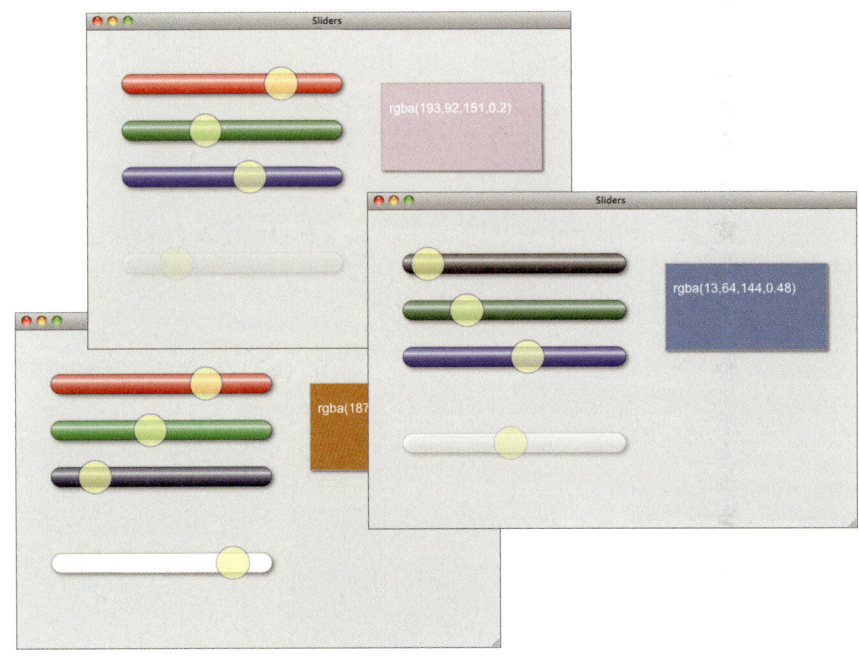

그림 10.7   다양한 색상

예제 10.7   슬라이더 애플리케이션: HTML

```
<!DOCTYPE html>
    <head>
        <title>Sliders</title>

        <style>
            body {
```

```
            background: #dddddd;
        }

        #colorPatchCanvas {
            position: absolute;
            top: 75px;
            left: 410px;
            -webkit-box-shadow: rgba(0,0,0,0.5) 2px 2px 4px;
            -moz-box-shadow: rgba(0,0,0,0.5) 2px 2px 4px;
            box-shadow: rgba(0,0,0,0.5) 2px 2px 4px;
            border: thin solid rgba(0,0,0,0.2);
        }

        .slider {
            width: 324px;
            height: 50px;
        }

        #redSliderDiv {
            position: absolute;
            left: 40px;
            top: 50px;
        }

        #greenSliderDiv {
            position: absolute;
            left: 40px;
            top: 115px;
        }

        #blueSliderDiv {
            position: absolute;
            left: 40px;
            top: 180px;
        }

        #alphaSliderDiv {
            position: absolute;
            left: 40px;
            top: 300px;
        }
    </style>
</head>

<body>
    <div id='redSliderDiv'   class='slider'></div>
    <div id='greenSliderDiv' class='slider'></div>
    <div id='blueSliderDiv'  class='slider'></div>
    <div id='alphaSliderDiv' class='slider'></div>
```

```
    <canvas id='colorPatchCanvas' width='220' height='120'>
        Canvas not supported
    </canvas>

    <script src='roundedRectangle.js'></script>
    <script src='slider.js'></script>
    <script src='example.js'></script>
</body>
</html>
```

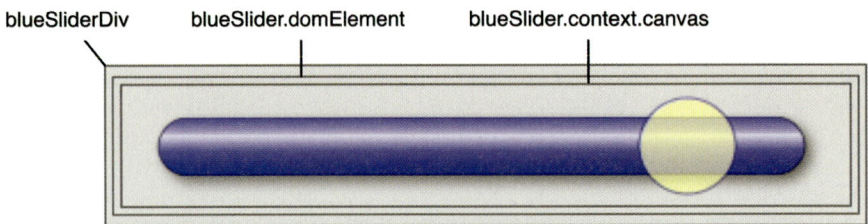

그림 10.8   슬라이더: DIV(blueSliderDiv)에 있는 DIV(blueSlider.domElement)의 HTML5 캔버스

[예제 10.8]에서는 [그림 10.6]에서 보여준 애플리케이션의 자바스크립트 코드를 소개하고 있다.

예제 10.8   슬라이더 애플리케이션: 자바스크립트

```
var colorPatchContext = document.getElementById('colorPatchCanvas').
                            getContext('2d'),

    redSlider   = new COREHTML5.Slider('rgb(0,0,0)',
                                        'rgba(255,0,0,0.8)', 0),

    blueSlider  = new COREHTML5.Slider('rgb(0,0,0)',
                                        'rgba(0,0,255,0.8)', 1.0),

    greenSlider = new COREHTML5.Slider('rgb(0,0,0)',
                                        'rgba(0,255,0,0.8)', 0.25),

    alphaSlider = new COREHTML5.Slider('rgb(0,0,0)',
                                        'rgba(255,255,255,0.8)', 0.5);

redSlider.appendTo('redSliderDiv');
blueSlider.appendTo('blueSliderDiv');
greenSlider.appendTo('greenSliderDiv');
alphaSlider.appendTo('alphaSliderDiv');

// 함수.......................................................
```

```javascript
function updateColor() {
    var alpha = new Number((alphaSlider.knobPercent).toFixed(2));
    var color = 'rgba('
                + parseInt(redSlider.knobPercent * 255) + ','
                + parseInt(greenSlider.knobPercent * 255) + ','
                + parseInt(blueSlider.knobPercent * 255) + ','
                + alpha + ')';

    colorPatchContext.fillStyle = color;

    colorPatchContext.clearRect(0, 0, colorPatchContext.canvas.width,
                                      colorPatchContext.canvas.height);

    colorPatchContext.fillRect(0, 0, colorPatchContext.canvas.width,
                                     colorPatchContext.canvas.height);

    colorPatchContext.font = '18px Arial';
    colorPatchContext.fillStyle = 'white';
    colorPatchContext.fillText(color, 10, 40);

    alpha = (alpha + 0.2 > 1.0) ? 1.0 : alpha + 0.2;
    alphaSlider.opacity = alpha;
}

// 이벤트 핸들러.....................................................

redSlider.addChangeListener( function() {
    updateColor();
    redSlider.fillStyle = 'rgb(' +
        (redSlider.knobPercent * 255).toFixed(0) + ', 0, 0)';
});

greenSlider.addChangeListener( function() {
    updateColor();
    greenSlider.fillStyle = 'rgb(0, ' +
        (greenSlider.knobPercent * 255).toFixed(0) + ', 0)';
});

blueSlider.addChangeListener( function () {
    updateColor();
    blueSlider.fillStyle = 'rgb(0, 0, ' +
        (blueSlider.knobPercent * 255).toFixed(0) + ')';
});

alphaSlider.addChangeListener( function() {
    updateColor();
    alphaSlider.fillStyle = 'rgba(255, 255, 255, ' +
        (alphaSlider.knobPercent * 255).toFixed(0) + ')';

    alphaSlider.opacity = alphaSlider.knobPercent;
```

```
});

// 초기화.................................................

redSlider.fillStyle   = 'rgb(' +
   (redSlider.knobPercent * 255).toFixed(0) + ', 0, 0)';

greenSlider.fillStyle = 'rgb(0, ' +
   (greenSlider.knobPercent * 255).toFixed(0) + ', 0)';

blueSlider.fillStyle  = 'rgb(0, 0, ' +
   (blueSlider.knobPercent * 255).toFixed(0)  + ')';

alphaSlider.fillStyle = 'rgba(255, 255, 255, ' +
   (alphaSlider.knobPercent * 255).toFixed(0) + ')';

alphaSlider.opacity = alphaSlider.knobPercent;

alphaSlider.draw();
redSlider.draw();
greenSlider.draw();
blueSlider.draw();
```

애플리케이션에서는 네 개의 슬라이더를 생성한 다음 각 슬라이더에 change 이벤트 핸들러를 추가하고 있다. 슬라이더의 값이 변경될 때마다, 슬라이더에서는 addChangeListener() 메서드를 이용해 등록된 모든 change 리스너를 호출한다. 애플리케이션의 네 가지 이벤트 핸들러는 모두 색상 패치와 슬라이더의 색상을 업데이트한다.

[예제 10.9]에서는 COREHTML5.Slider 오브젝트 코드를 소개하고 있다. COREHTML5.Slider 오브젝트 코드에서 이벤트 핸들러와 change 이벤트에 대한 지원을 주의 깊게 살펴보자. change 이벤트에 대한 지원으로 슬라이더를 프로그레스 바 및 모서리가 둥근 직사각형과 구별할 수 있다.

예제 10.9   슬라이더 오브젝트

```
var COREHTML5 = COREHTML5 || {};

// 생성자.................................................

COREHTML5.Slider = function(strokeStyle, fillStyle,
                   knobPercent, hpercent, vpercent) {
   this.trough = new COREHTML5.RoundedRectangle(strokeStyle, fillStyle,
                   hpercent || 95,  // 수평 크기 비율
                   vpercent || 55); // 수직 크기 비율
```

```
      this.knobPercent = knobPercent || 0;
      this.strokeStyle = strokeStyle ? strokeStyle : 'gray';
      this.fillStyle = fillStyle ? fillStyle : 'skyblue';

      this.SHADOW_COLOR = 'rgba(100,100,100,0.8)';
      this.SHADOW_OFFSET_X = 3;
      this.SHADOW_OFFSET_Y = 3;

      this.HORIZONTAL_MARGIN = 2 * this.SHADOW_OFFSET_X;
      this.VERTICAL_MARGIN   = 2 * this.SHADOW_OFFSET_Y;

      this.KNOB_SHADOW_COLOR    = 'yellow';
      this.KNOB_SHADOW_OFFSET_X = 1;
      this.KNOB_SHADOW_OFFSET_Y = 1;
      this.KNOB_SHADOW_BLUR     = 0;

      this.KNOB_FILL_STYLE   = 'rgba(255,255,255,0.45)';
      this.KNOB_STROKE_STYLE = 'rgba(0,0,150,0.45)';

      this.context = document.createElement('canvas').getContext('2d');
      this.changeEventListeners = [];

      this.createDOMElement();
      this.addMouseHandlers();

      return this;
   }

// 프로토타입.......................................................

COREHTML5.Slider.prototype = {

   // 오버라이딩이 가능한 일반 함수.................................

   createDOMElement: function () {
      this.domElement = document.createElement('div');
      this.domElement.appendChild(this.context.canvas);
   },

   appendTo: function (elementName) {
      document.getElementById(elementName).
         appendChild(this.domElement);

      this.setCanvasSize();
      this.resize(); // 캔버스에 있는 모든 것을 지운다.
   },

   setCanvasSize: function () {
      var domElementParent = this.domElement.parentNode;
```

```
      this.context.canvas.width = domElementParent.offsetWidth;
      this.context.canvas.height = domElementParent.offsetHeight;
   },

   resize: function() {
      this.cornerRadius = (this.context.canvas.height/2 -
                             2*this.VERTICAL_MARGIN)/2;

      this.top    = this.HORIZONTAL_MARGIN;
      this.left   = this.VERTICAL_MARGIN;

      this.right  = this.left + this.context.canvas.width -
                    2*this.HORIZONTAL_MARGIN;

      this.bottom = this.top + this.context.canvas.height -
                    2*this.VERTICAL_MARGIN;

      this.trough.resize(this.context.canvas.width,
                           this.context.canvas.height);

      this.knobRadius = this.context.canvas.height/2 -
                        this.context.lineWidth*2;
   },

   // 이벤트 핸들러...............................................

   addMouseHandlers: function() {
      var slider = this; // DIV의 이벤트 핸들러에서 이 오브젝트에 접근할 수 있다.

      this.domElement.onmouseover = function(e) {
         slider.context.canvas.style.cursor = 'crosshair';
      };

      this.domElement.onmousedown = function(e) {
         var mouse = slider.windowToCanvas(e.clientX, e.clientY);

         e.preventDefault();

         if (slider.mouseInTrough(mouse) ||
             slider.mouseInKnob(mouse)) {

            slider.knobPercent = slider.knobPositionToPercent(mouse.x);
            slider.fireChangeEvent(e);
            slider.erase();
            slider.draw();
            slider.dragging = true;

         }
      };
```

```javascript
    window.addEventListener('mousemove', function(e) {
        var mouse = null,
            percent = null;

        e.preventDefault();

        if (slider.dragging) {
            mouse = slider.windowToCanvas(e.clientX, e.clientY);
            percent = slider.knobPositionToPercent(mouse.x);

            if (percent >= 0 && percent <= 1.0) {
                slider.fireChangeEvent(e);
                slider.erase();
                slider.draw(percent);
            }
        }
    }, false);

    window.addEventListener('mouseup', function(e) {
        var mouse = null;

        e.preventDefault();

        if (slider.dragging) {
            slider.fireChangeEvent(e);
            slider.dragging = false;
        }
    }, false);
},

// change 이벤트....................................................

fireChangeEvent: function(e) {
    for (var i=0; i < this.changeEventListeners.length; ++i) {
        this.changeEventListeners[i](e);
    }
},

addChangeListener: function (listenerFunction) {
    this.changeEventListeners.push(listenerFunction);
},

// 다목적 함수............................................

mouseInKnob: function(mouse) {
    var position = this.knobPercentToPosition(this.knobPercent);
    this.context.beginPath();
    this.context.arc(position, this.context.canvas.height/2,
                     this.knobRadius, 0, Math.PI*2);
```

```
        return this.context.isPointInPath(mouse.x, mouse.y);
    },

    mouseInTrough: function(mouse) {
        this.context.beginPath();
        this.context.rect(this.left, 0,
            this.right - this.left, this.bottom);

        return this.context.isPointInPath(mouse.x, mouse.y);
    },

    windowToCanvas: function(x, y) {
        var bbox = this.context.canvas.getBoundingClientRect();

        return {
            x: x - bbox.left * (this.context.canvas.width  / bbox.width),
            y: y - bbox.top  * (this.context.canvas.height / bbox.height)
        };
    },

    knobPositionToPercent: function(position) {
        var troughWidth = this.right - this.left - 2*this.knobRadius;
        return (position - this.left - this.knobRadius)/ troughWidth;
    },

    knobPercentToPosition: function(percent) {
        if (percent > 1) percent = 1;
        if (percent < 0) percent = 0;
        var troughWidth = this.right - this.left - 2*this.knobRadius;
        return percent * troughWidth + this.left + this.knobRadius;
    },

    // 드로잉 함수...........................................

    fillKnob: function (position) {
        this.context.save();

        this.context.shadowColor   = this.KNOB_SHADOW_COLOR;
        this.context.shadowOffsetX = this.KNOB_SHADOW_OFFSET_X;
        this.context.shadowOffsetY = this.KNOB_SHADOW_OFFSET_Y;
        this.context.shadowBlur    = this.KNOB_SHADOW_BLUR;

        this.context.beginPath();

        this.context.arc(position,
                    this.top + ((this.bottom - this.top) / 2),
                    this.knobRadius, 0, Math.PI*2, false);

        this.context.clip();
```

```javascript
        this.context.fillStyle = this.KNOB_FILL_STYLE;
        this.context.fill();
        this.context.restore();
    },

    strokeKnob: function () {
        this.context.save();
        this.context.lineWidth = 1;
        this.context.strokeStyle = this.KNOB_STROKE_STYLE;
        this.context.stroke();
        this.context.restore();
    },

    drawKnob: function (percent) {
        if (percent < 0) percent = 0;
        if (percent > 1) percent = 1;

        this.knobPercent = percent;
        this.fillKnob(this.knobPercentToPosition(percent));
        this.strokeKnob();
    },

    drawTrough: function () {
        this.context.save();
        this.trough.fillStyle = this.fillStyle;
        this.trough.strokeStyle = this.strokeStyle;
        this.trough.draw(this.context);
        this.context.restore();
    },

    draw: function (percent) {
        this.context.globalAlpha = this.opacity;

        if (percent === undefined) {
            percent = this.knobPercent;
        }

        this.drawTrough();
        this.drawKnob(percent);
    },

    erase: function() {
        this.context.clearRect(
            this.left - this.knobRadius, 0 - this.knobRadius,
            this.context.canvas.width  + 4*this.knobRadius,
            this.context.canvas.height + 3*this.knobRadius);
    }
};
```

프로그레스 바와 마찬가지로, 슬라이더에서도 COREHTML5.RoundedRectangle의 인스턴스를 생성하고 사용한다.

슬라이더에서 mousedown 이벤트를 감지하면, 슬라이더에서는 이벤트 오브젝트에 저장된 윈도우 좌표를 캔버스 좌표로 전환하고 커서가 슬라이더의 골 부분이나 손잡이에 있는지 확인한다. 만약 커서가 슬라이더의 골 부분이나 손잡이에 위치한다면, 이벤트 핸들러에서는 마우스 이벤트의 X 좌표와 일치하도록 손잡이의 위치를 조정한다. 그리고 이벤트 핸들러에서는 change 이벤트를 전달하고 슬라이더를 다시 그린 다음 사용자가 슬라이더의 손잡이를 드래그했다는 사실을 나타낼 수 있도록 플래그(flag)를 설정한다.

그 뒤에 사용자가 마우스를 드래그하면, 슬라이더의 mousemove 이벤트 핸들러에서는 change 이벤트를 계속해서 전달하고 슬라이더를 다시 그린다. 슬라이더에서 mouseup 이벤트를 감지하면, 슬라이더에서는 마지막 change 이벤트를 전달하고 dragging 속성을 false로 설정한다.

COREHTML5.Slider 생성자에서는 changeEventListeners란 이름의 빈 배열을 생성한다. 슬라이더는 change 리스너 함수를 슬라이더에 추가하고 슬라이더의 모든 change 리스너를 호출하는 addChange Listener() 메서드와 fireChangeEvent() 메서드 등 두 가지 메서드에서 changeEventListeners 배열을 조작한다.

여기서 한 가지 흥미로운 점은 [그림 10.9]에서 보여주는 것처럼 슬라이더에서 구현하고 있는 조명 효과다. 슬라이더의 손잡이는 골 아래를 비추는 전구와 비슷하게 보인다. 슬라이더에서는 반투명 하얀색으로 손잡이를 채우고 노란색 그림자를 적용하여 조명 효과를 생성한다. [예제 10.9]에서 소개하는 fillknob() 메서드를 참고하자.

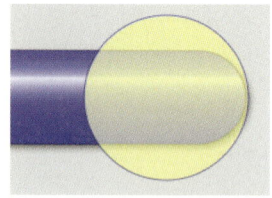

그림 10.9 빛 효과를 내는 그림자

10.4 이미지 패너

지금쯤 여러분은 캔버스 기반 컨트롤을 구현하는 방법을 이해했을 것이다. 이제 드로잉, 그림자, 이미지 조작 등과 같이 앞에서 배운 내용과 함께 10장에서 배운 내용을 사용하고 있는 이미지 패너에 대한 예제를 살펴보며 10장을 마무리할 예정이다.

그림 10.10   이미지 패너 컨트롤

이미지 패너 컨트롤에서는 큰 이미지를 축소해 보여줄 수 있을 뿐만 아니라 [그림 10.10]에서 보여주는 것처럼 드래그할 수 있는 뷰 포트(viewport)도 제공하고 있다. 사용자가 뷰 포트를 드래그하면, 이미지 패너에서는 [그림 10.11]의 애플리케이션에서 보여주는 것처럼 뷰 포트에서 나타난 이미지 일부분을 캔버스에 표시한다.

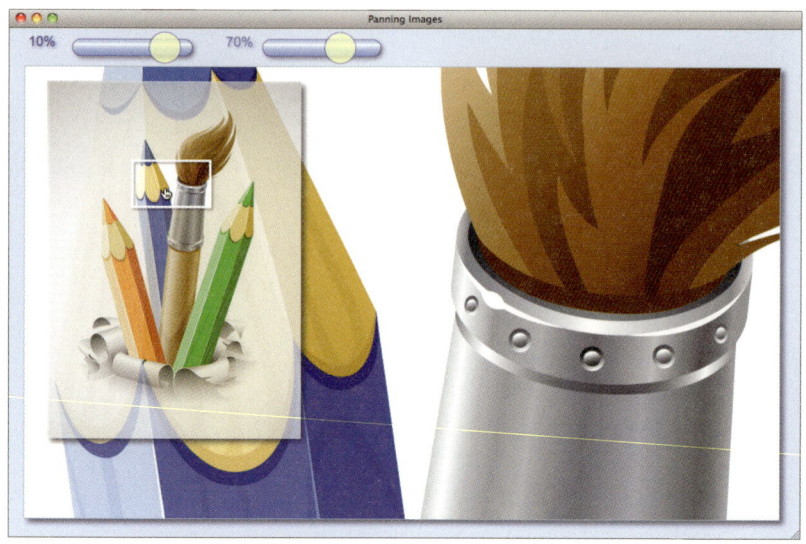

그림 10.11 이미지 패닝

이미지 패너를 생성할 때, 여러분은 다음 코드처럼 관련 캔버스와 이미지를 명시해야 한다.

```
var pan = new COREHTML5.Pan(context.canvas, image);
```

[그림 10.12]처럼, 사용자가 뷰 포트를 드래그해 이미지의 다양한 부분을 볼 수 있다.

애플리케이션 위에 있는 슬라이더를 이용하면, [그림 10.13]처럼 이미지 패너의 불투명도와 크기를 조절할 수 있지만, 슬라이더는 이미지 패너 컨트롤의 일부분이 아니다.

사실 이미지 패너는 슬라이더와 연결해주는 애플리케이션일 뿐이므로 슬라이더를 인식하지 못한다.

[예제 10.10]에서는 [그림 10.11]에서 보여준 애플리케이션에 대한 HTML 코드를 소개하고 있다.

[예제 10.10]에서 소개하는 HTML에서는 애플리케이션에서 이미지를 표시하는 <canvas> 요소와 애플리케이션의 상단에 있는 슬라이더를 위한 DIV를 생성하고 모서리가 둥근 직사각형, 슬라이더, 이미지 패너 컨트롤에 대한 자바스크립트뿐만 아니라 [예제 10.11]에서 소개한 애플리케이션에 대한 자바스크립트도 포함하고 있다.

또한, HTML에서는 슬라이더 디스플레이를 위해 두 개의 <span> 요소를 생성하고 있으며 애플리케이션의 자바스크립트에서는 생성된 <span> 요소들에 대한 값을 설정하고 있다.

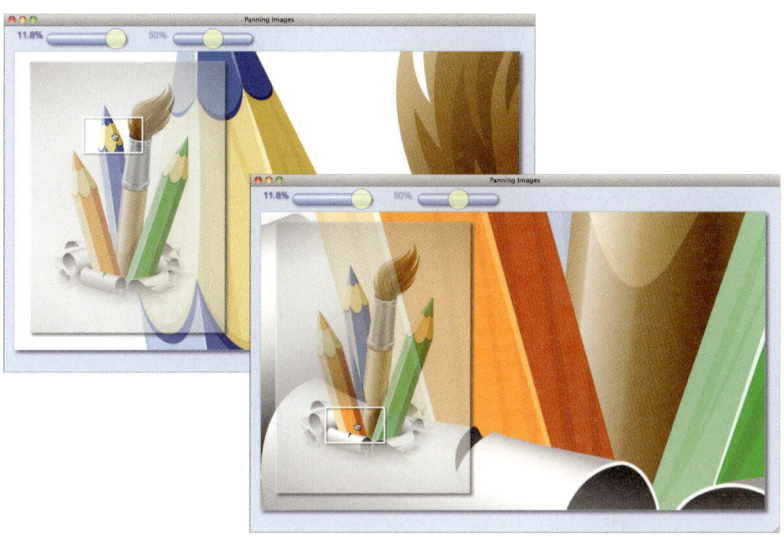

그림 10.12 이미지 패너의 뷰 포트 드래그

마지막으로, HTML 파일에 있는 CSS에서 pan이란 이름의 클래스를 선언하고 있다는 점에 주목하자. 하지만 HTML을 살펴보면, 어떤 요소도 pan 클래스를 선언하지 않고 있다는 사실을 알게 될 것이다. 왜 냐하면, 애플리케이션의 자바스크립트에서 pan 클래스를 이미지 패너 컨트롤에 할당하기 때문이다.

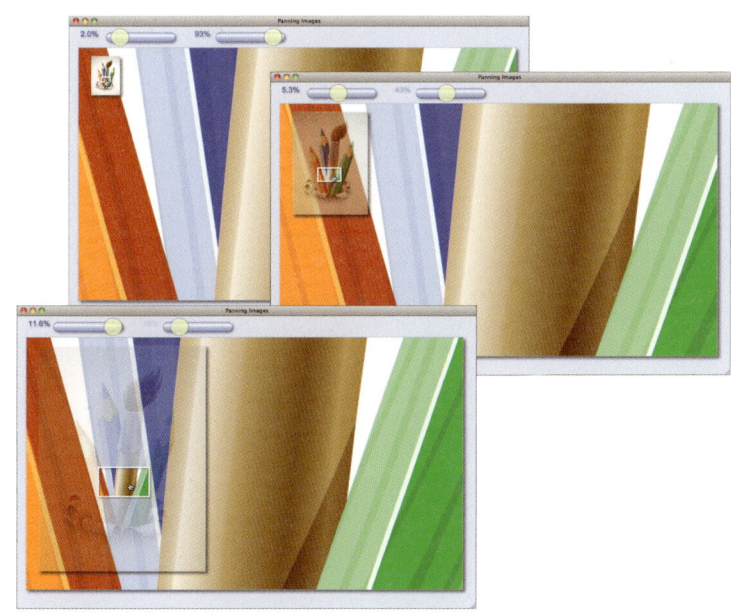

그림 10.13 캔버스의 불투명도와 크기를 제어한다.

```html
<!DOCTYPE html>
<html>
    <head>
        <title>Panning Images</title>

        <style>
            body {
                background: rgba(100,145,250,0.3);
            }

            #canvas {
                position: absolute;
                left: 0px;
                top: 50px;
                margin-left: 20px;
                margin-right: 0;
                margin-bottom: 20px;
                padding: 0;
                -webkit-box-shadow: rgba(60,60,70,0.7) 5px 5px 7px;
                -moz-box-shadow: rgba(60,60,70,0.7) 5px 5px 7px;
                box-shadow: rgba(60,60,70,0.7) 5px 5px 7px;
                border: 1px solid rgba(100,140,130,0.5);
                cursor: crosshair;
            }

            .pan {
                position: absolute;
                left: 50px;
                top: 70px;
                -webkit-box-shadow: rgba(60,60,70,0.7) 5px 5px 7px;
                -moz-box-shadow: rgba(60,60,70,0.7) 5px 5px 7px;
                box-shadow: rgba(60,60,70,0.7) 5px 5px 7px;
                cursor: pointer;
            }

            #sizeSliderDiv {
                position: absolute;
                left: 20px;
                top: -5px;
                margin-left: 10px;
                display: inline;
                width: 175px;
                height: 45px;
            }

            #alphaSliderDiv {
                position: absolute;
```

```
                left: 270px;
                top: -5px;
                margin-left: 10px;
                display: inline;
                width: 175px;
                height: 45px;
            }

        #controls {
                position: absolute;
                left: 10px;
                margin-left: 35px;
                margin-bottom: 25px;
            }

        #alphaSpan {
                position: absolute;
                left: 240px;
                vertical-align: center;
                color: rgb(80,100,190);
                font: 18px Arial;
                text-shadow: 2px 2px 4px rgba(100,140,250,0.8);
            }

        #sizeSpan {
                position: absolute;
                left: -20px;
                vertical-align: center;
                color: rgb(80,100,190);
                font: 18px Arial;
                text-shadow: 2px 2px 4px rgba(100,140,250,0.8);
            }
    </style>
</head>

<body id='body'>

    <div id='controls'>
        <span id='sizeSpan'>0</span>
        <div id='alphaSliderDiv'></div>

        <span id='alphaSpan'>0</span>
        <div id='sizeSliderDiv'></div>
    </div>

    <canvas id='canvas' width='1000' height='600'>
        Canvas not supported
    </canvas>

    <script src='roundedRectangle.js'></script>
```

```
        <script src='slider.js'></script>
        <script src='pan.js'></script>
        <script src='example.js'></script>
    </body>
</html>
```

예제 10.11   이미지 패닝: 자바스크립트

```
var context = document.getElementById('canvas').getContext('2d'),
    image = new Image(),

    alphaSpan = document.getElementById('alphaSpan'),
    sizeSpan  = document.getElementById('sizeSpan'),

    sizeSlider  = new COREHTML5.Slider('blue', 'cornflowerblue',
                                       0.85, // 손잡이 비율
                                       90,   // 폭의 %만큼 차지한다.
                                       50),  // 높이의 %만큼 차지한다.

    alphaSlider = new COREHTML5.Slider('blue', 'cornflowerblue',
                                       0.50, // 손잡이 비율
                                       90,   // 폭의 %만큼 차지한다.
                                       50),  // 높이의 %만큼 차지한다.

    pan = new COREHTML5.Pan(context.canvas, image),
    e = pan.domElement,

    ALPHA_MAX = 1.0,
    SIZE_MAX = 12;

// 이벤트 핸들러....................................................

sizeSlider.addChangeListener(function (e) {
   var size = (parseFloat(sizeSlider.knobPercent) * 12);
   size = size < 2 ? 2 : size;
   sizeSpan.innerHTML = size.toFixed(1) + '%';

   pan.imageContext.setTransform(1,0,0,1,0,0); // 항등 행렬
   pan.viewportPercent = size;

   pan.erase();
   pan.initialize();
   pan.draw();
});

alphaSlider.addChangeListener(function (e) {
   alphaSpan.innerHTML =
```

```
        parseFloat(alphaSlider.knobPercent * 100).toFixed(0) + '%';
    alphaSpan.style.opacity = parseFloat(alphaSlider.knobPercent);
    pan.panCanvasAlpha = alphaSlider.knobPercent;
    pan.erase();
    pan.draw();
});

// 초기화.......................................................

image.src = 'pencilsAndBrush.jpg';
document.getElementById('body').appendChild(e);
e.className = 'pan';

alphaSlider.appendTo('alphaSliderDiv');
sizeSlider.appendTo('sizeSliderDiv');

pan.viewportPercent = sizeSlider.knobPercent * SIZE_MAX;
pan.panCanvasAlpha  = alphaSlider.knobPercent * ALPHA_MAX;

sizeSpan.innerHTML = pan.viewportPercent.toFixed(0) + '%';
alphaSpan.innerHTML = (pan.panCanvasAlpha * 100).toFixed(0)  + '%';

alphaSlider.draw();
sizeSlider.draw();
```

애플리케이션의 자바스크립트에서는 두 개의 슬라이더를 생성한다. 두 개의 슬라이더에서는 모두 strokeStyle을 blue로, fillStyle을 cornflowerblue로 설정하고 있으며 슬라이더의 골 부분도 모두 슬라이더의 주위 요소에 대한 폭의 90%와 높이의 50%를 차지하고 있다. 그리고 처음에 애플리케이션에서는 크기를 조절하는 슬라이더에 대한 손잡이는 (슬라이더의 최솟값과 최댓값 사이의 차이인) 85% 지점에, 그리고 알파 색상을 조절하는 슬라이더에 대한 손잡이는 50% 되는 지점에 배치하고 있다.

그리고 애플리케이션에서는 change 리스너를 각 슬라이더에 추가하고 있다. 크기를 조절하는 슬라이더를 위한 change 리스너에서는 슬라이더의 값에 해당하는 이미지 패너의 크기를 변경한다. 또한, 체인지 리스너에서는 슬라이더의 값을 반영할 수 있도록 크기에 대한 <span> 요소의 내부 HTML을 설정한다. 마지막으로 change 리스너에서는 이미지를 지우고 초기화한 다음 다시 그린다.

알파 색상을 조절하는 슬라이더를 위한 change 리스너에서는 이미지 패너의 캔버스에 대한 불투명도를 변경하고 슬라이더의 값과 일치시킬 수 있도록 알파에 대한 <span> 요소의 내부 HTML을 설정하고 있다.

[예제 10.12]에서는 COREHTML5.Pan 오브젝트에 대한 코드를 소개하고 있다.

예제 10.12 팬 컨트롤

```javascript
var COREHTML5 = COREHTML5 || { };

// 생성자......................................................

COREHTML5.Pan = function(imageCanvas, image,
                         viewportPercent, panCanvasAlpha) {
   var self = this;

   // 전역 변수에 인수를 저장한다.

   this.imageCanvas = imageCanvas;
   this.image = image;
   this.viewportPercent = viewportPercent || 10;
   this.panCanvasAlpha = panCanvasAlpha || 0.5;

   // 이미지 캔버스의 콘텍스트에 대한 참조를 가져오고
   // pan 캔버스와 <DOM> 요소를 생성한다.
   // 그리고 <DOM> 요소에 pan 캔버스를 넣는다.

   this.imageContext = imageCanvas.getContext('2d');
   this.panCanvas = document.createElement('canvas');
   this.panContext = this.panCanvas.getContext('2d');

   this.domElement = document.createElement('div');
   this.domElement.appendChild(this.panCanvas);

   // 만약 이미지가 로딩된 상태가 아니라면, 이미지를 가져올 때 초기화한다.
   // 그렇지 않다면, 지금 초기화한다.

   if (image.width == 0 || image.height == 0) { // 이미지가 로딩된 상태가 아닐 경우
      image.onload = function(e) {
         self.initialize();
      };
   }
   else {
      this.initialize();
   }
   return this;
};

// 프로토타입......................................................

COREHTML5.Pan.prototype = {
   initialize: function () {
      var width = this.image.width  * (this.viewportPercent/100),
          height = this.image.height * (this.viewportPercent/100);
```

```javascript
    this.addEventHandlers();
    this.setupViewport  (width, height);
    this.setupDOMElement(width, height);
    this.setupPanCanvas (width, height);
    this.draw();
},

setupPanCanvas: function (w, h)  {
    this.panCanvas.width = w;
    this.panCanvas.height = h;
},

setupDOMElement: function (w, h)  {
    this.domElement.style.width = w + 'px';
    this.domElement.style.height = h + 'px';
    this.domElement.className = 'pan';
},

setupViewport: function (w, h) {
    this.viewportLocation = { x: 0, y: 0 };
    this.viewportSize = { width: 50, height: 50 };
    this.viewportLastLocation =  { x: 0, y: 0 };

    this.viewportSize.width  = this.imageCanvas.width *
                              this.viewportPercent/100;

    this.viewportSize.height = this.imageCanvas.height *
                              this.viewportPercent/100;
},

moveViewport: function(mouse, offset) {
    this.viewportLocation.x = mouse.x - offset.x;
    this.viewportLocation.y = mouse.y - offset.y;

    var delta = {
       x: this.viewportLastLocation.x - this.viewportLocation.x,
       y: this.viewportLastLocation.y - this.viewportLocation.y
    };

    this.imageContext.translate(
        delta.x * (this.image.width / this.panCanvas.width),
        delta.y * (this.image.height / this.panCanvas.height));

    this.viewportLastLocation.x = this.viewportLocation.x;
    this.viewportLastLocation.y = this.viewportLocation.y;
},

isPointInViewport: function (x, y) {
    this.panContext.beginPath();
    this.panContext.rect(this.viewportLocation.x,
```

```
                            this.viewportLocation.y,
                            this.viewportSize.width,
                            this.viewportSize.height);

        return this.panContext.isPointInPath(x, y);
    },

    addEventHandlers: function() {
        var pan = this;

        pan.domElement.onmousedown = function(e) {
            var mouse = pan.windowToCanvas(e.clientX, e.clientY),
                offset = null;

            e.preventDefault();

            if (pan.isPointInViewport(mouse.x, mouse.y)) {
                offset = { x: mouse.x - pan.viewportLocation.x,
                           y: mouse.y - pan.viewportLocation.y };

                pan.panCanvas.onmousemove = function(e) {
                    pan.erase();

                    pan.moveViewport(
                        pan.windowToCanvas(e.clientX, e.clientY), offset);

                    pan.draw();
                };

                pan.panCanvas.onmouseup = function(e) {
                    pan.panCanvas.onmousemove = undefined;
                    pan.panCanvas.onmouseup = undefined;
                };
            }
        };
    },

    erase: function() {
        this.panContext.clearRect(0, 0,
                                  this.panContext.canvas.width,
                                  this.panContext.canvas.height);
    },

    drawPanCanvas: function(alpha) {
        this.panContext.save();
        this.panContext.globalAlpha = alpha;
        this.panContext.drawImage(this.image,
                                  0, 0,
                                  this.image.width,
                                  this.image.height,
```

```
                                    0, 0,
                                    this.panCanvas.width,
                                    this.panCanvas.height);
            this.panContext.restore();
    },

    drawImageCanvas: function() {
        this.imageContext.drawImage(this.image,
                                    0, 0,
                                    this.image.width,
                                    this.image.height);
    },

drawViewport: function () {
    this.panContext.shadowColor = 'rgba(0,0,0,0.4)';
    this.panContext.shadowOffsetX = 2;
    this.panContext.shadowOffsetY = 2;
    this.panContext.shadowBlur = 3;

    this.panContext.lineWidth = 3;
    this.panContext.strokeStyle = 'white';
    this.panContext.strokeRect(this.viewportLocation.x,
                               this.viewportLocation.y,
                               this.viewportSize.width,
                               this.viewportSize.height);
    },

    clipToViewport: function() {
        this.panContext.beginPath();
        this.panContext.rect(this.viewportLocation.x,
                             this.viewportLocation.y,
                             this.viewportSize.width,
                             this.viewportSize.height);
        this.panContext.clip();
    },

    draw: function() {
        this.drawImageCanvas();
        this.drawPanCanvas(this.panCanvasAlpha);

        this.panContext.save();
        this.clipToViewport();
        this.drawPanCanvas(1.0);
        this.panContext.restore();

        this.drawViewport();
    },

    windowToCanvas: function(x, y) {
        var bbox = this.panCanvas.getBoundingClientRect();
```

```
    return {
      x: x - bbox.left * (this.panCanvas.width  / bbox.width),
      y: y - bbox.top  * (this.panCanvas.height / bbox.height)
    };
  },
};
```

10.5 결론

표준 HTML만으로도 다양한 애플리케이션을 충분히 제어할 수 있지만, 여러분이 직접 캔버스 기반 컨트롤을 구현하는 데에는 여러 가지 이유가 있다. HTML 표준에서 처리할 수 없는 컨트롤이 필요할 때나 다양한 브라우저에서 같은 룩앤필을 사용해야 할 때를 예로 들 수 있다.

여러분은 10장에서 캔버스 기반 컨트롤을 구현하는 방법을 살펴봤다. 그뿐만 아니라 <canvas> 요소를 생성하고 생성된 요소를 DIV에 넣은 다음 개발자가 접근할 수 있게 DIV를 노출시키는 컨트롤을 구현하는 방법도 살펴봤다. 참고로, 개발자가 DIV에 접근할 수 있기 때문에 DOM 트리에 있는 어떤 요소에라도 DIV를 붙일 수 있다.

또한, 여러분은 프로그레스 바와 슬라이더 등과 같이 다른 컨트롤을 사용하는 컨트롤을 의미하는 복합 컨트롤을 구현하는 방법도 살펴봤다. 마지막 부분에서는 이벤트 처리를 컨트롤에 포함하는 방법과 등록된 이벤트 리스너에 이벤트를 전달하는 방법을 살펴봤다.

다음 장에서는 캔버스 기반 모바일 웹 애플리케이션을 구현하는 방법을 살펴보자.

모바일

1990년대, 자바는 다양한 운영 체제에서 실행할 수 있는 애플리케이션을 만들 수 있었기 때문에 개발자로부터 큰 호응을 얻을 수 있었다. 그리고 2000년대 초반, HTML5는 모바일 영역에서 자바와 같은 성과를 거두고 있다. 즉, 개발자가 데스크톱뿐만 아니라 다양한 모바일 운영 체제에서 실행할 수 있는 단일 애플리케이션을 구현할 수 있게 됐다.

11장에서는 모바일 장치에서 실행할 수 있는 캔버스 기반 애플리케이션을 구현하는 방법을 살펴볼 예정이다. 그리고 본래 아이패드용으로 구현된 애플리케이션과 구별되지 않고 아이패드에서 실행할 수 있도록 책 초반에 소개했던 애플리케이션을 구현하는 방법과 돋보기에 대한 환경을 설정하는 방법도 살펴볼 예정이다.

[그림 11.1]에서 보여주는 애플리케이션은 313페이지의 4.10절('돋보기')에서 소개했던 돋보기 애플리케이션으로 아이패드의 iOS5와 맥 OS X에서 모두 실행할 수 있다. 시각적인 측면에서 볼 때, 타이틀 바를 제외하고 두 운영 체제에서 실행되는 애플리케이션은 같다. 애플리케이션에서는 마우스와 터치 이벤트를 지원하므로 두 운영 체제에서는 같은 코드를 사용한다.

11장에서는 다음과 같은 기능들을 통해 모바일 장치에서 캔버스 기반 애플리케이션을 실행하는 방법을 소개하고 있다.

- viewport <meta> 태그를 사용해 특정 장치와 방향을 위한 애플리케이션의 크기 최적화하기
  ⇨ 645페이지의 'viewport <meta> 태그' 참고.
- 모바일 장치에 따라 다양한 분위기를 연출할 수 있도록 CSS 미디어 쿼리(media query) 사용하기
  ⇨ 650페이지의 '미디어 쿼리 및 CSS' 참고.

- 자바스크립트에서 미디어 쿼리 리스너를 이용해 장치의 방향 변경에 대한 처리

  ⇨ 652페이지의 '자바스크립트를 사용해 미디어 변경 처리하기' 참고

- 터치 이벤트 처리하기

  ⇨ 654페이지의 '터치 이벤트' 참고.

- 관성에 의한 스크롤 비활성

  ⇨ 657페이지의 '터치 이벤트 및 마우스 이벤트 지원' 참고.

- 사용자 줌과 DIV 점멸(flashing) 예방하기

  ⇨ 664페이지의 "모바일 뷰 포트' 및 657페이지의 '터치 이벤트 및 마우스 이벤트 지원' 참고.

- 핀치(pinch) 및 줌 구현하기

  ⇨ 659페이지의 '핀치 및 줌' 참고.

- 태블릿 컴퓨터를 위한 캔버스 기반 키보드 컨트롤 구현하기

  ⇨ 666페이지의 '가상 키보드' 참고.

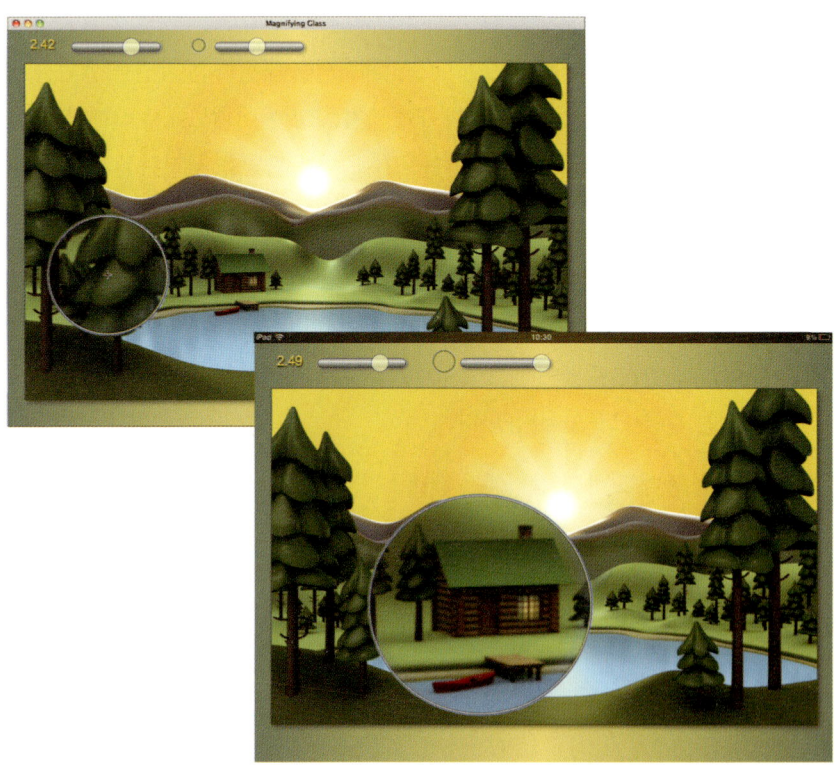

그림 11.1   데스크톱(위)과 아이패드(아래)에서 실행되는 애플리케이션

또한, iOS5용으로 구현된 애플리케이션과 구별되지 않는 캔버스 기반 애플리케이션을 구현하는 방법
도 살펴볼 예정이다.

- 애플리케이션 아이콘과 시작 이미지 생성하기
  ⇨ 661페이지의 '애플리케이션 아이콘 및 시작 이미지' 참고.

- 미디어 쿼리를 이용해 시작 이미지와 애플리케이션 아이콘 선택하기
  ⇨ 663페이지의 'iOS5 애플리케이션 아이콘 및 시작 이미지를 위한 미티어 쿼리' 참고.

- 브라우저 크롬을 사용하지 않고 HTML5 애플리케이션을 전체 화면으로 실행하기
  ⇨ 663페이지의 '브라우저 크롬을 사용하지 않는 전체 화면' 참고.

- 상태 바의 배경 색상 설정하기
  ⇨ 664페이지의 '애플리케이션 스테이터스 바' 참고.

 HTML5 vs 네이티브 애플리케이션

이 책을 출간할 당시만 해도 HTML5 또는 네이티브 애플리케이션이 모바일 장치에서 성공적으로 실행
되는지에 대한 논란이 많았다. 하지만 지금 여러분은 11장을 통해 아이패드에서 실행될 뿐만 아니라
아이패드용 네이티브 애플리케이션과 구별되지 않는 HTML5 애플리케이션을 구현할 수 있을 것이다.

물론 이렇게 구현하는 것은 논쟁의 일면에 해당한다. 게다가 자이로스코프와 GPS 위치 등과 같은 기
기의 기능에 접근하는 문제가 남아있다. HTML5 명세서는 이런 기능들을 포함할 수 있도록 꾸준히 업
데이트되고 있다. 그뿐만 아니라 여러분은 이런 기능에 접근할 수 있는 PhoneGap 등과 같은 프레임
워크를 항상 사용할 수 있다.

여하튼, 여러분이 다양한 모바일 장치와 운영 체제를 지원할 계획이라면 네이티브 애플리케이션을 구
현하는 대신 HTML5를 사용하여 소프트웨어 개발 비용을 상당히 줄일 수 있을 것이다.

 모바일 장치에 대한 캔버스 성능

이 책을 집필할 당시, 모바일 장치에서 실행되는 캔버스 성능은 형편없었다. 캔버스 기반 애니메이션
이 데스크톱에서 자연스럽게 실행되는 반면 같은 애니메이션을 대부분의 모바일 장치에서 실행하면
뚝뚝 끊어졌다. 그러나 이 책이 거의 완성될 무렵 캔버스를 위한 하드웨어 가속기를 갖춘 iOS5가 출
시됐고 결국 세계의 가장 인기 있는 모바일 장치에서의 게임이 변경되었다. 하드웨어 가속기 덕분에
캔버스 성능이 눈에 띄게 향상되었기 때문에 애니메이션과 비디오 게임을 자연스럽게 실행할 수 있게
됐다.

11.1 모바일 뷰 포트

[그림 11.2]처럼, 일반적으로 모바일 웹 브라우저에서는 데스크톱 화면보다 작은 화면에 웹 페이지를 표시한다. 하지만 같은 해상도로 표시하면 모바일 장치는 웹 페이지의 일부만 보여줄 것이다.

대부분 모바일 브라우저에서는 [그림 11.2]처럼 웹 페이지를 처음부터 표시하지 않는다. 만약 모바일 브라우저에서 [그림 11.2]처럼 웹 페이지를 보여준다면, [그림 11.3]처럼 페이지 전체를 볼 수 있도록 즉시 축소해야 할 것이다. 따라서 대부분 모바일 브라우저에서는 페이지를 처음 표시할 때 페이지를 자동으로 축소한다.

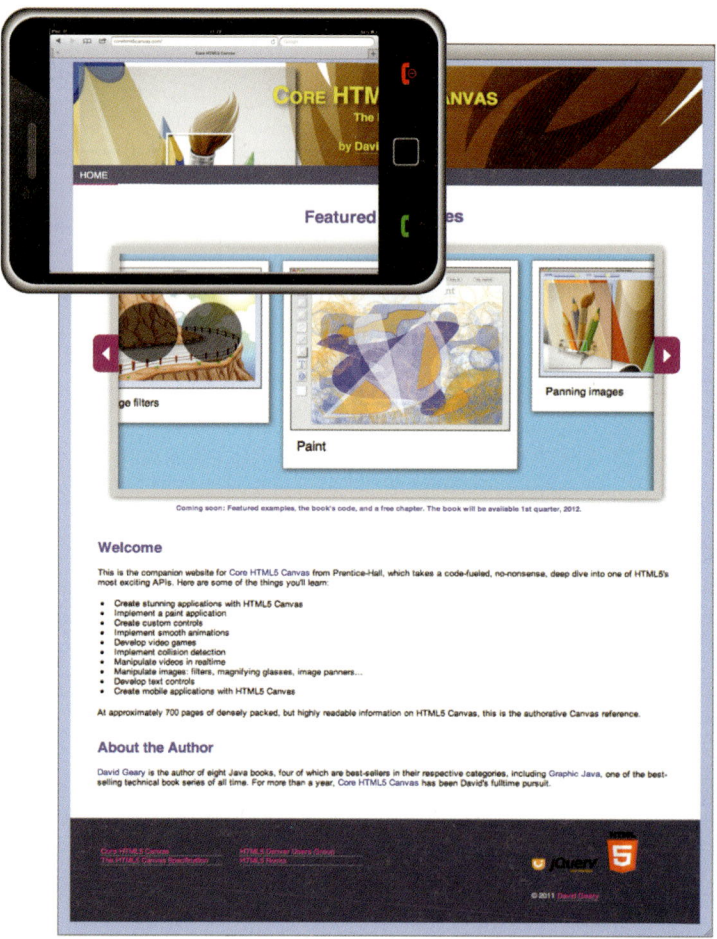

그림 11.2 모바일 브라우저는 데스크톱 브라우저보다 작은 뷰 포트를 가지고 있음

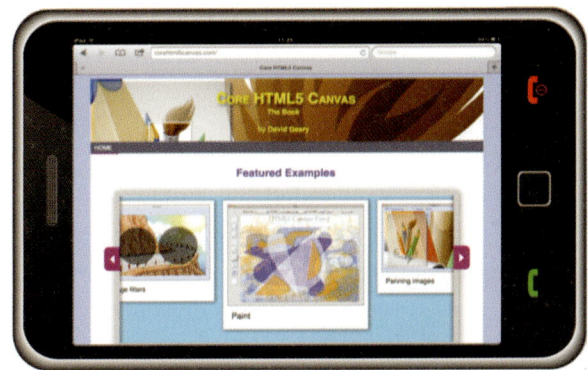

그림 11.3   대부분 모바일 브라우저에서는 기본적으로 웹 페이지를 위와 같이 표시함

아이패드처럼 태블릿 컴퓨터에서 실행되는 브라우저를 포함한 모바일 웹 브라우저에서는 화면에 맞게 웹 페이지를 축소하는 방법을 이해하는 것이 중요하다.

초기에 모바일 웹 브라우저에서는 웹 페이지의 CSS에서 데스크톱 브라우저에서 보여주는 웹 페이지와 비슷한 웹 페이지를 만들 수 있도록 웹 페이지를 레이아웃 뷰 포트(layout viewport)라고 알려진 오프스크린 뷰 포트에 그린다. [그림 11.2]에서 보여준 웹 페이지를 레이아웃 뷰 포트라고 생각하면 된다. 이때, 모바일 장치의 화면은 보이는 뷰 포트다.

레이아웃 뷰 포트의 크기는 특정 장치마다 정해져 있다. 예를 들면, 아이패드에서는 너비가 980픽셀인 레이아웃 뷰 포트를 사용하고, 안드로이드에서 사용하는 레이아웃 뷰 포트의 너비는 800픽셀이다. 하지만 뷰 포트의 너비는 데스크톱에서 사용하는 일반적인 윈도우의 너비와 비슷하다.

초기에 모바일 브라우저에서는 웹 페이지를 오프스크린 레이아웃 뷰 포트에 그린 다음 레이아웃 뷰 포트의 내용을 장치의 보이는 뷰 포트에 복사하며 이 과정에서 레이아웃 뷰 포트를 확대한다.

11.1.1 viewport <meta> 태그

모바일 장치에서 사용하는 보이는 뷰 포트의 크기는 정해진 반면, 레이아웃 뷰 포트의 크기는 조절할 수 있다. 그리고 viewport <meta> 태그를 사용하면, 브라우저의 레이아웃 뷰 포트의 크기뿐만 아니라 사용자가 뷰 포트를 확대할 수 있는지 결정하는 다른 뷰 포트 속성과 최대 및 최소 확대율을 조절할 수 있다.

[그림 11.4]에서는 아이패드에서 실행되는 애플리케이션을 보여주고 있다. 애플리케이션은 높이가 50픽셀이고 너비가 500픽셀인 하나의 DIV를 가지고 있다. [그림 11.4]에서 위에 있는 그림은 viewport

<meta> 태그를 사용하지 않은 기본 애플리케이션이다. 그리고 중간에 있는 애플리케이션에서는 다음 코드에서처럼 뷰 포트의 너비를 500픽셀로 설정하고 있다.

```
<meta name='viewport' content='width=500'/>
```

마지막으로 아래에 있는 그림은 뷰 포트의 너비를 100픽셀로 설정한 애플리케이션이다.

그림 11.4   모바일 뷰 포트

[그림 11.4]의 위에 있는 그림에서 아이패드는 웹 페이지를 폭이 980픽셀인 기본 레이아웃 뷰 포트에 그리며 보이는 뷰 포트에 맞춰 레이아웃 뷰 포트의 크기를 변경하고 있다. 가로 보기 모드에서 아이패드의 너비는 레이아웃 뷰 포트(980픽셀)의 크기와 거의 비슷한 1040픽셀이기 때문에 두 개의 뷰 포트는 거의 같다고 할 수 있다. 보이는 뷰 포트와 레이아웃 뷰 포트는 거의 같은 크기이기 때문에 레이아웃 뷰 포트 너비의 반 정도 되는 너비가 500픽셀인 <DIV> 요소는 가로 보기 모드에서 아이패드의 화면 폭의 절반 정도를 차지한다. 그러나 지금 내용은 [그림 11.4]에서의 다른 두 개의 그림에 해당하지 않는다.

뷰 포트의 너비가 작아지면, 애플리케이션에서는 작아진 레이아웃 뷰 포트에서 정해진 크기의 보이는 뷰 포트까지 확대하는 것처럼 <DIV> 요소를 확대해야 한다. 만약 뷰 포트의 너비가 500픽셀이라면, <DIV> 요소의 너비와 같으므로 <DIV> 요소에서는 수평 방향으로 화면을 맞춘다. 하지만 레이아웃 뷰 포트 폭이 100픽셀이라면, 브라우저에서는 너비가 500픽셀인 DIV를 100픽셀에 밀어 넣은 다음 100픽셀을 1040픽셀까지 확대할 것이다. 물론 <DIV> 요소는 상당히 확대될 것이다.

여러분이 뷰 포트의 너비를 설정하면, 브라우저에서는 <DIV> 요소의 너비와 높이 사이의 비율을 유지하며 수직 방향으로 확대 여부를 결정할 것이다. 뷰 포트의 너비를 설정하는 것이 일반적이지만 높이를 설정할 수도 있다. 높이를 설정하면, 브라우저에서는 자동으로 너비와 높이의 비율을 유지하며 수평 방향으로 확대할 것이다.

[예제 11.1]에서는 [그림 11.4]에서 보여준 애플리케이션에 대한 HTML 코드를 소개하고 있다.

애플리케이션에서는 viewport <meta> 태그를 사용해 뷰 포트의 너비를 500픽셀로 설정하고 있다. 그리고 [그림 11.4]에서는 세 개의 그림을 통해 DIV에 표시된 텍스트화 함께 너비의 값을 변경하는 애플리케이션을 보여주고 있다.

다음 코드에서는 viewport <meta> 태그의 사용법을 보여주고 있다.

```
<meta name="viewport" content="width=480"/>
<meta name="viewport" content="width=device-width,
                               initial-scale=1.0, user-scalable=yes"/>
<meta name="viewport"
      content="width=device-width, initial-scale=1.0,
               maximum-scale=1.0, user-scalable=no"/>
```

위에서 소개한 viewport <meta> 태그의 사용법 중 첫 번째에서는 뷰 포트의 너비를 480픽셀로 설정하고 있다. 여러분이 화면이 넓은 장치에서 너비가 좁은 웹 사이트를 보고 있다면 뷰 포트의 너비를 직접 수정하고 싶을 것이다.

예를 들어, 아이폰에서 레티나 디스플레이를 사용해 너비가 480픽셀인 아이폰을 위해 디자인된 웹 사이트를 보고 있다고 가정해 보자. 이런 경우 여러분은 애플리케이션에서 [그림 11.4]에서 위에 있는 그림처럼 너비의 일부만 보여주는 대신 중간에 있는 그림처럼 뷰 포트의 너비를 480으로 명시해 아이폰의 너비에 맞추길 바랄 것이다.

예제 11.1   viewport ⟨meta⟩ 태그 사용하기

```html
<!DOCTYPE html>
<html>
    <head>
        <title>
            The Mobile Viewport: Element is 500px wide by 50px high
        </title>

        <meta name='viewport' content='width=500'/>

        <style>

            body {
                margin: 0px;
                padding: 0px;
            }

            #box {
                background: goldenrod;
                border: 2px solid navy;
                color: blue;
                width: 500px;
                height: 50px;
            }
        </style>
    </head>

    <body>
        <div id='box'>Viewport width: 500</div>
    </body>
</html>
```

---

viewport ⟨meta⟩ 태그를 이용한 두 번째 방법에서는 레이아웃 뷰 포트의 너비를 장치의 너비와 같은 device-width로 설정하고 있다. 즉, 장치가 가로 보기나 세로 보기 모드 등 어떤 상태로 있든 너비가 같다는 의미다. 본래 데스크톱 브라우저에서 실행될 목적으로 구현됐지만 모바일 화면 정도의 너비이거나 더 큰 너비를 가진 애플리케이션을 위해 뷰 포트를 device-width로 설정하는 것이 좋다. 또한, 두 번째 사용법에서는 초기 확대 설정 값을 1.0으로 설정하고 있기 때문에 사용자는 애플리케이션을 확대할 수도 있다.

두 번째 방법과 마찬가지로 viewport ⟨meta⟩ 태그를 이용한 세 번째 방법에서도 너비와 초기 확대 설정 값을 각각 device-width 및 1.0으로 설정하고 있다. 하지만 최대 확대 설정 값을 1.0으로 설정하고 있기 때문에 사용자는 애플리케이션을 확대할 수 없다.

[표 11.1]에서는 viewport <meta> 태그의 context에 명시할 수 있는 속성을 소개하고 있다.

표 11.1 viewport <meta> 태그 content 속성

content 속성	유효값
width	픽셀을 나타내는 1부터 10000 사이의 음이 아닌 정수. 장치의 너비를 나타내는 device-width로 명시할 수도 있다. 알려지지 않은 키워드와 값은 1px로 명시한다.
height	1부터 10000 사이의 음이 아닌 정수로 장치의 높이를 나타내는 device-height로도 명시할 수 있다. width 속성과 마찬가지로 알려지지 않은 키워드와 값은 1px로 명시한다.
initial-scale, minimum-scale, maximum-scale	0.1부터 10 사이의 음이 아닌 정수. 다음과 같이 명시할 수도 있다: • device-width나 device-height로 명시하며 10에 해당한다. • 1과 0.1에 해당하는 yes나 no로 명시할 수 있다.
user-scalable	yes와 no로 명시하며 yes는 사용자가 확대율을 조절할 수 있도록 애플리케이션을 핀치 및 줌을 할 수 있고 no는 이런 조절을 할 수 없다.
target-densityDpi	dpi(dots per inch)를 나타내는 70과 400 사이의 숫자. 다음과 같이 명시할 수 있다. • device-width나 device-height로 명시하며 10에 해당한다. • 각각 1과 0.1에 해당하는 yes나 no로 명시할 수 있다. 대부분 브라우저에서는 target-densityDpi 속성을 위해 tartget-densitydpi에 접근할 수 있다. 참고로, 명세서에서는 두 번째 d(target-densityDpi)를 대문자로 사용한다.

지금까지 모바일 장치에서 사용하는 뷰 포트와 애플리케이션의 레이아웃에 영향을 주는 방법에 대해 살펴봤다. 다음 절에서는 다양한 장치를 위한 스플래시 스크린(splash screen, 아이폰 로딩 화면), CSS, 시작 아이콘을 선택하는 방법을 살펴보자.

 뷰 포트의 너비를 숫자 대신 device-width로 설정하자

본래 데스크톱용으로 구현된 웹 애플리케이션을 위해, 뷰 포트의 너비를 숫자 대신 device-width로 설정하는 것이 좋다. device-width로 설정하면 오프스크린 레이아웃 뷰 포트의 너비가 장치의 너비와 같아지기 때문이다.

아이패드에서는 설정에 주의하자

뷰 포트의 initial-scale을 1.0으로 설정하면, 브라우저에서는 여러분이 원하던 것처럼 웹 페이지를 수평으로 맞춘다. 그러나 모바일 사파리(Safari)에서는 initial scale을 문자 그대로 받아들이기 때문에 처음 페이지를 가져올 때만 확대율을 설정한다. 만약 장치를 세로 보기 모드에서 가로 보기 모드로 전환하면, 모바일 사파리에서는 페이지의 너비를 유지하며 페이지를 확대할 것이다. 이런 경우, 사용자가 세로 보기 모드에서 가로 보기 모드로 전환할 때 웹 페이지가 망가지지 않도록 maximum-scale을 1.0으로 설정해야 한다.

11.2 미디어 쿼리

CSS3을 위한 새로운 기능인 미디어 쿼리를 이용하면, 애플리케이션을 실행하는 장치의 종류에 따라 이미지와 CSS 등과 같은 자원을 선택할 수 있다. 또한, 장치 방향 등과 같은 미디어 파라미터가 변경될 때 브라우저에서 호출하는 미디어 쿼리 리스너를 생성할 수도 있다.

11.2.1 미디어 쿼리 및 CSS

CSS 스타일시트에서는 [예제 11.2]에서 소개하는 것처럼 방향이나 화면의 너비 등과 같은 미디어 특성을 감지함으로써 @media를 이용해 다양한 종류의 장치에 대한 선택을 선언할 수 있다.

예제 11.2   미디어 쿼리를 이용하여 선택적으로 CSS 적용하기

```
<!DOCTYPE html>
<html>
  <head>
    ...
    <style>
      ...

        @media all and (min-device-width: 481px) and
          (max-device-width: 1024px) and
          (orientation:portrait) {
          #controls {
            ...
          }
          ...
        }

        @media all and (min-device-width: 481px)
```

```
        and (max-device-width: 1024px)
        and (orientation:landscape) {
        #controls {
                ...
        }
        ...
    }
    ...
  </style>
 </head>

 <body>
  ...
 </body>
</html>
```

[예제 11.2]에서 소개한 CSS에서는 min-device-width, max-device-width, orientation 등 미디어 특성을 사용해 아이패드의 세로보기 모드 및 가로보기 모드를 구별하고 있다. [표 11.2]에서는 모든 미디어 특성을 소개하고 있다.

표 11.2 **미디어 특성**

미디어 특성	Min-/max- 접두사 사용 여부	설명
width	가능	뷰 포트 너비
height	가능	뷰 포트 높이
device-width	가능	화면 너비
device-height	가능	화면 높이
orientation	불가능	portrait 또는 landscape
aspect-ratio	가능	너비/높이 비율
device-aspect-ratio	가능	device-width/device-height 비율
color	가능	색상 구성 요소당 비트 개수
color-index	가능	색 정의표(color lookup table)에 있는 엔트리 개수
monochrome	가능	모노크롬 프레임 버퍼(monochrome frame buffer)에서 픽셀당 비트 개수
resolution	가능	장치의 픽셀 밀도
scan	불가능	TV 장치를 위한 스캔 프로세스
grid	불가능	유효값은 0과 1. 1은 tty 터미널 등과 같은 그리드 기반 장치를 의미하며 0은 컴퓨터 모니터 등과 같이 그리드 기반이 아닌 장치를 의미한다.

> ⊙ **미디어 쿼리와 CSS를 이용해 캔버스 크기를 변경하지 말자**
>
> 미디어 쿼리를 이용해 장치의 미디어 특성에 따라 캔버스 크기를 설정해야 하는 상황이 발생할 수 있다. 이런 상황이 발생한다면, CSS를 이용해 캔버스의 크기를 변경하는 작업은 캔버스의 드로잉 표면 크기가 아닌 〈canvas〉 요소 크기만 변경한다는 내용을 상기하자. 참고로, 이것은 5페이지의 1.1.1절 ('〈canvas〉 요소의 크기와 드로잉 표면의 크기')에서 소개했던 내용이다.
>
> 만약 다른 장치를 위해 캔버스의 크기를 변경하고 싶다면, 자바스크립트에서 캔버스 크기를 변경할 수 있는 미디어 쿼리 리스트 리스너를 구현해야 한다.

11.2.2 자바스크립트를 사용해 미디어 변경 처리하기

때로는 실시간으로 미디어 특성 변화를 처리해야 할 때가 있다. 예를 들면, 방향 등과 같은 미디어 특성을 변경할 때 한 개 이상의 캔버스의 크기를 변경해야 할 것이다. 이런 경우에는 드로잉 표면이 〈canvas〉 요소의 크기에 맞게 CSS를 이용해 크기를 변경시킬 뿐만 아니라 캔버스의 크기를 프로그램적으로 변경해야만 하므로 다양한 방향을 위해 조건부로 CSS를 명시하는 것만으로는 충분하지 않다. 실시간으로 캔버스 크기를 변경하는 것에 대한 자세한 내용은 5페이지의 1.1.1절('〈canvas〉 요소의 크기와 드로잉 표면의 크기')을 참고하자.

[그림 11.5]에서 보여주고 있는 세로 보기 모드처럼, 돋보기 애플리케이션에서는 사용자가 장치 방향을 변경할 때 애플리케이션의 캔버스 크기를 변경한다.

[예제 11.3]에서는 애플리케이션에서 방향 변경에 반응하는 방법을 소개하고 있다. 먼저, [예제 11.3]의 코드에서는 window.matchMedia() 메서드가 있는지 확인한다. 만약 window.matchMedia() 메서드가 있다면, 애플리케이션에서는 window.matchMedia() 메서드를 호출해 장치의 방향과 관련이 있는 단일 미디어 쿼리를 가지고 미디어 쿼리 리스트를 생성한다.

그다음 애플리케이션에서는 방향이 변할 때 브라우저에서 알려주는 미디어 쿼리 리스트 리스너(media query list listener)를 구현한다. 이런 상황이 발생하면, 애플리케이션의 미디어 쿼리 리스트 리스너에서는 애플리케이션의 캔버스와 돋보기 렌즈에 대한 크기를 모두 변경한다.

그림 11.5 아이패드에서 방향 변경 감지

예제 11.3 미디어 쿼리 리스너

```javascript
if (window.matchMedia && screen.width < 1024) {
   var m = window.matchMedia("(orientation:portrait)"),
       lw = 0,
       lh = 0,
       lr = 0;

   function listener (mql) {
      var cr = canvas.getBoundingClientRect();

      if (mql.matches) {  // 세로 보기 모드
         // 나중에 다시 설정할 수 있도록 가로 보기 모드 크기를 저장한다.
         lw = canvas.width;
         lh = canvas.height;
         lr = magnifyingGlassRadius;

         // 세로 보기 모드를 위해 크기를 변경한다.
         canvas.width = screen.width - 2*cr.left;
         canvas.height = canvas.width*canvasRatio;
```

```
        magnifyingGlassRadius *=
            (canvas.width + canvas.height) / (lw + lh);
    }
    else if (lw !== 0 && lh !== 0) { // 가로 보기 모드
        // 가로 보기 모드를 다시 설정한다.
        canvas.width = lw;
        canvas.height = lh;

        magnifyingGlassRadius = lr;
    }

    // 캔버스의 너비와 높이를 설정해
    // 캔버스를 다시 설정하고 지운다. 필요에 따라 다시 그린다.

    draw();
    }

    m.addListener(listener);
}
```

11.3 터치 이벤트

모바일 웹 애플리케이션에서는 일반적으로 손가락이나 스타일러스(stylus) 등으로 터치를 사용하지만, 데스크톱 웹 애플리케이션에서는 마우스를 사용한다는 점에서 분명한 차이가 있다. 터치 이벤트와 마우스 이벤트는 다음 차이점을 제외하고 매우 비슷하다.

- 마우스 커서는 하나뿐이지만, 터치 포인트는 여러 개 있을 수 있다.
- 마우스는 돌아다닐 수 있지만, 터치 포인트는 돌아다닐 수 없다.

터치 이벤트를 처리하는 작업은 다양한 측면에서 마우스 이벤트를 처리하는 작업과 유사하다. 예를 들면, 다음 코드처럼 함수를 ontouchstart 속성에 할당해 touch start listener를 캔버스에 추가할 수 있다.

```
canvas.ontouchstart = function (e) {
    alert('touch start');
};
```

또한, 다음 코드에서처럼 addEventListener() 메서드를 이용해 터치 스타트 리스너를 추가할 수도 있다.

```
canvas.addEventListener('touchstart', function (e) {
    alert('touch start');
});
```

[표 11.3]에서는 다양한 터치 이벤트 종류를 소개하고 있다.

표 11.3 **터치 이벤트**

이벤트	취소 여부	버블	설명	기본 동작
touchstart	가능	가능	사용자가 터치 표면에서 터치 포인트를 위치시켰다.	정의되지 않음.
touchmove	가능	가능	사용자가 터치 표면을 따라 움직였다.	정의되지 않음.
touchend	가능	가능	터치 포인트에 터치 영역이 남아 있다.	다양하다: mousemove, mousedown, mouseup, click
touchcancel	불가능	가능	터치 포인트를 방해받거나 장치에서 처리할 수 있는 터치 포인트보다 많다.	없음.

11.3.1 터치 이벤트 오브젝트

브라우저에서는 [표 11.4]에서 소개하고 있는 특성이 있는 이벤트 오브젝트를 터치 이벤트 리스너에 전달한다.

표 11.4 **터치 이벤트 오브젝트 특성**

특성	타입	설명
touches	TouchList	현재 터치 표면을 만지고 있는 터치
changeTouches	TouchList	마지막 터치 이벤트 이후에 변경된 터치. 변경된 터치는 touchstart 이벤트 동안 활성화된 터치를 의미한다. 그리고 touchmove 이벤트 동안 이동한 터치와 touched 및 touchcancel 이벤트 동안 표면에서 제거된 터치를 의미한다.
tragetTouches	TouchList	현재 터치 표면을 만지고 있고 터치가 시작된 지점의 요소에 있는 터치. 터치가 시작된 지점의 요소에서 벗어날 때까지, tragetTouches 리스트는 touches 리스트와 동일하다.
altKey, ctrlKey, metaKey, shiftKey	boolean	터치 이벤트 동안 관련 키(Alt나, Ctrl, Meta, 혹은 Shift)를 누르고 있다면 true를 반환한다. 모바일 장치에서 물리적 키보드를 가지고 있지 않다면, 이 특성은 불확실한 값을 가지게 된다.

여러분은 터치 오브젝트의 목록인 터치 리스트를 나타내는 **touches** 및 **changedTouches** 특성을 주로 사용하게 될 것이다. 다음 절에서는 터치 오브젝트의 리스트에 대해 살펴보자.

11.3.2 터치 리스트

터치 리스트에는 다음과 같이 두 가지 속성이 있다.

- length

- touch identifiedTouch(identifier)

다음 코드처럼 length 속성을 사용해 터치 리스트에 있는 터치 개수를 확인할 수 있다.

```
canvas.ontouchstart = function (e) {
   alert(e.touches.length + ' touches on the device');
};
```

그리고 다음 코드처럼 배열과 같이 터치 리스트를 처리해 터치 리스트에 있는 각 터치에 접근할 수 있다.

```
canvas.ontouchstart = function (e) {
   for(var i=0; i < e.touches.length; ++i) {
     alert('Touch at: ' + e.touches[i].pageX + ',' +
                         e.touches[i].pageY);
   }
};
```

터치마다 특별한 식별자가 있다. 따라서 터치 리스트에 터치가 있다면 idenifiedTouch() 메서드에서는 해당 식별자와 함께 터치를 반환한다. 따라서, idenifiedTouch() 메서드를 사용하면 여러 개의 터치 이벤트에 같은 터치가 사용되는지에 대한 여부를 알 수 있다.

11.3.3 터치 오브젝트

기본적으로 터치 이벤트 리스너는 스스로 터치 오브젝트를 조사해야 한다. [표 11.5]에서는 터치 오브젝트 특성을 소개하고 있다.

표 11.5 **터치 오브젝트 특성**

특성	타입	설명
clientX	Long	스크롤을 제외한 뷰 포트에 대한 X 좌표.
clientY	Long	스크롤을 제외한 뷰 포트에 대한 Y 좌표.
identifier	Long	주어진 터치를 위한 특별한 식별자. 이벤트 동안 터치는 식별자를 가지고 있다.
pageX	Long	스크롤을 포함한 뷰 포트에 대한 X 좌표.
pageY	Long	스크롤을 포함한 뷰 포트에 대한 Y 좌표.

특성	타입	설명
screenX	Long	화면에 대한 X 좌표.
screenY	Long	화면에 대한 Y 좌표.
target	EventTarget	터치가 시작한 지점에 있는 요소. 초기 요소에서 벗어나도록 터치를 드래그하더라도, target 속성은 여전히 초기 요소를 나타낸다.

11.3.4 터치 이벤트 및 마우스 이벤트 지원

터치 이벤트와 마우스 이벤트는 서로 비슷하지만, 터치 이벤트와 마우스 이벤트를 각각 처리해야만 한다. 만약 데스크톱 브라우저와 모바일 브라우저에서 실행할 수 있는 애플리케이션을 모두 구현한다면, 터치 이벤트와 마우스 이벤트가 같아서 이벤트가 마우스 이벤트이거나 터치 이벤트인지 확인할 필요 없는 메서드는 이벤트 처리를 캡슐화하고 싶을 것이다. [예제 11.4]에서는 이 방법과 관련된 코드를 소개하고 있다.

예제 11.4　　터치 이벤트 및 마우스 이벤트를 지원하는 템플릿

```javascript
// 터치 이벤트 핸들러........................................

canvas.ontouchstart = function (e) {
    e.preventDefault(e); // 옵션
    mouseDownOrTouchStart(windowToCanvas(e.pageX, e.pageY));
};

canvas.ontouchmove = function (e) {
    e.preventDefault(e); // 옵션
    mouseMoveOrTouchMove(windowToCanvas(e.pageX, e.pageX));
};

canvas.ontouchend = function (e) {
    e.preventDefault(e); // 옵션
    mouseUpOrTouchEnd(windowToCanvas(e.pageX, e.pageX));
};

// 마우스 이벤트 핸들러.....................................

canvas.onmousedown = function (e) {
    e.preventDefault(e); // 옵션
    mouseDownOrTouchStart(windowToCanvas(e.clientX, e.clientY));
};

canvas.onmousemove = function (e) {
    e.preventDefault(e); // 옵션
```

```javascript
        mouseMoveOrTouchMove(windowToCanvas(e.clientX, e.clientY));
    };

    canvas.onmouseup = function (e) {
        e.preventDefault(e); // 옵션
        mouseUpOrTouchEnd(windowToCanvas(e.clientX, e.clientY));
    };

    // 일반 함수.........................................

    function mouseDownOrTouchStart(location) {
        // 구현
    };

    function mouseMoveOrTouchMove(location) {
        // 구현
    };

    function mouseUpOrTouchEnd(location) {
        // 구현
    };
```

위 자바스크립트에서는 터치 및 마우스에 상관없는 함수에 위임한 터치 및 마우스 이벤트 핸들러 함수에 대한 구현 방법을 간단하게 보여주고 있다. 터치 및 마우스 이벤트 핸들러에서는 이벤트의 preventDefault() 메서드를 호출하고 있으므로 브라우저에서는 사용자의 터치 제스처와 마우스 이벤트를 방해할 수 없다.

터치 및 마우스 이벤트 핸들러에서 터치 위치를 결정할 수 있도록 26페이지의 1.6.1.1절('마우스 좌표에서 캔버스 좌표로 변환')에서 살펴봤던 windowToCanvas() 메서드를 사용한다는 점에 주목하자. 터치 이벤트 동안 애플리케이션에서는 스크롤 오프셋을 나타내는 터치의 pageX 및 pageY 특성을 windowToCanvas() 메서드에 전달한다.

 다른 기능 중에서 스크롤을 제한하자

여러분은 이벤트의 preventDefault() 메서드를 호출해 스크롤 등과 같은 기본 브라우저 행동을 제한할 수 있다. preventDefault() 메서드을 사용하면, 줌, 우발적인 선택, DIV 점멸 등과 같은 원하지 않은 모든 브라우저 상호 작용을 제한할 수 있다.

11.3.5 핀치 및 줌

터치 이벤트를 처리하기 위한 HTML5 API에서는 간단한 핀치 및 줌을 구현할 때 필요한 모든 툴을 제공하고 있다. [예제 11.5]에서는 사용자가 핀치 및 줌을 사용해 돋보기의 확대율을 조절할 수 있는 돋보기 애플리케이션에서 발췌한 코드를 소개하고 있다.

touch start 이벤트와 touch move 이벤트 동안 현재 장치를 건드리는 두 개의 터치가 있고 그 중 한 개 이상의 터치가 변경됐다면, 사용자가 핀치 동작을 하는 중이다. 사용자가 핀치 동작 중이라면, 돋보기 애플리케이션의 touch start 이벤트 핸들러에서는 거리로 나눈 현재 확대율과 거리를 계산한다.

그 결과, touch move 이벤트 핸들러에서도 두 터치 사이의 거리를 계산하고 touch start 이벤트 핸들러에서 계산한 비율을 기반으로 확대율을 설정한다.

예제 11.5   핀치 및 줌 구현

```
var magnificationScale = scaleOutput.innerHTML,
    pinchRatio,
    ...

function isPinching (e) {
   var changed = e.changedTouches.length,
       touching = e.touches.length;

   return changed === 1 || changed === 2 && touching === 2;
}

function isDragging (e) {
   var changed = e.changedTouches.length,
       touching = e.touches.length;

   return changed === 1 && touching === 1;
}

canvas.ontouchstart = function (e) {
   var changed = e.changedTouches.length,
       touching = e.touches.length,
       distance;

   e.preventDefault(e);

   if (isDragging(e)) {
      mouseDownOrTouchStart(windowToCanvas(e.pageX, e.pageY));
   }
   else if (isPinching(e)) {
      var touch1 = e.touches.item(0),
```

```
            touch2 = e.touches.item(1),
            point1 = windowToCanvas(touch1.pageX, touch1.pageY),
            point2 = windowToCanvas(touch2.pageX, touch2.pageY);

        distance = Math.sqrt(Math.pow(point2.x - point1.x, 2) +
                             Math.pow(point2.x - point1.x, 2));
        pinchRatio = magnificationScale / distance;
    }
};

canvas.ontouchmove = function (e) {
    var changed = e.changedTouches.length,
        touching = e.touches.length,
        distance, touch1, touch2;

    e.preventDefault(e);

    if (isDragging(e)) {
        mouseMoveOrTouchMove(windowToCanvas(e.pageX, e.pageY));
    }
    else if (isPinching(e)) {
        var touch1 = e.touches.item(0),
            touch2 = e.touches.item(1),
            point1 = windowToCanvas(touch1.pageX, touch1.pageY),
            point2 = windowToCanvas(touch2.pageX, touch2.pageY),
            scale;

        distance = Math.sqrt(Math.pow(point2.x - point1.x, 2) +
                             Math.pow(point2.x - point1.x, 2));

        scale = pinchRatio * distance;

        if (scale > 1 && scale < 3) {
            magnificationScale =
                parseFloat(pinchRatio * distance).toFixed(2);

            draw();
        }
    }
};

canvas.ontouchend = function (e) {
    e.preventDefault(e);
    mouseUpOrTouchEnd(windowToCanvas(e.pageX, e.pageY));
};
```

11.4 iOS5

애플에서는 iOS5 네이티브 애플리케이션 인프라를 구축하는 데 막대한 비용을 투자했지만, iOS5를 탑재한 장치에서 네이티브 애플리케이션과 구별되지 않는 HTML5 애플리케이션을 구현하는 데도 전념하고 있다. 이 절에서는 HTML5 애플리케이션을 iOS5 네이티브 애플리케이션처럼 보이게 구현하는 방법을 살펴보자.

 iOS5 및 안드로이드

애플의 iOS5에서는 HTML5 애플리케이션을 위한 전체 화면 모드, 시작 스플래시 화면, 홈 화면 아이콘 등을 제공하고 있다. 이 책을 출판할 당시, 안드로이드에서도 홈 화면 아이콘을 제공했지만, 전체 화면 모드에서 시작 스플래시 화면을 지원하지는 않았다.

11.4.1 애플리케이션 아이콘 및 시작 이미지

iOS5에서는 다음 코드처럼 HTML5 애플리케이션을 위한 스플래시 화면과 아이콘을 쉽게 명시할 수 있다.

```
<link rel='apple-touch-startup-image'
    href='startup-iPad-landscape.png'/>

<link rel='apple-touch-icon-precomposed' sizes='72x72'
    href='icon-ipad.png'/>
```

위에서 소개한 코드가 iOS5에서 스플래시 화면과 아이콘을 명시할 수 있는 모든 방법이다. [그림 11.6]에서는 페인트 애플리케이션과 돋보기를 위한 아이콘을 보여주고 있다. 그리고 [그림 11.7]에서는 돋보기 애플리케이션의 스플래시 화면을 보여주고 있다.

그림 11.6   iOS5에서의 애플리케이션 아이콘

그림 11.7   iOS5에서의 시작 이미지

 iOS5 아이콘은 반드시 올바른 크기로 설정되어야 한다

만약 apple-touch-icon-precomposed을 사용해 애플리케이션의 홈 화면 아이콘을 설정한다면, 아이콘이 보이지 않기 때문에 이미지 크기를 변경해야 할 것이다. iOS5를 위한 아이콘 크기에 대한 자세한 내용은 http://bit.ly/yNkfHy에서 확인할 수 있다.

11.4.2 iOS5 애플리케이션 아이콘과 시작 이미지를 위한 미디어 쿼리

[예제 11.6]에서 보여주는 것처럼, 여러분은 다양한 장치를 위한 기능을 선택할 수 있도록 아이콘과 스플래시 화면을 위한 iOS5 지원과 미디어 쿼리를 결합할 수 있다.

예제 11.6   iOS5 애플리케이션 아이콘 및 시작 이미지

```html
<!-- 320x460 for iPhone 3GS -->

<link rel='apple-touch-startup-image'
      media='(max-device-width: 480px)
              and not (-webkit-min-device-pixel-ratio: 2)'
      href='startup-iphone.png' />

<!-- 640x920 for retina display -->

<link rel='apple-touch-startup-image'
      media='(max-device-width: 480px)
              and (-webkit-min-device-pixel-ratio: 2)'
      href='startup-iphone4.png' />

<!-- iPad Portrait 768x1004 -->

<link rel='apple-touch-startup-image'
      media='(min-device-width: 768px) and (orientation: portrait)'
      href='startup-iPad-portrait.png' />

<!-- iPad Landscape 1024x748 -->

<link rel='apple-touch-startup-image'
      media='(min-device-width: 768px) and (orientation: landscape)'
      href='startup-iPad-landscape.png' />

<link rel='apple-touch-icon-precomposed' sizes='72x72'
      href='icon-ipad.png' />
```

11.4.3 브라우저 크롬을 사용하지 않는 전체 화면

[그림 11.8]처럼 아이패드에서 URL을 위한 아이콘을 홈 화면에 추가할 수 있다.

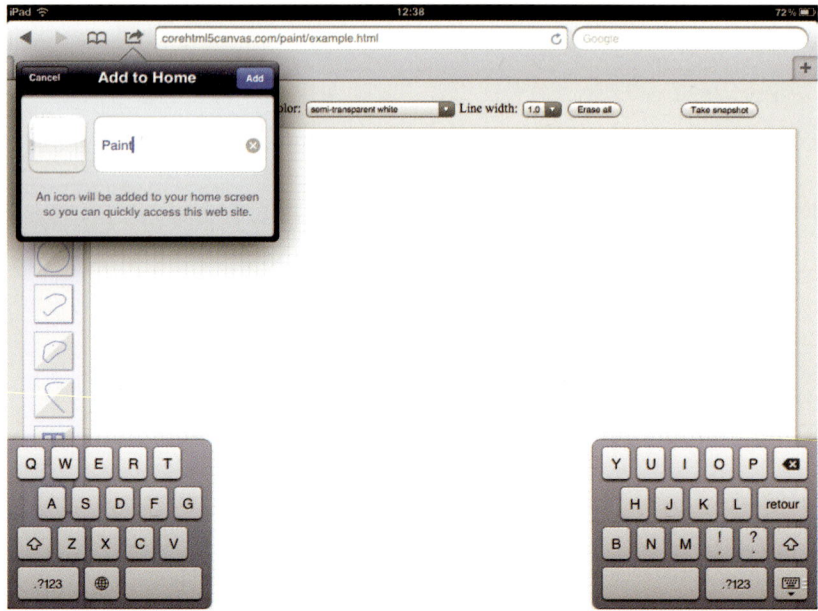

그림 11.8 페인트 애플리케이션을 홈 화면에 추가하기

만약 다음 코드에서처럼 <meta> 태그를 웹 애플리케이션에 추가한다면, 사용자가 홈 화면에서 애플리케이션을 시작하면 애플리케이션에서는 전체 화면에서 실행할 것이다.

```
<meta name='apple-mobile-web-app-capable' content='yes'/>
```

[그림 11.9]에서는 전체 화면에서 실행되고 있는 페인트 애플리케이션을 보여주고 있다.

11.4.4 애플리케이션 스테이터스 바

[그림 11.10]처럼 iOS5에서는 스테이터스 바의 모습을 제어할 수 있다. 스테이터스 바의 모습을 설정하려면, 다음 <meta> 태그를 사용해야 한다.

```
<meta name='apple-mobile-web-app-status-bar-style'
      content='black-translucent'/>
```

여러분은 content 특성에 다음 세 가지 값을 사용할 수 있다.

- default
- black
- black-translucent

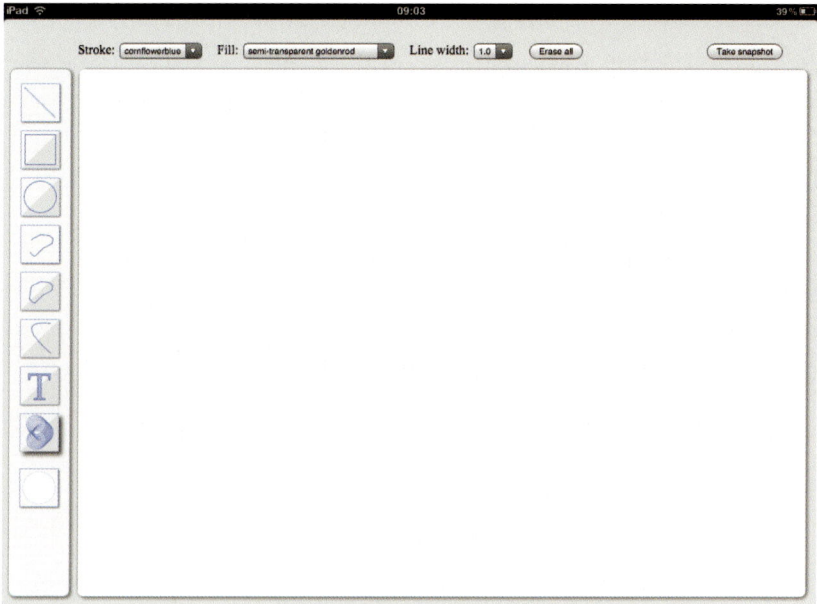

그림 11.9 　 아이패드에서 전체 화면으로 실행되고 있는 페인트 애플리케이션

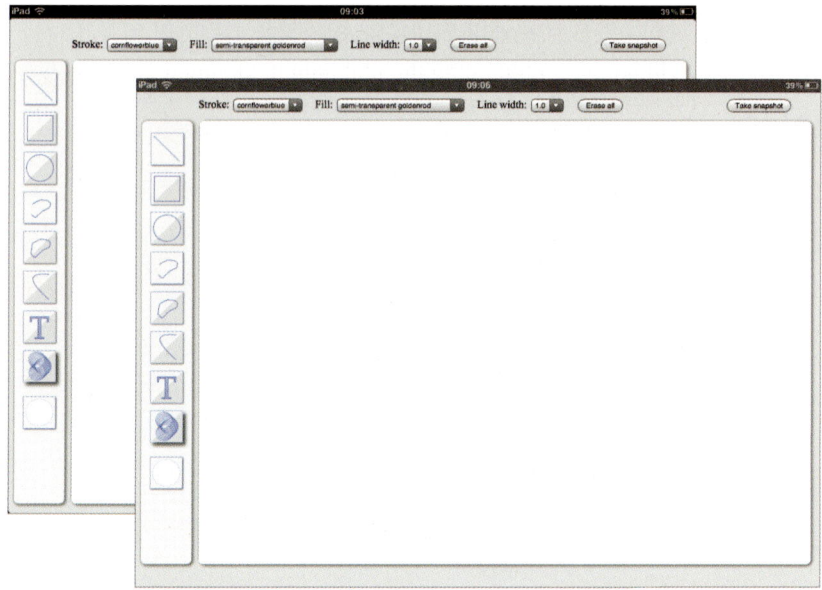

그림 11.10 　 black으로 설정된 스테이터스 바 **vs.** black-translucent으로 설정된 스테이터스 바

위 특성값 중에서 default 모드와 black 모드는 서로 같으며 default 모드나 black 모드로 설정하면 [그림 11.10]의 위에 있는 그림처럼 나타난다. 그리고 black-translucent 모드는 black 모드로 설정한 스테이터스 바에서 부분적으로 투명한 버전이라고 생각하면 된다.

[그림 11.10]을 자세히 살펴보면, 스테이터스 바가 black-translucent 모드일 때 컨트롤들이 화면의 위쪽 가까이에 위치하고 있다.

스테이터스 바가 default 모드나 black 모드를 뜻하는 불투명한 상태라면, iOS5에서는 웹 페이지 상단을 스테이터스 바의 아래에 위치시킨다. 스테이터스 바가 투명한 상태라면, iOS5에서는 웹 페이지 상단을 스테이터스 바 위에 위치시킨다.

11.5 가상 키보드

아이패드에는 내장형 가상 키보드가 있지만, 사용자가 텍스트 필드를 터치할 때만 가상 키보드를 볼 수 있다. 사용자가 텍스트 필드를 터치하지 않고도 텍스트를 입력할 수 있도록 애플리케이션에서 지원해도 네이티브 애플리케이션 외에 아이패드에서 키보드를 보여주고 키를 누르는 것을 감지할 방법이 없다. 사실, 이 책 전반에 걸쳐 소개하고 11장에서 언급한 페인트 애플리케이션도 이런 종류의 애플리케이션이다. 여러분이 텍스트 아이콘을 활성화한 다음 드로잉 캔버스 내부의 한 지점을 클릭하면 커서가 나타날 것이다. 키보드가 있어서 키보드로 입력하면 [그림 11.11]에서 보여주는 것처럼 페인트 애플리케이션에서는 입력된 텍스트를 그린다.

iOS5에서는 텍스트 필드에 포커스를 맞춘다고 키보드를 보여주지 않고 사용자가 텍스트 필드를 터치할 때만 키보드를 보여주기 때문에 대부분 개발자는 텍스트 입력 방법을 대체할 수 있는 애플리케이션을 개발하는데 사력을 다하고 있다. 물론 캔버스에 친숙한 개발자들을 위해 캔버스 기반 키보드를 구현할 수 있다. 다음 절에서는 캔버스 기반 키보드를 구현하는 방법을 살펴보자.

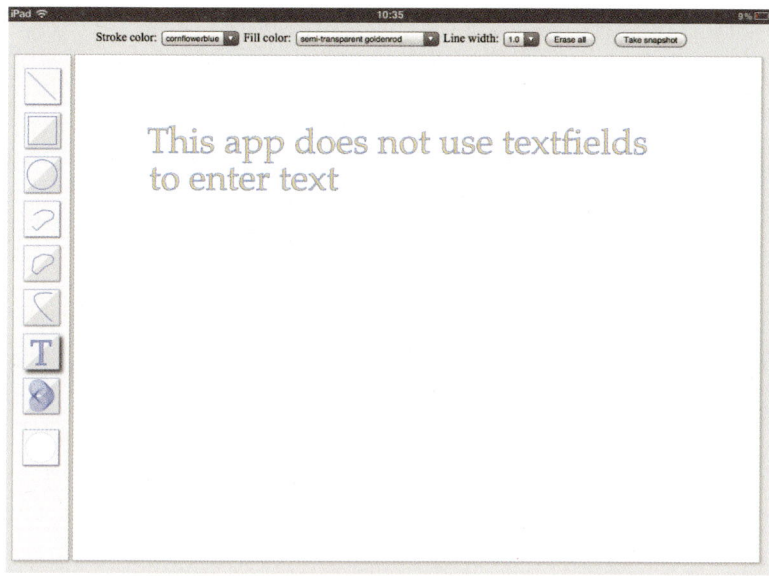

그림 11.11   페인트 애플리케이션에서의 텍스트 입력

11.5.1   캔버스 기반 키보드 구현

이 절에서는 [그림 11.12]와 같이 어떤 장치에서도 실행될 수 있는 캔버스 기반 키보드를 구현하는 방법을 살펴보자. 여러분은 키보드를 구현하기 위해 다음과 같은 작업을 해야 한다.

- 키보드를 보이고 숨긴다.
- 키보드를 투명하게 만든다.
- 키보드에 DIV를 붙인다.
- 키보드를 기본 애플리케이션에 연결한다.

키보드는 자동으로 다음과 같은 동작을 한다.

- 마우스 이벤트와 터치 이벤트를 모두 지원한다.
- 키를 활성화하고 사용자가 활성화된 키를 터치하면 빛을 낸다.
- 키보드의 주위 DIV에 맞게 키보드와 키 크기를 변경한다.
- 키가 활성화되면 이벤트 리스너에게 알려준다.

키보드에서는 이 책에서 배운 다음과 같은 내용을 사용하고 있다.

- 캔버스를 이용해 보이지 않는 HTML 요소를 사용한다.
  ⇨ 40페이지의 1.8.1절('보이지 않는 HTML 요소') 참고.

- 도형의 내부를 채우고 윤곽을 그리기 위해 색상과 그림자를 적용한다.
  ⇨ 72페이지의 2.4절('색상과 투명도') 참고.

- 선형 그라디언트를 생성한다.
  ⇨ 75페이지의 2.5절('그라디언트 및 패턴') 참고.

- 모서리가 둥근 직사각형을 구현한다
  ⇨ 124페이지의 2.9.3절('arcTo 메서드') 참고.

- 사용자 정의 컨트롤 구현한다.
  ⇨ 10장 참고

- 사용자 정의 컨트롤을 위한 이벤트 리스너를 지원한다.
  ⇨ 617페이지의 10.3절('슬라이더') 참고.

- 마우스 이벤트와 터치 이벤트를 처리한다
  ⇨ 657페이지의 11.3.4절('터치 이벤트 및 마우스 이벤트 지원') 참고.

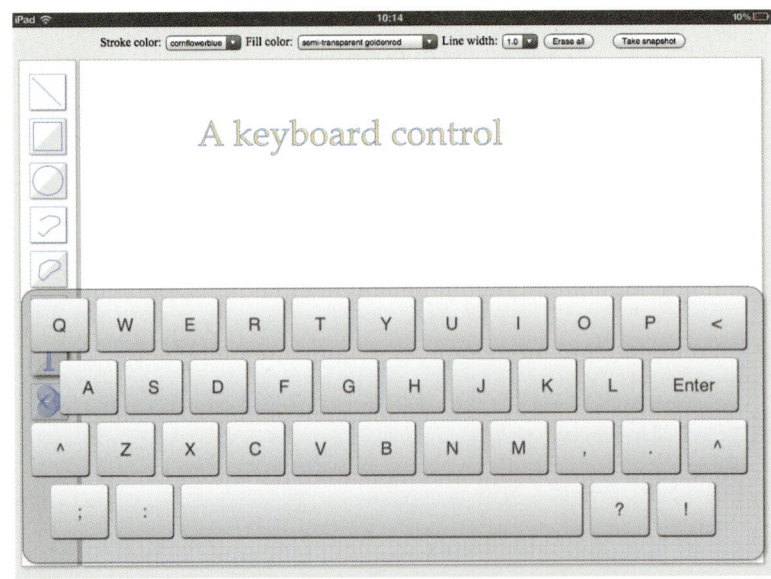

그림 11.12   불투명한 키를 보여주는 아이패드의 키보드

또한, [그림 11.13]에서 보여주는 것처럼 키보드를 반투명하게도 만들 수 있다. 결국, 모든 키가 반투명해진다.

그림 11.13 반투명한 키를 보여주는 아이패드의 키보드

텍스트 커서가 드로잉 캔버스의 중간에 있을 때 페인트 애플리케이션에서는 키보드를 불투명하게 만든다. 하지만 텍스트 커서가 중간보다 밑에 있다면, 사용자가 입력하는 텍스트를 볼 수 있도록 애플리케이션에서는 키보드를 반투명하게 만들 것이다.

10장에서 살펴봤던 사용자 정의 컨트롤처럼, 키보드에 <DOM> 요소, 일반적으로 DIV를 붙일 수 있다. 이렇게 DIV를 붙이면, 키보드에서는 [그림 11.14]에서 보여주는 것처럼 주위 <DOM> 요소에 맞게 크기를 변경한다.

키보드에 대한 코드를 살펴보기 전에, 페인트 애플리케이션에서 키보드를 사용하는 방법을 먼저 살펴보자. [예제 11.7]에서는 페인트 애플리케이션에 대한 HTML 코드의 일부분을 소개하고 있다. HTML은 id가 keyboard인 보이지 않는 DIV를 포함하고 있다. 초기에 Keyboard DIV는 CSS에서 높이를 0픽셀로 설정했기 때문에 보이지 않는다.

```html
<!DOCTYPE html>
<html>
   <head>
      ...
      <style>
         ...

         #keyboard {
            position: absolute;
            left: 25px;
            top: 0px;
            width: 1000px;
            height: 0px;

            background: rgba(129,129,138,0.4);

            -webkit-box-shadow: rgba(0,0,0,0.2) 3px 3px 4px;
            -moz-box-shadow: rgba(0,0,0,0.2) 3px 3px 4px;
            box-shadow: rgba(0,0,0,0.2) 3px 3px 4px;
         }

      </style>
   </head>

   <body>
      ...

      <canvas id='iconCanvas' width='75' height='685'>
         Canvas not supported
      </canvas>

      <canvas id='drawingCanvas' width='915' height='685'>
         Canvas not supported
      </canvas>

      <div id='keyboard'></div>
      ...

      <script src='keyboard.js'></script>
      <script src='example.js'></script>
   </body>
</html>
```

[예제 11.8]에서는 키보드를 적절하게 보여주고 숨기는 방법을 보여주고 있는 페인트 애플리케이션의 자바스크립트 코드를 소개하고 있다.

그림 11.14   키보드에서는 주위 HTML 요소를 맞게 크기를 변경한다.

예제 11.8   드로잉 애플리케이션에서 키보드 사용하기

```javascript
var keyboard = new COREHTML5.Keyboard();
...

// 키보드.................................................

function showKeyboard() {
   var keyboardElement = document.getElementById('keyboard');

   keyboardElement.style.height = '370px';
   keyboardElement.style.top = '375px';
   keyboardElement.style.border = 'thin inset rgba(0,0,0,0.5)';
   keyboardElement.style.borderRadius = '20px';

   keyboard.resize(1000, 368);
   keyboard.translucent = mousedown.y > drawingCanvas.height/2;
   keyboard.draw();
}

function hideKeyboard() {
   var keyboardElement = document.getElementById('keyboard');

   keyboardElement.style.height = '0px';
   keyboardElement.style.top = '760px';
   keyboardElement.style.border = '';
```

```
    keyboardElement.style.borderRadius = '';

    keyboard.resize(1000, 0);
}
...

// 텍스트......................................................

function startDrawingText() {
    drawingText = true;
    currentText = '';
    drawTextCursor();
    showKeyboard();
}
...

// 이벤트 처리 함수.....................................

function mouseDownOrTouchStartInControlCanvas(loc) {
    if (drawingText) {
        drawingText = false;
        eraseTextCursor();
        hideKeyboard();
    }
    ...
};
...

// 초기화..............................................

keyboard.appendTo('keyboard');
...
```

페인트 애플리케이션에서는 실행과 동시에 새로운 키보드를 생성하고 생성된 키보드를 keyboard 요소에 덧붙인다.

그리고 페인트 애플리케이션에서는 키보드를 보이는 showKeyboard() 메서드와 키보드를 숨기는 hideKeyboard() 메서드 등 두 가지 메서드를 구현한다. showKeyboard() 메서드와 hideKeyboard() 메서드는 keyboardDiv에 대한 참조를 가져온 다음 각각 보이거나 보이지 않도록 DIV의 높이를 변경한다.

페인트 애플리케이션에서는 사용자가 드로잉 텍스트를 시작할 때 키보드를 보여주며 사용자가 아이콘을 클릭할 때 키보드를 숨긴다.

여기서 구현한 키보드는 불완전하다

코드를 간결하려고, 11장에서 구현한 키보드는 완전한 기능을 갖추고 있지 않다. 예를 들면, 키보드는 숫자 키가 없으며 제공하지도 않는다.

하지만 키보드는 키보드 컨트롤을 구현하는 방법과 구현된 키보드를 아이패드 등과 같이 태블릿 컴퓨터에서 실행되는 HTML5 애플리케이션과 통합하는 방법을 보여주고 있다. 원하는 대로 키보드의 기능을 추가해 보고 여러분이 구현한 애플리케이션에서 사용해 보자.

키보드는 Key와 Keyboard 등 두 개의 자바스크립트 오브젝트로 구현되어 있다. 10장에서 소개한 것처럼 명칭이 중복될 가능성을 줄일 수 있도록 두 오브젝트는 COREHTML5란 이름의 전역 자바스크립트 오브젝트에 존재한다.

지금까지 여러분은 키보드를 사용하는 방법을 살펴봤다. 키보드를 구현하는 방법에 대해 자세히 살펴보기 전에 먼저 키에 대한 코드를 살펴보자.

11.5.1.1 키

[예제 11.9]에서 소개하고 있는 Key 생성자에서 볼 수 있듯이, 키는 세 가지 속성이 있는 간단한 오브젝트다. 키는 세 가지 속성에 따라 텍스트를 가질 수 있을 뿐만 아니라 선택 여부와 반투명 상태도 설정할 수 있다.

예제 11.9   Key 생성자

```
COREHTML5.Key = function (text) {
   this.text = text;
   this.selected = false;
   this.translucent = false;
}
```

[예제 11.10]에서 소개하는 것처럼, key 오브젝트의 메서드는 프로토타입에 구현되어 있다.

키에서는 그라디언트로 채워진 모서리가 둥근 직사각형을 그린 다음 그려진 직사각형 중심에 텍스트를 그린다. 이 드로잉 작업은 draw() 메서드에 의해 이루어지며 draw() 메서드에서는 키 그라디언트를 생성할 뿐만 아니라 직사각형과 텍스트를 위한 context 속성도 설정한다. 키의 그라디언트를 다른 키보다 어둡게 만드는 기능을 이용하면, 키를 지우거나, 다시 그리거나, 키를 불투명이나 반투명 상태로 만들거나, 또는 키를 선택할 수 있다.

```javascript
COREHTML5.Key.prototype = {
   createPath: function (context) {
      context.beginPath();

      if (this.width > 0)
         context.moveTo(this.left + this.cornerRadius, this.top);
      else
         context.moveTo(this.left - this.cornerRadius, this.top);

      context.arcTo(this.left + this.width, this.top,
                    this.left + this.width,
                    this.top + this.height,
                    this.cornerRadius);

      context.arcTo(this.left + this.width,
                    this.top + this.height,
                    this.left, this.top + this.height,
                    this.cornerRadius);

      context.arcTo(this.left, this.top + this.height,
                    this.left, this.top,
                    this.cornerRadius);

      if (this.width > 0) {
         context.arcTo(this.left, this.top,
                       this.left + this.cornerRadius, this.top,
                       this.cornerRadius);
      }
      else {
         context.arcTo(this.left, this.top,
                       this.left - this.cornerRadius, this.top,
                       this.cornerRadius);
      }
   },

   createKeyGradient: function (context) {
      var keyGradient = context.createLinearGradient(
                          this.left, this.top,
                          this.left, this.top + this.height);
      if (this.selected) {
         keyGradient.addColorStop(0,   'rgb(208,208,210)');
         keyGradient.addColorStop(1.0, 'rgb(162,162,166)');
      }
      else if (this.translucent) {
         keyGradient.
            addColorStop(0,   'rgba(298,298,300,0.20)');
         keyGradient.
```

```
                addColorStop(1.0, 'rgba(255,255,255,0.20)');
        }
        else {
            keyGradient.addColorStop(0,   'rgb(238,238,240)');
            keyGradient.addColorStop(1.0, 'rgb(192,192,196)');
        }

        return keyGradient;
    },

    setKeyProperties: function (context, keyGradient) {
        context.shadowColor = 'rgba(0,0,0,0.8)';
        context.shadowOffsetX = 1;
        context.shadowOffsetY = 1;
        context.shadowBlur = 1;

        context.lineWidth = 0.5;

        context.strokeStyle = 'rgba(0,0,0,0.7)';
        context.fillStyle = keyGradient;
    },

    setTextProperties: function (context) {
        context.shadowColor = undefined;
        context.shadowOffsetX = 0;

        context.font = '100 ' + this.height/3 + 'px Helvetica';
        context.fillStyle = 'rgba(0,0,0,0.4)';
        context.textAlign = 'center';
        context.textBaseline = 'middle';
    },

    draw: function (context) {
        var keyGradient = this.createKeyGradient(context);

        context.save();

        this.createPath(context);

        this.setKeyProperties(context, keyGradient);
        context.stroke();
        context.fill();

        this.setTextProperties(context);
        context.fillText(this.text, this.left + this.width/2,
                                    this.top + this.height/2);

        context.restore();
    },
```

```
    erase: function(context) {
       context.clearRect(this.left-2, this.top-2,
                         this.width+6, this.height+6);
    },

    redraw: function (context) {
       this.erase(context);
       this.draw(context);
    },

    toggleSelection: function (context) {
       this.selected = !this.selected;
    },

    isPointInKey: function (context, x, y) {
       this.createPath(context);
       return context.isPointInPath(x, y);
    },

    select: function () {
       this.selected = true;
    },

    deselect: function () {
       this.selected = false;
    },
}
```

key 오브젝트는 Keyboard 오브젝트에서 사용한다. 다음 절에서는 Keyboard 오브젝트에 대해 살펴보자.

11.5.1.2 키보드

Keyboard 오브젝트는 10장에서 정의한 것과 같은 사용자 정의 컨트롤이다. 따라서 10장에서 살펴봤던 사용자 정의 컨트롤처럼, 키보드를 생성하고 생성된 키보드를 <DOM> 요소, 일반적으로 DIV에 덧붙일 수 있다.

[예제 11.11]에서는 Keyboard 생성자에 대한 코드를 소개하고 있다. Keyboard 생성자에서는 세로 4줄, 가로 11줄로 이루어진 2차원 배열을 생성하며 생성된 배열은 Key 오브젝트로 채워진다. 그리고 Keyboard 생성자에서는 키보드의 캔버스를 생성하고 생성한 캔버스를 <DOM> 요소에 배치한다.

예제 11.11   Keyboard 생성자

```
// 생성자.............................................

COREHTML5.Keyboard = function() {
   var keyboard = this;

   this.keys = [
      [ new COREHTML5.Key('Q'), new COREHTML5.Key('W'),
        new COREHTML5.Key('E'), new COREHTML5.Key('R'),
        new COREHTML5.Key('T'), new COREHTML5.Key('Y'),
        new COREHTML5.Key('U'), new COREHTML5.Key('I'),
        new COREHTML5.Key('O'), new COREHTML5.Key('P'),
        new COREHTML5.Key('<') ],

      [ new COREHTML5.Key('A'), new COREHTML5.Key('S'),
        new COREHTML5.Key('D'), new COREHTML5.Key('F'),
        new COREHTML5.Key('G'), new COREHTML5.Key('H'),
        new COREHTML5.Key('J'), new COREHTML5.Key('K'),
        new COREHTML5.Key('L'), new COREHTML5.Key('Enter') ],

      [ new COREHTML5.Key('^'), new COREHTML5.Key('Z'),
        new COREHTML5.Key('X'), new COREHTML5.Key('C'),
        new COREHTML5.Key('V'), new COREHTML5.Key('B'),
        new COREHTML5.Key('N'), new COREHTML5.Key('M'),
        new COREHTML5.Key(','), new COREHTML5.Key('.'),
        new COREHTML5.Key('^') ],

      [ new COREHTML5.Key(';'), new COREHTML5.Key(':'),
        new COREHTML5.Key(' '), new COREHTML5.Key('?'),
        new COREHTML5.Key('!') ]
   ];

   this.createCanvas();
   this.createDOMElement();

   this.translucent = false;

   this.shifted = false;
   this.keyListenerFunctions = [];

   this.context.canvas.onmousedown = function (e) {
      keyboard.mouseDownOrTouchStart(keyboard.context,
         keyboard.windowToCanvas(keyboard.context.canvas,
                                 e.clientX, e.clientY));

      // 데스크톱에서 발생하는 의도하지 않은 선택을 방지한다.

      e.preventDefault();
```

```
    };

    this.context.canvas.ontouchstart = function (e) {
        keyboard.mouseDownOrTouchStart(keyboard.context,
            keyboard.windowToCanvas(keyboard.context.canvas,
                                    e.touches[0].clientX,
                                    e.touches[0].clientY));

        e.preventDefault(); // 아이패드에서 발생하는 점멸을 방지한다.
    };

    return this;
}
```

기본적으로 키보드는 반투명 상태가 아니다. 즉, 키는 불투명하다. 또한, 키보드는 기본적으로 Shift 키를 가지고 있지 않으므로 사용자는 Shift 키를 사용할 수 없다. 그리고 모든 키보드는 사용자가 키를 활성화할 때 키보드에서 알려주는 빈 배열의 키 리스너로 이루어진다.

Keyboard 생성자에서는 mousedown 이벤트를 위한 이벤트 핸들러와 touchstart 이벤트를 위한 이벤트 핸들러 등 두 가지 이벤트 핸들러를 키보드 캔버스에 추가하고 있다. 그리고 mousedown 이벤트 핸들러와 touchstart 이벤트 핸들러에서는 mousedown 이벤트와 touchstart 이벤트 모두에 해당하는 메서드를 호출하고 있다.

[예제 11.12]에서는 Keyboard 오브젝트의 메서드를 소개하고 있다.

키보드의 메서드는 다음과 같이 다섯 개의 논리 그룹으로 구분할 수 있다.

- 대부분 사용자 정의 컨트롤에서 구현하는 일반 메서드

- 키보드와 키를 그리는 드로잉 메서드

- 키를 생성하는 작업과 활성화하는 작업과 같이 키를 처리하는 키 메서드

- 이벤트를 리스너에 등록하고 전달하는 작업을 지원하는 키 리스너 메서드

- 마우스 이벤트와 터치 이벤트를 모두 처리하는 이벤트 핸들러

예제 11.12   키보드 메서드

```
// 프로토타입.......................................................

COREHTML5.Keyboard.prototype = {

    // General functions ...........................................

    windowToCanvas: function (canvas, x, y) {
        var bbox = canvas.getBoundingClientRect();
        return { x: x - bbox.left * (canvas.width  / bbox.width),
                 y: y - bbox.top  * (canvas.height / bbox.height)
               };
    },

    createCanvas: function () {
        var canvas = document.createElement('canvas');
        this.context = canvas.getContext('2d');
    },

    createDOMElement: function () {
        this.domElement = document.createElement('div');
        this.domElement.appendChild(this.context.canvas);
    },

    appendTo: function (elementName) {
        var element = document.getElementById(elementName);

        element.appendChild(this.domElement);
        this.domElement.style.width = element.offsetWidth + 'px';
        this.domElement.style.height = element.offsetHeight + 'px';
        this.resize(element.offsetWidth, element.offsetHeight);
        this.createKeys();
    },

    resize: function (width, height) {
        this.domElement.style.width = width + 'px';
        this.domElement.style.height = height + 'px';

        this.context.canvas.width = width;
        this.context.canvas.height = height;
    },

    // 드로잉 함수.............................................
```

```
drawRoundedRect: function (context, cornerX, cornerY,
                           width, height, cornerRadius) {
   if (width > 0)
      this.context.moveTo(cornerX + cornerRadius, cornerY);
   else
      this.context.moveTo(cornerX - cornerRadius, cornerY);

   context.arcTo(cornerX + width, cornerY,
                 cornerX + width, cornerY + height,
                 cornerRadius);

   context.arcTo(cornerX + width, cornerY + height,
                 cornerX, cornerY + height,
                 cornerRadius);

   context.arcTo(cornerX, cornerY + height,
                 cornerX, cornerY,
                 cornerRadius);

   if (width > 0) {
      context.arcTo(cornerX, cornerY,
                    cornerX + cornerRadius, cornerY,
                    cornerRadius);
   }
   else {
      context.arcTo(cornerX, cornerY,
                    cornerX - cornerRadius, cornerY,
                    cornerRadius);
   }

   context.stroke();
   context.fill();
},

drawKeys: function () {
   for (var row=0; row < this.keys.length; ++row) {
      for (var col=0; col < this.keys[row].length; ++col) {
         key = this.keys[row][col];

         key.translucent = this.translucent;
         key.draw(this.context);
      }
   }
},

draw: function (context) {
   var originalContext, key;

   if (context) {
      originalContext = this.context;
```

```
            this.context = context;
        }

        this.context.save();
        this.drawKeys();

        if (context) {
            this.context = originalContext;
        }

        this.context.restore();
    },

    erase: function() {
        // 캔버스 전체를 지운다.
        this.context.clearRect(0, 0, this.context.canvas.width,
                                     this.context.canvas.height);
    },

    // 키.......................................................

    adjustKeyPosition: function (key, keyTop, keyMargin,
                                 keyWidth, spacebarPadding) {
        var key = this.keys[row][col],
            keyMargin = this.domElement.clientWidth /
                        (this.KEY_COLUMNS*8),

            keyWidth = ((this.domElement.clientWidth - 2*keyMargin) /
                        this.KEY_COLUMNS) - keyMargin,

            keyLeft = keyMargin + col * keyWidth + col * keyMargin;

        if (row === 1) keyLeft += keyWidth/2;
        if (row === 3) keyLeft += keyWidth/3;

        key.left = keyLeft + spacebarPadding;
        key.top = keyTop;
    },

    adjustKeySize: function (key, keyMargin, keyWidth, keyHeight) {
        if (key.text === 'Enter')  key.width = keyWidth * 1.5;
        else if (key.text === ' ') key.width = keyWidth * 7;
        else                       key.width = keyWidth;

        key.height = keyHeight;
        key.cornerRadius = 5;
    },

    createKeys: function() {
        var key,
```

```
            keyMargin,
            keyWidth,
            keyHeight,
            spacebarPadding = 0;

    for (row=0; row < this.keys.length; ++row) {
        for (col=0; col < this.keys[row].length; ++col) {
            key = this.keys[row][col];

            keyMargin = this.domElement.clientWidth /
                        (this.KEY_COLUMNS*8);

            keyWidth = ((this.domElement.clientWidth - 2*keyMargin) /
                        this.KEY_COLUMNS) - keyMargin;

            keyHeight = ((this.KEYBOARD_HEIGHT - 2*keyMargin) /
                         this.KEY_ROWS) - keyMargin;

            keyTop = keyMargin + row * keyHeight + row * keyMargin;

            this.adjustKeyPosition(key, keyTop, keyMargin,
                                   keyWidth, spacebarPadding);

            this.adjustKeySize(key, keyMargin, keyWidth, keyHeight);

            if (this.keys[row][col].text === ' ') {
                spacebarPadding = keyWidth*6; // 키패드 생성
            }
        }
    }
},

getKeyForLocation: function (context, loc) {
    var key;

    for (var row=0; row < this.keys.length; ++row) {
        for (var col=0; col < this.keys[row].length; ++col) {
            key = this.keys[row][col];

            if (key.isPointInKey(context, loc.x, loc.y)) {
                return key;
            }
        }
    }
    return null;
},
```

```javascript
shiftKeyPressed: function (context) {
   for (var row=0; row < this.keys.length; ++row) {
      for (var col=0; col < this.keys[row].length; ++col) {
         nextKey = this.keys[row][col];

         if (nextKey.text === '^') {
            nextKey.toggleSelection();
            nextKey.redraw(context);
            this.shifted = nextKey.selected;
         }
      }
   }
},

activateKey: function (key, context) {
   key.select();
   setTimeout( function (e) {
                 key.deselect();
                 key.redraw(context);
             }, 200);

   key.redraw(context);

   this.fireKeyEvent(key);
},

// 키 리스너...............................................

addKeyListener: function (listenerFunction) {
   this.keyListenerFunctions.push(listenerFunction);
},

fireKeyEvent: function (key) {
   for (var i=0; i < this.keyListenerFunctions.length; ++i) {
      this.keyListenerFunctions[i](
         this.shifted ? key.text : key.text.toLowerCase());
   }
},

// 이벤트 핸들러...............................................

mouseDownOrTouchStart: function (context, loc) {
   var key = this.getKeyForLocation(context, loc);

   if (key) {
      if (key.text === '^') {
         this.shiftKeyPressed(context);
      }
      else {
         if (this.shifted) this.activateKey(key, context);
```

```
        else                  this.activateKey(key, context);
      }
    }
  }
};
```

일반 함수에서는 키보드의 캔버스와 <DOM> 요소를 생성한 다음 생성된 요소를 DOM 트리에 있는 요소에 덧붙이고 있다. 그리고 키보드의 appendTo() 메서드에서는 주위 DOM 요소에 맞게 키보드의 캔버스와 <DOM> 요소의 크기를 변경하는 resize() 메서드를 호출한다. appendTo() 메서드와 관련하여 자세한 내용은 10장에서 사용자 정의 컨트롤을 구현하고 있는 코드를 참고하자.

Keyboard 오브젝트의 드로잉 메서드는 간단하다. draw() 메서드에서는 옵션 캔버스 콘텍스트를 인수로 받을 수 있기 때문에 여러분이 옵션 콘텍스트를 전달하면 키보드에서는 자체 콘텍스트 대신 전달된 콘텍스트에 그리게 된다. 어떤 방법을 사용하든, 드로잉에서는 키보드의 키를 그리는 작업을 포함한다.

키 메서드에서는 키를 생성하는 작업, 키보드의 컨버스에 위치한 키를 반환하는 작업, 키를 활성화하는 작업 등과 같이 Keyboard 오브젝트에서 지루하고 고된 작업의 대부분을 캡슐화하고 있다.

그리고 addKeyListener() 메서드와 fireKeyEvent() 메서드 등 키 리스너 메서드에서는 각각 키보드와 파이어와 키 이벤트를 사용해 키 리스너를 등록한다.

마지막으로, mouseDownOrTouchStart() 메서드에서는 눌러진 키를 활성화해 mousedown 이벤트와 touchstart 이벤트를 처리한다.

11.6 결론

이 장에서는 모바일 장치에서 캔버스 기반 애플리케이션을 실행시키는 방법을 살펴봤다. 11장의 초반부에는 다양한 브라우저에서 사용되는 오프스크린 레이아웃 뷰 포트를 구성하고 있는 모바일 뷰 포트와 관련 viewport <meta> 태그에 대해 살펴봤다. 그리고 미디어 쿼리와 미디어 쿼리를 사용해 특정 장치를 위해 CSS를 꾸미는 방법뿐만 아니라 자바스크립트에서 미디어 쿼리 리스트 리스너로 장치 방향 변화 등과 같이 미디어 특성 변화를 처리하는 방법도 알아봤다.

또한, 여러분은 터치 이벤트를 처리하는 방법과 터치 이벤트 API를 사용하는 핀치 및 줌을 구현하는 방법도 살펴봤다.

애플리케이션 아이콘 및 시작 이미지를 생성하는 작업과 브라우저 크롬을 사용하지 않고 애플리케이션을 전체화면으로 실행하는 작업을 포함해여 iOS5 네이티브 애플리케이션과 구별되지 않는 HTML5 애플리케이션을 구현하는 방법도 알아봤다.

마지막으로 후반부에서는 앞에서 배웠던 다양한 기술을 사용하고 있는 가상 키보드를 구현하는 방법을 살펴보는 것으로 끝을 맺었다.

• 찾 아 보 기 •